国家社科基金重大招标项目“中国特色人权发展道路研究”（项目批准号11&ZD072）资助

南开大学人权研究系列丛书

# 中国特色人权发展道路研究

薛进文 常健 等◎著

中国社会科学出版社

**图书在版编目(CIP)数据**

中国特色人权发展道路研究 / 薛进文等著. —北京：中国社会科学出版社，2016.5

ISBN 978-7-5161-7869-0

Ⅰ.①中… Ⅱ.①薛… Ⅲ.①人权—研究—中国 Ⅳ.①D621.5

中国版本图书馆 CIP 数据核字(2016)第 063140 号

出 版 人 赵剑英
责任编辑 冯春凤
责任校对 张爱华
责任印制 张雪娇

出 版 中国社会科学出版社
社 址 北京鼓楼西大街甲 158 号
邮 编 100720
网 址 http://www.csspw.cn
发 行 部 010-84083685
门 市 部 010-84029450
经 销 新华书店及其他书店

印 刷 北京君升印刷有限公司
装 订 廊坊市广阳区广增装订厂
版 次 2016 年 5 月第 1 版
印 次 2016 年 5 月第 1 次印刷

开 本 710×1000 1/16
印 张 42.25
插 页 2
字 数 691 千字
定 价 148.00 元

# 目　录

## 总论



## 第一编　中国特色人权发展道路的理论及其形成过程

## 第二编　中国特色的人权法治保障

## 第三编　中国特色的人权政策保障



## 第四编　中国与发达国家人权发展道路的比较研究

## 第五编　中国与其他发展中国家人权发展道路的比较研究



## 第六编　评价与结论

总 论

# 第一章　中国特色人权发展道路的基本内涵和属性

在推动中国社会向全面现代化迈进的历史进程中，中国人民探索并形成了符合中国国情的独具特色的人权发展道路。这一道路已经引起国际社会的普遍关注，正在成为学术界广泛研讨的重大课题。中国共产党十八届三中全会再一次强调了“国家尊重和保护人权”①，把促进社会公平正义、增进人民福祉确立为中国政府在新时期全面深化改革、实现科学发展的出发点和落脚点。这既表明了中国特色人权发展道路是中国特色社会主义的题中之意，也说明对中国特色人权发展道路的研究一定要置于中国特色社会主义事业和中华民族伟大复兴的“中国梦”的宏阔背景之下。只有从中国特色人权发展道路与中国特色社会主义历史进程的高度契合、相互促进和协调统一中，才能全面准确地把握其理论内涵、独特优势、实践成就和光明前景。②

## 第一节　中国特色人权发展道路的独特内涵

“人权”概念是随着人类自我意识的觉醒、现代社会文明的形成而逐渐产生和不断演变的。作为一定社会和历史的产物，人权的核心要义天然地带有国家、民族、历史、文化、经济的烙印。这意味着，认识和理解一国的人权发展道路必须考虑其历史背景、文化传统、社会制度、经济发展

---

① 《中共中央关于全面深化改革若干重大问题的决定》，《中国共产党第十八届中央委员会第三次全体会议文件汇编》，人民出版社 2013 年版，第 53 页。

② 本章内容参见薛进文：《关于中国特色人权发展道路的几个问题》，《南开学报》2014 年第 5 期；薛进文：《人权保障中国梦的内涵与实现方式》，《人权》2014 年第 5 期，该文是本课题研究的阶段性成果。

状况等各种独特性因素，决不能割断历史、脱离国情，机械教条地照搬套用某一种或某一国人权发展模式。基于此，认识中国特色人权发展道路，就要从中国国情出发。特别要看到，中国是有着悠久文明的国家，是经历了深重苦难的国家，是以马克思主义为指导、在中国共产党领导下坚持社会主义制度的国家，是世界上最大的发展中国家。只有从这些方面入手，才能对中国特色人权发展道路进行科学、准确和全面的理解与把握。

## 一　中国特色人权发展道路蕴含了中华民族优秀传统文化的特质

作为一个拥有悠久历史和灿烂文化的文明古国，几千年历史涵养滋润的传统文化，必然深刻地影响着当代中国的人权观念和人权发展模式。比如，传统儒家思想倡导的“仁爱”“己所不欲，勿施于人”“天下为公”“礼之用，和为贵”，无不体现了尊重他人、重视集体、注重人的生存和发展等民本之道、社会稳定之道；“四海之内皆兄弟”“老有所终，壮有所用，幼有所长，鳏寡孤独废疾者皆有所养”的“大同世界”思想，体现了推崇和合的社会观；“据法听讼，无有所阿”，表达了依法办事的理念；“天人合一”“天人感应”，体现了人与自然和谐发展的思想；“王侯将相宁有种乎”“等贵贱，均贫富”，则体现了追求平等的精神；等等。这些独特而悠久的文化理念，潜移默化地影响着中国人的思想和行为，也使中国特色人权发展道路在文化背景上蕴涵了丰富的传统因子。

## 二　中国特色人权发展道路铭刻着中国近现代历史的深刻印记

在工业革命发生前的几千年时间里，中国的经济、科技、文化曾对人类文明作出了重大贡献。但进入近代以后，由于封建统治的腐朽，中国逐步沦为半殖民地半封建社会，列强入侵，割地赔款，主权丧失，社会动荡，人民生活极度贫困，国家和民族在相当长的时间里“内无人权、外无国权”。国家独立、民族解放，人民的生存、安定和发展，进而实现民主、自由和普遍的人权，成为摆在整个中华民族和每个中国人面前的头等大事。为此，中国人民开展了艰苦卓绝的斗争，无数仁人志士进行了坚持不懈的探索，最终是中国共产党肩负和完成了历史重任，带领人民推翻了“三座大山”，结束了国家、民族和人民被奴役、被压迫的屈辱历史。这一百多年的特殊历史，决定了中国属于人权领域的后发国家，决定了中国的人权事业要经历一个逐步发展进步的过程，也决定了生存权、发展权在中国特色人权发展道路中具有特别重要的意义。

### 三　中国特色人权发展道路体现了马克思主义的基本人权观

马克思主义既是中国执政党的指导思想，也是中国特色人权发展道路的基本理论源泉。马克思主义认为，人权是一个社会的、政治的范畴，既是历史的、发展的，又是相对的、具体的；既是社会发展进步的必要内容，又是现实的社会政治与管理实践。劳动人民的人权必须通过革命斗争实践，才能真正获得。人权的内容、范围及其实现程度，既受政权性质、经济基础和科学文化发展水平的制约和限制，更直接受一个国家法律的限制，“权利决不能超出社会的经济结构以及由经济结构制约的社会的文化发展”。[①] 同时，人权一直在经历着一个逐步发展、逐步完善的过程，资产阶级人权是人权发展的一个阶段，决不是人权的唯一形式。“代替那存在着阶级和阶级对立的资产阶级旧社会的，将是这样一个联合体，在那里，每个人的自由发展是一切人的自由发展的条件。”[②] 马克思、恩格斯关于人类彻底解放、全面发展的理念与充分享有人权是一致的，只有在每个人的自由发展是一切人自由发展的条件下的共产主义社会，全人类才能获得高度、广泛、公平和真实的人权。可以说，马克思主义人权观科学地揭示了人权的社会经济基础、历史特征、阶级实质，为广大人民争取人权的斗争指明了正确方向，也为我们排除国内外各种错误思潮的干扰，坚持和发展中国特色社会主义、实现中华民族伟大复兴的“中国梦”提供了理论武器。

### 四　中国特色人权发展道路彰显中国共产党和中国政府的人权主张

中国共产党建党 90 多年、新中国成立 60 多年、改革开放 30 多年来，中国共产党根据中国革命、建设、改革和发展的实际，先后提出了一系列人权主张，与时俱进地不断赋予中国特色人权发展道路新的内涵。比如，革命战争年代，就工农权益、信教自由、选举权和被选举权等提出了一系

---

① 《马克思恩格斯文集》第 3 卷，人民出版社 2009 年版，第 435 页。

② 同上书，第 53 页。

列主张。新中国成立初期，制定了《婚姻法》《土地改革法》《劳动保障条例》《选举法》等一系列法律法规，保障了人民婚姻自由的权利、获得生产资料的权利、劳动权利和基本政治权利。1954 年的《宪法》更是标志着中国人权保障体系的初步建立，不仅规定了公民的基本权利和义务，也扩展了公民权利的主体范围和内容范围。改革开放以来，随着经济社会的不断发展，民主政治和法治制度不断完善，人民越来越充分地享有各种政治、经济和社会权利。从 1991 年发表首部《中国的人权状况》白皮书，到2004 年将“国家尊重和保障人权”正式载入宪法；从2007 年中国共产党将“尊重和保障人权，依法保证全体社会成员平等参与、平等发展的权利”写入党章，到2012 年中国共产党第十八次代表大会将“人权得到切实尊重和保障”纳入全面建成小康社会的奋斗目标。人权在国家法律体系和发展战略中的重要地位不断提升。现在，从中国特色社会主义道路、中国特色社会主义理论体系和中国特色社会主义制度的各个方面和各个环节都能找到保障人权、促进人权、发展人权的战略部署、理论表述和制度安排，争取和保障人权已经成为中国共产党治国安邦、执政为民的自觉意志与不懈行动。

### 五　中国特色人权发展道路立足于世界最大发展中国家的基本国情

中国在实现现代化的道路上，已经取得了举世瞩目的成就，但仍然是发展中国家。人口多、底子薄、起步晚，城乡、区域发展不平衡的问题还很突出。人均国内生产总值在全世界仅排 80 位左右，居民人均收入等指标远远落后于发达国家。总体上讲，人民生活刚刚进入小康阶段，覆盖全国的社会保障体系只是初步建立。全国每年城镇新增劳动力有 1000 多万人，数亿农村劳动力需要转移就业和落户城镇，还有 8500 多万残疾人[①]。按照世界银行的标准，仍有 2 亿多人口生活在贫困线以下。全国还有 14 个连片特困地区，有 592 个国家重点扶持的贫困县[②]。基于这些，只有在中国共产党和中国政府的领导下，坚持把发展作为第一要务，谋发展、求发展、促发展，才能在全面协调可持续的发展中科学有序地实现和保障人

---

① 习近平：《在布鲁日欧洲学院的演讲》，载《人民日报》2014 年 4 月 2 日。

② 数据来自国务院扶贫开发领导小组办公室网站 http：//www. cpad. gov. cn/。

民的各项权利。也正因为是世界上最大的发展中国家，中国人民才更加渴望过上富足安康的生活，更加珍惜来之不易的和谐稳定局面，更加懂得实现和保障人权既是应尽的国家义务，也是国家又好又快发展的内在需要和必然结果。

上述几个角度，可以帮助我们全面地理解中国特色人权发展道路的科学内涵，有助于弄清楚其“特色”究竟在哪里，有助于搞明白其“发展”的立足点到底在何处，从而明确：中国特色人权发展道路是在中华民族5000多年、中国近现代170多年、中国共产党建党90多年、新中国成立60多年、改革开放30多年奋斗、积累和创造的历史中逐步形成的，包含了具有独特性和必然性的丰富内容。

这些内容可概括为：第一，坚持生存权和发展权是首要人权。在发展中国家，生存权、发展权应受到优先重视，因为“人权首先是人民的生存权。没有生存权，其他一切人权均无从谈起”[①]。同时，中国人民有选择自己社会发展模式的权利，坚持走中国特色社会主义道路，根据自己的实际情况和经济社会的发展要求，逐渐地发展中国的人权。第二，坚持以人为本，发展为了人民、发展依靠人民、发展成果由人民共享。在发展经济的同时，保障人民的政治、经济、社会和文化权利，进而全面促进各类人权的发展。第三，强调个人人权和集体人权相结合，主张个人人权是集体人权的基础，集体人权是个人人权的保障。同时坚持权利与义务的统一，“任何公民享有宪法和法律规定的权利，同时必须履行宪法和法律规定的义务”[②]。第四，坚持国家权力与公民权利的一致性，通过国家权力使人民的应有权利变为法定权利，使法定权利变为实际享有的权利，在保持社会稳定的基础上逐步扩大个人和社会的自由。第五，主张人与自然的协调发展，倡导人与自然和谐共生、良性循环、全面发展、持续繁荣，推进生态文明建设。第六，主张人权首先是各国国内管辖的事项。在承认人权普遍性的同时，强调各国政府和人民有权在促进和保护人权的过程中确立本国的优先事项和实施方式，反对搞人权对抗，反对在人权问题上搞国际霸权主义，坚持在有效维护国家主权的前提下，在平等和相互尊重的基

---

① 国务院新闻办公室：《中国的人权状况》，中央文献出版社1991年版，第1页。

② 刘海年：《新中国人权保障发展六十年》，中国社会科学出版社2012年版，第100页。

础上，就人权问题进行对话，开展国际人权交流与合作，等等。①

## 第二节　中国特色人权发展道路具有不同于西方人权模式的独特潜力

多年来，一些西方国家打着维护人权的幌子，鼓吹所谓“人权高于主权”，试图利用人权问题粗暴干涉别国内政、渗透西方价值观念和政治制度。这不得不引起我们的高度关注和警惕。要通过深入的分析比较，认清西方人权主张和人权模式的本质，进而充分认识中国人权发展的优势，坚定走中国特色人权发展道路的信心和决心。②

### 一　客观承认中西方人权发展的相通之处

毫无疑问，各国人民的人权追求具有共性。这基于人们对社会文明进步、人与自然和谐相处、个人自由发展的美好向往，基于在实践中面临的共同问题，基于人类的共同利益产生的理想和需要，是“追求所有人的美好目标”③，为全人类共同享有。从这个意义上讲，中西方人权发展会形成共同的价值取向。比如，对平等和自由的追求，对公平和正义的崇尚，对民主和法治的探索，对良好生态环境的期待，等等。再比如，人们所有的权利都应平等地享有，人们要在公平、正义、民主、法治的条件下获得生存发展、追求幸福的权利。这些都是人权的核心价值，也是人权保障的基本内容，无论中国还是西方，无论发达国家还是发展中国家的人民，在这些方面都能达成基本共识。

事实上，世界各国包括中国和西方国家对人权的共同认识，还体现在诸多人权文献和为保障人权所作的努力之中。英国《权利法案》、美国《独立宣言》和《人权法案》、法国《人权和公民权宣言》是西方国家人权发展的代表性文件；中国《宪法》关于公民权利和义务的规定、《中国的人权状况》（白皮书）、《国家人权行动计划》是当代中国最具代表性的

---

① 参见薛进文：《人权保障中国梦的内涵与实现方式》，《人权》2014 年第 5 期，第 11 页。

② 同上书，第 11—12 页。

③ 朱穆之：《追求所有人的美好目标：人权》，载《人权》杂志 2002 年创刊号。

人权文献[①]；《世界人权宣言》《经济、社会及文化权利国际公约》《公民权利和政治权利国际公约》以及其他一系列国际人权公约则是联合国最重要的人权文件。从这些文献中，都能看到人权发展的共同之处和各国作出的积极努力。就1948年联合国通过的《世界人权宣言》来说，中国代表张彭春曾直接参与该文件的起草制定[②]，该宣言本身就是“全世界各个民族国家代表的不同观念会通的结晶”，“体现了不同文化会合变通的精神”[③]。这个宣言第一次在国际范围内系统地提出了人权的基本内容和奋斗目标，“作为所有人民和所有国家努力实现的共同标准”[④]，其主张和规定得到世界各国的普遍赞同。宣言指出，“人人生而自由，在尊严和权利上一律平等”，“人人有权享有生命、自由和人身安全”，“法律之前人人平等，并有权享受法律的平等保护，不受任何歧视”[⑤]。

## 二　深入分析中西方人权发展道路的不同特点

区别于人权的共性，人权的个性则是“由各个国家民族文化传统、地理环境、社会经济政治制度以及发展水平所决定”，“在国与国之间表现为不同质的人权制度和民族特征”[⑥]。也就是说，在具体的人权实现方式、各项权利发展顺序、人权保障的条件和手段等方面，世界各国往往有不同的侧重、明显的区别。反过来讲，既要重视人权的普遍性，又要重视人权的特殊性，因为“只有通过特殊性，才能实现普遍性”，“只有根据实际情况，通过不同道路或形式，才能达到共同要求的人权”[⑦]。

中西方人权观及人权发展模式的差异主要体现在三个方面：

一是不同的历史背景。西方新兴资产阶级在文艺复兴、工业革命中反抗的是压制个人的封建专制制度，强调的是个人权利、政治权利，目的在于以人权对抗封建专制制度下的君权、神权和等级特权。而近代中国面对

① 董云虎：《人权大宪章》，中共中央党校出版社2010年版，第13页。

② 崔国良：《张彭春年谱》，载《张彭春论教育与戏剧艺术》，南开大学出版社2004年版，第708页。

③ 刘海年：《新中国人权保障发展六十年》，中国社会科学出版社2012年版，第153页。

④ 《世界人权宣言》，董云虎：《人权大宪章》，中共中央党校出版社2010年版，第152页。

⑤ 同上。

⑥ 刘海年：《新中国人权保障发展六十年》，中国社会科学出版社2012年版，第71页。

⑦ 朱穆之：《追求所有人的美好目标：人权》，载《人权》杂志2002年创刊号。

的是“三座大山”的压迫，不实现民族独立和解放，根本谈不上个人人权，因此逐步走上了争取国家独立、民族解放与争取个人自由权利并举的人权发展道路。[①]

二是不同的文化传统。西方文化关注人的自然属性、个人性、利己性以及个人与他人的分离性，可称为“个体本位”。它比较强调追求私有财产和个人权利。而中国传统文化在关注个体人的同时，较多地关注人的社会性、道德性以及个人对他人的依存性，是一种“集体本位”。它强调人与人的相互联系，崇尚扶贫济弱、尊老爱幼、以天下为己任的集体人道主义，把个人成全他人、集体和社会视为美德。

三是不同的权利侧重。西方人权观往往把权利和义务分离，强调政治权利和公民的个人权利是最重要的、甚至是唯一的人权，并宣扬“普世人权”“人权高于主权”。而在中国看来，人权的内涵不仅包括公民权利和政治权利，也包括经济、社会、文化权利；既要重视公民权利和政治权利，又要重视经济、社会和文化权利。同时，特别强调保护人权是主权国家的政府所必须承担的责任。

### 三　清醒看待西方在人权问题上的主张和行为

世界上没有放之四海而皆准的具体发展模式，也没有一成不变的发展道路。历史条件的多样性决定了各国选择人权发展模式的多样性，也就是说，在人权问题上没有最好，只有更好。世界各国尤其发展中国家结合本国国情保障人权的努力，应当得到尊重和理解。但是长期以来，人权问题往往被西方有些国家所曲解和利用，以此为借口干了许多既不道德、也有违人权精神的事情。比如，1999 年，以美国为首的北约国家打着“人权高于主权”的旗号干涉科索沃战事；2011 年，又挥舞着“捍卫人类普遍的价值观”的大棒，武力强行颠覆利比亚政权；美国每年发表《国别人权报告》对世界各个国家和地区的人权状况指手画脚，尤其对中国政治、民主、司法、宗教、民族乃至互联网等方方面面进行攻击，宣称中国的人权状况不断恶化。

---

① 参见薛进文：《人权保障中国梦的内涵与实现方式》，载《人权》2014 年第 5 期，第 12 页。

中国人权事业要发展，当然还有不少事情需要做好，但西方国家在人权上也有很多问题。不论发展到什么阶段，中国人权事业都要按照中国国情和中国人民的要求来发展，而不需要向西方的标准看齐，也不需要西方国家的评判。某些西方国家或西方学者、政要对中国人权在认识上存在偏差，如果是由于思维方式、文化背景的差异而导致的，可以通过学术交流、对话沟通，增进理解，扩大共识。但不能否认，有些西方国家或西方人士在人权问题上实行的是"双重标准"，出于政治目的，他们把人权作为干涉中国内政的一种手段。他们无视自身存在的种种人权问题，却用政治化、意识形态化的眼光看待中国人权，把西方的政治制度、发展模式看成人权的化身，而把中国的社会制度和发展模式看成"异类"。他们不断提出所谓中国"人权问题"，究其实质，关心的并不是中国人民的人权，而只是他们看中的、为他们价值观和利益服务的异见人士的人权，真正意图是要让人权成为同中国进行政治较量、向中国施压乃至颠覆中国政权的筹码和工具。对这种伪善面目，中国理所当然要给予坚决揭露、抵制和回击。

"橘生淮南则为橘，生于淮北则为枳"，历史差异决定了不同的发展道路，不同国情决定了面对人权问题的立场、观点和措施的迥异。中国积极探索自己的人权事业发展，已经走出了一条以经济和文化为基础，以国情为依托，以法治为保障，以协调发展为方向的中国特色人权发展道路。这条人权发展道路不迷信所谓"西方标准模式"，不仅尊重人权，而且重视人权的实现；不仅体现人权发展的个性，而且对人权共性给予充分尊重；不仅借鉴了西方人权理论的合理部分，而且吸收了国际人权实践的成功经验。可以说，中国特色的人权观和人权发展模式符合公认的国际人权准则，符合中国实际和中国人民的愿望，并被实践证明行之有效，理应得到充分尊重。正如一位意大利人权和自由主义学者所言："中国选择了一条与西方国家完全不同的道路……如果中国可以证明合理的政治和经济管理可以把尊重人权与民族的稳定团结结合起来，那么中国将能够向大家提供一个可以遵循的模式。"①

① 玛丽娅·佩龙尼：《人权与国际背景》，载《第六届北京人权论坛论文集：建设可持续的人权发展环境》，2013年9月，第309页。

## 第三节　中国特色人权发展道路在实践中已经取得了辉煌成就

“人民对美好生活的向往，就是我们的奋斗目标。”① 回首历史，“中国共产党的历史，可以说是为争取中国各族人民人权的斗争史”②。新中国成立后，尤其改革开放30多年来，中国共产党领导人民进行经济、政治、文化、社会和生态文明建设，实实在在、全面均衡地发展和保障了人权，使中国特色人权发展道路不仅在理论上日臻完善，而且在实践中也取得了辉煌的成就。

### 一　政治权利得到有效保障

新中国成立后，中国人民真正站起来了，中国人权发展道路在社会主义制度的基础上，迎来了更加光明的前景。“切实尊重和保障人权”不仅成为中国共产党治国理政的执政方略，而且逐步上升为有规划、成体系的国家意志和国家行为。党和政府坚持积极稳妥地推进政治体制改革，加快建设社会主义法治国家，发展社会主义政治文明；努力健全民主制度，丰富民主形式，扩大公民有序的政治参与，保障公民依法行使民主权利；制订、修改和实施相关法律法规，出台和推进一系列人权保障政策、规划和专项行动。积极参与和推动国际人权保障，已先后批准参加了27个国际人权公约，每年与近20个国家进行人权对话与磋商。目前，中国18岁以上的公民，99%都享有选举权和被选举权③；普遍享有广泛的基本自由和基本人权，有言论自由和信仰自由，有宽广的个人自由空间。所有这些，为中国特色人权事业发展夯实了基础，也赢得了世界的肯定。2014年3月召开的联合国人权理事会第25次会议，对中国人权发展成就作出积极评价，赞赏中国以开放、自信、坦诚的态度参加国别人权审查。

---

① 习近平：《在十八届中共中央政治局常委同中外记者见面时的讲话》，载《人民日报》2012年11月16日。

② 刘海年：《新中国人权保障发展六十年》，中国社会科学出版社2012年版，第16页。

③ 王晨：《走出一条中国特色社会主义人权发展道路》，载《人权》2011年第6期。

## 二　经济权利的保障水平不断提高

从1978年到2013年，中国国内生产总值由3645亿元人民币增加到56.88万亿元人民币，经济总量已居世界第二位，进出口贸易总额跃居世界第一位，外汇储备稳居世界第一位，主要工农业产品产量位居世界前列。国家先后启动了东部地区率先发展战略、西部大开发战略、东北等老工业基地振兴战略和中部地区崛起战略，激发了各大经济区域的发展活力，国家发展经济和抵御各种风险的物质基础大大增强，保障公民实现各种权利的能力显著提高。改革开放30多年来，人均国内生产总值增加了99.8倍、城镇居民家庭人均可支配收入增长了70.5倍、农村居民家庭人均纯收入增长了58.3倍、居民食品外消费比率逐年增加、恩格尔系数逐年下降[①]。人民物质生活的满足和生活质量的提高，有力地保障了人民的生存权。

国家高度重视公民就业权的保障，面对世界性经济危机，采取了各种措施增加就业岗位，城镇失业登记率多年一直保持在4%左右的较低水平。重视保障公民各项工作权利，制定和实施了《劳动合同法》《人民调解法》和《劳动人事争议仲裁组织规则》，建立了1.4万多个协调劳动关系的三方组织，建立了53.4万个各类劳动争议调解组织，调解人员达到200多万人。[②] 重视劳动者获得报酬的权利，全面推进企业建立工资集体协商制度。这些人权发展成就，都是在经济社会快速发展的基础上取得的。

## 三　文化权利的保障形式更加丰富

中共中央制定的《关于深化文化体制改革推动社会主义文化大发展大繁荣若干重大问题的决定》，政府制定的《国家“十二五”时期文化改革发展规划纲要》《文化产业振兴规划》以及其他与文化发展相关的政策措施，都推进了文化发展和文化创新，为公民文化权利的保障提供了支撑。通过深化文化体制改革，解放和发展文化生产力，激发全民族文化创

---

① 数据来自国家统计局网站 http：//www.stats.gov.cn/。

② 数据出自国务院新闻办公室发布的《国家人权行动计划（2009—2010年）评估报告》。

造活力，人民的社会文化生活更加丰富多彩，公民基本文化权益的保障不断加强，基本实现了"县有图书馆、文化馆，乡有综合文化站"，保障公民文化权利的服务体系初步形成，人民享受文化成果的权利、参与文化活动和文化事务管理的权利、开展文化创造的权利以及文化成果受法律保护的权利，均得到前所未有的提高。

## 四 社会权利保障更加公平

针对社会各领域存在的人权问题，中国共产党和中国政府出台了一系列政策，开展了一系列专项行动，投入了大量资金，有力地保障了人民的各项社会权利。比如，高度重视人民受教育的权利，加大教育投入力度，建立家庭经济困难学生资助体系，实现从学前教育到研究生阶段各个阶段全覆盖。截至2010年底，免费九年义务教育人口覆盖率达100%，小学学龄儿童净入学率达99.7%，小学五年巩固率达到99%，初中毛入学率达到100%[①]，全国15岁以上人口文盲率下降到4.08%[②]，中国已经成为世界9个发展中人口大国中第一个也是唯一实现基本普及九年义务教育的国家。

着力保障人民生存权，2009年将扶贫标准提高至1196元，新标准覆盖的人口规模为4007万人，2011年再次将国家扶贫标准提升到2300元，比2009年提高了92%，这保障了低收入人口的基本生活水准，实现了为低收入群体"兜底"[③]。注重保障人民的健康权，改革和健全食品药品安全监管体制；推进医药卫生体制改革，建立新型农村合作医疗制度，健全重特大疾病医疗救助试点，为需要救助的重特大疾病患者解除后顾之忧；同时，制定社会保险法，修改了工伤保险条例，提高人均基本公共卫生服务经费标准，从制度上实现了基本养老和基本医疗保障对城乡居民的全覆盖。还鼓励引导互联网发展，截至2013年12月中国网民数量达6.18亿，网络问政已经成为广大网民参与社会管理的新途径。

这些努力也获得了世界范围的赞誉和肯定。荷兰外交部人权大使里昂奈尔·菲尔就指出："中国在社会与经济权利领域已经取得了令人瞩目的

---

① 《中华人民共和国年鉴（2011）》，中华人民共和国年鉴社2011年版，第378页。

② 数据来自国家统计局网站 http：//www. stats. gov. cn/。

③ 数据出自国务院新闻办公室发布的《国家人权行动计划（2009—2010年）评估报告》。

重大进步。"① 又比如，瑞士学者奥多·考波充分肯定中国在发展经济的同时对少数民族的文化和社会权利给予的尊重和保障，指出："在当今藏区你会看到一个现代化与传统并行不悖的藏族社会，藏族文化和宗教一直盛行不衰。"②

### 五　环境权利保障日益加强

使所有人享有适宜健康和良好的生活环境的权利，是当代人权保障提出的新要求。中国共产党和中国政府高度重视生态环境的改善，提出"宁要绿水青山，不要金山银山""决不能以牺牲生态环境为代价换取经济的一时发展"，明确将生态文明建设放在突出地位，作为全面建成小康社会总体布局的五大目标之一，努力建设美丽中国，切实保障公民的环境权益，给子孙留下天蓝、地绿、水净的美好家园。经过多年努力，中国初步建成了覆盖各环境要素的国家环境监测网和地方环境监测网，形成了包括污染防治领域、资源保护领域、自然区域和生物多样性保护领域的覆盖面较为完整的法律法规体系，公民享有良好生态环境权利的保障水平不断提高。

## 第四节　坚持和发展中国特色社会主义与坚持中国特色人权发展道路的一致性

中国共产党在新时期的理念和主张，归结为一点，就是坚持和发展中国特色社会主义。坚持中国特色社会主义与坚持中国特色人权发展道路具有内在的一致性。只要我们在新的历史起点上不断坚持和发展中国特色社会主义，大力推进经济建设、政治建设、文化建设、社会建设和生态文明建设，全面深化改革，推进国家治理体系和治理能力的现代化，使中国经济社会持续发展，中国特色人权发展道路的根基就必将越来越坚实；只要我们坚定不移地走中国特色人权发展道路，深化人权事业的实践探索、理

① 中国人权研究会：《科技、环境与人权》，五洲传播出版社2013年版，第20页。

② 奥多·考波：《少数民族地区的社会建设》，载《第六届北京人权论坛论文集：建设可持续的人权发展环境》，2013年9月，第166页。

论创新和制度保障，中国特色社会主义的道路就会越走越宽广。这是一个理论逻辑和历史逻辑辩证统一、相辅相成的过程。

## 一 中国特色社会主义道路开拓人权发展的实践空间

“人权得到切实尊重和保障”被中国政府确立为全面建成小康社会的奋斗目标之一。与这一目标相一致，中国政府提出了一系列重大部署和战略举措，为实践层面深化中国特色人权发展提供了实现途径。

在经济和社会权利方面，中国提出到2020年“国内生产总值和城乡居民人均收入比2010年翻一番”①。伴随着中国经济实力和财政能力的不断增长，国家将持续增加扶贫、教育、医疗和社会保障等方面的投入，人民经济和社会权利的实现程度必将逐步加深。

中国高度重视人民生活的改善，强调“要多谋民生之利，多解民生之忧，解决好人民最关心最直接最现实的利益问题，努力让人民过上更好的生活”，“努力办好人民满意的教育”，“推动实现更高质量的就业”，“千方百计增加居民收入”，“统筹推进城乡社会保障体系建设”，“提高人民健康水平”②。这都体现了以人为本的执政理念，体现了尊重和保障人权的指导思想。随着经济社会的健康发展，国家将下更大气力改善民生，民生投入在财政支出中的比例有望逐年提升，人民多方面的生活将持续得到改善。

在公民权利和政治权利方面，中国坚持“保障社会公平正义”“保证人民依法享有广泛权利和自由”③。按照这一思路，通过不断完善社会管理，扩大社会主义民主，加快建设社会主义法治国家，发展社会主义政治文明，不断丰富和保障人民依法享有广泛的权利和自由，公民的各项权利必将不断得到扩展，人的全面发展将从理念逐步变为现实，中国社会也必将更加充满活力。

在文化权利方面，中国提出“文化是民族的血脉，是人民的精神家

---

① 胡锦涛：《坚定不移沿着中国特色社会主义道路前进 为全面建成小康社会而奋斗——在中国共产党第十八次全国代表大会上的报告》，《中国共产党第十八次全国代表大会文件汇编》，人民出版社2012年版，第16页。

② 同上书，第31—34页。

③ 同上书，第24页。

园”，强调要使“人民基本文化权益得到更好保障、人民思想道德素质和科学文化素质全面提高”①。可以预见，随着文化体制改革的逐步深化，文化生产力将得到不断解放和发展，全民族的文化创造活力将不断被激发，人民的社会文化生活会更加多彩，文化权利将进一步丰富。

## 二　中国特色社会主义制度推动人权保障体系的健全完善

中国特色社会主义制度包括了我们的政治体制、经济体制、社会体制、文化体制、法律体制等，以及这些体制中所包括的各项具体制度，它们构成了中国特色人权保障体系的制度根基。因此，推进中国特色社会主义制度的完善，本质上就是推进中国人权保障体系的完善。我们从实践角度开拓中国特色社会主义道路，从理论角度丰富中国特色社会主义理论体系，必然促进中国特色社会主义制度的巩固和完善，当然也会推动改革不适应中国人权发展要求的体制机制、法律法规，并不断构建新的尊重和保障人权的体制机制、法律法规。

随着中国特色社会主义法律体系的逐步完善，已初步构建了一个以宪法为中心，由240多部法律、700多件行政法规和8600多件地方性法规共同构成的法律法规体系，标志着中国特色社会主义的人权法律保障体系已经形成，同时也意味着中国人权保障走上了规范化、法律化、制度化的轨道。再比如，中国政府制定的《国家人权行动计划》，比较完整地表述了人权框架体系和人权的政策与法律保障体系，体现了中国特色社会主义在人权制度上的特色，并与国际人权公约的精神保持了协调和相当程度的一致，成为中国特色人权保障制度具体化和评估指标化的重要里程碑。

着眼坚持和发展中国特色社会主义，我们还要通过深化改革，不断从制度层面入手，用政策与法律的力量，保障人民的各项权利，努力把尊重和保障经济、社会和文化权利，公民权利与政治权利，以及少数民族、妇女、儿童、老年人和残疾人等社会特定群体的权利，逐步转化为更加系统完备、成熟定型、科学规范、有效运行的体制机制安排，最终通过制度优

---

① 胡锦涛：《坚定不移沿着中国特色社会主义道路前进 为全面建成小康社会而奋斗——在中国共产党第十八次全国代表大会上的报告》，《中国共产党第十八次全国代表大会文件汇编》，人民出版社2012年版，第28页。

势，彰显中国特色人权保障体系的制度魅力。

### 三　中国特色社会主义理论体系赋予人权理论新的内涵

从概念上讲，中国特色人权理论与中国特色社会主义的经济理论、政治理论、法治理论、社会理论、文化理论是并列的，同时又包含了对中国人民的经济、政治、文化、社会等权利保障的理论分析和概括，是对马克思主义人权理论的继承和发展，是对中国特色社会主义关于人权发展问题的理论探索与阐释。因此，在新的历史起点上，我们丰富和发展中国特色社会主义理论体系，必然会促进中国特色人权理论的创新发展。

要着眼中国特色社会主义实践，进一步全面系统地梳理、概括和总结中国共产党建党 90 多年来、新中国成立 60 多年来、改革开放 30 多年来探索和推动人权发展的历史经验，着力深化对中国特色人权保障政策与实践的理论研究，对中国特色人权法律体系建设和司法实践的理论研究，对中国与其他发展中国家人权发展道路的比较研究，对中国与主要发达国家人权发展道路的比较研究，不断充实中国特色社会主义理论体系关于人权发展的内容。

要在广泛吸纳人文和社科领域各学科发展的最新成果的基础上，大力推进人权领域的理论创新，树立高度的理论自觉和理论自信，坚持运用马克思主义立场、观点、方法，准确把握当今世界人权事业发展大势，准确把握中国社会主义初级阶段的基本国情，准确把握经济社会发展对人权事业发展的新要求，努力作出新的理论概括，为推动中国特色人权事业发展提供有力的理论指导。要深化人权研究、加强人权教育，不断丰富中国人权发展的学术思想和理论体系，不断凝练出理论联系实际的、科学的、开放融通的人权概念、范畴、表述，增强中国特色人权理论的适应力、解释力和说服力。要强化人权理论研究领域的国际交流合作，积极对国际社会广泛关注的中国人权问题作出科学的阐释与合理的回应，扩大中国特色社会主义理论体系和中国特色人权发展道路的国际影响。

总之，尊重和保障人权是中国特色社会主义的内在要求。我们相信，坚持和发展中国特色社会主义，沿着中国特色人权发展道路前进，中国人权事业必将呈现更加美好的图景，中国特色社会主义必将迎来更加光明的未来。

# 第二章　中国特色人权发展道路的研究思路

人权是人作为人应当享有的权利。实现充分的人权是人类长期追求的理想，也是中国人民和中国政府长期为之奋斗的目标。[①] 在过去的 90 多年中，中国共产党领导中国人民为实现人权进行了艰苦卓绝的斗争，推翻了帝国主义和封建主义在中国的统治，取得了新民主主义革命的胜利，建立了社会主义的新中国，为中国人民实现人权奠定了基础。中华人民共和国成立以来，中国政府将人权的普遍性原则与中国的具体国情相结合，为促进和保障人权作出了不懈的努力，中国人民的命运发生了翻天覆地的变化，中国人权事业实现了历史性发展。特别是改革开放以来，中国把尊重和保障人权作为治国理政的重要原则，庄严载入《中华人民共和国宪法》，采取切实有效的措施促进人权事业的发展，使中国人民的物质文化生活水平得到大幅提高，政治、经济、文化、社会权利得到切实保障，谱写了中国人权事业发展的新篇章。

尽管人权是人类普遍追求的道德理想，但选择实现人权的发展道路，却要考虑各个国家自己的历史传统，经济、社会和政治的发展水平，以及在不同时期面临的迫切任务。中国共产党和中国政府正是遵循着将人权的普遍性原则与中国的具体国情相结合的方针，推进中国人权事业的发展不断前进，使中国人权的保障水平稳步提高，走出了一条具有中国特色的人权发展道路。

然而，在理论上，如何对中国特色的人权发展道路加以总结和概括，并不是一件轻松的工作。它需要解决理论上的一系列难题。

第一，人权在什么意义、什么层次、什么条件下具有普遍性？

---

① 国务院新闻办公室：《国家人权行动计划（2009—2010 年）》，《人权》2009 年第 3 期。

第二，哪些具体的因素会影响和形成人权发展道路的特殊性？

第三，人权发展道路的特殊性具体表现在哪些方面、哪个层次、哪些性质上？人权发展道路的特色与人权发展道路的差异是不是同一概念，是不是所有差异都可以被概括为特色？是否存在着表层差异与深层差异的区别？是否应当区别特定时期的特殊现象与持续具有的内在特征？

第四，什么是中国特色的人权发展道路的内在动力，它是一种主观的创造性选择还是一种客观发展的必然？

第五，如何看待中国特色的人权发展道路与人权普遍性原则的关系，它是对人权普遍性原则的违背还是对人权普遍性原则的丰富？

第六，如何评价各个国家不同人权发展道路的合理性，是否存在着统一的评价原则和评价标准？

要回答这些理论问题，不仅要进行深入的理论探讨，而且要对主要国家的人权发展道路进行具体的考察和细致的比较。

本课题研究的重点问题包括：

（1）准确概括中国特色人权发展道路；

（2）深入分析中国特色人权发展道路的形成机制；

（3）恰当评价中国特色人权发展道路的历史合理性；

（4）概括有代表性的发达国家人权发展道路的特色；

（5）概括有代表性的发展中国家人权发展道路的特色；

（6）比较中国与有代表性的发达国家和发展中国家在人权发展道路上的差异和共同点。

## 第一节　已有研究综述

### 一　国内研究综述

近些年来，国内学者从不同角度对中国特色人权发展道路进行了一定的研究。比如：中国人权研究会组织了“政治文明建设与人权保障”、“全面建设小康社会与人权”“科学发展观与中国人权建设”“中国共产党执政与人权保障”和“中国人权发展道路和基本经验”的专题研究；中共中央党校人权研究中心开展了“全面建设小康社会与人权”的专题研究；中国人民大学法学院人权研究中心开展了“当代中国社会主义人权理论研究”和“发展中国家政治发展与人权保障问题研究”；等等。此外，还有许多学者发表了大量学术论文。他们的研究可以概括为以下几个方面：

1. 对中国特色的人权发展道路的指导思想的分析

王达全等人认为，坚持发展生产力和共同富裕的原则，立足于改善全国人民的生活水平和促进全国人民人权的发展是我们人权发展道路的基本方向。①

徐显明将建设“和谐世界”，推进“和谐”人权观作为中国特色人权发展道路的基本方向。②

杨正泉③、冯卓然④、陈志尚⑤、李步云⑥等学者探讨了科学发展观与中国特色的人权建设的关系，认为以人为本是科学发展观的核心，也是人权保障的理论基础与根本原则，科学发展观也是一种新的人权观，要用科学发展观作为人权建设的指导方针、世界观和方法论。同时，科学发展观全面性思想对处理各类人权的相互关系具有重要的指导意义。

2. 对中国特色人权发展道路的基本内涵的概括

罗豪才认为⑦，“中国模式”的基本特点为：坚持一个基本理念，这就是以人为本的科学发展；人权法治着力理顺两个基本关系，即权利与义务关系和权利与权力关系；整体推进三代人权保障，即在实现第一代和第二代人权协调发展的同时，把保障人民的生存权和发展权放在首要位置；人权保障力求四个统筹兼顾，包括统筹主权与人权、国际与国内、人权与社会、理论与实践四个方面。

王林霞将中国特色的人权观概括为：生存权、发展权是首要人权的观点；公民权利和政治权利与经济社会文化权利协调发展的观点；既讲个人权利，也讲集体人权的观点；人权既具有普遍性也带有特殊性的观点；各

---

① 王达全、谢昌荣：《论有中国特色人权发展道路的特点》，《南方冶金学院学报》2002年第3期。

② 徐显明：《和谐权：第四代人权》，《人权》2006年第2期。

③ 杨正泉：《科学发展观与人权》，《人权》2006年第3期。

④ 冯卓然：《以人为本与社会主义人权建设》，《中共天津市委党校学报》2005年第4期。

⑤ 陈志尚：《以人为本，促进人权事业全面发展》，《人权》2006年第4期。

⑥ 李步云：《科学发展观与人权保障》，《人权》2006年第5期。

⑦ 罗豪才：《人权保障的“中国模式”》，《人权》2009年第6期。

国应在平等和相互尊重的基础上就人权问题进行对话交流，反对搞人权对抗，反对国际人权霸权主义等[①]。

也有些学者认为，“执政为民”“立党为公”都是中国特色的人权观。

3. 对中国特色人权发展道路的动力和影响因素的分析

对中国特色人权发展道路的动力和影响因素的分析，主要集中于四个方面：

（1）传统文化的影响：中国的东方文化的特质不同于西方社会。相对于西方强调人的自然属性和个人权利，中国传统文化强调人的社会性、道德性以及个人对他人的依存性。比如，“民为贵，君为轻”的政治观、“天人合一”的宇宙观、“宽厚仁爱”的人际观、“恬淡平和”的身心观以及“和而不同”的思想等。黄楠森、汤恩佳等人对儒家人权思想进行了研究，认为儒家人权思想体现在对人之主体的深切关爱，对人的生存权的极大关注，“立人”“达人”思想是实现人权的一种比较理想的途径[②]。陈启智等人专门探讨了儒家思想对中国人权发展的影响[③]。中国人权研究会编的《东方文化与人权发展》[④]，较为详尽地讨论了中国传统文化与人权发展的关系。

（2）历史过程的影响：董云虎认为，中西方在近代革命中面对的人权问题有很大不同。西方资产阶级革命反对的是压制个人的封建专制制度，因此在提出“人权”概念的时候，强调的是个人权利、政治权利，其目的在于以人权对抗君权、神权和等级特权。而在近代中国，面对的是帝国主义、封建主义的双重压迫，而首先是外国帝国主义侵略给整个中华民族带来的人权灾难。对中国人来说，不解决中华民族的独立和解放这一集体人权，就根本谈不上个人人权。[⑤]

（3）具体国情的影响：董云虎认为，中国是一个脱胎于贫穷落后的半殖民地半封建社会的后发国家，在现代化发展和人权发展方面是后起

---

① 参见王林霞：《浅谈中国人权发展的独特模式及其经验意义》，《人权》2009年第1期。

② 参见黄楠森、云翔：《挖掘中国传统文化中的人权思想》，《人权》2002年第5期。汤恩佳：《论儒家的人权思想》，载陈启智主编《儒家传统与人权·民主思想》，齐鲁书社2004年版。

③ 参见陈启智等：《儒家传统与人权·民主思想》，齐鲁书社2004年版。

④ 参见中国人权研究会：《东方文化与人权发展》，东方出版社2004年版。

⑤ 参见董云虎：《西方对中国人权认知的偏差及其原因》，《人权》2010年第5期。

者，并且长期处于劣势地位，既面临着不利的国际环境和外部压力，又面临着用几十年时间完成发达国家几百年才能完成的繁重的“赶超”任务。中国之所以将生存权和发展权作为首要人权，是因为中西方的现代化发展所处的时代背景和发展阶段不同，面对着不同的课题。同时，中国人口多、底子薄、人均资源匮乏、自然条件相对恶劣的基本国情，决定了生存权、发展权成为中国人民的首要人权。[①]

（4）社会主义意识形态的影响：一些学者专门分析了马克思主义与中国人权发展道路的影响，相关的著作包括：《马克思恩格斯人权理论及其当代价值》[②]《社会主义与人权》[③]《马克思主义视野中的人权》[④]《马克思主义人权理论与实践》[⑤] 等。

4. 对中国人权保障的法制制度的研究

中国人权研究会组织了“中国法制建设与人权保障”专题研讨；中共中央党校人权研究中心开展了“完善我国人权法律制度”的专题研究；中国政法大学人权与人道主义法研究所开展了“中国人权保护制度化历程”的专题研究；林喆出版了《当代中国人权保障法律制度研究》[⑥]。

5. 对中国人权发展过程中具体问题的研究

国内学术界对中国人权发展过程面临的各种具体问题进行了专题研究。其中主要包括：（1）对中国特定群体权利保护的研究，如山东大学人权研究中心和“社会弱势群体权利保护研究”；中共中央党校人权研究中心的“弱势群体权利保障与和谐社会法制构建研究”；中国政法大学人权与人道主义法研究所的“社会弱势群体权利保护”。（2）对农民工权利保障的研究，如湖南大学法治与人权研究中心的“农民工劳动保障权利研究”，以及研究著作《中国农民工权利保障》[⑦] 等。（3）对妇女权利保障的研究，如中共中央党校人权研究中心的“中国妇女人权保障机制研

---

① 参见董云虎：《西方对中国人权认知的偏差及其原因》，《人权》2010 年第 5 期。

② 苗贵山：《马克思恩格斯人权理论及其当代价值》，人民出版社 2007 年版。

③ 吴忠希：《社会主义与人权》，学林出版社 2007 年版。

④ 陈波：《马克思主义视野中的人权》，中国社会科学出版社 2004 年版。

⑤ 郑杭生等：《马克思主义人权理论与实践》，中国检察出版社 1997 年版。

⑥ 林喆：《当代中国人权保障法律制度研究》，山东人民出版社 2007 年版。

⑦ 谢建社：《中国农民工权利保障》，社会科学文献出版社 2009 年版。

究”。(4) 对老年人权利保障的研究，出版了《老年人权益保障与社会发展》[①] 等。(5) 对贫困群体权利保障的研究，如湖南大学法治与人权研究中心的“我国贫困群体权利保障研究”。(6) 对少数民族权利保障的研究，如中央民族大学民族区域自治与少数民族人权保障中心对“现代化进程中中国少数民族人权保障”的课题研究。(7) 对紧急状态下的权利保障的研究，如《紧急状态下的人权克减研究》[②] 等。此外，还有许多对妇女、儿童、老年人、残疾人、受灾民众等特定主体的权利保障的研究。

6. 对中国人权外交政策与人权斗争的研究

董云虎指出，一些西方人习惯于用西方中心论的眼光来看问题，习惯于用政治化、意识形态化的人权观来看待中国，习惯于把西方的社会制度、发展模式看成是人权的化身，而把其他社会制度和发展模式看成是侵犯人权的表现，因而把共产党领导的中国先入为主地想象成违反人权的国家。这种思维方式使他们深深地陷入了类似英国哲学家朗西斯·培根所说的“洞穴假相”之中。[③]

7. 对中国特色人权发展道路面临的挑战的研究

常健指出，促进中国人权事业发展要解决好四个方面的问题：第一是人权的平等保障与特殊保护的关系问题；第二是基本人权保障与保障水平提高的关系问题；第三是人权的国内保护与国际保护的关系问题；第四是政府推动与社会参与的关系问题。[④]

8. 对其他国家人权发展状况的研究

许多学者对其他国家特别是发达国家和发展中国家的人权保障状况进行了研究。如中国人民大学进行的“欧盟人权的立法与实践”“发展中国家政治发展与人权保障问题研究”，上海交通大学凯原法学院人权法研究中心进行的“人权公约：欧美诸国与我国刑事司法比较研究”等课题。中国学者对国外人权的研究主要集中在三个方面：第一，从外交的角度看西方某些国家所谓的人权外交的本质，其背后的政治动机，以及中国应当

---

① 曾庆敏：《老年人权益保障与社会发展》，社会科学文献出版社 2008 年版。

② 李卫海：《紧急状态下的人权克减研究》，中国法制出版社 2007 年版。

③ 董云虎：《西方对中国人权认知的偏差及其原因》，《人权》2010 年第 5 期。

④ 常健：《新时期中国人权发展的挑战与战略选择》，《人权》2010 年第 4 期。

采取的应对策略，代表性的著作如：《意识形态与美国对苏俄、中国的政策》[①] 等；第二，探究国外的人权理念、机构构成、实现机制，相关研究如："国家人权机构与少数者权利保护"[②]、《美洲区域性人权机制研究》[③]、"人权视野下的欧盟公民自由流动权"[④]；第三，以中国人权事业发展需要借鉴西方的经验的角度来看国外人权理念、发展进路、主要经验及教训等，相关研究如："论人权在中国的主流化与本土化"[⑤] "西方人权的政治属性对我国人权法律化的影响"[⑥] 等。

从国内已有的研究来看，各种讨论主要集中于对中国本身人权发展道路的情况的分析，而对西方发达国家和其他广大的发展中国家人权发展道路的特点的具体分析和比较研究则相对较弱。

## 二　国外研究述评

西方国家的学者有不少关于中国人权状况的评价、描述。这些描述很多基于西方的人权的价值观和评价标准，没有考虑到中国的具体国情和实际发展。但也有一些研究较为客观地对人权及相关问题进行了研究，对中国的人权政策的制定具有一定的启示意义。比如，有学者从人权价值及其文化特殊性的角度来进行研究[⑦]，也有学者探讨了国际公约对国家行为的影响[⑧]，还有学者具体讨论了中国的某项政策对人权的相关影响，比如计

---

① 张宏毅：《意识形态与美国对苏俄、中国的政策》，人民出版社2011年版。

② 中国政法大学人权所、浙江大学法学院：《国家人权机构与少数者权利保护》，《国际学术动态》，2009年第5期。

③ 谷盛开：《美洲区域性人权机制研究》，国家社会科学基金青年项目，编号：04CFX025。

④ 孙宇：《人权视野下的欧盟公民自由流动权》，《北京大学研究生学志》2005年第2期。

⑤ 柳华文：《论人权在中国的主流化与本土化》，《学习与探索》2011年第4期。

⑥ 王恒：《西方人权的政治属性对我国人权法律化的影响》，《前沿》2011年第14期。

⑦ 相关研究如：Randall Peerenboom, Law and Development of Constitutional Democracy: Is China a Problem Case? *Annals of the American Academy of Political and Social Science*, Vol. 603, Law, Society, and Democracy: Comparative Perspectives (Jan., 2006), pp. 192 – 199. Sumner B. Twiss. History, Human Rights, and Globalization, *The Journal of Religious Ethics*, Vol. 32, No. 1 (Spring, 2004), pp. 39 – 70.

⑧ 参见：Sonia Cardenas, Norm Collision: Explaining the Effects of International Human Rights Pressure on State Behavior, *International Studies Review*, Vol. 6, No. 2 (Jun., 2004), pp. 213 – 231.

划生育政策对农村女孩的权利实现的影响①；等等。

## 第二节　研究的总体框架

本课题的主题是探讨中国人权发展道路的特色。本研究立足于立法、司法与公共政策、公共行政两大领域，从历史发展和现实状况两个视角展开，比较主要发达国家和发展中国家的人权发展道路。

首先，人权保障体现在立法、司法和行政的各个方面，而中国人权保障发展过程的重要特色在于政策保障先行，继之以人权立法，并不断强化司法实践中的人权保障。因此，本课题的研究不仅涉及人权研究通常涉及的立法和司法领域，而且特别涉及公共政策和公共行政领域，并特别探讨这两大领域之间在人权保障发展过程中的相互关系，以体现中国人权发展道路的特色。

其次，人权发展道路的特色体现在发展过程中。因此，本研究不仅要分析当前中国人权事业的特点，而且要将这些特点放到中国人权历史发展的背景中加以考察，用以辨别这些特点的历史合理性和结构内在性。

最后，中国人权发展道路的特色不能孤立地加以考察，而必须与其他国家的人权发展道路进行比较才能确定。因此，本课题对主要发达国家和不同地区的发展中国家的人权发展道路开展比较研究。

基于以上观点，本课题由四个子课题构成：

**子课题1：中国特色人权保障政策研究**

中国具有非常特殊的国情，因此在推进人权保障事业的过程中，采取了探索和渐进的方式，往往先出台、推进某项政策，根据实施情况不断作出相应的调整，待经验成熟后，再固定为具有更高效力的法律。因此，人权保障政策在中国人权保障事业的发展中具有特殊的重要地位。

本子课题着重从公共政策的角度来分析中国在人权保障方面的主要特点，考察中国人权政策的理念变迁、形成机制、内容结构、实施机制和功能定位。通过这种考察，形成对中国特色人权保障政策与实践的具体

---

① 参见：Vanessa L. Fong, China' s One – Child Policy and the Empowerment of Urban Daughters, *American Anthropologist*, New Series, Vol. 104, No. 4 (Dec., 2002), pp. 1098 – 1109.

认识。

**子课题2：中国特色人权法治体系研究**

中国逐步形成了以宪法为核心，以行政法、行政诉讼法、刑法、刑事诉讼法、劳动法和其他社会保障法为依托的保障人权的社会主义法治体系，显现出了在人权保障法治体系建设方面的中国特色。

本子课题重点研究中国宪法的人权保障特色与司法实践、中国行政法与行政诉讼法的人权保障特色、中国刑法与刑事诉讼法的人权保障特色、中国劳动法与社会保障法中的人权保障特色，以及中国特色的人权司法保障。

**子课题3：中国与其他发展中国家人权发展道路比较研究**

中国是发展中国家的一员，在人权发展道路上呈现出与其他发展中国家共有的一些基本特征；与此同时，中国又是一个社会主义国家，在人权观上与其他许多发展中国家又存在不同看法。因此，将中国与其他发展中国家的人权发展道路进行比较研究，不仅有助于弥补学术界在该问题研究上的不足，具有重要的学术价值，也有助于认清中国特色人权发展道路的优越性，具有重要的现实意义。该子课题通过将中国与有代表性的其他发展中国家人权发展道路作比较，发现其共性与差异性。

**子课题4：中国与主要发达国家人权发展道路比较研究**

发达国家在人权保障方面具有自己的历史特点：在人权思想理念的形成与人权法律制度的确立上，发达国家具有自发性和对抗性的特点；在人权的主体和权利范围上，经历了从有限的主体和权利范围逐步发展为普遍的主体和权利范围的过程；人权的救济和保障机制比较发达；推行由其主导的统一的国际人权标准，更愿意通过国际机制解决人权冲突。该子课题选取美国和法国的人权发展道路为重点研究对象，辅之以对其他欧洲国家、日本和韩国人权发展状况的概括性研究，运用比较分析和历史分析的方法，动态地考察有代表性的发达国家人权发展的历史脉络与现实制度，并与中国人权发展道路进行比较。

本子课题拟运用比较分析和历史分析的方法，动态考察主要发达国家人权发展的历史脉络与现实制度，试图提炼其人权发展过程中具有普遍意义的规律性条件和作用机制，揭示出其对中国人权发展道路的影响与启示。

本子课题分别选取了英国、美国、法国、德国、日本和韩国为例进行研究，英国、美国和法国既是近代人权思想和制度的发源地，又代表着西方现代人权发展的三种主要模式，对于国际人权机制的建立影响深远。德国是目前欧洲人权法院所在地国，是大陆法系的典型代表，对于欧洲人权条约的建立和发展贡献很大，目前国内鲜有专门对德国人权制度系统研究的文献。日本和韩国是亚洲的发达国家，在人权发展时间上具有后发性，日韩两国历史上深受儒家文化的影响，在现代化的过程中又饱受西方人权理念的浸淫，他们的人权发展道路对中国具有比较直接的参考意义。本子课题通过细致比较和系统梳理以上各国的人权发展历史脉络与现实制度，力图涵盖西方和东方的不同文化背景下的发达国家人权发展道路，比较分析发达国家内部人权发展道路、中国与发达国家人权发展道路的异同，总结提炼出中国人权发展道路的特色。

# 第一编　中国特色人权发展道路的理论及其形成过程

# 第三章　关于人权普遍性与特殊性的理论争论

探索中国特色人权发展道路，首先要解决的理论问题是：为什么中国人权发展道路要有“中国特色”。这一问题涉及人权的普遍性与特殊性的理论争论。放眼国际人权学术领域近几十年的发展，对这一问题的研究和争论不仅日益深入，而且从哲学、法学、政治学、社会学、文化学和人类学等多个不同学科领域展开。这些不同学科领域的研究和争论，大大拓宽了对这一问题的研究视野，为我们更全面和深入地思考人权的普遍性与特殊性提供了多视角的启示，也为我们理解和研究中国特色人权发展道路提供了理论上的借鉴。①

## 第一节　人权普遍性与特殊性问题的提出

人权理论在西方起源于自由主义政治哲学。自由主义将人权看作是绝对的、普遍的、个人自由本位的，因而不承认人权在不同国家、社会和文化中的差异性，不承认对人权本身可以进行某种限制的合理性，不承认除个人自由以外的其他权利。然而，随着人权理念的广泛传播和人权实践在各个不同国家的发展，自由主义的这些主张受到了来自不同学科的多视角的挑战，人们围绕如何理解人权的普遍性和特殊性这一问题展开了激烈的争论。

1948 年联合国制定的《世界人权宣言》宣告了人权的普遍性，但并未对其作出解释、论证或辩护。根据当时的文献，负责起草该宣言的联合

---

① 本章内容参见常健、赵玉林：《关于人权普遍性的学科间争论》，《南开学报》2014 年第 5 期，该文是本课题研究的阶段性成果。

国人权委员会清楚地意识到了对这些权利存在着不同的观点和主张，但它有意采取这样一种策略：专注于规范，而将论证的工作留给后人。[①]

《世界人权宣言》颁布后，围绕着如何来调和以人权名义作出的政治和道德要求的特定性与人权道德、宗教、哲学、文化和社会传统的多样性之间的矛盾，开展了广泛的讨论。人们面临的困境是：《世界人权宣言》是以普遍主义的言辞来表达自由主义权利传统的特定立场。这种立场的主张者认为这种价值具有普遍性，是人类共有常识所认可的价值要求。然而，人们在现实中却发现这些价值既非共有，也不普遍。人权规范的应然普适性与现实的非普适之间的这种巨大反差，要求对人权的普遍性进行理论论证。然而，来自不同学科的研究者们却对人权的普遍性作出了不同视角的分析，它们有些是相容的和互补的，有些却是对立的和冲突的。

## 第二节　当代法学实证主义对人权普遍性的辩护

对人权普遍性的辩护首先来自法律实证主义（legal positivism）。法律实证主义的论证是：我们现在享有人权以及人权得到保护，是由于人们已经建立并在维护有关人权的法律和制度。[②]换言之，保障人权的法律和制度的普遍建立，就是人权普遍性的证明。

法律实证主义的主要缺陷，是将人权等同于或限制为法律权利。按照这一论证方式，人权是否存在，完全取决于是否有阐述该权利存在的现实法律、协议或制度。如果没有相关的法律、协议或制度，人们就不会具有相应的人权。这与人们通过人权运动来推动人权立法的历史过程显然是矛盾的。人权的历史发展依赖于人们相信存在着作为道德权利的人权，这些人权需要写入法律并建立制度，以便获得有效的保护和维护。对人权的道德要求是人权法律、协议或制度的基础，是创造这些法律、协议或制度的驱动力。因此，不能将人权仅仅视为一种法律权利。人权首先是一种道德权利，被纳入法律体系只是使这种道德权利得到了更有效的制度保障。

---

① Anthony J. Langlois, Chapter 1: Normative and Theoretical Foundations of Human Rights, in Michael Goodhart, *Human Rights: Politics & Practice*, Oxford: Oxford University Press, 2009, p. 17.

② A. J. Langlois, The Elusive Ontology of Human Rights, *Global Society*, 2004, 18 (3), pp. 243 - 261.

杰克·唐纳利（Jack Donnelly）用权利的“拥有悖论”（possession paradox）来说明人权作为一种道德权利的性质。他指出，往往正是在缺乏主张人权的法律和制度的现实情境下，主张人权才显示出其重要的意义。他写道：“拥有一项权利，只有当‘未拥有’该权利的客体时才显得弥足珍贵——即当人们被否认直接和客观上享有该权利时。我将此称为权利的‘拥有悖论’：同时‘拥有’和‘未拥有’一项权利。当人‘未拥有’一项权利时，‘拥有’才显得特别重要。这种拥有悖论是所有权利的特征。”[①]人权的这一特点表明，主张人权的能力取决于人们理解和认同某种道德要求的能力，而这正是哲学论证的目标之一。

## 第三节 当代哲学对人权普遍性的论证

在西方，人权的主要理论基础是自由主义政治哲学。虽然自由主义有多种不同的版本，但从根本上说，它们的共同特点在于对个人主体的关心，认为所有的个人都应当被视为具有平等的道德价值和地位。用康德的话来说，个人应永远被作为目的，而不是手段。然而，个人的人权为什么会具有如此普遍而重要的价值地位？对此，不同的自由主义者的理解有着很大的差异，并存在着激烈的争论。安东尼·朗格卢瓦（Anthony J. Langlois）将当代西方自由主义哲学对人权价值的普遍性作出的主要论证概括为七种。[②]

1. 基于人的尊严（human dignity）

根据这种论证，人所拥有的人权是基于个人的基本尊严。在西方的传统中，人的尊严的观念最初源自基督教关于人是根据上帝的形象来创造的这一观点。人的权利和自由来自于人的尊严，这种尊严依赖于人具有上帝的特征，而上帝是价值的最终源泉。除去这一论证的基督教色彩，用人的尊严来论证人权的普遍存在，很容易被其他不具有西方政治和宗教传统的

① J. Donnelly, *Universal Human Rights in Theory and Practice*, Ithaca, NY: Cornell University Press, 1989, pp. 11–12.

② Anthony J. Langlois, Chapter 1: Normative and Theoretical Foundations of Human Rights, in Michael Goodhart, *Human Rights: Politics & Practice*, Oxford: Oxford University Press, 2009, pp. 18–19.

社会所理解。

2. 基于理性（reason）

更为常见的自由主义人权论证强调的是人的特征，而不是神的特征。例如，人从事理性行为的能力被认为是人的独特特征，实现这种行为的前提条件被认为是权利享有资格（entitlements）。因此，人有资格享有福利和自由，是因为它们是人从事有目的的理性行为所必需的。人所具有的理性行为能力，是解释人应当普遍享有人权的基础。然而，这种论证的局限在于：那些还未具有成熟理性的未成年人和因生理原因暂时中止理性能力的人或因病部分或完全丧失理性能力的人，难道应当据此被排除在人权的保护范围之外吗？

3. 基于自主性（autonomy）

根据这一论证，自己做主的生活被认为是人类的理想。在任何有价值的生活中，自主与选择都是最基本的内容。人权来自于维持这样的生活所需要的条件，即自由。但将自主作为理想价值并不是所有文化的共同特征。很多文化不是强调个人的自主性，而是更注重集体的和谐生存。

4. 基于平等（equality）

平等是指每个人作为平等主体得到对待的权利。因为每个人都有平等的道德价值，因此应当在政治和社会共同体中得到平等的尊重。然而，对于平等却有许多不同理解：是机会平等还是获得物品的平等？是按平等规则来对待还是给予平等的条件？由这些对平等的不同理解可以发展出各种相互对立的权利主张。

5. 基于需求（needs）

根据这一论证，所有人都具有某种基本需求，最明显的是安全和生存的需求。这些需求的普遍性使得可以将它们视为基本人权。同时，满足这些需求依赖于具有某种自由。如果人们不能有效地享有这些自由，其基本需求就无法得到保证。因此，与这些需求满足相联系的自由同样是每个人应当普遍享有的人权。然而，需求与权利的关系是复杂的，并非所有的需求都可以被作为一种权利。划分基本需求与非基本需求并不能从根本上解决这一问题：一方面，这种划分本身会引起很大争议和不同的解说；另一方面，即使是基本需求也不可能无条件地被视为基本人权。换言之，在什么条件下基本需求才可以被作为基本人权，需要有进一步的根据来论证。

6. 基于能力（capabilities）

新亚里士多德主义聚焦于人们有能力实现的作为，其主导倾向是强调人的潜能及其实现。能力本身被定义为生存和尊严所要求的普遍善（general goods），它们被视为权利机制必须依赖的更为根本的规范基础。换言之，人权的普遍性源自每个人都有自我实现的潜能，而人权保障就是要保护所有人这种自我实现的能力。这一论证方式经常被用来论证性别公正。然而，脱离开现实的人与人之间的关系，无法将自我实现的潜能直接作为应当以人权名义来保障的道德善。在某些社会条件下，个人的某些自我实现会导致社会的灾难。

7. 基于共识（consensus）

以上各种论证彼此不同，各执一端。针对这种困局，一些自由主义哲学家将论证的中心从人普遍具有的某种特性转向了人与人之间的关系。他们不再专注于确定人权的特定人性基础，而是转而关注不同人们之间达成的共识或协议，并将这种共识性协议作为人权合法性和普遍性的基础，以此来包容对人性的多元理解，形成对人权普遍性的更具解释力的理论建构。从历史渊源上看，它是对洛克等人的契约主义的回归；从理论范式上看，它是从主体视角转向了主体间视角，突破了自由主义的既有视界，开辟了一种相对来说更具拓展潜力的人权理论方向。

## 第四节　人类学对人权普遍主义的挑战

人类学在其发展的早期阶段，更专注于对非西方“原始”社会的研究。它强调每一个社会实体或群体具有自己独特的认同，它不能被归结为其各个组成部分。因此，人类学不会假设所有文化都有同样的价值，这种基本的本体论立场支配着人类学早期对普遍人权观点所持有的态度。[①]

在《世界人权宣言》的起草时期，为了使宣言文本尽可能公平、无偏见和具有合法性，联合国邀请学术界、公共知识分子和非政府活动者对宣言的文本草案以正式声明的形式作出评论。1947 年 12 月，赫斯科维茨

① Damien Short, Chapter 6: Sociological and Anthropological Approaches, in Michael Goodhart, *Human Rights: Politics & Practice*, Oxford: Oxford University Press, 2009, pp. 98 – 99.

(Melville Herskovits) 撰写了《关于人权的声明》 (*Statement on Human Rights*) 一文。该文指出，由于在现代世界中有大量的社会紧密联系，而且其生活方式存在很大差异，因此，人权宣言起草者们面临的主要任务，从根本上说，就是要解决下列的问题：所起草的宣言如何能够适用于所有人，而不使其成为一个只由流行于西欧和美洲国家的价值观念所形成的权利声明。标准和价值是相对于其所产生的文化而言的，因此，试图根据一种文化的信仰和道德规则来制定通则，必定会减损人权宣言对人类整体的适用性。[①]该声明拒绝签署联合国人权委员会起草的《世界人权宣言》，主要基于三个理由：第一，人类学作为关于人类的社会科学表明道德体系在形式和内容上都存在着相当大的差异，因此，任何带有道德色彩的关于普适性的论断总会是规范性的，而肯定不会是对一个社会现实的描述。第二，人类学采取的是科学的、经验的民族志 (ethnographic) 研究方法，这种方法试图描述并解释社会现象，对于基于一套普遍权利而对文化实践作出道德判断的规范性研究来说，它无法提供帮助。换言之，人类学作为一个研究领域与《世界人权宣言》起草工作的性质是相互抵触的。第三，如果所起草的《世界人权宣言》被设计为一种国际社会的理想文本，企图让全世界都为实施这一套特殊的道德价值而奋斗，那么所产生的结果肯定是剥夺那些其"美好生活"的观念与《世界人权宣言》所描述的优先排序有相当大差异的人民的自由。例如，一些文化可能会更强调集体价值体系，它们会强调土地的集体所有制而非个人的私有财产权利。[②]赫斯科维茨的声明很快被美国人类学学会执行委员会所采纳，并作为头篇文章在《美国人类学家》1947 年最后一期上发表。[③]它备受关注，并对人类学界对人权的态度产生了深远影响。

在 20 世纪 60 年代，文化相对主义对文化"帝国主义"的挑战影响着人类学家对人权的态度。唐宁 (T. E. Downing) 建议，人类学应当为理解人权和文化多样性作出贡献，表明权利的概念是如何在不同的文化中

① American Anthropological Association, Statement on Human Rights, *American Anthropoloist*, Vol. 49, No. 4, October - December 1947, pp. 539 - 543.

② Ibid..

③ Damien Short, Chapter 6: Sociological and Anthropological Approaches, in Michael Goodhart, *Human Rights: Politics & Practice*, Oxford: Oxford University Press, 2009, p. 99.

发挥作用的，文化如何与外来的观念结合在一起①。舍莫尔（J. Schirmer）强调人权的文化特征，认为对人类学来说，问题不是普遍主义与相对主义之间的关系，而是人权文化与其他文化之间的关系②。也有一些人类学家对此持反对态度，例如，巴内特（C. R. Barnett）主张，人类学家对不同人们所具有的不同文化的价值具有敏感性，但他们还应当认识到这些文化可能具有内部的压制性质。因此，认识到文化的差异并不排除对其他文化的干预，而是赋予义务去尊重所要干预的情境③。道蒂（P. L. Doughty）指出，在拉丁美洲，公民的概念在传统上被定义为将原住民排除在外，使得这些人成为大规模侵犯人权的受害者。人类学家忽视了应当针对文化差异制定相应的国家人权政策。这不仅是科学上的错误，也是道德上的错误④。

到了20世纪90年代，世界各国的人类学家开始认真地考虑人权问题，并进行了许多具有重要意义的研究。美国人类学学会调整了对人权问题的态度，美国之外的人类学家开始将“权利的社会实践”（social practice of rights）作为人类学研究的重要课题。但人类学研究人权所采取的民族志方法，其主导倾向仍然秉承了多元主义的基本特征。它看到了“国际人权机制的多元性和碎片性以及权利话语的意识形态杂交性”⑤，专注于人权的行为表现、社会动员的过程以及精英与非精英对在法律过程内外倡导权利和公正的态度变化。对“权利的社会生活”的民族志研究，摆

---

① T. E. Downing and G. Kushner, Introduction, in T. E. Downing and G. Jushner (eds.), *Human Rights and Anthropology*, Cambridge, MA: Cultural Survival, 1988, pp. 1 –8.

② J. Schirmer, The Dilemma of Cultural Diversity and Equivalency in Universal Human Rights Standards, in T. E. Downing and G. Kushner (eds.), *Human Rights and Anthropology*, Cambridge, MA: Cultural Survival, 1988, pp. 91 –106.

③ C. R. Barnett, Is There A Scientific Basis in Anthropology for the Ethics of Human Rights? In T. E. Downing and G. Kushner (eds.), *Human Rights and Anthropology*, Cambridge, MA: Cultural Survival, 1988, pp. 21 –26.

④ P. L. Doughty, Crossroads for Anthropology: Human Rights in Latin America, in T. E. Downing and G. Kushner (eds.), *Human Rights and Anthropology*, Cambridge, MA: Cultural Survival, 1988, pp. 43 –71.

⑤ R. A. Wilson, “Afterword” to “Anthropology and Human Rights in a New Key: The Social Life of Human Rights”, in “In Focus: Anthropology and Human Rights in a New Key”, *American Anthropologist*, 2006, 108 (1), p. 77.

脱了有关人权的普遍主义与相对主义之争，而是去考察行为者“在特定的政治竞争领域实际上在用人权做些什么”①。肖特（Damien Short）对人类学以民族志方法研究人权的核心要点作了如下概括：这种方法以经验的方式来研究文化与权利之间的关系；它描述人权的行为，但并不意味着支持人权的普适性；它试图揭示人权实际是如何发挥作用的，以及它们对不同社会情境中的不同社会行为者意味着什么；它试图记录社会行为者是如何使用“人权话语”来实现特定目的的；它总体上关心的是用民族志的方法来探讨“权利的社会生活”；根据这一研究视角，人权的基础是人的社会活动，而不是普适的道德。②由此可见，以民族志方式对人权的研究，本质上是精心记录权利的社会生活，这会涉及基于权利的社会运动的社会动员过程，或权利运动的表现方式，如游行、守夜、葬礼，等等；或去考察权力政治如何影响权利的建构，特别是其对最终权利持有者所造成的损害。

一些人类学家对人权领域的法律中心主义和国际干预提出批评。如梅塞尔（Ellen Messer）指出，联合国人权系统被法律主义和国家主义所主导。人类学家认为法律只是一种类型的文化体系，因此人类学家的人权概念很可能不同于其法律概念。但人类学家不应当再将文化作为当地的孤立的实体来加以研究，而是作为相互作用和相互依赖的全球文化体系来研究。承认文化是变化的，人权必定要在多元文化的世界中实施，就会超越普遍主义与相对主义的争论。人类学家可以通过澄清国际人权法与特殊文化之间的关系来帮助人权事业。这些关系可能是冲突的，冲突应当通过对话和理解来化解，而不是通过文化来傲慢和压制。③

一些人类学家从情境主义出发，对人权领域的普遍主义提出批评。如威尔逊（Richard Wilson）认为，人权话语的抽象普遍主义经常

---

① R. A. Wilson, “Afterword” to “Anthropology and Human Rights in a New Key: The Social Life of Human Rights”, in “In Focus: Anthropology and Human Rights in a New Key”, *American Anthropologist*, 2006, 108 (1), p. 78.

② Damien Short, Chapter 6: Sociological and Anthropological Approaches, in Michael Goodhart, *Human Rights: Politics & Practice*, Oxford: Oxford University Press, 2009, p. 102.

③ E. Messer, Anthropology and Human Rights, *Annual Review of Anthropology*, 1993, 22, pp. 221 – 249.

忽视当地情境，并因此误解关于权利冲突的社会和文化维度。人权法说得清楚和肯定，而人权经历却是复杂和不确定的。为了从主观性过渡到权威的客观性，人权话语自相矛盾地将其主体非人化。人类学的任务是使人回归到人权中。[①] 舍莫尔和斯托尔（D. Stoll）认为，脱离情境的普遍主义会导致反效果的国际人权干预，或是因为不适当地强调了法律改革而忽视了社会结果，或是因为将复杂的社会和政治关系过分简单化。人类学通过对文化、社会和政治环境的更深刻理解，可以帮助人权干预更加有效。[②]

近些年来，人类学家运用社会建构主义方法对澳大利亚原住民的土地权利进行研究，发现该国原住民的土地权利（"native title" rights）并不像表面看上去的那样使原住民受益。这种"权利"实际上起到了进一步剥夺原住民的作用，它将殖民剥夺的悲剧与原住民一直以来所处的极端不利的社会、政治和经济地位结合在了一起[③]。这种对"权利的社会生活"的现实性研究，可以使我们看到，赋予权利并非一定能使权利的享有者从中受益。

## 第五节　社会学的建构主义与基础主义关于人权普遍性的争论

受到人类学的影响，社会学在很长时期都对人权关注甚少，仅仅限于对公民权利的研究。1993 年，社会学家特纳（Bryan Turner）在《社会

① R. A. Wilson, Human Rights, Culture and Context: an Introduction, in R. A. Wilson (ed.), *Human Rights, Culture and Context: Anthropological Perspectives*, London: Pluto Press, 1997, pp. 1 – 27; Representing Human Rights Violations: Social Contexts and Subjectivities, in R. A. Wilson (ed.), *Human Rights, Culture and Context: Anthropological Perspectives*, London: Pluto Press, 1997, pp. 134 – 160.

② J. Schirmer, Universal and Sustainable Human Rights? Special Tribunals in Guatemala, in R. A. Wilson (ed.), *Human Rights, Culture and Context: Anthropological Perspectives*, London: Pluto Press, 1997, pp. 161 – 186; D. Stoll, To Whom Should We Listen? Human Rights Activism in Two Guatemalan Land Disputes, in R. A. Wilson (ed.), *Human Rights, Culture and Context: Anthropological Perspectives*, London: Pluto Press, 1997, pp. 187 – 215.

③ D. Short, Reconciliation and Colonial Power: Indigenous Rights in Australia, Aldershot: Ashgate, 2008.

学》杂志上发表了《人权理论大纲》(*Outline of a Theory of Human Rights*)①，它被认为是当代人权社会学研究的开山之作。特纳在该文中对社会学忽视人权提出了严厉的批评。他指出，社会学理论的主要奠基者涂尔干和韦伯缺乏根据地强调法律必须具有的民族特性，社会学还被知识社会学的相对主义倾向所误导，这导致了社会学领域长期不关注人权问题。他从全球化的视角来阐述社会学关注人权问题的必要性。他指出，全球化创造了许多不完全属于民族国家内部的问题，因此，应当扩展社会学的研究，使其包含人权的概念。②人权是全球化社会过程的一个重要特征，可以被视为一种全球意识形态（global ideology）。但从社会学的观点来说，他认为人权是没有内在价值的“社会事实”（social facts without inherent value）。他同意弗尔拉克（J. Foweraker）和兰德曼（T. Landman）从政治学角度作出的分析，认为公民的概念与近代民族国家有密切的联系③，但他又认为这种政治形式同时受到了帝国主义、全球化、地区化、移民工人、难民和原住民等社会问题的影响。由于全球化产生的问题不只限于民族国家内部，所以公民权利的概念必须扩展为人权的概念。④他认为，人权的概念可以用人类需要用社会制度来保护人的脆弱性但社会制度又会反过来对人类构成威胁这个困境来加以解释⑤。这一困境内在于现代社会，而将人权以社会和法律的方式制度化，是近代解决这一困境的最主要的努力。他进一步提出，对“人的脆弱性”（human frailty）和“人身体的脆弱性”（vulnerability of the human body）的共同体验，可以为普遍人权原则提供道德基础，因为“人的脆弱性是人的存在的普遍经验”⑥。而人们对人权的主张则可以用“集体同情”来加以论证：“我的论证最终假定了

---

① Bryan S. Turner, Outline of a Theory of Human Rights, *Sociology*, 1993, 27 (3), pp. 489 – 512.

② Ibid..

③ J. Foweraker and T. Landman, Citizenship Rights and Social Movements: A Comparative and Statistical Analysis, Oxford: Oxford University Press, 1997.

④ B. S. Turner, Introduction: Rights and Communities: Prolegomenon to A Sociology of Rights, *Australian and New Zealand Journal of Sociology*, 1995, 31 (2), pp. 1 – 8.

⑤ B. S. Turner, Outline of A theory of Human Rights, *Sociology*, 1993, 27 (3), p. 502.

⑥ Ibid., p. 505; B. S. Turner and C. Rojek, *Society and Culture: Principles of Scarcity and Solidarity*, London: Sage, 2001, p. 110.

同情也是人类脆弱性的结果或补充。人们要求其权利得到承认，是因为他们在其他人的困境中看到了他们自己的（可能的）悲惨。”①

沃特斯（Malcolm Waters）与特纳提出的基础主义研究方式针锋相对，他认为关于人权的社会学理论必须采取社会建构主义方法，将人权的普遍性本身视为一种社会建构（social construction）。他指出：“特纳将社会学的失误部分地归咎于以社会建构主义导向来建构人权理论，而社会建构主义主张社会制度不是普适的，而是具有历史的偶然性和文化的相对性。我要主张的是，关于人权的一种适当的社会学理论实际上必须采取社会建构主义观点，人权是一种制度，像任何其他制度一样，它针对的是具体的文化和历史情境，它的普遍性恰恰在于它本身是人的创造物。”② 他认为，人权话语的崛起，不是像特纳所主张的那样可以用人的脆弱性、制度威胁和集体同情来加以解释，而是要用权势阶层的利益主张来加以解释。《世界人权宣言》最初的设计和后来的扩展与实施都可以用四组利益来加以解释：（1）第二次世界大战联合起来的胜利者污化和惩罚被其击败的敌人的利益；（2）冷战中的超级大国削弱相互合法性的利益；（3）超级大国将其干预其他国家事务的行为合法化的利益；（4）困难群体针对国家主张自己权利的利益。③

对沃特斯的批评，特纳的辩解是：“主张可以根据人的脆弱性的概念来为人权建立基础主义的本体论，同时承认人权是根据他们所建立的社会的具体特征而以偶然的和多样性的方式建构起来的并且是政治利益斗争的特定产物，这二者之间是高度一致的。基础主义本体论的目的……是要对侵犯人权进行规范评价提供一种普遍的基础。”④

对于特纳与沃特斯之间的争论，莫里斯（L. Morris）评论道，社会学是否可以为人权提供规范性的基础论证是有争论的。尽管特纳的论证具有一定的说服力和影响力，但对社会学来说，如果它们将注意力集中于权

---

① B. S. Turner, Outline of A Theory of Human Rights, *Sociology*, 1993, 27 (3), p. 506.

② Malcolm Waters, Human rights and the Universalisation of Interests: Towards a Social Constructionist Approach, *Sociology*, 1996, 30 (3), p. 593.

③ Ibid., p. 597.

④ B. S. Turner, A Neo－Hobbesian Theory of Human Rights: A Reply to Malcolm Waters, *Sociology*, 1997, 31 (3), p. 566.

利的社会建构及其不确定性，并提供理论的和概念的工具来回答“权利是如何进入社会的”，“它们在社会中是如何运行的”，权利服务于“哪些人的目的”，“它们保护的是哪些人的利益”，以及“它们在多大程度上受到法律文本和实践的保证和限制”，将会使该领域置于更为安全的基础之上。莫里斯进一步认为，社会建构主义社会学可以表明，“几乎没有什么权利是绝对的，大多数权利都在某种程度上是受到限制的和有条件的”。[①]因此，社会学应当宣布和研究权利的不确定性。[②]从社会建构主义的视角来看，普遍的人权应当被视为具有“社会的和历史的偶然性，是特定时间、地点和环境的产物，是不断进步的作品”[③]。普鲁默（Ken Plummer）提出，“社会学家将权利视为发明物”。[④]如果以这种方式来看待权利，就必须更加关注在这种发明和建构过程中的社会行动者，这样才能更充分地理解人权机制。威尔逊（Richard Wilson）提出，迫切需要“在制度化权力的历史限制内根据社会行为者的行动和意向”对人权进行更细致的研究。[⑤]

总体来说，正如肖特所指出的，对人权的社会学研究具备条件来揭示、讨论和补充现存人权观点的明显局限，特别是形式法学领域人权研究的局限。[⑥] 根据肖特（Damien Short）的概括，社会学对人权的研究主要集中于以下问题：权利是如何进入社会的？权利是如何进行社会建构的——由谁、为了谁以及在什么社会情境中？特定的社会行为者如何并为什么主张和接受权利？权利如何受到其产生和运行的社会、政治和经济环境的影响？社会建构起到何种作用——是促使还是限制还是二者兼有？权利在多大程度上受到法律的保证或限制？权力关系是否影响权利的建构和

---

① L. Morris, Sociology and Rights: An Emergent Field, in L. Morris, ed., *Rights: Sociological Perspectives*, New York: Routledge, 2006, p. 11.

② Ibid., p. 25.

③ Ibid., p. 26.

④ K. Plummer, Rights Work: Constructing Lesbian, Gay and Sexual Rights in Late Modern Times, in L. Morris, ed., *Rights: Sociological Perspectives*, New York: Routledge, 2006.

⑤ R. A. Wilson, Human Rights Culture and Context: An Introduction, in R. A. Wilson, ed., *Human Rights, Culture and Context: Anthropological Perspective*, London: Pluto, 1997, pp. 3 – 4.

⑥ Damien Short, Chapter 6: Sociological and Anthropological Approaches, in Michael Goodhart, *Human Rights: Politics & Practice*, Oxford: Oxford University Press, 2009. p. 98.

功能？权利实际会保护哪些人的利益？①

## 第六节　政治学对人权绝对主义的批判

社会建构主义对政治学的人权研究也产生了重要的影响，并成为政治学家批判人权绝对普遍主义的理论工具。

杰克·唐纳利（Jack Donnelly）在1999年发表的《国际人权的社会建构》② 一文中用社会建构主义对人权进行分析。他批评当代自由主义者试图将人权的发展历史视为“自然权利的内在逻辑的逐渐展开”。在他看来，“在围绕人权观念的有序的社会和政治生活中，没有什么自然的和不可避免的东西。今天我们奉为权威的这个特殊的权利清单反映着对历史的特定条件的一种偶然回应。”③然而，“国际人权规范的历史偶然性并不使其权威性有任何减损。它们既不是通过我们意志的行为而任意确定的，也不能通过我们的意志行为而改变，它们深深地植根于塑造我们生活的社会建构之中。它们所反映和要实现的人的尊严的愿景，主导着当代国际社会，被几乎所有国家接受为具有权威性——无论它们在实践中如何偏离这些规范。人权已经成为20世纪后期社会和政治现实的核心的甚至可能是决定性的因素。”④

针对人权具有绝对普遍性的主张，唐纳利提出，人权只具有相对的普遍性（relative universality），这种普遍性分为三个层次：第一是法律的普遍性，即人权已经被几乎所有国家接受为具有国际法约束力的义务。第二是重叠共识（overlapping consensus）的普遍性，这是借用政治哲学家罗尔斯完备性学说（comprehensive doctrines）与正义的政治学概念之间的区分，各种不同的完备性学说可以在正义的政治概念上达成重叠共识。这种

---

① Damien Short, Chapter 6: Sociological and Anthropological Approaches, in Michael Goodhart, *Human Rights: Politics & Practice*, Oxford: Oxford University Press, 2009, p. 97.

② J. Donnelly, The Social Construction of International Human Rights, in T. Dunne and N. J. Wheeler (eds.) *Human Rights in Global Politics*, Cambridge: Cambridge University Press, 1999, pp. 71－102.

③ Ibid., p. 84.

④ Ibid., p. 85.

共识只是部分的，不是完全的，它只限于正义的政治概念。人权是一种正义的政治概念，它不是道德理论的范畴，而是政治、法律和社会理论的范畴。人权也可以基于多种不同的道德理论，如康德主义、功利主义、新亚里士多德主义、马克思主义、社会建构主义、后现代主义，等等，它们基于自身不同的理由参与对人权的重叠共识，这种共识是在第二次世界大战以后出现的。第三是功能共识，即人权代表着一套应对现代市场和国家对人的尊严所带来的"标准威胁"（standard threats）的"最佳做法"（best practices）。①

唐纳利进一步认为，人权最终依赖于社会决定才能存在。人权像所有的社会实践一样需要论证，但这种诉诸"基础"的论证最终只是一种同意或假定，而非证明。② 他具体分析了人权的五种相对性：（1）本体论的相对性：人权不是现实自然构造的组成部分，它不是在任何地方和所有时间都适用的；（2）历史和人类学的相对性：人权是对现代市场和国家所带来的标准威胁的历史的偶然回应，它们在传统的非国家和非市场的社会中并不存在，也没有理由假定它将适用于未来非常不同类型的社会；（3）基础的相对性：人权具有相当数量的相当不同的基础；（4）享有的相对性：人权虽然被普遍持有，但是由各个国家来实施，因此其享有要相对于一个人偶然的出生地和生活地；（5）规范的相对性：人权的清单反映着社会学习的过程，它针对的是对人的尊严的历史的、特定的和偶然的标准威胁。③

唐纳利还区分了人权普遍性和特殊性的三个层次：在基本概念层次上，人权大致是普遍的；在对这些基本概念的接受或解释上，存在着明显的但有限的多样性合法空间；在实施的特殊性上，大量的地方多样性都是合法的。④

本杰明·格雷格（Benjamin Gregg）在2012年出版的《作为社会建构

① Jack Donnelly, *International Human Rights*, Fourth Edition, Westview Press, 2013, pp. 38 –42.

② Jack Donnelly, *Universal Human rights: in Theory and Practice*, Third Edition, Ithaca and London: Cornell University Press, 2013, p. 22.

③ Ibid., p. 99.

④ Ibid., p. 100.

的人权》一书中，运用社会建构主义方法从政治学角度提出了自己的人权观点。他指出："我的看法与许多人权思维截然不同，他们坚持认为这种权利的有效性必须是直接普适的，实际是先验的。这种思维趋向于空想，或是形而上学的空想，或是神学的空想。我对二者都作了足够长的分析，表明这样假定的普适人权被证明是不可实现的。而我的现实主义的、针对本土的、出生时很小的、司空见惯的人权，其有效性却可以扩展，跨越不同的文化和政治共同体，即使它考虑的是任何本土环境或任何具体环境的独特和特别的特征。它允许人权具有普适的有效性，如果这种有效性被解释为世俗的、现实的和偶然的：作为某种非给定或显露而达到的东西。"① 他强调人权是本土的、带有地方特色的和偶然的，并主张从实用主义的角度来理解这种偶然性。他写道："我主张人权最好被理解为对想要达到的结果的一种实用的迫切要求（pragmatic imperative），以区别于比如对客观真理的认识论上的迫切要求。"②

一些政治学家对人权与政治状况之间的关系进行了实证研究，分析了人权特殊性所依赖的各种现实条件。格尔（Ted Gurr）用政权与挑战者的基本模式来研究国家暴力，将暴力视为国家为寻求建立和维护其权威而采取的许多政策选择的一种。他提出了 14 个关于国家、其挑战者、民族状况和阶级，以及全球环境的假设，如挑战者所形成的威胁越大，国家就越容易使用暴力；民族差异和社会不平等越大，国家就越容易使用暴力；面临外来威胁的国家更容易对内使用暴力。③珀伊（S. Poe）和泰德（C. N. Tate）在分析人权的影响因素时指出，冲突的维度自身就会对人权保护产生极大的影响，以至于除了促进民主和经济发展之外，鼓励国家解决其政治冲突以避免战争，运用各种可支配的手段来帮助它们这样做，都可以提升权利。④兰德曼（Todd Landman）在对人权的跨国比较实证研究中分析

① Benjamin Gregg, *Human Rights as Social Construction*, Cambridge: Cambridge University Press, 2012, p. 3.

② Ibid., p. 5.

③ T. R. Gurr, The Political Origins of State Violence and Terror: A Theoretical Analysis, in M. Stohl and G. A. Lopez (eds.), *Government Violence and Repression: An Agenda for Research*, New York: Greenwood Press, 1986, pp. 45 – 71.

④ S. Poe and C. N. Tate, Repression of Human Rights to personal Integrity in the 1980's: A Global Analysis, *American Political Science Review*, 1994, 88, p. 867.

了影响人权状况的各种因素。他发现，民主和经济发展对人权保护具有正面影响，而国际和国内冲突、长时期的专制统制和高人口密度对权利保护有负面影响。更具体地说，发展和民主的类型对人权保护能够带来实际的好处；冲突化解和政治分歧在升级之前的化解能够使人权保护直接受益。[①]弗里曼（Michael Freeman）认为，自由化和民主化本身可能是破坏稳定的，特别是当它们不再伴随进一步的经济发展时。如何稳定民主化的政权当前还是政治学中的一个核心问题。[②]

## 第七节　辩证和历史地理解人权的普遍性与特殊性

各学科领域对人权普遍性问题的争论和研究，使我们认识到，对人权究竟是普遍的还是特殊的这一问题，不能简单回答是或否，而应当具体分析是什么意义上的普遍性，什么意义上的特殊性，以辩证和历史的方法作出具体的解读。

### 一　人权价值的普遍性与实现方式的特殊性

在人权普遍性与特殊性的问题上，首先应当区分两个层面：一是价值层面；一是实现方式的层面。从价值层面看，人们对人权价值的认同具有一定的普遍性，《世界人权宣言》的产生、传播与广泛接受，以及各种国际人权公约的制定和广泛加入，在一定程度上可以证明人权价值的普遍性；从实现方式的层面看，各国人权的具体实现方式各不相同，这种差别主要是由于各国在实现人权的经济、政治、社会和文化条件上的差异。[③]

### 二　人权普遍性的主体间性、现实基础和历史发展

人权的普遍性不是绝对的，它是主体间的重叠共识，是对全球化交往所产生问题的现实回应，并且会随着人类实践和交往的历史不断变化。

---

① Todd Landman, *Studying Human Rights*, Abingdon and New York: Routledge, 2006, pp. 102 - 103.

② Michael Freeman, *Human Rights: An Interdisciplinary Approach*, Cambridge: Polity Press, 2002, pp. 80 - 81.

③ 参见常健：《价值内涵与实现方式：人权研究的两个视角》，《人权》2011 年第 1 期。

1. 人权价值普遍性的主体间性：重叠共识

需要注意的是，尽管人权作为一种价值观念被普遍接受，但在对人权价值内涵的实际理解上，却存在着明显的差异。在理论上，由于研究者们基于不同的理论视角，因此会对人权价值内涵形成不同的分析结论；在文化上，由于各民族具有不同的信仰，因此会从各自信仰的角度形成对人权价值的不同解读。因此，人权的普遍性并不是绝对的，而只能是各种不同文化、理论和信仰的"重叠共识"。

2. 人权价值普遍性的现实基础：实践和交往全球化

各种不同文化对人权形成的"重叠共识"，是一个历史的过程。其基础既不是来自上帝的启示，也不是来自人的某种绝对本性，而是来自于人们普遍的社会交往，基于所面对的共同问题而作出的回答。历史上由于世界各国交往的局限，因此人的权利只是在各个国家以国内法的形式被确认为不同的国民权利。随着全球化时代的到来，交往的全球化要求形成某种共同遵守的交往规则。正是在这种全球交往的时代背景下，才出现了具有更普遍意义的"人权"理念。具体来说，第二次世界大战使各国人民普遍认识到侵犯人权对世界和平与安全的威胁，随后起草的《世界人权宣言》不仅包含了西方国家的思想，而且通过中国学者张彭春的工作吸收了东方的儒家思想。世界上的大多数国家对《世界人权宣言》的承认和对各种国际人权公约的签署和批准，体现了这种共识的形成。由此可以认为，人类的全球化实践和交往是"人权"共识的现实基础。

3. 人权价值普遍性的变化：更多的共识与更多的分殊

人们对人权价值的接受方式和接受程度不是一成不变的，而是会随着人类实践和交往的全球化进程而有所改变和发展。一方面，全球化交往的不断加深会使不同文化、民族和国家在人权价值上形成更多、更广泛的共识；另一方面，各种不同文化的加入也会使人权价值的内涵更加丰富、更加多元化。这是两个相辅相成的过程：更多、更广泛的共识会使更多不同文化以同样的人权语言来表达自己的价值理念；而人权价值内涵的更加丰富和更加多元化也会使更多的文化参与到人权价值的发展过程中。

中国在加入全球化的过程中，正在更多地用人权理念来表达自己的价值倾向和梦想，同时它用中国传统文化对人权的解读也会对国际人权理念产生重要的影响。

## 三　人权特殊性的文化、历史和现实条件的相对性

人权实现方式的特殊性并不能理解为任意性，而是相对于一定的社会历史条件而言的。人权实现方式的特殊性主要表现为保障手段、优先排序和限制方式上的差异，它们相对于不同的文化传统、发展阶段和压力条件。

### 1. 人权实现方式的文化相对性：不同文化传统的手段偏好

不同文化传统对人权的不同保障手段有着不同的偏好。在一些文化中，法律具有核心的地位；在另一些文化中，政府的政策具有更重要的影响力；还有一些文化中，人们的习惯支配着人们的生活。完全照搬其他国家的人权保障方式，经常会造成“水土不服”，这已经被许多国家的人权发展实践所证明了。

从中国人权保障的实践来看，在很长一段时期内，通过公共政策来保障人权是一个重要的特征。[①] 这不能简单地理解为人权保障的不成熟表现，而应当看到它与中国社会文化之间的密切依赖关系。随着法治社会和法治国家的建设，人权立法已成为中国越来越重要的人权保障手段，但仍然不能忽视人权保障政策在保障人权方面的重要补充作用。

### 2. 人权具体目标的历史相对性：不同发展阶段的不同排序

在不同的社会发展阶段，人们对人权保障的需求是有差异的。因此，在确定具体的人权保障目标的优先排序时，必须要结合国家发展的不同阶段以及该阶段人们的具体需求。一方面，不同的社会发展阶段会有不同的权利优先排序；另一方面，当社会进入新的发展阶段时，人权保障目标的优先排序也需要作出相应的调整。

中国是世界上最大的发展中国家，处于社会主义发展的初期阶段。在这样的特殊历史条件下，中国提出将生存权和发展权作为首要人权，置于人权发展战略的优先位置，是符合中国社会发展特定阶段的人权需求的。随着中国社会的发展和人权保障需求的变化，中国人权发展战略目标的确定会趋于更加全面、更加平衡。

---

① 参见常健：《科学理解和把握中国人权保障政策》，《理论探索》2013 年第 5 期。

3. 人权限制方式的现实相对性：不同压力条件下的不同侧重

人权在实现的过程中总是会受到一定的限制，这种限制是基于两个方面的考虑：一是各项人权在实现中会出现相互冲突的情况，因此为了协调各项人权的实现，就需要对各项人权加以一定的限制；二是人权与一些重大的社会利益之间也会出现冲突，如公共秩序、公共安全、公共卫生、公共道德等。因此，为了维持社会整体的和谐运行，需要对权利的实现方式加以一定的限制。[①]但如何施加对人权的限制，却会有程度和侧重的差异。这种差异的合理性不仅取决于各国的文化传统和发展阶段，而且取决于各国现实中面临的社会压力。在不同的社会压力下，国家对所限制权利的选择和限制程度的选择都会不同。政治学的实证研究已经显示，当国家面临国内冲突或国际冲突的压力时，对言论和结社自由权利会作出更多的限制；当国家面临饥荒威胁时，会对一些自由权利的行使方式施加更多的限制。从总体上看，社会稳定是推进人权事业健康发展的重要条件。因此，为了保障人权事业的整体发展，在某一特定的历史时期根据冲突压力的具体情况施加的这种限制具有现实的合理性。同时，随着冲突管理方式的转变和冲突压力的缓解，这种限制的方式和程度也应该相应地作出调整。

① 参见常健、赵玉林：《人权间冲突的主体间分析》，《学术界》，2014年第3期。

# 第四章　中国特色人权发展道路的理论建构

中国特色人权发展道路需要有相应的理论支撑。这种理论建构不仅要扎根于中国的现实，同时要能够解决世界人权领域面临的难题，这样才能具有强大的生命力。①

## 第一节　中国特色人权发展道路的理论要求

中国特色人权发展道路的理论建构要具有生命力，不能仅限于二者逻辑关系的阐释和推论，还必须解决以下几个方面的问题。

第一，中国特色人权发展道路的理论建构必须扎根于中国人民的最迫切的现实需求。世界的首先必须是民族的。中国特色人权发展道路要具有生命力，首先必须得到中国人民的真心支持。因此，中国特色人权发展道路的理论建构必须根据当代中国人民最迫切的现实需求，必须来自当代中国人民发自内心的期望。脱离开当代中国人的现实期望，中国特色人权发展道路的理论建构就会成为无本之木，无源之水。

第二，中国特色人权发展道路的理论建构必须正视中国正在面临的现实矛盾。随着市场经济的发展，中国社会日益多元化。在多元化的社会中，不同社会群体的利益、诉求、期望和信仰之间会存在差异甚至冲突。中国特色人权发展道路要反映各种不同社会群体的利益、诉求、期望和信仰，就必须正视社会群体间的各种矛盾、分歧和冲突，全面反映各种诉求，合理平衡各种不同的诉求。

---

① 本章内容参见常健:《人权保障“中国梦”的世界影响力》,《人权》2014 年第 3 期，该文是本课题研究的阶段性成果。

第三，中国特色人权发展道路的理论建构要充分吸取各国的研究成果和实践经验。世界各国都会面临各种人权诉求之间的分歧和冲突，各国也都试图以各种方式来解决这些分歧和冲突。中国特色人权发展道路的理论建构要具有生命力，就要认真研究世界各国对人权分歧和冲突的已有解决方式，吸取其经验和教训，这样才有可能产生出真正能够影响世界的人权观。近十几年来，世界各国的人权研究从法学领域不断扩展到政治学、社会学和人类学等领域，学者们提出了解释和解决人权问题的许多新观点，值得我们认真加以研究。同时，世界各国在人权保障实践方面也在不断尝试解决现实面临的各种困难，这也值得我们关注和研究。

第四，中国特色人权发展道路的理论建构要能够对世界面临的人权难题的解决有所启示。中国特色人权发展道路的理论建构要具有生命力，并不仅仅取决于其在语词上能否占领道德制高点，而且在于它能否更好地解决各国人民共同面临的人权问题。因此，中国特色人权发展道路的理论建构必须能够在总结各国经验和教训的基础上，有所超越，有所建树，提出更好的解决人权困境的方式，并以中国人权保障发展的成功实践来证明它。因此，我们要认真总结中国人权保障的实践经验，特别是改革开放以来的成功经验，将中国社会发展的成功实践转述为人权保障的成功经验，从中提取出对其他国家有重要启发意义的观点和做法。

如何有效地推进国家的人权保障水平，是各国都会面临的问题。中国特色人权发展道路的理论建构要具有生命力，就应当聚焦于这样的重大问题。这些问题大致可以分为两类：一类是如何处理人权与其他各种社会利益之间的关系；一类是如何处理各类人权之间的关系。

## 第二节　辩证处理人权与其他各种公共利益之间的关系

人权保障不仅是每一个人最基本的关切事项，而且对社会来说也是一个极为重要的关切事项。但从社会的角度来说，除了人权保障之外，还有许多重要的关切事项。因此，如何处理人权保障与其他社会重大利益之间的关系，便成为各国必须面对的难题。这些难题具体涉及以下一些关系：

（1）人权保障与经济发展之间的关系；

（2）人权保障与国家秩序和稳定之间的关系；

（3）人权保障与国家安全之间的关系；

（4）人权保障与国家道德和良俗之间的关系；

（5）人权保障与国家主权之间的关系。

尽管在《世界人权宣言》和两个国际人权公约中都规定了人权保障要受到国家安全、公共秩序、公共卫生、普遍福利和道德的限制，但这些社会重大利益与人权保障之间究竟是什么关系，仍然存在着广泛的理论争论和现实政策的分歧。

## 一　在人权与其他公共利益关系上的争论

在如何处理人权与其他公共利益之间的关系上，存在着激烈的争论。[①]、

一方面，自由主义从个人主体的绝对价值出发，主张人权高于其他公共利益。诺齐克（Robert Nozick）认为人权应当是实现任何社会利益的“边界约束”[②]。罗纳德·德沃金（Ronald Dworkin）的著名观点是：“权利是掌握在个人手中的政治王牌（trump）”[③]，就是说人权永远“大过”公共利益。公民在“强硬意义上”享有某些针对政府的基本权利，即使限制这些权利将给全社会带来的利益大于所带来的损害，也不能“仅仅以此”就认为政府的限制措施是正确的。德沃金明确反对“平衡公共利益和个人权利”的说法。他认为，个人权利侵犯公共利益，不过是使社会多付出点钱，而如果政府为了公共利益侵犯个人的权利，造成的结果却是对个人尊严的侮辱。[④] 格维斯（Alan Gewirth）同样排除非人权的价值范畴可以限制人权的可能性，除非非人权的价值范畴中包含有人权要素。他认为：“一项人权只能被另一项人权所压制，特别是当后者的目的比前者的更需要采取行动时。即使一项人权被公共福利之考量所压制，但该公共

---

① 参见徐小冰：《人权冲突及人权的协调实现》，《法学》2005年第11期。

② 罗伯特·诺齐克：《无政府、国家和乌托邦》，姚大志译，中国社会科学出版社2008年版，第34—40页。

③ 罗纳德·德沃金：《认真对待权利》，信春鹰、吴玉章译，中国大百科全书出版社1998年版，第11页。

④ 同上书，第263页。

福利要真正具有压制力，就必须包含个人权利。"① 麦克罗斯基（J. H. McCloskey）坚决反对在解决人权冲突时适用功利原则。他认为，把功利考虑上升为解决生命权冲突的普遍适用原则，将从根本上否定人权的重要性。这等于是宣称人们没有平等的人权，只有不平等的人权。在处理人权间冲突时，这样做将使功利原则成为压制人权的工具；在处理人权与社会功利的冲突时，这样做在伦理上是不能容忍的。②罗尔斯（John Rawls）并不在理论上完全否认可以用公共利益限制人权，但却为此设定了极高的门槛，罗尔斯提出，各种自由是作为一个家族整体而非个体优先于其他利益的，其他规范性范畴只有在为了维护现存人权体系的完整所必需时才能压制人权③。按照这一标准，其他规范性范畴几乎是不可能限制人权的④。如果人权可以被其他价值范畴限制，将价值规范划分为人权和非人权两类就失去了任何意义。舒特（Olivier De Schutter）等人则提出了"最小限制原则"，认为政府出于保护公共利益的需要而不得不限制个人权利时，只能采取必要的"最小限制"措施：在时间上尽可能短，在程度上尽可能弱，在范围上尽可能窄，尽可能地为公民保留自由自主的空间。该原则被吸纳入国际和地区性人权公约中，通常被称为"必要性检测原则"⑤。

另一方面，功利主义从现实的利益比较出发，主张公共的整体利益高于个体人权。边沁（Jeremy Bentham）认为，道德选择的最终标准是社会功利，即"最大多数人的最大利益"。⑥他认为，人权不过是一种形而上学的虚构。换言之，社会最大功利永远要优先于个人权利。约翰·密尔（John Mill）用边沁的功利主义原则来解说人权以及人权与公共利益的冲

---

① Alan Gewirth, *Human Rights: Essays on Justification and Applications*, Chicago: University of Chicago Press, 1982, p. 6.

② H. J. McCloskey, Respect for Human Moral Rights versus Maximizing Good, in R. G. Frey (ed.), *Utility and Rights*, Oxford: Basil Blackwell, 1984, p. 134.

③ J. Rawls. *A Theory of Justice*, Cambridge, Mass: HUP, 1989 (revised edition). *Political Liberalism*, New York: Columbia UP, 2005 (2nd edition).

④ Rex Martin, *Rawls and Right*, University Press of Kanas, 1985, p. 134.

⑤ Olivier De Schutter and Francoise Tulkens, Rights in Conflicts: the European Court of Human Rights as a Pragmatic Institution, *Conflicts Between Fundamental Rights*, in Eva Brems (ed.) Antwerp - Oxford - Portland: Intersentia, 2008, p. 188.

⑥ 边沁：《道德与立法原理导论》，时殷弘译，商务印书馆2006年版，第57—63页。

突。他认为，保护或限制一项权利或利益的根本原因，"我只能够说是因为公益（公共的功用），此外不能给它什么理由"①。个人基本自由是个人和社会的"关键利益"，只有足够尊重和保护这些关键利益，社会才能够最终获得最大功利②。阿玛蒂亚·森（Amartya Sen）指出："权利可以被视为实现其他目标的有价值的工具。这是'工具的观点'，权利的功利主义方法很好地说明了这种观点，在这种观点中，权利没有内在价值，也不是内在善的实现，侵犯权利本身不是一件坏事。但是，根据这种观点，承认权利在于它促进了最终重要的东西，即效用。"③ 彼得·琼斯（Peter Jones）提出了规则功利主义来修补传统功利主义面临的困境。该理论仍然坚持认为应该根据那些能够最好地促进公共利益的规则来生活。他分析认为，人们之所以不应当侵犯他人的人权，是因为必须遵守公正的理想规则；即使是为了短期的公共利益，也不应当牺牲个人的人权，因为这样就破坏了规则可能带来的长期利益。④法官里查德·波斯纳（Judge Richard Posner）提出应当平衡人权与公共利益，在国家处于紧急状态时，可以根据国家安全的考虑来限制人权。在这种情况下，人权只是对政府权力的较弱的边际约束（side - constraints）。如果国家安全与一项或多项人权发生冲突，那么平衡不可避免地要倾向于前者。⑤

## 二　如何辩证看待人权与公共利益之间的关系

第一，人权并不脱离社会公共利益而存在。根据社会建构主义，任何制度的形成都是习惯化互惠行动的典型化。因此，互惠是制度产生的最重要前提。人权制度的形成也必须以互惠为前提，而不会仅仅根据个人的孤立要求。因此，坚持权利绝对优先于公共利益的考虑，不仅在理论上会陷于困境，而且也阻塞了发现现实可行的解决二者冲突方法的路径。正像弗

① 约翰·穆勒：《功用主义》，唐钺译，商务印书馆 1957 年，第 58 页。

② 刘琼豪：《密尔功利主义容纳个人权利的方法探析》，《齐鲁学刊》2010 年 6 期，第 87—91 页。

③ Amartya Sen, Rights and Agency, *Philosophy and Public Affairs*, 1982, 11 (1), Winter, p. 2.

④ Peter Jones, Human Rights, Group Rights, and People's Rights, *Human Rights Quarterly*, 1999, 21 (1), pp. 80 - 107; *Rights*, Palgrave Macmillan, 1994, pp. 203 - 204.

⑤ R. Posner, *Not a Suicide Pact: The Constitution in a Time of National Emergency*, Oxford: OUP, 2006.

里曼所分析的，人权是规定人际关系的社会规范之一，并不是道德规范或政治生活准则的全部，因此它必须与社会生活中的其他价值相平衡，比如社会秩序、宗教和习俗。[①]他指出："人权并不构成道德或政治的全部；它们必须要与其他价值相平衡，如社会秩序。它们不是绝对的，因为人权之间会相互冲突。"[②] 麦金泰尔（Alasdair Macintyre）更是讽刺地认为，依据个人主义理论，"相信人权，犹如相信女巫和独角兽"。[③]

《世界人权宣言》第29条规定：（一）人人对社会负有义务，因为只有在社会中，他的个性才可能得到自由和充分的发展。（二）人人在行使他的权利和自由时，只受法律所规定的限制，确定此种限制的唯一目的在于保证对旁人的权利和自由给予应有的承认和尊重，并在一个民主的社会中适应道德、公共秩序和普遍福利的正当需要。《美洲人权公约》第20条规定：依照本公约对享受或者行使其中承认的权利或自由而可能施加的限制，不得予以实行，但按照为了整体利益而颁布的法律和符合已经实行的这种限制的目的除外。《美洲人权公约》第22条规定：（一）每一个人对他的家庭、他的社会和人类都负有责任。（二）在一个民主社会中，每个人的权利都受其他人的权利、全体的安全和大众福利的正当要求所限制。《非洲人权和民族权利宪章》第27条规定：（一）人人对其家庭和社会、国家和其他合法认定的社区及国际社会负有义务。（二）每一个人行使其权利和自由均须适当顾及其他人的权利、集体的安全、道德和共同利益。

第二，人权与公共利益之间的冲突是正常的和难以避免的。根据社会建构主义，人权并不是人性或自然内在逻辑的逐渐展开，而是对历史出现的共同威胁的偶然回应；在这种偶然中所形成的价值共识是在多元价值理论基础上形成的"重叠共识"；这种共识是社会学习的过程，它还处于发展过程中。

第三，人权对其他利益考虑的优先性是整体上的，而非个体性的。根

① Michael Freeman, The Problem of Secularism in Human Rights Theory, *Human Rights Quarterly*, 2004, 26 (2), pp. 375 - 400.

② Michael Freeman, *Human Rights*: *An Interdisciplinary Approach*, Cambridge: Polity Press, 2002, p. 75.

③ Alasdair Macintyre, *After Virtue*, University of Notre Dame Press, 1984, pp. 64 - 87.

据政治建构主义，为了保证人权的整体优先性，需要对单个人权进行必要的“规制”，以协调人权之间的冲突。没有任何一项人权会免除必要的“规制”。任何一项人权的绝对性都只能是相对于整个人权体系而言的，每一项人权都是整体人权体系大网上的一个“网结”。各项人权的地位是各种权利和社会利益比较平衡的结果。

第四，人权与公共利益之间冲突的解决方法不可能是完全统一的。根据社会建构主义，人权是人类对历史性的共同威胁所选择的应对方式，但这种威胁在不同的地方和不同的时期会有不同的表现，因而人权在解释和实施上存在合法的多样性。各个社会共同体必须根据自身面临的特殊威胁情景来选择特殊的应对方式。

第五，人权与公共利益冲突解决方案的合法性，并不是来源于价值的一贯性，而是来源于“重叠共识”。根据政治建构主义，我们选择的前提是价值的多元化。因此，不能指望从一种唯一的价值出发推论出一种普适的解决方案，人权的现实定位和人权与公益冲突的现实解决方案只能基于多元价值的“重叠共识”。

第六，有关“规制”各项人权规制的必要性、方式和程度的“重叠共识”，必须通过协商民主的方式来达成。要使所有的利益相关者都能够了解各种方案的意义和可能对其利益和权利造成的影响，并有机会和能力参与到协商的过程中。

第七，应当从更积极的视角来看待人权与公共利益之间的冲突。它不仅是对公共政策和法律提出的挑战，而且也是激发“重叠共识”的机遇。在利益和价值日益多元化的时代，人权与公益之间的冲突会迫使公民重新思考所持立场、观点、价值和主张的局限，学会妥协和权衡，促进主体间的和谐共处。

## 第三节　辩证处理各类人权之间的关系

人权曾被并继续被一些倡导者和研究者认为具有绝对性。但对人权绝对性的最大挑战来自于人权间冲突。因为如果人权间存在冲突，就意味着其现实的实现方式只能是受到一定限制的，受限制的人权就不具有绝对性。同时，人权间冲突也对人权的普遍性构成挑战，正如阿尔斯通

(Philip Alston) 所说："那些固有的难以找到普遍接受的解决方法的人权间冲突，是人权普遍性原则的一个主要障碍。"① 因此，如何解释和解决人权间冲突，成为人权理论必须面对的一道难关，同时也推动着人权理论的发展。②

## 一　人权间冲突的类型和表现形式

对于人权间存在冲突，理论界基本没有异议。人权冲突可以分为两类：第一类是不同的人权主体在享有同一权利时发生的冲突。如处理连体双胞胎婴儿的生命权之间的冲突，每一种处理结果都会造成一方生命的牺牲，不存在绝对保护生命权或最小伤害生命权的选项；在穆斯林女教师上课时是否应当摘去头巾的问题上，教师的宗教自由权与其学生的宗教自由权之间的冲突；在死刑问题上，杀人犯的生命权与潜在受害者的生命权之间的冲突。第二类是不同人权之间的冲突，在西方讨论比较多的如：不受歧视的权利与言论自由权之间的冲突；在亵渎宗教的动画片问题上宗教自由与言论自由之间的冲突；在堕胎问题上生育自由权与生命权之间的冲突；在反恐中囚犯不受酷刑的权利与公民生命和人身安全权利的冲突；公民知情权与公众人物隐私权之间的冲突；环境保护权与少数民族保存独特文化生活习惯的权利之间的冲突。

从国家人权发展战略来说，也同样存在着各类人权之间的优先排序问题。国际社会讨论较多的问题包括：（1）公民权利和政治权利的保障与经济、社会和文化权利保障的关系；（2）特定群体权利的保障与公民权利平等保障的关系；（3）个人权利保障与集体权利保障的关系；（4）生存权和发展权保障与环境权保障的关系。

## 二　人权间冲突的各种解决方案

在人权间冲突方面，无论是自由主义理论家还是功利主义理论家，大

---

① Philip Alston, Human Rights in 1993: How Far Has the United Nations Come and Where Should It Go From Here? A speech given in the NGO Forum which was held before the World Human Rights Conference in Vienna Austria.

② 本节内容参见常健、赵玉林：《人权间冲突的主体间分析》，《学术界》2014 年第 3 期，该文是本课题研究的阶段性成果。

都主张需要对相互冲突的人权加以一定的限制。马莫尔（Andrei Marmor）认为，人权并不具有绝对性，因为人权间存在冲突，因此必须对人权进行限制[①]。德沃金指出："我们必须承认，如果政府有理由相信对立的权利中有一方是更为重要的，它就有理由限制另一些权利。"[②] 马基（J. L. Mackie）提出，人权间的冲突可以用一种权利功利主义的方式来解决，其理想的结果是双方权利在总体上最大限度地得到实现，或遭受最小的侵犯。解决权利冲突也可以依据以下假定，即最理想的结果应当是一个人的权利不应比另一人的权利遭受更多的侵犯。[③]

通过对人权的限制来解决人权间冲突，大致有以下四种方式。

1. 区分基本人权和非基本人权

亨利 · 舒（Henry Shue）提出了基本权利与非基本权利的区分。如果某项权利的享有"对于其他所有权利的享有而言是必需的"，那么该项权利就是基本权利。他承认无法给出完整的基本权利一览表，但是认为至少存在三项基本权利，即安全权、生存权和自由权。为确保这些权利，其他权利如果必需的话可以被违反，但为了确保其他权利，基本权利是不能被侵犯的。[④] 米尔恩提出了"最低限度人权观"。他认为，虽然人及其文化具有多样性，但却存在为所有人类社会普遍接受的道德要素以及与这些最低度道德相匹配的最低限度的七项人权：生命权、要求正义权、受帮助权、自由权、被诚实对待权、礼仪权以及儿童的受抚养权。米尔恩指出，虽然关于生命权的理解在不同社会存在明显差异，如死刑的存废和是否允许堕胎，但是不应为了满足个人一时的高兴而展开大规模屠杀却是被普遍认同的。[⑤]

---

① Andrei Marmor, On the Limits of Rights, *Law and Philosophy*, 1997, pp. 1－18.

② 罗纳德 · 德沃金：《认真对待权利》，信春鹰、吴玉章译，中国大百科全书出版社 1998 年版，第 225 页。

③ J. L. Mackie, Rights, Utility, and Universalization, in R. G. Frey (ed.), *Utility and Rights*, Oxford: Basil Blackwell, 1984, pp. 88－89.

④ H. Shue, *Basic Rights: subsistence, affluence, and U. S. foreign policy*, Second Edition, Princeton, NJ: Princeton University Press, 1996.

⑤ A. 米尔恩：《人的权利与人的多样性：人权哲学》，夏勇、张志铭译，中国大百科全书出版社 1995 年版；夏勇：《人权的推定与推行：米尔恩人权观点评述》，《中国法学》1992 年第 1 期，第 26—31 页。

2. 人权排序

西奥多·梅伦（Theodor Meron）认为，如果权利之间可以作某种序列上的排列或区分，将无疑会对解决权利之间的冲突具有重要意义。[①] 祖卡（Lorenzo Zucca）提出有利于解决人权间冲突的“第二代基本权利体系”的概念。它应当包括两种实质性优先规则，一种是在基本权利体系内部各项权利的优先排序规则；一种是基本权利体系整体对其他所有考虑、利益和争议性理由的优先性规则。[②] 格维茨（Alan Gewirth）提出了一个具体的排序标准。根据他的观点，人权被证明为合理，是因为它们是道德行为所必需的。当人权间冲突时，那些在道德行为上更重要的权利就比那些更不重要的权利具有优先性：例如，不受饥饿的权利就优先于带薪休假的权利。[③] 具体来说，人的行为是具有自愿性和目的性的，人权就是按照“通用一致性原则”（Principle of Generic Consistency）为实践此类行为时每个人所必需的自由（freedom）和福利（wellbeing）。福利包括三类：基本福利（basic goods），指前提性的需要，如生命、身体的完整和智力的均衡；免除性（subtractive）福利，指个人的能力和资源不应受到减损，如免于偷盗、诽谤、毁约、过度劳累等问题；增添性（additive）福利，指提升个人自主自愿行为水平的条件或资源，如受教育、不受歧视等。自由是指个人行为不是被强迫的也不受到干涉或阻碍。当权利之间产生冲突时，他认为应当依据权利对“自愿性和目的性”行为而言的必要性程度进行取舍。比如当 A 要通过行使其自由权而谋杀 B 时，B 的生存权就有压倒 A 的自由权的正当性。[④]

3. 划分人权的核心与边缘

为了避免权利排序所带来的问题，一些学者提出在每一项人权内部区分“核心”（cores）和“边缘”（periphery）。当两项人权 A 和 B 发生冲

---

① Theodor Meron, on a Hierarchy of International Human Rights, in Philip Alston (ed.), *human Rights Law*, Dartmouth, 1996, pp. 77 – 99.

② Lorenzo Zucca, Conflicts of Fundamental Rights as Constitutional Dilemmas, in Eva Brems (ed.), *Conflict Between Fundamental Rights*, Antwerp, Oxford and Portland: Intersentia, 2008, p. 37.

③ A. Gewirth, *Reason and Morality*, Chicago: University of Chicago Press, 1978; *Human Rights: Essays on Justification and Applications*, Chicago: University of Chicago Press, 1982.

④ Alan Gewirth, The Basis and Content of Human Rights, *Georgia. Law Review*, 1978, 13, p. 1143; The epistemology of human rights, *Social Philosophy and Policy*, 1984, 2 (1), pp. 1 – 24.

突时，如果权利 A 的实现侵犯了权利 B 的核心，而权利 B 的实现只是侵犯了权利 A 的边缘，就会更支持权利 B 的实现。权利核心也被称为权利的“实质内容”“本质内容”或“根本内容”。一些国家的法律中规定了不得限制权利的实质内容。《韩国宪法》第 37 条规定，对权利进行限制时“也不能侵害自由和权利的本质内容”。《德国宪法》第 19 条第 2 款规定：“任何情况下均不得侵害基本权利的实质内容。”[①] 在确定权利核心方面，可以分为客观和主观两类方法。客观方法认为权利核心的保护对象是整个社会，因此，一项权利的核心是否受到侵犯，关键要看该权利对整个社会来说是否仍然具有价值。换言之，只有当一项权利失去了其对所有个人的意义时，而不是只对某个特定个人或一些人失去意义时，其权利核心才能视为受到侵犯。与此相对，主观方法将确定权利核心的问题限于所处理的特定案例，因此将权利核心保护的对象设定为案例中特定的个人。史义夫认为，客观方法可能出现的问题是将个人权利置于集体利益的考虑之中，并因而丧失对个人权利的严格保护。

4. 人权间的平衡与妥协

阿利克塞（R. Alexy）提出了“结构化平衡”（structured balancing）的概念。在解决人权间冲突时，它要求确定权利的范围和相对权重，并将其应用于某些特定的情境。[②] 根据马丁（Rex Martin）的解释，权利的范围（scope）说明权利是什么（如行动自由）以及该权利自身所包含的或后来确定的限制。而权利的权值（weight）则是对其重要性的确定。虽然权利的重要性有时明确，有时不明确，有时相当精确，有时又相当的不精确，但它可以用来决定该权利与其他权利冲突时双方的地位和谁应作出让步的依据。[③] 他认为，根据范围划分和权值的概念，“一旦对各项基本权利取得令人满意以及平衡的界定，它们之间是不可能发生冲突的。或者，即便一个权利与另一个权利可能在罕见但却可以预见的情况下发生冲突，如果权利起草机构事先在各项权利背后的政策中加入起决定性作用的权

---

① 参见葛明珍：《论权利冲突》，中国社会科学院研究生院博士论文，2002 年。

② R. Alexy, Balancing, *Constitutional Review*, *and representation*, 2005, 3 (4), I - CON, pp. 572 - 581.

③ Rex Martin, *Rawls and Right*, University Press of Kanas, 1985, p. 130.

值，就完全可以防止冲突的可能性变为现实。”①

## 三 从主体间视角分析和解决人权间冲突

本章认为，人权间存在冲突是正常的。人权间冲突的困境来自于人们看待人权的方式，特别是如何看待各项人权的绝对性和相对性。

### （一）分析人权间冲突的三种视角

一方面，如果人们坚持认为人权具有绝对性或某种程度的绝对性，那么人权在概念、解释和实施过程中的相互冲突就会被视为不可接受的怪物。从理论上分析，论证人权的绝对性主要来自主体主义的理论视角。主体主义视角脱离开人权产生的客观社会历史背景，将人权解读为人性本身的内在要求，如人的道德性、人的尊严、人的理性等，认为可以从这种人性出发逻辑地推演出各项不会产生任何矛盾和冲突的人权。这一思路主要是各种自由主义理论家所主张的。

另一方面，如果人们坚持认为人权完全是相对的，那么就会认为人权间的冲突根本不是问题，但其前提是取消人权与各种利益之间的区别，这实际上取消和消解了“人权”概念。从理论上分析，认证人权相对性主要来自于客体主义的理论视角。客体主义视角脱离开主体的内在需求，将人权解读为公共利益的客观要求。公共利益是多元化的，因此人权间的冲突不过是各种社会利益间冲突的一种特殊形式，妥协、折中和权衡是解决这些冲突的常态方式。这一思路的最典型代表当然非功利主义莫属。

要突破主体主义和客体主义的理论困境，就要从一个新的视角出发来分析人权的绝对性和相对性。20 世纪末期发展起来的各种主体间理论视角，为这种理论突破提供了新的思路。主体间视角将人权解读为主体在特定社会历史条件下达成的主体间共识。人权产生于主体间在一定社会条件下的相互作用，它相对于特定的社会历史条件、社会共同体和人们主体意识的发展，因此具有主体间的相对性。同时，人权的道德和法律规范是这种主体间互动和共识的产物，因而具有主体间的绝对性。从这一视角出发，对人权间冲突的本质会有更积极的解读，对人权间冲突的解决方式也会有更合理、更实际的评价。

---

① Rex Martin, *Rawls and Right*, University Press of Kanas, 1985, p. 148.

### （二）如何看待人权间冲突

第一，人权间冲突的存在是正常的和难以避免的。人权并不是人性或自然内在逻辑的逐渐展开，而是对历史出现的共同威胁的偶然回应；在这种偶然中所形成的价值共识是在多元价值理论基础上形成的“重叠共识”①，它们并没有统一的价值基础；这种共识是社会学习的过程，它还处于发展过程中。人权的社会存在先于对它的论证，一致性的论证只是为人权共识的存在披上“合法化华盖”②，使人们对其保持持续的信心。

第二，人权间冲突的解决方法不可能是完全统一的。人权是人类对历史性的共同威胁所选择的应对方式，但这种威胁在不同的地方和不同的时期会有不同的表现，因而人权在解释和实施上存在合法的多样性。各个社会共同体必须根据自身面临的特殊威胁情境来选择特殊的应对方式③。

第三，人权间冲突的解决方式不可能排除对社会公共利益的考虑。任何制度的形成都是习惯化互惠行动的“典型化”④。因此，互惠是制度产生的最重要前提。人权制度的形成也必须以互惠为前提，而不会仅仅根据个人的孤立要求。因此，坚持权利绝对优先于利益，将社会公共利益完全排除于考虑之外，不仅在理论上会陷于困境，而且也阻塞了发现现实可行的解决人权间冲突方法的路径。正像弗里曼（Michael Freeman）所分析的，人权是规定人际关系的社会规范之一，并不是道德规范或政治生活准则的全部，因此它必须与社会生活中的其他价值相平衡，比如社会秩序、宗教和习俗。⑤他指出：“人权并不构成道德或政治的全部；它们必须要与

---

① Jack Donnelly, *International Human Rights*, Fourth Edition, Westview Press, 2013, pp. 38 - 42.

② Peter L. Berger and Thomas Luckmann, *The Social construction of Reality: A Treatise in the Sociology of Knowledge*, New York: Penguin Books, 1966, p. 79.

③ J. Donnelly, The Social Construction of International Human Rights, in T. Dunne and N. J. Wheeler (eds.) *Human Rights in Global Politics*, Cambridge: Cambridge University Press, 1999, pp. 71 - 102.

④ Peter L. Berger and Thomas Luckmann, *The Social construction of Reality: A Treatise in the Sociology of Knowledge*, New York: Penguin Books, 1966, pp. 72 - 73.

⑤ Michael Freeman, The Problem of Secularism in Human Rights Theory, *Human Rights Quarterly*, 2004, 26 (2), pp. 375 - 400.

其他价值相平衡，如社会秩序。它们不是绝对的，因为人权之间会相互冲突。"[①] 麦金泰尔（Alasdair Macintyre）更是讽刺地认为，依据个人主义理论，"相信人权，犹如相信女巫和独角兽。"[②]

第四，探索人权间冲突的解决方案，不应专注于寻找某种普适的解决方法，而应当聚焦于考察每一种解决方案有效性的条件和限度。每一种解决方式都有其适用的空间，其适用性都要依赖于一定的条件并因此有一定的限度。不能因为某一种解决方案只适用于某些特殊情境就简单地将其否定。各种解决方式只要限制在其有效条件的限度内，就在该限度内具有合法性。各种方法都具有一定的可行性，关键不在于证明任何一种方法的普适性和绝对性，而是确定其应用的条件和界限。

（三）如何解决人权间冲突

第一，人权的优先性是整体上的，而非个体性的[③]。为了保证人权的整体优先性，需要对单个人权进行必要的"规制"，以协调人权之间的冲突。没有任何一项人权会免除必要的"规制"。任何一项人权的绝对性都只能是相对于整个人权体系而言的，每一项人权都是整体人权体系大网上的一个"网结"。各项人权的地位是各种权利和社会利益比较平衡的结果。

第二，每项人权地位的确定，以及对人权间冲突解决方案的选择，其合法性并不是来源于价值的一贯性，而是来源于"重叠共识"[④]。我们选择的前提是价值的多元化，无论是《世界人权宣言》还是国际人权公约，其所包含的价值也是多元的。因此，不能指望从一种唯一的价值出发推论出每一项人权的逻辑地位和一种普适的解决方案，人权的现实定位和人权间冲突的现实解决方案只能基于多元价值的"重叠共识"。

第三，有关规制各项人权的必要性、方式和程度的"重叠共识"，必

---

① Michael Freeman, *Human Rights: An Interdisciplinary Approach*, Cambridge: Polity Press, 2002, p. 75.

② Alasdair Macintyre, *After Virtue*, University of Notre Dame Press, 1984, pp. 64 – 87.

③ J. Rawls. *A Theory of Justice*, Cambridge, Mass: HUP, 1989 (revised edition) . *Political Liberalism*, New York: Columbia UP, 2005 (2nd edition) .

④ Jack Donnelly, *Universal Human rights: in Theory and Practice*, Third Edition, Ithaca and London: Cornell University Press, 2013, p. 22.

须通过协商民主的方式来达成[①]。要使所有的利益相关者都能够了解各种方案的意义和可能对其利益和权利造成的影响，并有机会和能力参与到协商的过程中。对人权间冲突的司法裁决要为协商民主留下空间。人权司法裁决的合法性不仅来源于其法理和逻辑上的一贯性，当其面临无法以一致性方式加以裁决时，它还必须诉诸政治领域的合法性论证，以协商民主作为合法性的过程验证。

第四，可以从更积极的角度看待人权间冲突。人权间冲突不仅是对权利实施提出的挑战，而且也是激发重叠共识的机遇。在利益和价值日益多元化的时代，人权间冲突会迫使公民重新思考其所持的立场、观点、价值的局限，学会妥协和权衡，促进主体间的和谐共处。

## 第四节　中国特色人权发展道路的理论基础

上述这些问题具有某种程度的普遍性，理论家和各国政府都探索、提出和尝试了许多解决的方式，其中有成功的经验，也有失败的教训。人权保障“中国梦”的阐释要具有世界性的影响力，就需要对人权保障的这些难题作出回应，总结中国人权事业发展正反两个方面的经验和教训，提出在中国被证明适用的解决方式，对世界其他国家如何解决这些难题提供启示。

### 一　中国特色人权发展道路的基本理论原则

中国特色人权发展道路的理论建构应当针对上述人权保障困境，根据中国人权事业发展的经验，并吸收人权领域近些年来提出的一些合理主张，将下述观点作为其理论基础。

1. 人权与社会公共利益之间关系的辩证性

人权并不能脱离社会公共利益而存在。它是规范社会关系的一种形

---

① J. Habermas, *The Inclusion of the Other*: *Studies in Political Theory*, Cambridge (Mass.): MIT Press, 1998, p. 257. Aagje Ieven, Privacy Rights in Conflict: in Search of the Theoretical framework behind the European Court of Human Rights' Balancing of Private Life Against Other Rights, in Eva Brems (ed.), *Conflict Between Fundamental Rights*, Antwerp, Oxford and Portland: Intersentia, 2008, pp. 60 – 61.

式，需要同其他社会规范相平衡。应当辩证地看待二者之间的关系：一方面，人权保障应当有利于促进其他社会公共利益的实现；另一方面，其他社会公共利益也应当有利于促进人权保障的实现。在这个意义上，二者具有相互制约的关系，而不是单向制约的关系。

2. 人权实现的整体性

人权对其他公共利益具有某种优先性，但这种优先性是各种人权整体上的优先性，而非某个人权的优先性。要实现人权的整体优先性，就要对每一项人权实施某种必要的“规制”，使各项人权之间的冲突能够得以协调。强调单个人权的绝对性，有可能会对整体人权的实现产生负面的影响。

3. 解决各种人权问题方式的非唯一性

解决人权间冲突和人权与公共利益间冲突的方式具有多样性。每一种解决方式都有其适用的空间和适用条件。不能因为某种解决方案具有一定的局限性就否定其价值，更不应当奢望找到一种普遍适用于所有情境的“万能方案”。研究的重点应当放在寻找适合当地情境的解决方案上，并发现其适用的条件和限度。

4. 通过协商民主达成人权解决方案的“重叠共识”

在社会价值多元化的前提下，达成人权间冲突和人权与公共利益冲突的解决方案的合理路径，是通过协商民主的方式达成“重叠共识”。不能期望仅从一种价值中推论出普适的解决方案，而是要通过多种不同价值之间的对话和协商，对各项人权的必要性、方式、程度和限度形成“重叠共识”。在这种过程中，广泛的民主参与和开放的对话是必不可少的条件。

## 二 人权价值与其实现方式的区分

人权话语创新首先必须区分人权的价值内涵和它的实现方式。作为价值理念，人权通过国际人权的各种宣言和公约已经达成一种普遍共识；然而，人权的具体实现方式却会因各国情况而有巨大差异。依据这一基本区分，我们具体来分析一下有关人权价值的话语和有关人权实现方式的话语。

在人权理论的研究中，存在着内容和方法各不相同的两个角度：一是对人权的价值内涵的研究；一是对人权实现方式的研究。这两个角度的区别虽然是显而易见的，但在实际研究中却往往出现混淆。目前研究中的一些困惑，就是由这种混淆所产生的。因此，有必要根据这一区分对现有的人权理论问题进行一番梳理，从而使人权理论研究呈现出更加清晰的脉络。[①]

1. 人权价值内涵的研究视角

人权是一种价值理念。对人权的研究首先应当从理解人权的价值内涵开始。

对人权价值内涵的研究要论证人权本身的正当性以及它的价值地位，因此属于人权的基本理论研究。它主要涉及三个方面[②]：（1）人权本身的含义，包括人权的语词含义、属性与特点，人权的享有主体和义务主体，人权的权利与义务的关系，人权的分类以及各类人权之间的价值关系；等等；（2）人权的价值与道德基础；（3）人权价值与其他价值的相对关系，如人权与自由、平等、正义、尊严、安全、幸福、和谐等基本价值之间的关系。

对人权价值内涵的研究，由于集中于价值层面，因此更容易形成概念上的共识。《世界人权宣言》的产生、传播与被广泛接受，在一定程度上可以证明这种共识的形成。但是，在对人权价值内涵的实际理解上，却会存在明显的差异，但这种差异主要是理论上和文化上的。在理论上，由于研究者们基于不同的理论视角，因此会对人权价值内涵形成不同的分析结论；在文化上，由于各民族具有不同的信仰，因此会从各自信仰的角度形成对人权价值的不同解读。这种不同解读之间的差异是无法以经验的方式来消除的，只能通过对话达到相互理解。因此，对人权价值内涵的论证，主要不是依据实现效果的经验证据，而是依据理论和价值信仰，它要求的是逻辑上的一贯性和信仰上的真诚性。[③]

2. 人权实现方式的研究视角

人权是一种价值理念，它必须通过现实的手段加以实现。因此，人权研究的第二个重要视角，便是对人权实现方式的研究。[④]

---

① 参见常健：《价值内涵与实现方式：人权研究的两个视角》，《人权》2011 年第 1 期。

② 同上。

③ 同上。

④ 同上。

对人权实现方式的研究，涉及对实现人权的有效手段的判断。在这个意义上，它是一种更具现实性和经验性的研究。它主要涉及三个方面：(1) 实现各项人权的现实条件；(2) 各项人权在法律、政治、经济、社会和文化上的保障方式和保障水平；(3) 各项人权之间的战略安排；(4) 对人权实现战略和各种保障方式效果的评价。

对人权实现方式的研究，由于集中于现实手段的层面，因此更会出现观点上的差别。这种差别主要是由于各国在实现人权的经济、政治、社会和文化条件上的差异以及对这种差异的不同理解。但是，这种观点上的差异是可以通过经验的方式来缩小的。人们可以通过对各种人权实现方式的实施效果的实际考察，来修正认识与现实之间的差距。因此，对人权实现方式的论证，其根据主要不是基于价值规范，而是基于对人权实现条件的现实分析、对各种实现方式的比较研究以及对各种实现方式的实际的实施效果的评价。它要求的是经验上的可验证性。

3. 不应混淆两个视角的不同问题

人权价值内涵的研究视角与人权实现方式的研究视角之间所具有的显著差异，使它们提出的问题也存在着性质上的差别。因此，当我们试图回答某个具体的人权问题时，首先应当分清它是从哪个视角提出的。否则，用一个研究视角来回答另一个研究视角提出的问题，不仅会导致困惑，而且会导致混乱。①

例如，生存权和发展权是首要人权的问题，究竟是从人权的价值内涵角度提出的，还是从人权的实现方式角度提出的？如果是前者，那么就属于基础理论问题，就需要论证为什么生存权和发展权在价值上是优先于其他各项人权的价值的；但如果是后者，那么就属于现实战略选择问题，就需要分析中国实现各项人权的现实条件，分析将生存权和发展权置于人权发展战略的优先位置为什么会有助于其他人权的实现。本研究认为，生存权和发展权作为首要人权，主要是从人权实现方式的角度提出的，它的主要依据并非来自各项人权在价值上的优先排序，而是根据中国是一个发展中国家这样的现实。

需要注意的是，有些人权问题是跨越两个研究视角的。最典型的问题

---

① 参见常健：《价值内涵与实现方式：人权研究的两个视角》，《人权》2011 年第 1 期。

是人权的普遍性与特殊性的问题。人权的普遍性主要是从人权的价值内涵角度来讲的，而人权的特殊性，则主要是从人权的实现方式角度来讲的。换言之，人们对“人权”概念的认同具有普遍性，但在人权的具体实现方式上却又各不相同。这种普遍性与特殊性的统一，在某种程度上可以视为“元视角”问题，它是就两个视角的关系来提出问题的。

## 三　对人权价值理解的创新

对人权价值的分析涉及到人权的普遍性、整体性、内在维度、主体关系和相对义务等方面。

### 1. 人权的普遍性源自不同文化的“交叉共识”

人权是否具有普遍性，始终存在着争议。对此问题不能简单地回答是或否，而应当具体分析是什么意义上的普遍性。对人权普遍性的分析应当采取主体间的分析视角。

人权具有普遍性，但这种普遍性既不是来自于上帝，也不是来自于人的某种绝对本性，而是来自于人们普遍的社会交往。历史上由于世界各国交往的局限，因此人的权利只是在各个国家以国内法的形式被确认为不同的国民权利。随着全球化时代的到来，交往的全球化要求形成某种共同遵守的交往规则。正是在这种全球交往的时代背景下，才出现了更具有普遍意义的“人权”理念。在这个意义上，人类的全球化实践和交往是“人权”理念的现实基础。

“人权”概念虽然最初是由西方国家提出的，但对人权的确认却是各个国家逐步形成共识的过程。这种共识是罗尔斯意义上的“交叉共识”，即在面对共同问题的过程中人们从不同的文化视角出发所形成的共识。第二次世界大战使各国人民普遍认识到侵犯人权对世界和平与安全的威胁，随后起草的《世界人权宣言》不仅包含了西方国家的思想，而且通过中国学者张彭春的工作吸收了中国的儒家思想。世界上的大多数国家对各种国际人权公约的签署和批准，体现了这种共识的形成。

### 2. 人权整体的绝对性与各项人权的相互限制

人权是否具有绝对性，同样也存在着巨大的争议。对这一问题同样不能简单地回答是或否，而应当有所分析。对人权绝对性的回答应当采取整体主义视角。

人权是由各项具体权利组成的整体，相对于各种短期的、特殊的社会利益来说，人权是社会交往的一般性规则，有助于社会的长远发展和深层稳定。在这个意义上，人权是一种基本的约束原则，在整体上具有某种意义的绝对性。

但人权整体的绝对性并不意味着每一项单独的人权都是绝对的。如前所述，各项人权在实现过程中会存在相互冲突。因此，要使人权在整体上发挥有效的约束作用，就必须通过对各项单独的人权施加必要的限制，使人权在整体上保持和谐。国外学者就如何解决人权之间的冲突提出了各种限制单项人权的方案，如基本权利与非基本权利的区分、人权排序、人权核心与边缘的划分、人权间的平衡与妥协等。无论哪一种限制方案，其前提都是承认单项人权并不具有绝对性，各项人权之间需要进行相互限制才能得以和谐实现。

3. 人权的内在结构包括利益和自由两个方面

关于人权的本质，存在着自由论与利益论之争。基于利益的人权保障战略强调政府施惠于民，整体利益优先于个体利益，更注重经济、社会和文化权利的保障，并将自由视为实现更高目标的工具；相反，基于自由的人权保障战略强调公民自由，政府只是响应公民的要求，公民监督政府执行公民的委托，个人权利优先于集体利益，更注重保障公民权利和政治权利，并将自由本身视为目的。对这一争议的回答，需要对人权的内在结构加以分析。①

人权内在地包含着两个相互依赖又相互制约的维度：一个是利益；另一个是自由。利益是权利所允许的事项能够给权利享有者带来的好处，它不仅包括物质利益，还包括精神利益、人身利益等；自由是指权利主体对权利所允许的各种事项可以通过作为或不作为予以自由支配和处置。不仅人权整体上包括利益与自由两个维度，而且每一项人权都包含着利益与自由两个维度，并不存在绝对的“积极权利”与“消极权利”的区分。②

权利的利益维度决定了权利必须与人的现实需要相联系，而不能仅仅

---

① 本节内容参见常健：《利益与自由：人权的两个内在维度》，《广州大学学报》2011 年第 11 期，该文是本课题研究的阶段性成果。

② 参见常健：《论人权的平等保护与特殊保护》，《人权》2009 年第 3 期；常健、符晓薇：《公共政策的公平之度：权利平等与特殊保护》，《文史哲》2009 年第 3 期。

是抽象的或理想的虚名。权利的自由维度，决定了权利与义务的区别。义务是指法律或道德规定的对法律或道德关系主体必须作出一定行为或不得作出一定行为的约束。如果某人被强迫去主张或放弃某种利益、要求，那么就不是享有权利，而是履行义务。从理论上说，利益与自由是人权的两个不可分割的维度，没有利益基础的权利是空洞的；缺乏自由基础的权利是没有价值的。只强调人权的利益维度，就会陷入对人权的功利性考虑，忽视人权的目的性；只强调人权的自由维度，就会陷入对人权的抽象追求，忽视人权实现的现实基础。因此，应当将利益与自由看作是人权相互依存、相互制约的两个内在维度，失去任何一个维度，都会对人权作出片面的解释。

4. 人权在主体关系上需要保持特殊保护与平等保护的平衡

人权在主体关系上存在着如何处理平等保护与特殊保护的关系问题。人权的平等保护指的是对一切人无差别地同等对待，它的适用对象指向所有的人；而人权的特殊保护意味着对人的差别对待，它的适用对象仅仅是社会中的困难群体，如残疾人、老年人、妇女、儿童、少数人等。在一定意义上，平等保护体现了形式平等的要求，而特殊保护则体现了实质平等的要求。

平等保护是人权的基本原则，它基于人人平等的基本人权理念。而特殊保护则是基于现实中人与人之间存在差异的考虑，一是一些群体存在生理上的特殊需求；二是一些群体在社会上处于弱势地位。由于这些差异，这些群体成员的权利特别容易受到侵犯，或在现实中难以实际平等地享受人权，因而产生需要特殊保护的需要。在这个意义上，人权的特殊保护是为了在现实中更好地实现权利的平等保护。

需要特别注意的是，权利的特殊保护必须以促进平等保护为指向，否则就会使特殊保护成为一种特权保护。一方面，特殊保护主体具有局限性，应被限制在上述的特定群体范围之内；另一方面，特殊保护的内容和水平应被限制在合理的范围之内，而不能构成“反向歧视”。

5. 国家人权保障三重义务的平衡

国家应当承担怎样的人权保障义务，各国也有不同的理解。根据联合国人权条约机构的解释，国家对人权的义务分为三个方面，即尊重、保护和实现。尊重主要是指不干涉公民的自由选择；保护是指防止和惩处侵犯权利的行为；实现是指协助或直接提供相应的物质和服务来满足权利需求。其中，实现又可包括便利和提供两个方面。西方国家更加强调尊重和保护的义务，而中国应当强调尊重、保护和实现三重义务的平衡。[①]

## 四　对人权实现方式的理解的创新

人权发展战略是实现人权价值的手段，对人权实现手段的分析主要涉及人权发展战略的本土性、多样性、阶段性、条件性和有效性等方面。

### 1. 人权发展战略的本土性

虽然人权的价值理念随着国际共识的形成而具有普遍性，但各国的人权发展战略却因各国实际情况的不同而具有本土性。这主要是由于各国的经济、社会、政治和文化类型与发展阶段不同，人民对于人权的具体需求及其满足方式也会不同。因此，只有根据各国人民对于人权的实际需求状况来制定适当的人权发展战略，才能真正有效地推进中国人权事业的发展。完全照搬其他国家的人权发展战略，经常会造成“水土不服”。这已经被许多国家的人权发展实践所证明。

### 2. 人权发展战略的多样性与方向的一致性

坚持人权发展战略的本土性原则，就必须根据各国的实际情况来确定各项权利的具体实现方式和优先排序，这必然会导致各国人权发展战略呈现出多样性的格局，而不是只有一个唯一模式。

需要注意的是，尽管人权发展战略具有多样性，但各种不同的人权发展战略在推进人权实现的方向上应当具有一致性，否则就不能称为人权发展战略，而只是对人权的侵犯。因此，在人权发展战略的多样性与侵犯人权之间存在着明确的区分。对人权发展战略的多样性应当持宽容态度，坚持对话而不是对抗；但对侵犯人权的行为却应当采取抵制和批评的态度。

### 3. 人权发展战略的阶段性

人权发展战略确定的是在一定时期内人权实现的具体目标和方式，具有阶段性。一方面，不同的社会发展阶段需要不同的人权发展战略；另一方面，当社会条件发生变化时，人权发展战略也需要作出相应的调整。

---

① 参见常健《走向更全面、更公平的经济和社会权利保障》，《人民日报》2014 年 5 月 27 日第 12 版，《光明日报》2014 年 5 月 27 日第 7 版。

中国是世界上最大的发展中国家，处于社会主义发展的初级阶段。在这样的特殊历史条件下，中国提出将生存权和发展权作为首要人权，置于人权发展战略的优先位置，是符合中国社会特定发展阶段的人权需求的。随着中国社会的发展和人权保障需求的变化，中国人权发展战略目标的确定会趋于更加全面、更加平衡。

4. 人权发展的条件性

推进人权事业发展需要一定的条件，在缺乏条件的情况下的推进会导致适得其反的结果。总结各国人权事业发展的经历，可以发现在现代竞争普遍化和利益多元化的社会中，经济发展和社会稳定是推进人权事业健康发展的两个最重要的条件。

人权发展的条件性要求在制定人权发展战略时，一方面，必须考虑到人权实现的现实条件，不能不顾条件地盲目推进；另一方面，要加强条件的建设，为推进人权事业发展创造更有利的条件。中国人权事业发展的实践已经证明，正是在经济快速发展和社会保持稳定的条件下，中国的人权事业才能在较短时期内取得长足的进展。

但同时也需要注意，条件必须为目标服务。经济发展和社会稳定是实现人权的重要条件，而人权对经济发展和社会稳定的实现方式也构成了一定的限制，这被称为“边际约束”。如果脱离这种约束，就会导致人权事业的倒退。

5. 用实践结果检验人权发展战略的有效性

如何来检验人权发展战略的合理性，存在着两种不同的主张。一种主张是将权利的推进程度本身作为评判标准；另一种主张以权利导致的结果作为评判标准。

人类学的研究已经表明，某些权利的赋予并不一定能够给权利享有者带来真正的利益。马克思主义也主张用实践的结果来检验主张的真理性。因此，检验人权发展战略成效的标准，不应仅仅是权利本身的推进程度，而且还要看人权的推进是否给相关的个人、群体和社会带来实际的改善。

## 第五节　中国特色人权发展道路的战略原则

中国人权建设的成功经验，可以概括为推进人权事业的三条基本原则，即依法推进原则、协调推进原则和务实推进原则。这三条原则在两期国家人权行动计划中都有明确表述，但表述的方面略有差异。①

在《国家人权行动计划（2009—2010年）》中对三条原则作了初步的表述："制订本行动计划的基本原则是：第一，根据中国《宪法》的基本原则，遵循《世界人权宣言》和有关国际人权条约的基本精神，完善保障人权的各项法律法规，依法推进中国人权事业的发展；第二，坚持各类人权相互依赖与不可分割的原则，平衡推进经济、社会和文化权利与公民权利和政治权利的协调发展，促进个人人权和集体人权的均衡发展；第三，从中国的国情出发，本着务实的精神，确保设定的目标和措施切实可行，科学推进中国人权事业的发展。"②

在《国家人权行动计划（2012—2015年）》中，三条原则被更明确地表述出来。该计划指出：制订和实施《行动计划》的基本原则是：第一，依法推进原则：根据《宪法》关于"国家尊重和保障人权"的原则，遵循《世界人权宣言》和有关国际人权公约的基本精神，从立法、行政和司法各个环节完善尊重和保障人权的法律法规和实施机制，依法推进中国人权事业发展；第二，全面推进原则：将各项人权作为相互依存、不可分割的有机整体，促进经济、社会、文化权利与公民权利、政治权利的协调发展，促进个人人权与集体人权的协调发展；第三，务实推进原则：既尊重人权的普遍性原则，又坚持从中国的基本国情和新的实际出发，切实推进人权事业发展。③

两期行动计划分别将第二条原则表述为"平衡推进"和"全面推进"，这显示出两期行动计划在时间上和阶段上的差异。从一般原则的角度来进行归纳，可以将其概括为"协调推进原则"。

这三条基本原则可以高度概括新中国成立60多年来中国人权事业发展的成功经验，并为中国人权事业今后的发展奠定理论基础。

## 一 依法推进中国人权事业发展

推进人权事业发展，有运动化和法治化两种方式。中国曾采用过运动

① 参见常健：《人权保障中国梦及其实现方式》，《人民日报》（海外版）2014年6月27日04版。

② 国务院新闻办公室：《国家人权行动计划（2009—2010年）》2009年4月。

③ 国务院新闻办公室：《国家人权行动计划（2012—2015年）》2012年6月。

化的方式来快速推进人权事业发展，留下了深刻的教训。在总结过去经验教训的基础上，中国坚定了用法治化的方式来推进人权事业的发展。①

1. 人权保障的法治化进程

从历史上看，中国人权的法治化发展经历了一个曲折的发展过程。新中国成立初期，中国先后制定了保障妇女权利的《中华人民共和国婚姻法》、保障公民基本权利的《中华人民共和国宪法》。但后来随着各种群众运动的开展，人权法治化的进程逐渐趋于停滞。尽管一些运动的初衷是要保障人民群众的基本权利，但运动化的方式却无法使权利得到普遍和平等的保障。特别是“文化大革命”对法治体系的全面破坏，使得公民的基本权利受到严重侵犯。“文化大革命”结束后，中国逐步重新走上法治化的轨道。2009 年通过的第三次宪法修正案确认了“依法治国”的基本治国方略；2004 年将“国家尊重和保障人权”写入宪法；截至 2011 年 8 月底，中国已制定现行宪法和有效法律 240 部，行政法规 706 部，地方性法规 8600 多部，中国特色社会主义法律体系已经形成。这些法律中大量涉及人权保障，因此这也在一定意义上标志着中国特色社会主义人权保障法律体系的形成。②

2. 国际人权公约与国内人权法律的关系

根据国家人权行动计划，依法推进中国人权事业发展要“根据《宪法》关于‘国家尊重和保障人权’的原则，遵循《世界人权宣言》和有关国际人权公约的基本精神”③。如何处理好国际人权公约与国内人权保障法律之间的关系是一个关键问题。

中国对国际人权公约保持开放的态度，已经签署了 27 个国际人权公约，承认了国民党政府批准的 14 个国际劳工公约，并批准了国际劳工组织在 20 世纪 90 年代以后制定的几个公约。④

但根据中国的法律制度，国际公约并不能直接适用于国内事务，而必

---

① 参见常健《人权保障中国梦及其实现方式》，《人民日报》（海外版）2014 年 6 月 27 日 04 版。

② 同上。

③ 国务院新闻办公室：《国家人权行动计划（2012—2015 年）》2012 年 6 月。

④ 参见常健《人权保障中国梦及其实现方式》，《人民日报》（海外版）2014 年 6 月 27 日 04 版。

须转化为相应的国内法律才能实施。几十年来，中国一方面修改和制定了大量的法律来体现国际人权公约的要求；另一方面也根据中国的国情对国际公约作出了一些保留，并制定适合中国国情的人权保障法律。

3. 人权政策与人权法律的关系

人权保障政策是中国人权保障的重要方式，它主要表现为制订和实施国家人权行动计划，发布指导意见、规定、办法和通知，开展专项行动和建立保障机制。以人权政策来保障人权的优势在于针对性强、及时提供和灵活易调；其局限性在于保障水平不易均衡、不易实现平等保障、新旧政策缺乏一致性和不易实现稳定预期。[①]

从人权保障政策与人权立法的相互关系来看，人权保障政策有三个重要的作用，即它们是人权保障法律的先行者、补充者和具体化。

首先，法律是人权保障的最具强制力和约束性的手段，因此法律的制定需要特别审慎，往往需要更严格的程序和反复的质疑推敲。这使得法律的制定在时间上不可避免地具有滞后性。相对于法律而言，政策的约束力、强制性相对较弱，持续时间也相对较短。因此，在立法和修法之前，先制定相关的政策来解决某些人权保障问题，可以发挥法律先行者的作用，为立法积累现实的经验，揭示可能出现的问题。在这个意义上，政策先行会为更合理的立法奠定经验基础，使得后来的立法更具有可行性和实效性。

其次，人权法律的保障范围具有普适性，在时间上具有持续性，但有些人权保障要解决的问题具有局部性和短暂性，不适于以立法的方式来加以规范。在这种情况下，以人权政策的方式来处理这类人权保障问题，就可以补充人权法律保障范围的局限和内容的不足。

最后，人权法律在内容表述上具有一般性，但人权保障不仅要靠一般性规范，而且要有具体的实现机制。因此，通过制定相应的人权政策，建立各种具体的实现机制，可以使人权保障的一般原则得到更具体的实现。

4. 完善立法、司法和执法各个环节的人权保障

根据国家人权行动计划，依法推进中国人权事业发展，要“从立法、

① 参见常健：《科学理解和把握中国人权保障政策》，《理论探索》2013 年第 5 期。

行政和司法各个环节完善尊重和保障人权的法律法规和实施机制”[①]。这三个环节必须环环相扣，缺一不可。

在立法方面，如上所述，中国制定和修订了一系列保护人权的法律法规，包括宪法、刑法、物权法等实体法对保障公民人权都作出了相关规定。

在司法方面，中国大幅修改刑事诉讼法，高检、高法和公安部也出台相应的司法解释和细节规定，并建立各种有效的实施机制，严禁刑讯逼供，排除非法证据，保障司法程序公正。

在执法方面，中国制定了以行政处罚法为代表的一系列法律，明确执法标准、程序和行为方式。

## 二　协调推进中国人权事业发展

协调推进中国人权事业发展，要求“将各项人权作为相互依存、不可分割的有机整体”[②]，具体来说，它涉及公民和政治权利与经济、社会和文化权利的保障之间的关系，个人权利和集体权利的保障之间的关系，以及尊重、保护和保障三项义务之间的关系。

### 1. 公民和政治权利与经济、社会和文化权利保障之间的协调

根据国家人权行动计划的要求，要“促进经济、社会、文化权利与公民权利、政治权利的协调发展”[③]。

西方国家通常强调公民权利和政治权利的保障，而中国强调经济、社会、文化权利与公民权利和政治权利的协调保障。一方面，经济、社会和文化权利的保障是实现公民权利和政治权利的重要基础，没有经济、社会和文化权利的充分保障，公民权利和政治权利的保障就会流于形式；另一方面，公民权利和政治权利的保障又是经济、社会和文化权利保障的重要前提，缺乏必要的公民权利和政治权利，公民对于经济、社会和文化权利的主张就缺乏实现条件。

在实践过程中，中国对两类权利的保障是协调推进的。改革开放以

---

① 国务院新闻办公室：《国家人权行动计划（2012—2015年）》2012年6月。

② 同上。

③ 同上。

来，中国公民工作权利、教育权利、健康权利和文化权利的更充分实现，与公民的迁徙自由、表达自由、公平审判权利、政治参与和监督权利以及平等权利的保障密切联系；而公民表达权利的更充分实现也与公民在互联网方面的文化权利实现携手并进。两类权利形成了相互促进的关系，使得权利的实现更加充分和普遍。[①]

2. 个人权利与集体权利保障之间的协调

根据国家人权行动计划的要求，要“促进个人人权与集体人权的协调发展”[②]。

西方国家强调个人权利保障，而包括中国在内的许多发展中国家则强调个人人权与集体人权的协调推进。集体人权主要包括国家、民族和人民的自主权、发展权、和平权、环境权等，它们是个人权利实现的重要条件。因此，为了使每一个人的个人权利在现实中得到更充分的实现，就需要根据集体权利实现的要求对个人权利的实现方式实施一定的限制，但这种限制的目的是为了个人权利的更充分实现，而不是对个人权利的侵犯。

3. 个人权利保障之间的协调

个人权利保障之间也会产生各种冲突。这些冲突在现实中是难以避免的。为了使每个人的各项权利都得到平等保障，就需要对个人权利的实现方式实施适当的限制，使其与其他个人权利的实现能够相互协调。中国在保障个人权利方面对个人权利的实现方式规定了一定的限制，这些限制对于促进个人权利的协调保障具有重要的作用。

4. 尊重、保护和实现三项义务之间的协调

国家保障人权的义务分为三个方面，即尊重、保护和实现。尊重主要是指不干涉公民的自由选择；保护是指防止和惩处侵犯权利的行为；实现是指协助或直接提供相应的物质和服务来满足权利需求。其中，实现又可包括便利和提供两个方面。[③] 全面的人权保障要求政府在履行尊重、保护和实现三项义务方面保持协调，西方国家强调对人权的尊重和保护，但对实现义务却缺乏充分的承诺。

---

① 国务院新闻办公室：《国家人权行动计划（2012—2015年）》2012年6月。

② 同上。

③ 参见常健：《走向更全面、更公平的经济和社会权利保障》，《人民日报》2014年5月27日第12版，《光明日报》2014年5月27日第7版。

新中国成立以来，政府在促进和保障经济和社会权利方面，大体经历了三个时期：[①] 第一个时期是从新中国成立到改革开放前，其主要特征是政府采取积极的保障措施来促进经济和社会权利的实现。面对当时经济发展水平低下的现实，政府直接生产、提供和分配相关的物质和服务，使公民的各项经济和社会权利得到基本的满足。改革开放以来进入第二个时期，其主要特征是政府更加尊重个人的自主选择。与社会主义市场经济体制的建立和发展相同步，国家更加尊重公民在经济和社会权利方面的个人意愿，给予个人更大空间自主选择权利的实现形式。例如，在工作权利方面，充分尊重公民自由选择工作的权利；在健康权利方面，尊重公民自主选择就医机构的权利；在社会保障权利方面，公民可以自由地选择各种商业保险；等等。近些年来，经济的快速发展使国家在经济和社会权利保障方面的原有投入日益难以满足实际需求；收入分配差距的逐渐扩大也表明单纯依靠市场方式无法平等满足普通民众经济和社会权利的实际需求，困难群体迫切需要更充分的经济和社会权利保障。针对这种新的形势，国家保障经济和社会权利的战略重点又显示出新的变化：在充分尊重公民自主选择的同时，采取更多的积极措施来保障各项经济和社会权利的普遍和平等实现，投入更多的人力、物力和财力使最急需得到保障的社会群体得到更加切实的权利保障。这意味着人权事业进入了全面发展的新阶段。

## 三　务实推进中国人权事业发展

根据国家人权行动计划的要求，务实推进中国人权事业发展要“既尊重人权的普遍性原则，又坚持从中国的基本国情和新的实际出发，切实推进人权事业发展”[②]。

### 1. 以生存权和发展权为主导的人权发展战略

中国是一个发展中国家。根据中国处于社会主义初级发展阶段的现实，中国政府提出将生存权和发展权置于人权事业发展的首要位置。《国

---

① 参见常健：《走向更全面、更公平的经济和社会权利保障》，《人民日报》2014 年 5 月 27 日第 12 版，《光明日报》2014 年 5 月 27 日第 7 版。

② 国务院新闻办公室：《国家人权行动计划（2012—2015 年）》2012 年 6 月。

家人权行动计划（2012—2015 年）》指出要“顺应各族人民过上更好生活的新期待，继续把保障人民的生存权、发展权放在首位，着力保障和改善民生”[①]。

确立以生存权和发展权为主导的人权发展战略对于中国人权事业的健康发展起到了关键性的作用。几十年的人权发展实践证明，优先保障生存权和发展权，不仅使中国人民的经济生活水平大幅度提高，而且带动和促进了其他各项权利的实现。[②]

2. 满足人民群众最迫切的人权需求

《国家人权行动计划（2012—2015 年）》指出要“着力解决人民群众最关心、最直接、最现实的权利和利益问题。”[③] 中国在制订人权发展计划时，充分考虑到了民众最迫切的权利需求，将人民最关心的权利问题置于人权发展战略的优先位置，使得人权事业的发展获得了最广泛的支持，也为人民群众带来了实际的利益满足。[④]

3. 将人权发展与国家发展规划相结合

为了有效实现人权发展目标，国家特别注意将人权发展与国家的各项建设规划结合起来，将人权发展目标纳入到国家整体的发展规划之中。[⑤]《国家人权行动计划（2012—2015 年）》指出：“结合实施《中华人民共和国国民经济和社会发展第十二个五年规划纲要》，将人权事业与经济建设、政治建设、文化建设、社会建设以及生态文明建设结合起来……”[⑥] 两期国家人权行动计划中都结合国家规划制定了具体的人权发展指标，使人权发展的落实情况可以得到具体评估。

4. 处理好人权保障与经济发展和社会稳定的关系

人权事业的有效推进需要一定的条件，其中最重要的两个条件是经济的发展和社会的稳定。经济发展为各项人权的实现提供物质基础，社

---

① 国务院新闻办公室：《国家人权行动计划（2012—2015 年）》2012 年 6 月。

② 参见常健：《人权保障中国梦及其实现方式》，《人民日报》（海外版）2014 年 6 月 27 日。

③ 国务院新闻办公室：《国家人权行动计划（2012—2015 年）》2012 年 6 月。

④ 参见常健：《人权保障中国梦及其实现方式》，《人民日报》（海外版）2014 年 6 月 27 日 04 版。

⑤ 同上。

⑥ 国务院新闻办公室：《国家人权行动计划（2012—2015 年）》2012 年 6 月。

会稳定为各项人权的实现提供社会保障。中国在推进人权事业发展过程中，特别注意处理好人权保障与经济发展和社会稳定的关系，使人权事业发展有了坚实的现实基础，这是中国人权事业快速和全面发展的重要保证。①

① 参见常健：《人权保障中国梦及其实现方式》，《人民日报》（海外版）2014 年 6 月 27 日 04 版。

# 第五章　中国特色人权发展道路理论的形成和发展过程

人权理念在中国的发展过程，是一个不断对外交流的过程，也是一个不断本土化的过程。正是在这个交流与本土化两重过程的作用下，人权理念在中国的价值地位不断得到提升。

2001 年 12 月，在《中国的人权状况》（白皮书）发表 10 周年之际，当代中国大陆第一本《人权》杂志试刊，并于 2002 年 2 月正式创刊。《人权》杂志作为人权知识传播的重要媒介和人权理论研讨的重要平台，为促进人权理念与中国的实际国情相结合，探索中国特色的人权发展道路，作出了重要的贡献。① 为了更具体地分析人权理念在中国的发展过程，本章对《人权》杂志 2002—2012 年发表的文章和报道进行了分类梳理和分析概括，试图从中总结出中国特色人权发展道路的理念在中国形成和发展的过程及其特点。

## 第一节　中国在国际人权领域的学习、交流与合作

《人权》杂志作为人权对话交流的重要渠道，将国际上的人权思想本土化，将在中国被证明为有效的人权保障方式介绍给全世界，为促进中国人权的国际交流作出了重要的贡献。通过对《人权》杂志所发表的文章的梳理，可以比较具体地看到中国人权国际交流的实际进程。②

---

①　参见常健：《人权理念在中国特色社会主义价值体系中地位的提升》，《人权》2012 年第 5 期。

②　本节内容参见常健：《中国在国际人权领域的学习、交流与合作》，《人权》2013 年第 1 期，该文是本课题研究的阶段性成果。

尽管人权是各国人民普遍追求的共同理想，但各国实现人权的具体道路和方式却有着很大的差别。中国人权研究会名誉会长朱穆之指出：“人权是全世界人民的共同要求。但是各个国家、各个民族对人权的认识和实践各有不同，这自然会引起某些误解和矛盾。但是既然目标是共同的，就不应该让这些误解和矛盾妨碍共同目标的追求，而应促使不同的认识和实践形成追求共同目标的合力。解决这一问题的正确办法是相互沟通，增进理解，从相互理解中可以相互借鉴，取长补短，促进各自对人权的追求。”① 中国人权研究会前任会长周觉和副会长杨正泉指出：“世界文化是多样的，与文化相联系的人权模式，即实现人权的道路、政策、方式方法等，也必然是多样的。各国人民都追求完美的人权，要求充分享有政治、经济、社会、文化等各种基本权利，这是共同的，是人权的普遍性。但是，各国社会制度、经济水平、文化背景、价值观念、宗教信仰等不同，因此人权的模式必然具有特殊性。各国人权应该是普遍性与特殊性的结合。人权本质上属于一国主权范围内管辖的事，但是各国之间，可以在人权问题上开展交流与合作，进行人权对话，力求做到在平等和互相尊重的基础上，增进共识，缩小分歧，发展合作。”②

《人权》杂志发表的文章显示，中国主要从三个方面开展了国际人权交流与合作：一是了解国际人权规范，学习各国人权保障的经验；二是开展各种形式的人权交流；三是履行国际人权义务，开展国际人权合作。

## 一 了解和学习

中国在国际人权领域首先开展的活动，是了解国际人权规范，学习其他国家在人权保障方面的经验，并结合中国情况进行研究。

### 1. 介绍和了解国际人权规范

在介绍国际人权规范、组织和状况方面，《人权》杂志在 11 年间发表了约 25 篇文章，主要涉及国际人权的各种文书，国际人权的各种组织及其工作机制，以及国际人权的基本概念及其发展（见表 5—1）。

① 朱穆之：《重在理解》，《人权》2003 年第 1 期。

② 周觉、杨正泉：《弘扬东方文化优良传统促进人权事业全面发展》，《人权》2003 年第 1 期。

表 5—1 《人权》杂志发表的介绍国际人权规范、组织和状况的文章

| 标 题 | 作者 | 刊号 |
| --- | --- | --- |
| 人权条约实施的国际监督制度 | 彭锡华、谷盛开 | 2001 |
| 联合国反对种族主义世界大会非政府组织论坛情况述要 | 李晓军 | 2001 |
| “人权”概念的提出和演变发展 | 魏联合 | 2001 |
| 《联合国宪章》有关人权条款简介 | 本刊编辑 | 2001 |
| 联合国反对种族主义世界大会非政府组织论坛情况述要 | 李晓军 | 2001 |
| 试述美国的“普世人权观”“人权对话”与“跨国市民社会运动”思潮 | 李世安 | 1/2002 |
| 《世界人权宣言》纵横谈 | 范国祥 | 1/2002 |
| 《经济、社会及文化权利国际公约》 | 徐宇 | 1/2002 |
| 联合国与人权 | 李铁城、刘长敏 | 2/2002 |
| 联合国人权委员会与国别人权 | 范国祥 | 2/2002 |
| 联合国人权委员会十次反华提案表决情况 | 李晓军 | 2/2002 |
| 《消除一切形式种族歧视国际公约》简介 | 徐宇 | 3/2002 |
| 国际人权条约缔约国的义务和权利 | 王可菊 | 3/2002 |
| 环境权：一种新兴的现代人权 | 刘敏 | 3/2002 |
| 50/50——21 世纪男女平等的目标 | 王林霞 | 3/2002 |
| 《欧盟基本权利宪章》的启迪 | 顾敏康 | 4/2002 |
| 国际刑事法院的历程 | 曲文胜 | 4/2002 |
| 伊斯兰人权宣言和决议（译） | 范国祥 | 5/2002 |
| 《消除一切形式种族歧视国际公约》述评 | 唐承元 | 6/2002 |
| 《德黑兰宣言》 | 本刊编辑 | 3/2006 |
| 联合国人权理事会首届会议在日内瓦召开 | 本刊编辑 | 4/2006 |
| 联合国完成《残疾人权利公约》起草工作 | 张国忠 | 6/2006 |
| 普遍定期审议：联合国人权监督机制的新发展 | 江国青 | 4/2008 |
| 联合国人权理事会的工作机制及其发展 | 刘佳佳 | 5/2008 |
| 联合国人权工作的改革与现状 | 江国青 | 5/2010 |

2. 学习各国人权经验

在学习各国人权经验方面，《人权》杂志在 11 年间发表了约 26 篇文章，主要涉及各国的人权法律法规、保护人权的司法制度和行政措施、人权教育、人权研究、人权问题、人权案例以及人权事业的发展等方面（见表 5—2）。

表 5—2　《人权》杂志发表的介绍各国人权保护状况的文章

| 标　题 | 作者 | 刊号 |
|---|---|---|
| 各国养老制度一瞥 | 康伟 | 3/2002 |
| 英国《1998 年人权法》 | 尤雪云 | 3/2002 |
| 米尔恩的人权观及其启示 | 龚爱林 | 5/2002 |
| 澳大利亚的人权教育 | 玛格丽特·雷诺兹 | 6/2003 |
| 菲律宾人权教育 | 王家勤 | 6/2003 |
| 欧洲人权机构处理申诉一般方法探析 | 杨成铭 | 4/2003 |
| 西方国际非政府人权组织的作用及困境 | 黎尔平 | 1/2004 |
| 法国劳动法对女性劳动权益的保护 | 郑爱青 | 5/2005 |
| 哈佛大学的人权教育 | 黎尔平 | 6/2005 |
| 中英警察询问制度比较 | 唐兢、石椰红 | 1/2006 |
| 挪威的刑罚执行与人权保护制度评析 | 陈梦琪 | 4/2006 |
| 澳大利亚儿童法律的特点及借鉴意义 | 卢琪 | 5/2006 |
| 德国老年人权利保障的立法及实施 | 湘君 | 6/2006 |
| 日本阿努伊人的人权问题 | 横山穰 | 1/2007 |
| 乌兹别克斯坦人权事业进程 | 萨伊多夫 | 3/2007 |
| 美国律协在反家庭暴力中的作用 | 劳拉·斯坦恩 | 3/2007 |
| 透视美国枪支管制 | 傅达林 | 4/2007 |
| 1998 年《人权法案》对英国司法功能的影响 | 姚小林 | 6/2007 |
| 爱尔兰的未成年人刑事司法制度 | 张雪梅 | 2/2008 |
| 试论韩国国家人权委员会的体制与功能 | 李星燕 | 3/2008 |
| 美国关于保护被虐待和忽视儿童的法律 | 马克·哈丁 | 5/2008 |

续表

| 标　　题 | 作者 | 刊号 |
|---|---|---|
| 挪威议会行政监察专员与人权保护 | 吴天昊 | 6/2008 |
| 伊斯兰世界人权观浅析 | 李绍先、魏亮 | 6/2008 |
| 国外对弱势群体权利法律保护之考察 | 张静 | 1/2011 |
| 《欧洲人权公约第 14 议定书》的实施效果及其对我国的启示——以欧洲人权法院对个人申诉的过滤为视角 | 朱力宇、沈太霞 | 3/2011 |
| 《欧洲委员会防止和反对针对妇女的暴力和家庭暴力公约》评析 | 李昀 | 4/2011 |

3. 开展理论研究

对如何开展国际人权领域的交流与合作，学者们进行了广泛的讨论。11 年间在《人权》杂志上发表了约 10 篇研究性文章，主要涉及中西人权的差异，如何开展国际人权对话、参与联合国人权事务工作，国际人权事业发展的趋势和面临的问题等方面（见表 5—3）。

表 5—3　《人权》杂志发表的有关开展国际人权交流与合作的文章

| 标　　题 | 作者 | 刊号 |
|---|---|---|
| 从发展权的视角看发展中国家的新闻传播自主权 | 陈开和 | 4/2007 |
| 建立亚太区域人权合作框架的前景分析 | 班文战 | 4/2008 |
| 亚洲文化多样性与人权发展 | 韩大元 | 2/2009 |
| 摆脱“亚洲价值”与“西方价值”的绝对化思维方式——对人权问题的思考 | 崔之元 | 2/2009 |
| 跨文化背景下的人权对话 | 艾四林、王贵贤 | 3/2009 |
| 中国参与推动世界人权发展的实践和模式 | 刘杰 | 1/2010 |
| 浅谈我国国际人权活动的成果和积极意义 | 段小蕾 | 1/2010 |
| 中国人权外交的着力点和突破口 | 乔新生 | 2/2011 |
| 从中国参与对联合国人权高专办审计工作所想到的 | 董学士 | 5/2011 |
| 国际人权规范的社会化动力分析 | 刘波 | 5/2011 |

## 二 开展国际人权交流

中国开展的国际人权交流呈现出多种多样的形式，主要包括来访与访谈，举办国际人权研讨会，开展国际人权对话，出访，以及回击少数西方国家对中国人权状况的恶意攻击。

### 1. 来访与访谈

接待外国人权官员和学者来访并进行访谈，是开展国际人权对话的一个重要形式。《人权》杂志11年间发表了22篇这方面的报道，来访和受访的外国人权官员和学者既有来自美国、加拿大、德国、奥地利、荷兰、瑞士、挪威、丹麦和其他欧洲发达国家，也有来自马来西亚、印度、古巴、伊朗、匈牙利、沙特等发展中国家，还接待了联合国人权高级专员办公室的官员和红十字国际委员会的官员（见表5—4）。

**表5—4 《人权》杂志发表的国外人权官员和学者来访与访谈的报道**

| 标　　题 | 作者 | 刊号 |
|---|---|---|
| 丹麦人权专家莫尔顿·卡吉诺姆：我为中国和中国人感到兴奋 | 王演兵 | 4/2005 |
| 周觉会见马来西亚人权委员会副主席西蒙·希蓬 | 本刊记者 | 5/2005 |
| 印度国家人权委员会主席阿南访华 | 尤雪云 | 5/2005 |
| 联合国人权高专阿博尔女士与中国非政府组织座谈 | 尤雪云 | 5/2005 |
| 美国丹佛大学南达教授：中国人权取得很大进展 | 尤雪云 | 6/2005 |
| 联合国人权高专接受本刊专访谈话录 | 尤雪云、王演兵 | 1/2006 |
| 古巴驻华使馆官员拜会《人权》杂志社 | 肖游 | 2/2006 |
| 美国人权学术代表团来华访问 | 本刊记者 | 3/2006 |
| 伊朗伊斯兰人权委员会秘书长穆罕默德·哈桑·齐亚访谈录 | 尤雪云 | 4/2006 |
| 荷兰人权大使拜会中国人权研究会 | 宁黎黎 | 1/2007 |
| 在困难中进展：巴西的经历与国际环境——访巴西人权部长保罗·万努希 | 本刊记者 | 1/2007 |
| 奥地利人权代表团访华 | 李晓军 | 3/2007 |

续表

| 标　　题 | 作者 | 刊号 |
|---|---|---|
| 欧洲社会党高级代表团拜会中国人权研究会 | 夏飞 | 4/2007 |
| 董云虎会见匈牙利人权代表团 | 本刊记者 | 5/2007 |
| 罗豪才同志会见挪威国家人权中心董事会主席格拉弗一行 | 任丹红 | 5/2007 |
| 董云虎会见荷兰联合国学生会代表团 | 本刊记者 | 6/2007 |
| 加拿大土著人的自治——访著名社会人类学家阮西湖 | 田建明 | 3/2008 |
| “患难之中见真情”——访沙特驻华大使叶海亚 | 本刊记者 | 3/2008 |
| 董云虎会见德国外交部人权事务专员 | 王林霞 | 5/2008 |
| 德国议员谈德中两国的人权保障 | 克里斯托夫·施特雷塞尔 | 2/2009 |
| “红十字的存在是为了应对灾难的发生”——访红十字国际委员会东亚地区代表处主任蒂埃里·梅拉 | 本刊记者 | 4/2009 |
| 中国人权研究会与瑞士访华学生代表团座谈 | 本刊记者 | 5/2011 |

2. 举办人权国际研讨会

在中国举办人权国际研讨会，是开展国际人权对话交流的另一种更重要而且更有影响力的形式。中国人权研究会、中国人权基金会和国内各人权研究机构举办了大量的人权国际研讨会，《人权》杂志在 11 年间发表了 15 篇相关报道。有些会议是中国人权研究机构单独举办的，有些则是与国外人权研究机构共同举办的。在这些研讨会中，最为著名的是连续四届的“北京人权论坛”（见表 5—5）。

表 5—5　　《人权》杂志对在中国举办的国际人权研讨会的报道

| 标　　题 | 作者 | 刊号 |
|---|---|---|
| 第三届中德人权研讨会在北京成功举行 | 李晓军 | 2001 |
| 一次成功的多边人权对话——“东方文化与人权发展”国际研讨会侧记 | 本刊记者 | 6/2002 |
| “国家人权保障机构研究”国际研讨会综述 | 徐显明、张立伟、张伟 | 6/2004 |

续表

| 标　　题 | 作者 | 刊号 |
|---|---|---|
| “中国—法国社会保障法高级论坛”综述 | 林嘉、黎建飞、吴文芳 | 4/2005 |
| 第 22 届世界法律大会人权专题综述 | 肖游 | 5/2005 |
| “刑法执行与人权保障国际研讨会”综述 | 陈梦琪 | 1/2006 |
| “中欧‘反酷刑公约及附加议定书’国际研讨会”综述 | 陈卫东 | 5/2006 |
| “就业性别歧视及其救济机制国际研讨会”综述 | 宁黎黎 | 5/2006 |
| “尊重和促进人权与建设和谐社会国际研讨会”综述 | 宁黎黎 | 6/2006 |
| 中加“人权教育的地位与作用”学术研讨会在京举行 | 晓章 | 6/2007 |
| 首届“北京人权论坛”在京成功举办 | 本刊记者 | 3/2008 |
| 第二届“北京人权论坛”在京举行 | 本刊记者 | 6/2009 |
| 天下兴亡 匹夫有责——第三届“北京人权论坛”侧记 | 张伟 | 6/2010 |
| 第三届“北京人权论坛”在京举行 | 本刊记者 | 6/2010 |
| 第四届“北京人权论坛”在京举行——聚焦“文化传统与价值观” | 本刊记者 | 6/2011 |

3. 开展人权对话

中国积极倡导开展平等的国际人权对话，并已经与近 20 个国家在平等和相互尊重的基础上开展了人权对话与交流。1995 年，中欧开始了第一次人权对话，此后每半年举行一次，到 2014 年共举行了 32 次中欧人权对话。中国与澳大利亚的人权对话始自 1997 年，到 2014 年，已经举行了 15 次人权对话。中美人权对话始于 1990 年，根据协定每年举行两次。但从 1990 年 12 月到 2002 年 12 月，中美只举行了 13 轮双边人权磋商，其间因突发事件多次中断。2008 年中美恢复举行了第 14 次人权对话，到 2014 年共举行了 18 次中美人权对话。中国还与英国进行了 21 次人权对话，与德国进行了 11 次人权对话，与挪威进行了 13 次人权与司法圆桌会议，与瑞士进行了 6 次人权对话，与荷兰进行了 8 次人权对话（见表 5—6）。

表 5—6　　中国与其他国家进行的人权对话

| 对话双方 | 次数 | 第一次对话时间 | 最后一次对话时间 |
|---|---|---|---|
| 中国—美国 | 18 | 1990 年 | 2013 年 7 月 30 日至 31 日 |
| 中国—欧洲 | 32 | 1995 年 | 2013 年 6 月 24 日至 25 日 |
| 中国—英国 | 21 | 1997 年 | 2014 年 5 月 19 日至 20 日 |
| 中国—德国 | 11 | 1999 年 | 2013 年 5 月 14 日至 15 日 |
| 中国—澳大利亚 | 15 | 1997 年 | 2014 年 2 月 20 日 |
| 中国—瑞士 | 6 | 1991 年 | 2011 年 3 月 9 日至 10 日 |
| 中国—荷兰 | 8 | 1997 年 | 2013 年 12 月 18 日 |
| 中国—挪威 | 13 | 1998 年 | 2010 年 6 月 10 日至 11 日 |

此外，中国还与瑞典、巴西、加拿大、日本等国家就人权问题进行了政府和非政府层面的对话。

1991 年 11 月，中国政府发表了首部《中国的人权状况》白皮书，第一次系统地向国际社会阐述了中国在人权问题上的基本立场和实践。中国已经先后发表了 11 个关于中国人权状况的白皮书（见表 5—7）。

表 5—7　　中国历年发表的人权白皮书

| 编号 | 人权白皮书名称 | 发表年份 | 编号 | 人权白皮书名称 | 发表年份 |
|---|---|---|---|---|---|
| 1 | 中国的人权状况 | 1991 | 7 | 2003 年中国人权事业的进展 | 2004 |
| 2 | 中国人权事业的进展 | 1995 | 8 | 2004 年中国人权事业的进展 | 2005 |
| 3 | 1996 年中国人权事业的进展 | 1997 | 9 | 2009 年中国人权事业的进展 | 2009 |
| 4 | 1998 年中国人权事业的进展 | 1999 | 10 | 2012 年中国人权事业的进展 | 2013 |
| 5 | 中国人权发展 50 年 | 2000 | 11 | 2013 年中国人权事业的进展 | 2014 |
| 6 | 2000 年中国人权事业的进展 | 2001 | | | |

此外，中国还发表了40个与人权有关的白皮书，主要涉及扶贫开发、减灾行动、医疗卫生、食品药品安全、知识产权保护和环境保护，互联网建设、宗教信仰自由和计划生育，反腐败、司法改革、法治建设和民主政治建设，妇女、儿童、老年人、少数民族和在押罪犯权利保护，以及和平发展等主题（见表5—8）。

**表5—8　　中国政府发表的与人权有关的白皮书**

| 编号 | 白皮书名称 | 发表年份 | 编号 | 白皮书名称 | 发表年份 |
|---|---|---|---|---|---|
| 1 | 中国改造罪犯的状况 | 1992 | 21 | 中国的和平发展道路 | 2005 |
| 2 | 西藏的主权归属与人权状况 | 1992 | 22 | 中国的环境保护（1996—2005） | 2006 |
| 3 | 中国妇女的状况 | 1994 | 23 | 中国老龄事业的发展 | 2006 |
| 4 | 中国知识产权保护状况 | 1994 | 24 | 中国的食品质量安全状况 | 2007 |
| 5 | 中国的计划生育 | 1995 | 25 | 中国的法治建设 | 2008 |
| 6 | 中国的儿童状况 | 1996 | 26 | 中国的药品安全监管状况 | 2008 |
| 7 | 中国的环境保护 | 1996 | 27 | 西藏文化的保护与发展 | 2008 |
| 8 | 中国的粮食问题 | 1996 | 28 | 中国应对气候变化的政策与行动 | 2008 |
| 9 | 中国的宗教信仰自由状况 | 1997 | 29 | 西藏民主改革50年 | 2009 |
| 10 | 西藏自治区人权事业的新进展 | 1998 | 30 | 中国的减灾行动 | 2009 |
| 11 | 中国的少数民族政策及其实践 | 1999 | 31 | 中国的民族政策与各民族共同繁荣发展 | 2009 |
| 12 | 西藏文化的发展 | 2000 | 32 | 中国互联网状况 | 2010 |
| 13 | 中国的农村扶贫开发 | 2001 | 33 | 中国的反腐败和廉政建设 | 2010 |
| 14 | 中国的劳动和社会保障状况 | 2002 | 34 | 中国的和平发展 | 2011 |

续表

| 编号 | 白皮书名称 | 发表年份 | 编号 | 白皮书名称 | 发表年份 |
|---|---|---|---|---|---|
| 15 | 中国的就业状况和政策 | 2004 | 35 | 中国农村扶贫开发的新进展 | 2011 |
| 16 | 西藏的民族区域自治 | 2004 | 36 | 中国特色社会主义法律体系 | 2011 |
| 17 | 中国的民族区域自治 | 2005 | 37 | 中国应对气候变化的政策与行动（2011） | 2011 |
| 18 | 中国知识产权保护的新进展 | 2005 | 38 | 中国的司法改革 | 2012 |
| 19 | 中国的性别平等与妇女发展状况 | 2005 | 39 | 中国的医疗卫生事业 | 2012 |
| 20 | 中国的民主政治建设 | 2005 | 40 | 2013 年中国互联网发展状况 | 2013 |

### 4. 出访

组成人权代表团出国访问也是进行人权国际交流的重要形式。几年来，中国人权研究会和中国人权发展基金会代表团出访了许多国家，《人权》杂志对一些行程也进行了报道。表 5—9 是对 11 年来中国人权研究会和中国人权发展基金会代表团的部分出访的不完全统计。

表 5—9 中国人权研究会和中国人权发展基金会出访的国家

| 时间 | 代表团 | 团长 | 访问国家 |
|---|---|---|---|
| 2002 | 中国人权研究会 | 金鉴 | 英国、法国、摩洛哥、埃及 |
| 2003 | 中国人权研究会 | 周觉 | 德国、奥地利、比利时 |
| 2007 | 中国人权研究会 | 董云虎 | 美国 |
| 2008 | 中国人权发展基金会 | 黄孟复 | 美国 |
| 2009 | 中国人权研究会 | 罗豪才 | 比利时、欧盟、冰岛、法国 |
| 2011 | 中国人权研究会 | 罗豪才 | 澳大利亚、南非、新加坡 |
| 2011 | 中国人权发展基金会 | 黄孟复 | 法国、西班牙、葡萄牙 |
| 2012 | 中国人权研究会 | 罗豪才 | 乌克兰、白俄罗斯、乌兹别克斯坦 |

5. 回击恶意攻击

开展国际人权对话应当是在相互友好的前提下进行的。但对于那些恶意攻击中国人权状况的做法，中国也予以了坚决的回击。从 1990 年起到 2004 年，美国在联合国人权委员会会议上联合欧盟和其他一些国家一共提出了 11 次谴责中国人权状况的议案。在中国政府的努力抗争下，有 10 次都没有进入到表决程序，只有一次（1995 年）因赞成和反对“不采取行动”动议的票数相等而进入表决程序，但表决的结果仍是以该议案的失败而告终。

1977 年以来，美国国务院开始发布年度国别人权报告。针对美国国务院在国别人权报告中对中国人权状况的污蔑，中国国务院新闻办公室自 2000 年开始每年发表《美国的人权纪录》，用美国媒体披露的资料，揭示美国国内的人权问题。到 2012 年，中国已经连续 13 年发表《美国的人权纪录》。《人权》杂志对《美国的人权纪录》进行了转载，并刊发相应的评论文章。表 5—10 记录了《人权》杂志曾经发表过的批评少数西方国家恶意攻击中国人权状况的文章。

**表 5—10　《人权》杂志上发表的批评少数西方国家攻击中国人权状况的文章**

| 标　题 | 作者 | 刊号 |
|---|---|---|
| 抹上宗教灵光的人权外交——谈《1998 年国际宗教自由法》与美国人权外交 | 杨卫东 | 6/2002 |
| 评中美人权之争——兼驳“中国人权倒退论”文 | 董云虎 | 3/2004 |
| 美军虐待伊战俘绝非偶然 | 田丹 | 3/2004 |
| 人权问题上的双重标准——评西方主流媒体对西藏“3 · 14”事件的歪曲报道 | 罗艳华 | 5/2008 |
| 己所不欲，勿施于人 | 叶小文 | 6/2009 |
| 西方对华人权外交缘何屡遭“尴尬”? | 罗艳华 | 6/2009 |
| 西方对中国人权认知的偏差及其原因 | 董云虎 | 5/2010 |
| 对欧洲议会涉华人权决议的回顾与若干评析 | 朱力宇、代秋影 | 1/2011 |

## 第二节　人权理念在中国的本土化进程

在中国，人权理念的传播并不是简单地将国外的人权观念直接照搬，而是一个不断“本土化”的过程。朱穆之在《人权》杂志创刊号中就指出：“要达到人权这个美好目标，最主要的问题是要找到适合本国国情的正确道路。各国情况不同，不能要求都走一条路。本国人民最了解本国情况，也最容易找到适合本国情况的正确道路。不顾国情，照走其他国家的道路，必然走不通。中国就曾经想照搬西方一些国家的路子，但是都失败了。总结了惨痛的教训，自己努力，才找到了适合中国国情的正确道路。只有根据实际情况，通过不同道路或形式，才能达到共同要求的人权，这就是我们主张的既要重视人权的普遍性，又要重视人权的特殊性，只有通过特殊性，才能实现普遍性。”①

人权理念在中国“本土化”的过程，突出表现在四个方面，即将人权理念与中国的传统文化、当代治国理念、现实改革要求和所面临问题相结合。②

### 一　与中国传统文化相结合

北京大学黄枬森教授在2002年接受《人权》杂志采访时就提出，要挖掘中国传统文化中的人权思想。③中国人权研究会会长周觉和副会长杨正泉在2003年发文指出：“儒家学说是一个丰富的思想文化体系。它包含着人文精神、政治理念、哲学思想、道德伦理和法制观念等重要内容。由于时代的局限性，儒家学说当时不可能提出‘人权’这一名词和命题，但在其浩如烟海的立论和格言中，却处处闪耀着人权思想理念的光辉。”④

---

①　朱穆之：《追求所有人的美好目标：人权》，《人权》，2002年第1期。

②　本节内容参见常健：《人权理念在中国的本土化进程——兼论〈人权〉杂志创刊10年的重要贡献》，《人权》，2012年第6期，该文是本课题研究的阶段性成果。

③　云翔：《要挖掘中国传统文化中的人权思想——访北京大学教授黄枬森》，《人权》，2002年第5期。

④　周觉、杨正泉：《弘扬东方文化优良传统，促进人权事业全面发展》，《人权》，2003年第1期。

而陈志尚教授则认为，儒家的封建传统，如纲常名教等，与现代人权是格格不入的，但儒学本身是一个矛盾复合体，全面分析儒家学说，可以看到，并不是所有思想都是与现代人权对立的。其中确有一部分思想、格言从一个侧面凝结了几千年中国人民社会实践的宝贵经验，是具有普遍意义的人民性和民族性的。涉及人们如何处理社会关系的内容，也包含了现代人权思想的萌芽或因素。如历代儒学著作中强调天地之间人为贵、主张爱人，维护人的人格尊严；在处理人际关系中要求己所不欲、勿施于人，推己及人、平等待人；政治应以民为本；把天人合一的思想贯彻到人们的社会关系中，追求“天下为公”，人人平等、彼此和谐共处的“大同世界”的理想；等等。[①]

中国人民大学哲学系教授张立文提出[②]，基于21世纪人在生存权、平等权、财产权、发展权和自由权都存在严峻挑战和冲突的情况下，可以运用“和合学”的理念，由冲突走向融合、和合，使五权获得发展和完善。自由权的实现，不仅需要和生的生存权、和处的平等权、和立的财产权、和达的发展权的支撑，而且需要有和爱的思想精神的指导。自由必须是“己所不欲，勿施于人”的，是“己欲立而立人，己欲达而达人”精神的渗透，这便是“爱人”“兼相爱”的“仁者”精神。自由权的灵魂是“和爱”。若无“和爱”“爱人”，就不可能有自由，如心里充满怨恨、仇恨，采取以怨报怨、以暴易暴、镇压封锁、人肉炸弹等方式，不仅在政治上、经济上、生活上得不到自由，而且在行动上、心灵上也得不到自由。21世纪人的自由权，只有在“和爱”中心价值的指导下才能真正地实现。现代人权问题不仅是人权是什么的问题，而且是如何实现人权，以什么理念为指导实现人权的问题。若以二元对立思想为指导，非此即彼，并以一方消灭一方，一方吃掉一方为价值导向，必然以恐怖对恐怖、以暴易暴，以推翻对方为目标，只能使积怨愈深，结果使双方的人权都受到残害。以“和合学”的和生、和处、和立、和达、和爱五大原理为指导，将使生存权、平等权、财产权、发展权、自由权获得完善和发展。

---

① 陈志尚：《儒家传统与中国人权》，《人权》，2002年第6期。

② 张立文：《21世纪人权和合解释》，《人权》，2003年第3期。

## 二　与中国当代的治国理念相结合

十几年来，人权理念与当代中国的治国理念密切结合，不断获得新的阐释。特别是将人权观念与“三个代表”“以人为本的科学发展观”和“和谐社会”等当代中国最重要的治国理念联系起来，一方面使人权观念得到了更加丰富的阐释；另一方面，也为这些治国理念赋予了人权的意味。

1. “三个代表”与人权

2000年5月，江泽民在考察江苏、浙江、上海工作时指出，我们党要始终代表中国先进生产力的发展要求、中国先进文化的前进方向、中国最广大人民的根本利益。[①] 在2001年“七一”讲话中，他进一步全面阐述了“三个代表”重要思想。[②]

2002年，朱穆之在《“三个代表”思想与人权》，探讨了“三个代表”思想与人权的关系，并指出“‘三个代表’思想对中国人民享有人权具有决定性的影响”。[③]黄华在《坚持用“三个代表”重要思想指导中国人权建设》一文中指出，江泽民同志关于“三个代表”的重要思想，对指导当代中国人权建设具有重要意义。坚定不移地发展社会生产力，是当代中国人权建设的关键。坚定不移地繁荣社会主义文化，是当代中国人权建设的重要内容。坚持独立和主权，是当代中国广大人民群众根本利益的体现。[④]苏哲在《“三个代表”重要思想是中国人权发展的指南》中进一步论述了“三个代表”是新形势下中国人权事业健康发展的思想指南。[⑤]

2. 以人为本的科学发展观与人权

2003年10月中国共产党十六届三中全会提出了“坚持以人为本，全面、协调、可持续的发展观”。2007年在中共十七大报告中进一步准确阐

---

① 《江泽民在江苏、浙江、上海考察工作强调深入基层总结实践积极探索开拓前进按照“三个代表”要求加强党的建设》，《人民日报》2005年5月16日第1版。中国网：http://www.china.com.cn/ch-80years/zhongyao/san-3.htm。

② 《2001年7月1日 中共中央举行大会隆重庆祝建党八十周年 江泽民全面阐述“三个代表”重要思想》，人民网：http://www.people.com.cn/GB/historic/0701/6675.html。

③ 朱穆之：《“三个代表”思想与人权》，《人权》2002年第2期。

④ 黄华：《坚持用“三个代表”重要思想指导中国人权建设》，《人权》2002年第2期。

⑤ 苏哲：《“三个代表”重要思想是中国人权发展的指南》，《人权》2002年第5期。

述了科学发展观的要义、核心和基本要求。

2006年，中国社会科学院荣誉学部委员李步云在《科学发展观与人权保障》一文中指出，坚持以人为本，全面、协调、可持续发展的科学发展观，对实现中国宪法所确立的“国家尊重和保障人权”的目标有重要的指导作用，具体表现在三个方面：第一，发展是人权保障的社会基础；第二，以人为本是人权保障的理论基础与基本原则；第三，科学发展观对人权的全面、协调和可持续发展具有重要的指导意义。[①] 中国人民大学法学院教授张志铭在《科学发展观与中国的人权事业》一文中指出，人权观念有助于全面而深入地理解科学发展观，而科学发展观也是中国人权事业的科学发展观。[②]北京大学教授陈志尚在《以人为本，促进人权事业全面发展》一文中提出，要用“以人为本”充实中国特色社会主义人权观的理论前提，以全面协调可持续发展的观点指导和全面推进人权建设。[③]中国人权研究会副会长叶小文在《以人为本与人权理论》一文中指出：“深刻理解和认真把握好科学发展观的核心，有助于推动我们人权理论研究的丰富和发展。一个把以人为本作为自己指导思想的核心的国家，讲起人权理论来应更加理直气壮。”[④]他特别强调，以人为本作为科学发展观的核心，“尊重和保障人权”就必须是题中应有之义。

3. 和谐社会与人权

2002年底，中国把“社会更加和谐”确定为全面建成小康社会的6个目标之一。2005年2月19日，胡锦涛在省部级主要领导干部提高构建社会主义和谐社会能力专题研讨班上的讲话中，把和谐社会建设列为中国特色社会主义事业总体布局的四大建设之一。他指出：“我们所要建设的社会主义和谐社会，应该是民主法治、公平正义、诚信友爱、充满活力、安定有序、人与自然和谐相处的社会。”[⑤] 2006年10月，中共十六届六中

---

① 李步云：《科学发展观与人权保障》，《人权》2006年第5期。

② 张志铭：《科学发展观与中国的人权事业》，《人权》2006年第4期。

③ 陈志尚：《以人为本，促进人权事业全面发展》，《人权》2006年第4期。

④ 叶小文：《以人为本与人权理论》，《人权》2007年第6期。

⑤ 胡锦涛：《在省部级主要领导干部提高构建社会主义和谐社会能力专题研讨班上的讲话》（2005年2月19日），《十六大以来重要文献选编》（中），中央文献出版社2006年版，第706页。

全会作出了《关于构建社会主义和谐社会若干重大问题的决定》。

2006年11月，中国人权研究会在北京举办“尊重和促进人权与建设和谐世界”国际研讨会，蒋正华副委员长发表了《共建“人人享有人权”的和谐世界》的讲话，中国人权研究会会长周觉发言的题目是《促进人权发展，共建和谐世界》，副会长陈士球发言的题目是《维护和促进人权与建设和谐世界》。[①]此外，不少学者也先后发表文章分析和谐社会与人权保障的关系，如刘士萍、杨文波的《论和谐社会与人权保障》[②]，孙祥生、孙寅生的《论人权保障与和谐社会的构建》[③]，刘志强的《人权保障与和谐社会构建——从处理群体性事件说起》[④]，涂小雨的《和谐社会人权保障的核心理念、现实基础与价值基点》[⑤]。

在《2009年中国人权事业的进展》（白皮书）中，将充分实现人权作为构建和谐社会的重要目标，指出：“充分实现人权是中国全面建设小康社会、构建社会主义和谐社会的重要目标。中国将与国际社会一道，一如既往地为促进中国人权事业的不断进步和国际人权事业的健康发展，为建设持久和平、共同繁荣的和谐世界作出不懈的努力和贡献。”[⑥]

4. 依法治国与人权

中共十八大以来，随着全面推进“依法治国”方略的提出，以及十八届四中全会作出《中共中央关于全面推进依法治国若干重大问题的决定》，有关依法治国与人权保障的关系又成为中国人权研究的新热点。中国人权研究会会长罗豪才发表专访《全面落实依法治国，扎实推进人权工作》[⑦]，鲜开林发表《法治人权保障的新境界新亮点》[⑧]。

---

① 参见《人权》2007年第1、2期。

② 刘士萍、杨文波：《论和谐社会与人权保障》，《湖湘论坛》2006年第5期。

③ 孙祥生、孙寅生：《论人权保障与和谐社会的构建》，《理论界》2006年第6期。

④ 刘志强：《人权保障与和谐社会构建——从处理群体性事件说起》，《广州大学学报》（社会科学版）2006年第3期。

⑤ 涂小雨：《和谐社会人权保障的核心理念、现实基础与价值基点》，《淮海工学院学报》（人文社会科学版）2008年第2期。

⑥ 国务院新闻办公室：《2009年中国人权事业的进展》，人民出版社2010年版。

⑦ 参见《人权》2014年第5期。

⑧ 参见《人权》2013年第1期。

## 三　与中国改革开放的实际相结合

1978 年以来，中国开始了经济体制改革，目标是建立社会主义市场经济体制。在经济体制改革的进程中，面临着一系列权利保障问题。从十几年来中国人权事业发展的进程来看，一个重要的特征就是针对市场经济体制建设中所出现的各种问题，建立健全相应的人权保障制度，实施适宜的人权保障措施，形成与经济体制改革相适应的人权保障体制。

1. 经济、社会和文化改革中产生的经济、社会和文化权利保障问题

中国经济体制改革所要解决的问题，是激发人们工作的积极性，解放生产力，促进经济发展。但在这一过程中，产生了一系列经济、社会和文化权利保障的新问题。《人权》杂志在这方面所刊载的文章，主要涉及工作权、基本生活水准权、社会保障权、教育权、健康权、文化权、财产权、环境权等（见表 5—11）。

**表 5—11　　《人权》杂志发表的有关经济和社会权利的文章**

| 权利 | 刊号 | 作者 | 文章标题 |
|---|---|---|---|
| 工作权利 | 1/2002 | 本刊记者 | 劳动者和工会合法权益的“保护神”——关怀教授谈《工会法》修改 |
| | 4/2002 | 傅兴宇、张羽、王振宏 | 政府买岗：拓出就业新空间 |
| | 4/2002 | 肖云祥 | 安全生产缘何又敲警钟 |
| | 3/2003 | 钟儒洋、潘育连 | “生死合同”是无效合同 |
| | 4/2004 | 马强 | 正确认定劳动合同的性质，保护劳动者的合法权益 |
| | 6/2004 | 本刊记者 | 切实改善和保障人民的劳动和社会保障权——访劳动和社会保障部部长郑斯林 |
| | 1/2005 | 建民 | 《劳动保障监察条例》解读 |
| | 4/2006 | 申玉彪 | 浙江外来工权益保障探索 |
| | 4/2006 | 尤雪云 | 健全劳动合同法律制度 维护职工合法权益——访中国人民大学法学院关怀教授 |
| | 2/2007 | 程多生 | 略论人权在国际劳工标准中的体现 |
| | 3/2007 | 路易 | 就业促进法：劳动者实现就业权的重要保障 |

续表

| 权利 | 刊号 | 作者 | 文章标题 |
| --- | --- | --- | --- |
| 工作权利 | 3/2007 | 本刊记者 | 保障人民劳动权益，促进社会和谐——访劳动和社会保障部部长田成平 |
| | 5/2007 | 尤雪云 | 《劳动合同法》：构建和谐劳动关系的法律保障——访中国人民大学法学院关怀教授 |
| | 6/2007 | 本刊记者 | 《就业促进法》：实现公民劳动就业权的法律保障 |
| | 6/2007 | 尤雪云 | 为了劳动者的权益——记劳动法学家关怀教授 |
| | 1/2010 | 江广平 | 中国工会在应对国际金融危机中努力维护工人权益 |
| | 6/2010 | 钮友宁 | 实现体面劳动是中国工会维护职工权益的光荣旗帜 |
| | 4/2011 | 钮友宁 | 顺应民意，加快立法，营造保障我国劳务派遣工权益的制度环境 |
| | 1/2012 | 王小兵、王文盛、宋杨 | 凤仪乡里凤凰舞——煤矿安全建设之雅安“凤凰煤业”行 |
| | 1/2011 | 钮友宁 | 完善工会信访制度 积极保障广大劳动者的基本人权 |
| 基本生活水准权利 | 2/2002 | 本刊记者 | 搞好扶贫开发 促进人权发展——国务院扶贫开发领导小组副组长胡富国同志访谈录 |
| | 4/2002 | 陈剩勇、马斌 | 浙江城乡一体化最低生活保障制度的实践 |
| | 4/2002 | 郭子源、卢松岳 | 危房改造 天津旧貌换新颜 |
| | 6/2002 | 文心 | 走向深入的北京城市低保 |
| | 2/2003 | 罗仰虎 | 让城镇贫困人口展现笑容——新疆玛纳斯县城镇解困工程纪事 |
| | 6/2003 | 黎明 | 贫困农民系上“低保”“安全带” |
| | 4/2004 | 黄木、丁瑞武 | 民心工程暖人心——福建省平潭县政府扶贫济困行动 |
| | 1/2005 | 云翔 | 在缩短贫富差距中推进人权发展 |
| | 4/2005 | 吴英绰、李苑田、傅学瀛 | 吉林通化构建社会救助体系，促进特困群众的人权保障 |
| | 4/2005 | 本刊记者 | 以人为本，扶贫开发——国务院扶贫办主任刘坚访谈录 |
| | 3/2007 | 王思铁 | 扶贫：亟待创新体制 |
| | 5/2007 | 薛洪涛 | 城市低收入家庭不再“望房兴叹” |

续表

| 权利 | 刊号 | 作者 | 文章标题 |
|---|---|---|---|
| 基本生活水准权利 | 5/2007 | 纳兰 | 向“全民低保”的目标前进 |
| | 6/2009 | 李云龙 | 消除贫困是一项核心人权 |
| | 1/2010 | 湛中乐、苏宇 | 消除贫困与人权保障：中国的进展与反思 |
| 社会保障权利 | 3/2002 | 本刊记者 | 我国扶持低收入群体社会保障支出 5 年增长 15 倍 |
| | 6/2202 | 本刊记者 | 中国努力实现公民的社会保障权 |
| | 6/2004 | 本刊记者 | 访劳动和社会保障部部长郑斯林 |
| | 3/2005 | 林嘉 | 我国社会保障制度的现状、问题与发展 |
| | 4/2005 | 本刊记者 | 部分部委领导谈社会保障立法 |
| | 5/2005 | 徐智华 | 完善我国养老保险立法的再思考 |
| | 4/2007 | 陈春 | 为了“人人享有基本医疗保障”——杭州市城镇老年居民大病住院医疗保险工作纪实 |
| | 5/2007 | 怀畅 | 努力构建造福亿万百姓的医保网络 |
| | 5/2008 | 曾煜 | 灵活就业群体参保难的原因与对策 |
| | 2/2009 | 本刊记者 | 尹蔚民：我国人力资源和社会保障事业取得历史性成就 |
| | 1/2010 | 才让塔 | 宪政语境下民生与公民社会保障权 |
| | 3/2010 | 钮友宁 | 为改善民生和保障人权提供基础性法源支撑——关于完善《社会保险法（草案）》的政策思考 |

续表

| 权利 | 刊号 | 作者 | 文章标题 |
|---|---|---|---|
| 教育权利 | 2/2004 | 本刊记者 | 我国教育改革发展与公民受教育权的保障——访教育部部长周济 |
| | 4/2005 | 王博、江新军、龚鹏飞、陈宇、杨金洪 | 湖南岳阳探索农村办学新模式走笔 |
| | 4/2006 | 本刊记者 | 加快教育改革与发展 依法保障公民受教育权——访教育部副部长陈小娅 |
| | 4/2006 | 王演兵 | 修改《义务教育法》，切实保障儿童义务教育权 |
| | 5/2007 | 赵永勤、黄剑 | 贫困生能圆大学梦 |
| | 1/2009 | 张道航 | 学有所教呼唤制度公平 |
| | 1/2009 | 左元峰 | 非正规教育：少数民族青少年的脱贫之路 |
| | 3/2009 | 刘英团、叶雷 | 关于义务教育是否可能延至 12 年的思考 |
| 健康权利 | 3/2002 | 郭子源、卢松岳 | 河南省农民健康保障：多形式、广覆盖、普受益 |
| | 3/2002 | 云鹏 | 《职业病防治法》：为劳动者擎起健康之伞 |
| | 4/2003 | 本刊记者 | 努力保障人民群众的生命健康权利——访卫生部党组书记、常务副部长高强同志 |
| | 2/2005 | 张磊、马骏、沙明 | 安徽六安市矽肺病民工状况调查 |
| | 2/2005 | 荣娇娇 | 贵州兴仁县改革炉灶防治砷中毒 |
| | 6/2005 | 白旭 | 合作医疗让农民不再为看病发愁 |
| | 3/2006 | 刘天思、丁小兵 | 农村医疗现状透视 |
| | 3/2006 | 本刊记者 | 构建和谐医患关系保障患者健康权——访中国中医科学院望京医院温建民教授 |
| | 3/2006 | 本刊记者 | 推进医疗卫生体制改革，保障人民群众健康权益——访卫生部部长高强 |
| | 5/2006 | 王水霞、皓月 | 北京探索社区卫生服务新模式 |
| | 5/2006 | 胡振栋 | 湖北长阳土家族自治县 40 年农村合作医疗纪实 |

续表

| 权利 | 刊号 | 作者 | 文章标题 |
|---|---|---|---|
| 健康权利 | 5/2007 | 王小兵 | 心系群众用药安全——成都市食品药品管理局整顿药品市场纪实 |
| | 5/2007 | 本刊记者 | 推进食品药品科学监管，保障公众饮食用药安全 |
| | 2/2008 | 武汉大学城乡居民医保现状调查课题组 | 武汉市城镇居民医疗保险现状调查 |
| 文化权利 | 4/2003 | 苏金智 | 语言权保护在中国 |
| | 6/2009 | 王联众、范国真 | 博物馆免费开放是保障公民文化权利的切实举措 |
| | 4/2009 | 韩小兵、喜饶尼玛 | 中国西藏藏族文化权利的法律保障——兼论“西藏文化灭绝论”的荒谬性 |
| 财产权利 | 5/2005 | 赵海宁 | 王利明谈物权法 |
| | 3/2007 | 宋文婷 | 《物权法》——一部保障人民安居乐业的法律 |
| | 5/2009 | 董正华 | 进一步保障农民的土地使用权 |
| 环境权利 | 3/2002 | 刘敏 | 环境权：一种新兴的现代人权 |
| | 6/2006 | 赵海宁 | 贯彻科学发展观，努力解决环境问题——访国家环保总局局长周生贤 |
| | 6/2010 | 聂武钢、孟佳 | 河流与人权 |
| | 3/2011 | 湛中乐 | 作为人权的环境权：科学发展与权利保障 |

在工作权利保障方面，《人权》杂志发表了约 20 篇文章，主要涉及就业机会、就业歧视、劳动合同、劳动报酬、安全生产、工作条件、工会作用等问题，这些都是伴随着劳动力市场的开放所带来的问题。

在基本生活水准权利保障方面，《人权》杂志发表了约 15 篇文章，主要涉及扶贫开发、最低生活保障制度、危房改造、住房保障制度、低收入群体收入提高等问题，这些涉及在引入市场竞争后困难群体的生活保障问题。

在社会保障权利方面，《人权》杂志发表了约12篇文章，主要涉及养老保险和医疗保险问题，以及失业公民的社会保险问题。它们涉及到建立市场经济体制后如何重新建立有效的社会保障体制的问题。

在教育权利方面，《人权》杂志发表了约8篇文章，主要涉及贫困生受教育权的保障、义务教育的公平性、农村义务教育以及随着经济发展提高义务教育年限等问题，它们涉及到在经济领域强调竞争和增长的背景下，教育改革如何保证教育公平的问题。

在健康权利方面，《人权》杂志发表了约14篇文章，主要涉及农村医疗、职业病防治、环境疾病防治、医患关系、社区卫生服务、食品药品安全等问题，它们牵涉到在公共医疗卫生改革过程中如何保障所有公民享受平等的医疗和公共卫生服务的问题。

在文化权利保障方面，《人权》杂志发表的文章还相对较少，主要涉及公共文化设施的建设和开放、少数民族语言和文化的继承和保护等问题，它们牵涉到在文化产业大发展的背景下，如何发展公共文化事业，并如何使全体社会成员平等地享受到文化发展的成果。预计随着文化事业的大发展，这方面的文章也会呈现迅速增长的趋势。

在财产权利方面，《人权》杂志发表的文章也不多，主要涉及物权法和农民土地使用权的问题，它们牵涉到在城市化进程中房屋拆迁和土地征收中对公民个人财产权利的保障。

在环境权利方面，《人权》杂志发表的文章还不多，主要涉及环境权利的概念以及如何解决在经济发展中所产生的各种环境问题。预计随着国家“十二五”规划和新一期国家人权行动计划对生态文明建设的强调，这方面的文章会出现迅速增长的趋势。

2. 行政、司法和政治改革中产生的公民权利和政治权利保障问题

经济、社会和文化的改革，要求行政、司法和政治体制也要进行相应的调整和变革。在这一变革过程中，产生了一系列与公民权利和政治权利保障相关的问题。《人权》杂志10年来在这方面也发表了大量的文章，主要涉及生命权、平等权、隐私权、迁徙权、人身自由权、公正审判权、宗教自由权、选举和被选举权、知情权、表达权、参与权、监督权等权利（见表5—12）。

表 5—12　《人权》杂志发表的有关公民权利和政治权利的文章

| 权利 | 刊号 | 作者 | 文章标题 |
|---|---|---|---|
| 生命权 | 5/2003 | 徐宗良 | 当代生命伦理与人权 |
| | 4/2004 | 刘日 | 我国死刑适用要坚持“少杀慎杀”原则 |
| | 1/2006 | 王演兵 | 2005 年：以更加严格、公正程序保障生命权 |
| | 1/2006 | 赵海宁 | “奥拓车撞人案”考验新交法无过错责任条款 |
| | 2/2006 | 赵海宁 | 收回死刑核准权、彰显尊重生命权——访中国应用法学研究所所长胡云腾教授 |
| | 1/2007 | 卓泽渊 | 生命权的法律保障 |
| | 3/2008 | 孙平华 | 论生命权的国际人权法保护 |
| | 5/2008 | 叶楠 | 尊重生命的价值，保障旅客的权益——《铁路交通事故应急救援和调查处理条例》评析 |
| 平等权 | 3/2002 | 王林霞 | 50/50——21 世纪男女平等的目标 |
| | 3/2002 | 陈芸 | 不要给孩子们留下不平等的阴影 |
| | 3/2004 | 叶静漪、魏倩 | 健康就业歧视若干法律问题研究 |
| | 4/2005 | 邹文清、陈群久 | 农村居民在人身损害赔偿中应受到平等保护 |
| | 2/2008 | 胡建淼、杜仪方 | 公民的平等权与行政法保护 |
| 隐私权 | 6/2004 | 王比学 | 私人信息保护也是一种人权 |
| | 2/2005 | 张艳、张茂 | 尊重名誉权：新闻媒体的责任 |
| | 1/2008 | 吴学安 | 如何让网络隐私权保护走出尴尬 |
| | 4/2010 | 姜昭 | 人肉搜索与隐私权保护——新型社会形态下隐私权的界定与保护 |
| 迁徙权 | 4/2003 | 仲泉 | 规范人口管理，保护公民权益——《居民身份证法》的法治解读 |
| | 5/2003 | 李仙正 | 欣闻取消暂住证 |
| | 2/2006 | 张双喜 | 户籍制度改革的政治意义 |
| | 4/2007 | 肖荣 | 户籍制度改革刻不容缓 |

续表

| 权利 | 刊号 | 作者 | 文章标题 |
|---|---|---|---|
| 人身自由权 | 1/2002 | 巫昌祯 | 新《婚姻法》：完善对公民婚姻家庭权利的保障 |
| | 2/2005 | 本刊记者 | 田期玉：依法治警，执法为民，尊重和保障人权 |
| | 6/2005 | 王金贵 | 尊重保障人权，防止权力滥用——《治安管理处罚法》简评 |
| | 1/2007 | 吴立香 | 司法强制措施中的人权保障 |
| | 1/2011 | 郭霓 | 跨境人身安全与法律保障 |
| | 6/2006 | 王秀红 | 公安机关尊重和保障人权的几点思考 |
| | 3/2011 | 王鹏、赛明明 | 试论生育权的基本内容 |
| 宗教自由权 | 6/2002 | 赵苗苗、熊蕾 | 宗教生活在中国 |
| | 3/2003 | 叶小文 | 中国的宗教和宗教政策——在洛杉矶美国西部基督教人士研讨会上的演讲 |
| | 3/2003 | 宗文 | 叶小文与美驻华大使雷德谈宗教问题 |
| | 6/2003 | 任宗延 | 一斑见豹——从河北省看中国宗教信仰自由的政策 |
| | 1/2004 | 雷亚·门泽尔·怀特黑德 | 我在南京金陵协和神学院任教生活 |
| | 1/2004 | 哈马米 | 我看中国的宗教信仰自由 |
| | 6/2004 | 华定谟 | 普陀山的宗教生活 |
| | 3/2005 | 释果平 | 峨眉山的宗教生活 |
| | 3/2005 | 年永刚 | 访藏传佛教寺院 |
| | 2/2007 | 叶小文 | 世界和谐需要宗教对话 |
| | 2/2008 | 魏宏 | 我国宗教法制建设初探 |
| | 2/2009 | 朱玉福、尼玛扎西 | 从拉萨柳梧村看藏民族的宗教信仰自由——驳达赖集团的“西藏宗教灭绝论” |

续表

| 权利 | 刊号 | 作者 | 文章标题 |
| --- | --- | --- | --- |
| 公正审判权 | 2/2002 | 成舟 | 人权的司法保障更加有力 |
| | 4/2002 | 本刊记者 | 维护司法公正 依法保障人权——访司法部部长张福森同志 |
| | 6/2002 | 本刊记者 | 准确适用法律，依法公正裁判，切实加强司法领域的人权保障——访最高人民法院院长、首席大法官肖扬同志 |
| | 5/2003 | 路易 | 中国法律援助制度：司法人权的重要保障 |
| | 6/2003 | 孙铁成 | 加强审判监督 |
| | 6/2003 | 本刊记者 | 2004 年 1 月 1 日起实施的《公安机关办理行政案件程序规定》 |
| | 1/2004 | 钟师楷 | 中国司法改革与人权 |
| | 1/2004 | 凡夫 | 中国行政审判 20 年发展与人权保护 |
| | 2/2004 | 姜伟、史卫忠 | 证据开示与中国刑事诉讼中的人权保护 |
| | 4/2004 | 杨燮蛟 | 刑讯逼供与依法保障人权 |
| | 6/2004 | 凡夫 | 中国国家赔偿制度对公民基本权利的保障 |
| | 1/2005 | 本刊记者 | 肖扬强调进一步加强司法领域的人权保障 |
| | 1/2005 | 刘晓林、王喆 | 风雨兼程写辉煌——中国律师制度恢复二十余载回眸 |
| | 1/2005 | 陈淳安 | 落实宪法原则，严查侵权犯罪——访最高人民检察院副检察长王振川 |
| | 3/2005 | 路易 | 人民陪审员制度：通往司法民主的桥梁 |
| | 1/2006 | 张军 | 中国司法审判中的人权保障 |
| | 1/2006 | 杨宇冠 | 关于完善我国刑事司法人权保障机制的思考 |
| | 2/2006 | 本刊记者 | 中国司法体制改革与人权保障——访中央政法委秘书长王胜俊 |
| | 5/2006 | 宁黎黎 | 修订立案标准 突出保障人权——解读《最高人民检察院关于渎职侵权犯罪案件立案标准的规定》 |
| | 5/2006 | 李玉华 | 论死刑案件第二审开庭被告人的权利保障 |

续表

| 权利 | 刊号 | 作者 | 文章标题 |
| --- | --- | --- | --- |
| 公正审判权 | 6/2006 | 张志铭 | 关于被刑事追究者获得律师帮助的权利——国际标准与国内立法之比较 |
| | 1/2007 | 本刊记者 | “审判前程序中的律师作用”研讨会综述 |
| | 3/2007 | 王演兵 | 人民陪审员制度：司法人权保障的重大举措 |
| | 3/2007 | 陶波 | 论中国公民人权宪法司法救济制度缺失的原因 |
| | 4/2007 | 本刊记者 | 刑事诉讼程序中的人权保障 ——访中国政法大学樊崇义教授 |
| | 5/2007 | 沈亮 | 中国司法领域的人权保障 |
| | 5/2007 | 路易 | 人民法院审判公开制度的重大进展 |
| | 6/2007 | 万鄂湘 | 十六大以来我国司法领域的人权保护成就 |
| | 1/2008 | 张爱宁 | 保障律师的执业权利就是保护人权——新《律师法》评析 |
| | 1/2008 | 李红勃 | 法律援助在中国——历史、现状与未来发展 |
| | 2/2008 | 陈果 | 国际刑事司法准则的人权保障研究 |
| | 6/2008 | 本刊记者 | 行政诉讼中的人权保障——访北京大学法学院教授、博士生导师湛中乐 |
| | 6/2009 | 熊秋红 | 依法治国方略与中国人权司法保障的发展 |
| | 1/2010 | 曹建明 | 依法履行法律监督职责，加强对人权的司法保障 |
| | 4/2010 | 心洁 | 浅议《侵权责任法》与人权保障 |
| | 1/2011 | 朱宗杰 | 在人权保障视野下论无罪推定原则 |
| | 3/2011 | 元轶 | 被告人人权保障的里程碑——以最高人民法院收回死刑核准权为视角 |
| | 2/2012 | 冯祥武 | 论刑事法律援助的具体对象——以司法公正与人权保障为中心 |
| | 2/2012 | 岳悍惟 | 论司法权与人权保障 |

续表

| 权利 | 刊号 | 作者 | 文章标题 |
| --- | --- | --- | --- |
| 选举权 | 6/2003 | 谭国器 | “选举是头等大事”——云南省基层民主选举见闻 |
| | 6/2003 | 吴倩 | 参选村委会主任——哈尼族妇女杨晓华的难忘经历 |
| | 6/2003 | 黎珊 | 民选“村官”被撤现象透视 |
| | 5/2002 | 邹阳辉 | 社会主义民主的新亮点——北京东城区九道湾社区直接选举的前前后后 |
| | 4/2009 | 邹建峰 | 民主选举与政治规范发展的思考 |
| 知情权 | 4/2202 | 刘海年 | 透明度与大众传媒规制 |
| | 5/2003 | 温毅斌 | 小议知情权的法律属性 |
| | 5/2004 | 吴学安 | 政府信息公开立法大势所趋 |
| | 5/2005 | 熊蕾 | 生命科学研究应重视参与者的知情权 |
| | 1/2006 | 白旭 | 医疗知情权的实现离我们还有多远 |
| | 4/2007 | 尤雪云 | 充分保障公众知情权——《政府信息公开条例》解读 |
| | 3/2010 | 高钢 | 人的社会关系的深度揭示与公民信息权利的深度实现——从“人立方关系搜索”看网络技术进步的社会意义 |
| 表达权 | 6/2004 | 马岭 | “言论自由”相关概念的主体分析 |
| | 4/2007 | 蔡一 | 北京市丰台区京铁家园居民的网上生活 |
| | 4/2008 | 朱穆之 | 谈谈言论自由 |
| | 5/2009 | 王四新 | 中国法律对表达自由的保护 |
| | 1/2012 | 黄逸宇 | 言论自由的代价与底线 |
| 参与权 | 2/2002 | 黎远 | 政治民主同步发展 |
| | 3/2002 | 王金华 | 一场静悄悄的革命——中国农村村民自治的兴起与发展 |
| | 4/2002 | 朱穆之 | 关于民主的一些思索 |
| | 4/2002 | 文赤桦、岳瑞芳 | 让农家女参政议政 |
| | 6/2003 | 王金华 | 村民自治在快车道上行驶——写在《村委会组织法》颁布实施五周年之际 |

续表

| 权利 | 刊号 | 作者 | 文章标题 |
|---|---|---|---|
| 参与权 | 6/2005 | 肖加福 | 个税听证：立法民主化的有益尝试 |
| | 4/2007 | 张秀华 | 北京市鲁谷社区民主自治纪实 |
| | 5/2007 | 姜明安 | 酒仙桥危改：不妨多一些民主形式 |
| | 4/2008 | 罗豪才 | 中国社会转型中的协商机制——在东京基金会成立十周年研讨会上的演讲 |
| | 1/2012 | 董云虎 | 中国的民主制度及发展启示 |
| 监督权 | 5/2004 | 刘武俊 | 摒弃对上访的“傲慢与偏见” |
| | 1/2005 | 李秋学 | 信访权利是人权 |
| | 6/2006 | 董云虎 | 论权力的制约和监督 |
| | 5/2007 | 宁静 | 规范检察院信访工作，保护信访人合法权益——《人民检察院信访工作规定》评析 |
| | 1/2007 | 本刊记者 | “让群众话有处说、事有处办”——河南省信访工作侧记 |
| | 6/2009 | 陈淳安 | 情法并重，人文关怀——河南舞钢市检察院处理信访案件纪事 |

在生命权方面，《人权》杂志发表了约 8 篇文章，主要涉及死刑的适用、裁决程序和核准问题，以及在交通法等法律法规中如何更好地保障公民生命权的问题。

在平等权方面，《人权》杂志发表了约 5 篇文章，主要涉及性别平等，教育、健康和就业中的歧视，城乡居民的不同待遇，以及法律对平等权的保障等问题。

在隐私权方面，《人权》杂志发表了约 4 篇文章，主要涉及私人信息、名誉保护，以及在互联网中的个人隐私保护问题。

在迁徙权方面，《人权》杂志发表了约 4 篇文章，主要涉及户籍管理、身份证与暂住证制度。

在人身自由权方面，《人权》杂志发表了约 7 篇文章，主要涉及行政处罚，司法强制，跨境人身安全，婚姻、家庭和生育权利等问题。

在宗教自由权方面，《人权》杂志发表了约 12 篇文章，主要涉及宗教信仰自由、宗教生活、宗教对话和宗教法制建设等问题。

在公正审判权方面，《人权》杂志发表的文章最多，约 39 篇，主要涉及司法救济、司法公开、被告人权利、法律援助、陪审员制度、无罪推定、审判监督、诉讼程序、适用法律、律师权利、刑讯逼供、国家赔偿等问题，牵涉到司法改革的方方面面。

在选举权方面，《人权》杂志发表了大约5篇文章，主要涉及基层民主建设问题。

在知情权方面，《人权》杂志发表了7篇文章，主要涉及政府信息公开，医疗和生命科学研究中的知情权，以及互联网对公民知情信息权的影响等问题。

在表达权方面，《人权》杂志发表了约5篇文章，主要涉及言论自由的概念、代价和底线，网络表达自由，以及对表达自由的法律保护。

在参与权方面，《人权》杂志发表了约10篇文章，主要涉及对中国民主制度的思考，对协商民主的讨论，村民自治和社区自治，立法听证，以及公民参政议政等方面的问题。

在监督权方面，《人权》杂志发表了约6篇文章，主要涉及权力监督和信访问题。

3. 改革中的弱势群体权利保障

在经济体制改革过程中，利益的多元化使得对弱势群体的权利保护需求更加突出。在《人权》杂志11年来发表的文章中，有大量文章涉及各种特定群体的保护问题，包括少数民族、农民工、妇女、未成年人、老年人、残疾人、艾滋病患者、被羁押人员等群体的权利保障问题（见表5—13）。

表5—13　《人权》杂志发表的有关弱势群体权利保障的文章

| 权利 | 刊号 | 作者 | 文章标题 |
|---|---|---|---|
| 少数民族权利 | 2001 | 白帆 | 中国少数民族权利实现的制度构想之由来 |
| | 5/2003 | 本刊记者 | 坚持平等自治共同繁荣，促进少数民族人权发展——访国家民族事务委员会主任李德洙同志 |
| | 5/2004 | 索穷 | 法律援助在西藏 |
| | 1/2005 | 郝时远 | 西部大开发与少数民族权利保障 |
| | 5/2005 | 李锦芳 | 中国少数民族有使用和发展自己语言文字的权利 |
| | 5/2005 | 吴大华 | 中国刑法与少数民族人权保障 |
| | 6/2005 | 荣娇娇 | 西藏妈妈享受健康的医院分娩 |
| | 3/2008 | 索穷、孙文振 | 让更多的藏族聋哑人"无障碍"交流 |

续表

| 权利 | 刊号 | 作者 | 文章标题 |
| --- | --- | --- | --- |
| 少数民族权利 | 4/2008 | 本刊记者 | 我眼中的“西藏人权问题”——访中央民族大学副校长兼藏学研究院院长喜饶尼玛 |
| | 5/2007 | 张凝、卢坤跃、郭同鼎 | 大墙内的特别关爱——豫西监狱尊重保障少数民族服刑人员权益二三事 |
| | 4/2009 | 韩小兵、喜饶尼玛 | 中国西藏藏族文化权利的法律保障——兼论“西藏文化灭绝论”的荒谬性 |
| | 1/2009 | 左元峰 | 非正规教育：少数民族青少年的脱贫之路 |
| | 1/2009 | 王文盛、王永春 | 小凉山彝族人的新生活——从村民拉布拉根家看“惠民行动”在彝族自治县 |
| | 2/2009 | 林田 | 我见证了西藏的人权巨变 |
| | 2/2009 | 朱玉福、尼玛扎西 | 从拉萨柳梧村看藏民族的宗教信仰自由——驳达赖集团的“西藏宗教灭绝论” |
| | 5/2009 | 段洁龙 | 消除种族歧视 促进和保护少数民族权益——中国代表团团长段洁龙在联合国消除种族歧视委员会审议中国第十至十三次履约报告会议上的介绍性发言 |
| | 4/2010 | 佘静芳 | 教育在西藏民族传统体育文化传承中的作用 |
| | 5/2010 | 本刊记者 | 安居工程让西藏百万农牧民安居乐业 |
| | 5/2010 | 韩小兵、喜饶尼玛 | 以人为本理念下的中国少数民族发展权 |
| | 5/2010 | 王平 | 消除贫困与少数民族人权保障——以中国少数民族地区扶贫为例 |
| | 1/2011 | 本刊记者 | 西藏“非遗”蓬勃发展 有效保护传统文化 |
| | 3/2011 | 丁玲辉 | 西藏教育的历史性跨越——纪念西藏和平解放60周年 |
| | 4/2011 | 李中锋 | 西藏共享型医疗卫生事业的发展 |
| | 2/2012 | 拉加当周 | 试论民族区域自治制度与西藏的政治现代化 |
| 农民工权利 | 3/2002 | 陈芳、姜微、何广怀、周梦榕 | 给孩子们一张安稳的课桌——关于民工子女教育的调查 |
| | 2/2003 | 杨菲、孙海峰、李紫娟 | 全社会都来善待农民工——全国政协委员、人大代表谈“农民工问题” |
| | 2/2003 | 卢松岳、郭子源、田建光 | 政府撑腰：民工工资一分不能少——郑州市采取措施切实保障民工合法权益 |
| | 2/2004 | 本刊记者 | 外来打工妹合法权益亟须保护 |

续表

| 权利 | 刊号 | 作者 | 文章标题 |
| --- | --- | --- | --- |
| 农民工权利 | 5/2004 | 陈振功 | 上海、江苏保障农民工合法权益工作卓有成效——中国人权研究会调研报告 |
| | 5/2004 | 李德山 | 农民工的社会保障权不容忽视 |
| | 5/2004 | 李伟 | 论农民工的基本人权保障 |
| | 1/2005 | 金晓莲 | “社会责任 8000” 与民工权益保护 |
| | 1/2005 | 梁胜 | 进城民工期待“孤岛”突围 |
| | 1/2005 | 吴天宝、常征 | 新潮渐起：农民工正在转变为新市民 |
| | 2/2005 | 田丹 | 农民工的地位、作用及其权利保障 |
| | 3/2005 | 王磊、张磊、刘天思、聂星、肖飞 | 农民工子女受教育状况新闻调查 |
| | 2/2006 | 王博 | 长沙市农民工子女义务教育情况调查 |
| | 6/2006 | 云翔 | 农民工权益保障有待进一步加强——访北京大学法学院教授叶静漪 |
| | 5/2007 | 王永霞 | 建立长效机制　保护农民工权益——访于幼军同志 |
| | 5/2007 | 李明亮 | 当前农民工的生存状态与法制保障 |
| | 4/2008 | 涂小雨 | 农民工融入城市的障碍分析与路径选择 |
| | 4/2008 | 朱悦蘅 | 农民工权益保护的路径选择——基于政府角色的分析 |
| | 4/2008 | 钮友宁 | 关于完善农民工社会保险制度的对策建议 |
| | 4/2008 | 戴卫东 | 公平、正义与共享——读《中国农民工问题与社会保护》 |
| 妇女权利 | 2/2002 | 林言 | 妇女、儿童受到特殊保护 |
| | 6/2002 | 郝立 | 风雨维权 彰显十载——《妇女权益保障法》实施十周年纪略 |
| | 3/2003 | 谷盛开 | 法学视野下的性别公正与妇女保护 |
| | 3/2003 | 本刊记者 | 保障妇女权益 促进人权全面实现——访全国妇联副主席、党组书记黄晴宜同志 |
| | 2/2005 | 曹守同 | 中国努力消除对妇女的歧视 |
| | 2/2005 | 黄木成 | 维护妇女人权，促进妇女与社会和谐发展——访福建省妇联主席刘群英 |

续表

| 权利 | 刊号 | 作者 | 文章标题 |
| --- | --- | --- | --- |
| 妇女权利 | 2/2005 | 惠铭生 | “青春期合同”：企业利益与女工人权的博弈 |
| | 2/2006 | 倪婷 | 关于家庭暴力所涉及问题的国际法研究 |
| | 6/2005 | 王演兵 | 从《妇女权益保障法》修改看妇女人权保护的进展 |
| | 6/2005 | 荣娇娇 | 中国首次立法禁止性骚扰 |
| | 2/2006 | 荣娇娇 | 被拐妇女重燃生活希望 |
| | 2/2006 | 倪婷 | 关于家庭暴力所涉人权问题的国际法研究 |
| | 6/2006 | 肖超英 | 对《妇女权益保障法》修改与实施的思考 |
| | 6/2006 | 莫文秀 | 关注农村妇女土地承包权及相关经济权益的实现 |
| | 2/2007 | 黄小丹 | 试论家庭暴力的防治 |
| | 3/2007 | 肖玮 | 许崇德谈中国首次规定全国人大女代表比例的重要意义 |
| | 3/2007 | 宁黎黎 | “就业过程中女工权益保护论坛”综述 |
| | 3/2008 | 本刊记者 | 全面维护妇女权益 提高妇女素质 共建共享和谐社会——访全国妇联副主席、书记处书记赵少华 |
| | 4/2008 | 杨继宏、吕春 | 浅谈构建和谐社会与社会性别主流化 |
| | 5/2008 | 周湖勇、许悦 | 公益诉讼：妇女有效维权的新途径新尝试 |
| | 4/2009 | 曾煜 | 社会性别主流化视角下我国女性劳动保障制度的完善 |
| | 2/2009 | 于怀清 | 妇女维权：寻求共建共享的平台 |
| | 1/2010 | 刘伯红 | 尊重和保障妇女权利就是尊重和保障人权——纪念联合国《消除对妇女一切形式歧视公约》诞生30年 |
| | 2/2010 | 李明舜 | 新中国成立以来的妇女权益立法保障 |
| | 2/2010 | 鲜开林、关晓巍 | 当前女大学生就业权的挑战与对策分析 |
| | 3/2010 | 荣维毅 | 中国反对性别暴力保障妇女人权 |
| | 6/2010 | 本刊记者 | 拿起法律武器，让妇女远离家庭暴力——记秦皇岛市妇联多方协调、处理家庭暴力问题 |

续表

| 权利 | 刊号 | 作者 | 文章标题 |
| --- | --- | --- | --- |
| 妇女权利 | 6/2010 | 李凤琳 | 为妇女儿童撑起一片天——秦皇岛市妇女儿童维权工作纪实 |
| | 6/2011 | 蒋月娥 | 反家庭暴力立法势在必行 |
| | 6/2011 | 李明舜 | 引领中国妇女发展的新纲要——略论《中国妇女发展纲要（2011—2020）》的几个亮点 |
| | 2/2012 | 黄显辉 | 澳门妇女权益保障 |
| 未成年人权利 | 5/2003 | 顾秀莲 | 中国未成年人保护成效显著——全国人大常委会执法检查组关于检查《中华人民共和国未成年人保护法》实施情况的报告（摘登） |
| | 4/2004 | 白旭、安蓓 | 关注儿童性侵害 |
| | 4/2004 | 黄木成、郑景顺 | 搞好未成年人保护工作，促进人权发展——访福建省副省长、省未成年人保护委员会主任汪毅夫 |
| | 3/2005 | 杨军生、李玉华 | 论我国未成年人监护制度的改革与完善 |
| | 3/2005 | 蔡晓红、陈雪平 | 青岛市未成年人犯罪及其预防措施研究 |
| | 4/2005 | 张文娟 | 中国律师参与未成年人保护工作八大亮点 |
| | 5/2005 | 王成江、李淑娟、赵丽萍 | 北京未成年犯管教所纪实 |
| | 3/2006 | 姬忠彪、凡夫 | 中国未成年人司法保护扫描 |
| | 3/2006 | 荣娇娇 | 让儿童学会捍卫自己的权利 |
| | 6/2006 | 曹卫 | 未成年人保护工作在香港 |
| | 2/2007 | 鞠青 | 中国未成年人法律保护的十大突破 |
| | 4/2007 | 陈金柱 | 再婚家庭中未成年人受暴力伤害问题浅析 |
| | 3/2008 | 王歌雅 | 离婚背景下儿童权利的法律救济 |
| | 1/2009 | 贺光辉 | 未成年人隐私权与相关权利人知情权的冲突及解决 |
| | 2/2009 | 蒋熙辉 | 以儿童福利为视角的中国少年刑事司法改革论 |
| | 1/2010 | 欧洋 | 儿童权利维护的成绩、挑战和前景 |
| | 3/2010 | 郑佩兰 | 以人为本的发展——儿童接受教育之权利 |
| | 6/2010 | 鲜开林、刘晓亮 | 论城市流动儿童的平等受教育权 |
| | 2/2011 | 范国真、屈瑞雪 | 与时代同行——吉林省孤儿学校半个多世纪的沿革轨迹 |

续表

| 权利 | 刊号 | 作者 | 文章标题 |
|---|---|---|---|
| 未成年人权利 | 3/2011 | 邹德萍 | “微博打拐”全社会给力 |
| | 5/2011 | 蒋娜 | 儿童权益保护：未成年刑法的最新动态评析 |
| | 6/2011 | 柳华文 | 中国儿童权利保护新趋势——解读《中国儿童发展纲要（2011—2020）》 |
| | 6/2011 | 闫佳、刘同强 | 中国未成年犯权利保护的实践和思考 |
| 老年人权利 | 5/2003 | 李宝库 | 努力做好新时期的老年维权工作 |
| | 2/2008 | 鲜开林、袁雯婷 | 农村老年人赡养权问题研究 |
| | 6/2008 | 苗红 | 老有所养——中国探索应对人口老龄化的办法 |
| | 1/2009 | 范国真 | 孤残老人的乐园，残障孩子的港湾——记吉林开安镇英顺老年公寓 |
| | 5/2010 | 本刊记者 | 关爱孤寡老人 建设和谐家园——记秦皇岛市抚宁县高庄中心敬老院 |
| | 5/2010 | 仇丽 | 浅议我国《老年人权益保障法》 |
| 残疾人权利 | 2/2002 | 雨田 | 加大对残疾人的保障 |
| | 3/2004 | 本刊记者 | 残疾人事业彰显我国人权事业的进步——访中国残疾人联合会主席邓朴方 |
| | 1/2007 | 王水霞、孟保林 | 山西运城残疾人权益保障工作纪实 |
| | 2/2007 | 本刊记者 | 《残疾人权利公约》通过的前前后后——访中国残疾人联合会张国忠 |
| | 2/2007 | 龚伯荣 | 上海：为智障人士构建“阳光之家” |
| | 3/2007 | 宁黎黎 | 残疾人就业权利的保障书——《残疾人就业条例》评析 |
| | 6/2007 | 薛洪涛 | 中国残疾人人权保护的进步——从上海特奥会说起 |
| | 1/2008 | 本刊记者 | 发展残疾人事业 保障残疾人权利——访中国残疾人联合会副理事长申知非 |
| | 6/2008 | 本刊记者 | 残疾人事业的发展壮大折射中国人权保障的成就 |
| | 1/2011 | 徐祖荣 | 以人为本视角下推进残疾人事业发展探析——基于杭州的经验数据 |
| | 4/2011 | 段小蕾 | 中国积极履行《残疾人权利公约》 |
| | 2/2012 | 鲜开林、乔伟聚 | 智障儿童合法权益问题研究——以辽宁某智障儿童康复中心为个案 |

**续表**

| 权利 | 刊号 | 作者 | 文章标题 |
|---|---|---|---|
| 艾滋病患者权利 | 2/2005 | 李楯 | 艾滋病问题与人权保护 |
| | 2/2005 | 马桂花 | 艾滋病政策教育引入中央党校 |
| | 4/2005 | 本刊记者 | “关注受艾滋病影响儿童项目社会宣传启动仪式”在京举行 |
| | 2/2006 | 路易 | 《艾滋病防治条例》：艾滋病病毒感染者、病人的保护神 |
| | 3/2006 | 刘巍 | 艾滋病患者的权益保护——从艾滋病法律咨询热线中发现的问题谈起 |
| | 3/2006 | 白旭 | 让受艾滋病影响儿童走出阴影 |
| | 5/2006 | 白旭、徐纯子 | 艾滋病病毒感染者：重新过上正常生活 |
| | 4/2007 | 陈亚东 | 艾滋病防治的法律视阈 |
| | 4/2007 | 文赤桦 | 防治艾滋病，非政府组织作用不可替代 |
| | 4/2007 | 荣娇娇 | 培训地方宣传官员，营造有效防治艾滋病的舆论环境 |
| | 5/2007 | 宁黎黎 | “阳光下我们一起成长”——记“第四届全国关怀艾滋病致孤儿童夏令营”活动 |
| | 6/2008 | 张剑源 | 健康权视角下的艾滋病防治立法 |
| 被羁押人员权利 | 4/2002 | 多穷、崔峰、查鑫 | “这里的犯人受到了人道主义待遇”西藏监狱现状透视 |
| | 2/2003 | 凡夫 | 中国积极推广注射执行死刑方法 |
| | 6/2003 | 金鉴 | 加强监狱人权保障理论研究，推动依法治监和监狱政治文明建设 |
| | 2/2004 | 黄木成、郑景顺、孙聘基、张育强 | 枯木逢春犹在发——福建省监狱人权保障纪实 |
| | 5/2004 | 邓中元 | 学习型监狱塑造社会新人——一名服刑人员眼中的监狱人权状况 |
| | 6/2004 | 司文学、董连银 | 洛阳监狱：在依法监管中强化对罪犯的人权保障 |
| | 2/2006 | 管莹、张梅菁 | 南京女子监狱见闻 |
| | 3/2006 | 朱世洪 | 我国罪犯人权保护的现状与完善 |
| | 3/2006 | 王雪峰 | 论保护和增进罪犯受教育权 |
| | 5/2006 | 赵松、张平 | 北京市延庆监狱保障老病残服刑人员人权记事 |

续表

| 权利 | 刊号 | 作者 | 文章标题 |
| --- | --- | --- | --- |
| 被羁押人员权利 | 1/2007 | 刘晓林、赵敬敬 | 高墙内的新生——北京市监狱服刑人员的改造生活 |
| | 5/2007 | 张凝、卢坤跃、郭同鼎 | 大墙内的特别关爱——豫西监狱尊重保障少数民族服刑人员权益二三事 |
| | 3/2008 | 本刊记者 | 推进监狱改革，依法保障罪犯人权——访司法部监狱管理局副局长李豫黔 |
| | 4/2008 | 陈淳安 | 以人为本，情系高墙——河南省第四监狱开展服刑人员疾病预防与控制工作 |
| | 3/2009 | 陈淳安 | 监狱文明发展，彰显保障人权 |
| | 3/2009 | 陈淳安 | 以人为本、文明管理、依法治监——河南省第三监狱维护服刑人员合法权益纪实 |
| | 2/2010 | 张凝、郭同鼎、刘瑞芳 | 高墙内，青天蔚蓝——河南省豫西监狱依法维护服刑人员合法权益侧记 |
| | 2/2010 | 陈淳安 | 情感共鸣在监狱结婚——记取得8项发明专利的“监狱发明家” |
| | 2/2010 | 张立为、鲁建、鲁嘉微 | 不信春风唤不回——山东省监狱系统着力提高服刑人员生存发展素质纪实 |
| | 3/2010 | 陈淳安 | 是监狱 也是学校——记河南豫东监狱首次为服刑人员发放奖学金 |
| | 4/2010 | 张立为、陈帅、鲁嘉微 | 用兴趣促进改造——北京市第二监狱开展监区兴趣小组活动纪实 |
| | 5/2010 | 袁昕 | 荡涤灵魂污垢 扬起新生征帆——上海市南汇监狱老年服刑人员权益保障工作剪影 |
| | 6/2010 | 陈淳安 | 助残济困，狱苑真情——河南省监狱系统创新服刑人员助残济困工作纪实 |
| | 6/2010 | 骄阳、鲁嘉微 | 走进服刑人员心灵 |
| | 4/2011 | 王小兵、王文盛 | 重塑每一名服刑人员的心理健康——四川省崇州监狱创新“宽严相济”教育改造新格局 |
| | 4/2011 | 张晶 | 囚犯的主体地位和我国法律对于囚犯人权的保障 |
| | 5/2011 | 闫佳、裴俊杰 | 中国共产党与罪犯人权保障 |
| | 5/2011 | 刘建华、王青松、宋鑫 | 春风化雨谱新篇——河北省保定监狱依法、公正、文明执法掠影 |

续表

| 权利 | 刊号 | 作者 | 文章标题 |
| --- | --- | --- | --- |
| 被羁押人员权利 | 2/2011 | 陈淳安 | 高墙内的春节——河南省监狱系统服刑人员欢度新春佳节掠影 |
| | 6/2011 | 陈淳安 | 河南省三门峡监狱抓规范管理，保监狱平安 |
| | 1/2011 | 陈光明 | 行刑中的罪犯文化权利研究 |
| 其他 | 4/2005 | 张晓玲 | 论弱势群体权利保障 |
| | 2/2007 | 宁黎黎 | 浅谈构建我国刑事被害人国家救助制度问题 |
| | 2/2008 | 蔡晓红、万英慧 | 和谐青岛需要进一步保障弱势群体利益 |
| | 6/2008 | 陶波、张凝 | 论弱势群体人权保护的宪法价值 |
| | 5/2010 | 宋晓晖 | 刑事被害人国家补偿制度的发展及其人权法基础探析 |
| | 6/2010 | 冯祥武 | 论赋予外国人、无国籍人同等的法律援助对象资格 |

在少数民族权利方面，《人权》杂志发表了约 24 篇文章，主要涉及民族自治，西部大开发，消除种族歧视，民族文化传承，少数民族使用和发展自己语言和文字的权利、宗教信仰的权利、发展权，少数民族地区的扶贫、刑法保护、法律援助、安居工程、医疗卫生事业、政治现代化，以及少数民族青少年的教育、妇女的医院分娩、聋哑人的无障碍交流、服刑人员的权益保障等方面的问题。

在农民工权利方面，《人权》杂志发表了约 20 篇文章，主要涉及农民工的工资、子女教育、社会保障、住房、市民身份、城市融入等方面的问题。

在妇女权利方面，《人权》杂志发表了约 31 篇文章，主要涉及性别公正、消除对妇女的歧视、社会性别主流化、妇女权益立法和维权、“青春期合同”、家庭暴力、性骚扰、拐卖妇女、农村妇女土地承包权、妇女人大代表的比例、女大学生就业等问题。

在未成年人权利方面，《人权》杂志发表了约 23 篇文章，主要涉及儿童性侵害，再婚家庭中未成年人遭受暴力，孤儿抚养，城市流动儿童的平等受教育权，打击拐卖儿童，以及未成年人的监护制度、维权、犯罪预防、法律和司法保护、隐私权、福利、受教育等方面的问题。

在老年人权利方面，《人权》杂志发表了大约6篇文章，主要涉及农村老年人赡养权、孤寡残老人的生活保障等问题。预计随着中国社会老龄化时期的到来，关于老年人权利保障的研究会不断增加。

在残疾人权利方面，《人权》杂志发表了大约12篇文章，主要涉及残疾人就业、康复，《残疾人权利公约》的履行，以及残疾人各项权利的保障等问题。

在艾滋病患者权利方面，《人权》杂志发表了约12篇文章，主要涉及艾滋病防治，艾滋病患者的权益保护，以及受艾滋病影响的儿童的生活保障和心理健康等方面的问题。

在被羁押人员权利方面，《人权》杂志发表了约31篇文章，主要涉及监狱人权保障，对罪犯的人道待遇，罪犯的受教育权和文化权利，服刑人员的疾病预防和控制、心理健康，以及老年人、少数民族服刑人权的权利保障等方面的问题。

此外，一些文章还涉及对刑事被害人的国家救助制度和补偿制度，以及外国人、无国籍人享受同等法律援助等的问题。

## 四 与实际人权案例的处理相结合

人权理念在中国的“本土化”过程还与对实际人权案例的处理相联系。10年来，《人权》杂志发表了约30多篇有关人权的案例分析，其中既有公民个人权利保障的案例，也有在重大危机下对大规模群体权利保障的案例（见表5—14）。

表5—14 《人权》杂志发表的有关人权案例分析的文章

| 权利 | 刊号 | 作者 | 文章标题 |
|---|---|---|---|
| 经济社会权利 | 4/2004 | 周万玲 | 从一起工伤、养老保险争议案看社会保险制度的实践问题 |
| | 2 /2002 | 李成斌 | 受教育权司法保护的重大进展——齐玉苓案的启示 |
| | 1/2004 | 江娃、白杨 | 女生不堪辱骂自杀，老师难辞其咎有罪 |
| | 5/2003 | 温辉、夏军 | 环境权的司法保护——乐亭渔业污染案评析 |

续表

| 权利 | 刊号 | 作者 | 文章标题 |
|---|---|---|---|
| 生命和人身权利 | 5/2003 | 西京 | “安乐死”在中国：是耶非耶？——中国首例“安乐死”案当事人未能“安乐死” |
| | 4/2003 | 云翔 | 反思收容——从孙志刚事件到收容制度“变革” |
| | 2/2004 | 杨星辰、杨大威 | 社会不可缺乏人权意识——孙志刚事件的启示 |
| | 4/2003 | 王志勇 | 李争鸣非法拘禁案的启示 |
| | 3/2004 | 赵有发、邹经平 | 无罪法官被蒙冤羁押83天的思考 |
| | 6/2003 | 郭敬波、刘峰 | 恋人同宿被公告引发的名誉权案纠纷 |
| 公正审判权 | 4/2004 | 肖游 | 孙万刚：从“死刑犯”到无罪释放 |
| | 3/2005 | 赵海宁、石仁勇 | 佘祥林案：刑事司法需要人权保障 |
| | 3/2005 | 傅达林 | 构建死刑错判的预防性诉讼机制——由聂树斌案的“假定”说开 |
| | 6/2003 | 黄家焱 | 让无辜者免受法律惩罚——一位律师为武平特大系列投毒案辩护纪实 |
| | 4/2003 | 本刊记者 | 陈庆龙国家赔偿案的思考 |
| 特定群体权利 | 6/2004 | 刘巍 | 建立艾滋病患者维权的“绿色通道”——从一起输血感染艾滋病引发的赔偿诉讼案谈起 |
| | 3/2004 | 韦立乾 | 一位残疾女20年的维权路 |
| | 6/2004 | 熊增良 | 童工甘海林致残案的思考 |
| | 2/2004 | 李仙正 | 从总理追工钱到“这条小鱼在乎” |
| | 4/2003 | 熊刚 | 三峡工程建设与移民人权保障 |
| | 2001 | 成舟 | 三峡工程移民与人权保障 |
| 突发事件 | 3/2003 | 赵天祥 | 人民的生命健康高于一切——中国抗击非典型性肺炎斗争纪实 |
| | 5/2003 | 南京大学法学院人权法研究小组 | “非典”带来的权利思考 |
| | 5/2003 | 蒙培元 | 反思“非典”：对自然界存一分“敬畏”之心 |
| | 3/2008 | 刘大江、张丽娜、余晓洁 | 汶川抗震救灾纪事：爱可以创造生命奇迹 |
| | 3/2008 | 纳兰 | 今天，我们都是汶川人——四川省汶川县“5·12”大地震抗震救灾纪实 |
| | 3/2008 | 熊蕾 | 从唐山到汶川：中国特色的人权实践 |

续表

| 权利 | 刊号 | 作者 | 文章标题 |
|---|---|---|---|
| 突发事件 | 3/2008 | 薛洪涛 | 举全国之力抗震救灾，彰显中国人权保障伟大光辉——从汶川大地震引起的联想 |
| | 3/2010 | 本刊记者 | 情系玉树，全力以赴——青海玉树抗震救灾纪实 |
| | 2/2011 | 据新华社 | 中国在利比亚人员大撤离纪事 |

在经济社会权利方面，《人权》杂志发表的文章涉及齐玉苓受教育权案，乐亭渔业污染案，以及工伤保险纠纷和女生不堪辱骂自杀案等。

在生命和人身权利方面，《人权》杂志发表的文章涉及孙志刚收容致死案、李争鸣拘禁案、陕西三名法官蒙冤羁押案、安乐死案、恋人同宿被公告案等。

在公正审判权方面，《人权》杂志发表的文章涉及孙万刚从死刑犯到无罪释放案、佘祥林、陈庆龙等人的国家赔偿案、聂树斌错判案、武平特大系列投毒案等。

在特定群体权利方面，《人权》杂志发表的文章涉及输血感染艾滋病案、残疾女维权案、童工致残案、总理为农民工讨工钱、三峡工程移民等。

在突发事件方面，《人权》杂志发表的文章涉及"非典"、汶川和玉树的抗震救灾、中国撤离在利比亚的中国公民等。

## 五　对中国特色人权发展道路的研究

在上述"四个结合"的基础上，许多学者对中国特色的人权发展道路进行了多角度研究。10 年来，《人权》在这方面发表了 30 多篇文章（见表 5—15），主要涉及人权的普遍性与特殊性、中国人权发展道路的特点、中国特色的人权理论建构以及各种具体的人权理论问题。

**表 5—15　《人权》杂志发表的有关中国特色人权发展道路的文章**

| 权利 | 刊号 | 作者 | 文章标题 |
|---|---|---|---|
| 人权普遍性 | 2009 | 王四新 | 强调人权普遍性原则与基本国情结合，全面发展人权事业——解读胡锦涛致中国人权研究会的信 |
| | 4/2009 | 孙世彦 | 从《公民权利和政治权利国际公约》看人权的普遍性与相对性 |
| | 5/2011 | 熊万鹏 | 西方人权观是一种普世价值观吗 |

续表

| 权利 | 刊号 | 作者 | 文章标题 |
|---|---|---|---|
| 中国人权发展道路的特点 | 1/2003 | 董云虎 | 13 年中国人权事业的发展 |
| | 6/2007 | 朱穆之 | 坚持中国特色社会主义道路 |
| | 3/2008 | 罗豪才 | 中国特色的人权发展道路 |
| | 5/2008 | 李君如 | 中国在人权事业上的历史性进步 |
| | 1/2009 | 王晨 | 中国改革开放与人权发展 30 年 |
| | 1/2009 | 王林霞 | 浅谈中国人权发展的独特模式及其经验意义 |
| | 5/2009 | 仇春川 | 我国人权事业 30 年发展道路初探 |
| | 5/2009 | 赵新元 | 新时期中国人权发展的三个阶段 |
| | 6/2009 | 罗豪才 | 人权保障的“中国模式” |
| | 3/2010 | 罗豪才 | 为丰富和完善人权保障的“中国模式”而努力 |
| | 4/2010 | 常健 | 新时期中国人权发展的挑战与战略选择 |
| | 1/2011 | 龙晟、覃敏珍 | 最近期中国人权保障的趋向 |
| | 2/2011 | 李云龙 | 中国人权模式的价值选择 |
| | 6/2011 | 王晨 | 走出一条中国特色社会主义人权发展道路 |
| 中国特色的人权理论 | 4/2009 | 曲相霏 | 改革开放 30 年我国人权原理主要学说回顾 |
| | 3/2010 | 范继增、母小君 | 浅谈改革开放 30 年中国人权思想之发展 |
| | 1/2011 | 谷春德 | 关于构建中国特色社会主义人权理论体系的几点思考 |
| | 2/2011 | 刘海年 | 关于建设中国特色人权理论体系的若干问题 |
| | 1/2011 | 柳华文 | 以尊严论解读人权 |
| | 2/2011 | 张允允、谢贤洲 | 论马克思主义的人权观与中国人权事业发展 |
| | 3/2011 | 范继增 | 中国人权理论演变的社会动因初探 |
| | 4/2011 | 赵玉林 | 从《世界人权宣言》看人格尊严与人权间的内在联系 |
| | 4/2011 | 卢双喜 | 中共早期马克思主义人权中国化理论和实践创新 |

续表

| 权利 | 刊号 | 作者 | 文章标题 |
| --- | --- | --- | --- |
| 具体的人权理论问题 | 3/2009 | 常健、刘坤 | 论人权的平等保护与特殊保护 |
| | 5/2009 | 王在邦 | 人权标准、文明多样性与人类和谐 |
| | 5/2009 | 王齐彦、江治强 | 中国的人权事业与非政府组织发展 |
| | 1/2011 | 常健 | 价值内涵与实现方式：人权研究的两个视角 |
| | 1/2011 | 赵玉林 | 人权“政治性”与“超政治性”的平衡——审查和改进人权发展战略的尺度 |
| | 2/2011 | 秦小建 | 人权二元标准与中国宪法的回应 |
| | 2/2011 | 胡远 | 人的安全：概念、争议及实践 |

从总体上看，人权理念在中国的“本土化”过程，就是将人权与中国的传统文化、具体国情和当代的改革开放实际相结合的过程。正是在这种结合的过程中，使人权理念能够在中国的土壤上扎下根来，并对中国的健康发展产生积极的影响。

## 第三节　人权理念在中国价值地位的提升

在不断的对外交流与“本土化”的过程中，人权理念在中国特色社会主义价值体系中的地位呈现出不断提升的趋势。①

### 一　人权在中国特色社会主义价值体系中地位提升的进程

在中国10年的发展历史中，人权逐渐成为中国特色社会主义价值体系中的重要内容。在这一过程中，人们经历了一系列标志性的事件。

1. 确认人权是包括中国在内的全人类普遍追求的共同理想

早在1991年发表的第一份《中国的人权状况》白皮书中，就明确承认了人权的普遍性：“享有充分的人权，是长期以来人类追求的理想……努力达到中国社会主义所要求的实现充分人权的崇高目标，仍然是中国人

① 本节内容参见常健：《人权理念在中国特色社会主义价值体系中地位的提升》，《人权》2012年第5期，该文是本课题研究的阶段性成果。

民和政府的一项长期的历史任务。"①

在《人权》杂志创刊之际，人权理想的普遍性被再次强调。时任全国人大常委会委员长的李鹏于2002年1月30日致信中国人权研究会，指出："享有充分的人权是人类长期以来追求的崇高目标。"②时任国务院新闻办公室主任的赵启正在创刊号上发表的文章中指出："世界各国追求人权的总目标应该是一致的，这就是《世界人权宣言》和联合国人权公约所规定的普遍人权和基本自由。中国政府赞赏和支持国际社会为实现这种普遍人权和基本自由所做出的努力。"③中国人权研究会名誉会长朱穆之在创刊号上发表文章的题目是《追求所有人的美好目标：人权》，他指出："确实，没有一个人不希望享有人权。特别是那些缺少或被剥夺人权的人，更是如大旱之望云霓。中国人民曾是那些根本没有人权的人，经过流血牺牲，付出了十分巨大的代价，才取得今天的人权。因此，中国人民对人权更加重视，十分珍惜，对好些仍处于缺少人权困境中的人们也怀有极大的同情。现在世界上还有成十亿的人陷于战乱或饥寒之中，所有的国家包括中国在内，都不能说已完美无缺，在人权方面还存在这样或那样的问题。追求人权这个所有人的美好目标应该成为人们严重关注的问题。"④中国人权研究会副会长董云虎在创刊号发表的文章中指出："从世界范围来看，人权的发展是人类社会文明不断进步的一个重要标志。" "从中国国内的情况来看，倡导和促进人权是建设有中国特色社会主义实践发展的必然要求。"⑤在《人权》杂志创刊一周年座谈会上，与会者指出，人权的理想是人类文明发展的重大成果和人类长期追求的美好目标。实现充分的人权，是中国革命、建设和改革的重要内容和目标。⑥

2. 将尊重和保障人权作为全面建设小康社会的重要目标

2002年11月举行的中国共产党第十六次全国代表大会，把"发展社

---

① 国务院新闻办公室：《中国的人权状况》白皮书，1991年11月。

② 《李鹏委员长致中国人权研究会的信》，《人权》2002年第1期。

③ 赵启正：《我对中国人权的未来充满希望》，《人权》2002年第1期。

④ 朱穆之：《追求所有人的美好目标：人权》，《人权》2002年第1期。

⑤ 董云虎：《中国人权发展史上的一个重要里程碑——〈中国的人权状况〉白皮书发表10周年回顾》，《人权》2002年第1期。

⑥ 本刊记者：《〈人权〉杂志创刊一周年座谈会在京举行》，《人权》2003年第2期。

会主义民主政治，建设社会主义政治文明”作为全面建设小康社会的重要目标，并且将“尊重和保障人权”作为坚持和完善社会主义民主制度的重要内容。该报告指出：“健全民主制度，丰富民主形式，扩大公民有序的政治参与，保证人民依法实行民主选举、民主决策、民主管理和民主监督，享有广泛的权利和自由，尊重和保障人权。”①

时任中国人权研究会副会长的杨正泉在“中国人权研究会召开学习十六大精神座谈会”上指出：“江泽民同志十六大报告以‘三个代表’重要思想为灵魂，提出全面建设小康社会的奋斗目标，对中国改革开放和现代化建设各方面工作作出部署，意味着中国特色社会主义经济、政治、文化建设和中国的人权事业将得到全面发展。”②

3. 人权成为宪法原则

2004 年 3 月 14 日，第十届全国人民代表大会第二次会议通过了宪法修正案，首次将“人权”概念引入宪法，明确规定“国家尊重和保障人权”。中国人权研究会副会长董云虎撰文指出：“此次修宪将‘国家尊重和保障人权’写入宪法，首次将‘人权’由一个政治概念提升为法律概念，将尊重和保障人权的主体由党和政府提升为‘国家’，从而使尊重和保障人权由党和政府的意志上升为人民和国家的意志，由党和政府执政行政的政治理念和价值上升为国家建设和发展的政治理念和价值，由党和政府文件的政策性规定上升为国家根本大法的一项原则。”③他认为，将人权概念写入宪法，是党和国家对人权问题认识不断深化的结果，是中国社会主义人权发展的重大突破，是中国人权发展的一个重要里程碑。在中国人权研究会举行的“‘人权入宪’座谈会”上，与会者认为，“人权入宪”完善了中国人权的宪法保障，为中国人权事业的发展开辟了广阔的前景；它确立了人权发展在国家建设和社会发展战略中的地位，必将有力推动人权事业的发展。④

---

① 江泽民：《全面建设小康社会，开创中国特色社会主义事业新局面——在中国共产党第十六次全国代表大会上的报告》。

② 本刊记者：《以十六大精神指导中国人权理论研究——中国人权研究会学习十六大精神座谈会》，《人权》2002 年第 6 期。

③ 董云虎：《人权入宪：中国人权发展的重要里程碑》，《人权》2004 年第 2 期。

④ 淳安：《中国人权研究会举行“人权入宪”座谈会》，《人权》2004 年第 2 期。

4. 人权主体扩大到全体社会成员

胡锦涛在2007年举行的中国共产党第十七次全国代表大会上所作的报告中指出："尊重和保障人权，依法保证全体社会成员平等参与、平等发展的权利。"[①]董云虎撰文指出："强调人权的主体是'全体社会成员'，反映了当今中国的现实特点，进一步彰显了人权主体的广泛性。"[②] 他分析道，十五大、十六大报告在谈到尊重和保障人权时，均强调要保证"人民"享有广泛的权利和自由。十七大报告从推动科学发展、促进社会和谐出发，用"全体社会成员"概念代替"人民"概念，特别强调要尊重和保障人权，保证"全体社会成员"平等参与和发展的权利。这是对人权主体理解的一个重要突破，是我们党坚持以人为本原则在人权问题上的生动体现，进一步彰显了我国人权保障的广泛性特点，也反映了我国社会的发展进步和党中央对人权认识的一种深化。

5. 人权作为治国理政的基本原则

2008年12月10日，在《世界人权宣言》发表60周年之际，胡锦涛致信中国人权研究会，信中提出，党和政府要"把尊重和保障人权作为治国理政的重要原则"，"在全面建设小康社会、加快推进社会主义现代化的进程中，我们要一如既往地坚持以人为本，既尊重人权普遍性原则，又从基本国情出发，切实把保障人民的生存权、发展权放在保障人权的首要位置，在推动经济社会又好又快发展的基础上，依法保证全体社会成员平等参与、平等发展的权利。"[③]在中国人权研究会举行的座谈会上，与会者认为，胡锦涛在信中肯定《世界人权宣言》"表达了世界各国人民对推进世界人权事业的共同愿望"，并首次将"尊重和保障人权"明确表述为党和政府"治国理政的重要原则"，是我们党执政理念的重要提升。胡锦涛在信中的新表述，充分体现了我们党在新形势下对人权问题的新认识，是对各级党政干部在执政、行政活动中全面贯彻尊重和保障人权原则提出的新要求，对于提高广大干部群众对人权的认识，促进中国人权事业的全

① 胡锦涛：《在中国共产党第十七次全国代表大会上的报告》，2007年10月24日。

② 董云虎：《中国人权事业全面发展的新方针》，《人权》2007年第6期。

③ 本刊记者：《胡锦涛致信中国人权研究会强调一如既往以人为本，切实推动人权事业发展》，《人权》2009年第1期。

面发展，具有很强的指导意义。①

6. 人权行动纳入国家计划

2009年4月，中国政府制定并发布了《国家人权行动计划（2009—2010年）》，该计划开篇便指出："实现充分的人权是人类长期追求的理想，也是中国政府和人民长期为之奋斗的目标。"② 国务院新闻办公室主任王晨在答记者问中指出："《国家人权行动计划（2009—2010年）》是中国政府制定的第一个以人权为主题的国家规划，是一份落实'国家尊重和保障人权'的宪法原则、推进中国人权事业发展的行动纲领性质的政策文件。制定实施《国家人权行动计划（2009—2010年）》，明确未来两年中国政府在促进和保护人权方面的工作目标和具体措施，并将这些目标措施落实到政治、经济、文化和社会建设各个领域，落实到立法、执法、司法和执政、行政各个环节，这对于提升全社会尊重和保护人权的意识，全面推进人权事业发展，推动现代化事业科学发展，促进社会和谐，都具有重要的现实意义。可以说，制定《国家人权行动计划（2009—2010年）》是中国人权发展史上的一个重要事件，标志着中国人权事业已成为国家建设和社会发展的一个重要主题，开始走上有计划全面推进的新阶段。它记录了中国政府促进和保障人权的前进轨迹、坚定决心和努力方向，必将有力地推动各级政府、各行各业和全社会树立尊重和保障人权的价值观念，有力地推动人权事业的发展。"③

2011年7月，国务院新闻办公室发布了《〈国家人权行动计划（2009—2010年）〉评估报告》，报告指出："通过《行动计划》的全面落实，中国公民的人权意识显著提高，人民的总体生活状况明显改善，经济、社会和文化权利保障得到全面加强，公民权利与政治权利的保障更加有效，少数民族、妇女、儿童、老年人和残疾人的权利得到有力保障，国际人权领域交流与合作进一步深化，各领域的人权保障在制度化、法治化的轨道上全面推进。《行动计划》各项目标任务的如期完成，标志着中国

---

① 任丹红：《首都专家学者座谈学习胡锦涛致中国人权研究会的信》，《人权》2009年第1期。

② 国务院新闻办公室：《国家人权行动计划（2009—2010年）》2009年4月。

③ 本刊记者：《推进中国人权事业全面发展的重要举措——王晨就中国发布〈国家人权行动计划（2009—2010年）〉答记者问》，《人权》2009年第3期。

人权事业的发展进入了一个新的阶段。"①该报告还指出，中国将"健全保障人权的法律体系，不断提升全社会尊重和保障人权的意识，全面推进中国人权事业的发展，努力使每一个社会成员的各项基本权利得到切实保障，使每一个社会成员生活得更有保障、更有尊严、更加幸福"。②

从以上历史进程可以看到，人权理念在中国特色社会主义价值体系中的地位不断提升，从确认人权理想的普遍性，将人权主体扩大到全体社会成员，到将"尊重和保障人权"作为全面建设小康社会的重要目标，将其写入宪法，作为治国理政的重要原则，直到将人权行动纳入国家规划。应当说，人权已经成为中国特色社会主义核心价值体系中的重要内容。

## 二 人权价值在各个领域的具体体现

人权理念的价值提升，不仅表现在社会价值体系的总体层面对人权的肯定，而且体现在各个领域对人权价值的强调。

### 1. 经济发展与人权保障

2006 年 11 月，在北京举行的"尊重和促进人权与建设和谐世界"国际研讨会上，南开大学人权研究中心副主任常健在题为《论经济增长与权利保障的携手共进》的发言中指出："经济增长可以为权利保障水平的提升提供可能的物质基础，但经济增长并不自然带来权利保障的提升。要将这二者联系起来，其中间环节是政府适当的公共政策。首先，政府的经济政策应当鼓励经济增长的方式有利于权利保障水平的提高；其次，政府的收入和财富分配政策应当使社会各阶层能够共享经济增长的成果；再次，在向市场经济体制转型的过程中，政府应当采取相应的社会保障措施，保护在市场经济体制下困难群体的基本权利；最后，在促进市场竞争的政策方面，政府应当建立一系列限制性法规，保证竞争的公平进行，平等保障每个利益相关者的合法权利。"③

2010 年 10 月举行的第三届"北京人权论坛"的主题是"人权与发

---

① 国务院新闻办公室：《〈国家人权行动计划（2009—2010 年）〉评估报告》，人民出版社 2011 年版，第 9—10 页。

② 同上。

③ 常健：《论经济增长与权利保障的携手共进》，中国网：http://www.china.com.cn/aboutchina/zhuanti/renquan/txt/2006-12/11/content_7488914.htm。

展：概念、模式、途径再思考”。中国人权研究会会长罗豪才在大会发言中分析了经济发展与人权保障的关系，他指出：“历史经验和教训从正反两个方面，促成人们日益深化对人权与发展辩证关系的认知：一方面，偏离人权保障方向的发展很可能误入歧途，背离人权保障目标的发展注定是没有前途的，而以牺牲人权为代价的发展则肯定是不道德的；另一方面，离开发展支持的人权保障如同无源之水，未融入发展行动当中的人权保障无异于纸上谈兵，而与发展消极对立起来的人权保障恐怕只能成为空中楼阁。”①他分析道，发展权是一项基本人权，对于发展中国家的人民来说，发展权属于首要人权。只有首先实现了发展权，消除了饥饿与贫穷，解决了基本医疗卫生问题，才能够推动其他人权的发展。但是，并非任何一种发展都必然带来人权状况的改善，那种造成贫者愈贫、富者愈富的“马太效应”的所谓发展，反而与人权保障目标背道而驰。真正有助于人权保障的科学发展模式，应该以人为本、全面协调可持续和统筹兼顾。

2. 政治文明建设与人权保障

中共十六大报告提出，要“促进社会主义物质文明、政治文明和精神文明的协调发展”，并指出：“发展社会主义民主政治，建设社会主义政治文明，是全面建设小康社会的重要目标。”② 时任中国人权研究会会长的周觉撰文指出：“人权属于政治文明的范畴，是政治文明题中的‘应有之义’，是它的重要内涵。政治文明建设的过程，实际上亦即人权建设和发展的过程，两者的出发点和归宿是完全一致的。政治文明建设与人权保障，两者相辅相成，互相促进。人权事业的发展与状况，是政治文明建设的明显标志，也是衡量一个国家整个文明水平的重要尺度。”③

3. 法治建设与人权保障

2002 年 12 月 4 日，北京举行了纪念宪法公布施行 20 周年大会，国家主席胡锦涛在大会发言中肯定了人权保障在法治建设中的重要地位，他指出：“宪法促进了中国人权事业和各项社会事业的发展。宪法对公民的基

---

① 罗豪才：《通过科学发展提升人权保障水平》，《人权》2010 年第 6 期。

② 《全面建设小康社会，开创中国特色社会主义事业新局面——在中国共产党第十六次全国代表大会上的报告》，2002 年 11 月 8 日，人民网：http：//cpc. people. com. cn/GB/64162/64168/64569/65444/4429125. html。

③ 周觉：《浅谈政治文明与人权建设》，《人权》2003 年第 3 期。

本权利和义务作了全面的规定，为广大人民群众充分享有民主权利，在国家生活中发挥积极性、主动性、创造性提供了可靠的法律保障。二十年来，我们根据宪法制定了一批保护公民基本权利的法律，签署了一批保护公民权利的国际公约，尊重和保护人权，建立和健全社会保障体系，动员全社会的力量扶助困难群众，推动中国人权事业取得了显著进展。”①王世瑚在《在立法和执法中贯彻尊重和保障人权原则》一文中指出：“‘尊重和保障人权’作为一项宪法原则，对立法和执法均有重要的指导作用。首先，在立法中，要充分体现尊重和保障人权这一宪法原则。通过立法，合理配置个人与社会、个人与个人的权利义务关系，实现社会的和谐有序发展。其次，在执法中，也要充分体现尊重和保障人权这一宪法原则。国家机关及其工作人员要摆正自己的位置，履行公仆职责，不得滥用手中的权力，侵犯公民、法人的合法权益。”②

4. 社会建设与人权保障

中国人权研究会副会长李君如在《社会建设与人权事业》一文中指出，在社会建设凸显的背景下，尊重和保障人民群众的社会福利和人的持续发展等社会权利的要求凸显了，尊重和保障“公民有序的政治参与”包括公民的知情权、参与权、表达权、监督权等问题凸显了。这是现阶段中国社会发展的阶段性特点对中国人权事业发展提出的新要求。③

5. 文化建设与人权保障

人权意识的提高不仅有赖于在经济、政治、法治和社会领域确立人权原则，而且有赖于全社会的人权文化建设。人权文化建设有赖于开展广泛的人权教育、培训和知识普及，在全社会形成尊重人权的社会舆论。11年来，人权教育逐渐被融入中小学相关课程中，许多大学也开设了有关人权的专业课和公选课。《人权》杂志刊登了近30篇有关人权教育的文章（见表5—16）。

---

① 胡锦涛：《确保宪法实施，保障公民权利——在首都各界纪念〈中华人民共和国宪法〉公布施行二十周年大会上的讲话》，《人权》2003年第2期。

② 王世瑚：《在立法和执法中贯彻尊重和保障人权原则》，《人权》2007年第6期。

③ 李君如：《社会建设与人权事业》，《人权》2012年第1期。

表 5—16　　《人权》杂志发表的有关人权教育的文章

| 刊号 | 作者 | 文章标题 |
| --- | --- | --- |
| 2002 年第 2 期 | 施汉生 | 《中国普法教育促进人权理念传播》 |
| 2002 年第 2 期 | 王艳玲 | 《让小学生充当主角——一位小学教师对人权教育的点滴体会》 |
| 2003 年第 6 期 | 王家勤 | 《菲律宾的人权教育》 |
| 2003 年第 6 期 | 玛格丽特·雷诺兹 | 《澳大利亚的人权教育》 |
| 2004 年第 6 期 | 湛卫清 | 《从教育现场看我国中小学人权教育》 |
| 2004 年第 6 期 | 李秋学 | 《大学生人权教育状况调查分析》 |
| 2005 年第 6 期 | 孙世彦 | 《大学法律教育中的人权法教学——现状与思考》 |
| 2005 年第 6 期 | 黎尔平 | 《哈佛大学的人权教育——兼论中国大学人权教育》 |
| 2006 年第 6 期 | 郑贤君 | 《国家应为人权教育做些什么?》 |
| 2006 年第 6 期 | 谷盛开 | 《国际人权法视野下的人权教育》 |
| 2007 年第 1 期 | 黎尔平 | 《中国大学的人权教育》 |
| 2007 年第 1 期 | 鲜开林 | 《开设马克思主义人权教育课的几点感悟》 |
| 2007 年第 1 期 | 齐延平 | 《论人权教育的功能》 |
| 2007 年第 6 期 | 刘志强 | 《人权法教学中的省思》 |
| 2007 年第 6 期 | 古丽阿扎提·吐尔逊 | 《关于少数民族地区高校人权法课程教学的几点思考》 |
| 2007 年第 6 期 | 张晓玲 | 《人权教育在中央党校》 |
| 2007 年第 6 期 | 黎尔平 | 《两岸四地学者讨论人权教育》 |
| 2008 年第 5 期 | 本刊记者 | 《人权观应该提上中小学教育日程》 |

续表

| 刊号 | 作者 | 文章标题 |
| --- | --- | --- |
| 2008 年第 6 期 | 王孔祥 | 《试论人权教育的重要性及作用》 |
| 2009 年第 6 期 | 徐爽 | 《在全国高等院校中开设人权教育通识课的构想及可行性方案研究》 |
| 2009 年第 6 期 | 本刊记者 | 《第二届高校人权教育年会在京举行》 |
| 2010 年第 1 期 | 王孔祥 | 《国家人权行动计划与人权教育》 |
| 2010 年第 4 期 | 张万洪 | 《中国大学在人权保障和促进中的作用——以武汉大学法学院为例》 |
| 2011 年第 5 期 | 王存芳 | 《人权教育课程实践初探》 |
| 2012 年第 1 期 | 常健 | 《人权教育需要明确的六个定位》 |
| 2012 年第 2 期 | 刘波 | 《加快推进我国人权教育立足点的战略思考》 |

在人权培训方面，国务院新闻办公室自 2005 年以来先后举办了 12 期国家机关干部人权知识培训班（见表 5—17）。此外，各地的人权中心也广泛开展了对公务人员的人权知识培训。

**表 5—17　　国务院新闻办公室组织的干部人权知识培训**

| 时间 | 地点 | 名称 | 参加人员 |
| --- | --- | --- | --- |
| 2005 年 10 月 | 长沙 | 全国地方新闻办干部人权知识培训班 | 各省市新闻办公室干部 |
| 2006 年 5 月 | 厦门 | 全国外宣干部人权知识培训班 | 全国省、自治区和直辖市党委的外宣干部 |
| 2007 年 5 月 | 南昌 | 中央国家机关干部人权知识培训班 | 中央国家机关及中央新闻单位 |
| 2007 年 12 月 | 北京 | 中央国家机关干部人权知识培训班 | 中央国家机关及中央新闻单位 |
| 2008 年 10 月 | 贵阳 | 贵州省政法系统人权知识培训班 | 贵州省政法系统干部 |
| 2009 年 10 月 | 武汉 | 人权知识干部培训班 | 中央国家机关及中央、地方新闻媒体 |

续表

| 时间 | 地点 | 名称 | 参加人员 |
|---|---|---|---|
| 2010 年 7 月 | 北京 | 人权知识培训班 | 中央国家机关及中央、地方新闻媒体 |
| 2010 年 12 月 | 海口 | 人权知识培训班 | 中央国家机关及中央、地方新闻媒体 |
| 2011 年 8 月 | 南京 | 人权知识培训班 | 中央国家机关有关部门、计划单列市、各省会城市及江苏省辖市政府新闻办公室干部 |
| 2011 年 12 月 | 西安 | 人权知识培训班 | 中央国家机关有关部门、计划单列市、各省会城市及陕西省的政府新闻办公室 |
| 2012 年 7 月 | 成都 | 人权知识培训班 | 全国各省辖地级市政府新闻办公室干部 |
| 2013 年 8 月 | 银川 | 人权知识培训班 | 中央和全国 30 个省、市、自治区的相关干部 |

在人权知识普及方面，中国人权研究会于 1998 年建立了“中国人权网”，此后，北京大学人权研究中心、山东大学人权研究中心、中国政法大学人权与人道主义法研究所、广州大学人权研究与教育中心、南开大学人权研究中心、武汉大学社会弱者权利保护中心等也先后推出了各自的人权网站。中国人权研究会于 2002 年出版了大型画册《中国人权》，于 2006 年在北京民族文化宫成功举办了“中国人权展”，于 2007 年开展了“人权知识竞赛”。

6. 生态文明建设与人权保障

在国家“十二五”规划中，“生态文明建设”被作为一项专门的任务。“生态文明建设”体现了人类环境权利的要求。湛中乐在《作为人权的环境权：科学发展与权利保障》一文中指出：“环境保护事业牵涉到经济发展与社会和谐，影响到广大民众的健康权、财产权甚至生命权的保有和完整实现，甚至关系到整个人类社会的未来生存。因此，对环境权的认识与保障，尤其是如何在环境权保障中正确处理环境保护与经济利益的矛盾，成为当代人权保障事业不可回避的重要主题。”①

① 湛中乐：《作为人权的环境权：科学发展与权利保障》，《人权》2011 年第 3 期。

### 三　对人权的理论研究广泛展开

人权价值地位提升的另一个重要表现，是人权理论研究的日益广泛和深入。时任人大常委会委员长的李鹏在给《人权》杂志创刊的致辞中要求："《人权》杂志创刊是一件很有意义的事。希望大家共同努力，把它办好，使之成为充分反映中国人民维护和促进人权的实践及研究探讨人权理论的园地，成为与国外学术界就人权问题进行对话和交流的一个窗口，为推动中国和世界人权事业的发展发挥积极的作用。"①时任中国人权研究会会长的周觉在创刊号中发文《努力开创人权思想理论建设的新局面》，文中指出："新世纪中国人权的发展，需要人权理论的指导和支持，更呼唤人权理论的创新。"②中国人权研究会会长罗豪才于2007年发文《以十七大精神为指导，推进人权思想理论建设》，文中指出："要把中国特色社会主义人权理论的建立和完善作为未来5年人权工作的重中之重。我们要以中国特色社会主义理论体系为指导，深入研究改革开放和全面建设小康社会的伟大实践，吸收古今中外一切有利于中国人权事业发展的优秀文化成果和有益经验，创新人权理论观点，创新人权制度，不断推动人权事业的发展。"③ 2010年，中国人权研究会副会长董云虎在第二次全国人权研究机构工作经验交流会上发表"当代人权理论工作者大有可为"的演讲，指出："改革开放以来，我国人权理论工作者为推动人权理论建设，促进人权实践的发展作出了重要努力和贡献。但是，总的来看，我国的人权理论建设状况还滞后于现代化建设和人权实践的发展，还与我国日益增长的综合国力和国际影响力很不相称。创新和发展人权理论是实践的呼唤、时代的呼唤。人权理论工作者的天职是从事人权理论研究，理应成为创新和发展人权理论的主力军，担负起创新和发展人权理论的不可推卸的责任。"④

中国的人权理论工作者积极响应中国人权研究会的号召，开展了广泛的人权研究，举办了大量的人权研讨会。表5—18中记录了2002年以来举行的一些重要的全国性人权研讨会。

---

① 《李鹏委员长致中国人权研究会的信》，《人权》2002年第1期。

② 周觉：《努力开创人权思想理论建设的新局面》，《人权》2002年第1期。

③ 罗豪才：《以十七大精神为指导，推进人权思想理论建设》，《人权》2007年第6期。

④ 董云虎：《当代人权理论工作大有可为》，《人权》2010年第3期。

表5—18　　　2002年以来举行的部分全国性人权研讨会

| 时间 | 举办单位 | 会议名称 |
|---|---|---|
| 2002年11月 | 中国人权研究会 | “以十六大的精神指导中国的人权理论研究”座谈会 |
| 2003年3月 | 《人权》杂志社、《中国妇女报》、北京市法学会劳动法学和社会保障法学分会 | “反对性别歧视、保护妇女劳动权益”专题研讨座谈会 |
| 2003年4月 | 《人权》杂志社、《民主与法制》社、北京市法学会劳动法学和社会保障法学分会 | “深入贯彻《劳动法》，保障职工劳动报酬权”专题研讨会 |
| 2003年9月 | 中国人权研究会、中国监狱学会 | 全国监狱人权保障理论研讨会 |
| 2004年12月 | 中国人权研究会、中国法学会 | 人权入宪与人权法制保障理论研讨会 |
| 2005年3月 | 山东大学法学院 | 社会弱势群体权利保护学术研讨会 |
| 2005年3月 | 北京市法学会劳动法学和社会保障法学分会、中华女子学院 | “维护妇女劳动权益”专题研讨会 |
| 2005年12月 | 中国人权研究会、中国人学学会 | 科学发展观与人权建设研讨会 |
| 2006年3月 | 北京市劳动和社会保障法学会、中华女子学院 | 职场性骚扰法律问题研讨会 |
| 2006年4月 | 《人权》杂志社 | 科学发展观与人权理论研讨会 |
| 2006年12月 | 国家检察官学院、中国政法大学诉讼法学研究中心、中华全国律师协会刑事辩护委员会 | “审判前程序中律师的作用”研讨会 |
| 2007年4月 | 北京市劳动和社会保障法学会、北京农家女文化发展中心打工妹之家 | 就业过程中女工权益保护论坛 |

续表

| 时间 | 举办单位 | 会议名称 |
| --- | --- | --- |
| 2008 年 3 月 | 北京大学法学院妇女法律研究与服务中心、北京市劳动和社会保障法学会 | “如何应对女职工权益面临的挑战”研讨会 |
| 2008 年 7 月 | 中国人权研究会 | 学习党中央有关人权思想论述的座谈会 |
| 2008 年 12 月 | 中国人权研究会 | “中国改革开放与人权发展 30 年”学术研讨会 |
| 2009 年 5 月 | 中国人权研究会、广州大学人权研究中心 | 全国人权研究机构工作经验交流会 |
| 2010 年 4 月 | 中国人权研究会、南开大学人权研究中心 | 第二次全国人权研究机构工作经验交流会 |
| 2010 年 12 月 | 《人权》杂志社 | 人权理论体系研讨会 |
| 2010 年 12 月 | 中国人权研究会 | “‘十二五’规划期间中国人权理论建设的任务及挑战”研讨会 |
| 2011 年 8 月 | 中国人权研究会 | “中国人权理论与实践的发展和创新”理论研讨会 |
| 2011 年 11 月 | 中国人权研究会、四川大学人权法律研究中心 | 第三次全国人权研究机构工作经验交流会 |
| 2011 年 12 月 | 中国人权研究会、南开大学人权研究中心 | 中国人权事业发展研讨会 |

随着人权研究的广泛开展，人权出版物也大量涌现。一些人权研究机构出版了人权方面的系列丛书（见表 5—19）。

**表 5—19　　2000 年以来出版的人权系列丛书**

| 编号 | 书名 | 主 编 者 | 集数 | 首集出版日期 |
| --- | --- | --- | --- | --- |
| 1 | 《中国人权年鉴》 | 中国人权研究会、广州大学人权研究与教育中心 | 3 | 2000 |
| 2 | 《社会弱者权益保护理论与实务丛书》 | 武汉大学社会弱者权利保护中心 | 5 | 2000 |
| 3 | 《人权研究》 | 山东大学人权研究中心 | 13 | 2001 |

续表

| 编号 | 书名 | 主编者 | 集数 | 首集出版日期 |
|---|---|---|---|---|
| 4 | 《中国人权文库》 | 中国人权发展基金会 | 6 | 2003 |
| 5 | 《人权丛书》 | 北京大学人权研究中心 | 3 | 2003 |
| 6 | 《法治·人权·自由》小丛书 | 葛明珍、朱晓青、柳华文、陈欣新、陈云生 | 4 | 2003 |
| 7 | 《中国人权年刊》 | 中国社会科学院法学研究所等 | 4 | 2004 |
| 8 | 《中国人权在行动》 | 中国人权研究会、南开大学人权研究中心 | 7 | 2005 |
| 9 | 《中国人权事业发展报告》(蓝皮书) | 中国人权研究会、南开大学人权研究中心 | 4 | 2011 |
| 10 | 《人权知识读本丛书》 | 中国人权研究会、湖南大学出版社 | 6 | 2012 |

此外，还有100多部人权专著、教材和读物出版（见表5—20）。

表5—20　　2000年以来中国出版的主要人权著作

| 编号 | 书名 | 作者 | 出版社 | 出版日期 |
|---|---|---|---|---|
| | 当代中国权利规范的转型 | 常健 | 天津人民出版社 | 2000 |
| | 国际人权体制——历史的逻辑与比较 | 刘杰 | 上海社会科学院出版社 | 2000 |
| | 《经济、社会和文化权利国际公约》研究 | 刘海年 | 中国法制出版社 | 2000 |
| | 人权保护区域化的尝试——欧洲人权机构的视角 | 杨成铭 | 中国法制出版社 | 2000 |
| | 侦查程序与人权——比较法考察 | 孙长永 | 中国方正出版社 | 2000 |
| | 人权与国际关系 | 朱锋 | 北京大学出版社 | 2000 |
| | 联合国人权公约和刑事司法文献汇编 | 程味秋 | 中国法制出版社 | 2000 |

续表

| 编号 | 书名 | 作者 | 出版社 | 出版日期 |
|---|---|---|---|---|
| | 未成年人法学 | 佟丽华 | 中国民主法制出版社 | 2001 |
| | 论人权与主权 | 中国人权研究会 | 中国人权研究会 | 2001 |
| | 邓小平人权理论学习读本 | 冯卓然、房宁等 | 京华出版社 | 2001 |
| | 美国人权政策的历史考察 | 李世安 | 河北人民出版社 | 2001 |
| | 人权概念起源——权利的历史哲学（修订版） | 夏勇 | 中国政法大学出版社 | 2001 |
| | 刑事诉讼人权保障的运行机制研究 | 孙孝福 | 法律出版社 | 2001 |
| | 人权与法制 | 罗玉中、万其刚、刘松山 | 北京大学出版社 | 2001 |
| | 国际人道主义法文选 | 李兆杰 | 法律出版社 | 2001 |
| | 当代国际政治丛书/美国人权外交政策 | 周琪 | 上海人民出版社 | 2001 |
| | 人权与外交——人权与外交国际研讨会论文集 | 周琪 | 时事出版社 | 2002 |
| | 迈向自由平等的阶梯——人权漫话 | 张湘霓 | 河南大学出版社 | 2002 |
| | 少数人权利的法理 | 周勇 | 社会科学文献出版社 | 2002 |
| | 公民权利和政治权利国际公约批准与实施问题研究 | 陈光中 | 中国法制出版社 | 2002 |
| | 国际人权文件选编 | 北京大学法学院人权研究中心 | 北京大学出版社 | 2002 |
| | 民主·自由·人权：正义——一个社会主义者的解读 | 李云龙 张妮妮 | 河南人民出版社 | 2002 |
| | 国际人权法教程 | 国际人权法教程项目组 | 中国政法大学出版社 | 2002 |
| | 外来劳工（农民工）权益救济理论与实务 | 莫洪宪 | 武汉大学出版社 | 2002 |
| | 走向人权与法治——反酷刑纵横谈 | 陈云生 | 中国社会科学出版社 | 2003 |

续表

| 编号 | 书名 | 作者 | 出版社 | 出版日期 |
| --- | --- | --- | --- | --- |
| | 人权问题的法理学研究 | 王启富、刘金国主编 | 中国政法大学出版社 | 2003 |
| | 宪法学——关于人权保障与权力控制的学说 | 肖泽晟 | 科学出版社 | 2003 |
| | 《公民权利和政治权利国际公约》及其实施机制 | 朱晓青、柳华文 | 中国社会科学出版社 | 2003 |
| | 人权法——《公民权利和政治权利国际公约》研究 | 杨宇冠 | 中国人民公安大学出版社 | 2003 |
| | 欧洲人权法律保护机制研究 | 朱晓青 | 法律出版社 | 2003 |
| | 中美人权之争 | 韩云川 | 宁夏人民出版社 | 2003 |
| | 人权论 | 王立行 | 山东人民出版社 | 2003 |
| | 联合国与人权保障国际化 | 王运祥、刘杰 | 中山大学出版社 | 2003 |
| | 人权论 | 王立行 | 山东人民出版社 | 2003 |
| | 基本人权保护与法律实践 | 关今华 | 厦门大学出版社 | 2003 |
| | 人权·主权·霸权：透视美国人权外交 | 洪国起、董国辉等 | 世界知识出版社 | 2003 |
| | 中国人权的司法实践 | 王启富、刘金国 | 厦门大学出版社 | 2003 |
| | 公民受教育权的法律保护 | 郑贤君 | 人民法院出版社 | 2003 |
| | 人权法学 | 杨成铭 | 中国方正出版社 | 2004 |
| | 儒家传统与人权·民主思想 | 陈启智、张树骅 | 齐鲁书社 | 2004 |
| | 东方文化与人权发展 | 中国人权研究会 | 东方出版社 | 2004 |
| | 国际人权法 | 徐显明 | 法律出版社 | 2004 |
| | 中国近百年人权思想 | 杜钢建 | 中文大学出版社 | 2004 |

续表

| 编号 | 书名 | 作者 | 出版社 | 出版日期 |
|---|---|---|---|---|
| | 西藏人权研究参考文献选编 | 中国社会科学院西藏人权研究课题组编 | 中国藏学出版社 | 2004 |
| | 复旦人权研究 | 复旦大学人权研究中心 | 复旦大学出版社 | 2004 |
| | 人权·民主·法治论丛 | 谷春德 | 中国检察出版社 | 2004 |
| | 中国监狱人权保障 | 王明迪、董云虎主编 | 法律出版社 | 2004 |
| | 论人的自由全面发展 | 陈小鸿 | 人民出版社 | 2004 |
| | 人权与国家主权 | 刘杰 | 上海人民出版社 | 2004 |
| | 当代人权理论 | 高连升 | 军事科学出版社 | 2004 |
| | 刑事诉讼法与基本人权 | 林劲松 | 山东人民出版社 | 2005 |
| | 人权法学 | 南京大学法学院《人权法学》教材编写组 | 科学出版社 | 2005 |
| | 人权法学 | 李步云 | 高等教育出版社 | 2005 |
| | 主权、人权国际组织 | 李先波等 | 法律出版社 | 2005 |
| | 自然法理论的演进——西方主流人权观探源 | 申建林 | 社会科学文献出版社 | 2005 |
| | 羁押制度与人权保障 | 陈卫东 | 中国检察出版社 | 2005 |
| | 人权法学 | 杨春福 | 辽宁教育出版社 | 2005 |
| | 2004 中国特殊儿童教育权利报告 | 陈云英 | 人民出版社 | 2005 |
| | 国际人权公约与中国 | 莫纪宏 | 世界知识出版社 | 2005 |

续表

| 编号 | 书名 | 作者 | 出版社 | 出版日期 |
|---|---|---|---|---|
| | 新世纪中国人权 | 董云虎、陈振功、王林霞主编 | 团结出版社 | 2005 |
| | 儿童权利论 | 王雪梅 | 社会科学文献出版社 | 2005 |
| | 以案说法——老年人权益保护案例 | 王明、宋才发 | 人民法院出版社 | 2005 |
| | 以案说法——物权纠纷案例 | 王明 | 人民法院出版社 | 2005 |
| | 劳动权论 | 李炳安 | 人民法院出版社 | 2006 |
| | 人权保障法学研究 | 关今华 | 人民法院出版社 | 2006 |
| | 人权知识干部读本 | 蔡武 | 党建读物出版社 | 2006 |
| | 公民基本人权法律制度研究 | 林喆 | 北京大学出版社 | 2006 |
| | 国际人权法专论 | 张爱宁 | 法律出版社 | 2006 |
| | 人权理论基本问题 | 张晓玲主编 | 中共中央党校出版社 | 2006 |
| | 中国人权史：生存权篇 | 毛汉光 | 广西师范大学出版社 | 2006 |
| | 常用未成年人权利保护法律法规 | 编选组 | 人民法院出版社 | 2006 |
| | 反酷刑——当代中国的法治和人权保护 | 陈云生 | 社会科学文献出版社 | 2006 |
| | “人权入宪”与人权法制保障 | 中国人权研究会 | 团结出版社 | 2006 |
| | 人权知识百题问答 | 中国人权研究会 | 五洲传播出版社 | 2006 |
| | 罪犯人权保障手册 | 王秉中、高畅、张青 | 法律出版社 | 2007 |
| | 国际人权法：美洲区域的理论与实践 | 谷盛开 | 山东人民出版社 | 2007 |
| | 紧急状态下的人权克减研究 | 李卫海 | 中国法制出版社 | 2007 |

续表

| 编号 | 书名 | 作者 | 出版社 | 出版日期 |
|---|---|---|---|---|
| | 国际法上的贸易与人权问题研究 | 李春林 | | 2007 |
| | 人权法原理 | 徐显明 | 中国政法大学出版社 | 2008 |
| | 艾滋病与人权保护 | 蔡高强 | 中国法制出版社 | 2008 |
| | 人权与税权的制度博弈 | 梁文永 | 中国社会科学出版社 | 2008 |
| | 大家西学人权二十讲 | 何海波 | 天津人民出版社 | 2008 |
| | 人权全球化基本理论研究 | 何志鹏 | 科学出版社 | 2008 |
| | 刑事诉讼人权保障制度研究 | 田圣斌 | 中国法制出版社 | 2008 |
| | 人权伦理学 | 甘绍平 | 中国发展出版社 | 2009 |
| | 科学发展观与人权 | 鲜开林 | 国防大学出版社 | 2009 |
| | 发展·安全·人权 | 董云虎、陈振功、王林霞等主编 | 五洲传播出版社 | 2009 |
| | 中国农民工权利保障 | 谢建社 | 社会科学文献出版社 | 2009 |
| | 社会弱势群体权利的法律保障研究 | 张晓玲主编 | 中共中央党校出版社 | 2009 |
| | 中国改革开放与人权发展30年 | 董云虎、陈振功、王林霞等主编 | 人民日报出版社 | 2009 |
| | 中国人权建设60年 | 董云虎、常健主编 | 江西人民出版社 | 2009 |
| | 中国现代人权论战 | 刘志强 | 社会科学文献出版社 | 2009 |
| | 侦查程序与人权保障——中国侦查程序的改革和完善 | 孙长永 | 中国法制出版社 | 2009 |

续表

| 编号 | 书名 | 作者 | 出版社 | 出版日期 |
|---|---|---|---|---|
| | 国际人权公约与和谐人权观 | 唐健飞 | 社会科学文献出版社 | 2010 |
| | 中国现代人权论战——罗隆基人权理论构建 | 刘志强 | 社会科学文献出版社 | 2010 |
| | 刑事程序人权的宪法保障 | 岳悍惟 | 法律出版社 | 2010 |
| | 和谐发展与人权 | 中国人权研究会 | 五洲传播出版社 | 2010 |
| | 我们时代的人权：多学科的视野 | 张万洪 | 中国法制出版社 | 2010 |
| | 中国人权研究机构与人权教育 | 杨松才 | 中国检察出版社 | 2010 |
| | 人权与发展 | 中国人权研究会 | 五洲传播出版社 | 2011 |
| | 国家人权机构总览 | 董云虎 | 团结出版社 | 2011 |
| | 人权法教学参考资料选编 | 白桂梅、刘骁 | 北京大学出版社 | 2012 |

除了《人权》专著之外，中国的人权研究者还发表了大量的学术文章。人权理论研究的广泛和深入，不仅显示了人权理念在学术界日益成为重要的研究课题，而且预示着中国人权事业的发展不仅积聚了日益强劲的政治动力和现实动力，而且也将获得更加广阔的思想视野和理论支撑。

## 第四节　《人权》杂志发表文献的统计分析

由中国人权研究会主办的《人权》杂志是中国国内改革开放以来第一本以人权为主题的专门性期刊，在反映这一时期中国特色人权理念的发展方面具有一定的代表性。通过对该杂志2002—2012年间出版的67期杂志中的文章进行统计分析，可以从一个特定角度看到中国特色人权理念发展的变化轨迹、形成特点和影响因素。[①]

## 一 《人权》杂志发表的研究性文章统计分析

在人权研究方面，《人权》杂志 11 年来发表的文章总数为 626 篇。这些文章大体分为三类：第一类是对中国人权发展背景的研究；第二类是对各类具体人权的研究；第三类是对中国特色人权理念的研究。

### （一）三类人权研究文章的总体情况

从《人权》杂志 11 年来发表三类人权研究文章的总量来看，首先是对各类具体人权的研究文章数量最多，占研究文章总篇数的 57.99%；其次是对中国人权发展背景的研究，占研究文章总篇数的 27.64%；最后是对中国特色人权理念研究的文章，数量最少，占研究文章总篇数的 14.38%（见表 5—21）。

表 5—21　　三类人权研究文章数量

| 年份 / 文章类别 | 2001 | 2002 | 2003 | 2004 | 2005 | 2006 | 2007 | 2008 | 2009 | 2010 | 2011 | 2012 | 合计 |
|---|---|---|---|---|---|---|---|---|---|---|---|---|---|
| 中国人权发展背景研究 | 7 | 28 | 22 | 18 | 20 | 19 | 12 | 27 | 6 | 3 | 5 | 6 | 173 |
| 各类具体人权研究 | 2 | 27 | 28 | 30 | 49 | 41 | 51 | 32 | 25 | 35 | 25 | 18 | 363 |
| 中国特色人权理念研究 | 0 | 3 | 3 | 5 | 5 | 6 | 2 | 10 | 14 | 8 | 16 | 18 | 90 |
| 合计 | 9 | 58 | 53 | 53 | 74 | 66 | 65 | 69 | 45 | 46 | 46 | 42 | 626 |

资料来源：作者对《人权》杂志 12 年来发表文章的统计。

三类人权研究文章历年数量的变化，清楚地呈现出一种此起彼伏的形态（见图 5—1）。

三类人权研究文章数量的此消彼长，呈现出明显不同的三个阶段：在 2001—2003 年的第一阶段，对中国人权发展背景的研究文章数量处于高峰时期，对各类具体人权的研究文章数量处于上升期，对中国特色人权理念的研究文章数量处于低平期；在 2004—2007 年的第二阶段，对各类具体人权的研究文章数量达到高峰期，对中国特色人权理念的研

① 本节内容参见常健：《从〈人权〉杂志 12 年文献看中国特色人权理念的发展与传播》，李君如主编《中国人权事业发展报告（2013 年）》，社会科学文献出版社 2013 年。该文是本课题研究的阶段性成果。

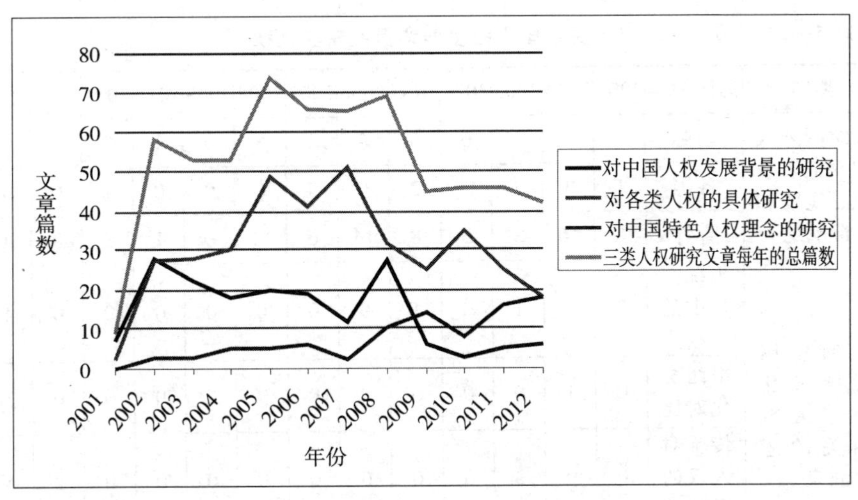


**图 5—1 三类人权研究文章数量的变化**

资料来源：作者根据表 5—21 的数据制作。

究文章数量处于缓慢上升期，对中国人权发展背景的研究文章数量处于下滑期；在 2008—2012 年的第三阶段，对中国特色人权理念的研究文章数量不断上升达到高峰期，对中国人权发展背景的研究文章数量经过 2008 年的接线强劲反弹后开始大幅下滑，对各类具体人权的研究文章数量在经过 2010 年的反弹后继续下滑。《人权》杂志 12 年来发表的三类人权研究文章数量的这种变化，在一定程度上反映了中国人权研究的历史进程和逻辑结构：它起始于对中国人权发展的背景研究，继之而起的是对各项人权的具体研究，在此基础上才形成了对中国特色人权理念的研究热潮。

（二）有关中国人权发展背景的研究文章

从《人权》杂志 12 年来发表的文献来看，共有 173 篇文献涉及对中国人权发展背景的研究。这些研究可以被概括为五个方面：即（1）介绍国外的人权理念、规范、实践和实际状况；（2）发掘中国传统文化中与人权相关的思想源泉；（3）解析中国当代治党治国理念中的人权意蕴；（4）将小康社会建设的各项任务与人权发展相结合；（5）分析现实中国人权保障的典型案例（见表 5—22）。

表 5—22　　有关中国人权发展背景的研究文章

| 类别 | 具体内容 | 2001 | 2002 | 2003 | 2004 | 2005 | 2006 | 2007 | 2008 | 2009 | 2010 | 2011 | 2012 | 合计 |
|---|---|---|---|---|---|---|---|---|---|---|---|---|---|---|
| 介绍国外人权理念、规范、实践和实际状况 | 国际 | 5 | 13 | 1 | 0 | 6 | 8 | 1 | 5 | 0 | 1 | 2 | 0 | 42 |
| | 各国 | 1 | 3 | 2 | 2 | 2 | 6 | 5 | 6 | 0 | 0 | 1 | 0 | 28 |
| | 合计 | 6 | 16 | 3 | 2 | 8 | 14 | 6 | 11 | 0 | 1 | 3 | 0 | 70 |
| 发掘中国传统文化中与人权相关的思想源泉 | 传统文化中的人权 | 0 | 2 | 1 | 0 | 1 | 0 | 0 | 0 | 0 | 0 | 0 | 0 | 4 |
| | 中西文化对比 | 0 | 1 | 0 | 0 | 0 | 0 | 0 | 0 | 0 | 0 | 0 | 0 | 1 |
| | 传统对人权的影响 | 0 | 0 | 3 | 0 | 0 | 0 | 0 | 0 | 0 | 0 | 0 | 2 | 5 |
| | 合计 | 0 | 3 | 4 | 0 | 1 | 0 | 0 | 0 | 0 | 0 | 0 | 2 | 10 |
| 解析中国当代治党治国理念中的人权意蕴 | 三个代表 | 0 | 3 | 0 | 1 | 0 | 0 | 0 | 0 | 0 | 0 | 0 | 0 | 4 |
| | 科学发展观 | 0 | 0 | 1 | 0 | 1 | 1 | 4 | 0 | 0 | 0 | 1 | 0 | 8 |
| | 以人为本 | 0 | 0 | 0 | 2 | 1 | 2 | 1 | 0 | 2 | 1 | 0 | 0 | 9 |
| | 和谐社会 | 0 | 0 | 0 | 0 | 0 | 1 | 0 | 12 | 2 | 0 | 0 | 0 | 15 |
| | 合计 | 0 | 3 | 1 | 3 | 2 | 4 | 5 | 12 | 4 | 1 | 1 | 0 | 36 |
| 将小康社会建设的各项任务与人权发展相结合 | 经济建设 | 0 | 2 | 0 | 0 | 0 | 0 | 0 | 0 | 0 | 0 | 0 | 0 | 2 |
| | 政治建设 | 0 | 2 | 2 | 0 | 1 | 0 | 0 | 0 | 0 | 0 | 0 | 1 | 6 |
| | 文化建设 | 0 | 0 | 0 | 0 | 0 | 0 | 0 | 0 | 0 | 0 | 0 | 2 | 2 |
| | 社会建设 | 0 | 0 | 0 | 0 | 0 | 0 | 0 | 0 | 0 | 0 | 0 | 1 | 1 |
| | 生态文明建设 | 0 | 0 | 0 | 1 | 0 | 0 | 0 | 0 | 1 | 0 | 0 | 0 | 2 |
| | 法治建设 | 0 | 1 | 1 | 1 | 5 | 1 | 1 | 0 | 1 | 0 | 0 | 0 | 11 |
| | 合计 | 0 | 5 | 3 | 2 | 6 | 1 | 1 | 0 | 2 | 0 | 0 | 4 | 24 |

续表

| 类别 | 具体内容 | 2001 | 2002 | 2003 | 2004 | 2005 | 2006 | 2007 | 2008 | 2009 | 2010 | 2011 | 2012 | 合计 |
|---|---|---|---|---|---|---|---|---|---|---|---|---|---|---|
| 分析现实中国人权保障的典型案例 | 经济社会权利 | 0 | 1 | 1 | 2 | 0 | 0 | 0 | 0 | 0 | 0 | 0 | 0 | 4 |
| | 生命和人身权利 | 0 | 0 | 4 | 3 | 0 | 0 | 0 | 0 | 0 | 0 | 0 | 0 | 7 |
| | 公正审判权利 | 0 | 0 | 2 | 1 | 3 | 0 | 0 | 0 | 0 | 0 | 0 | 0 | 6 |
| | 特定群体权利 | 1 | 0 | 1 | 5 | 0 | 0 | 0 | 0 | 0 | 0 | 0 | 0 | 7 |
| | 重大突发事件 | 0 | 0 | 3 | 0 | 0 | 0 | 0 | 4 | 0 | 1 | 1 | 0 | 9 |
| | 合计 | 1 | 1 | 11 | 11 | 3 | 0 | 0 | 4 | 0 | 1 | 1 | 0 | 33 |
| 总　计 | | 7 | 28 | 22 | 18 | 20 | 19 | 12 | 27 | 6 | 3 | 5 | 6 | 173 |

资料来源：作者对《人权》杂志11年来发表文章的统计。

1. 各方面研究的具体内容

（1）对国际人权理念、规范、实践和实际状况的介绍

“人权”并不是中国的本土概念，而是产生于西方近代的人权学说和实践，成长于现代国际社会人权理念的传播和人权保障体制的建立。因此，中国特色人权理念发展的一个重要前提条件，就是了解国际社会的人权理念和规范，学习世界各国在人权保障方面的实践与经验。在《人权》杂志11年来发表的文献中，对国外人权状况的介绍可以分为两类，一类文章介绍国际人权的规范、组织和实践；另一类文章介绍各国人权保障的理念、制度、机构和实践。

在42篇介绍国际人权规范、组织和状况的文章中，主要涉及各种人权文书及其产生过程和内容分析，国际人权保护机构及其运行机制，国际社会所提出的人权理念，以及各国在国际社会所承担的公约义务；等等。从所涉及的地域范围上看，主要涉及联合国及其人权机构的情况，同时也包括欧洲、美洲、非洲和伊斯兰世界的人权情况。

在28篇介绍其他国家的人权保障制度和实践的文章中，主要涉及各国学者的人权思想、各国的人权保障法律、制度、机制、机构和人权状况。从涉及问题来看，主要包括人权的宪法保障，司法制度，监察制度，

警察询问制度，人权教育，劳动权保障，少数民族、妇女、老年人、儿童等特定群体的权利保障，非政府组织的作用，等等。从涉及的国家来看，主要包括美国、加拿大、法国、英国、德国、挪威、日本、澳大利亚、爱尔兰等发达国家，也包括乌兹别克斯坦、菲律宾以及伊斯兰世界的发展中国家。

（2）发掘中国传统文化中与人权有关的思想源泉

人权理念在中国的发展，必须在中国传统文化中寻找适宜的土壤和可以汲取的源泉。在《人权》杂志 12 年来发表的文章中，大约有 10 篇直接讨论人权与中国传统文化的关系。它们主要涉及三个方面的内容：一是中国传统文化中与人权有关的思想（4 篇）；二是对中西人权文化进行比较（1 篇）；三是讨论文化传统对人权发展的作用（5 篇）。从涉及中国传统文化的内容上来看，主要涉及的是儒家学说中的有关思想。

（3）解析中国当代治党治国理念中的人权意蕴

人权理念在中国当代的发展的重要政治条件之一，就是要与执政党和国家在当代提出的治党治国理念相结合。在《人权》杂志 12 年来发表的文献中，有 36 篇文章涉及当代中国提出的治党治国理念中所蕴含的人权精神。其中，涉及“三个代表”的文章有 4 篇，涉及“科学发展观”的有 8 篇，涉及“以人为本”的有 9 篇，涉及“和谐社会”的有 15 篇。

（4）将小康社会建设的各项任务与人权发展相结合

人权理念的发展要落实在具体工作中，就必须与中国当代建设小康社会的各项任务结合起来。在《人权》杂志 12 年来发表的文章中，有 24 篇文章涉及如何将人权发展与小康社会建设的各项任务相结合。其中，讨论经济建设与人权的有 2 篇，讨论政治建设与人权的有 6 篇，讨论文化建设与人权的有 2 篇，讨论社会建设与人权的有 1 篇，讨论生态文明建设与人权的有 2 篇，讨论法治建设与人权的有 11 篇。这显示将法治建设与人权发展相结合受到了特别的重视。

（5）分析现实中国人权保障的典型案例

解决中国人权保障中面对的各种实际问题的需要，对于中国人权理念的发展起到了重要的推动作用。在《人权》杂志 12 年来发表的文献中，共有 33 篇涉及实际发生的涉及人权的案例，其中，有 4 篇涉及经济和社会权利，包括齐玉苓受教育权案、乐亭渔业污染案、工伤保险纠纷和女生不堪辱骂自杀案等；有7篇涉及生命和人身权利，包括孙志刚收容致死案、李争鸣拘禁案、陕西三名法官蒙冤羁押案、安乐死案和恋人同宿被公告案等；有6篇涉及公正审判权，包括孙万刚从死刑犯到无罪释放案、佘祥林、陈庆龙等人的国家赔偿案、聂树斌错判案和武平特大系列投毒案等；有7篇涉及特定群体权利，包括输血感染艾滋病案、残疾女维权案、童工致残案、总理为农民工讨工钱和三峡工程移民等；有9篇涉及重大突发事件的人权保障，包括"非典"事件、汶川和玉树的抗震救灾、撤离在利比亚的中国侨民等。

2. 五个方面研究文章数量的变化

关于中国人权发展背景的五个方面研究文章数量的变化，均呈现震荡起伏的形态，但每一方面文章的高峰期却显示出先后不同的顺序（见图5—2）。

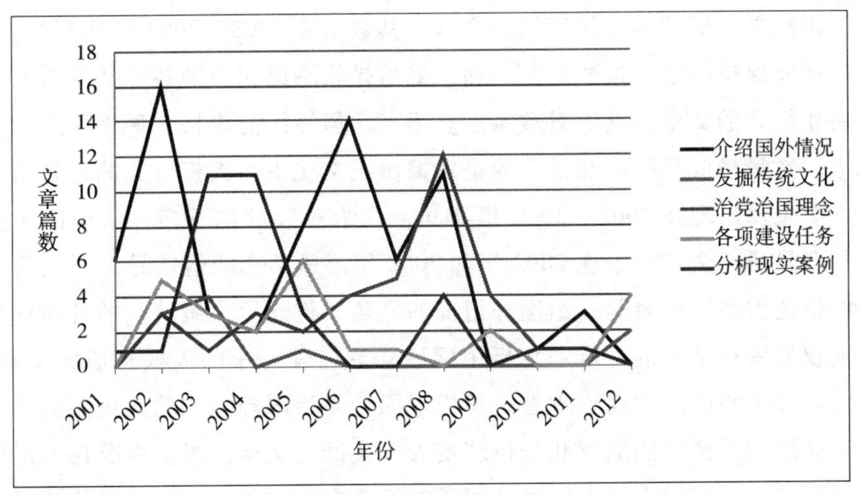


**图5—2　五个方面中国人权发展背景研究文章数量的变化**

资料来源：作者根据表5—22的数据制作。

介绍国外人权情况的研究文章数量于2002年最先达到峰值，此后便逐波震荡下降。发掘中国传统文化中与人权有关的思想渊源的研究文章数量在2003年达到峰值，此后便一路走低。分析现实人权案例的研究文章数量在2003—2004年间达到峰值，在2006—2007年跌入谷底后反弹，一直在较低水平上下震荡。将建设小康社会的各项任务与人权发展相结合的研究文章数量在2005年达到峰值，此后便低位徘徊，在 2012 年再次出现小高峰。解析治党治国理念中的人权意蕴的研究文章数量在 2008 年达到峰值，此后大幅下降。研究文章数量峰值的这种先后顺序，在一定程度上反映了人们思考人权过程中的历史过程，即先介绍国外的人权理念，再将其与中国的传统文化进行衔接，然后将其与中国现实的人权案例及建设小康社会的各项任务相结合，最后将其与中国治党治国的理念联系起来。在某种程度上说，这五个方面的研究为中国特色人权理念的形成奠定了历史和现实的基础，是中国特色人权理念的五个重要思想来源。

从各方面研究文章的数量及其持续性来看，首先是介绍国外情况的文章数量最多，持续时间也最长。先后在 2002 年、2006 年、2008 年和 2011 年形成四次逐波向下的高峰。其次是解析中国治党治国理念中的人权意蕴的文章，其数量在 2012 年以来逐波走高，在 2008 年达到峰值后才逐渐走低。再次是分析现实人权案例的文章，其数量在 2003—2004 年达到峰值，此后还能保持一定数量的震荡局面。最后是将小康建设的各项任务与人权发展相结合的文章，其绝对数量虽然不高，但始终能维持一种平稳连续的水平。数量最低且持续性最差的是发掘传统文化中与人权有关的思想的文章，它主要出现在 2002—2005 年期间，且绝对数量也不多。从中国人权发展背景研究文章总量在 2002 年和 2008 年形成两个峰值来看，形成第一个峰值的主要贡献者是介绍国外情况的文章、将建设小康社会的各项任务与人权发展相结合的文章和解析中国治党治国理念中的人权意蕴的文章；形成第二个峰值的主要贡献者是解析中国治党治国理念中的人权意蕴的文章、介绍国外情况的文章和分析现实人权案例的文章。以上情况在一定程度上反映出：在对中国人权发展背景的五个方面的研究中，对国外情况的介绍、对中国的治党治国理念和对现实的案例分析这三个方面在中国特色人权理念形成中发挥着最为主要的作用。

### （三）研究各项具体人权的文章

在《人权》杂志 12 年来发表的文章中，讨论各种具体人权问题的文章共计 363 篇。其中，讨论经济、社会和文化权利的文章 79 篇，讨论公民权利和政治权利的文章 111 篇，讨论特定群体权利的文章 173 篇（见表 5—23）。

表 5—23　　　　研究各项具体人权的文章数量及其变化

| 类别 | 具体权利 | 2001 | 2002 | 2003 | 2004 | 2005 | 2006 | 2007 | 2008 | 2009 | 2010 | 2011 | 2012 | 合计 |
|---|---|---|---|---|---|---|---|---|---|---|---|---|---|---|
| 经济、社会和文化权利 | 工作权利 | 0 | 3 | 1 | 2 | 1 | 2 | 5 | 0 | 0 | 2 | 2 | 0 | 18 |
| | 基本生活水准权利 | 0 | 4 | 2 | 1 | 3 | 0 | 3 | 0 | 1 | 1 | 0 | 0 | 15 |
| | 社会保障权利 | 0 | 2 | 0 | 1 | 3 | 0 | 2 | 1 | 1 | 2 | 0 | 1 | 13 |
| | 教育权利 | 0 | 0 | 0 | 1 | 1 | 2 | 1 | 0 | 3 | 0 | 0 | 0 | 8 |
| | 健康权利 | 0 | 2 | 1 | 0 | 3 | 5 | 2 | 1 | 0 | 0 | 0 | 0 | 14 |
| | 财产权利 | 0 | 0 | 0 | 0 | 1 | 0 | 1 | 0 | 1 | 0 | 0 | 0 | 3 |
| | 文化权利 | 0 | 0 | 1 | 0 | 0 | 0 | 0 | 0 | 2 | 0 | 0 | 1 | 4 |
| | 环境权利 | 1 | 0 | 0 | 0 | 0 | 1 | 0 | 0 | 0 | 1 | 1 | 0 | 4 |
| | 合计 | 1 | 11 | 5 | 5 | 12 | 10 | 14 | 2 | 8 | 6 | 3 | 2 | 79 |
| 公民权利和政治权利 | 生命权 | 0 | 0 | 1 | 1 | 0 | 3 | 1 | 2 | 0 | 0 | 0 | 0 | 8 |
| | 人身自由权 | 0 | 1 | 0 | 0 | 2 | 1 | 1 | 0 | 0 | 0 | 2 | 0 | 7 |
| | 公正审判权 | 0 | 3 | 3 | 5 | 4 | 6 | 7 | 4 | 1 | 2 | 2 | 3 | 40 |
| | 平等权 | 0 | 2 | 0 | 1 | 1 | 0 | 0 | 1 | 0 | 0 | 0 | 0 | 5 |
| | 隐私权 | 0 | 0 | 0 | 1 | 1 | 0 | 0 | 1 | 0 | 1 | 0 | 1 | 5 |
| | 迁徙权 | 0 | 0 | 2 | 0 | 0 | 1 | 1 | 0 | 0 | 0 | 0 | 0 | 4 |
| | 宗教自由权 | 0 | 1 | 3 | 3 | 2 | 0 | 1 | 1 | 1 | 0 | 0 | 0 | 12 |
| | 选举权 | 0 | 1 | 3 | 0 | 0 | 0 | 0 | 0 | 1 | 0 | 0 | 0 | 5 |
| | 知情权 | 0 | 1 | 1 | 1 | 1 | 1 | 1 | 0 | 0 | 1 | 0 | 0 | 7 |
| | 表达权 | 0 | 0 | 0 | 1 | 0 | 0 | 1 | 1 | 1 | 0 | 0 | 1 | 5 |
| | 参与权 | 0 | 2 | 1 | 0 | 1 | 0 | 2 | 1 | 0 | 0 | 0 | 0 | 7 |
| | 监督权 | 0 | 0 | 0 | 1 | 1 | 1 | 2 | 0 | 1 | 0 | 0 | 0 | 6 |
| | 合计 | 0 | 11 | 14 | 14 | 13 | 13 | 17 | 11 | 5 | 4 | 4 | 5 | 111 |

续表

| 类别 | 具体权利 | 2001 | 2002 | 2003 | 2004 | 2005 | 2006 | 2007 | 2008 | 2009 | 2010 | 2011 | 2012 | 合计 |
|---|---|---|---|---|---|---|---|---|---|---|---|---|---|---|
| 特定群体权利 | 少数民族权利 | 1 | 0 | 1 | 1 | 4 | 0 | 1 | 2 | 5 | 4 | 3 | 1 | 23 |
| | 妇女权利 | 0 | 2 | 2 | 0 | 6 | 5 | 3 | 3 | 2 | 6 | 2 | 1 | 32 |
| | 未成年人权利 | 0 | 0 | 1 | 2 | 5 | 3 | 2 | 1 | 2 | 3 | 5 | 1 | 25 |
| | 老年人权利 | 0 | 0 | 1 | 0 | 0 | 0 | 0 | 2 | 1 | 2 | 0 | 1 | 7 |
| | 残疾人权利 | 0 | 1 | 0 | 1 | 0 | 0 | 5 | 2 | 0 | 0 | 2 | 2 | 13 |
| | 农民工权利 | 0 | 1 | 2 | 4 | 5 | 2 | 2 | 4 | 0 | 0 | 0 | 0 | 20 |
| | 艾滋病感染者和患者的权利 | 0 | 0 | 0 | 0 | 3 | 4 | 4 | 1 | 0 | 0 | 0 | 0 | 12 |
| | 被羁押者权利 | 0 | 1 | 2 | 3 | 0 | 4 | 2 | 2 | 2 | 8 | 6 | 5 | 35 |
| | 受害者权利 | 0 | 0 | 0 | 0 | 0 | 0 | 1 | 0 | 0 | 2 | 0 | 0 | 3 |
| | 弱势群体权利 | 0 | 0 | 0 | 0 | 1 | 0 | 0 | 2 | 0 | 0 | 0 | 0 | 3 |
| | 合计 | 1 | 5 | 9 | 11 | 24 | 18 | 20 | 19 | 12 | 25 | 18 | 11 | 173 |
| 总 计 | | 2 | 27 | 28 | 30 | 49 | 41 | 51 | 32 | 25 | 35 | 25 | 18 | 363 |

资料来源：作者对《人权》杂志11年来发表文章的统计。

1. 有关各类人权的研究文章的主要内容

(1) 有关经济、社会和文化权利的文章

在讨论经济、社会和文化权利的79篇文章中，被涉及的权利按涉及文章数量多少排序分别为工作权利（18篇）、基本生活水准权利（15篇）、健康权利（14篇）、社会保障权利（13篇）、教育权利（8篇）、文化权利（4篇）、环境权利（4篇）和财产权利（3篇）。

在工作权利方面，文章主要涉及就业机会、就业歧视、劳动合同、劳动报酬、安全生产、工作条件、工会作用等问题；在基本生活水准权利方面，文章主要涉及扶贫开发、最低生活保障制度、危房改造、住房保障制度、低收入群体收入提高等问题；在健康权利方面，文章主要涉及农村医疗、职业病防治、环境疾病防治、医患关系、社区卫生服务、食品药品安全等问题；在社会保障权利方面，文章主要涉及养老保险和医疗保险问题，以及失业公民的社会保险等问题；在教育权利方面，文章主要涉及贫困生受教育权的保障、义务教育的公平性、农村义务教育以及随着经济发展提高义务教育年限等问题；在文化权利保障方面，文章主要涉及公共文化设施的建设和开放、少数民族语言和文化的继承和保护等问题；在环境权利方面，文章主要涉及环境权利的概念以及如何解决在经济发展中所产生的各种环境等问题；在财产权利方面，文章主要涉及物权法和农民土地使用权等问题。

（2）有关公民权利和政治权利的文章

在讨论公民权利和政治权利的111篇文章中，被涉及最多的前两位权利是公正审判权（40篇）和宗教自由权（12）。涉及其他各项权利的文章数量相对平均，其中生命权8篇，人身自由权、知情权和参与权各7篇，监督权6篇，平等权、隐私权、表达权、选举权各5篇，迁徙权4篇。

在公正审判权方面，文章主要涉及司法救济、司法公开、被告人权利、法律援助、陪审员制度、无罪推定、审判监督、诉讼程序、适用法律、律师权利、刑讯逼供、国家赔偿等问题；在宗教自由权方面，文章主要涉及宗教信仰自由、宗教生活、宗教对话和宗教法制建设等问题；在生命权方面，文章主要涉及死刑的适用、裁决程序和核准问题，以及在交通法等法律法规中如何更好地保障公民生命权等问题；在人身自由权方面，文章主要涉及行政处罚，司法强制，跨境人身安全，婚姻、家庭和生育权利等问题；在知情权方面，文章主要涉及政府信息公开，医疗和生命科学研究中的知情权，以及互联网对公民知情信息权的影响等问题；在参与权方面，文章主要涉及对中国民主制度的思考，对协商民主的讨论，村民自治和社区自治，立法听证，以及公民参政议政等方面的问题；在监督权方面，文章主要涉及权力监督和信访等问题；在表达权方面，文章主要涉及言论自由的概念、代价和底线，网络表达自由，以及对表达自由的法律保护等问题；在选举权方面，文章主要涉及基层民主建设问题；在平等权方面，文章主要涉及性别平等，教育、健康和就业中的歧视，城乡居民的不同待遇，以及法律对平等权的保障等问题；在隐私权方面，文章主要涉及私人信息、名誉保护，以及在互联网中的个人隐私保护等问题；在迁徙权方面，文章主要涉及户籍管理、身份证与暂住证制度等问题。

（3）有关特定群体权利的文章

在讨论特定群体权利的173篇文章中，被涉及的权利按涉及文章数量的多少排序分别为被羁押者权利（35 篇）、妇女权利（32 篇）、未成年人权利（25 篇）、少数民族权利（23 篇）、农民工权利（20 篇）、残疾人权利（13 篇）、艾滋病感染者和患者的权利（12 篇）、老年人权利（7 篇）和受害者权利（3 篇）。此外，还有 3 篇涉及一般弱势群体权利保护的文章。

在被羁押者权利方面，文章主要涉及监狱人权保障，对罪犯的人道待遇，罪犯的受教育权和文化权利，服刑人员的疾病预防和控制、心理健康，以及老年人、少数民族服刑人权的权利保障等方面的问题；在妇女权利方面，文章主要涉及性别公正、消除对妇女的歧视、社会性别主流化、妇女权益立法和维权、"青春期合同"、家庭暴力、性骚扰、拐卖妇女、农村妇女土地承包权、妇女人大代表的比例、女大学生就业等问题；在未成年人权利方面，文章主要涉及儿童性侵害，再婚家庭中未成年人遭受暴力，孤儿抚养，城市流动儿童的平等受教育权，打击拐卖儿童，以及未成年人的监护制度、维权、犯罪预防、法律和司法保护、隐私权、福利、受教育等方面的问题；在少数民族权利方面，文章主要涉及民族自治，西部大开发，消除种族歧视，民族文化传承，少数民族使用和发展自己语言和文字的权利、宗教信仰的权利、发展权，少数民族地区的扶贫、刑法保护、法律援助、安居工程、医疗卫生事业、政治现代化，以及少数民族的青少年教育、妇女医院分娩、聋哑人无障碍交流、服刑人员权益保障等方面的问题；在农民工权利方面，文章主要涉及农民工的工资、子女教育、社会保障、住房、市民身份、城市融入等方面的问题；在残疾人权利方面，文章主要涉及残疾人就业、康复，《残疾人权利公约》的履行，以及残疾人各项权利的保障等问题；在艾滋病感染者和患者权利方面，文章主要涉及艾滋病防治、艾滋病患者的权益保护以及受艾滋病影响的儿童的生活保障和心理健康等方面的问题；在老年人权利方面，文章主要涉及农村老年人赡养权、孤寡残老人的生活保障等问题；在受害者权利方面，文章主要涉及刑事被害人的国家救助和补偿制度等问题。

2. 对所涉及的各类人权文章的数量分析

（1）两大类权利受关注的程度

对于中国在人权保障方面是平衡发展还是偏重某一类权利的问题，是国际和国内争论的一个焦点。从对《人权》杂志 12 年来发表文章的上述分析，可以看到以下情况：

第一，从权利总类的排序来看，讨论公民权利和政治权利的文章篇数（111篇）超过讨论经济、社会和文化权利的文章篇数（79篇），二者之比大约为58∶42，这说明对公民权利和政治权利的总体关注程度要高于对经济、社会和文化权利的关注程度。

第二，从单个权利的排序来看，公正审判权以40篇高居榜首（公民权利和政治权利的文章篇数与经济、社会和文化权利的文章篇数之差仅32篇）。排在其后超过10篇的是工作权利（18篇）、基本生活水准权利（15篇）、健康权利（14篇）、社会保障权利（13篇）和宗教自由权（12篇），其中有1项权利属于公民权利，4项权利属于经济和社会权利。这说明，经济、社会和文化权利中单项权利受到关注的数目要高于公民权利和政治权利，同时，公民权利和政治权利中的公平审判权利是单项权利中受到关注程度最高的权利。

第三，经济、社会和文化权利共有8项，公民权利和政治权利共有12项，二者的比例为2∶3。如果按平均受关注程度看，经济、社会和文化权利中每项权利平均受关注程度为9.875篇，公民权利和政治权利中每项权利平均受关注程度为9.25篇，前者略高于后者。

综合以上三点分析，可以得出这样的结论：在《人权》杂志11年来发表的文章中，经济、社会和文化权利与公民权利和政治权利大体受到了同等的关注。

（2）各类特定群体权利受关注的程度

对特定群体权利的保障，是人权事业发展的重要方面。特别是那些群体在中国人权事业发展中受到更多关注，也是一个值得特别关注的问题。从对《人权》杂志12年来发表文章的上述分析，可以看到以下情况：

首先，在该杂志发表的所有文章中，涉及特定群体权利的文章数高达173篇，占各类涉及具体权利的文章总数的47.66%，说明特定群体的权利在该杂志发表的文章中受到高度关注。

其次，从权利主体的排序来看，涉及被羁押者权利的文章以35篇高居榜首。受害者权利受关注程度最低，仅有3篇文章。被羁押者是犯罪的嫌疑人和受刑人，高度关注被羁押者的权利保障问题，显示出人们对执法公正的高度关注，与在权利方面对公正审判权的高度关注形成呼应。同时，对刑事受害者的权利关注相对较少，显示出一种程度的不平衡。

最后，妇女（32 篇）、未成年人（25 篇）、少数民族（23 篇）、残疾人（13 篇）和老年人（7 篇）的权利仍然保持传统上受到较多关注的趋势。值得注意的是，关注农民工权利的文章以 20 篇居于第 5 位，这显示出农民工这一改革开放后的新兴群体的权利保障问题成为当代中国人权保障中的一个突出问题。同时，有 12 篇文章涉及艾滋病感染者和患者的权利保障，这显示出这一全球性问题在中国也正在受到越来越广泛的关注。

综合以上三点分析，可以得出这样的结论：在该杂志发表的文章中，中国各类特定群体的权利都受到不同程度的关注。除了传统上一直受到关注的 5 类特定群体权利之外，对被羁押者、农民工和艾滋病感染者和患者权利的关注占据相当比例。但对刑事犯罪受害者的关注程度相对较低。

3. 各类具体人权文章数量的变化

各时期涉及各类人权的文章数量的变化，呈现出不同的变化轨迹（见图 5—3）。

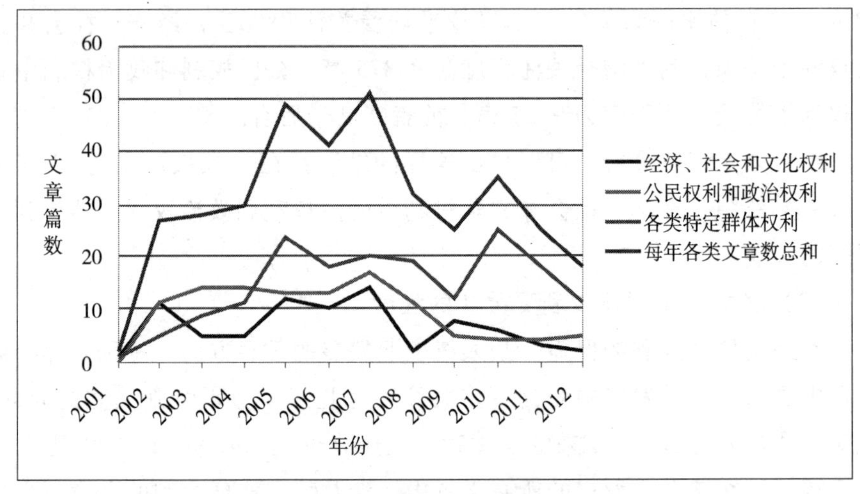


**图 5—3　涉及各类人权的文章数量的变化轨迹**

资料来源：作者根据表 5—23 数据制作。

从总体来看，涉及各类权利的文章总数在 2001—2005 年间逐年上升，在 2005—2007 年间达到最高值，在经过 2008—2009 年两年的下滑后，在 2010 年出现反弹，此后继续下降。

从各类权利文章的数量来看，三大类权利的文章数量的变化轨迹呈现分化的形态。

首先，峰值分析显示，涉及公民权利和政治权利的文章与涉及经济、社会和文化权利的文章数量于2007年同时达到最高值，而涉及各类特定群体权利的文章数量在2010年达到其最高值。

其次，连续形态的分析显示，涉及公民权利和政治权利的文章数量呈现明显的前高后低的两个平台：2002—2007年是一个高位平台，经过2008—2009年两年的下滑后，2009—2010年形成一个低位的平台。涉及经济、社会和文化权利的文章数量呈现低位震荡的态势，而涉及各类特定群体权利的文章数量则呈现高位震荡的态势。

最后，三类文章的相互关系显示，涉及公民权利和政治权利的文章与涉及经济、社会和文化权利的文章数量先是在2003年多于涉及各类特定群体权利的文章数量，此后涉及各类特定群体权利的文章数量便超过前两者，并拉开了较大差距。这在一定程度上反映出各类特定群体的权利保障是中国人权研究的最重要且最具持续性的主题。

4. 涉及各类特定群体权利的文章数量的变化

研究文章中共涉及9类特定群体，其数量及其变化也呈现出不同的形态（见图5—4）。

峰值分析显示，涉及农民工权利的文章数量在2005年达到峰值，涉及妇女权利的文章在2005年和2010年达到两个峰值，涉及未成年人权利的文章数量在2005年和2011年达到两个峰值，涉及艾滋病感染者和患者权利的文章在2006—2007年间达到峰值，涉及残疾人权利的文章在2007年达到峰值，涉及少数民族权利的文章数量在2009年达到峰值，涉及被羁押者权利的文章和涉及刑事受害者权利的文章数量分别在2010年达到峰值，涉及老年人权利的文章数量在2008年和2010年达到两个峰值。这反映了不同时期人们重点关注的不同人权主体的权利问题。

（四）关于中国特色人权理念的研究文章

在《人权》杂志12年来发表的文献中，共有90篇文章涉及中国特色人权理念的研究。其中，关于中国人权发展历史的文章17篇，关于中国人权发展道路的文章32篇，关于中国特色的人权理论与研究方法的文章41篇（见表5—24）。

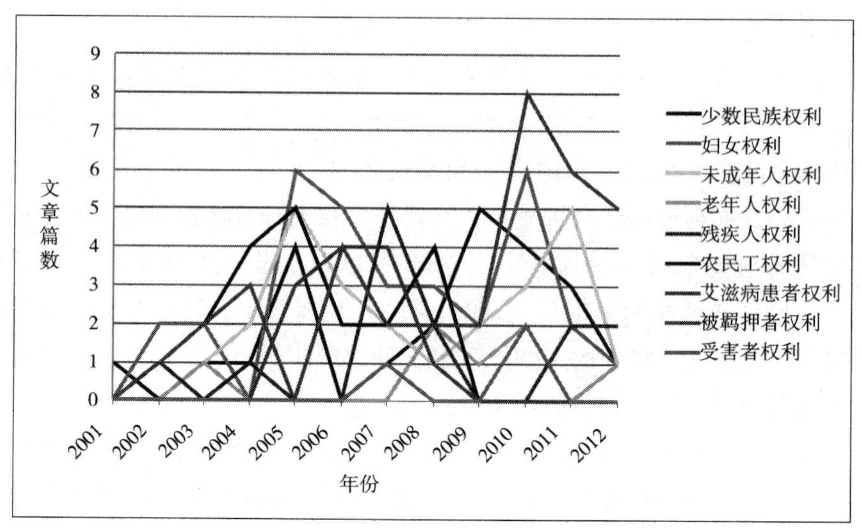


**图 5—4　涉及各类特定群体权利的文章数量及其变化**

资料来源：作者根据表 5—23 数据制作。

**表 5—24　　　　中国特色人权理念的研究文章**

| 具体内容＼年份 | 2001 | 2002 | 2003 | 2004 | 2005 | 2006 | 2007 | 2008 | 2009 | 2010 | 2011 | 2012 | 合计 |
|---|---|---|---|---|---|---|---|---|---|---|---|---|---|
| 中国人权发展历史 | 0 | 2 | 1 | 3 | 2 | 0 | 0 | 4 | 3 | 1 | 1 | 0 | 17 |
| 中国人权发展道路 | 0 | 0 | 1 | 0 | 2 | 3 | 2 | 2 | 5 | 2 | 3 | 12 | 32 |
| 中国人权发展理论 | 0 | 1 | 1 | 2 | 1 | 3 | 0 | 4 | 6 | 5 | 12 | 6 | 41 |
| 合计 | 0 | 3 | 3 | 5 | 5 | 6 | 2 | 10 | 14 | 8 | 16 | 18 | 90 |

资料来源：作者对《人权》杂志 11 年来发表文章的统计。

涉及中国特色人权理念的各类研究文章的数量呈现出不同的变化形态（见图 5—5）。

从总体来看，有关中国特色人权理念的研究文章数量呈现逐波上升的趋势，在 2012 年达到峰值。这反映出对中国特色人权理念的研究的重视程度是逐步提高的。

从三类研究文章的峰值来看，研究中国人权发展历史的文章数量在 2008 年达到峰值，研究中国人权发展理论的文章数量在 2011 年达到峰值，研究中国人权发展道路的文章数量在 2012 年达到峰值。从峰值高度来说，研究中国人权发展理论和发展道路的文章数量的峰值

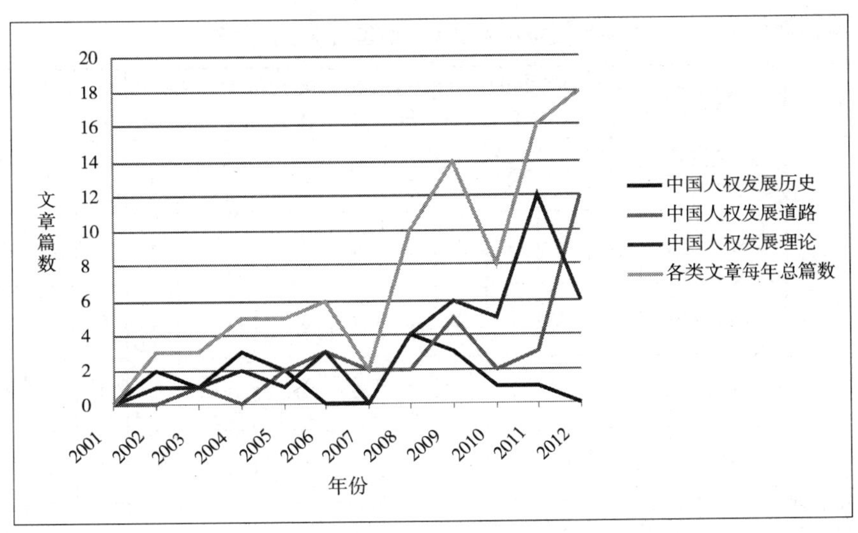


**图 5—5　中国特色人权理念的研究文章数量变化**

资料来源：作者根据表 5—24 的数据制作。

高度是研究中国人权发展历史的文章数量的峰值高度的 3 倍，说明与对中国人权发展历史的研究相比，中国人权发展道路和发展理论的研究近几年受到更大的关注。

从三类研究文章的变化曲线来看，对中国人权发展道路和中国特色人权理论的研究文章数量呈现平稳走高的形态。对中国人权发展历史的研究文章数量呈现平稳震荡的形态，并在 2010 年后逐波走低。这在一定程度上反映出对中国特色人权理论和道路的关注日益上升，而对中国人权发展历史的关注持续和平稳。

## 二　对中国特色人权理念的传播

在《人权》杂志 12 年来发表的文献中，共有 202 篇涉及中国特色人权理念的传播，其中 93 篇涉及国内传播，109 篇涉及国际传播。

### （一）中国特色人权理念的国内传播

在 93 篇涉及中国特色人权理念的国内传播的文献中，有关人权研究的报道 33 篇，有关人权教育的研究文章 30 篇，有关人权培训的报道 5 篇，有关人权知识普及的报道 25 篇（见表 5—25）。

表 5—25　　　　有关中国特色人权理念的国内传播的文献

| 类别 | 内容 | 2001年 | 2002年 | 2003年 | 2004年 | 2005年 | 2006年 | 2007年 | 2008年 | 2009年 | 2010年 | 2011年 | 2012年 | 合计 |
|---|---|---|---|---|---|---|---|---|---|---|---|---|---|---|
| 人权研究与教育 | 人权教育的文章 | 0 | 3 | 3 | 2 | 2 | 2 | 7 | 2 | 2 | 2 | 1 | 4 | 30 |
| | 人权研讨会 | 0 | 1 | 3 | 3 | 3 | 4 | 3 | 2 | 6 | 1 | 1 | 0 | 27 |
| | 人权调研 | 0 | 0 | 1 | 2 | 0 | 0 | 0 | 1 | 0 | 1 | 0 | 1 | 6 |
| | 合计 | 0 | 4 | 7 | 7 | 5 | 6 | 10 | 5 | 8 | 4 | 2 | 5 | 63 |
| 人权培训与知识普及 | 人权培训 | 0 | 0 | 0 | 0 | 1 | 1 | 1 | 1 | 0 | 0 | 1 | 0 | 5 |
| | 人权知识普及 | 0 | 2 | 3 | 2 | 2 | 2 | 4 | 5 | 3 | 1 | 1 | 0 | 25 |
| | 合计 | 0 | 2 | 3 | 2 | 3 | 3 | 5 | 6 | 3 | 1 | 2 | 0 | 30 |
| 总计 | | 0 | 6 | 10 | 9 | 8 | 9 | 15 | 11 | 11 | 5 | 4 | 5 | 93 |

资料来源：作者对《人权》杂志11年来发表文章的统计。

在对国内人权研究活动的33篇报道中，有关人权研讨会的报道27篇，有关人权调研的报道6篇。

在有关人权教育的30篇文章中，既有对国内人权教育的研究，也有对国外人权教育的介绍；既涉及大学的人权教育，也涉及中小学的人权教育，还涉及党校系统的人权教育。

在有关人权培训的5篇报道中，人权培训方面主要涉及对中央机关干部、地方政府官员和新闻媒体方面的培训工作。

在有关人权知识普及活动的25篇报道中，主要涉及人权的书籍、报告、画册、展览、网站、知识竞赛和纪念活动等。

（二）中国特色人权理念的国际传播

在109篇涉及中国特色人权理念的国际传播的文献中，有关人权国际交流与合作的研究文章和国际研讨会的报道33篇，访谈、来访与出访活动的报道48篇，国际人权交锋的文献28篇（见表5—26）。

**表 5—26　　有关中国特色人权理念的国际传播的文献**

| 类别 | 具体内容 | 2001年 | 2002年 | 2003年 | 2004年 | 2005年 | 2006年 | 2007年 | 2008年 | 2009年 | 2010年 | 2011年 | 2012年 | 合计 |
|---|---|---|---|---|---|---|---|---|---|---|---|---|---|---|
| 研讨与文章 | 研究文章 | 0 | 0 | 0 | 0 | 0 | 0 | 1 | 3 | 3 | 3 | 3 | 1 | 14 |
| | 国际研讨会 | 1 | 1 | 2 | 2 | 2 | 4 | 1 | 2 | 1 | 2 | 1 | 0 | 19 |
| | 访谈 | 0 | 2 | 1 | 2 | 3 | 3 | 2 | 2 | 9 | 0 | 0 | 0 | 24 |
| | 合计 | 1 | 3 | 3 | 4 | 5 | 7 | 4 | 7 | 13 | 5 | 4 | 1 | 57 |
| 来访和出访活动报道 | 来访 | 0 | 0 | 0 | 3 | 8 | 2 | 6 | 1 | 0 | 0 | 1 | 0 | 21 |
| | 出访 | 0 | 0 | 1 | 2 | 0 | 0 | 0 | 0 | 0 | 0 | 0 | 0 | 3 |
| | 合计 | 0 | 0 | 1 | 5 | 8 | 2 | 6 | 1 | 0 | 0 | 1 | 0 | 24 |
| 国际人权交锋 | 阐述立场 | 0 | 0 | 0 | 0 | 3 | 1 | 0 | 0 | 2 | 0 | 0 | 0 | 6 |
| | 反驳攻击 | 0 | 1 | 2 | 1 | 0 | 0 | 0 | 1 | 2 | 1 | 0 | 0 | 8 |
| | 揭露事实 | 0 | 2 | 1 | 2 | 1 | 1 | 1 | 1 | 1 | 1 | 2 | 1 | 14 |
| | 合计 | 0 | 3 | 3 | 3 | 4 | 2 | 1 | 2 | 5 | 2 | 2 | 1 | 28 |
| 总计 | | 1 | 6 | 7 | 12 | 17 | 11 | 11 | 10 | 18 | 7 | 7 | 2 | 109 |

资料来源：作者根据《人权》杂志11年来发表文章的统计。

在有关国际人权交流的33篇文献中，有14篇，主要涉及中西人权的差异，如何开展国际人权对话、参与联合国人权事务工作，国际人权事业发展的趋势和面临的问题等方面；有19篇国际人权研讨会的报道，其中有些会议是由中国人权研究机构单独举办的，有些是与国外人权研究机构共同举办的。在这些研讨会中，最为著名的是从2008年起连续五年举办的“北京人权论坛”。

在有关访谈、来访和出访活动的48篇报道中，对国外人士的访谈报道18篇，有关接待国外来访的报道21篇，有关出访的报道3篇。从所报道的来访、受访和出访的国家来看，既包括美国、加拿大、英国、法国、德国、奥地利、荷兰、瑞士、比利时、挪威、丹麦、爱尔兰、日本等发达国家，也包括马来西亚、印度、古巴、伊朗、匈牙利、沙特、摩洛哥、埃及等发展中国家，还接待了联合国人权高级专员办公室的官员和红十字国际委员会的官员。

在有关国际人权交锋的28篇文献中，阐述中国人权立场的文章和报道有 6 篇，反驳恶意攻击的文章有 8 篇，揭露事实的分析文章有 14 篇。特别是针对美国国务院在每年的国别人权报告中对中国人权状况的污蔑，中国国务院新闻办公室自 2000 年开始每年发表了《美国的人权纪录》，用美国媒体披露的资料，揭示美国国内的人权问题。到 2012 年，中国已经连续 13 年发表了《美国的人权纪录》。《人权》杂志对《美国的人权纪录》进行了转载，并刊发相应的评论文章。

（三）中国特色人权理念传播的国内与国际比较

将《人权》杂志 11 年来发表的有关人权教育和国际交流的研究、国内和国际研讨会、国内调研和国际访谈、国内人权培训和知识普及与国际来访与出访、国际人权交锋等五个方面的文献进行比较，可以看到人权的国内传播与国际传播的基本状况（见图 5—6）。

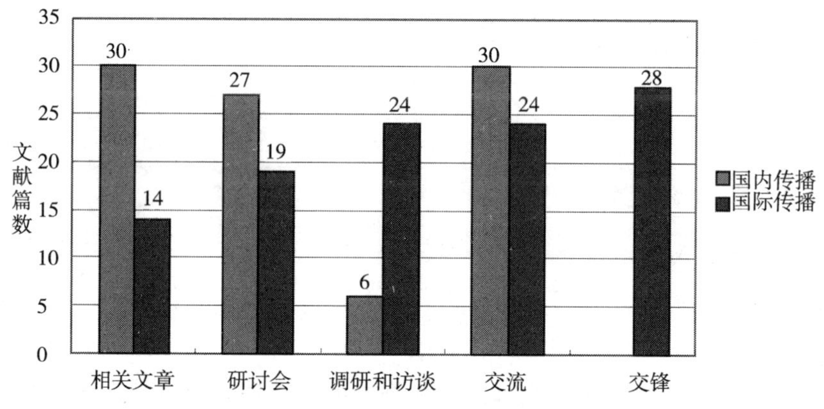


**图 5—6　中国特色人权理念的国内和国际传播比较**

资料来源：作者根据表 5—25 和表 5—26 的数据制作。

首先，有关国内人权教育的研究文章数量远远超过有关国际人权交流与合作的研究文章数量。结合表 5—25 和表 5—26 提供的数据，有关国内人权教育的文章自 2002 年以来每年都有，少则 1 篇，多则 7 篇；而有关国际人权交流与合作的研究文章数量却是从 2007 年才开始出现的。

其次，有关国内人权研讨会的报道多于有关国际人权研讨会的报道。而有关国内调研的报道却大大少于有关国外人士访谈的报道。需要说明的是，《人权》杂志所发表的有关国内人权改善状况的报道并没有统计进来。

再次，有关国内人权培训与知识普及的报道多于有关国际来访和出访的报道。结合表 5—25 和表 5—26 的数据可以看到，有关国内人权培训和知识普及的报道几乎每年都有，而有关国际来访和出访的报道主要集中在 2003—2008 年间。

最后，在中国特色人权理念的国际传播中的一个重要方面，是与恶意攻击中国人权状况的其他国家进行交锋，有关这方面的文献几乎年年都有。但在人权的国内传播方面基本没有涉及各种争论的报道。

从以上分析可以得出这样的结论：尽管中国特色人权理念的传播面临尖锐的国际挑战，但其国内交流与国际交流大体是平衡的，并且更多地偏重于国内的人权研究、教育、培训和知识普及。

## 三　结论

从对《人权》杂志 12 年来发表的文献所作的分析，得出以下结论：

第一，对中国人权发展历史背景的研究文章数量、对各项具体人权的研究文章数量和对中国特色人权理念的研究文章数量先后有序地进入自己的峰值区。这在一定程度上反映了中国人权研究的历史进程和逻辑结构：它起始于对中国人权发展的背景研究，继之而起的是对各项人权的具体研究，在此基础上才形成了对中国特色人权理念的研究热潮。

第二，在对中国人权发展背景的五个方面的研究中，对国外情况的介绍、对治党治国理念中人权意蕴的解析和对现实案例的分析这三个方面在中国特色人权理念的形成中发挥着最为主要的作用。

第三，从涉及各项权利的文章数量排序来看，经济、社会和文化权利与公民权利和政治权利大体受到了同等的关注。从单个权利来看，对公正审判权的关注高居榜首，其后是工作权利、基本生活水准权利、健康权利、社会保障权利和宗教自由权利。

第四，从涉及各类权利主体的文章来看，中国各类特定群体的权利都受到不同程度的关注。对被羁押者权利的关注高居榜首，其后是妇女、未成年人、少数民族、农民工、残疾人和艾滋病感染者和患者的权利。对老年人和刑事犯罪受害者权利的关注程度相对较低。

第五，有关中国特色人权理念的研究文章总量呈现逐波上升的趋势。其中，对中国人权发展历史、中国人权发展理论和中国人权发展道路的研究文章数量在 2008 年、2011 年和 2012 年达到自己的峰值。从变化曲线来看，研究中国人权发展道路和发展理论的文章数量呈现平稳走高的形态，而研究中国人权发展历史的文章数量呈现平稳震荡的形态，并在 2010 年后逐波走低。这在一定程度上反映出对中国特色人权理论和道路的关注日益上升。

第六，在中国特色人权理念的传播方面，国内交流与国际交流大体是平衡的，并且更多地偏重于国内的人权研究、教育、培训和知识普及。但中国在国际传播方面面临着尖锐的挑战。

## 第五节 人权著作的统计分析

进入 21 世纪以来，中国人权事业进入了全面、快速、稳定发展的轨道，取得了令世人瞩目的成绩。与此相呼应，中国的人权研究者也从不同学科角度对不同的权利作出了很多富有学术价值和社会价值的研究，为中国的人权事业发展作出了突出的智识贡献。为了及时总结学术界对人权研究的动态，全面掌握学术界对人权研究的现状和趋势，挖掘既有研究的不足，探究未来应着重加强的方向，本节对 2003—2013 年间的人权著作进行了全面收集，对其研究主题、研究方法、侧重学科、出版资助等信息进行了分析和归纳。①

要能够准确全面地了解和分析人权著作的情况，第一步就是要获得全面的人权著作信息。在进行样本选择时，笔者将选择对象范围限制在从社会科学角度进行的以人权为核心主题的研究类著作。2013 年 11 月 1 日—15 日，笔者从国家图书馆网站“馆藏目录检索”中分别以“人权”“权利”为“正题名”进行搜索②。由于人权是一个具有非常大的包容性的范

---

① 本节内容和资料参见许尧：《2003—2013 年中国大陆出版的人权著作分析报告》，李君如主编：《中国人权事业发展报告（2014 年）》，社科文献出版社 2014 年版。该文是本课题研究的阶段性成果。

② 以“人权”“权利”为“正题名”进行搜索，可能无法将一些是人权研究内容但题目中不含“人权”或“权利”的相关著作包含在内。由于与人权相关的著作数量极其庞大，也由于有些书可能并没有在国家图书馆收藏或者被收藏了但尚未被制作为可以通过电子搜索的条目，所以，本项研究难以保证研究样本的全面性，这是本项研究的一项缺憾。

畴，为了能够集中分析出人权研究核心文献的情况，以下几种情况未包括在分析对象之内：（1）不属于研究类的著作，如国内外的政府文件或联合国相关文件，比如《人权白皮书》《人权行动计划》《美国人权纪录》等。（2）不属于社会科学类的著作，在此，社会科学包括法学、政治学、管理学、社会学、历史学、经济学、哲学等，那些不是针对社会问题或研究旨趣和研究方法明显不同于社会科学研究的著作被排除在外，比如关于人权保障的文学故事、艺术作品等。（3）由于人权极其广泛的内涵，很多著作与人权相关，本节主要选取的是以人权作为核心主题的著作，这就意味着与人权有一定相关性，但不是以人权为核心主题的著作不在本节研究的范围，比如《马克思的“正义”解读》与人权有一定相关性，但不是以人权探讨为核心主题；比如，人格权与人权有一部分交叉，但多数人格权著作是从民法角度进行研究的，就不包括在统计范围之内；还比如《被追诉人取证权研究》也与人权保障有一定相关性，但距离较远，不包括在研究分析范围内。相反，与人权具有紧密联系，或者是从人权视角来研究的著作就包含在研究分析的对象范围之内，比如《侦查程序与人权保障：中国侦查程序的改革和完善》，重点讨论侦查程序与人权保障的关系，就属于本文所要讨论的范围。（4）由于收集资料的途径有限，所能搜集到的香港、澳门、台湾的著作只是极少数，无法有效反映港澳台的研究现状，所以，港澳台出版的人权著作也没有包含在分析讨论的范围内，所以，本文中的人权著作主要是指在中国大陆出版的人权著作。（5）其他文字的人权著作未被列入统计范围，国内出版的著作中，有些著作同时具有中、英文版本，尚未发现只有英文版本而没有中文版本的，这种情况下，只统计其中文版本。（6）由外国学者撰写，而后翻译为中文的著作，由于不是本土的研究，不包括在统计范围之内。

经过上述的甄别和筛选，统计时间区间内共有符合条件的人权著作487本，本节也将以此487本著作来作为统计分析的对象。

## 一 研究主题分析

按研究主题不同来分类，这些著作大致可以分为七类，分别为：公民权利与政治权利研究、经社文权利研究、特定群体权利研究、人权教育研究、人权机构研究、人权教科书或教辅书研究、综合权利研究。综合权利研究主要是指那些没有具体确定研究哪类权利，将人权视为整体来进行的研究，或者是涉及到很多具体权利，无法归为其中一类权利的研究。

按上述标准进行分类，在487册所分析著作中：以公民权利与政治权利作为研究主题的97册，占总体的19.9%；以经济、社会和文化权利作为研究主题的36册，占总体的7.4%；以特定群体权利为研究主题的88册，占总体的18.1%；以人权机构为研究主题的3册，占总体的0.6%；以人权教育为研究主题的10册，占总体的2.1%；人权教科书或教辅书为研究主题的13册，占总体的2.7%；以综合权利为研究主题的240册，占总体的49.3%。

这种分布情况说明：（1）国内过去10来年的研究多数并没有集中在某个特定的权利上，近一半研究是在较为宽泛地讨论人权的理论、问题与实践，这也说明，国内学术界侧重于人权一般层面的讨论。（2）尽管中国在实践中对经济、社会和文化权利高度重视，因为它们与人的生存权和发展权具有更紧密的相关性，但学术界对经社文权利的研究严重不足，平均约13.5册著作中才有1册是研究经社文权利的，这与政策上的高度重视形成了较明显的反差。（3）对公民权利与政治权利、特定群体权利的研究在研究总数的比例中均接近五分之一，是一个相对适当的比例，对特定群体权利的研究多数基于现实推进的需要，带有问题导向性，对公民权利与政治权利的研究则多数与现有法律、法规的制定、解释、修改具有一定联系。接近五分之一的研究著作着眼于公民权利与政治权利，说明，尽管中国在政策实践中更倾向于优先提高国民经社文权利的保障水平，但在学术研究中，对公民权利与政治权利的研究并没有被忽视，相对于经社文权利，公民权利与政治权利的研究处于更活跃的状态。

如果对每年出版的不同权利的著作进行具体统计，则见表5—27。

**表5—27　　2003—2013年侧重于不同权利著作的数量统计**

| 年度 | 公民权利与政治权利 | 经济、社会和文化权利 | 特定群体权利 | 人权机构 | 人权教育 | 人权教科书或教辅书 | 综合权利 | 总计 |
|---|---|---|---|---|---|---|---|---|
| 2003 | 7 | 1 | 1 | 0 | 0 | 1 | 30 | 40 |
| 2004 | 8 | 1 | 10 | 0 | 0 | 2 | 17 | 38 |

续表

| 年度 | 公民权利与政治权利 | 经济、社会和文化权利 | 特定群体权利 | 人权机构 | 人权教育 | 人权教科书或教辅书 | 综合权利 | 总计 |
|---|---|---|---|---|---|---|---|---|
| 2005 | 8 | 1 | 7 | 0 | 1 | 2 | 15 | 34 |
| 2006 | 8 | 3 | 7 | 0 | 0 | 0 | 16 | 34 |
| 2007 | 15 | 3 | 4 | 0 | 0 | 1 | 28 | 51 |
| 2008 | 12 | 4 | 10 | 0 | 0 | 2 | 23 | 51 |
| 2009 | 14 | 4 | 15 | 0 | 2 | 0 | 18 | 53 |
| 2010 | 8 | 2 | 9 | 1 | 4 | 1 | 20 | 45 |
| 2011 | 5 | 7 | 11 | 2 | 0 | 1 | 20 | 46 |
| 2012 | 9 | 6 | 12 | 0 | 2 | 2 | 39 | 70 |
| 2013 | 3 | 4 | 2 | 0 | 1 | 1 | 14 | 25 |
| 总计 | 97 | 36 | 88 | 3 | 10 | 13 | 240 | 487 |

这种数量发展趋势可以见图5—1。总体而言，发展趋势具有如下三个特点：（1）每个年度的人权研究类著作总量在总体稳定的情况下略有增长，尤其到2012年，增长较为显著，由于统计数据时，2013年的数据还不完全，所以，该年度的总数不能全面反映实际情况。（2）侧重于不同权利的著作随着时间的推进，没有表现出明显的量上的规律性，几乎在每个年度，都是综合权利类研究最多，多数年份处于1/2上下，公民权利与政治权利、特定群体权利研究数量均近似，经济、社会和文化类权利研究相对较少。（3）人权研究者的规模和著作类成果数量相对稳定，在过去十来年中没有出现剧烈的增减，研究者的研究兴趣分布（见图5—7）较为稳定，多侧重于从整体的视野对人权作综合的理论分析或问题讨论，对具体的权利的研究相对不够活跃。

## 二 学科视角分析

对所统计著作的学科进行分析是一件比较困难的工作，原因在于由于人权的跨学科性，不同学科之间交融的现象非常明显。但如果不对著作进行学科分布的统计，就无法对人权研究者的学科分布有个大概的了解。为

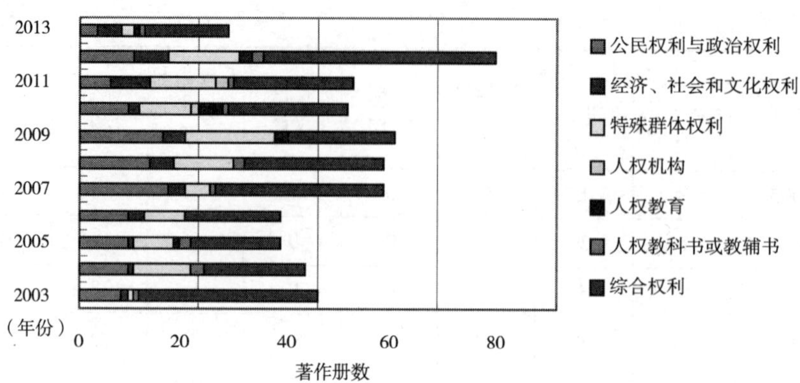


**图 5—7　2003—2013 年侧重于不同研究主题的著作数量分布图**

了尽可能清晰地分析出人权著作所侧重的学科视角，笔者在统计分析时，采用了以下归类的基本原则和标准：（1）首先以著作的名称和研究内容来确定所偏重的学科，多数法学的著作能够在著作名称或研究框架上就能够进行较为明显的识别，但其他学科，如政治学、哲学、公共管理学、国际关系学、社会学等则存在一定程度的区分困难。（2）如无法根据著作的名称和研究内容来区分著作所侧重的学科视角，则通过查询作者所在的具体学术单位和学科背景，综合该著作的图书上架建议、研究方法、出版社等信息加以确定。如果该著作是多名来自不同学科的人参与撰写的，从研究内容上来看，也没有明显的学科偏重，则归为跨学科研究。（3）秉承归类学科数目尽可能少的原则，即如果该著作能归属为一个学科，则不将其列为跨学科，如果是跨学科著作，也尽可能减少在统计时所跨学科的数量。因为很多著作不仅用了本学科的知识和研究方法，也用了其他学科的知识和研究方法，如果涉及到学科就加以统计，就会使研究变得凌乱，不易理清条理。

依据上述归类方法，则在所统计的 487 册研究著作中：（1）从法学学科角度进行的研究最多，为 337 册，占总体著作的 69.2%，超过了总数的 2/3，可见，在人权研究领域，法学研究者的活跃程度要远远高于其他学科，其细化的研究领域包括法理学、刑法、国际法、经济法等。（2）从政治学、哲学、社会学、国际关系等学科角度的人权研究已具有一定规模，但总量不大。（3）总体来看，人权研究已经出现多学科并存、多学科交叉的特点，但从目前来看，从非法学的学科角度进行的研究还较为分散。学科视角的具体分布情况见表5—28。

表5—28 2003—2013年人权研究著作的学科视角分布情况

| 排序 | 学科角度 | 册数及占总体的比率 | 人权研究的具体角度举例 |
|---|---|---|---|
| 1 | 法学 | 337（69.2%） | 基础理论、具体权利研究、人权公约等 |
| 2 | 跨学科 | 75（15.4%） | 各种论文集、人权纪录或报告等 |
| 3 | 政治学 | 29（6.0%） | 宪政、民主、主权、和谐社会构建等 |
| 4 | 哲学 | 15（3.1%） | 伦理、自由、马列、儒家等 |
| 5 | 社会学 | 8（1.6%） | 社会阶层、社会保障、社会融入等 |
| 6 | 国际关系 | 7（1.4%） | 人权与主权、人道主义干预、人权外交等 |
| 7 | 教育学 | 4（0.8%） | 教育权利保障等 |
| 8 | 民族学 | 4（0.8%） | 民族政策、语言文化保护等角度 |
| 9 | 历史学 | 3（0.6%） | 世界史角度进行人权介绍或回顾 |
| 10 | 公共管理 | 2（0.4%） | 危机、突发事件与人权等 |
| 11 | 新闻学 | 1（0.2%） | 新闻传播、新闻报道的角度 |
| 12 | 宗教学 | 1（0.2%） | 伊斯兰教人权思潮与现状 |
| 13 | 体育学 | 1（0.2%） | 体育权利保障 |

如果对跨学科的75册著作进行细化统计，则见表5—29。

表5—29 2003—2013年跨学科人权研究著作中相关学科出现的频率表

| 排序 | 学科 | 册数 | 占75册的比率（%） |
|---|---|---|---|
| 1 | 法学 | 62 | 82.7 |
| 2 | 政治学 | 55 | 73.3 |
| 3 | 公共管理 | 30 | 40.0 |
| 4 | 社会学 | 25 | 33.3 |
| 5 | 哲学 | 18 | 24.0 |
| 6 | 历史学 | 6 | 8.0 |
| 7 | 经济学 | 6 | 8.0 |

续表

| 排序 | 学科 | 册数 | 占 75 册的比率（%） |
|---|---|---|---|
| 8 | 医学 | 4 | 5.3 |
| 9 | 国际关系 | 4 | 5.3 |
| 10 | 生物、生态学 | 4 | 5.3 |
| 11 | 教育学 | 3 | 4.0 |

从表 5—29 可以看出：（1）法学在跨学科著作中是最为常见的一种学科视角，政治学的视角在跨学科人权著作中也被经常采用，法学和政治学在 75 本著作中超过了七成的著作都明显采用了这两个学科的视角去研究和分析，同时，这两个学科视角与其他学科视角具有较强的相容性，经常性地与其他学科交叉，对人权问题进行跨学科的研究。（2）在跨学科人权著作中，有近 3/5 的样本采用了公共管理的学科视角，有 1/3 的样本采用了社会学的学科视角，这表明，专门从公共管理视角出发的人权研究较少，但在跨学科的人权研究中，涉及公共政策制定与执行的公共管理已经成为一个重要的学科视角。（3）在跨学科的人权研究中出现了一些偏理工类的学科，比如生物学、生态学、医学等，在这些学科中，几乎无法在任一学科内单独对人权进行深入研究，但这些学科与其他社会科学结合，却能出现非常好的对人权的研究视角和研究成果，这也表明了人权问题涉及学科的广泛性，以及开展多元学科交叉研究的必要性。

### 三　学术影响力分析

2013 年 11 月 16 日—20 日，在中国社会科学引文索引网（CSSCI）逐条查询了每一本著作的引用率，将每一本列入统计范围的著作作为“被引文献”输入，查出每册著作的被引次数，本次统计未区分自引与他引。由于 CSSCI 网统计的范围有限，所以，查出的被引次数限于该著作被 CSSCI 期刊论文引用的次数。有些著作在 2003 年之前也曾出版过，2003—2013 年的版本只是原有著作的再版，在统计次数时，2003 年之前被引的次数也被统计在内。

按照上述办法搜索统计后，著作引用率超过 10 次的著作如表 5—30 所示。

表 5—30　　2003—2013 年引用率较高的人权著作

| 排序 | 著作名称 | 作者 | 出版社、出版时间 | 引用（次） |
|---|---|---|---|---|
| 1 | 人权概念起源：权利的历史哲学 | 夏勇 | 中国社会科学出版社（2007） | 268 |
| 2 | 走向权利的时代：中国公民权利发展研究 | 夏勇 | 社会科学文献出版社（2007） | 123 |
| 3 | 人权法学 | 李步云 | 高等教育出版社（2005） | 42 |
| 4 | 国际人权法 | 徐显明 | 法律出版社（2004） | 34 |
| 5 | 人权法：《公民权利和政治权利国际公约》研究 | 杨宇冠 | 中国人民公安大学出版社（2003） | 26 |
| 6 | 人权与法治 | 齐延平 | 山东人民出版社（2003） | 25 |
| 7 | 侵犯公民人身权利罪 | 肖中华 | 中国人民公安大学出版社（2003） | 24 |
| 8 | 宪法基本权利新论 | 杨海坤 | 北京大学出版社（2004） | 22 |
| 9 | 宪法学：关于人权保障与权力控制的学说 | 肖泽晟 | 科学出版社（2003） | 21 |
| 10 | 刑事辩护制度的实证考察 | 陈瑞华 | 北京大学出版社（2005） | 18 |
| 11 | 论平等权的宪法保护 | 朱应平 | 北京大学出版社（2004） | 16 |
| 12 | 人权法学 | 杨成铭 | 中国方正出版社（2004） | 14 |
| 13 | 基本人权保护与法律实践 | 关今华 | 厦门大学出版社（2003） | 13 |
| 14 | 人权教育手册 | 人的安全网络组织撰写 | 三联书店（2005） | 13 |
| 15 | 中国国际人权公约集 | 胡志强 | 中国对外翻译出版公司（2004） | 13 |
| 16 | 国际人权法专论 | 张爱宁 | 法律出版社（2006） | 12 |
| 17 | 欧洲人权法律保护机制研究 | 朱晓青 | 法律出版社（2003） | 12 |

续表

| 排序 | 著作名称 | 作者 | 出版社、出版时间 | 引用（次） |
|---|---|---|---|---|
| 18 | 权利确认与民法机理 | 眭鸿明 | 法律出版社（2003） | 12 |
| 19 | 国际人权公约与中国 | 莫纪宏 | 世界知识产权出版社（2005） | 11 |
| 20 | 农民权利论 | 张英洪 | 中国经济出版社（2007） | 11 |
| 21 | 人权伦理学 | 甘绍平 | 中国发展出版社（2009） | 11 |
| 22 | 弱者的权利：社会弱势群体保护法理研究 | 余少祥 | 社会科学文献出版社（2008） | 11 |

通过对人权著作的引用率查询，可以看出：人权研究著作的整体引用次数不高。在所统计的 487 册著作中有超过半数的著作没有任何引用记录。这表明，国内对人权的研究水平还亟待提高，尤其是高质量的研究著作还很匮乏。从客观条件上看，国内缺乏以人权为主题的 CSSCI 期刊，只有《人权研究》为 CSSCI 期刊，这在一定程度上限制了人权研究成果的发表、传播和引用。

### 四　出版及其资助情况分析

在所统计的 487 本著作中，是由国内近 120 家出版社出版的，其中，出版册数超过 10 册（不含 10 册）的出版社有 12 家（见表 5—31）。

表 5—31　　2003—2013 年出版人权著作较多的出版社及其出版著作 CSSCI 引用情况

| 排序 | 出版社 | 出版著作数 | 出版数占总体著作比率（%） | CSSCI 引用总数 | 册均 CSSCI 引用数 |
|---|---|---|---|---|---|
| 1 | 法律出版社 | 66 | 13.6 | 116 | 1.8 |
| 2 | 社会科学文献出版社 | 29 | 6.0 | 169 | 5.8 |
| 3 | 中国社会科学出版社 | 28 | 5.7 | 320 | 11.4 |

续表

| 排序 | 出版社 | 出版著作数 | 出版数占总体著作比率（%） | CSSCI 引用总数 | 册均 CSSCI 引用数 |
|---|---|---|---|---|---|
| 4 | 中国人民公安大学出版社 | 23 | 4.7 | 71 | 3.1 |
| 5 | 北京大学出版社 | 22 | 4.5 | 67 | 3.0 |
| 6 | 山东人民出版社 | 19 | 3.9 | 61 | 3.2 |
| 7 | 中国检察出版社 | 17 | 3.5 | 12 | 0.7 |
| 8 | 中国法制出版社 | 15 | 3.1 | 21 | 1.4 |
| 9 | 中国政法大学出版社 | 12 | 2.5 | 20 | 1.7 |
| 10 | 五洲传播出版社 | 12 | 2.5 | 1 | 0.1 |
| 11 | 知识产权出版社 | 11 | 2.3 | 11 | 1.0 |
| 12 | 人民出版社 | 11 | 2.3 | 13 | 1.2 |

从表 5—31 可以看出，在 2003—2013 年出版人权著作较多的出版社中：(1) 法律出版社的出版著作数量以绝对优势领先于其他出版社，比排在第二、第三名的出版社的总和还要多，这与人权著作多数以法学视角来进行研究有紧密的联系。(2) 中国社会科学出版社出版的人权著作在 CSSCI 期刊引用率上具有比较突出的优势，为唯一一个册均引用率超过 10 次的出版社，这也表明该出版社出版的人权著作在影响力上具有显著优势。(3) 从综合出版量和平均单册的 CSSCI 引用次数来看，法律出版社、中国社会科学出版社、社会科学文献出版社、北京大学出版社、中国人民公安大学出版社、山东人民出版社在人权著作出版发行中做出了比较突出的贡献，在人权学术界具有较强的社会影响力。(4) 在上述出版社中，有侧重于某一专业领域的出版社，有大学出版社，也有比较综合的出版社，不同类型的出版社在出版人权著作方面，没有显著的差异性。

为了对 2003—2013 年人权著作的立项及资助情况进行总体概论性的描述，本文统计了 487 本专著的出版资助情况，这些信息来源主要是来自于国家图书馆网站“馆藏目录检索”中具体单册书中的“一般附注”项，本文只统计了明确注明是“××项目”或“受××资助”的情况，标注各种项目的著作视为受到了该项目设立方的资助。由于各种学术文库、丛书等无法确定其立项与出版资助的具体关系，未被统计在内。

按照上述标准进行统计分析，则见表5—32。

表5—32　　2003—2013年人权著作出版资助情况表

| 资助主体 | 项目类型 | 具体资助主体或形式举例 | 册数 | 占资助册数（126）比重（%） | 占总体著作（487）比重（%） |
|---|---|---|---|---|---|
| 国家及部委层面的资助项目 | 国家出版规划项目 | 重点图书出版规划、出版基金项目等 | 21 | 16.7 | 4.3 |
| | 国家社科规划项目 | 重点、一般、青年、后期等 | 17 | 13.5 | 3.5 |
| | 教育部项目 | 规划项目、基地项目、新世纪人才项目、优博项目等 | 18 | 14.3 | 3.7 |
| | 其他部委项目 | 司法部项目、国家民委项目、国家教委项目等 | 7 | 5.6 | 1.4 |
| 地层面的资助项目 | 省级支持项目 | 省级社科规划项目、省社科联项目、省人文社科重点基地项目、省级人才计划等 | 26 | 20.6 | 5.3 |
| | 城市资助项目 | 上海、大连等城市资助项目 | 3 | 2.4 | 0.6 |
| | 省内厅局项目 | 教育厅等支持项目 | 2 | 1.6 | 0.4 |
| 高校资助项目 | 高校内部项目 | “985”项目、“211”项目、人才引进项目、基本业务经费等 | 46 | 36.5 | 9.4 |
| 国际资助项目 | 国际资助项目 | 福特基金会、瑞典国际发展合作署、英国大使馆文化教育处等 | 12 | 9.5 | 2.5 |
| 国内NGO资助项目 | 国内NGO资助项目 | 中国人权发展基金会、中国公法基金会 | 10 | 7.9 | 2.1 |

以上述标准进行统计分析，结果表明：（1）该487册著作中，明确注明受到某类项目支持或出版资助的共有126册，占人权著作总数的25.9%，这表明1/4强的著作受到了不同资助项目（主体）的资助。考虑到有些著作也受到了不同资助主体或项目的支持，但未必标明资助情况，比如各类丛书、文丛等，所以，在现实中，受到资助的比例应当会大于这个数字。（2）在标明受资助著作中，126册著作共受到158个项目或

资助主体的资助，其中，有一些著作是受到 2 个或 3 个项目的资助。(3) 如果以资助著作册数作为排序的标准，则资助人权著作由多到少的顺序为：高校内部项目、省级支持项目、国家出版规划项目、教育部项目、国家社科规划项目、国际资助项目、国内 NGO 资助项目、其他部委项目（不包括教育部）、城市资助项目、省内厅局项目。可见，人权著作的出版得到校内项目资源相对更多一些，省级支持项目和国家出版规划项目也较多，国家社科项目和教育部项目则处于中等水平，国际资助人权著作较活跃。

## 五　研究路径分析

科学研究的进步和研究领域的成熟离不开有效的研究方法，人权研究作为涉及众多学科领域、众多社会问题并关涉人类发展和每个人生活幸福程度的重要领域，也应当能够综合利用恰当的研究方法。由于研究方法的多元性，很难对 487 本著作的研究方法做出量化的表述，本文尝试对人权著作中研究方法的种类和主要情况作一个大概的介绍。在所统计人权著作中，常用的研究路径见表 5—33。

**表 5—33　　2003—2013 年人权著作常用研究方法列举**

| 研究路径 | 常运用学科 | 研究焦点 | 著作举例 |
|---|---|---|---|
| 法律分析 | 法学 | 解释法律条文、公约规定的含义及如何运用 | 《〈公民权利和政治权利国际公约〉与我国刑事诉讼》（陈光中） |
| 案例研究 | 法学、政治学 | 通过对案件、判例的具体呈现与分析，探究其背后的意义 | 《人权案例选编》（李步云 孙世彦） |
| 比较研究 | 法学、政治学、公共管理学 | 比较两种或多种文化、制度、传统、案件等的不同，发现其中的理论意义 | 《中瑞刑事法中人权保护比较研究》（罗昌平） |
| 事实记录 | 跨学科 | 对所发生的事件、政策法律的变化做出简要描述与分析 | 《中国人权在行动》（中国人权研究会）系列丛书 |
| 文献汇编与分析 | 政治学、法学 | 对相关经典条约、文本等进行分类汇编或分析 | 《人权大宪章》（董云虎） |

续表

| 研究路径 | 常运用学科 | 研究焦点 | 著作举例 |
| --- | --- | --- | --- |
| 实证调查 | 社会学、政治学、公共管理学 | 通过系统搜集某一方面的数据和案例，对此进行数据分析 | 《民权与民生：中国农民权益实证调查》（项继权） |
| 历史回顾 | 历史学 | 通过对历史的追溯与分析，阐明某种趋势或联系 | 《“世界公民”之路：论德国公民权利发展的历史主线》（赵进中） |
| 知识介绍 | 跨学科 | 系统介绍某种知识、技巧、文化，旨在知识普及 | 《权利与尊严：妇女自我保护40招》（刘晨） |
| 政策评论 | 政治学、公共管理 | 针对时下的政局、政策、环境进行分析论述，旨在聚焦问题、分析出路 | 《人权论集》（胡适等） |
| 叙事传记 | 文学 | 通过深入、细致、情境化地呈现个体经历，从相关理论来解释或进行理论创新 | “一个乡下人在城里的人权际遇”（黎尔平）载《我们时代的人权》（张万洪） |
| 民族志 | 人类学、法学 | 通过长时间的田野观察，整体描述一个社会文化群体、系统或某类事件 | “法律赋能的困境与出路”载《我们时代的人权》（张万洪） |
| 理论分析 | 跨学科 | 通过对现象或问题进行理论逻辑的分析，得出某种结论 | 《人权论证范式的变革——从主体性到关系性》（严海良） |

对2003—2013年的人权著作进行分析，可以发现以下三个特点：（1）研究方法具有多样化的特点，常见的社会科学的研究方法，人权著作中多数都有涉及；（2）研究方法的采用与学科具有比较显著的相关性，比如法学类的研究著作更频繁地采用了法律分析、案例分析的研究方法，社会学的著作则多涉及到实证调查方法的采用和数据的分析；（3）总体而言，人权著作对实证的研究方法的采用还比较少，尤其是法学类的著作很少采用实证性的研究方法。

## 六　总结

通过对2003—2013年间中国大陆出版的487册人权著作的分析，我们可以发现以下六个比较显著的特点。

第一，从对人权研究著作的总量趋势上来看，以人权为核心主题的著作数量总体上保持稳定，并略有增长。这也在一定程度上表明，人权研究者的队伍和总体产出率没有太大的变化。随着国家对人权事业重视程度的增加，以及连续颁布国家人权行动计划作为治国理政的重要指导，又在国家人权行动计划中明确要加强国家人权教育与培训基地建设，相信人权研究者的队伍会在未来一段时期有较为明显的扩大，也会出现更多以人权为主题的研究成果。但受到以往研究基础、历史传统等多方面的局限，在短时间内，不大可能会出现迅速的提升，人权的研究还可能会继续保持稳中有升的发展态势。

第二，从对不同权利的研究上来看，既有研究更倾向于将人权作为一个整体的范畴来进行理论探索和实践探究，对具体权利的研究相对不足，尤其是对经社文权利的研究十分不足，其中的原因可能不在于学术界对于经济、社会和文化研究的不足，而更可能是相关研究很少从人权的角度来加以深入探析。

第三，从不同学科视角的分布上来看，法学的研究最为活跃，也较为成熟。法学是将人权相关研究系统化、具体化并形成本硕博教学研究链条的学科，比如，在所统计著作中的12册人权类教材或教学辅助材料均为法学类，也主要是针对法学院学生学习或教师教学使用。除法学外，人权研究相对活跃的学科还包括政治学、哲学、社会学、公共管理学等。从整体研究著作来看，已经形成多学科交叉研究的基本取向，但法学之外的其他学科还较为零散。

第四，从对研究路径的选择上来看，社会科学研究的基本方法在人权相关研究中多数都有比较明显的使用，研究路径的选择和学科具有较强的关联度。从总体上来看，对人权问题的研究，定性的方法、规范的方法运用较多，定量的方法、实证的方法相对较少，这在一定程度上会影响人权研究成熟度的进一步提升，尤其是影响对具体人权问题的深入分析和对策探讨。

第五，从人权著作的出版上来看，出版社的构成比较多样化，其中法律出版社出版的人权著作最多，中国社会科学出版社出版的人权著作单册引用率最高。

第六，从人权著作受资助的情况上来看，资助主体具有多元化的特点，其中，高校内部资助的册数是最多的，很多著作都受到了高校“985”经费、“211”经费的资助，相对而言，国家社科项目和教育部项目的资助从著作数量上看并不突出，这也表明，在国家社科项目和教育部项目的评审立项中，以人权为主题的选题还缺乏足够的重视。

鉴于上述特点，我们在日后的人权研究中，应当着重加强以下五个方面：

第一，进一步加强对不同权利的细化研究。尤其是在中国现代化过程中具有显著现实意义的具体权利，应当着重加强研究。比如，我们一贯强调经社文权利的重要性，但对其深入的研究却不多；随着老龄化社会的来临，老年人权利的保障将成为社会的难点问题；农民工及农民工子女权利的保障，是中国城市化过程中必须需要解决的重大问题；环境权的保障也已经成为很多地方矛盾的聚焦点，这还将继续影响中国未来的发展方向；网络的迅速发展对公民知情权、隐私权的保障也带来前所未有的机遇和挑战；等等。这些方面都需要人权研究者从人权保障的视角进行深入的分析和研究。

第二，进一步促进人权研究的多学科化交叉研究。人权是一个具有很强综合性、政策性的研究领域，需要多学科的交叉透视，才可能实现对人权问题的较为通透的分析和认知。应当进一步加强政治学、哲学、法学等学科从思辨层面对人权问题的认识，加强社会学、公共管理学等学科对具体人权问题、人权政策的深入剖析，加强国际关系学、历史学等学科对人权外交的纵深认知，加强环境科学、生命科学等与法学、政治学、公共管理学等学科针对人权问题或人权政策的交叉研究，最终形成一个以人权问题为聚焦点的多学科交叉，多学科共融，共同促进的研究体系，促进对人权问题的深入系统认知。

第三，进一步推进人权研究方法的讨论，尝试用不同的研究方法来深入地研究现存的人权现象和公共问题，逐渐形成比较成熟的、有效的研究人权问题的系列方法，提高人权研究中实证化研究的程度，从而为人权知识的积累和人权政策建议的科学化提供更好的技术支持。

第四，进一步加强人权研究成果发表、传播的平台建设，人权著作的引用率较低与国内缺乏人权研究成果的发表平台和渠道有密切关系。国内集中于人权研究的专业期刊非常少，其中，只有山东大学人权研究中心主办的《人权研究》为 CSSCI 期刊，每年出版一本，文章容量非常有限，其他有限的杂志都不是 CSSCI 期刊。这种困境导致了两个方面的严重后果，一方面，多数研究者，尤其是地方院校的研究者，只能将人权研究当作一种兴趣，而无法作为主攻方向，因为，这种成果难以发表的现状可能不足以使其达到职称评定、科研量评估等要求；另一方面，由于缺乏必要的成果发表平台和渠道，严重限制了人权研究者之间的学术交流，这也就为人权研究的学术成熟度形成了严重的制约。所以，要加强人权学术杂志的拓展工作，为人权研究成果的发表提供更多元的平台和更顺畅的渠道。

第五，进一步加强对人权研究的资助力度，尤其是应当加强国家社会科学规划项目、教育部社科规划项目对人权研究的支持，促进人权研究的学术化和主流化；同时，教育部、司法部、外交部、中国人权研究会、中国人权发展基金会等机构应当加大人权项目的立项工作，使人权研究能够得到更多资源的支持。还要慎重对待、积极挖掘国外一些政府部门、科研机构中的经费支持，在保持正确的政治方向的同时，充分利用相关的资源来做一些具体的实事，为促进中国人权的研究和人权事业的进展做出新贡献。

# 第二编　中国特色的人权法治保障

# 第六章　中国人权法治保障体系的构成和特点

作为制度的人权，是指人权从法定到事实的一整套转换与保障的机制。制度的人权既包含中国学者所划分的“法定的人权”形态，又包括其划分的“实有的人权”形态，它是两种形态的人权在制度状态下的有机整合。①

人权的制度保障大致有以下五种：其一是人权宣告制度，通过权利的宣告来明晰公私权利的相互界限；其二是公权力制衡机制，通过公权力的相互制衡以防止公权力对私权利的侵害；其三是人权障碍的排除机制，国家采取积极的措施以排除人权实现的障碍，为人权的保护提供条件；其四是人权的司法救济机制，当人权受到侵害时及时通过司法救济途径恢复正义与秩序；其五是人权的国际保护。这是“二战”结束后人权保障的新机制。中国的人权保障制度可以从这五个方面来加以研究。第一，是对于人权的宣示性保护，明确权利范围。宣示性保护多通过纲领性条款进行铺垫，体现政治态度和政治伦理，将“尊重和保障人权”的理念法律化。第二，对具体权利的具体规定，从而真正落实对人权的保护。中国建立了以宪法为根本依托，以民法、刑法、行政法、经济法、诉讼法等法律为具体保证的人权保障体系，既有人权保障条款，又有对生命权、人身权、平等权、政治、经济、文化等权利的具体规定，保证并促进人权保障事业的制度化和法律化。第三，建立对侵犯人权的司法救济，健全和完善刑事、行政和民事诉讼程序保障权利受害人得到及时和公正的救济。第四，明晰政府权力边界，严厉惩治腐败，防止政府官员利用公权力侵犯公民个人的人权。第五，加入国际人权公约，认真履行公约义务，接受联合国人权理

① 徐显明：《人权的体系与分类》，《中国社会科学》2000 年第 6 期，第 99 页。

事会和条约机构的定期人权审议。本编着重分析中国人权的法律保障和司法保障制度。第三编着重分析中国人权保障政策。

## 第一节　中国人权法治保障体系的特点

2011 年 3 月 10 日，在第十一届全国人民代表大会第四次会议上，全国人大常委会委员长吴邦国在《全国人大常委会工作报告》中指出："一个立足中国国情和实际、适应改革开放和社会主义现代化建设需要、集中体现党和人民意志的，以宪法为统帅，以宪法相关法、民法商法等多个法律部门的法律为主干，由法律、行政法规、地方性法规等多个层次的法律规范构成的中国特色社会主义法律体系已经形成。"[①] 这是中国法治进程中的一个伟大成就和重要里程碑，为实现依法治国提供了法律制度上的保证，真正促使了有法可依局面的形成。中国特色社会主义法律体系的形成不仅为我国开展各项建设提供了法律上的保证，同时也极大地促进了我国的人权制度保障，使得我国的人权保障常规化、制度化和法律化。

"中国特色社会主义法律体系"的提法可以追溯到 1997 年，中共十五大明确提出依法治国的方略和建设社会主义法治国家的任务，并提出到 2010 年形成中国特色社会主义法律体系，为中国法治建设指明了方向。之后的中共十六大也提出到 2010 年形成中国特色社会主义法律体系这一宏伟目标。自此经历了"再接再厉，为在九届全国人大任期内初步形成有中国特色社会主义法律体系而继续努力"，[②] "一个目标是争取在本届任期内基本形成中国特色社会主义法律体系"，[③] "由七个法律部门、三个层次法律规范构成的中国特色社会主义法律体系已经基本形成"，[④] "中国特

---

① 吴邦国：《全国人大常委会工作报告（2011）》http：//www. npc. gov. cn/npc/zt/qt/2011zgtsshzyfltx/2011 －03/19/content_ 1729484. htm，最后访问日期：2012 －12 －29。

② 李鹏：《全国人民代表大会常务委员会工作报告（2001 年）》http：//www. npc. gov. cn/wxzl/wxzl/2001 －03/19/content_ 134510. htm，最后访问日期：2012 －12 －29。

③ 吴邦国：《全国人民代表大会常务委员会工作报告（2004 年）》http：//www. npc. gov. cn/wxzl/wxzl/2004 －04/15/content_ 332237. htm 2012 －12 －29。

④ 吴邦国：《全国人民代表大会常务委员会工作报告（2008 年）》http：//www. npc. gov. cn/wxzl/gongbao/2008 －03/18/content_ 1463243. htm，最后访问日期：2012 －12 －29。

色社会主义法律体系已经形成①”到“在完善中国特色社会主义法律体系上迈出新步伐”② 这五个发展和完善阶段。可见，中国特色社会主义法律体系的建立是分步骤、分层次的。它经历了从小到大，从简单到复杂，从粗糙到精细这样一个不断发展和完善过程。已经建成的中国社会主义法律体系，是以宪法为统帅，以法律为主干，以行政法规、地方性法规为重要组成部分，由宪法相关法、民法商法、行政法等多个法律部门组成的有机统一整体。具体包括宪法、法律和行政法规、地方性法规三个层次和宪法及其相关法、民法商法、行政法、经济法、社会法、刑法、诉讼与非诉讼程序法等七个基本法律部门组成。

“中国特色社会主义法律体系”是我国依法治国的重要组成部分，是促使中国人权保障从理论到实践的重要纽带和桥梁，为中国人权保障的具体落实发挥了至关重要的作用。现阶段人权保障最为重要的方法和途径就是以法律为载体，为人权提供切实可行的生存土壤。“中国特色社会主义法律体系”的建成，反映了自新中国成立以来特别是改革开放以来，中国特色社会主义法制建设的艰辛过程，体现了中国对人权的发展和保障，同时也为人权保障提供了物质和精神上的基础。

## 一　中国特色社会主义法治体系的人权保障价值

“中国特色社会主义法律体系”的形成对于人权的法治保障具有重要的意义。“中国社会主义法律体系”的人权保障价值集中体现在，使中国依法保障人权的历史，从 1982 年以来，主要以宪法和其他单行法律、法规和粗具规模的部门法保障阶段，发展到以一个较完整的社会主义法律体系予以保障的新阶段。

第一，将“人权”概念写入《宪法》，促使人权理念深入人心。2004 年 3 月 14 日，第十届全国人民代表大会第二次会议通过的宪法修正案将“国家尊重和保障人权”写入《宪法》，成为修正后的《宪法》第 33 条第三款。《宪法》规定国家尊重和保障人权，体现了社会主义制度的本质要

① 吴邦国：《全国人大常委会工作报告（2011）》http://www.npc.gov.cn/npc/zt/qt/2011zgtsshzyfltx/2011-03/19/content_1729484.htm，最后访问日期：2012-12-29。

② 同上。

求，有利于推进中国社会主义人权事业的发展，也意味着国家价值观的重大变化。

第二，各种实体法将人权内容确认为实体性法律权利，为人权的保障提供了充足的法律依据。宪法规定了公民的基本权利，其他的部门法对这些权利进行进一步的细化、具体化，将人权确认为实体性的法律权利，并对侵犯这些权利的行为规定了具体的法律后果，有利于切实保障人权。

第三，各种程序法的规定，为人权的实现提供了有效的救济机制。诉讼程序法方面，中国有《民事诉讼法》《行政诉讼法》和《刑事诉讼法》三大诉讼法。《民事诉讼法》为公民的民事权利提供了程序上的保障；行政诉讼法通过明确受案范围、管辖等为私权利提供了有效的保障；新修订的刑事诉讼法规定了非法证据排除、侦查阶段的辩护权等，强化了对犯罪嫌疑人和被告人的人权保障。非诉讼程序法方面颁布了《仲裁法》和《调解法》等法律，完善了中国的多元纠纷解决机制，为人权的保障提供了更多有效的途径。

## 二　中国特色社会主义法治体系的人权保障特色

中国特色社会主义法律体系的形成与人权保障的历史进程在方向上具有一致性，在职责上共同携手，在步调上相互协调，可以说中国特色社会主义法律体系的形成史就是一部中国关于人权保障的发展史。中国的人权保障既有人类法律关于人权保障的共性，又有中国特色社会主义社会自身的一些特点。具体而言，中国特色社会主义法律体现对人权的保障具有以下特征。

### （一）主体上的普遍性

人权是人之作为人应当享有的权利，所以人权的主体是普遍的生物学意义上的每一个人。人权主体的普遍性是一个历史的过程，自由主义时期确立的是精英主义的人权观，能够符合他们的“人”的主体特征的只是人类的一部分。19 世纪末，自由主义人权的有限性和特权性更加凸显，并不断受到质疑和挑战。“二战”后的人权立法见证了人权主体的转型，一方面，人权主体从有限的个体扩大到普遍的个人；另一方面，针对特殊主体的单项人权立法也不断增多。

中国特色社会主义法律体系对于人权的保障在主体上具有普遍性。国家的一切公民不分种族、肤色、性别、语言、宗教、政见、国籍、社会出身、财产状况、文化水平等，都享有人权。并且中国《宪法》还注重对特定人的权利保障，《宪法》第50条规定："中华人民共和国保护华侨的正当的权利和利益，保护归侨和侨眷的合法的权利和利益。"《宪法》第48条第一款规定："中华人民共和国妇女在政治的、经济的、文化的、社会的和家庭的生活等各方面享有同男子平等的权利。"第二款规定："国家保护妇女的权利和利益，实行男女同工同酬，培养和选拔妇女干部。"《宪法》第44条还规定："国家依照法律规定实行企业事业组织的职工和国家机关工作人员的退休制度。退休人员的生活受到国家和社会的保障。"《宪法》第45条规定："中华人民共和国公民在年老、疾病或者丧失劳动能力的情况下，有从国家和社会获得物质帮助的权利。国家发展为公民享受这些权利所需要的社会保险、社会救济和医疗卫生事业。国家和社会保障残废军人的生活，抚恤烈士家属，优待军人家属。国家和社会帮助安排盲、聋、哑和其他有残疾的公民的劳动、生活和教育。"①

（二）范围上的广泛性

中国特色社会主义法律体系对于人权的保障具有广泛性，中国宪法全面规定了公民的基本权利和自由，包括生存权、发展权，人身权、财产权和宗教信仰自由、言论出版自由、集会结社自由、游行示威自由以及社会保障权、受教育权等经济、政治、社会、文化权利。在中国宪法中，关于公民的基本权利，采取不同的规范样式，既有直接规定，又有间接规定，还有通过规定国家机关职责对公民权利加以规定。直接规定如《宪法》第34条："中华人民共和国年满十八周岁的公民，不分民族、种族、性别、职业、家庭出身、宗教信仰、教育程度、财产状况、居住期限，都有选举权和被选举权。"第35条："中华人民共和国公民有言论、出版、集会、结社、游行、示威的自由。"间接的规定如《宪法》第37条规定："中华人民共和国公民的人身自由不受侵犯。"第38条规定："中华人民共和国公民的人格尊严不受侵犯。禁止用任何方法对公民进行侮辱、诽谤和诬告陷害。""公民的合法的私有财产不受侵犯。"通过国家机关的职责

① 《中华人民共和国宪法》，2004年，法律图书馆网：http：//www. law - lib. com/law/law_ view. asp？id =82529。

的规定对公民权利的确认如《宪法》第 44 条："国家依照法律规定实行企业事业组织的职工和国家机关工作人员的退休制度。退休人员的生活受到国家和社会的保障。"第 50 条："中华人民共和国保护华侨的正当的权利和利益，保护归侨和侨眷的合法的权利和利益。"第 13 条第二款规定："国家依照法律规定保护公民的私有财产权和继承权。"①

（三）享有上的公平性

享有上的公平性，即平等地享有人权。"平等"在一般意义上与"公平"、"公正"、"正义"等属于同义词，是人们自古以来的良好愿望。平等不仅意味着法律上的平等，近代人权运动的发展给平等赋予了更多的含义，使平等具体表现为机会均等、始点均等、集团均等、结果均等等由低向高的发展过程。平等分为形式平等和实质平等。形式平等是指国家承认所有的人在法律上一律平等，在法律权利上给予相同的对待，禁止差别待遇和歧视对待。② 它要求社会对每个成员追求自己的利益、自我发展和自我完善，提供平等的机会和条件，即人人都享有平等的机会，亦即机会平等。实质平等是指国家对形式上的平等可能导致的事实上的不平等，针对具体情况和实际需要，对特定的人群在经济上、社会上、文化上等方面与其他人群存在着事实上的差异，采取某些适当的、合理的、必要的区别对待的方式和措施，从而实现实质上的平等。③

中国《宪法》第 33 条第二款规定："中华人民共和国公民在法律面前一律平等。"④具体包括公民不分民族、种族、性别、职业、家庭出身、宗教信仰、教育程度、财产状况、居住期限，都一律平等地享有宪法和法律规定的权利，平等地履行宪法和法律规定的义务；法律面前，不允许任何公民享有法律以外的特权；各族人民一律平等，禁止对任何民族的歧视和压迫；妇女在政治的、经济的、文化的、社会的和家庭的生活等各方面

① 《中华人民共和国宪法》，2004 年，法律图书馆网：http://www.law-lib.com/law/law_view.asp?id=82529。

② 张鹏、汪全胜：《我国现行法律文本中的平等权利条款规范化研究》，《理论与现代化》2013 年第 2 期。

③ 王彬：《禁止前科歧视的学理分析——以平等就业权为视角》，《学术界》2010 年第 5 期。

④ 《中华人民共和国宪法》，2004 年，法律图书馆网：http://www.law-lib.com/law/law_view.asp?id=82529。

享有同男子平等的权利。

（四）体系上的开放性

“人权”概念内容广泛，设法给它下个封闭的定义，将有损于它丰富的含义。“人权”同“公共利益”、“自由”、“平等”、“法治”等重要的法律概念一样，是个开放的、不断发展的体系，除了宪法、法律列举的人权内容之外，它还包括其他的内容，不能以僵硬的法条，将丰富的人权内容限制住。人权不同于公民的基本权利，人权应当是公民基本权利的来源。一方面，宪法规范虽然对宪法权利的内容进行了表述和确认，并对其实施确立了一定的保障制度。然而，宪法权利并不是来源于宪法规范，人权才是宪法权利的基础，宪法权利根本上来源于人权，人类根据一定时期的实际情况将那些对人类至为紧要的权利由宪法予以规范，从而形成“公民基本权利”；另一方面，宪法的高级法特征又要求其保持相对稳定性。但宪法的稳定性本身不能成为宪法保障人权的枷锁，它要求一种包容性，即：不仅被写入宪法和法律的人权要得到尊重和保护，未写入宪法的人权也要得到尊重和保护。[①] 宪法的人权条款即担负着这一协调相对稳定的法律与变动不居的社会之间的冲突和矛盾。

人类社会处于不断发展变化的过程中，宪法生成于特定的历史阶段，与当时的社会政治、经济形势相适应，但随着社会的发展，应然层面的人权也在发展，因此，宪法关于人权的规定应呈开放性，积极地将随着社会经济文化的发展而产生的新的权利吸收进法律体系之中，从而真正有效地保障人权。中国通过宪法修改案的形式，多次将一些重要的人权保障原则和条款补充进宪法，使宪法的人权保障与时俱进。

（五）视野上的国际性

人权保障首先是一个国内问题。对于一国人民而言，他们享有的各种权利都要由其所在国的法律予以保障，并且这些权利的落实，也取决于国内政治、经济、文化和社会的发展水平。但是，由于人权观念的全球化，特别是经历了第二次世界大战的灾难之后，在联合国的大力倡导下，国际社会订立了众多人权保护的国际公约，建立起了全球化的人权保障机制。联合国通过制定国际人权宪章、公约和建立相应的人权机构来保障全球化

① 焦洪昌：《“国家尊重和保障人权”的宪法分析》，《中国法学》2004 年第 3 期。

的人权。①

中国对于人权的保护注重视野上的国际性，积极地加入有关人权保护的国际公约，注重国际间的合作以充分保障人权。中国已经加入了约 30 个国际人权公约（见表 6—1）。此外，中国政府已于 1998 年 10 月 5 日签署了联合国《公民权利和政治权利国际公约》，并积极为批准《公民权利和政治权利国际公约》创造条件。

**表 6—1　　　　　　　中国加入的国际人权公约**

| 编号 | 公约名称 | 签署时间 | 批准或加入时间 | 保留与说明 |
|---|---|---|---|---|
| 1 | 《改善战地武装部队伤者病者境遇之日内瓦公约》 | | 1956 年 12 月 28 日交存批准书 | 对第四条作了保留 |
| 2 | 《改善海上武装部队伤者病者及遇船难者境遇之日内瓦公约》 | | 1956 年 12 月 28 日交存批准书 | 对第十条作了保留 |
| 3 | 《关于战俘待遇之日内瓦公约》 | | 1956 年 12 月 28 日交存批准书 | 对第十、十二、八十五条作了保留 |
| 4 | 《关于战时保护平民之日内瓦公约》 | | 1956 年 12 月 28 日交存批准书 | 对第十一、四十五条作了保留 |
| 5 | 《消除对妇女一切形式歧视公约》 | | 1980 年 11 月 4 日加入 | 对第二十九条第一款作了保留 |
| 6 | 《消除一切形式种族歧视国际公约》 | | 1981 年 12 月 29 日加入 | |
| 7 | 《关于难民地位的公约》 | | 1982 年 9 月 24 日交存加入书 | |
| 8 | 《关于难民地位议定书》 | | 1982 年 9 月 24 日加入 | 对第四条作了保留 |

① 王立峰：《人权保护的区域化：一个值得关注的现象》，《学习时报》2006 年 9 月25 日。

续表

| 编号 | 公约名称 | 签署时间 | 批准或加入时间 | 保留与说明 |
|---|---|---|---|---|
| 9 | 《1949 年 8 月 12 日日内瓦的公约关于保护国际性武装冲突受难者的附加议定书》(第一议定书) | | 1983 年 9 月 14 日加入 | 对第八十八条第二款作了保留 |
| 10 | 《1949 年 8 月 12 日日内瓦的公约关于保护非国际性武装冲突受难者的附加议定书》(第二议定书) | | 1983 年 9 月 14 日加入 | 对第八十八条第二款作了保留 |
| 11 | 《防止及惩治灭绝种族罪公约》 | | 1983 年 3 月 5 日批准 | 对第九条作了保留 |
| 12 | 《禁止并惩治种族隔离罪行国际公约》 | | 1983 年 4 月 18 日加入 | |
| 13 | 《禁止酷刑和其他残忍、不人道或有辱人格的待遇或处罚公约》 | 1986 年 12 月 12 日签署 | 1988 年 9 月 5 日批准 | 对第二十条和第三十条第一款作了保留 |
| 14 | 《反对体育领域种族隔离国际公约》 | 1987 年 10 月 21 日签署 | 1988 年 4 月 3 日对中国生效 | |
| 15 | 《残疾人职业康复与就业公约》 | | 1987 年 9 月 5 日批准 | |
| 16 | 《男女工人同工同酬公约》 | | 1990 年 9 月 7 日批准 | |
| 17 | 《儿童权利公约》 | | 1992 年 1 月 31 日批准 | 对第六条作了保留 |
| 18 | 《经济、社会及文化权利国际公约》 | 1997 年 10 月签署 | 2001 年 3 月 27 日批准 | 对第八条第一款(甲)项等提出了 3 项声明 |
| 19 | 《就业政策公约》 | | 1997 年 12 月 17 日交存批准书 | |

续表

| 编号 | 公约名称 | 签署时间 | 批准或加入时间 | 保留与说明 |
| --- | --- | --- | --- | --- |
| 20 | 《最低就业年龄公约》 | | 1998年12月29日批准 | 同时声明不适用于中国香港特别行政区 |
| 21 | 《〈儿童权利公约〉关于儿童卷入武装冲突问题的任择议定书》 | 2001年3月15日签署 | 2007年12月29日批准 | 对征兵年龄作出声明 |
| 22 | 《〈儿童权利公约〉关于买卖儿童、儿童卖淫和儿童色情制品问题的任择议定书》 | | 2002年12月3日交存批准书 | |
| 23 | 《禁止和立即行动消除最有害的童工形式公约》 | | 2002年8月8日交存批准书 | |
| 24 | 《联合国人员和有关人权安全公约》 | | 2004年8月28日加入 | 声明对第二十二条第一款予以保留，不受约束 |
| 25 | 《消除就业和职业歧视公约》 | | 2005年8月28日批准 | 声明不适用于中国香港特别行政区 |
| 26 | 《残疾人权利国际公约》 | 2007年3月30日签署 | 2008年6月26日批准 | |
| 27 | 《〈联合国打击跨国有组织犯罪公约〉关于预防、禁止和惩治贩运人口特别是妇女和儿童行为的补充议定书》 | | 2009年12月26日 | 声明不受第十五条第二款规定的约束；暂不适用于中华人民共和国香港特别行政区 |
| 28 | 《〈经修正的1974年国际海上人命安全公约〉的修正案》（附件2） | | 2010年7月1日默认接受 | 适用于中国香港和澳门特区 |

续表

| 编号 | 公约名称 | 签署时间 | 批准或加入时间 | 保留与说明 |
| --- | --- | --- | --- | --- |
| 29 | 《〈经修正的1974年国际海上人命安全公约〉的修正案》 | | 2010年7月1日默认接受 | 适用于中国香港和澳门特区 |
| 30 | 《〈1974年国际海上人命安全公约1988年议定书〉的修正案》 | | 2010年7月1日默认接受 | 适用于中国香港和澳门特区 |

资料来源：根据李君如主编《中国人权事业发展报告（2011）》第34—36页表补充而成，社会科学文献出版社，2011年。

同时，在1984年，中国政府承认了国民党政府（1930—1947年）批准的14个国际劳工公约，其中包括《确定准许儿童在海上工作的最低年龄公约》《农业工人的集会结社权公约》《工业企业中实行每周休息公约》《确定准许使用未成年为扒炭工或司炉工的最低年龄公约》《在海上工作的儿童及未成年人的强制检查公约》《本国工人与外国工人关于事故赔偿的同等待遇公约》《海员协议条款公约》《海员遣返公约》《制订最低工资确定办法公约》《航运的重大包裹标明重量公约》《船舶装卸工人伤害防护公约》《各种矿场井下劳动使用妇女公约》《确定准许使用儿童于工业工作的最低年龄公约》《最后条款修正公约》。中国政府还于1990年批准了《三方协商促进贯彻国际劳工标准公约》，2001年批准了《劳动行政管理公约》。

中国积极撰写履约报告，并参加审议会议。中国已就《消除一切形式种族歧视国际公约》提交过6次13期报告；就《消除对妇女一切形式歧视公约》提交过5次8期报告；就《禁止酷刑和其他残忍、不人道或有辱人格的待遇或处罚公约》提交过4次5期报告；就《儿童权利公约》提交过3次4期报告；就《经济、社会及文化权利国际公约》《〈儿童权利公约〉关于买卖儿童、儿童卖淫和儿童色情制品问题的任择议定书》提交2次报告；就《残疾人权利国际公约》《〈儿童权利公约〉关于儿童卷入武装冲突问题的任择议定书》提交了首次报告。

中国从1979年起连续3年以观察员身份参加联合国人权委员会的会

议。1982年起正式参加人权委员会。中国加入人权委员会以来，积极参与了一系列国际人权文书的制定工作，如《维也纳宣言和行动纲领》、《发展权宣言》《土著和部落人民公约》《儿童权利公约》《残疾人权利国际公约》《老年人权利原则》《保护所有移徙工人及其家庭成员权利国际公约》和《禁止酷刑公约》等。[①]

2006年建立的联合国人权理事会决定实行普遍定期审议制度，每四年对联合国成员国的人权记录进行一次普遍的审议。2009年2月9日，联合国人权理事会国别人权审查工作组对中国向联合国人权理事会提交的《国家人权报告》及中国人权状况进行了审议，并顺利通过了中国接受国别人权审查报告。2013年10月22日，中国接受联合国人权理事会针对中国人权状况的第二轮普遍定期审议。10月25日联合国人权理事会国别人权审查工作组顺利通过了中国接受第二轮审查的报告。

## 三　全面推进依法治国对中国人权法治保障的新开拓

中国已经探索、积累起以法律和法治保障人权的丰富经验，开辟出了一条在世界上最大的发展中国家以法律和法治保障人权的道路，并且越走越宽广。特别是2011年完成中国社会主义法律体系建设任务之后，面对日益繁重的全面建成小康社会的任务和复杂的国内、国际形势，为贯彻落实党的十八大作出的加快建设社会主义法治国家的战略部署，中共中央于2014年10月召开了十八届四中全会，专门研究了全面推进依法治国若干重大问题，作出了《中共中央关于全面推进依法治国若干重大问题的决定》（以下简称《决定》），全面系统总结了自十一届三中全会以来推进依法治国的经验，进一步提出了全面推进依法治国，使中国人权发展道路和保障途径从“社会主义法律体系”保障进一步升级到“法治体系”保障，对已经具有中国特色的人权发展道路作出了新开拓。

### （一）全面推进依法治国决定对依法保障人权的新阐述

《决定》有两处专门提出并论述了以法治体系全面保障人权问题。一是在《决定》第二部分“完善以宪法为核心的中国特色社会主义法律体

① 陈士球：《中国积极参与国际人权活动30年》，中国人权网：http：//www. humanrights - china. org/cn/xsdt/xscg/t20090121_ 622875. htm。

系，加强宪法实施”中，在加强重点领域立法一节里，逐项讲到“依法保障公民权利，加快完善体现权利公平、机会公平、规则公平的法律制度，保障公民人身权、财产权、基本政治权利等各项权利不受侵犯，保障公民经济、文化、社会等各方面权利得到落实，实现公民权利保障法治化”之后，专门提出了“增强全社会尊重和保障人权意识，健全公民权利救济渠道和方式”。[①] 然后。《决定》又在第四部分“保证公正司法，提高司法公信力”的“加强人权司法保障”一节里，再次以逐项例举的方式强调，“强化诉讼过程中当事人和其他诉讼参与人的知情权、陈述权、辩护辩论权、申请权、申诉权的制度保障。健全落实罪刑法定、疑罪从无、非法证据排除等法律原则的法律制度。完善对限制人身自由司法措施和侦查手段的司法监督，加强对刑讯逼供和非法取证的源头预防，健全冤假错案有效防范、及时纠正机制。”[②]

此前于 2013 年 11 月中共十八届三中全会通过的《关于全面深化改革若干重大问题的决定》，已在第九部分“推进法治中国建设”部分的第 34 节“完善人权司法保障制度”中再次强调了“国家尊重和保障人权”，并重点强调了在司法领域中的刑事侦查和审判程序、废止劳动教养制度、完善对违法犯罪行为的惩治和矫正法律以及健全社区矫正制度等若干具体领域的人权保障。而《全面推进依法治国若干重大问题的决定》所强调的范围大幅扩大，全面覆盖了社会主义法治建设的全过程。依法保障人权的观念和“有权利必有救济”的思想，已经体现在《决定》依法治国整体制度设计与实现法治国家建设目标的始终。中国人权保障途径和道路设计已经从“法律体系”，进一步升级到“法治体系”。可以将其称为中国依法保障人权的“4.0 版”。[③]

### （二）《决定》对社会主义法治体系架构的基本设计

《决定》开篇肯定了党的十一届三中全会以来，党深刻总结中国社会主义

---

① 《中共中央关于全面推进依法治国若干重大问题的决定》，2014 年 10 月，人民网：http：//cpc. people. com. cn/n/2014/1029/c64387 – 25927606. html。

② 同上。

③ 笔者认为，在中国依法保障人权发展的进程中，以单行法律和部门法保障人权可称为 1.0 版；人权入宪为 2.0 版；对人权的法律体系保障为 3.0 版；以新开创的社会主义法治体系保障人权为 4.0 版。

法治建设的成功经验和深刻教训，积极建设社会主义法治，已经取得了形成具有中国特色社会主义法律体系，法治政府建设稳步推进，司法体制不断完善，全社会法治观念明显增强的历史性成就；但仍存在着许多不适应、不符合党和国家事业发展要求，违背社会主义法治原则，损害人民群众利益，必须下大气力加以解决的问题的基础上，提出了全面推进依法治国的战略任务。其总目标就是建设中国特色社会主义法治体系，建设社会主义法治国家。①

根据文件阐述，建设中国特色社会主义法治体系，包括坚持中国特色社会主义制度，贯彻中国特色社会主义法治理论，形成完备的法律规范体系、高效的法治实施体系、严密的法治监督体系、有力的法治保障体系；坚持依法治国、依法执政、依法行政共同推进，坚持法治国家、法治政府、法治社会一体建设；实现科学立法、严格执法、公正司法、全民守法，促进国家治理体系和治理能力现代化等极为丰富完整的立体化的内容。② 这就明显超越了以往使用的“法律体系”一词的内涵，标志中国的法治国家建设进入了一个新的历史阶段。

### （三）中国法治体系新架构对依法保障人权途径和目标的新设计

基于建设中国特色社会主义法治体系和法治国家的新目标，《决定》对中国依法保障人权的途径和方式作出了一系列新的制度建设和发展步骤的新设计。主要有：

（1）在建设中国特色社会主义法治体系的过程中，必须坚持中国共产党的领导；坚持人民主体地位；坚持法律面前人人平等等原则。坚持法治建设为了人民、依靠人民、造福人民、保护人民，以保障人民根本权益为出发点和落脚点，保证人民依法享有广泛的权利和自由、承担应尽的义务，维护社会公平正义，促进共同富裕。任何组织和个人都必须尊重宪法法律权威，都必须在宪法法律范围内活动，都必须依照宪法法律行使权力

---

① 《中共中央关于全面推进依法治国若干重大问题的决定》，2014 年 10 月，人民网：http：//cpc. people. com. cn/n/2014/1029/c64387 – 25927606. html。

② 《决定》对此的完整表述是“全面推进依法治国，总目标是建设中国特色社会主义法治体系，建设社会主义法治国家。这就是，在中国共产党领导下，坚持中国特色社会主义制度，贯彻中国特色社会主义法治理论，形成完备的法律规范体系、高效的法治实施体系、严密的法治监督体系、有力的法治保障体系，形成完善的党内法规体系，坚持依法治国、依法执政、依法行政共同推进，坚持法治国家、法治政府、法治社会一体建设，实现科学立法、严格执法、公正司法、全民守法，促进国家治理体系和治理能力现代化”。

或权利、履行职责或义务，都不得有超越宪法法律的特权。[①]

(2) 完善以宪法为核心的中国特色社会主义法律体系，使每一项立法都符合宪法精神、反映人民意志、得到人民拥护。要把公正、公平、公开原则贯穿立法全过程。加强重点领域立法。依法保障公民权利，加快完善体现权利公平、机会公平、规则公平的法律制度，保障公民人身权、财产权、基本政治权利等各项权利不受侵犯，保障公民经济、文化、社会等各方面权利得到落实，实现公民权利保障法治化。增强全社会尊重和保障人权意识，健全公民权利救济渠道和方式。[②]

(3) 深入推进依法行政，加快建设法治政府。行政机关不得法外设定权力，没有法律法规依据不得作出减损公民、法人和其他组织合法权益或者增加其义务的决定。推行政府权力清单制度，坚决消除权力设租寻租空间。全面推进政务公开。坚持以公开为常态、不公开为例外原则，推进决策公开、执行公开、管理公开、服务公开、结果公开。各级政府及其工作部门依据权力清单，向社会全面公开政府职能、法律依据、实施主体、职责权限、管理流程、监督方式等事项。重点推进财政预算、公共资源配置、重大建设项目批准和实施、社会公益事业建设等领域的政府信息公开。涉及公民、法人或其他组织权利和义务的规范性文件，按照政府信息公开要求和程序予以公布。推行行政执法公示制度。推进政务公开信息化，加强互联网政务信息数据服务平台和便民服务平台建设。[③]

(4) 在保证公正司法，提高司法公信力方面，再次重申了努力让人民群众在每一个司法案件中感受到公平正义。完善确保依法独立公正行使审判权和检察权的制度。建立领导干部干预司法活动、插手具体案件处理的记录、通报和责任追究制度。任何党政机关和领导干部都不得让司法机关做违反法定职责、有碍司法公正的事情，任何司法机关都不得执行党政机关和领导干部违法干预司法活动的要求。对干预司法机关办案的，给予党纪政纪处分；造成冤假错案或者其他严重后果的，依法追究刑事责任。健全行政机关依法出庭应诉、支持法院受理行政案件、尊重并执行法院生

---

① 《中共中央关于全面推进依法治国若干重大问题的决定》，2014 年 10 月，人民网：http：//cpc. people. com. cn/n/2014/1029/c64387 – 25927606. html。

② 同上。

③ 同上。

效裁判的制度。完善惩戒妨碍司法机关依法行使职权、拒不执行生效裁判和决定、藐视法庭权威等违法犯罪行为的法律规定。[①]

（5）加强人权司法保障。强化诉讼过程中当事人和其他诉讼参与人的知情权、陈述权、辩护辩论权、申请权、申诉权等制度保障。健全落实罪刑法定、疑罪从无、非法证据排除等法律原则的法律制度。完善对限制人身自由司法措施和侦查手段的司法监督，加强对刑讯逼供和非法取证的源头预防，健全冤假错案有效防范、及时纠正机制。依法保障胜诉当事人及时实现权益。落实终审和诉讼终结制度，实行诉访分离，保障当事人依法行使申诉权利。[②]

（6）建设完备的法律服务体系。推进覆盖城乡居民的公共法律服务体系建设，加强民生领域法律服务。完善法律援助制度，扩大援助范围，健全司法救助体系，保证人民群众在遇到法律问题或者权利受到侵害时获得及时有效法律帮助。对不服司法机关生效裁判、决定的申诉，逐步实行由律师代理制度。对聘不起律师的申诉人，纳入法律援助范围。健全依法维权和化解纠纷机制。强化法律在维护群众权益、化解社会矛盾中的权威地位，引导和支持人们理性表达诉求、依法维护权益，解决好群众最关心最直接最现实的利益问题。[③]

我们可以把以上中国依法保障人权的一系列新制度建设和发展步骤的新设计，作为中国人权事业发展的新规划和中国人权发展道路的新开拓。《决定》标志着具有中国特色的依法保障人权的道路越来越宽广，包含全面保障人权内容的中华民族复兴之梦，定会早日实现。

## 第二节　宪法和法律对人权的保障

### 一　宪法在人权法治保障中的作用

#### （一）确立公民基本权利体系

宪法对于人权的保障是通过确立国家尊重和保障人权的原则性条款、

① 《中共中央关于全面推进依法治国若干重大问题的决定》，2014 年 10 月，人民网：http：//cpc. people. com. cn/n/2014/1029/c64387 －25927606. html。

② 同上。

③ 同上。

并通过系统地设定各项基本权利来实现的。与“1954 年宪法”、“1975 年宪法”和“1978 年宪法”相比较，1982 年现行宪法文本中公民基本权利的体系更加完善。在结构上，将“公民基本权利”一章由原先的第三章提前到第二章，设在“总纲”之后、“国家机构”之前，与“国际人权法对人权的重视”相一致。在内容上，公民的基本权利和自由的范围扩大，条款有增加，内容更充实，体现了对人权的全面保护。增加了“人格尊严不受侵犯”，“公民有提出批评、建议的权利”等。公民的直接民主权利也有所扩大，规定公民行使民主权利的内容，切实保障公民享有管理国家的经济、社会和文化事务的权利。特别强调公民基本权利的实现并为此提供可靠的物质保障，以及权利义务的一致性。

1982 年宪法对于人权的保护既考虑到中国的实际发展状况，同时遵循《世界人权宣言》和《经济、社会及文化权利国际公约》的要求，集中在第二章“公民的基本权利和义务”赋予公民广泛的基本权利，主要包括以下几方面：在公民权利与政治权利方面，公民享有生命、自由和人身安全的权利，不受奴役和酷刑的权利，人格权，平等权，获得公正审判的权利，住宅和通信不受干涉的权利，国籍权，婚姻和家庭权，财产权和迁徙自由，宗教信仰、发表意见和集会结社的权利，选举、担任公职和参与决策的权利，知情权与监督权；在经济、社会和文化权利方面，公民享有工作权，基本生活水准和社会保障的权利，健康权，受教育权，文化权利，环境权。

（二）通过宪法修正案，不断完善人权保障的宪法规范

1982 年现行宪法实施之后，中国于 1988 年开始借鉴美国的做法，采取宪法修正案的方式分别于 1988 年、1993 年、1999 年和 2004 年对现行宪法进行修正，以保持宪法文本与时代发展的同步，并根据中国社会发展现实的需要进一步完善宪法的人权保障机制和规范体系。

1988 年 4 月 12 日第七届全国人大第一次会议通过 2 条修正案，确立了私营经济的法律地位和国家对私营经济的政策，规定了土地的使用权可以依照法律的规定转让。

1993 年 3 月 29 日第八届全国人大第一次会议通过了 9 条修正案，确立了家庭联产承包责任制的合法地位，以及市场经济的宪法地位等。

1999 年 3 月 15 日第九届全国人大第二次会议通过了 6 条修正案，提

出“依法治国”的宪法原则，对多种经济成分的经济制度做出规定，确认个体经济和私营经济的宪法地位和宪法保障。

2004 年 3 月 14 日，第十届全国人民代表大会第二次会议通过了 14 条修正案。规定保护公民的私有财产权和继承权，建立、健全社会保障制度，并首次将“人权”概念引入宪法，在《宪法》序言部分明确规定“国家尊重和保障人权”。将建设社会主义法治国家的治国方略写进宪法，以促进人权的实现。

历次宪法修正案所确立的内容，为保障和实现人权提供了最高的宪法依据，以及更为优良的制度环境。

（三）规定特殊主体的人权保障

现行宪法特别提出了特殊主体的权利保障，包括妇女、儿童和老人、华侨、归侨和侨眷、残疾人和外国人，宪法对这些主体的权利分别作出了原则性的规定，以此指导实体法与程序法中具体人权保障条款的确立。

## 二　经济、社会和文化权利的法律保障

1. 工作权

工作权是有关劳动者在工作过程中与用人单位、工会和国家机构等其他主体所产生的权利和义务关系。劳动权利不仅包括提供工作机会的权利，还包括获得报酬权利和休息休假等权利。中国《宪法》第 42 条规定：“中华人民共和国公民有劳动的权利和义务。国家通过各种途径，创造劳动就业条件，加强劳动保护，改善劳动条件，并在发展生产的基础上，提高劳动报酬和福利待遇。劳动是一切有劳动能力的公民的光荣职责，国有企业和城乡集体经济组织的劳动者 都应当以国家主人翁的态度对待自己的劳动。国家提倡社会主义劳动竞赛，奖励劳动模范和先进工作者。国家提倡公民从事义务劳动。国家对就业前的公民进行必要的劳动就业训练。”[①]为了保障劳动者在实际工作中的人身安全和合法利益，中国还对于一些特殊行业和特殊安全问题进行规定，比如矿山，职业病，安全生产，等等。

---

① 《中华人民共和国宪法》，2004 年，法律图书馆网：http：//www. law – lib. com/law/law_ view. asp？ id = 82529。

《劳动法》规定："劳动者享有平等就业和选择职业的权利、取得劳动报酬的权利、休息休假的权利、获得劳动安全卫生保护的权利、接受职业技能培训的权利、享受社会保险和福利的权利、提请劳动争议处理的权利以及法律规定的其他劳动权利。"① 第二章"促进就业"规定了国家和地方政府在促进就业中的责任，规定了妇女、残疾人、少数民族、退役军人等特殊主体的就业权；第四章"工作时间和休息休假"规定国家实行劳动者每日工作时间不超过八小时、平均每周工作时间不超过四十四小时的工时制度；第五章"工资"规定工资分配应当遵循按劳分配原则，实行同工同酬，规定国家实行最低工资保障制度；第六章"劳动安全卫生"对用人单位和政府的职责作出了规定。

《就业促进法》对国家和地方政府在促进就业方面的责任、职业培训责任及保障劳动者平等就业作出了规定。《劳动合同法》中对集体合同、劳务派遣、非全日制用工等特殊情形下的劳动者报酬作出了特别规定。《安全生产法》《职业病防治法》中均对保障劳动者劳动安全卫生作出了规定，《矿山安全法》《海上交通安全法》《煤炭法》等一系列法律中也有相关规定。新修订的《工会法》对工会组织、权利和义务、经费和财产等方面作出规定，并将农民工等非正式员工也纳入其中。《工会法》第5条规定："工会组织和教育职工依照宪法和法律的规定行使民主权利，发挥国家主人翁的作用，通过各种途径和形式，参与管理国家事务、管理经济和文化事业、管理社会事务；协助人民政府开展工作，维护工人阶级领导的、以工农联盟为基础的人民民主专政的社会主义国家政权。"② 通过工会更好地维护工人合法权利，为工人和工会自身维权提供了法律保障。

2. 基本生活水准和社会保障的权利

基本生活水准主要包括最低生活保障的权利和适足的住房、食物、饮水权。《农业法》《产品质量法》《食品安全法》和正在征求意见的《粮食法》中均对保障适足食物即食品安全作出规定，《刑法》将生产、销售

---

① 《中华人民共和国劳动法》，1994 年，法律图书馆网：http：//www. law - lib. com/law/law_ view. asp？ id = 255。

② 《中华人民共和国工会法》，2001 年，法律图书馆网：http：//www. law - lib. com/law/law_ view. asp？ id = 16431。

不符合食品安全标准的食品罪和生产、销售有毒、有害食品罪规定为犯罪。

中国的社会保障制度由社会保险、社会救济、社会福利等组成。《劳动法》在第九章“社会保险与福利”中规定，国家发展社会保险事业，建立社会保险制度，设立社会保险基金，使劳动者在年老、患病、工伤、失业、生育等情况下获得帮助和补偿。国家发展社会福利事业，兴建公共福利设施，为劳动者休息、休养和疗养提供条件。[①]《社会保险法》规定，国家建立基本养老保险、基本医疗保险、工伤保险、失业保险、生育保险等社会保险制度。[②]

3. 健康权

健康权主要包括医疗卫生权利和体育的权利。在医疗卫生权利方面，《传染病防治法》对预防、控制和消除传染病的发生与流行作出规定；《职业病防治法》对保障劳动者获得基本公共卫生服务作出规定；《国境卫生检疫法》规定实施国境卫生检疫制度；《食品安全法》和《药品管理法》对食品药品安全管理作出规定；《母婴保健法》规定国家发展母婴保健事业；《献血法》规定国家实行无偿献血制度；《体育法》规定国家发展体育事业，开展群众性的体育活动，提高全民族身体素质。体育工作坚持以开展全民健身活动为基础，实行普及与提高相结合，促进各类体育协调发展。同时还对社会体育、学校体育、竞技体育、体育社会团体、保障条件等作出了规定。

4. 受教育权

中国《宪法》第19条规定：“国家发展社会主义的教育事业，提高全国人民的科学文化水平。国家举办各种学校，普及初等义务教育，发展中等教育、职业教育和高等教育，并且发展学前教育。国家发展各种教育设施，扫除文盲，对工人、农民、国家工作人员和其他劳动者进行政治、文化、科学、技术、业务的教育，鼓励自学成才。国家鼓励集体经济组织、国家企业事业组织和其他社会力量依照法律规定举办各种教育事

---

① 《中华人民共和国劳动法》，1994年，法律图书馆网：http：//www.law - lib.com/law/law_ view.asp？id =255。

② 《中华人民共和国社会保险法》，法律图书馆网：http：//www.law - lib.com/law/law_ view.asp？id =327704。

业。”①

《教育法》第4条规定：“凡具有中华人民共和国国籍的适龄儿童、少年，不分性别、民族、种族、家庭财产状况、宗教信仰等，依法享有平等接受义务教育的权利，并履行接受义务教育的义务。”②《教育法》进一步规定，国家实行学前教育、初等教育、中等教育、高等教育的学校教育制度，实行九年制义务教育制度，实行职业教育制度和成人教育制度，实行国家教育考试制度，实行学业证书制度和学位制度，实行教育督导制度和学校及其他教育机构教育评估制度，并开展扫盲工作。③《义务教育法》规定义务教育是国家统一实施的所有适龄儿童、少年必须接受的教育，是国家必须予以保障的公益性事业。实施义务教育，不收学费、杂费。国家建立义务教育经费保障机制，保证义务教育制度实施。④《高等教育法》《职业教育法》和《民办教育促进法》也有相关规定。

《教育法》规定，国家鼓励企业事业组织、社会团体、其他社会组织及公民个人依法举办学校及其他教育机构。⑤《民办教育促进法》确定了民办教育的法律地位。在平等接受教育权利方面，《教育法》和《义务教育法》明确规定公民平等享有受教育权，并对少数民族、残疾人、有违法犯罪行为的未成年人等特殊主体的受教育权作出特别规定，规定国家和社会对符合入学条件、家庭经济困难的儿童、少年、青年，提供各种形式的资助；在有尊严地接受教育的权利方面，《教育法》规定了学生对学校处分的申诉权。《义务教育法》规定教师应当尊重学生的人格，不得歧视学生，不得对学生实施体罚、变相体罚或者其他侮辱人格尊严的行为，不得侵犯学生合法权益。《教师法》确定教师义务是“关心、爱护全体学

---

① 《中华人民共和国宪法》，2004年，法律图书馆网：http：//www. law - lib. com/law/law_ view. asp？ id = 82529。

② 《中华人民共和国教育法》，1995年，法律图书馆网：http：//www. law - lib. com/law/law_ view. asp？ id = 327704。

③ 同上。

④ 《中华人民共和国义务教育法》，2006年，法律图书馆网：http：//www. law - lib. com/law/law_ view. asp？ id = 163284。

⑤ 《中华人民共和国教育法》，1995年，法律图书馆网：http：//www. law - lib. com/law/law_ view. asp？ id = 327704。

生，尊重学生人格，促进学生在品德、智力、体质等方面全面发展”[①]。《未成年人保护法》规定学校、幼儿园、托儿所的教职员工应当尊重未成年人的人格尊严，不得对未成年人实施体罚、变相体罚或者其他侮辱人格尊严的行为。

5. 社会保障权利

社会保障是一个现代工业国家所必不可少的人权保障部分，在这方面中国也取得了很大成就。《宪法》第 14 条规定：“国家建立健全同经济发展水平相适应的社会保障制度。”第 45 条规定：“中华人民共和国公民在年老、疾病或者丧失劳动能力的情况下，有从国家和社会获得物质帮助的权利。国家发展为公民享受这些权利所需要的社会保险、社会救济和医疗卫生事业。国家和社会保障残废军人的生活，抚恤烈士家属，优待军人家属。国家和社会帮助安排盲、聋、哑和其他有残疾的公民的劳动、生活和教育。”[②]

《社会保险法》第 2 条规定：“国家建立基本养老保险、基本医疗保险、工伤保险、失业保险、生育保险等社会保险制度，保障公民在年老、疾病、工伤、失业、生育等情况下依法从国家和社会获得物质帮助的权利。”[③]明确了社会保险的内容，同时也确立了覆盖城乡全体居民的社会保险体系。中国特色社会主义法律体系的建立为社会保障制度的逐步确立和不断发展提供了法制保障。

6. 文化权利

根据中国《宪法》的规定，公民的文化权利包括三个方面的内容，即从事科学研究的权利、文艺创作的权利与从事其他文化活动的权利。《宪法》第 47 条规定：“中华人民共和国公民有进行科学研究、文学艺术创作和其他文化活动的自由。国家对于从事教育、科学、技术、文学、艺术和其他文化事业的公民的有益于人民的创造性工作，给以鼓励和帮

① 《中华人民共和国教师法》，1993 年，法律快车网：http：//www. lawtime. cn/info/laodong/ldzygjfg/20131203141534. html。

② 《中华人民共和国宪法》，2004 年，法律图书馆网：http：//www. law – lib. com/law/law_ view. asp？ id = 82529。

③ 《中华人民共和国社会保险法》，2010 年，法律图书馆网：http：//www. law – lib. com/law/law_ view. asp？ id = 327704。

助。"[①]中国涉及公民文化权利的法律有《著作权法》《文物保护法》《档案法》《语言文字法》《非物质文化遗产保护法》等。《著作权法》规定中国公民、法人或者其他组织的作品，不论是否发表，依照本法享有著作权，并对作品、著作权及邻接权等作出了规定。在集体的文化权利方面，《文物保护法》规定文物及具有科学价值的古脊椎动物化石和古人类化石受国家保护。《非物质文化遗产保护法》则对非物质文化遗产的调查、代表性项目名录、传承与传播等作出了规定。

7. 环境权

《环境保护法》规定，保护环境是国家的基本国策，并对环境保护的监督管理、保护和改善环境、防止污染和其他公害、信息公开和公众参与等问题作出了规定。《环境影响评价法》确立了环境影响评价制度，并对规划和建设项目的环境影响评价作出规定。《刑法》将严重污染环境的行为规定为犯罪。《民法通则》和《侵权责任法》均规定了环境污染责任。还颁布了一系列涉及污染防治、资源保护、节能减排等方面的专门性法律，包括《土地管理法》《渔业法》《可再生能源法》《水土保持法》《森林法》《野生动物保护法》《大气污染防治法》《水污染防治法》《环境噪声污染防治法》《固体废物污染环境防治法》《放射性污染防治法》《节约能源法》《海洋环境保护法》《循环经济促进法》《城乡规划法》等十余部法律。此外，《侵权责任法》第八章也对环境污染责任进行了专门规定，要求污染者对损害承担无过错责任。2012 年新修订的《民事诉讼法》增加的公益诉讼也主要针对环境保护，《民事诉讼法》第 55 条规定："对污染环境、侵害众多消费者合法权益等损害社会公共利益的行为，法律规定的机关和有关组织可以向人民法院提起诉讼。"[②]

## 三　公民权利与政治权利的法律保障

### 1. 生命、自由和人身安全的权利

生命权是有关人的生命安全的权利，是人最高的权利，具有不可替代

① 《中华人民共和国宪法》，2004 年，法律图书馆网：http：//www. law - lib. com/law/law_ view. asp？ id = 82529。

② 《中华人民共和国刑事诉讼法》，2012 年，法律快车网：http：//www. lawtime. cn/info/minshi/fagui/2013051382463. html。

性，也是其他一切权利的基础和前提。中国《宪法》并没有明确规定生命权，但生命权作为一项基本人权，在人的各项权利中具有根本意义，没有生命权，那么其他一切权利都是无从谈起。

中国法律对于生命权的规定具体落实在《宪法》外的其他部门法中。《民法通则》第98条规定："公民享有生命健康权。"[①] 这是对生命权的宣示性规定。《民法通则》第119条规定："侵害公民身体造成伤害的，应当赔偿医疗费、因误工减少的收入、残废者生活补助费等费用；造成死亡的，并应当支付丧葬费、死者生前扶养的人必要的生活费等费用。"[②]《国家赔偿法》也对侵犯公民生命权的赔偿方式进行了具体规定。《刑法》第232条规定："故意杀人的，处死刑、无期徒刑或者十年以上有期徒刑；情节较轻的，处三年以上十年以下有期徒刑。"第232条规定："过失致人死亡的，处三年以上七年以下有期徒刑；情节较轻的，处三年以下有期徒刑。本法另有规定的，依照规定。"[③]《刑法》通过对故意杀人和过失致人死亡的规定实现对生命权的具体保障。除此之外，《安全生产法》《职业病防治法》等法律中也有对于劳动者生命安全的规定。在惩罚犯罪方面，尽管是规定了死刑这一刑罚，但是在具体适用上，还是本着"少杀，慎杀"的政策，只适用于极为少数的最具严重社会危害性的犯罪分子。

《刑法》"分则"第四章"侵犯公民人身权利、民主权利罪"专门将严重侵害公民生命、自由和人身安全的行为规定为犯罪。对于不构成犯罪的行为，在《治安管理处罚法》第三章"违反治安管理的行为和处罚"中规定了行政处罚，在《民法通则》规定了公民对医疗费、误工费、丧葬费等必要费用的求偿权。《刑事诉讼法》在第六章"强制措施"中专门对限制犯罪嫌疑人、被告人人身自由的强制措施作出规定。《刑法》在死刑问题上采取保留死刑但严格控制死刑适用的刑事政策，明确规定"死刑只适用于罪行极其严重的犯罪分子"，"犯罪的时候不满十八周岁的人和审判的时候怀孕的妇女，不适用死刑。审判的时候已满七十五周岁的

① 《中华人民共和国民法通则》，1986年，法律图书馆网：http：//www. law - lib. com/law/law_ view. asp? id = 3633。

② 同上。

③ 《中华人民共和国刑法》，2011年，中国刑事辩护网：http：//www. chnlawyer. net/law/subs/xingfa. html。

人，不适用死刑，但以特别残忍手段致人死亡的除外”[①]，确立并完善了死刑缓期执行制度，并将死刑核准权收归最高法院。

《宪法》第37条规定：“中华人民共和国公民的人身自由不受侵犯。任何公民，非经人民检察院批准或者决定或者人民法院决定，并由公安机关执行，不受逮捕。禁止非法拘禁和以其他方法非法剥夺或者限制公民的人身自由，禁止非法搜查公民的身体。”[②]诉讼法也对人身权进行了规定，加强人身权在程序上的保障。《立法法》也规定限制公民人身自由只能是由法律进行规定，这为人身权的保护提供了立法上的保障。

2. 不受奴役和酷刑的权利

《劳动法》规定对以暴力、威胁或者非法限制人身自由的手段强迫劳动及侮辱、体罚、殴打、非法搜查和拘禁劳动者的行为处以行政处罚。《刑法》将强迫劳动情节严重的行为规定为犯罪。《刑法》规定了刑讯逼供罪、暴力取证罪和虐待被监管人员罪。《刑事诉讼法》规定：“审判人员、检察人员、侦查人员必须依照法定程序，收集能够证实犯罪嫌疑人、被告人有罪或者无罪、犯罪情节轻重的各种证据。严禁刑讯逼供和以威胁、引诱、欺骗以及其他非法方法收集证据，不得强迫任何人证实自己有罪。”[③]《国家赔偿法》第17条规定，行使侦查、检察、审判职权的机关以及看守所、监狱管理机关及其工作人员在行使职权时，刑讯逼供或者以殴打、虐待等行为或者唆使、放纵他人以殴打、虐待等行为造成公民身体伤害或者死亡的，或者违法使用武器、警械造成公民身体伤害或者死亡的，受害人有取得赔偿的权利。[④]《监狱法》第14条规定，监狱的人民警察不得刑讯逼供或者体罚、虐待罪犯，不得侮辱罪犯的人格，不得殴打或

---

① 《中华人民共和国刑法》，2011年，中国刑事辩护网：http：//www.chnlawyer.net/law/subs/xingfa.html。

② 《中华人民共和国宪法》，2004年，法律图书馆网：http：//www.law－lib.com/law/law_ view.asp？id＝82529。

③ 《中华人民共和国刑事诉讼法》，2012年，法律快车网：http：//www.lawtime.cn/info/minshi/fagui/2013051382463.html。

④ 《中华人民共和国赔偿法》，2012年，法律图书馆网：http：//www.law－lib.com/law/law_ view.asp？id＝403795。

者纵容他人殴打罪犯。[①]

3. 平等权

平等权是人权中一个非常重要的权利，也是人不断追求的目标。平等是一种精神，更是一种实实在在的权利。中国《宪法》关于平等权的规定主要有：（1）第 33 条第二款："中华人民共和国公民在法律面前一律平等。"（2）第 33 条第四款："任何公民享有宪法和法律规定的权利，同时必须履行宪法和法律规定的义务。"（3）第 5 条第五款规定："任何组织或者个人都不得有超越宪法和法律的特权。"（4）第 4 条第一款规定："中华人民共和国各族人民一律平等"，"禁止对任何民族的歧视和压迫"。（5）第 48 条第一款："中华人民共和国妇女在政治的、经济的、文化的、社会的和家庭的生活等各方面享有同男子平等的权利。"第二款规定："国家保护妇女的权利和利益，实行男女同工同酬，培养和选拔妇女干部。"（6）第 36 条第二款规定："不得歧视信仰宗教的公民和不信仰宗教的公民。"[②]平等权具有如下基本特征：（1）平等权的主体是全体公民，它意味着全体公民法律地位的平等。（2）平等权是公民的基本权利，是国家的基本义务。公民有权要求国家给予平等保护，国家有义务无差别地保护每一个公民的平等地位。（3）平等权意味着公民平等地享有权利，平等地履行义务。平等不允许特权和歧视的存在。（4）平等权是贯穿于公民其他权利的一项权利。它通过其他权利，如男女平等、种族平等或政治权利平等、经济权利平等的具体化而实现。（5）平等权既是中国公民的一项基本权利，也是中国宪法的基本原则。[③]

平等既包括形式平等，又包括实质平等。形式平等是指国家承认所有的人在法律上一律平等，禁止差别待遇和歧视对待。实质平等是指国家对形式上的平等可能导致的事实上的不平等，针对具体情况和实际需要，对特定的人群在经济上、社会上、文化上等方面采取某些适当的、合理的、必要的区别对待的方式和措施，从而实现实质上的平等。中国法律既保障

① 《中华人民共和国监狱法》，2012 年，律法网：http：//www. law - lib. com/law/law_ view. asp？ id = 403795。

② 《中华人民共和国宪法》，2004 年，法律图书馆网：http：//www. law - lib. com/law/law_ view. asp？ id = 82529。

③ 焦洪昌：《宪法学》（第四版），北京大学出版社 2010 年版，第 386 页。

形式平等，又注重实质平等，追求二者的有机统一。

4. 人格权

《宪法》第38条规定："中华人民共和国公民的人格尊严不受侵犯。禁止用任何方法对公民进行侮辱、诽谤和诬告陷害。"①《民法通则》第五章民事权利中专门规定了一节为人身权，对人身权的具体内容做了进一步规定。《民法通则》规定公民的人格尊严受法律保护，并规定了公民的肖像权、名誉权和荣誉权。最高人民法院《关于确定民事侵权精神损害赔偿责任若干问题的解释》中规定，受害人以侵犯上述权利请求精神损害赔偿的，人民法院应当依法予以受理。《刑法》将诬告陷害、侮辱、诽谤且情节严重的行为规定为犯罪，《治安管理处罚法》规定有上述行为但不构成犯罪的行为应当受到行政处罚。

5. 获得公正审判的权利

《刑法》确立罪刑法定原则，并由《刑事诉讼法》赋予犯罪嫌疑人、被告人广泛的诉讼权利。人民法院审判案件，除本法另有规定的以外，一律公开进行。被告人有权获得辩护，人民法院有义务保证被告人获得辩护。未经人民法院依法判决，对任何人都不得确定有罪。人民法院、人民检察院和公安机关应当保障犯罪嫌疑人、被告人和其他诉讼参与人依法享有的辩护权和其他诉讼权利。

6. 住宅和通信不受干涉的权利

《刑法》规定了非法侵入住宅罪，并将入户抢劫作为抢劫罪的加重情节，规定入户盗窃不受违法所得限制。《刑事诉讼法》规定，在对犯罪嫌疑人、被告人住宅进行搜查时，"必须向被搜查人出示搜查证"，"在搜查的时候，应当有被搜查人或者他的家属，邻居或者其他见证人在场"②。

《邮政法》第3条规定："公民的通信自由和通信秘密受法律保护。除因国家安全或者追查刑事犯罪的需要，由公安机关、国家安全机关或者检察机关依照法律规定的程序对通信进行检查外，任何组织或者个人不得以任何理由侵犯公民的通信自由和通信秘密。除法律另有规定外，任何组

① 《中华人民共和国宪法》，2004年，法律图书馆网：http：//www. law - lib..com/law/law_ view. asp? id = 82529。

② 《中华人民共和国刑事诉讼法》，2012年，法律快车网：http：//www. lawtime. cn/info/minshi/fagui/2013051382463. html。

织或者个人不得检查、扣留邮件、汇款。”① 中国《刑法》规定了隐匿、毁弃或者非法开拆他人信件罪和邮政工作人员私自开拆或者隐匿、毁弃邮件、电报罪。《治安管理处罚法》规定对冒领、隐匿、毁弃、私自开拆或者非法检查他人邮件的行为给予行政处罚。

7. 婚姻家庭权和私生活不受干涉的权利

《民法通则》规定：“婚姻、家庭、老人、母亲和儿童受法律保护。”②《婚姻法》规定：“实行婚姻自由、一夫一妻、男女平等的婚姻制度。保护妇女、儿童和老人的合法权益。实行计划生育。”③ 并在第三章“家庭关系”中对夫妻间、父母与子女间的权利义务作出明确规定。在第五章“补救措施与法律责任”中对实施家庭暴力或虐待家庭成员、遗弃家庭成员、重婚等情形下受害人的救济权和加害人的法律责任作出了规定。《刑法》将侵犯婚姻和家庭权利情节严重的行为规定为犯罪，包括暴力干涉他人婚姻自由罪、重婚罪、破坏军婚罪、虐待罪和遗弃罪。在私生活不受干涉的权利方面，三大诉讼法均将个人隐私作为公开审判的一项例外规定。《侵权责任法》规定侵犯公民隐私权的，应当承担民事责任。

8. 财产权

中国《宪法》第13条规定：“公民的合法的私有财产不受侵犯。国家依照法律规定保护公民的私有财产权和继承权。国家为了公共利益的需要，可以依照法律规定对公民的私有财产实行征收或者征用并给予补偿。”④

《民法通则》和《物权法》规定个人合法财产受法律保护，并对合法财产的范围进行了界定。《著作权法》《专利法》和《商标法》专门规范权利人的财产权的范围、行使和保护。《继承法》规定公民对合法财产享有继承权。《刑法》在第五章“侵犯财产罪”专门对侵犯公民财产权的犯

① 《中华人民共和国邮政法》，2009年，法律图书馆网：http：//www. law - lib. com/law/law_ view. asp？id =278779。

② 《中华人民共和国民法通则》，1986年，法律图书馆网：http：//www. law - lib. com/law/law_ view. asp？id =3633。

③ 《中华人民共和国婚姻法》，2001年，法律图书馆网：http：//www. law - lib. com/law/law_ view. asp？id =15279。

④ 《中华人民共和国宪法》，2004年，法律图书馆网：http：//www. law - lib. com/law/law_ view. asp？id =82529。

罪进行了规定。

《物权法》第 4 条规定："国家、集体、私人的物权和其他权利人的物权受法律保护，任何单位和个人不得侵犯。"针对住宅、宅基地这一民众最为重视的合法财产，《物权法》第 42 条规定："为了公共利益的需要，照法律规定的权限和程序可以征收集体所有的土地和单位、个人的房屋及其他不动产。征收集体所有的土地，应当依法足额支付土地补偿费、安置补助费、地上附着物和青苗的补偿费等费用，安排被征地农民的社会保障费用，保障被征地农民的生活，维护被征地农民的合法权益。"第 149 条规定："住宅建设用地使用权期间届满的，自动续期。非住宅建设用地使用权期间届满后的续期，依照法律规定办理。该土地上的房屋及其他不动产的归属，有约定的，按照约定；没有约定或者约定不明确的，依照法律、行政法规的规定办理。"①

9. 宗教信仰自由法律制度保障

宗教信仰自由是指每个公民既有信仰宗教的自由，也有不信仰宗教的自由；有信仰这种宗教的自由，也有信仰那种宗教的自由；在同一宗教里面，有信仰这个教派的自由，也有信仰那个教派的自由；有过去信而现在不信，也有过去不信现在信的自由；有参加宗教仪式或活动的自由也有不参加仪式或活动的自由。② 中国《宪法》第 36 条规定："中华人民共和国公民有宗教信仰自由。任何国家机关、社会团体和个人不得强制公民信仰宗教或者不信仰宗教，不得歧视信仰宗教的公民和不信仰宗教的公民。国家保护正常的宗教活动。任何人不得利用宗教进行破坏社会秩序、损害公民身体健康、妨碍国家教育制度的活动。宗教团体和宗教事务不受外国势力的支配。"③《宗教事务条例》第 2 条规定："公民有宗教信仰自由。任何组织或者个人不得强制公民信仰宗教或者不信仰宗教，不得歧视信仰宗教的公民或者不信仰宗教的公民。信教公民和不信教公民、信仰不同宗教

① 《中华人民共和国物权法》，2007 年，法律图书馆网：http：//www. law - lib. com/law/law_ view. asp？ id = 193400。

② 焦洪昌：《宪法学》（第四版），北京大学出版社 2010 年 6 月版，第 395 页。

③ 《中华人民共和国宪法》，2004 年，法律图书馆网：http：//www. law - lib. com/law/law_ view. asp？ id = 82529。

的公民应当相互尊重、和睦相处。”① 此外，《刑法》《民法》《兵役法》《义务教育法》等30余件法律、法规都对保护宗教信仰自由和信教公民的平等权利作了明确、具体的规定。

10. 发表意见和集会结社的权利

中国《宪法》第35条规定：“中华人民共和国公民有言论、出版、集会、结社、游行、示威的自由。”②《中华人民共和国集会游行示威法》第3条规定：“公民行使集会、游行、示威的权利，各级人民政府应当依照本法规定，予以保障。”第4条规定：“公民在行使集会、游行、示威的权利的时候，必须遵守宪法和法律，不得反对宪法所确定的基本原则，不得损害国家的、社会的、集体的利益和其他公民的合法的自由和权利。”③《刑法》规定了非法剥夺公民宗教信仰自由罪和报复陷害罪。《民法通则》第94条规定：“公民、法人享有著作权（版权），依法有署名、发表、出版、获得报酬等权利。”④《工会法》规定：“在中国境内的企业、事业单位、机关中以工资收入为主要生活来源的体力劳动者和脑力劳动者，不分民族、种族、性别、职业、宗教信仰、教育程度，都有依法参加和组织工会的权利。任何组织和个人不得阻挠和限制。”⑤《劳动法》规定：“劳动者有权依法参加和组织工会。工会代表和维护劳动者的合法权益，依法独立自主地开展活动。”⑥

11. 选举、担任公职和参与决策的权利

中国《宪法》第2条规定：“中华人民共和国的一切权力属于人民。人民行使国家权力的机关是全国人民代表大会和地方各级人民代表大会。

---

① 《宗教事务条例》，2004年，中国政府网：http：//www.gov.cn/gongbao/content/2005/content_63293.htm。

② 《中华人民共和国宪法》，2004年，法律图书馆网：http：//www.law-lib.com/law/law_view.asp？id=82529。

③ 《中华人民共和国集会游行示威法》，1989年，中国人大网：http：//www.npc.gov.cn/wxzl/gongbao/1989-10/31/content_1481217.htm。

④ 《中华人民共和国民法通则》，1986年，法律图书馆网：http：//www.law-lib.com/law/law_view.asp？id=3633。

⑤ 《中华人民共和国工会法》，2001年，法律图书馆网：http：//www.law-lib.com/law/law_view.asp？id=16431。

⑥ 《中华人民共和国劳动法》，1994年，法律图书馆网：http：//www.law-lib.com/law/law_view.asp？id=255。

人民依照法律规定，通过各种途径和形式，管理国家事务，管理经济和文化事业，管理社会事务。”该法第34条规定：“中华人民共和国年满十八周岁的公民，不分民族、种族、性别、职业、家庭出身、宗教信仰、教育程度、财产状况、居住期限，都有选举权和被选举权；但是依照法律被剥夺政治权利的人除外。”[①]同时《选举法》第3条规定：“中华人民共和国年满十八周岁的公民，不分民族、种族、性别、职业、家庭出身、宗教信仰、教育程度、财产状况和居住期限，都有选举权和被选举权。依照法律被剥夺政治权利的人没有选举权和被选举权。”[②]《刑法》第256条规定了破坏选举罪，对破坏或妨害选民和代表自由行使选举权和被选举权的行为进行处罚。在保护公民担任公职的权利方面，《公务员法》对公务员的条件、录用程序和职务任免作出了规定。《全国人民代表大会和地方各级人民代表大会代表法》专门对人大代表的权利和人大代表履职时的法律保障作出了规定。《村民委员会组织法》规定，农村村民实行自治，由村民依法办理自己的事情，发展农村基层民主，维护村民的合法权益，村民基层民主的基本形式是村民委员会和村民大会。《居民委员会组织法》规定，在城市和乡镇，居民委员会和居民会议是居民参与公共事务的基本形式。居民委员会是居民自我管理、自我教育、自我服务的基层群众性自治组织。根据《立法法》第8条规定，对“公民政治权利的剥夺、限制人身自由的强制措施和处罚”只能由法律规定[③]。

12. 知情权与监督权

中国《宪法》第41条规定：“中华人民共和国公民对于任何国家机关和国家工作人员，有提出批评和建议的权利；对于任何国家机关和国家工作人员的违法失职行为，有向有关国家机关提出申诉、控告或者检举的权利，但是不得捏造或者歪曲事实进行诬告陷害。对于公民的申诉、控告或者检举，有关国家机关必须查清事实，负责处理。任何人不得压制和打

---

① 《中华人民共和国宪法》，2004年，法律图书馆网：http：//www.law - lib.com/law/law_ view.asp？id = 82529。

② 《中华人民共和国全国人民代表大会和地方各级人民代表大会选举法》，2010年，中国网：http：//www.china.com.cn/policy/txt/2010 - 03/15/content_ 19609023.htm。

③ 《中华人民共和国立法法》，2000年，中国政府网：http：//www.gov.cn/test/2005 - 08/13/content_ 22423.htm。

击报复。”[①]2010年修订的《保守国家秘密法》缩小了国家秘密的范围，并规定“法律、行政法规规定公开的事项，应当依法公开”[②]，为公民行使知情权和政府信息公开制度的建立和完善奠定了法律基础。《档案法》规定，各级各类档案馆保管的档案，应分期分批向社会开放。多部法律规定的公民监督权具体可分为批评、建议权，申诉、控告权和检举权三种基本类型。《立法法》规定应当保障人民通过多种途径参与立法活动。《环境保护法》规定：“公民、法人和其他组织依法享有获取环境信息、参与和监督环境保护的权利。”[③]《消费者权益保护法》规定：“消费者享有对商品和服务以及保护消费者权益工作进行监督的权利。消费者有权检举、控告侵害消费者权益的行为和国家机关及其工作人员在保护消费者权益工作中的违法失职行为，有权对保护消费者权益工作提出批评、建议。”[④]

## 四　特殊主体权利的法律保障

### 1. 妇女的权利

《妇女权益保障法》规定：“妇女在政治的、经济的、文化的、社会的和家庭的生活等各方面享有同男子平等的权利。实行男女平等是国家的基本国策。国家采取必要措施，逐步完善保障妇女权益的各项制度，消除对妇女一切形式的歧视。国家保护妇女依法享有的特殊权益。禁止歧视、虐待、遗弃、残害妇女。”[⑤]其中还对妇女的政治权利、文化教育权益、劳动和社会保障权益、财产权益、人身权益、婚姻家庭权益等作出了专门规定。多部法律有对妇女权利的特殊规定，《刑法》规定对审判时怀孕的妇女不适用死刑；《继承法》规定继承权男女平等；《土地承包经营法》

---

① 《中华人民共和国宪法》，2004年，法律图书馆网：http：//www. law - lib. com/law/law_ view. asp？ id = 82529。

② 《中华人民共和国保守国家秘密法》，2010年，中国网：http：//www. china. com. cn/policy/txt/2010 - 04/30/content_ 19938425. htm。

③ 《中华人民共和国环境保护法》，2014年，中国网：http：//www. gov. cn/xinwen/2014 - 04/25/content_ 2666328. htm。

④ 《中华人民共和国消费者权益保护法》，1994年，中国政府网：http：//www. gov. cn/banshi/2005 - 08/31/content_ 68770. htm。

⑤ 《中华人民共和国妇女权益保障法》，2005年，中国政府网：http：//www. gov. cn/banshi/2005 - 05/26/content_ 980. htm。

规定农村土地承包，妇女与男子享有平等的权利。承包中应当保护妇女的合法权益，任何组织和个人不得剥夺、侵害妇女应当享有的土地承包经营权。

2. 未成年人的权利

《未成年人保护法》规定："未成年人享有生存权、发展权、受保护权、参与权等权利，国家根据未成年人身心发展特点给予特殊、优先保护，保障未成年人的合法权益不受侵犯。未成年人享有受教育权，国家、社会、学校和家庭尊重和保障未成年人的受教育权。未成年人不分性别、民族、种族、家庭财产状况、宗教信仰等，依法平等地享有权利"①，并建立起了家庭保护、学校保护、社会保护和司法保护相结合的未成年人保护体系。

针对未成年人犯罪问题，《预防未成年人犯罪法》规定了对未成年人犯罪的教育预防、对不良行为的矫治和再犯罪的预防。《刑法》特别规定，已满十四周岁不满十六周岁的人，除 8 种严重犯罪以外不负刑事责任。已满十四周岁不满十八周岁的人犯罪，应当从轻或者减轻处罚。因不满十六周岁不予刑事处罚的，责令他的家长或者监护人加以管教；在必要的时候，也可以由政府收容教养。犯罪时不满十八周岁的，不适用死刑。在共同犯罪中规定"教唆不满十八周岁的人犯罪的，应当从重处罚"。《刑事诉讼法》专门规定了未成年人刑事案件诉讼程序。

3. 老年人的权利

《老年人权益保障法》规定："国家保障老年人依法享有的权益。老年人有从国家和社会获得物质帮助的权利，有享受社会服务和社会优待的权利，有参与社会发展和共享发展成果的权利。禁止歧视、侮辱、虐待或者遗弃老年人。"② 该法对家庭赡养和扶养、社会保障、社会服务、社会优待、宜居环境、参与社会发展等作出规定。《刑法》规定，审判时已满七十五周岁的人，不适用死刑，但以特别残忍手段致人死亡的除外；《民事诉讼法》规定，法院对追索赡养费、扶养费的案件，根据当事人的

---

① 《中华人民共和国未成年人保护法》，2006 年，中国政府网：http://www.china.com.cn/policy/txt/2006－12/30/content_7582808.htm。

② 《中华人民共和国老年人权益保障法》，2012 年，民政部网站：http://www.mca.gov.cn/article/zwgk/fvfg/shflhshsw/201302/20130200418213.shtml。

申请，可以裁定先予执行。

4. 残疾人的权利

《残疾人保障法》规定："残疾人在政治、经济、文化、社会和家庭生活等方面享有同其他公民平等的权利。残疾人的公民权利和人格尊严受法律保护。禁止歧视、侮辱、侵害残疾人。"① 并对残疾人的康复、教育、劳动就业、文化生活、福利、环境等问题作出规定。多部法律均有对残疾人权利的特殊规定，《刑事诉讼法》规定犯罪嫌疑人、被告人是盲、聋、哑人，没有委托辩护人的，人民法院、人民检察院和公安机关应当通知法律援助机构指派律师为其提供辩护；《教育法》规定国家扶持和发展残疾人教育事业。

5. 精神障碍患者的权利保障

精神障碍患者由于其特殊的精神障碍症状，特别容易受到歧视，其权利需要予以特殊保护。2012 年，全国人民代表大会常务委员会通过了《中华人民共和国精神卫生法》，规定精神障碍患者的人格尊严、人身和财产安全不受侵犯；精神障碍患者的教育、劳动、医疗以及从国家和社会获得物质帮助等方面的合法权益受法律保护；有关单位和个人应当对精神障碍患者的姓名、肖像、住址、工作单位、病历资料以及其他可能推断出其身份的信息予以保密；全社会应当尊重、理解、关爱精神障碍患者；任何组织或者个人不得歧视、侮辱、虐待精神障碍患者，不得非法限制精神障碍患者的人身自由；新闻报道和文学艺术作品等不得含有歧视、侮辱精神障碍患者的内容。精神障碍的诊断、治疗，应当遵循维护患者合法权益、尊重患者人格尊严的原则，保障患者在现有条件下获得良好的精神卫生服务。精神障碍的住院治疗实行自愿原则和尽可能限制非自愿医疗原则，禁止利用约束、隔离等保护性医疗措施惩罚精神障碍患者，医疗机构不得强迫精神障碍患者从事生产劳动。医疗机构应当为在家居住的严重精神障碍患者提供精神科基本药物维持治疗，社区康复机构应当为需要康复的精神障碍患者提供场所和条件，对患者进行生活自理能力和社会适应能力等方面的康复训练。精神障碍患者通过基本医疗保险支付医疗费用后仍

① 《中华人民共和国残疾人保障法》，2008 年，中国新闻网：http：//www. chinanews. com/gj/kong/news/2008/04 –24/1231112. shtml。

有困难，或者不能通过基本医疗保险支付医疗费用的，民政部门应当优先给予医疗救助。对符合城乡最低生活保障条件的严重精神障碍患者，民政部门应当会同有关部门及时将其纳入最低生活保障。①

中国人权保障的主要国家法律如表 6—2 所示：

表 6—2 涉及人权保障的国家法律

| 类别 | 权　利 | 相关法律 |
| --- | --- | --- |
| 公民权利和政治权利 | 生命、自由和人身安全的权利 | 《刑法》《民法通则》《刑事诉讼法》《治安管理处罚法》 |
| | 不受奴役的权利 | 《劳动法》 |
| | 不受酷刑的权利 | 《刑法》《刑事诉讼法》《监狱法》《国家赔偿法》 |
| | 人格权 | 《民法通则》《刑法》《治安管理处罚法》 |
| | 获得公正审判的权利 | 《刑法》《刑事诉讼法》《民事诉讼法》 |
| | 住宅和通信不受干涉的权利 | 《邮政法》《刑法》《刑事诉讼法》《治安管理处罚法》 |
| | 婚姻家庭权利 | 《民法通则》《婚姻法》 |
| | 私生活不受干涉的权利 | 《侵权责任法》 |
| | 财产权 | 《民法通则》《物权法》《著作权法》《专利法》《商标法》《继承法》《刑法》 |
| | 宗教自由权利 | 《刑法》 |
| | 言论自由权利 | 《民法通则》 |
| | 集会权利 | 《集会游行示威法》 |
| | 结社权利 | 《工会法》《劳动法》 |
| | 选举和参与决策的权利 | 《选举法》《全国人民代表大会代表和地方各级人权代表大会代表法》《村民委员会组织法》《居民委员会组织法》《刑法》《立法法》 |
| | 担任公职的权利 | 《公务员法》 |
| | 知情权与监督权 | 《保守国家秘密法》《档案法》《消费者权益保护法》 |

① 《中华人民共和精神卫生法》，2012 年，卫计委网站：http：//www. moh. gov. cn/zwgkzt/pfl/201301/20969fdf44934b86a0729fb4de33e1ff. shtml。

续表

| 类别 | 权利 | 相关法律 |
| --- | --- | --- |
| 经济、社会和文化权利 | 工作权 | 《劳动法》《劳动合同法》《就业促进法》《安全生产法》《职业病防治法》《矿山安全法》《海上交通安全法》《煤炭法》《工会法》 |
| | 基本生活水准的权利 | 《农业法》《产品质量法》《食品安全法》《刑法》 |
| | 社会保障权利 | 《社会保障法》《劳动法》 |
| | 健康权 | 《传染病防治法》《职业病防治法》《国境卫生检疫法》《母婴保健法》《献血法》《体育法》《食品安全法》《药品管理法》 |
| | 受教育权 | 《教育法》《义务教育法》《高等教育法》《职业教育法》《民办教育促进法》《教师法》《未成年人保护法》 |
| | 文化权利 | 《著作权法》《文物保护法》《非物质文化遗产法》 |
| | 环境权 | 《环境保护法》《环境影响评价法》《土地管理法》《渔业法》《可再生能源法》《水土保持法》《森林法》《野生动物保护法》《大气污染防治法》《水污染防治法》《节约能源法》《海洋环境保护法》《循环经济促进法》《城乡规划法》《刑法》《侵权责任法》《民法通则》 |
| 特定群体权利 | 妇女权利 | 《妇女权益保障法》《继承法》《土地承包经营法》 |
| | 儿童权利 | 《未成年人保护法》《预防未成年人犯罪法》 |
| | 老年人权利 | 《老年人权益保障法》 |
| | 残疾人权利 | 《残疾人权利保障法》 |
| | 精神障碍者权利 | 《精神卫生法》 |
| | 少数民族权利 | 《民族区域自治法》 |

资料来源：常健：《论人权保障的四类规范及其相互关系》，《现代法学》2015年第2期。

## 第三节　国务院法规和规章对人权的保障

在国务院及其各部委制定的行政法规中，也有许多保障人权的专门规定。自2011年以来，国务院先后通过了《国有土地上房屋征收与补偿条例》《拘留所条例》《女职工劳动保护特别规定》《无障碍环境建设条例》《环境规划影响评价条例》《自然灾害救助条例》《〈城市房屋拆迁管理条例〉细则》；修改了《工伤保险条例》《自然保护区条例》《中华人民共和国集会游行示威法实施条例》。

国务院制定的行政法规所涉及的人权保障如表6—3所示：

表6—3　　涉及人权保障的国务院行政法规

| 类别 | 权　利 | 行政法规名称 |
| --- | --- | --- |
| 公民权利和政治权利 | 生命、自由和人身安全的权利 | 《中华人民共和国道路交通安全法实施条例》《易制毒化学品管理条例》《烟花爆竹安全管理条例》《娱乐场所管理条例》《民用爆炸物安全管理条例》《大型群众性活动安全管理条例》《戒毒条例》《电力安全事故应急处置和调查处理条例》《拘留所条例》《铁路安全管理条例》 |
| | 获得公正审判的权利 | 《法律援助条例》 |
| | 通信不受干涉的权利 | 《中华人民共和国邮政法实施细则》 |
| | 财产权 | 《国有土地上房屋征收与补偿条例》 |
| | 宗教信仰自由 | 《宗教活动场所管理条例》《宗教事务管理条例》 |
| | 表达自由 | 《中华人民共和国电信条例》《互联网信息服务管理办法》《互联上网服务营业场所管理条例》《出版管理条例》 |
| | 结社自由 | 《社会团体管理登记条例》 |
| | 知情权与监督权 | 《政府信息公开条例》 |

续表

| 类别 | 权利 | 行政法规名称 |
| --- | --- | --- |
| 经济、社会和文化权利 | 工作权 | 《中华人民共和国矿山安全法实施条例》《煤矿安全监察条例》《使用有毒物品作业场所劳动保护条例》《安全生产许可证条例》《建设工程安全生产管理条例》《劳动保障监察条例》《生产安全事故报告和调查处理条例》《残疾人就业条例》《民用核安全设备监督管理条例》《职工带薪年休假条例》《中华人民共和国劳动合同法实施条例》《特种设备安全监察条例》《农业机械安全监督管理条例》《女职工劳动保护特别规定》 |
|  | 基本生活水准权利 | 《城镇供水条例》《城市居民最低生活保障条例》《住房公积金管理条例》《劳动保障监察条例》《农村五保供养工作条例》《乳品质量安全监督管理条例》《中华人民共和国食品安全法实施条例》 |
|  | 社会保障权利 | 《工伤保险条例》《失业保险条例》《社会保险费征缴暂行条例》 |
|  | 健康权 | 《放射性药品管理办法》《中华人民共和国传染病防治法实施条例》《医疗机构管理条例》《血液制品管理条例》《医疗用毒性药品管理办法》《医疗事故处理条例》《中华人民共和国药品管理法实施条例》《中华人民共和国中医药条例》《突发公共卫生事件应急条例》《乡村医生从业管理规定》《反兴奋剂条例》《病原微生物实验室生物安全管理规定》《疫苗流通和预防接种管理条例》《麻醉药品和精神药品管理条例》《艾滋病防治条例》《公共场所管理条例》《血吸虫病防治条例》《人体器官移植条例》《护士条例》《全民健身条例》《医疗器械监督管理条例》 |
|  | 受教育权 | 《普通高等学校设置暂行条例》《高等教育自学考试暂行条例》《幼儿园管理条例》《扫除文盲工作条例》《教学成果奖励条例》《残疾人教育条例》《教师资格条例》《中华人民共和国中外合作办学条例》《中华人民共和国民办教育促进法实施条例》《中华人民共和国学位条例》《校车安全管理条例》《教育督导条例》 |

续表

| 类别 | 权利 | 行政法规名称 |
| --- | --- | --- |
| 经济、社会和文化权利 | 文化权利 | 《合理化建议和技术改进奖励条例》《传统工艺美术保护条例》《中华人民共和国文物保护法实施条例》《国家科学技术奖励条例》《著作权集体管理条例》《信息网络传播权保护条例》《长城保护条例》《国家自然科学基金条例》《历史文化名城名镇保护条例》《广播电台电视台播放录音制品支付报酬暂行办法》《中华人民共和国专利法实施细则》《中华人民共和国著作权法实施条例》《计算机软件保护条例》 |
|  | 环境权 | 《水产资源繁殖保护条例》《海洋石油勘探开发环境保护管理条例》《防治陆源污染物污染损害海洋环境管理条例》《自然保护区条例》《中华人民共和国水污染防治法实施细则》《退耕还林条例》《医疗废物管理条例》《排污费征收使用管理条例》《地质灾害防治条例》《反射性同位素与射线装置安全与防护条例》《取水许可和水资源费征收管理条例》《全国污染源普查条例》《公共机构节能条例》《防治海洋工程建设项目污染损害海洋环境管理条例》《民用建筑节能条例》《规划环境影响评价条例》《放射性物品运输安全管理条例》《防治船舶污染海洋环境管理条例》《气象灾害防御条例》《消耗臭氧层物质管理条例》《废弃电器电子产品回收处理管理条例》《海洋倾废管理条例》《放射性废物安全管理条例》《危险化学品安全管理条例》《畜禽规模养殖污染防治条例》《城镇排水与污水处理条例》 |
| 特定群体权利 | 妇女的权利 | 《女职工劳动保护特别规定》 |
|  | 未成年人的权利 | 《禁止使用童工规定》 |
|  | 少数民族的权利 | 《实施〈中华人民共和国民族区域自治法〉若干规定》 |
|  | 残疾人的权利 | 《残疾人教育条例》《残疾人就业条例》《无障碍环境建设条例》 |

资料来源：常健：《论人权保障的四类规范及其相互关系》，《现代法学》2015年第2期。

## 第四节 地方法规和规章对人权的保障

近年来，中国对于人权保障的制度建设不断完善。特别是在国家层面上，随着《国家人权行动计划（2009—2010年)》的推出，人权保障事业获得了长足的进步。但是，国际社会由于对中国政府间纵向关系了解的不足，甚至在一定程度上的误解，特别是简单地讲中国的单一制与联邦制之间的区别与对立，认为中国的地方政府没有立法权，认为“职责同构”下的地方政府在人权保障上基本上是跟着中央走，长期忽视地方人大在人权保障中的积极推动作用。这既不客观，也不符合中国实践。实质上，中国人权事业的进步中，来自地方政府的自下而上的推动是不可忽视的力量。中国经济社会的发展之所以能够取得骄人的成绩，绝不仅仅是市场力量的单向行为，没有地方政府灵活高效的社会管理方式的积极支持是不可能取得的。全球化经济社会的开放式变革，促使地方政府不断改善经济社会权利的制度保障；日趋增长的地方公共财力，使地方政府拥有更强的能力来增加弱势群体和特定群体的权利救济。社会组织的崛起，更激发了地方政府立足本地实践提高治理水平的自觉行为。①

纵观改革开放以来，中国地方立法对于人权事业的推进，正是在“维护中央权威，尊重地方利益”，“充分发挥两个积极性”的处理中央与地方关系的基本原则下取得。中国的人权保障，不能单方面强调中央政府的积极性，还需要充分考虑中央与地方政府之间的“双向互动”：即一方面中央允许地方政府，特别是那些经济发达的沿海地区，在条件具备的前提下，可以进行创制性立法，先行先试，为随后的改革稳妥推进，提供“试验田”；另一方面，地方政府必须坚持“法制统一”，积极执行全国人大和中央政府的统一立法，推出具有地方特色的执行性地方性法规。地方性法规是中国特色社会主义法律体系的重要组成部分。改革开放以来，中国人权保障的立法恰是在中央与地方的双向互动中螺旋式上升，并取得长足的进步。

---

① 本节内容参见张志红：《地方立法与人权保障》，李君如主编《中国人权事业发展报告（2012年)》，社科文献出版社2012年版。该文是本课题研究的阶段性成果。

当然，不可忽视的是，地方政府在坚持“特殊性”的同时，对于全面推进人权事业进行了选择性立法和立法议程的优先排位。例如，地方财力支持力度不大，涉及面较小的法规优先改善；经济社会发展需求大，特别是支持经济发展的法规优先改善；中央先行立法的，地方优先制定执行性法规；受到政治制度框架压力较小的，地方可以适当优先创制立法。这些不仅仅是地方立法特点，更是影响地方推进人权保障的重要的因素。

## 一　地方立法的制度基础

由于中国幅员辽阔，地方差距较大，即使在高度强调权力集中的计划经济时代，毛泽东就曾在《论十大关系》中提出：“我们的宪法规定，立法权集中在中央。但是在不违背中央方针的条件下，按照情况和工作需要，地方可以搞章程、条例、办法，宪法并没有约束。我们要统一，也要特殊。为了建设一个强大的社会主义国家，必须有中央的强有力的统一领导，必须有全国的统一计划和统一纪律，破坏这种必要的统一，是不允许的。同时，又必须充分发挥地方的积极性，各地都要有适合当地情况的特殊。”① 这是在坚持全国统一性前提下，“中央立法”与“地方立法”的辩证统一。改革开放之后，随着国家对《地方组织法》《宪法》的修改以及经济特区改革试点的推出，地方先行立法层出不穷，对于人权保障的地方性法规不断推出，为之后的人权事业发展奠定了坚实的实践基础。2000年，《立法法》出台之后，从顶层设计上规定了地方立法的空间，规范了中央与地方立法的权力边界，实际上也推动了地方朝着特色立法和执行性立法的方面发展。

### （一）相关法律概念的厘清

第一，地方政府的含义。在中国语境下，地方政府不同于西方联邦制下的地方政府（local government）。根据中国宪法规定，地方政府是设立人民代表大会和人民政府的各个层级政府，包括省、自治区、直辖市、自治州、县、自治县、市、市辖区、乡、民族乡、镇等。实际上，中国地方政府是中央政府之下的所有层级政府统称为地方政府。

---

① 毛泽东：《论十大关系》，《人民日报》1976 年 12 月 26 日，中国网：http://club. china. com/data/thread/1011/2759/43/92/0_ 1. html。

本文所涉及到的地方政府是指拥有一般性地方立法权的地方政府。具体包括两个层面，一是由1982年版的《宪法》规定的省级政府立法权，即《宪法》第100条规定："省、直辖市的人民代表大会和它们的常务委员会，在不同宪法、法律、行政法规相抵触的前提下，可以制定地方性法规，报全国人民代表大会常务委员会备案。"①同时，在民族自治地方，《宪法》第116条规定："民族自治地方的人民代表大会有权依照当地民族的政治、经济和文化的特点，制定自治条例和单行条例。自治区的自治条例和单行条例，报全国人民代表大会常务委员会批准后生效。自治州、自治县的自治条例和单行条例，报省或者自治区的人民代表大会常务委员会批准后生效，并报全国人民代表大会常务委员会备案。"②

二是由《地方组织法》和《立法法》规定的"较大的市"立法权。1986年，修订的《地方组织法》增加了有关地方立法的新规定，即"省、自治区的人民政府所在地的市和经国务院批准的较大的市的人民代表大会根据本市的具体情况和实际需要，在不同宪法、法律、行政法规和本省、自治区的地方性法规相抵触的前提下，可以制定地方性法规。"③ 2000年出台的《立法法》在第63条规定："较大的市的人民代表大会及其常务委员会根据本市的具体情况和实际需要，在不同宪法、法律、行政法规和本省、自治区的地方性法规相抵触的前提下，可以制定地方性法规，报省、自治区的人民代表大会常务委员会批准后施行。"④这里的"较大的市"包括"省、自治区的人民政府所在地的市（27个），经济特区所在地的市（4个）和经国务院批准的较大的市（18个）"，所以，目前中国拥有地方立法权的"较大的市"共有49个⑤。

---

① 《中华人民共和国宪法》，1982年，全国人大网：http：//www. npc. gov. cn/wxzl/wxzl/2000 - 12/06/content_ 4421. htm。

② 同上。

③ 《中华人民共和国地方各级人民代表大会和地方各级人民政府组织法》，2004年，中国政府网：http：//www. gov. cn/flfg/2005 - 06/21/content_ 8297. htm。

④ 《中华人民共和国立法法》，2000年，中国政府网：http：//www. gov. cn/test/2005 - 08/13/content_ 22423. htm。

⑤ 经济特区所在的市（4个）：深圳、珠海、汕头、厦门；国务院批准的较大的市(18个)包括：唐山、大同、包头、大连、鞍山、抚顺、吉林、齐齐哈尔、青岛、无锡、淮南、洛阳、宁波、淄博、邯郸、本溪、苏州、徐州。

第二，地方立法。地方立法包括一般地方立法和特殊地方立法。本文研究范围为一般地方立法。所谓一般地方立法，是相对于特殊地方立法而言的地方立法。它是一般地方的有关国家政权机关，依法制定和变动效力可以及于本地范围的规范性法律文件活动的总称。它主要是从立法的特点和性质而不完全是从地理区域上对地方立法加以区分的一种概念。在中国现时期，除民族自治地方的自治立法、经济特区的授权立法、特别行政区立法外，所有地方立法都是一般地方立法。①

在现阶段，拥有地方立法权的地方可以制定地方性法规和地方政府规章。无论过去还是现在，地方都不能制定宪法、法律。

其中，地方性法规调整的范围包括：根据《立法法》第 64 条的规定，地方性法规可以就下列事项作出规定：（1）为执行法律、行政法规的规定，需要根据本行政区域的实际情况作具体规定的事项；（2）属于地方性事务需要制定地方性法规的事项；（3）除应当由法律规定的事项外，其他事项国家尚未制定法律或行政法规，根据本地方的具体情况和实际需要，可以制定地方性法规的事项。②

地方性规章调整的范围包括：根据《立法法》第 73 条的规定，地方政府规章所能规定的事项包括：（1）为执行法律、行政法规、地方性法规的规定需要制定规章的事项；（2）属于本行政区域的具体行政管理事项。③

综上所述，根据《立法法》和其他法律的规定，地方立法的空间可以概括为④：（1）执行性立法；（2）地方性事务立法；（3）先行性立法；（4）授权立法。前三种为一般性地方性法规的立法空间，第四种为特殊性地方性法规的立法空间。

### （二）单一制下赋予地方立法权的必要性

第一，赋予地方立法权是实现中央与地方合理分权的重要内容。1949

---

① 具体参见周旺生编写：《一般地方立法》，新华网：http：//news. xinhuanet. com/ziliao/2003 -08/21/content_ 1038087_ 2. htm。

② 《中华人民共和国立法法》，2000 年，中国政府网：http：//www. gov. cn/test/2005 -08/13/content_ 22423. htm。

③ 同上。

④ 杨寅：《论中央与地方立法权的分配与协调》，《法学》2009 年第 2 期。

年以来中国的中央与地方关系并不能简单地用高度集权来概括。1954 年之前，县级以上政府都有立法权。只是在 1955 年之后，地方政府的立法权被“一刀切”地收回。相关的探索并未终止。1956 年，毛泽东在《论十大关系》中明确提出“我们的国家这样大，人口这么多，情况这样复杂，有中央和地方两个积极性，比只有一个积极性好得多。”①改革开放初期，邓小平就明确提出将“权力要下放，解决中央和地方的关系”② 作为中国政治体制改革的主要内容之一。改革开放以来，向地方适当分权是改革的一项重要内容。实际上，中国实践也充分借鉴联邦制下的权力制约机制，有效调动了地方立法的主动性以及责任性，使地方依法具有更多的立法自主权，这恰恰是中国经济得以超常发展的关键所在，恰恰是中国在社会变革时期以较小的投入和代价赢得快速发展的重要保证。可以这样说，没有分权就没有改革的成功。③

第二，赋予地方立法权是对地方利益的充分尊重。1988 年 9 月 26 日，中共中央十三届三中全会报告指出：“近几年来，中央把一部分权力下放给地方，调动了地方的积极性，这是正确的。今后，中央仍然将尊重和照顾地方的利益。”④“尊重”概念的提出，表明在中央与地方的关系上，地方已经由单一的国家权力“客体”、“导体”的地位，成为了国家权力体系中的一种与中央相互作用的“主体”。这和过去常用的“让”、“给予”、“允许”地方如何如何，显然是不同的。⑤ 相比较于中央政府，地方政府能够更好地了解当地居民的需要，拥有制定与本地事务相关的规章制度，能够更好地体现地方的特殊性利益，当然这个特殊性利益是在与中央统一利益不违背的前提下。特别是在中国区域发展差距较大，地方发展不平衡的前提下，“一刀切”式的统一立法必将严重阻碍社会的发展。允许地方政府在不违背中央立法的前提下，先行立法，本身既是实事求是

① 毛泽东：《论十大关系》，《人民日报》1976 年 12 月 26 日，中国网：http://club. china. com/data/thread/1011/2759/43/92/0_ 1. html。

② 邓小平：《邓小平文选》第二卷，人民出版社 1994 年版，第 177 页。

③ 徐向华：《论中央与地方的立法权力关系》，《中国法学》1997 年第 4 期。

④ 《在中国共产党第十三届中央委员会第三次全体会议上的报告》，1988 年 9 月 26 日，人民网：http://www. people. com. cn/GB/shizheng/252/5089/5105/5186/20010430/456364. html。

⑤ 朱光磊：《当代中国政府过程》（第三版），天津人民出版社 2008 年版，第 265 页。

的体现，同时也是对于不同发展阶段的地方政府特殊利益的充分尊重。

第三，赋予地方立法权能够有利于制约“条条”。长期以来，特别是在计划经济时代，中国的“条条专政”一直是条块关系的核心。随着市场经济的纵深发展，制约经济发展的专业经济管理的“条条”开始消融，但是传统的社会管理方面的“条条管理”依然存在。国家通过立法允许地方政府可以就地方性事务进行立法，其核心在于在坚持“法制统一”的前提下，通过多层次的地方立法实现对于“条条管理”的有效制约。

（三）地方立法对人权保障的重要促进作用

地方立法对于人权保障的意义主要体现在以下几个方面：

第一，地方立法积极回应经济发展对于人权保障的要求，为全国性立法提供先行经验。

在改革开放初期，中央政府给予经济特区的主要是“政策照顾”，尽管特区是为了促进经济发展，侧面推动了涉及经济社会发展方面的人权保障的制度建设，实质上为中央下一步改革提供了宝贵的经验。以 1980 年深圳市的劳动用工制度改革为例，通过打破“铁饭碗”，破除“干好干坏一个样”，全面提高了劳动者的劳动积极性，剔除了身份制对于劳动者的制约。1986 年 8 月，中央政府总结了深圳、珠海等经济特区的经验和做法，由国务院发布了改革劳动制度四个规定，在国家政策层面上确定了劳动合同制度和相关配套制度。再比如，在全国进行劳动合同法的修订之前，以上海和北京为例的 9 个地方已经先行修订，包括劳动合同试用期的限制性规定、劳动者经济补偿金的数额规定等，一些好的立法经验被充分吸收到了全国性立法中。

第二，地方立法确保人权保障制度更加具有操作性和实效性。

执行性立法是地方立法的重要内容，地方立法在坚持法制统一性原则的前提下，充分发挥地方立法方面的主观能动性，有的放矢，立足于本地经济社会发展的实际，根据地方民主与法制建设的客观需要，确保人权保障朝着操作化和实效性的发展，是将原则化的全国性立法变为具体实践的过程。例如在新修改的《中华人民共和国残疾人保障法》中规定，“康复工作应当从实际出发，将现代康复技术与中国传统康复技术相结合；以社区康复为基础，康复机构为骨干，残疾人家庭为依托；以实用、易行、受益广的康复内容为重点，优先开展残疾儿童抢救性治疗和康复”，地方政府在执行这个法律的同时将其具体化和操作化，确保人权保障能够切实有效地开展。例如河北省提出对新生儿可能致残病种筛查施行免费制度，所需费用由同级财政负担；辽宁省提出对六周岁以下残疾儿童免费提供抢救性康复。这些从财力保障到具体年龄的规定，将“优先开展残疾儿童抢救性治疗和康复”中的“优先性”体现出来。

第三，地方立法能够及时有效回应基层社会对于人权保障的改善需求。

针对地方事务的错综复杂，地方人大回应社会需求，积极推动地方性创新立法，为社会管理和人权保障提供切实有效的重要措施或手段，在实现有法可依的基础上，实现管理效能的最优化。例如自 2009 年开始，上海市人大常委会将每件提交审议的法规草案在媒体上公布，广泛征求市民意见。就《上海市中小学校学生伤害事故处理条例》《上海市养犬管理条例》等关乎社会领域的法规召开了听证会，公众之间的相互说服，减轻了立法者的外在压力，在各方充分博弈的基础上，更有利于形成合理的地方性法规。上海市的实践价值，不仅仅在于回应，更在于在这个立法的过程中，充分尊重公民的政治参与权，通过公共领域的集体辩论，驱使地方立法更加理性和现实。①

## 二 改革开放以来地方立法对人权保障的推进及其特点

改革开放以来，中国地方立法在人权立法方面取得了长足的进步，正如李君如所讲，“改革开放 30 年，经济、科技、教育、文化、政治等体制改革以及和谐社会建设、党内民主建设等都极大地推进了中国人权事业的发展，实现了中国历史上第二次人权大解放。”② 应当承认，在中央政府的积极推动下，地方立法在人权保障的推进作用逐步加强。尽管在某些方面，可能地方政府作为的空间还不大，但是在涉及地方经济社会发展需要的人权保障立法方面，地方政府不仅仅满足于执行性立法，而是更多地开始创制性立法。在积极推进人权保障方面，地方立法呈现出以下特征：

---

① 许晓青：《社会领域立法仍是地方立法的“短板”，刘云耕指出可采用回应民意型的立法模式》，《法制日报》2011 年 5 月 18 日第 3 版。

② 李君如：《中国人权事业有其自身特点》，2008 年 4 月 21 日，新华网：http://news.xinhuanet.com/newscenter/2008-04/21/content_8021270.htm。

第一，地方立法在执行性立法方面从千法一面到结合实际进行创新。

例如，在保障公民宗教信仰自由方面，各省份的相关立法工作早在20世纪90年代已经陆续开始，主要以《宗教事务条例》或《宗教活动场所管理规定》为主。在2003—2009年间，许多省份又进行了相关法规的修订工作，比如：河北、山西、上海、四川、浙江、重庆、北京、陕西、湖北、江苏等相继制定了本地的《宗教事务条例》。这些修订根据社会发展和本地特色，突出了地方性的创新。以《江苏省宗教事务条例》（2009）为例，在立法中，充分考虑了宗教教职人员的积极性和主动性，针对江苏省宗教界人士参保比例不高的状况，新《条例》增设了一个倡导性的条款："符合参加省社会保障基本条件的宗教教职人员和宗教团体专职工作人员，依法参加社会保险。宗教团体、宗教活动场所和宗教院校应当支持宗教教职人员和专职工作人员依法参加社会保险。"同时，新《条例》对需要行政审批的对象和范围作了必要的限制，以方便宗教界人士过宗教生活。原《条例》第19条规定"凡是大型宗教活动都必须报宗教事务部门和公安部门批准"。新《条例》则规定"在宗教活动场所外举办大型宗教活动"或者"跨设区的市、跨县（市、区）举办超过宗教活动场所容纳规模的大型宗教活动，应当分别按管辖权限报上一级宗教事务部门审批。"① 该条例的实施，有效保护了信教群众的权利，推动了宗教组织的合法有序的发展。

第二，在人权保障方面，地方立法逐渐从被动立法向主动立法转变。

这个特点在残疾人权益保障方面，显得尤为突出。随着1991年《中华人民共和国残疾人保障法》的出台，有关残疾人权利保障的地方性法规大多以20世纪90年代修订的居多。2000—2002年期间，只有少数省份修订了《残疾人保障法》实施办法，比如：天津市（2000）、重庆市（2000）和浙江省（2002）等相继修订了这方面的地方性法规。之后，内蒙古（2004）、江西（2004）、贵州（2005）等修订了实施办法。2009年之后，地方主动立法逐步体现出来。例如浙江省推出了全国首个省级人大常委会以《条例》的形式颁布的保障残疾人权益的地方性法规。浙江省

---

① 《解读〈江苏省宗教事务条例〉修正案》，中国民族宗教网：http：//www.mzb.com.cn/html/report/96266－1.htm。

在残疾人政治权利、康复、教育、劳动就业、文化生活、社会保障和无障碍环境等方面作了不少创新性规定，体现了“残疾人在政治、经济、文化、社会和家庭生活等方面享有同其他公民平等的权利”。例如在确保残疾人的劳动权利方面，条例还专门作了法律责任的规定，对逾期不缴纳残疾人就业保障金的，由财政部门责令限期缴纳，并从欠缴之日起按日加收千分之五的滞纳金，逾期不履行缴纳决定的，财政部门应当依法申请人民法院强制执行。规定之细微，彰显了地方政府的人权立法的实效性。

例如在防治传染病方面，内蒙古在 2001 年就出台了《内蒙古自治区地方病防治条例》，青海省在 2003 年出台《青海省地方病防治条例》，浙江省和云南省在 2006 年分别出台了《浙江省艾滋病防治条例》和《云南省艾滋病防治条例》，云南省在 2009 年还针对职业病出台了《云南省职业病防治条例》。从上述描述可以看出，由于内蒙古及青海等省份自然环境及地理位置的特殊性造成这些地方地区病很常见，所以这些地区对地方病的预防及治疗比较重视，相关法规也比较完善。再加之传染病的危害较大，也极易引起民众的恐慌，所以地方政府比较重视，充分显示了地方政府在人权保障方面的主动性和地方特色。

此外，地方政府也在逐步加大对基本医疗设施及公共卫生体系的关注，如 2003 年山西省的《山西省初级卫生保健条例》，吉林省的《吉林省全民健身条例》，浙江省的《浙江省爱国卫生促进条例》、《浙江省全民健身条例》，四川省的《四川省全民健身条例》等。

第三，地方创制性立法中积极先行先试，推进人权保障。

在妇女权利保护方面，防止家庭暴力也首先开始于地方。2000 年 3 月，湖南省出台的全国第一部反家庭暴力的地方性法规《湖南省预防和制止家庭暴力的决议》，开启了家庭暴力问题进入法律领域的大门。2001 年修改的《中华人民共和国婚姻法》，则首次以国家法律的形式明确规定了家庭暴力问题，从此“家庭暴力”这一概念正式成为了一个法律概念。此项法律突破了中国传统家庭观念的束缚，明确了政府在保护妇女权利中的职责，意义深远。这也充分显示了地方人权保障对中央立法的先行先试的探索意义。

以《辽宁省老年人权益保障条例》为例，首次提出了“精神慰藉”，条例的第 31 条：“赡养人应当履行对老年人的精神慰藉义务，与老年人不在一起居住的，应当经常问候、看望。”① 虽然，这条规定实施、监管起来有些困难，并没有真正解决“空巢老年人”的精神需求，但是问题的提出本身就是对于老年人权益保障的积极探索。

此外，在公民的受教育权利方面，在中央政府的支持下，义务教育真正实现了“义务”，一些教育大省如辽宁、吉林、浙江和山东相继修订了《义务教育条例》，条例的实施，加强了对于进城务工子女、农村学生和残疾学生等特定群体的免费教育，明确政府的财政支持。以山东为例，在条例中，甚至增加了不得区分重点与非重点、在职教师不得从事有偿补习、不得组织学生进行商演的规定，这些都是社会反响强烈的教育问题，地方政府直面社会需求的立法值得肯定，但这只是权利保护的一小步，如何确保执行到位则是关键的一大步。

第四，在人权保障方面，地方立法具有“纵横多向互动式”的政策扩散特点。

政策扩散指的是“一个地方政府的选择将影响到其他政府选择的这样一个相互作用相互依赖的过程”②；在地方政府之间的互动与交流过程中，如果某个地方政府采纳了一项政策，那么其他地方政府就会更倾向于采纳这项政策。③ 在人权保障方面，地方立法进程恰恰体现出强烈的“政策扩散”特征，并且具有中国特色，即体现出中央与地方之间的纵向互动和地方之间的横向互动结合的特征。

一方面，中央与地方之间的互动体现为，地方在执行中央法律的过程中创新，推动中央相关法律的修订，并且由此推动地方新一轮的制度创新。例如在保障公民工作权利方面，各地都加大力度促进就业和再就业，充分保障劳动者的合法权益。特别是在《劳动合同法》的制定过程中，实现了中央与地方的双向互动式立法。早在 2002 年，北京、上海都颁布施行各自新的《劳动合同法》，《北京市劳动合同规定》与

① 《辽宁省老年人权益保障条例审议通过，将惠及 631 万老年人》，2008－08－07《法制日报》。

② D. Braun & F. Gilardi, 2006. Taking Galton’s Problem Seriously: Toward a Theory of Policy Diffusion, Journal of Theoretical Politics 18 (3).

③ F. J. Boehmke & R. Witmer, 2004. Disentangling Diffusion: The Effects o f Social and Economic Competitionon State Policy Innovation and Expansion, Political Research Quarterly 57 (1).

《上海市劳动合同条例》，尽管南北两地的特色各有不同，但是都对2007年国家出台《中华人民共和国劳动合同法》产生了重要影响。例如，在劳动关系的解除方面，北京市非常明显提高了解除合同的门槛，在《北京市劳动合同规定》中第33条关于单位解除劳动合同的限制性条款有九项之多，比国家的劳动基准多出5项，尤为突出的是增加了“10+5”（在同一单位连续工作满10年以上，且距法定退休年龄5年以内，不得解除劳动合同）的规定。到了《劳动合同法》出台则增加为“15+5”，即“在本单位连续工作满十五年，且距法定退休年龄不足五年”的不得解除合同。

2007年《劳动合同法》出台之后，各地也根据自己的实际情况出台了相关法规，促进就业、保护劳动者权益的法规如雨后春笋，如《上海市集体合同条例》（2007），《吉林省劳动合同条例》（2007），《江西省就业促进条例》（2009），《山东省就业促进条例》（2009），《宁夏回族自治区创业与就业促进条例》（2009），《河南省就业促进条例》（2009），《吉林省就业促进条例》（2009），各地对就业及劳动者具体权利都提上制度构建的日程，不再局限于一些经济发达省市，从东部省市到中部到西部，从北方省市到南方省市，从沿海省市到内陆省市都逐渐关注保障劳动者的基本权利。从中可以看出，尽管是地方的执行性立法，仍然可以在执行中提出不同发展阶段的需求，为中央立法探索新思路，切实推进人权保障。

另一方面，地方立法人权保障制度构建的“条块”特点非常明显，一是要咨询相关部门的意见；二是相互借鉴兄弟省份的先行经验，三是广泛接受社会公开意见，结合本地经验立法①。其中，借鉴其他地方的先行经验，既是政策学习，也是政策扩散，更是政策创新的过程。例如妇女权利保护方面，在2009年之前有2/3以上的省份修订了《妇女权益保障法》实施办法，重庆还推出了《妇女权益保障条例》，在充分借鉴四川等14个省份地方性法规对性骚扰的规定的基础上，对性骚扰作出了明确定义，即不得违背妇女意志，以带有性内容或与性有关的语言、文字、图

① 具体参见何青枚：“《重庆市信访条例》5月1日实施　禁止六种过激信访行为”，2009年4月29日华龙网。

片、声像、电子信息或肢体行为等形式，对妇女实施性骚扰。受到侵害的妇女可借此条款向法院提起相关诉讼。[①] 地方政府之间的借鉴学习，也是推动地方政府在人权保障中不断创新的外在动力之一。

### 三　地方人权法规和规章对人权的保障

地方立法是人权法律保障的一个重要方面。现行《宪法》第 100 条规定："省、直辖市的人民代表大会和它们的常务委员会，在不同宪法、法律、行政法规相抵触的前提下，可以制定地方性法规，报全国人民代表大会常务委员会备案。"1986 年修订的《地方组织法》进一步规定："省、自治区的人民政府所在地的市和经国务院批准的较大的市的人民代表大会根据本市的具体情况和实际需要，在不同宪法、法律、行政法规和本省、自治区的地方性法规相抵触的前提下，可以制定地方性法规。"[②]2000 年通过的《立法法》第 63 条规定："较大的市的人民代表大会及其常务委员会根据本市的具体情况和实际需要，在不同宪法、法律、行政法规和本省、自治区的地方性法规相抵触的前提下，可以制定地方性法规，报省、自治区的人民代表大会常务委员会批准后施行。"[③]

#### （一）经济、社会和文化权利的保障

##### 1. 工作权

在就业促进方面，继山东省制定全国第一部就业促进地方性法规后，各地相继出台相关法规。在保障安全卫生和工作方面，以上海市为例，上海市颁布了《女职工劳动保护办法》《工厂企业重大工伤事故调查处理的规定》《职业病防治条例》等多部法规和规章。在获得公平报酬方面，各地均颁布了劳动合同条例及实施细则，保障劳动者的合法权益。在休息权方面，多个少数民族地区按照《全国年节及纪念日放假办法》的规定，根据本民族习惯制定放假办法，如广西壮族自治区《少数民族习惯节日放假办法》规定，"壮族三月三"是本自治区少数民族习惯节日，本自治

---

① 《重庆妇女权益保障条例通过：讲荤段子属性骚扰》，2008－09－27《重庆晚报》。

② 《中华人民共和国地方各级人民代表大会和地方各级人民政府组织法》，2004 年，中国政府网：http：//www.gov.cn/flfg/2005－06/21/content_ 8297.htm。

③ 《中华人民共和国立法法》，2000 年，中国政府网：http：//www.gov.cn/test/2005－08/13/content_ 22423.htm。

区内全体公民放假 2 天。新疆维吾尔自治区《少数民族习惯节日放假办法》规定，肉孜节全区各族干部职工放假一天；古尔邦节全区各族干部职工放假 3 天。

2. 基本生活水准和社会保障的权利

地方政府根据本地区经济发展水平制定了最低生活保障办法及实施细则；制定了有关廉租房等保障基本住房的法规和规章，如北京市《城市廉租住房管理办法》、天津市《基本住房保障管理办法》等；制定了大量有关食品安全的管理法规和规章，如北京市《食品安全条例》、河北省《食品安全监督管理办法》等；制定了饮用水管理的法规和规章，如北京市《生活饮用水卫生监督管理条例》、上海市《生活饮用水卫生监督管理办法》等；各地还制定了有关社会保障的法规和规章，如上海市颁布了《职工基本医疗保险办法》《城镇生育保险办法》《农村社会养老保险办法》《城镇职工养老保险办法》《工伤保险实施办法》《失业保险办法》等。

3. 健康权

各地均制定了大量有关医疗卫生的地方性法规和政府规章。以上海市为例，上海市制定了《职业病防治条例》《精神卫生条例》《艾滋病防治办法》《发展中医条例》《献血条例》《母婴保健条例》等多部地方性法规，保障公民的医疗卫生权利。

4. 受教育权

各地均制定教育地方性法规和政府规章，保障公民的受教育权。上海市《终身教育促进条例》《中小学学籍管理办法》《政府助学奖学金管理办法》《教学成果奖励办法》《教育督导规定》等多部法规和规章，最为典型。

5. 文化权利

各地均出台了有关出版、广播电影电视、互联网、文化基础设施建设方面的地方性法规和规章，制定《科学技术奖励办法》，以保障公民参加文化活动的权利；制定保障本地公共文化产品和服务供给的地方性法规和规章，使公民充分享受文化发展利益，北京市《图书馆条例》，上海市《公共文化馆管理办法》《公共图书馆管理办法》等；多个地方出台有关著作权保护的地方性法规和规章，广西壮族自治区

《著作权管理条例》、山东省《著作权保护条例》、安徽省《著作权管理办法》、上海市《著作权管理若干规定》等。在集体文化权利方面，各地有传统工艺美术保护办法，根据本地实际情况出台有关文物保护的地方性法规和政府规章，如上海市《文物保护条例》、吉林省《文物保护管理条例》、山东省《文物保护条例》、福州市《海域水下文物保护若干规定》等。

6. 环境权

地方政府制定了大量保障环境权的地方性法规和规章，涉及污染治理、节能减排、危险品管理、自然保护区管理、环境综合治理等方面。以上海市为例，上海市制定了《环境保护条例》《社会生活噪音污染防治办法》《危险废物污染防治法》《建筑节能减排管理办法》《长江口中华鲟自然保护区管理办法》等。

（二）对公民权利与政治权利的保障

1. 生命和人身安全的权利

在保护公民生命和人身安全方面，各地均制定了多部地方性法规和地方政府规章，涉及安全生产、消防、道路交通、食品安全、治安管理、应急管理等多方面。以北京市为例，政府颁行了《食品安全条例》《消防条例》《安全生产条例》《校车安全管理暂行规定》《建设工程施工现场管理办法》等地方性法规。

2. 获得公正审判的权利

各地通过《法律援助条例》规范法律援助活动。一些地方相继出台保障律师权利的规章，如浙江省《关于刑事诉讼中充分保障律师执业权利的若干规定》、四川省《关于保障和规范律师在刑事诉讼中依法执业的暂行办法》、湖南省《关于保障律师在刑事诉讼中依法执业的若干规定》等。

3. 迁徙择居的权利

各地根据本地情况制定了户籍管理法规和规章，管理本地常住人口和外来人员，并逐步制定和改革户籍管理制度。如广东省公安厅《关于我省进一步改革户籍管理制度的意见》规定按照实际居住地登记户口的原则，取消农业户口、非农业户口、自理口粮户口及其他类型的户口性质，省内、省级户口迁移也不再具有户口性质的区别。浙江省公安厅

《关于进一步深化户籍管理制度改革意见》规定县（市、区）及以下地区统一实行按居住地登记户口的管理制度；婚姻关系确立后一方可将户口迁至配偶常住户口所在地；进一步放宽大中城市购房、投资、纳税的落户标准；凡在大中城市工作并居住，具有一定学历、专业技术职务、拥有发明专利人员及其共同居住生活的配偶和未成年子女，可在该城市落户。

4. 财产权

针对社会普遍关注的住房问题，各地根据本地实际情况制定《国有土地上房屋征收与补偿实施细则》《房地产登记条例》《住宅物业管理规定》等多部法规和规章，规范和调整房地产业。

5. 宗教信仰、发表意见的权利

各地制定《宗教事务管理条例》保护宗教信仰自由，还有一些具体的法规和规章，如上海市《宗教印制品管理办法》，天津市《宗教活动场所管理办法》、《教职人员管理办法》等。

多个地方已经或正在制定相应的法规和规章，对公民发表意见，尤其是通过电子出版物等新兴媒介行使权利的行为进行规范和调整。如上海市《出版物发行管理条例》、北京市《电子出版物经营管理暂行规定》、天津市《电子出版物管理条例》、山东省《电子出版物管理办法》、福建省《图书书刊出版管理条例》、辽宁省《出版管理规定》、河北省《图书书刊出版管理条例》等。

6. 选举、担任公职和参与决策的权利

颁布区县乡镇各级人大代表选举实施细则，完成城乡同比例选举的改革工作。制定一系列关于公职人员选拔、录用程序、任免等方面的法规和规章。如上海市制定《罢免和补选各级人民代表大会代表程序的规定》《人民代表大会常务委员会任免国家机关工作人员条例》《事业单位人事争议处理办法》《党政领导干部选拔任用工作监督检查办法（试行）》《县级以上地方各级人民政府任免工作人员暂行办法》等法规和规章。

地方政府制定《村民委员会组织法》和《居民委员会组织法》的实施办法，用于保护公民参与决策的权利。如安徽省颁布《关于在村民委员会换届选举中推进“三项制度”改革的指导意见》，试行观察员制度、

“一票制”选举制度和定岗选举制度三项改革试点。广东省修订《村民委员会选举办法》新增村民委员会成员应当至少有一名妇女、建立村民委员会选举观察制度和重大事项报告制度等规定。

7. 知情权与监督权

各地依据国务院《政府信息公开条例》制定了本地《政府信息公开规定》。地方政府还制定地方法规和规章保障公民监督权，主要涉及消费者权益保护、城乡建设、环境保护、市场监管等。

（三）特殊主体的权利

各地均有颁行《妇女权益保护条例》《〈中华人民共和国妇女权益保障法〉实施办法》，印发“十二五”妇女发展规划，以及各地的《女职工劳动保护办法》。

18个省（区、市）完成了保护未成年人地方性配套法规的修订工作，安徽省、广东省、云南省、上海市制定了预防青少年违法犯罪的地方性法规，多个省市出台《〈中华人民共和国预防未成年人犯罪法〉实施办法》。有部分省份在新修订《未成年人保护条例》时进行了新的尝试，上海市《未成年人保护条例》中增加了校车和校服的规范管理、培训机构的安保责任、父母或者其他监护人应当避免让学龄前儿童独处等多处内容。浙江省《未成年人保护条例》不鼓励未成年人参与抢险救灾，并建立未成年人轻罪记录消灭制度。

为保障老年人权益，地方政府制定了城乡养老保险制度的法规和规章，如北京市《基本养老保险规定》，上海市《城镇职工养老保险办法》、《农村社会养老保险办法》。

在残疾人权利保障方面，地方政府制定的专门性法规和规章分别涉及残疾人优待、无障碍设施建设、就业等方面，如云南省《残疾人优待规定》、广东省《扶助残疾人办法》、天津市《对残疾人实行扶助的若干规定》、广东省《无障碍设施建设管理规定》、上海市《无障碍设施建设和使用管理办法》；上海市《残疾人分散安排就业办法》、浙江省《残疾人就业办法》。

各地制定的人权保障地方性法规如表6—4所示。

表 6—4　　涉及人权保障的地方法规

| 类别 | 权　利 | 各地相关法规（例） |
| --- | --- | --- |
| 公民权利和政治权利 | 生命、自由和人身安全的权利 | 北京市《食品安全条例》、《消防条例》、《安全生产条例》 |
| | 获得公正审判的权利 | 各地《法律援助条例》 |
| | 财产权 | 各地《国有土地上房屋征收与补偿实施细则》、《房地产登记条例》、《住宅物业管理规定》 |
| | 宗教自由权利 | 各地《宗教事务管理条例》 |
| | 言论自由权利 | 上海市《出版物发行管理条例》、天津市《电子出版物管理条例》、福建省《图书书刊出版管理条例》、河北省《图书书刊出版管理条例》 |
| | 选举和参与决策的权利 | 上海市《罢免和补选各级人民代表大会代表程序的规定》、《人民代表大会常务委员会任免国家机关工作人员条例》，各地《村民委员会组织法实施办法》、《居民委员会组织法实施办法》，如广东省《村民委员会选举办法》 |
| | 担任公职的权利 | 各地《县级以上地方各级人民政府任免工作人员暂行办法》 |
| 经济、社会和文化权利 | 工作权 | 上海市《职业病防治条例》 |
| | 基本生活水准的权利 | 北京市《食品安全条例》、《生活饮用水卫生监督管理条例》 |
| | 健康权 | 上海市《职业病防治条例》、《精神卫生条例》、《艾滋病防治办法》、《发展中医条例》、《献血条例》、《母婴保健条例》 |
| | 受教育权 | 上海市《终身教育促进条例》 |
| | 文化权利 | 北京市《图书馆条例》、广西壮族自治区《著作权管理条例》、山东省《著作权保护条例》、上海市《文物保护条例》、吉林省《文物保护管理条例》、山东省《文物保护条例》 |
| | 环境权 | 上海市《环境保护条例》 |

续表

| 类别 | 权　利 | 各地相关法规（例） |
| --- | --- | --- |
| 特定群体权利 | 妇女权利 | 各地《妇女权益保护条例》、《〈中华人民共和国妇女权益保障法〉实施办法》 |
| | 儿童权利 | 各地《未成年人保护条例》、《〈中华人民共和国预防未成年人犯罪法〉实施办法》，《预防未成年人犯罪条例》 |

资料来源：常健：《论人权保障的四类规范及其相互关系》，《现代法学》，2015年第2期。

各地政府制定的人权保障的地方规章如表6—5所示：

**表6—5　　涉及人权保障的地方规章**

| 类别 | 权 利 | 各地相关规章（例） |
| --- | --- | --- |
| 公民权利和政治权利 | 人身安全权利 | 北京市《校车安全管理暂行规定》、《建设工程施工现场管理办法》 |
| | 获得公正审判的权利 | 浙江省《关于刑事诉讼中充分保障律师执业权利的若干规定》、四川省《关于保障和规范律师在刑事诉讼中依法执业的暂行办法》、湖南省《关于保障律师在刑事诉讼中依法执业的若干规定》 |
| | 迁徙择居的权利 | 广东省公安厅《关于我省进一步改革户籍管理制度的意见》、浙江省公安厅《关于进一步深化户籍管理制度改革意见》 |
| | 宗教自由权利 | 上海市《宗教印制品管理办法》，天津市《宗教活动场所管理办法》、《教职人员管理办法》 |
| | 言论自由权利 | 北京市《电子出版物经营管理暂行规定》、山东省《电子出版物管理办法》、辽宁省《出版管理规定》 |
| | 选举权 | 安徽省《关于在村民委员会换届选举中推进“三项制度”改革的指导意见》 |
| | 知情权与监督权 | 各地《政府信息公开规定》 |

续表

| 类别 | 权　利 | 各地相关规章（例） |
|---|---|---|
| 经济、社会和文化权利 | 工作权 | 上海市《女职工劳动保护办法》、《工厂企业重大工伤事故调查处理的规定》，各民族自治地区制定的《少数民族习惯节日放假办法》 |
| | 基本生活水准权利 | 北京市《城市廉租住房管理办法》、天津市《基本住房保障管理办法》、河北省《食品安全监督管理办法》、上海市《生活饮用水卫生监督管理办法》 |
| | 社会保障权利 | 上海市《职工基本医疗保险办法》、《城镇生育保险办法》、《农村社会养老保险办法》、《城镇职工养老保险办法》、《工伤保险实施办法》、《失业保险办法》 |
| | 受教育权 | 上海市《中小学学籍管理办法》、《政府助学奖学金管理办法》、《教学成果奖励办法》、《教育督导规定》 |
| | 文化权利 | 上海市《公共文化馆管理办法》、《公共图书馆管理办法》、《著作权管理若干规定》，安徽省《著作权管理办法》，福州市《海域水下文物保护若干规定》 |
| | 环境权 | 上海市《社会生活噪音污染防治办法》、《危险废物污染防治法》、《建筑节能减排管理办法》、《长江口中华鲟自然保护区管理办法》 |
| 特定群体权利 | 妇女权利 | 各地《"十二五"妇女发展规划》、《女职工劳动保护办法》 |
| | 老年人权利 | 北京市《基本养老保险规定》，上海市《城镇职工养老保险办法》、《农村社会养老保险办法》，各地《老年人优待规定》 |
| | 残疾人权利 | 云南省《残疾人优待规定》、广东省《扶助残疾人办法》、天津市《对残疾人实行扶助的若干规定》、广东省《无障碍设施建设管理规定》、上海市《无障碍设施建设和使用管理办法》；上海市《残疾人分散安排就业办法》、浙江省《残疾人就业办法》 |

资料来源：常健：《论人权保障的四类规范及其相互关系》，《现代法学》2015年第2期。

## 第五节　全面推进依法治国背景下人权保障四类规范的相互关系

在中共十八届四中全会决定全面推进依法治国的大背景下，人权保障四类规范之间的关系也会相应调整。宪法和法律规范的主导性地位将进一步增强，行政规范必须依据和遵循宪法和法律规范，社会规范不得违背宪法和法律规范，执政党的主张必须转化为法律规范和行政规范来发挥社会约束作用。①

### 一　人权保障四类规范的区分

人权保障规范的形态从制定主体角度大体可以分为四类：法律规范、行政规范、社会规范和执政党规范。法律规范是立法机构制定的规范，包括全国人大及其常委会制定和通过的各项法律，以及省、自治区、直辖市和较大的市的人民代表大会及其常务委员会制定的地方性法规。行政规范是行政机构制定的规范，包括国务院制定并公布的行政法规，在《立法法》施行以前经国务院批准、由国务院部门公布的行政法规，在《立法法》施行后由国务院各部门制定并公布的行政规章，由各省、自治区、直辖市的人民政府和省、自治区的人民政府所在地的市以及国务院批准的较大市的人民政府制定和公布的行政规章，以及由国家行政机关制定的其他行政规范性文件。社会规范是社会组织制定的规范，包括人民团体、行业协会、学术团体、慈善公益组织等制定和公布的规范性文件。执政党规范是中国特有的一类规范，它包括中国共产党制定和发布的各种法规和规范性文件，法规包括党章、准则和条例，规范性文件包括各种规则、规定、办法和细则。

四种规范的划分与通常的法律、法规、规章和规范性文件的划分有一些不同。首先，通常所说的“法规”可以分为两类：一类是由地方人民代表大会及其常务委员会这样的地方立法机构制定和通过的法规，应当被

① 本节内容参见常健《论人权保障的四类规范及其相互关系》，《现代法学》2015年第2期，该文是本课题研究的阶段性成果。

归类为“法律规范”；另一类是由国务院这样的行政机构制定和发布的法规，应当被归类为“行政规范”。其次，通常所说的“规章”和“规范性文件”主要是指政府行政机关制定的具有普遍约束力的文件，它属于“行政规范”；但还有另外两类规章和规范性文件，一类是由人民团体、行业协会、学术社团和慈善公益组织制定的具有有限约束力的规范性文件，它属于“社会规范”；另一类是由中国共产党制定的规范性文件，它属于“执政党规范”。

人权保障四类规范的区分，有助于明确规范的建立与实施之间的关系。法律规范是由广义上的立法机关来建立的，但立法机关并不负责实施，只有监督权和最终解释权，实施工作是由司法机关和行政机关来承担的。行政规范是由行政机关来定立的，行政机关同时负责行政规范的解释、实施和监察，立法机关只负责审查行政规范与法律规范的一致性。社会规范则是由社会组织自己来制定、解释、实施和检查的，其是否违背法律和法规，是由司法机关来裁定的。执政党规范是由执政党自己制定和实施的。

四种规范在制、实施与监察方面的不同结构关系，会影响到规范的内容和实施产生深刻的影响。当规范的制者与实施者处于分离状态时，规范的内容主要反映的是制者的意图而非实施者的意图，但与此同时，实施者在执行这类规范时的动力就会相对较弱，并且在实施中更容易因自身的利益和主张而偏离规范的本意，因此需要制者的督促和监察。与此相反，当规范的制者与实施者是同一主体时，规范的内容既反映了定立者的意图，也反映了实施者的意图，在实施时不容易出现因实施者的利益和主张而偏离规范定立的意图，但这种规范与上位规范的一致性需要外部审查。

具体到四类规范来说，法律规范代表了立法机关的意图，但在实施中的动力相对较弱，也更容易出现执行偏差。行政规范直接反映了行政机关的意图，实施动力更强，偏差更少，但会产生与法律规范之间的不一致，需要进行合法性审查。社会规范直接反映了社会组织的意图，实施动力强，偏差少，是社会组织自我约束的方式。执政党规范直接反映了执政党的意图，实施动力强，偏差少，它对于其他三类规范有重要的影响。

人权是最普遍的权利要求，从这个角度来说，它最需要具有最普遍约束力的法律规范的保障。但法律规范如果缺乏有效的监督机制，其实际的实施效果就更容易不尽如人意。但用行政规范来保障人权，虽然执行力更强，但由于它是行政机关自身来定立的，会更多地反映行政机关本身的偏好，在面对行政权力与公民权利之间的张力关系时，会更迎合行政权力的偏好。这种规范的意图表达与执行力之间的差异，是我们制定和实施人权保障规范应当考虑的问题。

## 二　人权保障四类规范的功能侧重

从中国人权保障的现实来看，法律规范、行政规范、社会规范和执政党规范同时存在，并在保障功能和范围上各有侧重。

### （一）人权保障的法律规范

人权保障法律规范的主要功能，是确立基本人权、禁止对人权的侵犯、设定对侵犯人权的救济。具体来说，宪法在人权保障方面的主要功能是确立基本人权；实体法的功能是将宪法确立的各项人权予以更具体的规定，同时规定对侵犯人权的责任追究；程序法的功能规定各项人权的保障和救济程序；地方法规的功能是根据本地的具体情况将国家人权保障法律的要求作出更细化的规定。

### （二）人权保障的行政规范

人权保障的行政规范的主要功能，是规定政府采取怎样的行政措施来提供条件促进人权的实现。具体来说，国务院行政法规的功能是规定全国统一的涉及全面的人权保障要求和措施；国务院各部委的规章和规范性文件的功能是规定该部门主管工作的人权保障要求和措施；地方政府的行政规章的功能是具体规定各地人权保障的特殊要求和措施。

### （三）人权保障的社会规范

人权保障的社会规范的主要功能，是各社会组织对自己成员的人权保护责任，以及自己所从事的人权保障领域的工作职责和要求。在中国，涉及人权保障的社会规范主要是由中华全国总工会、全国妇女联合会、共青团中央、全国残疾人联合会等人民团体以及学术团体、行业协会、公益志愿组织和慈善组织作出的，如表6—6所示。

表 6—6　　涉及人权保障的社会组织规范性文件

| 类别 | 权　利 | 社会组织规范性文件（例） |
|---|---|---|
| 公民权利和政治权利 | 获得公正审判的权利 | 《中华全国律师协会章程》以及各地律师协会章程，《中国检察官协会章程》以及各地检察官协会章程，各地法官协会章程 |
| | 宗教自由权利 | 各地宗教文化交流协会章程，《中国佛教协会章程》以及各地佛教协会章程，《中国道教协会章程》以及各地道教协会章程，《中国基督教协会章程》以及各地基督教协会章程，《中国天主教爱国会章程》和各地天主教爱国会章程，《中国伊斯兰教协会章程》以及各地伊斯兰教协会章程 |
| 经济、社会和文化权利 | 工作权 | 《中国工会章程》 |
| | 基本生活水准权利 | 《中国青年志愿者协会章程》以及各地青年志愿者协会章程，《中华慈善总会章程》，《中国扶贫基金会章程》，《中国华侨公益基金会章程》，各地食品行业协会章程 |
| | 社会保障权利 | 《中国保险行业协会章程》以及各地保险行业协会章程 |
| | 健康权 | 《中国红十字会章程》《中华护理学会章程》《中国医师协会章程》 |
| | 受教育权 | 各高校章程、大学生社团联合会章程，《中国民办教育协会章程》《中国成人教育协会章程》《中国教育发展基金会章程》 |
| | 文化权利 | 《中国文学艺术联合会章程》以及各地文学艺术联合会章程、各地社会科学界联合会章程、《中国作家协会章程》以及各地作家协会章程 |
| | 环境权 | 《中华环境保护基金会章程》以及各地环境保护基金会章程 |
| 特定群体权利 | 妇女权利 | 《中华全国妇女联合会章程》 |
| | 儿童权利 | 《中国共产主义青年团章程》 |
| | 老年人权利 | 各地《老年人协会章程》 |
| | 残疾人权利 | 《中国残疾人联合会章程》 |
| | 少数民族权利 | 《中国少数民族文物保护协会》《中国少数民族作家协会章程》 |

续表

| 类别 | 权　利 | 社会组织规范性文件（例） |
| --- | --- | --- |
| 综合性权利保障 | | 《中国人权研究会章程》、《中国人权发展基金会章程》、《人权建设协同创新中心章程》以及各人权研究中心章程 |

资料来源：常健：《论人权保障的四类规范及其相互关系》，《现代法学》，2015 年第 2 期。

### （四）人权保障的执政党规范

在中国，作为执政党的中国共产党制定和发布的党内法规和规范性文件具有特别重要的规范性功能。《中国共产党章程》是执政党的最根本法规，其中规定了党的宗旨和党员的基本权利。中共十七大将“尊重和保障人权”写进《中国共产党章程》。此外，中国共产党颁布的一系列党内法规和规范性文件也有很多涉及人权保障的内容，例如，中共中央颁布的《中国共产党巡视工作条例（试行）》《中国共产党党和国家机关基层组织工作条例》《中国共产党党内监督条例（试行）》《中国共产党纪律处分条例》《党政领导干部选拔任用条例》《中国共产党党员领导干部廉洁从政若干准则》，中共中央、国务院印发的《党政机关厉行节约反对浪费条例》《关于实行党风廉政建设责任制的规定》，中共中央政治局作出的《关于改进工作作风密切联系群众的规定》，中共中央组织部、人力资源和社会保障部关于印发《公务员申诉规定（试行）》等。这些规定对于防止党员干部侵犯公民权利发挥着重要作用。

## 三　人权保障四类规范的发展趋势

改革开放之前，中国的人权保障规范是以执政党规范和行政规范为主要形式。大部分人权保障文件是执政党和行政机关的法规、规章和其他规范性文件，人权保障的法律规范和社会规范不仅数量少，而且规范的人权保障范围也相当有限。特别是在以政治斗争为中心的“文化大革命”时期，执政党规范成为占主导地位的规范形式。

改革开放后，随着以经济建设为中心，人权保障的行政规范、法律规范和社会规范都逐步增加，其中，人权保障的行政规范相比执政党规范增加得更快，成为人权保障更主要的规范形式。

20 世纪 90 年代末，中国将中国特色社会主义法律体系建设提到重要的议事日程。1997 年 9 月举行的中国共产党十五大报告提出："加强立法工作，提高立法质量，到 2010 年形成有中国特色社会主义法律体系。"1999 年 3 月，九届全国人大二次会议通过宪法修正案，明确规定："中华人民共和国实行依法治国，建设社会主义法治国家。"2011 年 3 月 10 日，全国人大常委会委员长吴邦国在向十一届全国人大四次会议作全国人大常委会工作报告时宣布，一个以宪法为统帅，以宪法相关法、民法商法等多个法律部门的法律为主干，由法律、行政法规、地方性法规等多个层次的法律规范构成的中国特色社会主义法律体系已经形成。中国特色社会主义法律体系的形成，也标志着人权保障的法律规范成为人权保障规范的主要形式。

2012 年 12 月 4 日，习近平在首都各界纪念现行宪法公布施行三十周年大会上的讲话中指出，"党领导人民制定宪法和法律，党领导人民执行宪法和法律，党自身必须在宪法和法律范围内活动，真正做到党领导立法、保证执法、带头守法。"他特别强调"必须依据党章从严治党、依据宪法治国理政"。

2014 年 10 月举行的中共十八届四中全会将全面推进依法治国作为研究主题，通过了《中共中央关于全面推进依法治国若干重大问题的决定》（以下简称《决定》），明确指出依法治国是实现国家治理体系和治理能力现代化的必然要求。这意味着法律规范不仅是国家治理的主要规范形式，而且将成为主导规范形式。法律规范地位的提升将使四类治理规范的结构关系发生深刻变化。

## 四　依法治国背景下人权保障四类规范的重新协调

需要注意的是，法律规范成为人权保障的主导形式，并不意味着用法律规范完全代替其他规范，而是要在加强人权保障法律规范建设的同时，强化人权法律规范对其他规范的制约，完善法律规范与其他规范之间的联系。为了实施这一目标，需要建立和完善四个机制。

### （一）人权法律规范的适时转变机制

为了使人权保障规范具有稳定性和法律约束力，需要将那些具有普遍性的且已经在实施中被证明比较成熟的人权保障规范适时转变为人权保障的法律规范。执政党规范中那些具有普遍性的人权保障内容，在获得广泛共识后，可以通过法定程序转变为国家法律规范。行政法规中那些具有普遍性的人权保障内容，在实施中被证明有效的，也可以通过法定程序转变为国家法律。地方法规中那些人权保障内容，如果被证明具有普遍的适用性，也可以考虑通过法定程序升格为国家法律。《决定》指出，要增强法律法规的及时性、系统性、针对性、有效性，形成完备的法律规范体系，健全有立法权的人大主导立法工作的体制机制，依法赋予设区的市地方立法权，完善立法项目征集和论证制度，加快完善体现权利公平、机会公平、规则公平的法律制度。这些都要求建立各种治理规范向法律规范的适时转变机制。

（二）人权法律实施的监督检查机制

法律规范的制定主体与实施主体是分离的。要使法律规范得到有效的实施，防止实施主体的行为偏离立法者的意图，需要建立严格的法律实施监督检查机制。立法机关应当设立专门的监督检查机构，对人权保障法律的实际实施情况予以严格的监督、检查，对于执行中出现的违背法律规范的行为应当及时追究责任。《决定》指出，法律的生命力在于实施，法律的权威也在于实施。各级政府必须坚持在党的领导下、在法制轨道上开展工作。要依法全面履行政府职能，推进机构、职能、权限、程序、责任法定化，推行政府权力清单制度。要建立高效的法治实施体系、严密的法治监督体系、有力的法治保障体系。特别是要健全宪法实施和监督制度，完善全国人大及其常委会宪法监督制度，健全宪法解释程序机制，完善检察机关行使监督权的法律制度，完善人民监督员制度。

（三）其他人权规范的细化补充机制

人权保障法律规范的规范内容是有一定限度的，它只能对相关人权作出一般性的规定，而不能对细节作出更具体的规定，也不能考虑地区间的差别。因此，需要用行政法规来具体规定人权保障的实施方式，用地方法规和规章来作出地方性的实施规定，还需要通过社会组织规范来细化对特定权利的保障方式。由于一些侵权行为会涉及到执政党的成员，因此也需要通过执政党内部的法规和规范性文件来约束党员干部的行为。中共十八届四中全会通过的《决定》明确指出，支持各类社会主体自我约束、自我管理，发挥市民公约、乡规民约、行业规章、团体章程等社会规范在社会治理中的积极作用，加强党内法规制度建设，完善党内法规制定体制机制，形成配套完备的党内法规制度体系，运用党内法规把党要管党、从严治党落到实处，促进党员、干部带头遵守国家法律法规。

### （四）其他人权规范的合法性审查机制

建立依法治国的法治国家，要求确立和保障法律规范的主导地位，以法律规范制约其他规范。为了防止其他人权规范偏离或违背人权法律规范的要求，需要对其他人权规范建立严格的合法性审查机制。一旦发现有不符合人权法律规范要求的，应当及时作出纠正。《决定》指出，要健全依法决策机制，建立行政机关内部重大决策合法性审查机制。这是依法治国的重要环节，不仅适用于政策制定过程，而且需要进一步推向所有其他规范的制定过程。

# 第七章　宪法、刑法和劳动法保障人权的历史进程

中国对人权的法治保障经历了一个逐渐发展和完善的过程。本章以宪法、刑法和劳动法为典型代表，分析它们在保障人权方面的历史发展过程和保障的特色。

## 第一节　宪法保障人权的历史进程和特色

宪法是国家的根本大法，依法治国首先是依宪治国。中国宪法在保障人权方面发挥着根本性的作用，也经历了一个历史发展和变化的过程。

### 一　中国宪法文本变迁与公民基本权利体系的发展

从 1908 年附带着多项臣民权利与义务内容[①]的《钦定宪法大纲》的诞生，到 1912 年确认主权在民原则[②]并规定诸多人民自由权的《临时约法》的出台，[③] 包括 1914 年“袁记约法”和 1923 年的“贿选宪法”都在

---

① 1908 年 8 月 27 日颁布的《钦定宪法大纲》第一部分为“君上大权”；第二部分附上了臣民权利义务，包括“臣民的言论、著作、出版、集会、结社自由，以及财产权、居住权等”。

② 1912 年 3 月 11 日公布的《中华民国临时约法》第一条规定：“中华民国由中华人民组织之。”说法第二条规定：“中华民国之主权，属于国民全体。”

③ 有学者认为，“中国在 1911 年的《鄂州临时约法》首次将人权入宪，人权的制度化已成为一股不可逆转的潮流。”参看周世中、梁国江《人权理论研究的开拓者——吕世伦人权思想述评》，载《法学理论前沿——献给吕世伦教授七十华诞》，中国检察出版社 2004 年版。但事实上《鄂州临时约法》中并无“人权”字样，不过，也有学者指出，作为民国时期湖北军政府制定的中国历史上第一个资产阶级近代民权宪法草案，《鄂州临时约法》中确立了人民立宪思想、民主立宪程序和突出的人权法案内容，为中国近代立宪主义树立了一个样板，在中国宪政史上居于开创性的历史地位。参看费春：《中国第一部近代宪法——〈鄂州约法〉》，《现代法学》2001 年第 1 期。

“人民”或“国民”一章规定了相应的权利条款。1936年通过并宣布的“五五宪草”更是在总纲之后即规定了“人民之权利义务”，其内容在之后的1946年中华民国宪法中得到了全面的承受。1949年之后，在宪法文本（或宪法文件）中规定一些重要而基本的权利和自由的习惯性做法历部宪法文本中基本上得到了继承，同时在内容和形式上也得到了一定发展。这里仅仅对于1949年之后出台的宪法文本（或宪法文件）及其关于公民基本权利的规定以及人权入宪进行梳理和分析。

（一）新中国成立以来的宪法文本的变迁

新中国成立以来的宪法文本，首先可以追溯到1949年的《共同纲领》，即《中国人民政治协商会议共同纲领》。其颁布于1949年9月29日，由中国人民政治协商会议第一届全体会议通过。总体上来看，《共同纲领》是对国家制度的基本原则及国家政治、经济、社会基本政策作出了广泛而全面的规定，无论从内容上还是从效力上看，它都具有国家宪法的基本特征，在新中国成立之初尚未制定颁布正式国家宪法的情况下发挥着临时宪法的作用，也为未来中国正式制定和实施宪法积累经验、创造条件。

1954年9月20日，第一届全国人民代表大会第一次会议通过颁布了《中华人民共和国宪法》，这是新中国成立之后正式颁布实施的第一部宪法，一般将其简称为“1954年宪法”。从宪法文本的具体规定来看，其对于国家制度的规定也更为明确和规范，因此也更具有国家正式宪法典的基本特征，堪称是一部奠基之作。“1954年宪法”在新中国成立之初以开放的制定程序，广泛的社会讨论，坚持原则性和灵活性、本国经验和国际经验、科学性与通俗性的统一，其文本结构的合理和内容的成熟无疑使其将来可能成为新中国宪法的基本模本。

然后是诞生于“文化大革命”过程之中的“1975年宪法”和“1978年宪法”。“1975年宪法”是一部存在着严重的缺陷和错误的宪法，它使“文革”中的许多错误的理论和实践得以法律化、制度化，是新中国立宪、行宪进程中的重大挫折。“1978年宪法”继承并恢复了1954年宪法的一些基本原则和基本制度，在一定程度上纠正了“1975年宪法”中存在的严重缺陷和问题，其经过了1979年和1980年的两次局部修改，总体上，“1978年宪法”是一部具有历史时代局限性的宪法，是纠正“左”

倾主义错误思想和实践的过渡性的宪法。

在粉碎“四人帮”、结束“文革”、拨乱反正、实行改革开放、重建社会主义民主和法制和重启中国现代化建设大背景下，1982 年 12 月 4 日，第五届全国人民代表大会第五次会议通过了新宪法并公布施行，这是新中国历史上的第四部宪法，即现行的“1982 年宪法”。“1982 年宪法”实现了宪法精神的回归，它在文本结构、基本原则和具体内容上继承了 1954 年宪法的传统，对于“1978 年宪法”所存在的各种缺陷和问题进行了超越和克服，同时又根据新的历史时期的需要在诸多方面进行了发展。在“1982 年宪法”颁布实施之后，全国人民代表大会又分别于 1988 年、1993 年、1999 年、2004 年以宪法修正案的方式对其进行了四次修改和补充，形成了 31 条宪法修正案。

（二）公民基本权利体系的发展

通过 1949 年以来的宪法文本的变迁，可以透视出，虽然没有使用“人权”一词，但属于人权范畴的中国公民基本权利体系的发展。从中可见，1949 年《共同纲领》中没有专章对公民权利和自由作出规定，其关于人民基本权利的规定除了第一章《总纲》中的一些条款比较集中之外，还有一些零零散散的规定散见于其余的各章之中。《共同纲领》中保障人民基本权利的条文为其后的宪法文本结构与内容提供了模板与典范，是具有开创性和纲领性的新中国人权文件。在计划经济体制下和“三大改造”的社会浪潮中，制定的“1954 年宪法”，其关于公民基本权利保障的规定的实际实施效果并不理想，在宪法颁布后不久即被诸多普通法律“废除”了；但总的来说，与《共同纲领》相比，“1954 年宪法”对于公民基本权利的规定有着更大的发展，主体更加广泛，内容更加丰富、具体，文本结构更加合理、成熟，也成为后来制定“1982 年宪法”的重要参考范本。而在“文革”中制定的“1975 年宪法”对公民基本权利的正面规定，被删减到区区两条，并且被放置于公民义务之后，是中国宪法发展进程和中国人权事业中的大退步。“1978 年宪法”，仍将“公民的基本权利和义务”一章置于“国家机构”之后，但重新将公民权利置于了公民义务之前，并初步建立起新的公民基本权利体系。

“1982 年宪法”关于公民基本权利的规定，承袭了“1954 年宪法”的体系；既是对权利保障原则的继承。同时，又将规定“公民基本权利和义务”一章放置于第一章“总纲”之后和第三章“国家机构”之前，并扩大了公民权利的种类。当然，其也存在缺陷和不足，例如，它没有明确提出对公民生命健康权、隐私权、提起诉讼的权利的保障等等。但是“1982年宪法”不仅镌刻着30年来中国社会变革与时代变迁的印记，更为中国的人权事业积累了诸多宝贵经验；它承载着几代人的人权之梦，是播撒下的一颗人权的种子；在未来的实践中，这颗种子终将结出美丽的人权花果。

## 二 “人权入宪”开创了以宪法保障人权的新时代

在经历了持续20余年的改革开放之后，中国已经建立起社会主义市场经济体制。在此基础上，在“2004年宪法”修改过程中，“国家尊重和保障人权”被写入了宪法总纲，这意味着“人权保障”被正式写入中国宪法文本。而关于通过解释宪法来促进和落实人权保障的问题，最近一些年有了较大的突破和发展，但由于中国宪法实施机制尚处在不断完善过程之中，释宪和合宪性审查的规范化运作尚有待时日，其普遍化的实践还需要进一步的推动。但“人权入宪”对于中国宪法的发展来说，仍是一个具有里程碑意义的实践，其为此后宪法的发展开辟了新的方向，提供了新的起点。将人权条款写入宪法的举动极具象征意义，它表明中国政府将以更大的决心、在更大范围维护和保障人权，以更自信的姿态和更丰富的智慧，在进一步深化改革开放这一关键时期更好地协调国家利益与公民权益、公共秩序与个人自由之间的平衡关系。这一姿态也标志着中国人权事业的发展在不久的将来必将掀开新的一页。宪法在国家法律体系中具有最高法律效力，其对于“国家尊重和保障人权原则”的宣告和确认意味着最高法对于人权价值肯定，从中国宪法发展和完善的长远眼光来看，“人权入宪”为中国人权保障事业提供了强有力的法律和制度上的保障和支撑，宪法的规范性和权威性对于提升人权保障的水准和层次具有划时代的意义。

“人权入宪”对中国人权法治保障的发展方向产生了极其深刻的影响。宪法是国家的根本大法，是制定各项具体法律必须遵循的依据和标准。“国家尊重和保障人权”被确立为一项宪法原则，使得各种具体法律的制定都必须依据这一原则，使相关人权得到尊重和保障。[①]

"人权入宪"十年来，国家制定了一系列保障人权的法律法规。在保障经济、社会和文化权利方面，制定了《劳动合同法》《就业促进法》《食品安全法》《精神卫生法》《劳动争议调解仲裁法》《循环经济促进法》《水污染防治法》《职工带薪休假条例》《劳动保障监察条例》《艾滋病防治条例》《血吸虫病防治条例》《人体器官移植条例》等；在保障公民权利和政治权利方面，制定了《物权法》《公务员法》《各级人民代表大会监督法》《治安管理处罚法》《侵权责任法》《行政强制法》《宗教事务条例》《政府信息公开条例》《拘留所条例》《无障碍环境建设条例》《信息网络传播权保护条例》《国有土地上房屋征收与补偿条例》等。此外，各地还制定了许多人权保障的地方法规和规章。

在这十年期间，国家也修订了一系列法律，使其与"尊重和保障人权"的宪法原则相一致。如 2012 年对《刑事诉讼法》的修改，不仅将尊重和保障人权写入该法，而且根据公民获得公正审判权利的要求对原法作出了大幅度的修改，修改了 82 个条款，删除了一个条款，新增了 66 个条款。国家还根据人权保障原则修订了《义务教育法》《清洁生产促进法》《职业病防治法》《环境保护法》《刑法》《民事诉讼法》《国家赔偿法》《律师法》《全国人民代表大会和地方各级人民代表大会代表法》《全国人民代表大会和地方各级人民代表大会选举法》《村民委员会组织法》《行政监察法》《妇女权益保障法》《残疾人权利保障法》《未成年人保护法》《预防未成年人犯罪法》《老年人权益保障法》等。

同时，国家也废止了一些与人权保障原则不一致的法律法规，如废止了关于劳动教养的 4 项法律文件，废止了《城市房屋拆迁管理条例》。

在此期间，中国还批准加入了《残疾人权利国际公约》《消除就业和职业歧视公约》以及《制止核恐怖行为国际公约》。

## 三　中国宪法实践的展开与人权保障目标的实现

"人权入宪"之后，人权保障原则成为判断制定和修改各种法律是否

---

① 本节内容参见常健：《人权入宪十年对中国社会产生的深刻影响》，《光明日报》2014 年 12 月 30 日第 3 版。该文是本课题研究的阶段性成果。

正当的基本维度。在各项立法活动过程中，立法主体更加注意把尊重和保障人权的宪法原则落实到新制定的法律、法规之中。有关机关适时地以宪法所规定的人权保障原则为依据对现行的法律、法规的相关规定重新进行全面的审查，对有关的法律文件或进行废止，或进行修改，或进行重新的制定，对原有的法律规定进行必要的充实、调整、完善和细化，从而把尊重和保障人权纳入制度化、法制化的法律轨道。宪法影响立法，促进了中国人权保障法律体系的完善。

"人权入宪"推进了人权保障的司法实践。人权的司法保障得到加强是近一些年来世界各国人权保障的发展趋势之一，法院的审判活动关系到公平正义等基本价值的实现，也与人权和公民权利的救济密切相关，法院在人权和公民权利的司法保障方面可谓是责任重大。人权保障作为基本的宪法原则得以确立，这对于法院的司法过程无疑具有积极的指导意义，它要求司法过程中必须以人权价值作为其审判活动基本的考虑，这为法院在社会主义法治国家的建设进程中提供了更为广阔的空间，也为中国法院宪法角色的转换提供了基本的宪法依据。

## 四　中国宪法实践与人权保障发展展望

从各国宪法实践来看，保障宪法规定的基本权利是合宪性审查或违宪审查制度设立的基本目标之一，也是其发展的基本方向和重心之所在，虽然规范国家机关权力、防止权力的滥用和越位是合宪性审查或违宪审查的基本出发点，但是最终公民权利的保障将成为合宪性审查或违宪审查实践的重中之重。从中国合宪性审查制度的完善来看，应该兼顾宪法实践的基本规律和中国法治实践的传统与国情，既要能够与既有的制度衔接，也要有所突破和发展。因此，完善合宪性审查机制将成为人权宪法保障的制度基础。

从国内层面上来说，随着各项立法的不断出台，以及法律的实施过程中的一系列问题的出现，司法对于人权保障的意义逐渐凸显出来。法院在对案件的审理过程中会发现很多法律存在问题，通过司法的渠道促进制度上的完善，避免出现大面积的人权保障问题。从这个意义上来看，中国司法机关在人权保障方面的实践还存在诸多的问题和不足。因此，应继续加强司法人权保障：实现对人权个案的司法救济。

人权既包括公民权利和政治权利，也包括经济、社会和文化权利，而且与公民、政治权利同等重要。在宪法实践中，围绕人权的保障展开宪法实践已经成为中国宪法发展的基本趋势。特别是在中国已经跻身世界经济大国行列之际，中国社会发展的轨迹正在发生着悄然的变化，通过宪法实践实现的人权保障既包括公民权利和政治权利，而且包括经济、社会、文化权利；既包括个人人权，还包括集体人权，它将三代人权自然地融合在一起，将中国政治文化传统与政治、经济、社会发展现代化的要求相连接。在此基础上，人权宪法保障的基本目标就更容易得以实现。因此，应进一步确立均衡人权观，以宪法实践融合三代人权。

与国际人权公约中规定的权利体系相比，中国宪法所规定的权利体系在归类上比较简单，在数量上也比较有限，其内在的关系也不甚清晰，因此，如何补充与发展公民基本权利体系，使更多的权利得到宪法的确认，让人权保障的范围和内容不断得到扩展，其中一个基本的思路就是如何实现宪法文本与国际人权公约的协调，一个办法就是在宪法文本之中规定国际法律与国内法的关系；另一个办法就是在宪法文本之中引入国际人权公约中的权利。因此，应注意国际人权文件与中国宪法之间的可连接性，不断丰富国家和国际基本人权体系。

## 第二节 刑法保障人权的历史进程和特色

保障人权是中国刑法的基本社会功能。刑法的人权保障是中国法律人权保障的重要内容，在其中处于基础性的地位。中国刑法的人权保障之路是与中国的刑事法治建设历程联系在一起的。改革开放30多年来，中国的刑事立法经历了创制、修订和不断完善的发展历程。伴随这一历程，中国走出了一条具有中国特色的刑法人权保障之路。

### 一 刑法保障人权的基本历程

1979年之前中国没有刑法典，只有几部凌乱而不系统的单行刑法。这一时期，国家的刑事司法活动基本上处于无法可依的状态，加上“文化大革命”对法制的破坏，运用刑法保障人权几乎无从谈起。中国共产党十一届三中全会之后，中国在吸取新中国成立以来法制建设的经验教训，特别是吸取“文革”破坏法制沉痛教训的基础上，制定了新中国第一部刑法典，即1979年《刑法》。这部刑法对公民的人身权利、财产权利和政治权利的保护作出较为全面的规定，为司法机关运用法律手段打击各种侵犯公民权利的犯罪行为，保护公民基本权利提供了法律根据。

由于1979年《刑法》制定时中国尚处于计划经济时代，在其实施之后，中国开始实行改革开放政策，国家政治、经济形势逐步发生了深刻变化，这使得1979年《刑法》的一些规定难以适应社会变革的需要，在公民权利保障方面也呈现出一定的局限性和滞后性。在这种情况下，国家立法机关以制定单行刑法的方式来解决1979年《刑法》存在的问题。[①] 单行刑法的规定中，相当一部分内容直接涉及对公民基本权利的保障，例如，《关于严惩严重危害社会治安的犯罪分子的决定》的颁布，为经济发展和人民生活创造了良好治安环境；《关于严惩拐卖、绑架妇女、儿童的犯罪分子的决定》的制定，强化了对妇女儿童权益的保障；《关于惩治生产、销售伪劣商品犯罪的决定》的出台，维护了食品、药品安全等。这些内容扩大了刑法保障人权的范围，对人权的保障更加具体，更具针对性。但不足之处在于，这些单行刑法都是针对某一领域的规定，形式上相互独立，内容上难以与1979年《刑法》的规定协调一致。这既有损立法的严肃性和权威性，也不利于司法机关准确认定和处罚犯罪。

基于上述情况，国家最高立法机关开始着手对1979年《刑法》以及此后通过的单行刑法进行全面整理和修订，形成了新中国的第二部刑法典，即1997年《刑法》。1997年《刑法》在观念、原则和内容上较1979年《刑法》都有很大的发展，如确立罪刑法定原则，制约司法权可能对人权的侵犯；规定单位犯罪，为打击单位实施的侵犯人权犯罪提供了法律根据；严厉打击黑社会性质组织和恐怖组织犯罪，维护治安秩序，保护人民生命财产安全等等，把中国刑法的人权保障提升到了一个新的高度。1997年《刑法》实施后，根据经济社会发展、惩治犯罪、保障人权的需要，全国人大常委会先后通过八个《刑法修正案》对1997年《刑法》进行局部修改，其中相当一部分内容直接涉及对公民人身权利、劳动权利、隐私权利、食品安全、药品安全、出行安全的进一步保障。

---

① 参见赵秉志主编：《新刑法典的创制》，法律出版社1997年版，第6—7页。

## 二 刑法保障人权的特色

刑法作为调整范围最广、制裁手段最严厉的法律部门，在中国法律人权保障中发挥着重要的作用。回顾中国刑法保障人权的历程，可以看到以下几方面的特色。

第一，树立与市场经济和社会主义民主政治制度相适应的刑事法治理念，把人权保障视为刑法的基本功能和任务。1979 年《刑法》制定时，受阶级斗争观念和工具主义法律观的影响，重视刑法的社会保护功能，忽视刑法保障人权的功能，刑法被认为是打击阶级敌人的“刀把子”。随着市场经济体制的建立和国家政治民主化的不断推进，中国在刑事法治领域确立了民主刑法观，强化了刑法对司法机关定罪量刑活动的制约，使刑法的功能从社会保护优先转向人权保障优先。

第二，实行宽严相济的刑事政策，为刑法发挥人权保障功能提供政策指引和保障。在宽严相济政策的指引下，司法机关一方面严厉打击严重犯罪活动，积极创造安全、稳定的社会治安环境和秩序，保护公民人身权利、财产权利和其他权利；另一方面对轻微犯罪、未成年人犯罪从宽处罚，减少对犯罪人权益的剥夺，尊重和维护其正当权益，大幅提升了中国刑法的人权保障水平。

第三，调整刑罚结构，完善刑罚制度，为刑法公正提供法律基础和制度保障。中国刑罚结构之前存在着“死刑过重，生刑过轻”、死刑罪名过多、非监禁刑偏少等缺陷。针对上述缺陷，刑法修正案（八）对中国刑罚立法作出重大修改，减少了死刑适用，提高了“死缓”、无期徒刑的严厉程度，加大了数罪并罚的处罚力度，完善了非监禁刑的执行，使中国的刑罚结构和刑罚制度总体上更加趋于合理，为有效打击犯罪和保障人权提供了刑罚保障。

第四，根据犯罪状况变化及时完善立法，不断严密刑事法网，强化对民生的保护。伴随着社会发展，犯罪状况也在不断发生变化。一方面，传统犯罪呈现出新特点；另一方面，新的犯罪不断出现。在这种情况下，中国刑法通过完善立法、改进司法的方式，不断强化对危害百姓民生的犯罪活动打击力度，保护公众食品安全、药品安全、劳动安全、劳动权益和日常出行安全。突出和强化民生保护，成为中国目前刑事法治建设的一大亮点。

第五，不断强化对妇女、儿童、农民工等社会特定群体权益的保护。中国刑法历来高度重视对妇女儿童、农民工等社会特定群体权益的保护，一方面，密织法网，严厉惩处侵害妇女、儿童和其他社会特定群体权益的犯罪活动；另一方面，对未成年人、孕妇、老年人和精神病人等社会特定群体的犯罪实行从宽处罚。

## 三 刑法在保障人权方面存在的问题及其对策

尽管中国刑法在人权保障方面取得了巨大的成就，但在以下几方面尚存在缺陷与不足，有待在以后的刑事法治改革中进一步完善。

第一，进一步优化刑罚结构，改进量刑制度，促进司法公正。具体应在以下几方面作出完善：以少杀慎杀的死刑政策为根据，在立法上进一步削减死刑罪名的个数；进一步完善“死缓”执行制度，以解决“死缓”在实际执行中处罚过轻，与死刑立即执行差距过大，与无期徒刑拉不开档次的问题；以现代刑法恢复性司法理念为依据，增设刑事和解量刑情节；从量刑不准、量刑粗放的司法现状出发，规范量刑活动，提高量刑水平；建立统一的保安处分制度，矫正犯罪人的人身危险性，防止其再次危害社会。

第二，完善刑法分则侵犯公民人身权利、民主权利罪立法，适应保障人权的新需要。随着社会的变化发展，犯罪现象呈现出一些新情况、新特点，刑法的规定对这些新情况、新特点或者处罚无据，如幼儿园老师虐待儿童的行为，依据刑法规定，难以用虐待罪处罚；或者处罚不力，如拐骗儿童罪的法定最高刑是 5 年有期徒刑。一般来说，拐骗儿童的危害远高于盗窃财物，该罪的法定最高刑明显过低。因此，应当针对这些新情况、新特点增设新罪名或者提高法定刑。

第三，完善精神病人犯罪的刑法对策和配套措施。《刑法》第 18 条第一款规定的“政府强制治疗”对象不包括限制责任能力精神病人，由此可能导致限制责任能力精神病人的病情在刑罚执行过程中加重，这既侵害了精神病人的权利，也加大了犯罪人出狱后实施危害行为的风险。此外，适用于完全无责任能力精神病人的“强制治疗”没有合理的解除制度，由此可能造成对精神病人的长期“关押治疗”，变相侵犯精神病人的权利。因此，在对精神病人犯罪的刑法对策中，应当增加对限制责任能力精神病人的医学措施，完善“强制治疗”的相关制度规定，建立“强制治疗”的解除机制。

第四，完善醉酒、吸毒后犯罪的处罚规定。刑法第 18 条第 4 款对于醉酒的人犯罪的规定过于粗疏、片面，如醉酒只限于生理醉酒，不包括病理醉酒；只涉及醉酒导致限制责任能力的情况，不包括醉酒导致完全无责任能力的情况，由此造成司法中对醉酒、吸毒犯罪处罚不一。因此，中国刑法应对因为醉酒、吸毒造成暂时精神障碍而实施犯罪的情况做出全面、统一的规定。比如规定：“故意或过失地使自己陷于无责任能力状态或者限制责任能力状态，而实施危害行为的，应当负刑事责任，不适用无责任能力人不负刑事责任或者限制责任能力人从轻、减轻处罚的规定。”①

## 第三节　劳动法保障人权的历史进程和特色

### 一　劳动法人权保障制度发展的基本进程

中国劳动法保障人权的立法经历了一个十分曲折的发展过程，带有明显的时代变迁的印记，也展现了未来社会进步的趋向，其发展变化与中国人权意识提升和整体人权立法发展的趋势高度契合。改革开放以来，伴随着社会转型的加速，中国劳动人权保护意识开始觉醒、提升并不断走向成熟。进入 21 世纪，人权已经成为统摄中国法治的灵魂。除了在《宪法》中明文确认劳动权的国家保障义务之外，中国还通过《劳动法》、《行政法》和《刑法》等部门法，构建起劳动权保护法律体系，为促进劳动权国家保障义务的全面实现提供了较为充分的立法保障。

我国《劳动法》保障人权经历了由《宪法》对劳动权作为基本权利加以保护并由劳动法等进一步落实基本权利，到把人权的普遍性原则与本国国情相结合，通过不断制定和修改单行劳动法规，优先解决不同时期中国劳动权保障面临的问题，增强和拓展劳动法人权保护的深度和广度的基本历程。1994 年制定的《劳动法》全面覆盖了劳动人权的各项基本内容，立足于保障劳动者在工作中获得相应的尊重和劳动回报，维护一个人正常

---

① 参见刘士心：《刑法中的行为理论研究》，人民出版社 2012 年版，第 529 页。

生存的尊严；2007 年制定的《就业促进法》则侧重于对劳动自由权的保护；2007 年制定，2012 年修订的《劳动合同法》在劳动者通过订立劳动合同确保基本劳动权利方面作出了更加有利劳动者的规定，加大了用人单位违法成本，提高了劳动合同签订率；2002 年制定，2014 年修订的《安全生产法》对劳动者的劳动安全权提供了全面的保护，坚持把以人为本作为安全生产工作的基本原则，安全发展作为工作的基本战略要求，“安全第一、预防为主、综合治理”作为工作的基本方针，规定更加广泛、严格的主体责任，健全安全生产基本法律制度，使制度具有可操作性、规范性；2007 年制定的《劳动争议调解仲裁法》在劳动争议解决的调解和仲裁程序的法制化、规范化作出了重大改革，部分劳动争议实行一裁终局，更加有利于快速实现劳动权利；1992 年制定，2001 年修改的《工会法》将工会维护劳动者权益职责法律化，明确了工会通过集体协商、支持和帮助劳动者参加劳动争议仲裁和诉讼，对侵犯职工劳动权益情形代表职工与企业、事业单位交涉等途径维护劳动者利益；2001 年制定并于 2011 年修改的《职业病防治法》，为进一步加强对劳动者健康权益的保护，确立了“预防为主”原则，规定用人单位必须依法参加工伤保险，突出了职业病的前期预防，强化了用人单位职业病危害防治的主体责任，明确了卫生、安全监管、人力资源社会保障等部门和工会组织在职业病防治工作中的监管职责。

此外，2011 年制定的“刑法修正案（八）”新增了“拒不支付劳动报酬罪”罪名，进一步加大实现劳动报酬权的《刑法》保护力度；2012 年修订的《民事诉讼法》也通过对小额诉讼程序、调解协议确认程序等规定，促进劳动争议解决效率的提高，在探索劳动争议解决机制的规范化方面取得了新的突破。

除了法律层面逐步拓展对劳动权的保护外，国务院制定或修改了《劳动合同法实施条例》《失业保险条例》《集体合同条例》《女职工劳动保护特别规定》《职工带薪年休假条例》《残疾人就业条例》《禁止使用童工规定》《全国年节及纪念日放假办法》等多项行政法规，切实解决劳动立法滞后情况下，对特定群体劳动权利保护以及创新劳动权利保护内容的困难；国务院劳动行政主管部门等更是出台了大量有关劳动权保护的部门规章，例如《最低工资规定》《劳动人事争议仲裁办案规则》《工资集体协商试行办法》《关于企业实行不定时工作制和综合计算工时工作制的审批办法》等，进一步细化劳动权保障的要求和措施。部门规章曾经长期担负保护劳动权的中坚职能，随着进入21世纪劳动人权立法保障的加强，无论是行政执法还是司法活动对其规范作用的依赖都有所减低，这一现象也可谓中国劳动法人权保障制度发展的实在例证。

各个地方人民代表大会和地方人民政府，为落实劳动权保护法律和行政法规，根据自己的实际情况也制定和颁布了大量的地方性劳动法规和地方规章。这些地方立法规范根据不同发展阶段劳动权的需要，切实回应各地基层社会对于劳动人权保障的需要，大胆探索先行先试，具有操作性和实效性，也为制定全国统一适用的劳动权保护法律提供先行经验。例如，《北京市劳动合同规定》《上海劳动合同条例》都对《劳动合同法》产生了重要影响。《吉林省就业促进条例》《上海市工厂企业重大工伤事故调查处理的规定》《山西省企业工资集体协商条例》《广东省职工生育保险规定》《重庆市劳动保障监察条例》《江苏省工资支付条例》等。

最高人民法院分别于2006年、2009年、2010年、2012年出台了4个《关于审理劳动争议案件适用法律若干问题的解释》，对统一司法裁判维护劳动者权益，协调劳动争议解决机制存在的问题，补充相关立法空白发挥了不可或缺的作用。最高人民法院还通过发布指导性案例等方式，规范劳动权保护的司法救济程序，统一司法裁量。

总之，中国从单行立法到形成劳动法律体系，在劳动立法方面综合运用中央和地方权限，对劳动者的人权提供了比较具体、全面的保护，大体包括：保障和促进就业，劳动合同与集体合同，工作时间、休息休假，劳动报酬，女工和未成年人保护，社会保险，劳动保障监察，劳动争议处理等领域。

### 二　劳动法保障人权的主要方式和制度特色

中国劳动法保障人权主要采用以下几种方式：（1）以“人权入宪”奠定劳动人权保障的立法基础；（2）强化立法手段对劳动人权保障的刚性调控，为实现劳动基本权的内涵，建立一系列的“制度”，形塑基本权的内涵，以保障基本权的顺利实现；（3）制定实施《国家人权行动计划》推进劳动人权保障制度具体化和评估指标化；（4）灵活运用政策手段实现对劳动人权保障的软性调控，探索出一条适合中国国情的从宽度和深度两个维度上展开的劳动法保障人权的路径。

中国劳动法的人权保障特色，主要体现在中国劳动法律保障人权制度的发展与人权理念的不断深化相伴生，渐进性推进劳动法律制度发展两个方面。就前者而言，正是改革开放以来中国劳动关系的巨大变化才为劳动人权保障理念的引入夯实了内在基础，而中国解冻人权禁区的特殊背景自然而然地对中国劳动法保障人权制度发展的基本格局与走向产生制约作用，变革观念成为劳动法保障人权制度取得突破的思想基础。其中，劳动人权保障事件①的发生不同程度地影响和推动公民人权保障意识的提高，而劳动人权保障事件所暴露的制度缺陷和公民劳动人权保障意识提高所产生的社会舆论呼声的合力，又直接或间接地对现行劳动法律人权保障制度的完善产生不同形式的影响，从而推动人权保障制度的完善与创新。

改革开放以来，通过试错的方式逐步探索中国发展劳动人权的道路，进而实现劳动人权的渐进式发展是中国的重要经验。中国劳动人权保障制度发展的渐进性，表现为劳动人权制度的演进直接依赖于社会经济发展水平，凡是主要靠法律理念变革来实现、而不靠或者较少依靠经济发展和国家经济实力来实现的劳动人权保障项目，例如，劳动者享有组建工会的权利等，中国基本上超越了英美等发达国家同期的发展水平；凡是主要靠经济发展和国家经济实力来实现的劳动人权保护项目，例如，对劳动安全权、劳动条件权的保护，中国法律保护的规范化程度与英美等发达国家同期的发展水平基本持平。

劳动人权保障来自于国家的顶层制度设计，首先通过政策推行，进而实现法律化渐进式的协调推进，不断提高劳动人权保障的制度化和法治化水平。其中，以劳动者个体人权保障为核心推进劳动人权保障，推崇以调解方式解决劳动争议等，无不体现出中国劳动法律保障人权制度发展渐进性特征。

人权事业的发展是一个渐进的过程，其发展水平受到各方面相关因素的制约，其中经济基础和历史文化传统对人权事业发展的影响最为直接也最为巨大。中国劳动人权法律制度发展与社会、经济发展总体上是相互促

① 张先著乙肝歧视事件、开胸验肺事件、黑砖窑事件等。

进和并行不悖的，但中国所处的特殊历史和社会条件，决定了劳动人权法律制度的发展，能够在特定阶段超越经济社会发展程度，尤其是一些与经济发展程度相关性不特别直接的劳动人权如休假、组建工会等方面表现突出。

导致中国劳动人权法律保护制度渐进式发展的主要原因，可以从以下几个方面来观察：（1）劳动人权法制与经济社会发展的协调并进面临严峻挑战，经济社会发展程度限定了中国劳动人权实现的现实条件。尽管经过30多年的高速发展已经极大地改变了因资源稀缺而导致的人权保障能力不足的状况，但毕竟中国的经济发展水平，仍然大体上与19世纪末20世纪初的英国和美国相当，经济社会发展水平相对落后不可避免地制约着人权发展的步伐。作为一个发展中国家，在全球激烈竞争格局中的弱势区位，决定了发展速度不能放缓，甚至必须赶超和跨越。中国社会经济发展的严重不平衡性以及中国劳动关系中前现代、现代、后现代的多元因素叠加的现实，也增加了实现劳动人权保障要求的难度。中国在短期内要解决西方发达国家历经上百年完成的制度建设和观念意识转变，其难度之大无前例可循。加强劳动人权保障对加速经济和社会发展的促进作用在短期内并不一定会显现。劳动人权保障水平的提高会增加企业用工的成本，如果只追求短期的社会发展速度，当经济发展的迫切性与劳动人权的实现发生冲突时，就可能忽视人权保障的要求。正确处理劳动人权保护与经济社会发展的关系，需要更高的政治智慧和勇气。（2）后发优势造就中国劳动人权法律制度的超越性发展。中国劳动人权法律制度发展的超越性，是指劳动人权的立法保护程度超越社会、经济发展水平的特征。中国是一个政治、经济、文化发展不平衡的，同时又是在发展和转型中的大国。中国的政治体制优势以及在劳动人权制度建设方面的后发优势，使中国在劳动人权保护的特定领域，尤其是在那些“主要靠法律理念变革来实现，而不靠或较少靠经济发展和国家经济实力来决定的法制项目”方面获得了超越性发展。例如，中国在女性就业平等权的法律制度建设方面，已经取得了长足的进步，赋予女性劳动者就业平等权，并根据女性生理特点，确定了禁止女性劳动者的从业范围，从整体上限定可能损害女性身体健康的行业对女性劳动者的接纳。这种观念与做法，并不是西方发达国家在同样经济发展阶段所能做到的。再者，对于劳动者组织工会权利的规定，更是展示了中国政治体制的突出优势。执政党和政府一如既往地支持工会的组织建设，工会也以维护国家发展大局为己任。历史上曾经在西方国家出现过的限制组建工会的做法，在新中国的历史上从无踪迹。中国当下的劳动工时制度、休息休假制度以及最低工资制度等内容，都在相当程度上达到了当代世界劳动立法的先进行列，高于其经济社会发展程度在国际社会中的排名，相关立法的先进性和对其社会发展阶段的超越性有目共睹。

超越经济社会发展阶段的劳动人权保障制度的推进，也是中国优先发展和保障生存权的人权发展目标的要求。这些超越无不与中国政治结构和法制体系的特殊性息息相关。中国是一个处于由封闭到开放的国际化进程中的发展中国家，其劳动人权保护状况不可避免地打上历史和时代的烙印。当下国际社会劳动人权保障的发展趋势，也为中国某些劳动人权保障制度能够具有超越性提供了外部环境。作为生存权的重要组成部分，劳动人权若得不到保障，人就会丧失起码的尊严，国家也会丧失起码的体面。“对国家而言，生存权是它保持最低国格的底线。一个国家唯有在每个人的生存权获得充分保障的前提下，才能展开对自由权、平等权、发展权的建设。如是，国家方能获得必要的合法性、正当性基础。”[①]当然，劳动人权超越性立法成就的取得与中国的政治体制优势以及中国作为人权制度建设的后发展国家，更便于吸收相关国家人权发展经验根据自身的实际情况选择更有效率的模式不无关系。

中国劳动人权立法全面进步的多元推动力的存在，是劳动法人权保障事业发展的重要力量；（1）执政党是推动劳动人权保障的领导力量。中国的人权发展是中国共产党执政理念转变的结果。执政党的执政理念和政策影响着中国人权保障法律体系的建设，深切地改变着中国的人权状况。中国共产党将人权的普遍性与特殊性结合起来，发挥总揽全局的领导作用，规划和主导人权发展的宏观思维和战略方向，根据本国国情务实推进中国人权事业的新格局；（2）“中国人权发展由中央政府规划和推动，政府主导中国人权发展。”《国家人权行动计划》的有效实施有力推动了中国劳动人权保障的进程。政府是劳动关系的规制者、劳动纠纷的重要调解者与仲裁者以及特殊情况下的冲突控制者，而且在制定政策、执法监察和

① 徐显明、齐延平：《中国人权制度建设的五大主题》，《文史哲》2002 年第 4 期。

处理重大、突发性群体事件上发挥着主导作用。（3）以工会为代表的社会组织的参与对推动劳动人权保障的影响力不断增强，也是劳动法人权保障制度化到实有人权的不可忽视的力量。中国工会在现有法制框架下，找准自身定位，创新维权理念和方法，在维护劳动人权方面的作用不断加强。地方总工会和行业工会，调整传统工会工作的格局，建立与政府联席会议制度，借助三方机制从源头上维护职工的合法权益。在政府立法、制订有关政策时，与政府进行平等协商，从源头上参与和整体上维护职工的合法权益，都取得了可观的效果。比如，近年来中国在劳动者报酬权保护方面所取得的成绩，与社会各界尤其是三方协商机制在推进劳动报酬增长方面的贡献有目共睹。

### 三　中国劳动法保障人权制度完善的路径

尽管中国劳动法人权保障取得了显著的成绩，但其面临的问题和挑战依然严峻。人权保障还未能上升为相关劳动立法的指导思想，就业权保护的可操作性需要加强，劳动条件权保护的规范化程度和可操作性有待提高，劳动安全权保护机制需要调整，劳动人权的救济机制应加强协调性，在自由结社的权利和罢工权等集体劳动权方面中国也还存在不足。

进一步发展与完善劳动法人权保障的基本路径，需要内外兼修，在立法裁量和司法救济的双向互动过程中臻于圆满。（1）应坚持特色构筑促进劳动人权保障的外部环境。发挥执政党和中央政府在劳动人权保护中的主导作用，通过规范地方性劳动政策落实劳动人权保障制度，加强劳动人权保障的社会组织建设，创造有利于劳动法人权保障制度发展的宏观环境。（2）需要以尊重和保障人权作为劳动法的基本原则，构建“守住底线、留出空间”的劳动人权保障模式，整体推进劳动法保障人权的立法完善工作。确定劳动人权发展的重点选项，努力解决好人民群众最关心、最直接、最现实的民生问题和利益问题。尤其应当适时加快修改就业促进法，出台专门的反就业歧视法，尽快完善工资立法，建立工资正常增长机制，出台劳动基准法，完善劳动安全卫生保护法律，完善劳动人权保障的救济机制，努力使每一个社会成员都生活得更有尊严、更加幸福。

# 第八章　中国特色的人权司法保障

## 第一节　刑事诉讼法对人权的保障

不论是在国际人权保障层面还是在区域或国内人权保障层面上，对人权的司法保障机制都是其中的重要一环。当人权受到侵犯时，国家通过发动司法程序为受侵害的人权提供救济。中国对人权的司法保障，主要是从《刑事诉讼法》、《行政诉讼法》、《民事诉讼法》和司法制度建设等四个方面展开的。中国刑事诉讼法的发展历程及中国所秉承的独特司法理念，决定了中国刑事诉讼中人权保障具有自己的特色。

新中国的刑事诉讼制度经历了一个曲折的发展过程。从1949年新中国成立到1978年这30年，一直未能完成本法的制定。直到结束“十年动乱”，实行改革开放之后，才于1979年由第五届全国人大第二次会议通过了《中华人民共和国刑事诉讼法》，自1980年1月1日施行。其后，《刑事诉讼法》经历了1996年和2012年两次修改，尤其是后一次修改，人权保障意义非常突出，体现了党和国家将“国家尊重和保障人权”这一宪法原则贯彻于刑事诉讼的决心与努力。现对中国以刑事诉讼法保障人权的基本经验和途径问题阐述如下。

### 一　新中国刑事诉讼法的发展进程

#### （一）刑事诉讼法的初创时期

在新中国成立至1978年的30年里，新中国的刑事诉讼法典迟迟未能颁布。中国的刑事诉讼程序散见于一些单行法规和最高司法机关的各类通知、批复等文件中。这一时期的刑事诉讼程序粗糙而简略，却是中国刑事诉讼法的重要孕育阶段。比较重要的有1951年2月20日中央人民政府委员会第十一次会议批准并于次日由中央人民政府公布的《中华人民共和国惩治反革命条例》，1954年颁布的《中华人民共和国人民法院组织法》，1956年10月最高人民法院发布的《各级人民法院刑、民事案件审判程序总结》，1955年12月29日国务院、最高人民法院颁布的《关于反革命分子判处死刑准许上诉的通知》，1956年11月2日发布的《司法部、公安部关于律师会见在押被告人问题的联合通知》，1956年12月4日发布的《司法部关于律师参加诉讼中的几个具体问题的通知》，1956年12月6日发布的《司法部关于律师工作中若干问题的请示的批复》等。主要包括审判制度；辩护制度；死刑案件的复核程序和执行程序等。总之，在这一时期刑事诉讼程序虽有了一些规定，但总体上仍然十分简略。实践中违法办案、刑讯逼供的现象时有发生，整个社会过多地强调公共安全与社会秩序，对个人基本权利重视不够。到1957年下半年，由于反右斗争，辩护被批成是“替犯罪分子鸣冤叫屈”、“替罪犯开脱罪责”，律师被打成右派，无一人幸免。此后的20年中，中国实际上没有律师制度和辩护制度。实践中出现一些冤案，甚至冤杀的案件也就在所难免了。

（二）刑事诉讼法的曲折发展时期

1979年《刑事诉讼法》产生于“十年动乱”之后。鉴于“十年动乱”中出现的滥用司法权力而导致的司法秩序混乱，这部法律的总体指导思想，就是规范司法权力，使刑事诉讼活动有法可依。此时还没有出现人权保障的观念。[①] 这部刑事诉讼法对中国刑事诉讼的指导思想、任务、基本原则、管辖、回避、辩护、证据、强制措施、附带民事诉讼等总则内容，以及立案、侦查、提起公诉、审判、执行等分则程序作了规定，第一次构建起了中国刑事诉讼法的基本框架，为实现依法治国目标奠定了基础，具有里程碑意义。但该法过多地强调刑事诉讼的工具性，即刑事诉讼对于追究犯罪、惩罚犯罪的工具价值，对被告人应享有的刑事诉讼权利规定比较少，这为随后的“严打”中出现的诸多问题埋下了伏笔。

（三）刑事诉讼法的改革完善时期

1. 1996年《刑事诉讼法》的修改

鉴于1979年《刑事诉讼法》所具有的计划经济背景和专政特征已经

---

① 李建光：《论刑事诉讼中人权保障的缺陷及完善》，《河北法学》2010年第12期。

不合时宜，中国于1996年对这部法律进行了重大修改。这次修改重点在于加强权利保障。其重要内容如下：

（1）完善了刑事辩护制度。将1979年《刑事诉讼法》规定的只有在审判阶段才能聘请辩护人的规定扩张到了审查起诉阶段，同时在侦查阶段也允许犯罪嫌疑人聘请律师为自己提供法律帮助。还第一次规定了对于经济困难的人、未成年人、盲聋哑以及可能被判处死刑的人的法律援助制度。根据1996年《刑事诉讼法》的规定，侦查阶段犯罪嫌疑人聘请的律师权利有：A. 为犯罪嫌疑人提供法律咨询、代理申诉、控告；B. 为被逮捕的犯罪嫌疑人申请取保候审；C. 有权向侦查机关了解犯罪嫌疑人涉嫌的罪名；D. 可以会见在押的犯罪嫌疑人；E. 有权向犯罪嫌疑人了解有关案件情况。审查起诉和审判阶段辩护人的权利有：A. 阅卷权。自人民检察院对案件审查起诉之日起，可以查阅、摘抄、复制本案的诉讼文书、技术性鉴定材料，其他辩护人经人民检察院许可，也享有这一权利。自人民法院受理案件之日起，可以查阅、摘抄、复制本案所指控的犯罪事实的材料，其他辩护人经人民法院许可，也享有这一权利。B. 会见、通信权。辩护律师可以同在押的犯罪嫌疑人、被告人会见和通信，其他辩护人经人民检察院或人民法院许可，也享有这一权利。C. 调查取证权。辩护律师经证人或者其他有关单位和个人同意，可以向他们收集与本案有关的材料，也可以申请人民检察院、人民法院收集、调取证据，或者申请人民法院通知证人出庭作证。辩护律师经人民检察院或者人民法院许可，并且经被害人或其近亲属、被害人提供的证人同意，可以向他们收集与本案有关的材料。[①] 据1997年国务院发布的《1996年中国人权事业的进展》数据显示，1996年，全国律师行业从业人员已达到10多万人，比上年增加1.2万人，增长12.6%；律师事务所达到8265家，比上年增加1065家，增长14.8%；1996年，全国律师承办刑事辩护和刑事代理25.1万多件，比上年增长23.1%，是近年来增长最多的一年。[②] 另据《1998年中国人权事业的进展》白皮书数据显示，1993年至1997年，中国律师共办理刑

---

① 《中华人民共和国刑事诉讼法》，1996年，法律教育网：http：//www.chinalawedu.com/news/1200/23079/23081/23111/2006/3/ji8103253819173600281900 -0.htm。

② 国务院新闻办公室：《1996年中国人权事业的进展》，1997年，新华网：http：//news.xinhuanet.com/ziliao/2003 -01/20/content_ 697750.htm。

事案件200万件。[①]

（2）改革了强制措施制度。完善了拘传、取保候审、逮捕规定，意在尽量减少逮捕羁押率。①其第92条增加规定了拘传的期限："传唤、拘传持续的时间最长不得超过十二小时。不得以连续传唤、拘传的形式变相拘禁犯罪嫌疑人。"[②]②明确了取保候审的对象是：可能判处管制、拘役或者独立适用附加刑的；可能判处有期徒刑以上刑罚，采取取保候审、监视居住不致发生社会危险性的。③增加了保证金担保的取保候审新形式。④明确取保候审的期限是12个月。⑤赋予了被羁押的犯罪嫌疑人、被告人及其法定代理人、近亲属有申请取保候审的权利。⑥规定公检法对于取保候审期限届满应当解除的要求以及被取保候审的犯罪嫌疑人、被告人及其法定代理人、近亲属或者委托的律师及其他辩护人有要求解除取保候审的权利。规定了公检法对于采取逮捕措施不当应当及时变更或撤销，以及羁押期限届满应当变更为取保候审或者监视居住的要求。⑦规定被逮捕的犯罪嫌疑人、被告人及其法定代理人、近亲属或者委托的律师及其他辩护人对于逮捕超过法定期限有要求解除的权利。⑧规定人民检察院在审查批捕工作中，有权对公安机关的违法行为进行纠正。[③]《2003年中国人权事业的进展》白皮书数据显示，2003年，最高人民法院、最高人民检察院和公安部联合下发了《关于严格执行刑事诉讼法，切实纠防超期羁押的通知》，规定了严格的超期羁押追究制度；最高人民检察院设立了专门受理检察机关超期羁押的举报电话和电子信箱，加强社会监督，逐步建立防止和纠正超期羁押的机制。2003年共纠正超期羁押25736人，超期羁押问题基本得到纠正。这是全国司法实践中范围最广、规模最大、涉及案件人数最多的清理超期羁押，大大地加强了司法中的人权保障。[④]

（3）废除了实行多年的免予起诉制度，扩大了不起诉的范围。

---

① 国务院新闻办公室：《1998年中国人权事业的进展》，1999年，中国网：http://www.china.com.cn/guoqing/2011-10/15/content_23634281.htm。

② 《中华人民共和国刑事诉讼法》，1996年，法律教育网：http://www.chinalawedu.com/news/1200/23079/23081/23111/2006/3/ji81032538191736002819 0-0.htm。

③ 同上。

④ 国务院新闻办公室：《2003年中国人权事业的进展》，2004年，中国网：http://www.china.com.cn/guoqing/2011-10/15/content_23633005.htm。

（4）改革了审判程序，力求实现审判程序的公正性与扩大当事人的参与性。

（5）规定了“未经人民法院依法判决，对任何人都不得确定有罪”的原则。[①] 将被告人分解为犯罪嫌疑人和被告人，否定了长期以来在诉讼中使用的“罪犯”“人犯”“案犯”“犯罪分子”、“有罪者”等称谓，加强了其诉讼主体地位。加强了人民检察院的举证责任。

（6）确立了疑罪从无的原则。其第162条第（三）项规定：“证据不足，不能认定被告人有罪的，应当作出证据不足、指控的犯罪不能成立的无罪判决。”[②]

这些规定为司法实践中进一步保障犯罪嫌疑人和被告人的权利提供了坚实基础，在过去一些很可能造成无辜者冤屈的疑案被宣告无罪。2000年国务院发布的《中国人权发展50年》白皮书中的数据显示，1983年至2000年，人民法院对证据不足不构成犯罪的，依法宣告无罪4万余人。[③] 黄新疑罪从无案就是其中一例。[④] 在此案的诉讼过程中，侦查人员始终没有对嫌疑人黄新刑讯逼供，在法庭审判中侦查人员出庭作证为辩护人质证提供了极好机会，最后中级法院坚持疑罪从无原则，最终避免冤及无辜。这个案例的成功充分说明了1996年《刑事诉讼法》修改的方向是正确的。

2. 2012年《刑事诉讼法》的再修改

2004年，“国家尊重和保障人权”写入《中华人民共和国宪法》，标志着人权保障正式成为中国法律的目标。也在那时，中国对超期羁押现象进行清理，处理并释放了一大批被长期关押的嫌疑人，有些作了无罪处理。然而，困扰中国刑事司法实践的刑讯逼供问题，却没有在1996年刑事诉讼法修改中得到认真对待，以致实践中仍然发生了赵作

---

① 《中华人民共和国刑事诉讼法》，2012年，法律快车网：http://www.lawtime.cn/info/minshi/fagui/2013051382463.html。

② 《中华人民共和国刑事诉讼法》，1996年，法律教育网：http://www.chinalawedu.com/news/1200/23079/23081/23111/2006/3/ji8103253819173600 28190-0.htm。

③ 国务院新闻办公室：《中国人权发展50年》，2000年，中国网：http://www.china.com.cn/ch-book/renquan/irenquan.htm。

④ 吴兢：《疑罪从无：不让无罪者含冤》，《人民日报》2003年7月23日，人民网：http://www.people.com.cn/GB/shehui/1063/1980243.html。

海等冤案。以此案例为戒，中国又一次发起刑事诉讼领域中的人权保障行动。修改了《律师法》，制定了“两个证据规定”，并在2012年再次对刑事诉讼法进行了修改。综合这些立法行动，中国可以看出人权在刑事诉讼中的巨大影响。其重点包括：

（1）尊重和保障人权写入《刑事诉讼法》。新《刑事诉讼法》在第2条将“尊重和保障人权”明确写入刑事诉讼法，这是宪法规定以来，中国部门法第一次有了人权规定。

（2）在人权理念指引下，确立了反对强迫自证其罪原则，并重点对困扰中国多年的刑讯逼供问题进行治理，规定了明确的非法证据排除规则。《刑事诉讼法》在第50条增加了“不得强迫任何人证实自己有罪”的规定。为了对此规定落到实处，又在第54条至第58条第一次以国家基本法的形式确立了非法口供排除规则，对于侦查机关为获取口供而实施刑讯逼供等非法方法的行径，无论从心理层面还是从操作层面都具有了实质的威慑意义。同时完善了讯问嫌疑人过程中的技术性规定。

（3）完善了律师辩护制度。《刑事诉讼法》第33条明确规定，“犯罪嫌疑人自被侦查机关第一次讯问或者采取强制措施之日起”，有权委托律师作为辩护人，并要求侦查机关“应当告知犯罪嫌疑人有权委托辩护人”。同时还将原刑事诉讼法所确立的只有在审判阶段被告人才享有的获得法律援助的权利延伸到侦查阶段。为防止实践中曾出现的侦查机关以批准为由刁难律师与嫌疑人会见的现象，新法在第37条明确规定辩护律师要求会见在押犯罪嫌疑人的时候，只需要“律师执业证书、律师事务所证明和委托书或者法律援助公函”，无须再到侦查机关办理“会见通知”，并规定了“看守所应当及时安排会见，至迟不得超过四十八小时”。同时把法律援助的适用范围扩大到了可能判处无期徒刑的人。①

（4）明确规定了对于证人的保护措施。新《刑事诉讼法》第62条规定的证人保护措施包括：不公开真实姓名、住址和工作单位等个人信息；采取不暴露外貌、真实声音等出庭作证措施；禁止特定的人员接触证人、鉴

---

① 《中华人民共和国刑事诉讼法》，2012年，法律快车网：http：//www.lawtime.cn/info/minshi/fagui/2013051382463.html。

定人、被害人及其近亲属；对人身和住宅采取专门性保护措施；其他必要的保护措施。无疑，这是中国多年来在证人保护认识上及立法上的巨大进步。①

（5）为了防止逮捕的随意性，减少逮捕的使用率，新刑事诉讼法对逮捕措施作了更加详细的规定。主要是将“发生社会危险性，而有逮捕必要”的原则规定，细化规定为：可能实施新的犯罪；有危害国家安全、公共安全或者社会秩序的现实危险；可能毁灭、伪造、隐匿证据，干扰证人作证或者串供；可能对被害人、举报人、控告人实施打击报复；可能自杀或者逃跑。并明确规定，对有证据证明有犯罪事实，可能判处十年有期徒刑以上刑罚的，或者可能判处徒刑以上刑罚，曾经故意犯罪或者身份不明的犯罪嫌疑人、被告人，应当予以逮捕。对是否符合逮捕条件有疑问的，犯罪嫌疑人要求当面陈述的，侦查活动可能有重大违法行为的，应当讯问犯罪嫌疑人。辩护律师提出要求的，还应当听取辩护律师的意见。②

（6）完善了死刑复核程序。在原有规定基础上，增加第240条规定：“最高人民法院复核死刑案件，应当讯问被告人，辩护律师提出要求的，应当听取辩护律师的意见。”③

（7）为防止实践中“被精神病”现象的发生，新《刑事诉讼法》在特别程序中专门对“依法不负刑事责任的精神病人的强制医疗程序”作了规定，将实践中长期由公安机关行使的对精神病人的强制医疗权，转归由人民法院行使。其第285条首先明确规定：“根据本章规定对精神病人强制医疗的，由人民法院决定。”④而公安机关发现精神病人符合强制医疗条件的，只能“写出强制医疗意见书，移送人民检察院”。然后由人民检察院“向人民法院提出强制医疗的申请”。该条同时还规定，“对实施暴力行为的精神病人，在人民法院决定强制医疗前，公安机关可以采取临时的保护性约束措施。”⑤

---

① 《中华人民共和国刑事诉讼法》，2012年，法律快车网：http：//www.lawtime.cn/info/minshi/fagui/2013051382463.html。

② 同上。

③ 同上。

④ 同上。

⑤ 同上。

以上这些新规定，对于提升中国刑事诉讼领域的人权保障起到了重要作用。随着新刑事诉讼法刑讯逼供现象明显减少，实践中那些没有口供的，在过去明显不敢判决的案件现在都按照新的证明标准做出了判决，还有一些证据不足的已经作出了有罪判决的案件被改判无罪。

## 二 刑事诉讼法人权保障的特色

### （一）保护被害人人权与被告人人权并重

从世界主要法治发达国家的情况看，一般均将被告人作为刑事司法的重点保护对象，以致有“刑事诉讼法是被告人权利大宪章”之说。而中国刑事诉讼法从一开始就非常注重对被害人和社会秩序的保护。

按照1979年《刑事诉讼法》第58条第（2）、（4）项之规定，被害人在作为自诉人和附带民事诉讼的原告人时，可以作为当事人参加诉讼。在其他情况下只作为一般诉讼参与人参加诉讼。被害人的权利主要体现在三个方面：一是作为诉讼参与人享有的诉讼权利，包括用本民族语言文字进行诉讼的权利（原第6条）以及对于审判人员、检察人员和侦查人员侵犯其诉讼权利和人身侮辱的行为提出控告的权利（原第10条）；二是作为当事人的诉讼权利，包括当被告人的犯罪行为给自己造成物质损失的时候，在刑事诉讼过程中，有提起附带民事诉讼的权利（原第53条）；在自诉案件中可以同被告人自行和解或者撤回自诉的权利（原第126条）；作为自诉人对地方各级人民法院第一审的判决、裁定不服提出上诉的权利和作为附带民事诉讼的原告人对附带民事诉讼判决提出上诉的权利（原第129条）；对已经发生法律效力的判决、裁定，向人民法院或者人民检察院申诉的权利（原第148条）；三是作为公诉案件的被害人所享有的类当事人或者准当事人的权利，包括在法庭上质证证人证言的权利（原第36条）；向公安机关、人民检察院或者人民法院提出控告以及当控告被移送其他主管机关时的知情权（原第59条）；在侦查期间姓名受到保密的权利（原第60条）；涉及个人隐私的案件，有不公开审理的权利（原第111条）；对不立案原因的知情权和复议权（原第61条）；对人民检察院免予起诉决定的申诉权及复查结果的知情权（原第102条）；在法庭上向被告人发问的权利（原第114条）以及参加法庭辩论的权利（原

第 118 条）。[①]

1996 年修改后的刑事诉讼法进一步加强了对被害人的权利保障，被害人在公诉案件中的诉讼地位由过去的一般性诉讼参与人上升为当事人，其诉讼权利也得到了扩张。新增加的权利主要有：申请回避的权利（总则第 3 章和第 154 条）；委托诉讼代理人参加诉讼的权利（第 40 条）；对侵犯自己人身、财产权利的犯罪事实或者犯罪嫌疑人，有向公安机关、人民检察院或者人民法院报案或者控告的权利（第 84 条第 2 款）；自己及其近亲属的安全有受到公安机关、人民检察院或者人民法院保障的权利（第 85 条第 3 款）；对公安机关决定不立案的案件，有要求人民检察院进行监督的权利（第 87 条）；未成年被害人接受询问时有要求通知其法定代理人到场的权利（第 98 条和第 100 条）；在侦查阶段，对于侦查机关决定用作证据的鉴定结论有知情权，并可以申请补充鉴定或者重新鉴定（第 121 条）；对于自诉案件，有向人民法院直接起诉的权利（第 88 条）、在人民检察院审查案件时，有向人民检察院直接发表意见的权利（第 139 条）；对于人民检察院不起诉的案件，有向上一级人民检察院申诉，请求提起公诉，或者直接向人民法院起诉的权利（第 145 条）；法庭审判中，有就起诉书指控的犯罪进行陈述的权利（第 155 条）、对证人、鉴定人进行发问的权利（第 156 条）、对物证进行辨认，对当庭宣读的未到庭的证人的证言笔录、鉴定人的鉴定结论、勘验笔录和其他作为证据的文书发表意见的权利（第 157 条）、在法庭审理过程中，申请通知新的证人到庭，调取新的物证，申请重新鉴定或者勘验的权利（第 159 条）、接到判决书的权利（第 163 条）、阅读法庭笔录的权利（第 167 条）；不服地方各级人民法院第一审的判决的，自收到判决书后五日以内，请求人民检察院提出抗诉的权利（第 182 条）；对属于自己的合法财产有要求及时返还的权利（第 198 条）。[②]

这些修改揭开了被害人的权利保障的崭新一页，无疑具有重要的意义。有学者称其为“我国刑事诉讼法致力于加强人权保障的重要表现之

---

① 《中华人民共和国刑事诉讼法》，1979 年，法律快车网：http：//law. lawtime. cn/d552284557378. html。

② 《中华人民共和国刑事诉讼法》，1996 年，法律教育网：http：//www. chinalawedu. com/news/1200/23079/23081/23111/2006/3/ji810325381917360028190 -0. htm。

一，也是此次修改立法的明显进步”。①

2012年3月14日，中国又一次对《刑事诉讼法》进行修改并公布。根据最新的《刑事诉讼法》，被害人的权利保障在1996年修改的基础上又有了进一步扩展，主要表现在：

1. 增加了对于非法取得的被害人陈述的排除规则

新《刑事诉讼法》第54条规定：“……采用暴力、威胁等非法方法收集的证人证言、被害人陈述，应当予以排除……。”②

2. 增加了对于被害人人身安全的保护措施

新《刑事诉讼法》第62条规定：“对于危害国家安全犯罪、恐怖活动犯罪、黑社会性质的组织犯罪、毒品犯罪等案件，证人、鉴定人、被害人因在诉讼中作证，本人或者其近亲属的人身安全面临危险的，人民法院、人民检察院和公安机关应当采取以下一项或者多项保护措施：（一）不公开真实姓名、住址和工作单位等个人信息；（二）采取不暴露外貌、真实声音等出庭作证措施；（三）禁止特定的人员接触证人、鉴定人、被害人及其近亲属；（四）对人身和住宅采取专门性保护措施；（五）其他必要的保护措施。证人、鉴定人、被害人认为因在诉讼中作证，本人或者其近亲属的人身安全面临危险的，可以向人民法院、人民检察院、公安机关请求予以保护。人民法院、人民检察院、公安机关依法采取保护措施，有关单位和个人应当配合。”③

3. 增加了被害人在附带民事诉讼中申请财产保全措施的权利

新《刑事诉讼法》第100条规定：“人民法院在必要的时候，可以采取保全措施，查封、扣押或者冻结被告人的财产。附带民事诉讼原告人或者人民检察院可以申请人民法院采取保全措施。人民法院采取保全措施，适用民事诉讼法的有关规定。”④

4. 增加了被害人在公诉案件中有权在获得赔偿损失或者赔礼道歉前提下与犯罪嫌疑人、被告人和解的权利

---

① 崔敏著：《中国刑事诉讼法的新发展》，中国人民公安大学出版社1996年版，第195页。

② 《中华人民共和国刑事诉讼法》，2012年，法律快车网：http：//www.lawtime.cn/info/minshi/fagui/2013051382463.html。

③ 同上。

④ 同上。

新《刑事诉讼法》特别程序中的第277条规定，对一些公诉案件，“犯罪嫌疑人、被告人真诚悔罪，通过向被害人赔偿损失、赔礼道歉等方式获得被害人谅解，被害人自愿和解的，双方当事人可以和解”。[①]

（二）注重惩罚犯罪与保障人权相结合

刑事诉讼中的人权保障无疑是中国刑事诉讼的重要目标，但这仍然不影响惩罚犯罪作为中国刑事诉讼的首要目标。在中国学者看来，“社会存在犯罪，就必须对之进行追究和惩罚，否则，就不能保障公民的生命、财产和其他合法权利不受侵犯，不能保障国家的安全和维护社会秩序的稳定，这就需要国家通过刑事诉讼行使刑罚权对犯罪加以惩罚。因此，追究犯罪、惩罚犯罪是刑事诉讼的一个直接目的，也是中国制定刑事诉讼法宗旨中‘惩罚犯罪、保护人民’的一个方面。”[②] 为了保证及时有效追究犯罪、惩罚犯罪，中国《刑事诉讼法》作了相应规定。

首先，中国《刑事诉讼法》第2条明确规定：“中华人民共和国刑事诉讼法的任务，是保证准确、及时地查明犯罪事实，正确应用法律，惩罚犯罪分子，保障无罪的人不受刑事追究，教育公民自觉遵守法律，积极同犯罪行为作斗争，维护社会主义法制，尊重和保障人权，保护公民的人身权利、财产权利、民主权利和其他权利，保障社会主义建设事业的顺利进行。”[③]该条开宗明义指明了中国刑事诉讼法的任务就是要兼顾追究犯罪、惩罚犯罪和人权保障这两个方面。

其次，为了保证追究犯罪、惩罚犯罪，就必须为查明犯罪事实提供最大程序支持，为此中国《刑事诉讼法》赋予了侦查机关较多权力。这些权力包括讯问犯罪嫌疑人、讯问证人和被害人、勘验、检查、搜查、扣押、鉴定、通缉等，且几乎不受司法审查。同时侦查机关还享有除逮捕需由检察机关批准外几乎同样不受司法审查的强制措施决定权和执行权。尤其是在当今国际社会普遍赋予犯罪嫌疑人沉默权的情况下，中国刑事诉讼法虽然也规定了“不得强迫任何人证实自己有罪”的人权保障前提下，

---

① 《中华人民共和国刑事诉讼法》，2012年，法律快车网：http：//www.lawtime.cn/info/minshi/fagui/2013051382463.html。

② 陈光中主编：《刑事诉讼法》，北京大学出版社、高等教育出版社2002年版，第10页。

③ 《中华人民共和国刑事诉讼法》，2012年，法律快车网：http：//www.lawtime.cn/info/minshi/fagui/2013051382463.html。

中国刑事诉讼法依然在侦查程序中要求犯罪嫌疑人应当“如实回答”侦查人员的提问。要求被追诉者如实陈述的价值体现在：第一，有利于查明案件的客观真实。因为，“尽管科学技术的发展使警察在追诉犯罪时对犯罪嫌疑人自白的依赖程度大大降低，但不可否认，侦查程序中对犯罪嫌疑人的讯问对于有效追究犯罪来说仍是最重要的手段之一，迄今为止，尚未发现其他更有效的办法。”① 第二，有利于提高诉讼效率。被追诉者如实陈述不仅可以获得口供这一重要直接证据，还可以引出大量的其他重要证据，有利于及时结案。第三，有利于节约司法资源，降低诉讼成本，提高诉讼效益。即使在赋予侦查机关如此强大侦查权的前提下，中国《刑事诉讼法》还规定了侦查机关可以对案件进行补充侦查。一是在审查起诉阶段。《刑事诉讼法》第 171 条第二款规定：“人民检察院审查案件，对于需要补充侦查的，可以退回公安机关补充侦查，也可以自行侦查。”第三款规定：“对于补充侦查的案件，应当在一个月以内补充侦查完毕。补充侦查以二次为限。补充侦查完毕移送人民检察院后，人民检察院重新计算审查起诉期限。”二是在审判阶段。《刑事诉讼法》第 198 条规定：“在法庭审判过程中，遇有下列情形之一，影响审判进行的，可以延期审理：……（二）检察人员发现提起公诉的案件需要补充侦查，提出建议的……”第 199 条规定：“依照本法第一百九十八条第二项的规定延期审理的案件，人民检察院应当在一个月以内补充侦查完毕。”这种补充侦查甚至不惜以牺牲诉讼的效率为代价，体现了对追究犯罪、惩罚犯罪目标的追求。②

再次，中国《刑事诉讼法》赋予人民法院查明案件事实的职责。中国《刑事诉讼法》虽然在 1996 年修改过程中就确立了疑罪从无原则，但为了查明案件事实，甚至不惜牺牲人民法院的中立地位，赋予其调查案件的权力。《刑事诉讼法》第 191 条规定：“法庭审理过程中，合议庭对证据有疑问的，可以宣布休庭，对证据进行调查核实。人民法院调查核实证

① 宋英辉：《不必自我归罪原则与如实陈述义务》，《法学研究》1998 年第 5 期。

② 《中华人民共和国刑事诉讼法》，2012 年，法律快车网：http：//www.lawtime.cn/info/minshi/fagui/2013051382463.html。

据，可以进行勘验、检查、查封、扣押、鉴定和查询、冻结。”[①]审视这些权力其实与侦查机关的侦查权力并无二致。

复次，二审与死刑复核程序仍然贯彻全面审查原则。《刑事诉讼法》第222条规定：“第二审人民法院应当就第一审判决认定的事实和适用法律进行全面审查，不受上诉或者抗诉范围的限制。共同犯罪的案件只有部分被告人上诉的，应当对全案进行审查，一并处理。”[②]2013年1月1日起施行的《最高人民法院关于适用〈中华人民共和国刑事诉讼法〉的解释》第348条规定：“复核死刑、死刑缓期执行案件，应当全面审查以下内容：（一）被告人的年龄，被告人有无刑事责任能力、是否系怀孕的妇女；（二）原判认定的事实是否清楚，证据是否确实、充分；（三）犯罪情节、后果及危害程度；（四）原判适用法律是否正确，是否必须判处死刑，是否必须立即执行；（五）有无法定、酌定从重、从轻或者减轻处罚情节；（六）诉讼程序是否合法；（七）应当审查的其他情况。”在第二审程序和死刑复核程序中仍然贯彻全面审查原则的做法反映了中国刑事诉讼法对于实体真实的追求，体现了追究犯罪、惩罚犯罪和保障人权的结合。[③]

最后，注重实体真实，防止冤漏发生。对一些国家注重追求程序正义不同，中国刑事诉讼法比较注重对刑事案件实体真实的发现，既防止出现冤错案件，也避免纵容犯罪现象的发生。为此，中国《刑事诉讼法》设计了自己独特的程序。比如，中国《刑事诉讼法》在证明标准的设计上，不采纳西方国家那种内心确信的主观证明标准，而是追求客观真实的证明标准。中国《刑事诉讼法》第172条规定：“人民检察院认为犯罪嫌疑人的犯罪事实已经查清，证据确实、充分，依法应当追究刑事责任的，应当作出起诉决定，按照审判管辖的规定，向人民法院提起公诉，并将案卷材料、证据移送人民法院。”第195条第（一）项规定：“案件事实清楚，

---

① 《中华人民共和国刑事诉讼法》，2012年，法律快车网：http：//www.lawtime.cn/info/minshi/fagui/2013051382463.html。

② 同上。

③ 《最高人民法院关于适用〈中华人民共和国刑事诉讼法〉的解释》，2012年，法律图书馆网：http：//www.law-lib.com/law/law_view.asp？id=405883。

证据确实、充分，依据法律认定被告人有罪的，应当作出有罪判决。”[①]这说明中国《刑事诉讼法》规定的证明标准是“事实清楚，证据确实、充分”的标准。只有坚持这种客观真实的标准，才能既防止冤及无辜而侵犯被告人的人权，又能防止放纵犯罪分子，避免被害人人权受到侵害的局面。

同时，中国《刑事诉讼法》在审判监督程序的设计上，既不采用大陆法系国家既判力理论，也不采用英美法系国家禁止双重危险原则，而是贯彻了实事求是的精神，追求“既不放纵一个犯罪分子，也不冤枉一个好人”的实体真实理念。为此，中国《刑事诉讼法》第 242 条规定：“当事人及其法定代理人、近亲属的申诉符合下列情形之一的，人民法院应当重新审判：（一）有新的证据证明原判决、裁定认定的事实确有错误，可能影响定罪量刑的；（二）据以定罪量刑的证据不确实、不充分、依法应当予以排除，或者证明案件事实的主要证据之间存在矛盾的；（三）原判决、裁定适用法律确有错误的；（四）违反法律规定的诉讼程序，可能影响公正审判的；（五）审判人员在审理该案件的时候，有贪污受贿，徇私舞弊，枉法裁判行为的。”[②]在法律规定的对于已经生效的判决裁定可以重新审判的申诉情形中，包括了实体上和程序上的所有错误。

### （三）贯彻“少杀”、“慎杀”政策，减少死刑的实际适用

毫无疑问，生命权是最基本的人权，但剥夺犯罪分子生命的死刑是否侵犯人权？这在国际上是一个颇有争议的问题。迄今为止，尽管世界上的多数国家已经废除了死刑，也尽管许多国际人权组织高举人权旗帜反对死刑，但仍有一些国家保留死刑。不可否认的是，中国目前仍然是世界上判处和执行死刑最多的国家，在新中国短短的 60 多年历史上，中国出现过一些死刑冤案，也出现过一些虽然构成犯罪目前来看不应判处死刑但在当时历史条件下却判处了死刑的案件。正是意识到了中国死刑制度存在的问题，近年来中国持续对死刑进行改革，大力限制死刑的实际适用，为中国刑事司法领域中的人权保障增色不少。

---

① 《中华人民共和国刑事诉讼法》，2012 年，法律快车网：http：//www. lawtime. cn/info/minshi/fagui/2013051382463. html。

② 同上。

2006 年 10 月 31 日，第十届全国人大常委会第二十四次会议表决通过《关于修改人民法院组织法的决定》，将人民法院组织法的第 13 条修改为："死刑除依法由最高人民法院判决的以外，应当报请最高人民法院核准。"[①] 这个决定自 2007 年 1 月 1 日起施行。这不仅标志着下放了近四分之一世纪的死刑核准权重新收回到最高人民法院，更是中国死刑政策重新回归"少杀"、"慎杀"的重大标志，还标志着中国死刑制度由重点强调保卫政权向较多关注保障人权转变。[②]

在国际共运史上，在传统上都把打击犯罪看作阶级斗争、维护政权的一种专政形式。正如列宁所说："专政是直接依赖暴力，而不同任何法律相联系的政权。""不但如此，专政是斗争。无产阶级专政是必要的。要战胜资产阶级，不经过长期的、顽强的、殊死的斗争是不可能的。""法庭不应当消灭恐怖……而应当说明其理由，并原则上将其合法化。"[③]新中国成立前后，中国在一段时期照搬"苏联模式"，亦以专政（暴力）方式来对付犯罪。直到 1979 年，《刑事诉讼法》仍然把刑事诉讼的宗旨定为"打击敌人、保护人民"。一些罪的设置，如反革命杀人罪、反革命投毒罪、反革命破坏罪等，都呈现出阶级斗争与专政的强烈色彩。受这种传统政治信念的影响，"我们把对犯罪人判处死刑、执行死刑看作是一种专政的手段，是一种阶级斗争的方式"。[④]

在中国革命的历史上，中国共产党提出了宽大政策，严禁乱杀。但这主要是从争取革命力量和支持的角度提出的。如在井冈山根据地时期，不杀俘虏和"反水农民"的政策，就是出于争取农民支持，维护苏维埃政权的目的。抗日战争时期，根据《陕甘宁边区施政纲领》第 7 条规定，"对于汉奸分子，除绝对坚决不愿悔改者外，不问其过去行为如何，一律实行宽大政策"，其目的也是为了"争取感化转变，给以政治上与生活上

---

① 《全国人民代表大会常务委员会关于〈修改人民法院组织法〉的决定》，2006 年，全国人大网：http：//www. npc. gov. cn/wxzl/gongbao/2000 －12/06/content_ 5009526. htm。

② 参见杨文革：《死刑演变要略》，中国人民公安大学出版社 2011 年版，第 176—179 页。

③ ［俄］谢尔盖·博斯霍洛夫：《刑事政策的基础》，刘向文译，郑州大学出版社 2002 年版；转引自谢望原、卢建平等：《中国刑事政策研究》，中国人民大学出版社 2006 年版，第 285 页。

④ 陈兴良：《死刑备忘录》，武汉大学出版社 2006 年版，第 298 页。

之出路”，以利抗日民主政权的壮大。1948年1月18日，毛泽东在《关于目前党的政策中的几个重要问题》一文中，再一次强调指出：“必须坚持少杀，严禁乱杀。主张多杀乱杀的意见是完全错误的，它只会使我党丧失同情，脱离群众，陷于孤立。”从人权的角度对待死刑问题，体现在1943年2月21日公布的《渤海区人权保障条例执行规则》。其第2条第一款规定：“人民之身体、财产及其他一切之合法自由权利，非有法令的根据，任何部队、机关、团体及群众武装不得任意侵犯。在争夺区或新辟地区，尤严禁以任何名义、借口，乱行捕杀、吊打、掳架、就地处理等破坏政策的举动，违者依其所犯法条加重一半处罚。”新中国成立后，周恩来总理在1955年也曾指出：“尊重基本人权、尊重联合国宪章的宗旨和原则，尊重国际正义和国际义务，和平解决国际争端等原则，这些都是中国人民的一贯主张，也是中国一贯遵守的原则。”①

2009年4月13日，国务院新闻办公室发表了《国家人权行动计划(2009—2010年)》，首次将死刑问题与人权挂钩。该计划在“公民权利与政治权利保障”部分规定：“严格控制并慎用死刑。慎重判处死刑，完善死刑缓期二年执行制度，在死刑缓期执行期间没有故意犯罪的，不执行死刑并予以减刑。”“严格死刑审判程序，完善死刑复核程序。办理死刑案件，应当严格依照刑法和刑事诉讼法的有关规定，坚持罪刑法定、罪行相适应、适用刑法人人平等和审判公开、程序法定等基本原则；坚持程序公正与实体公正并重原则，切实保障被告人充分行使辩护权等诉讼权利；坚持死刑二审案件开庭审理，确保死刑案件质量。死刑除依法由最高人民法院判决的以外，一律由最高人民法院核准。人民检察院依法加强对死刑案件的监督。”②

与此同时，中国开始大力限制死刑的实际适用。不仅在司法上对死刑严格限制，以民事赔偿来减缓被害人家属的愤恨情绪，较多地适用死缓而不是死刑立即执行，而且从死刑程序上加以严格控制，采取了诸如收回死刑核准权、要求死刑案件第二审开庭必须审理、有争议的证人证言必须通知证人出庭作证等措施。③

---

① 参见董云虎、刘武萍：《世界人权约法总览》，四川人民出版社1990年版，第185页。

② 国务院新闻办公室：《国家人权行动计划（2009—2010年）》2009年4月。

③ 参见杨文革：《死刑演变要略》，中国人民公安大学出版社2011年版，第181—184页。

一方面，中国早在《刑事诉讼法》修改前的若干年里，已经在采取实际步骤减少死刑的实际适用，其中以民事赔偿来减少死刑的判处就是一条证明行之有效的措施。

2007 年 3 月 27 日，中央电视台《今日说法》栏目讲述了发生在广东省东莞市的这样一个案例：被告人杨庆龙因债务纠纷，纠集 10 多人械斗，打死 1 人、重伤 1 人、轻伤 1 人。经东莞市中级人民法院调解，被告人杨庆龙母亲愿意赔偿几名被害人 3 万元，得到了被害人及其家属的谅解，杨庆龙于 2006 年 12 月被判处无期徒刑。此案在网上引起很大争议，赞成者有之，反对者有之。赞成者认为这是解决附带民事赔偿的出路；反对者认为是花钱买命，贫富不公。据悉，东莞市在 2006 年前的三年中，附带民事诉讼执行率分别为 0.14%；0%；2.97%。

2007 年 6 月 29 日中午，中央电视台 12 频道《大家看法》栏目报道了同样发生在东莞的这样一起案件：在广东省东莞市打工的王有才被周云海等抢劫砍死，东莞市中级人民法院在审理此案时，李洪辉副庭长表示，只要被告方赔偿死者家属金钱，便可考虑减刑。被告人哥哥周云峰多次找到被害人妻子骆小英和父亲王立诚表示道歉，并希望得到谅解。周云峰同意先赔偿 5 万元，王家不同意。律师与法官都劝说被害方，如不签字同意，就一分钱也拿不到，因为被告人周云海 22 岁，身无分文，5 万元的赔偿款是周家人东拼西凑的。后王家在赔偿协议书上签字，被告人周云海被判处死缓。

2007 年 12 月 29 日上午，北京市第一中级人民法院对公交车售票员朱玉琴掐死清华大学物理系晏思贤教授的 13 岁爱女一案的附带民事诉讼部分作出终审判决。判决突破以往的判决书模式及赔偿数额，不但以法院的名义对晏教授表示同情，将 10 万元精神赔偿改判为 30 万元，加上死亡赔偿金、丧葬费、医药费等其余 45 万元赔偿，晏教授夫妇共获赔 75 万元。朱玉琴被法院以故意伤害罪判处死缓。[①]

上述三起杀人、抢劫、伤害案件均造成被害人死亡的严重后果，因为附带民事赔偿的解决而没有判处被告人死刑立即执行，大大限制了死刑的

---

① 张蕾：《被公交车售票员掐死爱女 清华教授拿到 75 万赔偿》，《北京晚报》，中国新闻网：http：//www. chinanews. com. cn/sh/news/1119264. shtml，2007 年 12 月 29 日访问。

适用。但这种“赔钱减刑”的做法，也引起了广泛关注和争议。在普通人看来，杀人偿命，天经地义，所以“当赔偿与减刑并列在一起的时候，多数人并不能接受，认为会损害法律的严肃性，有违公平公正的法律原则。”[①]其实，在笔者看来，“赔钱减刑”做法，其合理性是不能否认的：第一，杀人偿命与历史上的血亲复仇一样，其实都是一种复仇心理，无益于被破坏社会秩序的恢复，而赔偿命价经过双方商谈，取得一致，不仅使得被害方从沉重的负担中及早得到解脱（古人不需再为复仇而“寝苫枕干”，今人也不用为求得一定处死被告而经年累月地身陷于近乎死缠烂打式的缠讼上访），而且恢复了被破坏的社会秩序，体现了和谐的时代主题。第二，“赔钱减刑”虽然可以免除被告死刑，但并不能免除被告被判处无期徒刑或者死缓等刑罚。被告人死罪可免，活罪难逃。既使被告人受到了严厉惩处，也使被害方得到了物质上和精神上的双重安抚。美国密歇根大学法学院汤马斯·龙恩讲座教授威廉·伊恩·米勒认为，正义的行为指的是对你所杀害的人和你所造成的伤害做出赔偿。精确做出赔偿，那么你就不再是个不正义的人，因为你让平衡得以恢复。[②]在实践中，这种做法也确实起到了减少死刑的作用，且能够得到被害人家属的理解，意义不容否定。

另一方面，通过修改《刑事诉讼法》完善死刑程序，保障死刑案件判处的公正性，也体现了通过程序限制死刑的思路。新《刑事诉讼法》第241条规定：“最高人民法院复核死刑案件，应当讯问被告人，辩护律师提出要求的，应当听取辩护律师的意见。在复核死刑案件过程中，最高人民检察院可以向最高人民法院提出意见。最高人民法院应当将死刑复核结果通报最高人民检察院。”《最高人民法院关于适用〈中华人民共和国刑事诉讼法〉的解释》第356条规定：“死刑复核期间，辩护律师要求当面反映意见的，最高人民法院有关合议庭应当在办公场所听取其意见，并制作笔录；辩护律师提出书面意见的，应当附卷。”第357条规定：“死刑复核期间，最高人民检察院提出意见的，最高人民法院应当审查，并将采纳情况及理由反馈最高人民检察院。”第358条规定：“最高人民法院

① 参见《赔钱减刑，合法？合理？合情?》，载《南方周末》2007年2月8日。李风林：《“赔钱减刑”与刑事和解》，载《南方周末》2007年2月15日。

② ［美］威廉·伊恩·米勒：《以眼还眼》，郑文龙、廖溢爱译，浙江人民出版社2009年版，第9页。

应当根据有关规定向最高人民检察院通报死刑案件复核结果。”在死刑复核程序中增加辩护律师的参与和检察监督，无疑有利于保障死刑案件审判的公正性，减少死刑的适用。

（四）根据国际人权公约充实刑事诉讼法对人权的保护

新《刑事诉讼法》在第2条任务中增加了“尊重和保障人权”，为了落实好这一任务内容，新《刑事诉讼法》吸收了许多为国际社会和联合国所确认的人权标准和程序。为此，新《刑事诉讼法》原则性地增加了两个有利于禁止强迫获取口供的原则性规定：一是在《刑事诉讼法》第2条的任务部分，增加了“尊重和保障人权”的内容；二是在第50条增加了“不得强迫任何人证实自己有罪”的规定。从而首次以保障人权的新视角而不是以保证实体真实的传统视角，对强迫性口供作出否定性规定。

同时，为了切实保障获取口供以非强迫的方式进行，新《刑事诉讼法》完善了相关程序。一是完善了嫌疑人获得辩护律师协助的程序。在第33条明确规定，“犯罪嫌疑人自被侦查机关第一次讯问或者采取强制措施之日起”，有权委托律师作为辩护人，并要求侦查机关“应当告知犯罪嫌疑人有权委托辩护人”。[①] 同时还将原《刑事诉讼法》所确立的只有在审判阶段被告人才享有的获得法律援助的权利延伸到侦查阶段。为防止实践中曾出现的侦查机关以批准为由刁难律师与嫌疑人会见的现象，新《刑事诉讼法》第37条明确规定：辩护律师要求会见在押犯罪嫌疑人的时候，只需要“律师执业证书、律师事务所证明和委托书或者法律援助公函”，无须再到侦查机关办理“会见通知”，并规定了“看守所应当及时安排会见，至迟不得超过四十八小时。”[②]而且进一步明确规定：“辩护律师会见犯罪嫌疑人、被告人时不被监听。”[③]这些有关律师协助的新规定在一定程度上提升了嫌疑人抵御侦查机关强迫性讯问的能力。二是在该法第54—58条第一次以国家基本法的形式确立了非法口供排除规则。新《刑事诉讼法》第54条规定：“采用刑讯逼供等非法方法收集的犯罪嫌疑人、被告人供述和采用暴力、威胁等非法方法收

① 《中华人民共和国刑事诉讼法》，2012年，法律快车网：http：//www.lawtime.cn/info/minshi/fagui/2013051382463.html。

② 同上。

③ 同上。

集的证人证言、被害人陈述，应当予以排除。收集物证、书证不符合法定程序，可能严重影响司法公正的，应当予以补正或者作出合理解释；不能补正或者作出合理解释的，对该证据应当予以排除。在侦查、审查起诉、审判时发现有应当排除的证据的，应当依法予以排除，不得作为起诉意见、起诉决定和判决的依据。”第 55 条规定：“人民检察院接到报案、控告、举报或者发现侦查人员以非法方法收集证据的，应当进行调查核实。对于确有以非法方法收集证据情形的，应当提出纠正意见；构成犯罪的，依法追究刑事责任。”该法第 56 条规定：“法庭审理过程中，审判人员认为可能存在本法第五十四条规定的以非法方法收集证据情形的，应当对证据收集的合法性进行法庭调查。当事人及其辩护人、诉讼代理人有权申请人民法院对以非法方法收集的证据依法予以排除。申请排除以非法方法收集的证据的，应当提供相关线索或者材料。”该法第 57 条规定：“在对证据收集的合法性进行法庭调查的过程中，人民检察院应当对证据收集的合法性加以证明。现有证据材料不能证明证据收集的合法性的，人民检察院可以提请人民法院通知有关侦查人员或者其他人员出庭说明情况；人民法院可以通知有关侦查人员或者其他人员出庭说明情况。有关侦查人员或者其他人员也可以要求出庭说明情况。经人民法院通知，有关人员应当出庭。”该法第 58 条规定：“对于经过法庭审理，确认或者不能排除存在本法第五十四条规定的以非法方法收集证据情形的，对有关证据应当予以排除。”这些规定对侦查机关为获取口供而实施刑讯逼供等非法方法的行径，无论从心理层面还是从操作层面都具有了实质的威慑意义。三是完善了讯问嫌疑人过程中的技术性规定。包括：拘捕嫌疑人后，应当立即将其“送看守所羁押”（第 83 条和第 91 条）；犯罪嫌疑人被送交看守所羁押以后，侦查人员对其进行讯问，“应当在看守所内进行”（第 116 条），并且要求对讯问过程进行“全程”的、“完整性”的“录音或者录像”（第 121 条）；对于没有被羁押的嫌疑人进行传唤、拘传讯问时，“应当保证犯罪嫌疑人的饮食和必要的休息时间”（第 117 条）。[①] 这些无疑有利于遏制讯问过程中警察

① 《中华人民共和国刑事诉讼法》，2012 年，法律快车网：http：//www. lawtime. cn/info/minshi/fagui/2013051382463. html。

违法行为的发生。

## 三　刑事诉讼法保障人权的具体规定

经过两次修订，人权保障已成为《刑事诉讼法》的基本理念，并成为督促中国刑事诉讼程序不断完善的主要动力。

### （一）“尊重和保障人权”写入《刑事诉讼法》

刑事司法程序中的人权保障问题是人权的核心问题之一。这些年来，中国不断强化刑事司法程序中的人权保障问题，并颁布了一系列规范性文件，如2007年《律师法》修改增加律师持“三证”会见的规定，2010年六部委发布《关于办理刑事案件非法证据排除若干问题的规定》规范非法证据排除规则等。为巩固并扩大刑事司法程序中人权保障成果，2012年《刑事诉讼法》将人权保障的条款写入法律中来。《刑事诉讼法》第2条规定：“中华人民共和国刑事诉讼法的任务，是保证……尊重和保障人权，保护公民的人身权利、财产权利、民主权利和其他权利，保障社会主义建设事业的顺利进行。”[①]全国人大法工委在解释该条的立法理由时指出“将‘尊重和保障人权’的原则明确写入刑事诉讼，更有利于充分体现中国司法制度的社会主义性质，有利于进一步体现中国对尊重和保障人权的重视，也有利于在刑事诉讼程序中更好地贯彻落实这一宪法原则”。

### （二）保障犯罪嫌疑人、被告人的辩护权

辩护权是犯罪嫌疑人、被告人享有的最基本人权，法律必须要予以保障。《刑事诉讼法》第14条第一款规定“人民法院、人民检察院和公安机关应当保障犯罪嫌疑人、被告人和其他诉讼参与人依法享有的辩护权和其他诉讼权利。”[②]

第一，将辩护律师介入刑事诉讼的时间提前至侦查阶段。犯罪嫌疑人自被侦查机关第一次讯问或者采取强制措施之日起，有权委托辩护人；在侦查期间，只能委托辩护律师作为辩护人。被告人有权随时委托辩护人。

---

① 《中华人民共和国刑事诉讼法》，2012年，法律快车网：http：//www. lawtime. cn/info/minshi/fagui/2013051382463. html。

② 同上。

为了保障犯罪嫌疑人、辩护人有效行使辩护权，法律还规定侦查机关在第一次讯问犯罪嫌疑人或对犯罪嫌疑人采取强制措施的时候，应当告知犯罪嫌疑人有权委托辩护人；人民检察院在收到移送审查起诉的案件材料之日起三日以内，人民法院在受理案件之日起三日以内，应当告知被告人有权委托辩护人。

第二，扩大指定辩护的情况。辩护人是犯罪嫌疑人、被告人合法权益的专门维护者，但是有些犯罪嫌疑人、被告人受条件限制而没有能力聘请辩护人。所以，法律规定了指定辩护制度。依据法律规定，应当指定辩护的情形主要有如下三种：（1）犯罪嫌疑人、被告人是盲、聋、哑人，或者尚未完全丧失辨认或者控制自己行为能力的精神病人，没有委托辨认人的；（2）犯罪嫌疑人、被告人可能被判处无期徒刑、死刑，没有委托辩护人的；（3）犯罪嫌疑人、被告人因精神困难或者其他原因没有委托辩护人，本人及其近亲属提出法律援助申请，且符合法律援助条件的。

第三，保障辩护人依法辩护的权利。首先，保障辩护人会见、通信权。辩护律师可以同在押的犯罪嫌疑人、被告人会见和通信；辩护律师持律师执业证书、律师事务所证明或者法律援助公函要求会见在押的犯罪嫌疑人、被告人的，看守所应当及时安排会见，至迟不得超过四十八小时。其次，完善证据庭前开示制度，保障辩护权依法高效行使。辩护律师对案件审查起诉之日起，有关查阅、摘抄、复制本案的全部案卷材料。再次，确立律师与当事人间的拒证特权。辩护律师对在执业活动中知悉的有关情况和信息，有权予以保密。最后，确立律师保护制度。辩护人、诉讼代理人认为公安机关、人民检察院、人民法院及其工作人员阻碍其依法行使诉讼权利的，有权向同级或者上一级人民检察院申诉控告。同时，为了防止有关机关打击报复辩护律师，对于辩护律师帮助犯罪嫌疑人、被告人隐匿、毁灭、伪造证据或者串供，涉嫌犯罪的，应当由办理辩护人所承办案件的侦查机关以外的侦查机关办理，而且应当及时通知其所在的律师事务所或者所属的律师协会。

随着法律规定的日益完善，刑事辩护在司法实践中也越来越活跃，刑事辩护案件数和重刑案件中刑事辩护的比例快速提升（见表8—1）。

表 8—1　刑事诉讼辩护及代理案件数与人民法院各类案件数、五年有期徒刑以上刑罚数对比

| 年份 | 刑事诉讼辩护及代理（件） | 人民法院审理刑事一审、二审和再审案件数（件） | 刑事诉讼辩护及代理案件数占刑事各类案件数比例（%） | 人民法院判处五年有期徒刑以上刑罚人数（人） | 刑事诉讼辩护及代理件数与五年有期徒刑以上刑罚人数比 |
|---|---|---|---|---|---|
| 2012 | 576050 | 1108172 | 52 | 125015 | 5.5 : 1 |
| 2011 | 569330 | 947712 | 60 | 149452 | 3.8 : 1 |
| 2010 | 530800 | 884737 | 60 | 159261 | 3.3 : 1 |
| 2009 | 564204 | 871842 | 65 | 162675 | 3.5 : 1 |
| 2008 | 511204 | 866614 | 59 | 159020 | 3.2 : 1 |

数据来源：最高人民法院工作报告和《中国法律年鉴》。

### （三）防范和遏制刑讯逼供，保障犯罪嫌疑人、被告人合法权益

刑讯逼供问题是刑事司法程序的毒瘤，困扰着各国刑事司法程序。中国政府为了预防和遏制刑讯逼供，保障犯罪嫌疑人和被告人的人权，近年来加大对刑事司法程序各环节中的刑讯逼供问题进行治理（见表 8—2）。

表 8—2　近年来中国颁布的涉及到刑讯逼供问题的司法解释和部门规章

| 编号 | 发布机关 | 名　称 | 发布时间 |
|---|---|---|---|
| 1 | 最高人民法院 | 《关于建立健全防范刑事冤假错案工作机制的意见》 | 2013 年 10 月 |
| 2 | 最高人民检察院 | 《关于切实履行检察职能防止和纠正冤假错案的若干意见》 | 2013 年 9 月 |
| 3 | 公安部 | 《关于进一步加强和改进刑事执法办案工作切实防止发生冤假错案的通知》 | 2013 年 6 月 |
| 4 | 最高人民检察院、公安部 | 《关于在看守所设置同步录音录像讯问室的通知》 | 2012 年 10 月 |
| 5 | 公安部 | 《拘留所条例实施办法》 | 2012 年 6 月 |
| 6 | 最高人民检察院、公安部、民政部 | 《看守所在押人员死亡处理规定》 | 2011 年 12 月 |

续表

| 编号 | 发布机关 | 名 称 | 发布时间 |
| --- | --- | --- | --- |
| 7 | 最高人民检察院、公安部 | 《关于人民检察院对看守所实施法律监督若干问题的意见》 | 2010 年 10 月 |
| 8 | 最高人民检察院、公安部 | 《关于审查逮捕阶段讯问犯罪嫌疑人的规定》 | 2010 年 8 月 |
| 9 | 最高人民法院、最高人民检察院、公安部、国家安全部、司法部 | 《关于办理刑事案件排除非法证据若干问题的规定》 | 2010 年 6 月 |

数据来源：《中国法律年鉴》。

第一，确立禁止强迫自证其罪原则。审判人员、检察人员和侦查人员必须依照法定程序收集证据，严禁刑讯逼供和以威胁、引诱、欺骗以及其他非法方法收集证据，不得强迫任何人证实自己有罪。

第二，确立非法证据排除规则。对于采取刑讯逼供等非法方法收集的犯罪嫌疑人、被告人供述和采取暴力、威胁等非法方法收集的证人证言、被害人陈述，应当予以排除。收集物证、书证不符合法定程序，可能严重影响司法公正的，应当予以补正或者作出合理解释；不能补正或者作出合理解释的，对该证据应当予以排除。而且，非法证据的举证实行举证责任倒置，由人民检察院就证据收集的合法性加以证明。对于经过法庭审理，确认或者不能排除存在非法证据可能的，对有关证据应当予以排除。

第三，完善拘留、逮捕后送押和讯问制度。针对刑讯逼供的高发阶段，法律予以专门规定。首先，限制拘留、逮捕后犯罪嫌疑人被侦查机关控制的时间。拘留后应立即将被拘留人送看守所羁押，至迟不得超过 24 小时。逮捕后应当立即将被逮捕人送看守所羁押；侦查人员对被羁押人的讯问应当在看守所内进行。其次，确立讯问录音录像制度。全面推行侦查讯问过程录音录像制度，明确规定对可能判处无期徒刑、死刑的案件或者其他重大犯罪案件，讯问过程必须进行录音录像；录音或者录像应当全程进行，保持完整性。

此外，对于侵害犯罪嫌疑人、被告人等被羁押人合法权益的行为（见表 8—3），中国相关部门也坚决予以查处，以维护犯罪嫌疑人、被告人的合法权益。

表 8—3　　人民检察机关书面纠正违法次数

| 次数＼年份 | 2008 | 2009 | 2010 | 2011 | 2012 |
| --- | --- | --- | --- | --- | --- |
| 书面提出纠正侦查监督件次 | 22424 | 25974 | 34180 | 39812 | 57280 |
| 审查批捕环节书面提出纠正 | 12296 | 14308 | 18880 | 20801 | 30584 |
| 书面提出纠正超期羁押人次 | 181 | 337 | 525 | 243 | 588 |

数据来源：中国统计年鉴年度数据。

（四）限制刑事强制措施的适用

刑事强制措施作为严重限制或剥夺犯罪嫌疑人、被告人人身权利或财产权利的措施，其适用必须遵循必要性、比例性等要求。针对中国刑事诉讼中羁押比例较高的情形，近年来中国对刑事强制措施的适用情形做了较大限制。

第一，细化逮捕条件，增强逮捕批准程序的司法属性。首先，将逮捕的危险性条件进一步细化为“可能实施新的犯罪的；有危害国家安全、公共安全或者社会秩序的现实危险的；可能毁灭、伪造证据，干扰证人作证或者串供的；可能对被害人、举报人、控告人打击报复的；企图自杀逃跑的”。其次，人民检察院审查批准逮捕，不能仅仅听取公安机关的一面之词，还要听取犯罪嫌疑人及其辩护人的意见。通过控辩双方的积极参与，增强检察机关批准逮捕程序的司法属性，从而保障犯罪嫌疑人的合法权益。在人民检察院提起公诉人数逐年增加的情况下，人民检察院批准逮捕人数在逐渐减少，逮捕适用得到有效控制（见表 8—4）。

表 8—4　　人民检察院批准逮捕人数和提起公诉人数

| 人数＼年份 | 2009 | 2010 | 2011 | 2012 | 2013 |
| --- | --- | --- | --- | --- | --- |
| 批准逮捕人数 | 941091 | 916209 | 908756 | 969905 | 879817 |
| 提起公诉人数 | 1134380 | 1148409 | 1201032 | 1390771 | 1324404 |

数据来源：最高人民检察院的工作报告和中国法律年鉴。

第二，建立对在押人员羁押必要性的审查制度。犯罪嫌疑人、被告人被逮捕后，人民检察院仍应当对被羁押人的羁押必要性进行审查。对不需要继续羁押的，应当建议有关司法机关予以释放或者变更强制措施。有关机关应当在10日以内将处理情况通知人民检察院。

第三，扩大监视居住的适用，减少羁押。2012年《刑事诉讼法》将监视居住定位为减少羁押的替代措施，将符合逮捕条件，但是患有严重疾病、生活不能自理，或者是怀孕或正在哺乳自己婴儿的妇女，以及系生活不能自理者的唯一抚养人的犯罪嫌疑人、被告人，纳入监视居住的适用范围。

（五）保障被害人、证人等其他诉讼参与人的合法权益

刑事诉讼中的人权保障问题并非仅局限于犯罪嫌疑人、被告人，还适用于被害人、证人等其他诉讼参与人。

为了救助刑事被害人，2008年中央政法委、最高人民法院、最高人民检察院、公安部等六部委发布《关于开展刑事被害人救助工作的若干意见》，建立被害人救助制度。截至2012年9月，全国已有20个省、市、自治区和130余个地、市出台了具体实施的专门文件，宁夏回族自治区、江苏省无锡市还出台了刑事被害人救助地方性法规。据不完全统计，2009年至2011年，全国法院向刑事被害人发放的救助金额逐年递增，已累计发放救助金2.3亿余元，12978名刑事被害人获得救助，缓解了因遭受犯罪侵害而在生活、医疗方面面临的燃眉之急。[①]

为了促进证人出庭作证并保障证人合法权益，2012年《刑事诉讼法》规定了证人保护制度。对于危害国家安全犯罪、恐怖活动犯罪、黑社会性质的组织犯罪、毒品犯罪等案件，证人、鉴定人、被害人因在诉讼中作证，本人或者其近亲属的人身安全面临危险的，应当采取一项或多项保护措施，如不公开姓名、住址和工作单位等个人信息，采取不暴露外貌、真实声音等出庭作证措施，对人身和住宅采取专门性保护措施等。证人因履行作证义务而支出的交通、住宿、就餐等费用，应当给予补助。证人作证的补助列入司法机关业务经费，由同级政府财政予以保障。

（六）完善刑事审判程序，保障获得公正审判权的实现

为了保障当事人获得公正审判权的实现，中国自20世纪90年代开启审判方式改革，吸收借鉴英美法系当事人主义模式特点，强化控辩双方的

---

① 孙军工：《关于人民法院开展刑事被害人救助工作有关情况的新闻发布稿》，载http://www.court.gov.cn/xwzx/xwfbh/twzb/201209/t20120925_178363.htm，访问时间2014年9月15日。

对抗，弱化法官在审判中的主导作用。2012 年《刑事诉讼法》也是在这一基础上，对现有刑事诉讼程序进行优化。

第一，改革刑事简易程序，确立被告人认罪程序。将原来的刑事简易程序改革为被告人认罪程序，适用于同时具备如下三个条件的案件，即“案件事实清楚、证据充分的；被告人承认自己所犯罪行，对指控的犯罪事实没有异议的；被告人对适用简易程序没有异议的”。

第二，改革死刑复核程序，控制死刑适用。2006 年最高人民法院收回判处死刑立即执行案件的核准权，确保死刑案件办案质量。2012 年《刑事诉讼法》在此基础之上进一步对死刑复核程序改革，强化死刑复核程序中控辩双方的参与。依其规定，最高人民法院复核死刑案件，应当讯问被告人，辩护律师提出要求的，应当听取辩护律师的意见。

第三，改革量刑程序，确保量刑精准化。法庭审理过程中，对于定罪、量刑的事实、证据都应当进行调查、辩论。同时，为了确保量刑精准化，保障被告人合法权益，国家还发布了一系列量刑的指导意见（见表 8—5）。

**表 8—5　2008 年以来最高人民法院、最高人民检察院发布的量刑意见**

| 编号 | 名　称 | 发布日期 |
|---|---|---|
| 1 | 人民法院量刑指导意见（试行） | 2008 年 8 月 |
| 2 | 人民法院量刑程序指导意见（试行） | 2008 年 8 月 |
| 3 | 人民法院量刑程序指导意见（试行） | 2009 年 4 月 |
| 4 | 人民法院量刑指导意见（试行） | 2009 年 4 月 |
| 5 | 新增十个罪名的量刑指导意见（试行） | 2009 年 11 月 |
| 6 | 人民检察院开展量刑建议工作的指导意见（试行） | 2010 年 2 月 |
| 7 | 人民检察院量刑建议书格式样本（试行） | 2010 年 9 月 |

续表

| 编号 | 名　称 | 发布日期 |
|---|---|---|
| 8 | 最高人民法院、最高人民检察院、公安部、国家安全部、司法部关于规范量刑程序若干问题的意见（试行） | 2010年9月 |
| 9 | 人民法院量刑程序指导意见（试行） | 2010年9月 |
| 10 | 最高人民法院、最高人民检察院、公安部、国家安全部、司法部关于加强协调配合积极推进量刑规范化改革的通知 | 2010年11月 |
| 11 | 最高人民法院关于实施量刑规范化工作的通知 | 2013年12月 |
| 12 | 最高人民法院关于常见犯罪的量刑指导意见 | 2013年12月 |

数据来源：《中国法律年鉴》。

## 四　刑事诉讼中人权保障存在的问题

尽管中国《刑事诉讼法》对于人权保障进行了极大完善，但问题仍然是存在的。目前中国刑事诉讼中存在的人权问题主要体现在以下几个方面。

### （一）刑讯逼供依然有不同程度的存在

（1）自愿性仍然没有成为中国口供规则的指导性原则。一方面，立法仍然对沉默权持否定态度。新《刑事诉讼法》第118条仍然保留了原法有关“犯罪嫌疑人对侦查人员的提问，应当如实回答”的规定。这说明面对侦查人员的讯问，嫌疑人没有保持沉默的权利，其仍然没有不回答讯问的意志自由，如实作出陈述是其应尽的法定义务。而如果这种陈述中的有罪供述被认为是真实的，将会被作为对嫌疑人定罪的依据。另一方面，在中国目前最新的口供规则中，排除规则中所列的非法方法与取证规则中所禁止的非法方法并不一致。新《刑事诉讼法》第50条规定，“严禁刑讯逼供和以威胁、引诱、欺骗以及其他非法方法收集证据”，这说明在中国的口供取证规则中，刑讯逼供、威胁、引诱、欺骗都属于明文禁止的手段，但是新《刑事诉讼法》第54条所规定的排除规则中，仅排除采用“刑讯逼供等”非法方法收集的供述。以“威胁、引诱、欺骗”这些非法方法获得的口供没有被列入排除之列。这决不仅仅是遗漏，而恰恰是有意为之。因为就在同一条所列的需要排除的以非法方法收集的证人证言、被害人陈述时就包括“采用暴力、威胁等”非法方法。这种差别意味着：不仅以虽非自愿性但也不带有强迫性的方法，如引诱、欺骗，获得的口供不属于排除之列，而且以相当的强迫性方法，如威胁，获得的口供也不属于排除之列，只有那些最具强迫性的方法，如刑讯逼供，获得的口供才会被排除。这说明，中国目前的口供规则不仅没有确立起自愿性原则，甚至连非强迫性原则都没有确立。充其量也仅仅是确立了一个禁止最严重强迫性取证方法的口供规则。①

（2）律师的讯问在场权依然没有保障。美国的米兰达警示要求警察在讯问嫌疑人之前，必须“清楚地”告知将要接受讯问的嫌疑人，“他有权咨询律师，在讯问过程中他有权要求律师在场”。中国新刑事诉讼法虽然在嫌疑人获得律师协助方面取得了长足进步，但仍然没有赋予律师在警察讯问嫌疑人时的在场权。这不仅不利于减少威胁、引诱、欺骗等相对较轻的违反自愿性的获取口供的非法方法，甚至不利于遏制刑讯逼供这般最严重的侵犯嫌疑人意志自由的强迫性取证方法。因为“讯问时律师在场也是为了服务于以下‘重要的附属功能’：律师的存在降低了警察采取暴力手段的可能性；律师可以更有效地描述当时的情形，因此，如果确有必要，在随后的听证程序或审判中，可以提出警察使用强迫手段的抗辩……”②

（3）新《刑事诉讼法》关于监视居住措施的修改，增加了监视居住情况下嫌疑人被强迫作出供述的可能性。按照1996年《刑事诉讼法》的规定，监视居住在嫌疑人的“住处”执行，只有在嫌疑人没有固定住处时，才在“指定的居所”执行。但是，新刑事诉讼法却打破这一原则规定，允许“对于涉嫌危害国家安全犯罪、恐怖活动犯罪、特别重大贿赂犯罪”，即使在嫌疑人有“住处”的情况下，“也可以在指定的居所执行”。这事实上等同于增加了一种新的“羁押”场所。而且这种“羁押”

① 参见杨文革：《美国口供规则中的自愿性原则》，《环球法律评论》2013年第4期。

② 同上。

场所由于缺乏看守所那样的正规性和受监督性，极有可能导致监视居住情况下的嫌疑人比在看守所羁押的嫌疑人更易于受到强迫。美国的米兰达规则对这种偷梁换柱的可能已有预防，规定米兰达警示除了适用于监禁下的嫌疑人外，还适用于“其他任何意义上的剥夺其行动自由的方法”的嫌疑人，以消除监禁或者其他类似监禁情形下的压迫氛围。可以预见，新监视居住措施将使嫌疑人比过去面临更加严厉的强迫性讯问。[①]

（二）羁押率过高

根据无罪推定原则的要求，在法院对被告人作出有罪判决之前，被告人应该被推定为无罪的人。因此对被告人在判决前的羁押应该只是个别的、例外的，而不应该是常态的。但在中国刑事诉讼中，绝大多数被告人在判决前均被羁押却是不争的事实。如果把中国刑事诉讼过程中对犯罪嫌疑人和被告人的有罪认定看作一个渐进的过程的话，逮捕在事实上就是被逮捕者由被追诉者身份向犯罪分子身份的转折，标志着被追诉者的身份由无罪到有罪的质的变化。这一特征在公检法三机关组成联合专案组等联合办案的情况下愈加明显。在此情况下，侦查、起诉、审判等阶段被打破，对被追诉者来讲，逮捕意味着是对其有罪的第一次“司法认定”，后面的判决则是第二次“司法认定”。可以说，在相当程度上，逮捕被异化为对被追诉者真正的有罪“判决”，其后的起诉意见书、公诉书乃至判决书都不过是对逮捕结论的确认而已。正如中国学者对公捕大会所批评的那样，“后续的司法程序都不过是这场展示的背景摆设了”。

逮捕在中国司法实践中的重要地位可以从以下几点得到印证：其一，在新中国成立后的30年中，中国一直没有颁布刑事诉讼法典，但是，早在1954年，中国就颁布了《中华人民共和国逮捕拘留条例》。该条例事实上起着规范公检法三机关追究犯罪的程序法的作用。被告人从被拘留到被逮捕的过程，在相当程度上就是在事实上被认定为犯罪分子的过程。其二，从“两可”原则的提出及其适用，也可以反映出逮捕的重要地位。在“镇反”期间，毛泽东同志提出：“凡介在可捕可不捕之间的人一定不要捕，如果捕了就是犯错误；凡介在可杀可不杀之间的人一定不要杀，如果杀了就是犯错误。”毛泽东同志的指示，将“捕”与“杀”置于并列地

① 参见杨文革：《美国口供规则中的自愿性原则》，《环球法律评论》，2013年第4期。

位，足见逮捕在中国刑事诉讼中的实质性地位。其三，从公捕大会与公判大会合并举行的思路和做法，也可以反映出逮捕具有不亚于判决的地位。在中国刑事诉讼法中，“审判公开”是一项重要原则，但实践中真正的审判公开，尤其是审理的公开，往往很难实行。而与此形成鲜明对比的是，中国《刑事诉讼法》并没有规定“逮捕公开”，但实践中公开逮捕的事例一再上演。在1983年“严打”期间，公捕、公判大会一并召开的潮头最盛，造成了一些负面影响。1988年公检法最高机关曾联合发文予以制止，公捕公判之风曾一度沉寂。但是，近一两年来，虽然司法高层反对，这种做法又有回潮，并有愈演愈烈之势。公捕与公判大会合并举行（有的地方还包括公拘与劳教），严重混淆了逮捕与判刑的界限，使人民群众误以为逮捕与判决没有什么区别，被逮捕者和被判决者都是“坏人”。

逮捕在司法实践中性质与功能的异化，是中国长期以来侦查中心主义诉讼模式的反映，是“重实体，轻程序”思维意识作祟的结果，从根本上违背了正当程序原则与无罪推定原则，是野蛮落后的司法观念的体现，与人权保障和法治文明的时代精神背道而驰。

逮捕性质与功能异化的最大危害是羁押率居高不下。从历年最高人民检察院工作报告看，中国的逮捕率大多在九成以上。最高人民检察院2008年的工作报告显示，2003年至2007年，共批准逮捕各类刑事犯罪嫌疑人4232616人，提起公诉4692655人，逮捕的人数占提起公诉人数的90.2%。最近两年有所下降，2009年的最高人民检察院工作报告显示，2008年全国全年共批准逮捕各类刑事犯罪嫌疑人952583人，提起公诉1143897人，批捕率达83.3%。2010年最高人民检察院工作报告显示，2009年全年共批准逮捕各类刑事犯罪嫌疑人941091人，提起公诉1134380人，批捕率83%。

实践中一些地方还对公检法机关实行目标考核，要求每年逮捕人数不得低于某线下，以保持对犯罪的高压态势，显示打击犯罪的决心。

逮捕率畸高的危害是：首先，过高的逮捕率使逮捕由一项强制措施异化为事实上对犯罪嫌疑人的定罪决定，等同于对犯罪嫌疑人判了刑。这不仅与无罪推定原则相违背，而且冲垮了刑事诉讼法所确立的程序规范体系，对刑事程序法治的建设极为有害。其次，逮捕措施的滥用，使逮捕成为一项事实上的惩罚措施。尤其在一些本不够犯罪的案件中，比如诽谤政府官员的，一些颟顸而霸道的地方官员任意指示司法力量，对正当批评监督政府官员的人士滥用逮捕措施，实施打击报复。即使最终嫌疑人没有被定罪，但也免不了要脱了一层皮，极大地侵犯了公民的人权。再次，滥用逮捕措施还会使公检法机关抗拒对错案的纠正，在错误的路上一错到底。复次，滥用逮捕措施不仅不利于改造犯罪，还可能会“培养”罪犯。有人说，“看守所是传习所、大染缸”。关押在看守所里的嫌疑人相互之间常常传授犯罪方法，交流对抗侦讯的经验。对于那些犯罪情节本来不很严重的可能会被不起诉或者判处缓刑的嫌疑人来讲，将其羁押于看守所内，极有可能学到犯罪方法，对社会造成新的危害。又次，滥用逮捕措施必然增加错捕的风险，从而可能增加国家赔偿的负担。中国《国家赔偿法》规定，行使侦查、检察、审判、监狱管理职权的机关及其工作人员在行使职权时，对没有犯罪事实的人错误逮捕的，要对受害人进行赔偿。逮捕措施适用不慎的后果，最终都将由国家和人民承担。最后，滥用逮捕措施极大地损害了党和司法机关的形象，影响社会的和谐稳定与国家的长治久安。除逮捕而外，新《刑事诉讼法》关于指定居所监视居住的最新规定，事实上将这种情况下的犯罪嫌疑人变相予以羁押，恶化了人权保障。因为指定居所中的“居所”不明确，实践中容易演变成一种变相的拘禁，虽然刑事诉讼法中规定了“不得在羁押场所、专门办案场所执行”，但即使是在公安机关指定的进行监视居住的“招待所”“公共场所”等，经过公安机关的改造，也易演变成一种“变相羁押”。而且指定居所监视居住的适用随意性大，缺乏外部监督。虽然在三种特殊类型犯罪中，指定居所监视居住必须经过上级机关的批准，但在其他普通的刑事案件中，只要公安机关认定其没有固定住处，就可以指定居所监视居住的名义对其进行变相的拘禁。加之监视居住期限过长。对于指定居所监视居住的情形，司法机关可以直接将其变相羁押 6 个月。

（三）技术侦查措施存在滥用可能

所谓技术侦查，是指公安机关、人民检察院根据侦查犯罪的需要，在经过严格的审批手续后，运用技术设备收集证据或查获犯罪分子的一种特殊侦查措施。根据侦查实践，技术侦查措施包括监听、监视、密取、网络监控、截取电子邮件、秘密拍照、秘密录像、电子通信定位等。技术侦查措施涉及公民的通信权、言论自由权、住宅安宁权，如果运用不当就有可能侵犯到公民的这些宪法性权利。中国 2012 年新修改的《刑事诉讼法》在“侦查”一章中增加了整整一节的内容来规范技术侦查措施。但由于这些规定比较简略，致使其呈现出以下几个不足。

（1）适用范围几乎没有限制。新《刑事诉讼法》第 148 条规定：“公安机关在立案后，对于危害国家安全犯罪、恐怖活动犯罪、黑社会性质的组织犯罪、重大毒品犯罪或者其他严重危害社会的犯罪案件，根据侦查犯罪的需要，经过严格的批准手续，可以采取技术侦查措施。人民检察院在立案后，对于重大的贪污、贿赂犯罪案件以及利用职权实施的严重侵犯公民人身权利的重大犯罪案件，根据侦查犯罪的需要，经过严格的批准手续，可以采取技术侦查措施，按照规定交有关机关执行。追捕被通缉或者批准、决定逮捕的在逃的犯罪嫌疑人、被告人，经过批准，可以采取追捕所必需的技术侦查措施。”[①]该条看似明确规定了技术侦查措施的适用范围，但是何谓“其他严重危害社会的犯罪”？何谓“重大犯罪”？这些都具有相当的模糊性，这就给执法者巨大的解释空间，难以给技术侦查措施形成范围上的约束。

（2）期限可能被无限期延长。新《刑事诉讼法》第 149 条规定：“批准决定应当根据侦查犯罪的需要，确定采取技术侦查措施的种类和适用对象。批准决定自签发之日起三个月以内有效。对于不需要继续采取技术侦查措施的，应当及时解除；对于复杂、疑难案件，期限届满仍有必要继续采取技术侦查措施的，经过批准，有效期可以延长，每次不得超过三个月。”[②] 该条虽然规定了技术侦查措施的期限是三个月，但由于有效期可以延长，且延长的次数不受任何限制，这就可能造成技术侦查措施无期限延长的局面。而且何谓“复杂、疑难案件”？也是不明确的，这就极有可能出现技术侦查措施无期限的现实。

（3）所谓严格审批程序没有任何规定。新《刑事诉讼法》第 148 条所规定的“严格的批准手续”是什么？其既没有规定审批主体，也没有规定审批程序。因此所谓的“严格的批准手续”最终极有可能沦落为口

① 《中华人民共和国刑事诉讼法》，2012 年，法律快车网：http：//www.lawtime.cn/info/minshi/fagui/2013051382463.html。

② 同上。

号式的表态而无任何实际意义。

（4）技术侦查措施所取得证据的销毁没有任何监督主体和程序。新《刑事诉讼法》第 150 条规定："……对采取技术侦查措施获取的与案件无关的材料，必须及时销毁。采取技术侦查措施获取的材料，只能用于对犯罪的侦查、起诉和审判，不得用于其他用途……。"①但由于没有就销毁的主体和程序以及由谁来监督销毁做出规定，这就可能导致实践中与案件无关的材料可能被用于其他用途而不为侦查对象所知。

## 五 人权保障在中国《刑事诉讼法》中的进一步发展与完善

2012 年 6 月，即中国《刑事诉讼法》修改仅仅三个月后，中国国务院发布了《国家人权行动计划（2012—2015 年）》。该行动计划为中国今后刑事诉讼法中如何落实人权保障和进一步发展、完善人权保障指明了方向。该行动计划涉及的内容较多，也比较广泛，其主要内容如下：

其一，预防和治理刑讯逼供。该行动计划要求"强化对刑讯逼供的预防和救济措施。严禁刑讯逼供和以其他非法方法收集证据，不得强迫任何人证实自己有罪"；"逐步实施对公安机关执法办案场所的规范化改造。严格执行《公安机关执法办案场所设置规范》，将办案区域与其他区域物理隔离，按照办案流程设置办案区各功能室，并安装全程录音录像和视频监控系统，实时、动态监督管理执法办案全过程，防止侵犯公民合法权益"；"完善非法证据排除制度。对采用刑讯逼供等非法方法收集的犯罪嫌疑人、被告人供述和采用暴力、威胁等非法方法收集的证人证言、被害人陈述，应当予以排除，不能作为定案的根据"；"执行《最高人民法院关于庭审活动录音录像的若干规定》。建立重大案件讯问犯罪嫌疑人全程录音录像制度"。②

其二，规范强制措施制度。该行动计划要求"调整和细化逮捕、取保候审、监视居住等强制措施的适用条件和管理规定，增加可操作性"；"防止不必要的羁押。在犯罪嫌疑人、被告人被逮捕后，人民检察院仍然

---

① 《中华人民共和国刑事诉讼法》，2012 年，法律快车网：http：//www. lawtime. cn/info/minshi/fagui/2013051382463. html。

② 国务院新闻办公室：《国家人权行动计划（2012—2015 年）》2012 年 6 月。

应当对羁押的必要性进行审查。发现不需要继续羁押的，应当建议办案机关释放犯罪嫌疑人、被告人或者变更强制措施”。[①]

其三，确保死刑案件的质量，防止错杀。该行动计划要求“严格执行办理死刑案件审查判断证据的规定，对死刑案件的证据审查判断采用更严格的标准”[②]。

为将该行动计划在中国刑事诉讼中落到实处，中国刑事诉讼法在今后需要从以下几方面进行完善。

（一）继续治理刑讯逼供

治理刑讯逼供的目标是：将自愿性作为获取口供的指导性原则，并以自愿性为标准进一步完善中国的口供排除规则。

1. 应当废除“如实回答”的义务性规定，赋予嫌疑人沉默权

人权保障的实质就是保障人作为自主的个体所享有的自由权利，如果嫌疑人不能在供述与不供述之间享有选择的权利，而只能“如实回答”，还有什么自由可言？还有什么人格尊严可言？所以，完善中国的口供规则，必须废除“如实回答”的规定。也只有废除“如实回答”的规定，嫌疑人才能真正获得“不被强迫自证其罪”的权利。“如实回答”义务的废除，自然意味着嫌疑人沉默权的享有，因为没有必须回答侦查人员提问的义务，就意味着嫌疑人可以在回答与不回答提问之间享有选择权，其如果选择不予回答，就等于在行使沉默权。事实上，无论在英美法系，还是大陆法系，沉默权都是在彻底否定被追诉者的“供述义务”之后得到确立的。因此，废除“如实回答”义务是实现口供自愿性目标的第一步。

2. 完善确保口供自愿性的程序保障

司法实践已经多次证明，如果没有完善的程序保障，再好的原则性规定都只是一纸空文。在这些保障性程序中首推律师的有效协助。其不仅可以抵御侦查机关在获取口供过程中对嫌疑人的强迫，还能确保口供的合法性、真实性，免除后续排除非法口供程序对司法资源的浪费。西方历史已经证明，沉默权是18世纪中后期随着辩护律师大量介入导致刑事审判对抗化之后才正式确立的。中国近年来辩护律师的大量介入已经在嫌疑人权

---

① 国务院新闻办公室：《国家人权行动计划（2012—2015年）》2012年6月。

② 同上。

利保障方面发挥了巨大作用，如果能够进一步赋予律师讯问在场权，无疑将会对刑讯逼供这些严重的强迫性讯问方法起到釜底抽薪的作用。同时，落实讯问嫌疑人时录音录像制度和讯问场所规范化管理，强力规范讯问程序。2013 年 10 月 9 日，最高人民法院发布的《关于建立健全防范刑事冤假错案工作机制的意见》第 8 条规定：除情况紧急必须现场讯问以外，在规定的办案场所外讯问取得的供述，以及未依法对讯问进行全程录音录像取得的供述，应当排除。[①] 这些规定无疑是正确不必要的。同时，为了保证律师协助权利和非法口供排除的效果，还应当完善讯问嫌疑人之前的告知程序，使嫌疑人能够充分理解和知晓并便于行使自己的权利。

3. 细化对“刑讯逼供”的界定

根据实践情况对于《刑事诉讼法》第 54 条规定的“刑讯逼供等”中的与刑讯逼供危害性同等的“等”非法取证手段作出细化，以利实践操作。比如，将威胁和疲劳审讯这些强迫性手段列入非法口供排除范围。因为在实践中，侦查机关往往在使用刑讯逼供这一极端手段之前，使用威胁和疲劳审讯这些极具杀伤力的手段就足以压垮多数嫌疑人的自由意志。尤其是在“武逼”这种暴力手段被不少侦查机关严厉禁止以后，以威胁和疲劳审讯等为代表性的“文逼”这种精神强制方法已经成为日常的获取口供的手段。威胁和疲劳审讯不仅在严重性上属于仅次于刑讯逼供的侵犯嫌疑人尊严的非人道手段，而且足以引来不真实的胡招乱供，理当禁止。至于欺骗和引诱，可以暂不列入口供排除规则的非法取证手段之列。2013 年 10 月 9 日，最高人民法院发布的《关于建立健全防范刑事冤假错案工作机制的意见》已经为此作了有益探索，积极意义值得肯定。该《意见》第 8 条规定：“采用刑讯逼供或者冻、饿、晒、烤、疲劳审讯等非法方法收集的被告人供述，应当排除。……以及不能排除以非法方法取得的供述，应当排除。”[②] 今后，最高人民法院宜根据实践继续探索，将实践中更多的类似于刑讯逼供非法取证手段的取证行为予以列明，强有力地规范警察的取证行为，坚决、彻底杜绝刑讯逼供这一野蛮的取证现象，保障嫌疑人的人权。

---

① 最高人民法院：《关于建立健全防范刑事冤假错案工作机制的意见》，2013 年 10 月 9 日。

② 同上。

4. 防止在看守所之外增加新的监禁形式

废除“对于涉嫌危害国家安全犯罪、恐怖活动犯罪、特别重大贿赂犯罪”，即使在嫌疑人有“住处”的情况下，“也可以在指定的居所执行”的规定。因为中国已经着手对看守所进行正规化管理，目前在看守内要实施刑讯逼供已经不大可能，但“指定的居所”这一新的监视居住场所的出现，事实上相当于增加了另一个缺乏规范管理的羁押场所，极易造成在此场所内发生刑讯逼供现象。

（二）降低逮捕羁押率从而从根本上治理超期羁押

笔者认为，对逮捕羁押措施进行完善，应当立足于降低逮捕羁押率，杜绝逮捕羁押适用上的任意性，防止逮捕羁押的滥用，保障公民的人权不受非法侵犯。

1. 可以对不得逮捕的情形进行限定，从而缩小逮捕的对象范围

中国《刑事诉讼法》第79条第一款规定：“对有证据证明有犯罪事实，可能判处徒刑以上刑罚的犯罪嫌疑人、被告人，采取取保候审尚不足以防止发生社会危险性的，应当予以逮捕……。”①一般认为，这是立法对逮捕条件的规定。其实，本条也暗含有对逮捕对象的设定。即，对于尚没有犯罪证据，或者虽有犯罪证据，但可能判处管制、拘役刑罚的犯罪嫌疑人和被告人，是不能逮捕的。除此而外，对有证据证明有犯罪事实，并可能判处徒刑以上刑罚的犯罪嫌疑人、被告人，均可考虑逮捕。但是否逮捕，还要看有无“必要性”。而审查有无“必要性”的标准，则要看取保候审是否能够防止其发生社会危险性。

一般来讲，判断取保候审是否能够防止犯罪嫌疑人和被告人发生社会危险性，可以从主观恶性、犯罪情节的恶劣程度、犯罪后果的严重程度等方面予以判断。由此，是否具有逮捕的“必要性”可以分为三种情形：一是完全有逮捕必要，应当逮捕的；二是介于可捕可不捕之间的；三是根本没有逮捕必要，不应当逮捕的。

对于第一种情形，公安部的有关规定和最高人民检察院的司法解释已有规定。例如，公安部发布的2013年1月1日起施行的《公安机关办理

---

① 《中华人民共和国刑事诉讼法》，2012年，法律快车网：http://www.lawtime.cn/info/minshi/fagui/2013051382463.html。

刑事案件程序规定》第 78 条规定："对累犯，犯罪集团的主犯，以自伤、自残办法逃避侦查的犯罪嫌疑人，严重暴力犯罪以及其他严重犯罪的犯罪嫌疑人不得取保候审，但犯罪嫌疑人具有本规定第七十七条第一款第三项、第四项规定情形的除外。"最高人民检察院发布的 2013 年 1 月 1 日起施行的《人民检察院刑事诉讼规则》第 84 条规定："人民检察院对于严重危害社会治安的犯罪嫌疑人，以及其他犯罪性质恶劣、情节严重的犯罪嫌疑人不得取保候审。"① 这些规定所涉及的情形均属具有社会危险性的，虽只规定"不得取保候审"，其实是指具有逮捕的必要性，应当逮捕。

对于第二种情形，即介于可捕可不捕之间的，法律难以做出明确的规定，只能将裁量权交给人民检察院行使。但实践中绝大多数都做出了逮捕的决定。鉴于此，如何规范人民检察院决定逮捕的裁量权，使人民检察院在"捕"与"不捕"之间做出公正合理的权衡，就成为防止逮捕措施滥用的关键。笔者认为，应当从程序入手，对人民检察院的裁量权进行规范。刑事诉讼法已经对此有了规定，体现了"听证"的正当程序的精神。如，该法第 86 条规定："人民检察院审查批准逮捕，可以讯问犯罪嫌疑人；有下列情形之一的，应当讯问犯罪嫌疑人：（一）对是否符合逮捕条件有疑问的；（二）犯罪嫌疑人要求向检察人员当面陈述的；（三）侦查活动可能有重大违法行为的。人民检察院审查批准逮捕，可以询问证人等诉讼参与人，听取辩护律师的意见；辩护律师提出要求的，应当听取辩护律师的意见。"该法第 93 条还规定："犯罪嫌疑人、被告人被逮捕后，人民检察院仍应当对羁押的必要性进行审查。对不需要继续羁押的，应当建议予以释放或者变更强制措施。有关机关应当在十日以内将处理情况通知人民检察院。"②笔者建议在此基础上应当补充规定：犯罪嫌疑人及其聘请的律师对人民检察院批准逮捕的决定，如果不服，有权向上一级人民检察院申诉。上级人民检察院应当举行第二次听证，作出是否变更的决定，通知下级人民检察院和公安机关执行。

对于第三种情形，即没有逮捕必要的，刑事诉讼法与相关的司法解释

---

① 最高人民检察院：《人民检察院刑事诉讼规则》2012 年。

② 《中华人民共和国刑事诉讼法》，2012 年，法律快车网：http：//www. lawtime. cn/info/minshi/fagui/2013051382463. html。

都没有规定，这正是法律的疏漏之处，也是逮捕被滥用和逮捕率居高不下的因素之一。为此，笔者建议，在新法明列“社会危险性”情形的基础上，最高司法机关（尤其是负责批捕的最高人民检察院）可以指导性案例的形式，对不需要逮捕的情形同样进行明确列举，以供下级公检法机关参照执行。笔者认为，以下案件可以归入无须逮捕的情形：（1）自诉案件；（2）依附性的犯罪，如包庇；（3）对于可能判处十年有期徒刑以下的犯罪，嫌疑人主动投案自首的；（4）对于家庭成员相互之间的犯罪，被害人并不积极追究的；（5）赃物已被全部追回的盗窃初犯和偶犯。如此，有利于为进一步降低逮捕率提供更为明确而合理的指导。

2. 理顺逮捕与取保候审的关系

从世界上的一些国家看，取保措施基本上被定位为解除逮捕（羁押）的替代性措施，为此赋予嫌疑人和被告人有获得保释的权利。比如，在美国，根据其联邦法律，非因极刑罪被捕的人，均有权获得保释。在英国，依照其《1976年保释法》，刑事诉讼中的保释含义之一是“因犯罪行为而被逮捕或正在被签发逮捕证的犯罪人的准予保释”。日本《刑事诉讼法》第88条规定：“被羁押的被告人或者他的辩护人、法定代理人、保佐人、配偶、直系亲属或兄弟姐妹，可以请求保释。”中华民国时期，“具保又称保释，即特定机关对于被告许以一定保证停止其羁押之执行也”。如今，“中国台湾地区之刑事诉讼法”第110条第1款规定：“被告及得为其辅佐人之人或辩护人，得随时具保，向法院声请停止羁押。”可见，保释是停止羁押的替代性措施。

在中国，从新《刑事诉讼法》第79条所规定的“采取取保候审尚不足以防止发生下列社会危险性的，应当予以逮捕……”来看，取保与逮捕之间似乎也隐约具有类似的替代性关系，但从整个强制措施的体系来看，二者似乎更像是两个各自独立的强制措施，以致取保不能成为羁押的替代性措施，在实践中极少使用，即使偶尔使用，其功能也被异化：一是意欲对被告人做出无罪处理前“下台阶”的权宜之举。如，杨志杰在“不明不白”被羁押12年之后，先是改为取保候审释放回家，继而宣告无罪；佘祥林在“被害人”张在玉“复活”后，先是被取保释放回家，随后被宣告无罪。二是作为某些官员犯罪时的护身符。如在刑讯逼供案件中，对于致死嫌疑人的干警多采取取保候审措施。对于一些够不上“双规”措施的官员犯罪，也时常予以取保。三是在一些经济犯罪案件中，以谋取保证金为目的的取保。

因此，为了减少逮捕羁押率，有必要对取保候审的性质及功能作出明确定位，即取保候审应当作为解除羁押、减少羁押率的措施。中国1996年修改的《刑事诉讼法》，似乎朝此方向进了一步，该法第52条规定：“被羁押的犯罪嫌疑人、被告人及其法定代理人、近亲属有权申请取保候审。”但不知出于何种考虑，今年新修订的刑事诉讼法，删除了此条。新《刑事诉讼法》第95条规定：“犯罪嫌疑人、被告人及其法定代理人、近亲属或者辩护人有权申请变更强制措施。人民法院、人民检察院和公安机关收到申请后，应当在三日以内作出决定；不同意变更强制措施的，应当告知申请人，并说明不同意的理由。”①此条似乎囊括了1996年《刑事诉讼法》第52条的内容，却无疑淡化了取保候审作为羁押替代性措施的色彩。

需要指出的是，在取保候审措施上，还体现了一个政府与公民的诚信问题。实际上，取保候审在某种意义上是嫌疑人与政府之间的一个协议，其中包含有嫌疑人和保证人对于政府做出的保证随传随到的承诺。极高的逮捕率与极低的取保率，反映了政府不愿以“互信”的方式而更倾向于以暴力的方式处理与嫌疑人的关系。这种“宁教我负人，休教人负我”的心理是一种极为短视的心态。其实，在采取逮捕还是取保的问题上，政府完全可以大度一些，对于那些可捕可不捕的嫌疑人完全可以一律不捕，即使发生了部分嫌疑人逃避诉讼活动的情况，又有何妨！对于这些违背诉讼义务的嫌疑人，完全可视其诚信表现，在下次涉案时，不再考虑取保而予以逮捕。只有政府首先放下身段，信任自己的人民，才能取得人民的信任，进而为整个社会的诚信做出贡献。否则，久而久之，只能使社会诚信雪上加霜。提高取保率、降低逮捕率，虽然可能造成个案处理上的某些损失和一定难度，但国家在诚信问题上所取得的收益将无可估量。

3. 重新考虑指定居所的监视居住方式

监视居住本意应该是在居所进行监视。但新《刑事诉讼法》由于增加了可以在居所以外的“指定的居所”实施监视居住，致使这一措施具

---

① 《中华人民共和国刑事诉讼法》，2012年，法律快车网：http：//www. lawtime. cn/info/minshi/fagui/2013051382463. html。

有了半羁押、准羁押或者预防性羁押的色彩。这在一定程度上扰乱了中国的羁押制度，可能使中国长期存在的非法羁押和超期羁押问题更加恶化，侵犯嫌疑人的人权。

依照中国前两部《刑事诉讼法》的规定，监视居住与取保候审具有较为紧密的关系，一般在嫌疑人或被告人既找不到保证人又缴纳不起保证金的情况下采取，因此二者的适用范围一致，在《刑事诉讼法》中基本上并列规定。此次刑事诉讼法的修改，拉开了监视居住与取保候审的距离，拉近了监视居住与逮捕的距离，使监视居住在一定程度上具有了半羁押或者说准羁押的性质。这不仅扭曲了监视居住的性质，而且使每个强制措施之间的关系变得复杂不清。

考察国外一些国家类似于中国监视居住的措施，可以发现，这些国家对嫌疑人居住的监视并不具有羁押的性质和效力，只是解除羁押的替代性措施，要么与保释同时适用，要么单独适用。比如，日本的《刑事诉讼法》第 93 条第三款规定："在准许保释时，可以限制被告人的住居或附以其他认为适当的条件。"第 95 条规定："法院认为适当时，可以裁定将被羁押的被告人委托于他的亲属、保护团体或其他的人，或者限制被告人的住居，而停止执行羁押。"在德国，依照《刑事诉讼法》第 116 条之规定，"如果采取不这么严厉的措施，也足以达到待审羁押之目的的，法官应当命令延期执行仅根据逃亡之虞签发的逮捕令。尤其可以考虑的有：……2. 责令未经法官、刑事追诉机关许可，不得离开住所或者居所或者一定区域；3. 责令只能在特定人员监督下才可离开住宅……。"根据法国的《刑事诉讼法》第 138 条之规定："如果被审查人可能被判处监禁以上的刑罚，预审法官可以决定对他进行司法管制。此项管制强制该有关人遵守下列规定中预审法官所指定的一项或多项：1. 不得离开预审法官所规定的地域；……4. 离开规定的地域时必须报告预审法官……11. 按照预审法官根据被审查人的经济情况所规定的数目和期限，一次或分次地提交保证金……15. 在一定期间内，为保障被害人的权利而设立预审法官所指定的期限和数额的金钱或实物保险。"可见，这些国家的监视居住不管是单独适用还是与保释合并适用，均不具有羁押的性质，是名副其实的监视居住。

根据中国新《刑事诉讼法》第 73 条规定，监视居住原则上在"犯罪嫌疑人、被告人的住处执行”，无固定住处的，可以在“指定的居所执行”；对于涉嫌危害国家安全犯罪、恐怖活动犯罪、特别重大贿赂犯罪，在住处执行可能有碍侦查的，经上一级人民检察院或者公安机关批准，也可以在“指定的居所执行”。[①] 该条虽然同时规定“不得在羁押场所、专门的办案场所执行”，但何为“指定的居所”？事实上，在执行中，这极有可能沦为具有一定欺骗性的“文字游戏”，使得监视居住变质为不叫羁押的“羁押”措施，“指定的居所”成为第二羁押场所。

（三）对死刑案件实行更加严格的标准

近年来，在国内，除了有学者呼吁更高的死刑案件证明标准外，实践部门也有一些同志认为中国“刑事证明标准不科学，或者不明确、缺乏可操作性”，希望设计出一个有利于实际操作的证明标准。笔者认为，作为一种抽象主观的标准，我们除了在主观意识里一再强调“高标准，严要求”，“慎之又慎”之外，不可能设计出如具体的尺度一样的客观精确的证明标准。但是，我们却可以通过严格完善的程序，以及对具体定案证据的要求，使死刑案件的证明标准尽量客观化，防止这一主观标准陷入擅断与任意。

确保死刑案件严格的证明标准还应当对中国的合议庭制度进行完善。依照中国刑事诉讼法的规定，死刑案件由中级人民法院进行第一审，合议庭由审判员三人或者由审判员和人民陪审员三人组成。高级人民法院和最高人民法院的第一审由审判员或者由审判员和人民陪审员三人至七人组成。第二审由审判员三人至五人组成。笔者认为，对于死刑案件来讲，不仅合议庭的人数偏少，而且实行少数服从多数的做法也不合理。应当增加死刑案件合议庭的人数，并实行一致性裁决原则。以体现死刑案件的最高证明标准。

（四）完善技术侦查措施

针对技术侦查措施存在的问题，笔者建议如下：

1. 贯彻必要性原则和比例性原则

技术侦查措施属于严重干预公民人权的行为，必须贯彻必要性原则和

---

① 《中华人民共和国刑事诉讼法》，2012 年，法律快车网：http：//www. lawtime. cn/info/minshi/fagui/2013051382463. html。

比例性原则，从新《刑事诉讼法》第 148 条规定所明确罗列的几类犯罪以及所规定词汇“其他严重危害社会的犯罪案件”、“重大犯罪案件”来看，中国《刑事诉讼法》无疑贯彻了比例性原则，但对于必要性原则则只在追捕被通缉或者批准、决定逮捕的在逃的犯罪嫌疑人、被告人时有所体现，即“追捕所必需的”技术侦查措施。至于公安机关和人民检察院在侦查犯罪时，则没有贯彻必要性原则。

2. 清晰界定技术侦查措施的种类

技术侦查措施的种类很多，包括电话监听、电子监控、秘密拍照等技术侦查类；机会提供型、虚示购买和控制下交付等引诱类；线人、特情、卧底侦查员等派遣秘密调查人员类。而中国《刑事诉讼法》只规定了诱惑侦查和控制下交付两种，显然不足以引起对其他种类技术侦查措施的重视和控制，为此，需要立法对于技术侦查措施的具体种类作出细化。

3. 细化“严格”批准程序

《刑事诉讼法》第 148 条中对于司法实践中侦查部门在适用技术侦查措施所应遵循的批准程序规定不够细化，不利于司法实践的具体运作。《刑事诉讼法》第 148 条中规定，“……根据侦查犯罪的需要，经过严格的批准手续，可以采用技术侦查措施……经过批准，可以采取追捕所必需的技术侦查措施。”可以看出，新刑诉法中对于何为“严格”并没有作出规定。

纵观欧洲各国的审查模式，主要有以下三种：一种是以英国为代表的行政审查模式；一种是以法荷为代表的准司法审查模式；一种是以德、意为代表的司法审查模式。有意思的是“德国和意大利侦查法官司法审查模式并没有为其赢得比英法等国更为好的声誉”。考虑到这些，中国应以检察机关审查模式为宜。具体来说，检察机关是中国的法律监督机关，行使法律监督权及逮捕措施的批准权，从法律的统一和完善来看，中国确立技侦措施检察机关审查模式还是比较妥当的。具体来说，应当先由侦查机关提出技侦措施的适用申请，交由同级检察机关进行审查批准，批准后交由公安机关执行，实现技术侦查审批权和执行权的分离；而到法院审判阶段，则由法院对技术侦查措施所收集的证据材料的合法性进行审查，弥补检察机关司法控制和司法监督的不足。

4. 加强临场监督

鉴于新刑事诉讼法对于技术侦查措施所取得的与案件无关的证据的销毁没有任何监督主体和程序，建议在这类证据材料销毁过程中，增加规定由人民检察院进行临场监督，并规定如果在今后的任何案件中发现此类证据，人民检察院不得作为起诉的证据。

## 六　小结

人权保障在新中国刑事诉讼历史上经历了曲折艰难的发展过程。在新中国成立后的前 30 年中，新中国没有能够制定出一部完整的刑事诉讼法典，其刑事诉讼程序散见于一些单行法规和最高司法机关的各类通知、批复等文件中。这一时期的刑事诉讼程序粗糙而简略，却是中国《刑事诉讼法》的重要孕育阶段。在这一阶段，通过这些单行法规等法规性文件，新中国建立起了初步的法庭审判程序、两审终审的审级制度、律师辩护制度和死刑复核制度，确立了公诉为主、自诉为辅的刑事起诉制度。但也出现过类似于法国大革命时期和苏联大清洗时期那样的不允许反革命案件的犯罪分子上诉的不恰当规定。更发生过“文化大革命”大肆破坏刑事诉讼程序，进而使人权遭到极大侵害的事件。

拨乱反正后，1979 年制定的新中国首部《刑事诉讼法》使刑事诉讼活动可以做到有法可依。但随后的历次“严打”运动中，却出现了下放死刑案件一审管辖权和死刑案件核准权、否定辩护制度、缩短上诉期限、滥用强制措施等侵害嫌疑人和被告人人权的不正常现象。这说明行政对司法的干预是造成刑事诉讼程序迟迟不能步入正轨的关键。

随着法治观念的深入，权利保障精神逐步融入刑事诉讼程序。1996 年修改的刑事诉讼法在嫌疑人和被告人权利保障方面有了长足进展。诸如，辩护制度和强制措施制度得到极大完善，“未经人民法院依法判决，对任何人都不得确定有罪”原则和疑罪从无原则得以确立。2012 年再次对《刑事诉讼法》进行的修改，更加体现了人权保障。不仅尊重和保障人权被写入刑事诉讼法，而且在人权理念指引下，长期存在于中国刑事诉讼中的侵犯人权的现象得到了认真对待。为了根治刑讯逼供，不仅确立了反对强迫自证其罪原则，而且明确规定了非法证据排除规则，完善了看守所管理，并规定了对讯问过程进行“全程”的、“完整性”的、“录音或者录像”。同时，完善了律师辩护制度，明确规定犯罪嫌疑人在侦查阶段有权委托律师作为辩护人，并将原刑事诉讼法所确立的只有在审判阶段被告人才享有的获得法律援助的权利延伸到侦查阶段，把法律援助的适用范围扩大到了可能判处无期徒刑的人。为了保障证人安全，使其人权不受非法侵犯，新刑事诉讼法还明确规定了对于证人的保护措施。为了防止逮捕的随意性，减少逮捕的使用率，新刑事诉讼法对逮捕措施作了更加详细的规定。为了贯彻“少杀”“慎杀”精神，完善了死刑复核程序，明确规定最高人民法院复核死刑案件，应当讯问被告人；如果辩护律师提出要求，也应当听取辩护律师的意见。为了防止实践中“被精神病”现象的发生，新刑事诉讼法在特别程序中还专门对“依法不负刑事责任的精神病人的强制医疗程序”作了规定，剥夺了实践中长期由公安机关行使的对精神病人的强制医疗权，归由人民法院行使，有力保证了精神病人的人权不受非法侵犯。这些新规定，是中国刑事诉讼领域人权保障事业的巨大进步，对于提升中国刑事诉讼领域的人权保障必将起到重要作用。

当然，中国刑事诉讼领域中的人权保障事业并非十全十美、完美无缺。事实上，需要继续改进和完善的地方仍然不少。比如，刑讯逼供依然有不同程度的存在，并仍有可能在实践中发生。因为新《刑事诉讼法》仍然没有确立自愿性为中国口供规则的指导性原则，立法仍然对沉默权持否定态度，依然要求“犯罪嫌疑人对侦查人员的提问，应当如实回答”。而在最新的口供规则中，排除规则中所列的非法方法与取证规则中所禁止的非法方法并不一致。虽然法律严禁刑讯逼供和以威胁、引诱、欺骗以及其他非法方法收集证据，但在排除规则中仅排除采用“刑讯逼供等”非法方法收集的供述。以“威胁、引诱、欺骗”这些非法方法获得的口供没有被列入排除之列。这可能导致如此待遇下获取的口供不被排除进而默许实践中以威胁、引诱、欺骗等手段获取口供的动机和行为。加之律师的讯问在场权依然没有保障，这不仅不利于减少威胁、引诱、欺骗等相对较轻的违反自愿性的获取口供的非法方法，甚至不利于遏制刑讯逼供这般最严重的侵犯嫌疑人意志自由的强迫性取证方法。而新《刑事诉讼法》关于监视居住措施的修改，增加了监视居住情况下嫌疑人被强迫作出供述的可能性。新刑事诉讼法还允许“对于涉嫌危害国家安全犯罪、恐怖活动犯罪、特别重大贿赂犯罪”，即使在嫌疑人有“住处”的情况下，“也可以在指定的居所执行”。这事实上等同于增加了一种新的“羁押”场所。而且这种“羁押”场所由于缺乏看守所那样的正规性和受监督性，极有可能导致监视居住情形下的嫌疑人比在看守所羁押的嫌疑人更易于受到严厉的强迫性讯问。再如，羁押率过高的现实依然没有解决。在中国刑事诉讼中，绝大多数被告人在判决前均被羁押是一个不争的事实。可以说，在相当程度上，逮捕一直被异化为对被追诉者真正的有罪“判决”，其后的起诉意见书、公诉书乃至判决书都不过是对逮捕结论的确认而已。逮捕在司法实践中性质与功能的异化，是中国长期以来侦查中心主义诉讼模式的反映，是“重实体，轻程序”思维意识作祟的结果，从根本上违背了正当程序原则与无罪推定原则，与人权保障和法治文明的时代精神背道而驰。还有，技术侦查措施存在滥用可能。因为新修改的刑事诉讼法虽然增加了规范技术侦查措施的程序，但由于这些规定比较简略和模糊，存在着适用范围几乎没有限制、期限可能被无限期延长、所谓的严格审批程序可能流于形式、技术侦查措施所取得证据的销毁没有任何监督等缺陷。这些都是在刑事诉讼法再修改过程中需要进一步完善的地方。

近些年来，中国愈加注重吸收国际社会经验，贯彻联合国保障人权公约的内容，充实中国刑事诉讼法对人权的保护。这是非常必要的，但中国刑事诉讼法所一贯秉承的一些有益传统和特色应当继续坚持，而不应该抛弃。首先，应当继续坚持保护被害人人权与被告人人权并重的做法。中国刑事诉讼法从一开始就非常注重对被害人和社会秩序的保护，这是中国刑事诉讼法的重要特色。中国 1991 年发布的《中国的人权状况》白皮书明确指出：“中国司法工作的宗旨和任务是，依照法律保护全体公民的各项基本权利和自由以及其他合法权益，保护公共财产和公民私人所有的合法财产，维护社会秩序，保障中国现代化建设事业的顺利进行，依照法律惩罚少数犯罪分子。这体现了中国重视在司法活动中保护人权。”① 1996 年修改后的刑事诉讼法进一步加强对被害人的权利保障，将被害人在公诉案件中的诉讼地位由过去的一般性诉讼参与人上升为当事人，同时其诉讼权利也得到了扩张。2012 年的新《刑事诉讼法》在此基础上又有了进一步扩展，诸如，增加对于非法取得的被害人陈述的排除规则；增加对于被害

① 国务院新闻办公室：《中国的人权状况》1991 年。

人人身安全的保护措施；增加被害人在附带民事诉讼中申请财产保全措施的权利；增加被害人在公诉案件中有权在获得赔偿损失或者赔礼道歉前提下与犯罪嫌疑人、被告人和解的权利；等等。其次，继续坚持注重惩罚犯罪与保障人权相结合的做法。在加强刑事诉讼中的人权保障同时，仍然坚持把惩罚犯罪作为中国刑事诉讼的首要目标。为此应当继续坚持中国《刑事诉讼法》第 2 条所确立的任务而不应有所迷失，那就是“保证准确、及时地查明犯罪事实，正确应用法律，惩罚犯罪分子……”。否则不仅不利于查明犯罪事实，反有损于人权保障的新目标。在程序的设计上应当始终坚持二者之间的平衡而不应有所偏废。最后，继续贯彻“少杀”“慎杀”政策，依靠程序保证死刑的准确适用和减少死刑的实际适用。可以预见，废除死刑在中国将是一个长期的目标。在这个长期的过程中，如何保证“少杀”“慎杀”是中国刑事诉讼程序的重大特色。为此，必须进一步完善死刑程序，确保死刑案件的质量，继续完善死刑缓期二年执行制度，完善包括死刑审判程序和死刑复核程序在内的所有死刑程序，保证死刑案件高质量的辩护和高质量的证明标准，保障死刑案件判处的公正性。

## 第二节　行政诉讼法保障人权的过程和特色

在结束“文革”，实行拨乱反正，重建社会主义民主和法制的背景下，在解放思想，积极推进改革开放政策刚刚届满十周年之际，作为国家最高权力机关和立法机关的全国人民代表大会，在 1989 年 4 月召开的第七届第二次全体会议上，通过了新中国首部行政诉讼法。从而结束了自 1949 年新中国成立以来，一直没有行政诉讼法的历史。然而，无论在性质和内容上，还是在中国已经建立的社会主义法律体系中的实际效能和作用上，1989 年的行政诉讼法都不仅是一部行政诉讼程序法，它还是一部中国当时已经启动并延续至今仍在不断发展建设的一个新的基本法律部门，即行政法部门中的“行政基本法”，或至少在实际上起到了一部“行政基本法”的作用[①]。同时，它也是新中国成立以来制定的一部重要的人权保

① 参见赵正群“行政诉讼法宪政意义重述”，《人民法院报》纪念《行政诉讼法》颁布 12 周年特约专稿，刊于该报 2001 年 4 月 9 日“法治时代”专栏。

障法。它强调坚持走中国特色社会主义法律道路，建设中国特色社会主义法治体系；完善以宪法为核心的中国特色社会主义法律体系，加强宪法实施；深入推进依法行政，加快建设法治政府；保证公正司法，提高司法公信力；增强全民法治观念，推进法治社会建设；加强法治工作队伍建设。在推进和发展中国人权保障事业方面，它展现出了独有特色和价值，起到了积极作用。因而学界和舆论界普遍认为，“行政诉讼法的诞生是中国行政法发展的第一个里程碑”，“标志着我国法治建设进入了一个新的历史时代。”①

## 一　行政诉讼法的多重属性与价值

1989 年的《行政诉讼法》首先是一部司法诉讼程序法。其开篇第一条所表述的立法目的，首先是“为保证人民法院正确、及时审理行政案件，——根据宪法制定本法。”这样，继 1979 年 7 月 1 日五届全国人大第二次全体会议通过，自 1980 年 1 月 1 日起实施《刑事诉讼法》；于 1982 年 3 月 8 日第五届全国人大常委会第二十二次会议通过《民事诉讼法》（试行）之后，于 1989 年 4 月 4 日在七届全国人大第二次全体会议上通过，于 1990 年 10 月 1 日起实施的《行政诉讼法》，就结束了中华人民共和国自 1949 年以来，一直没有制定《行政诉讼法》的历史。同时，也标志中国三大诉讼法律制度的全部正式建立，开启了以三大司法诉讼程序法全面保护公民、法人和其他组织合法权益的司法实践和历史经验的积淀。

人们通常会把以国家检察机关向人民法院提起公诉以追究刑事犯罪被告人的刑事诉讼制度，理解为“官告民（刑事犯罪嫌疑人）”的制度；把解决处于平等法律地位的个人和各类组织之间的人身和财产权益纠纷的民事诉讼制度，理解为“民告民”的制度。所以在将行政诉讼法草案，提交给全国人大审议之时，当时的全国人大副委员长、法制工作委员会王汉斌主任在代表法律起草机关——全国人大法制工作委员会所作的“立法说明”中，就把《行政诉讼法》通俗表述为是一部“民可以告官”的法律。这就从国家正式法律制度层面，彻底瓦解了在中国延续了数千年的

① 张维炜：《一场颠覆“官贵民贱”的立法革命——行政诉讼法诞生录》，《中国人大杂志》2014 年第 2 期。

“官贵民贱”，“民不与官斗”的臣民观念，开辟了公民、法人和其他组织可以依法与行政机关平等地“对簿公堂”，依法追究行政机关违法行政责任，依法维护自身合法权益的中国法治历史的新纪元，开辟通过行政诉讼程序依法保障公民、法人和其他组织人身权、财产权等基本人权的新途径。

但是，1989 年的行政诉讼法不仅是一部行政诉讼程序法，它还是一部“行政基本法”，至少实际上起到了“行政基本法”的作用。众所周知，在传统的法律部门划分中，一直有规范实体权利和义务的实体法和规范司法程序权利和义务的司法程序法之分。而且通常是首先制定实体法，然后再制定程序法，或者在制定实体法的同时，一并制定程序法。如在 1979 年 6 月召开的五届全国人大二次会议上就一并审议通过了作为刑事实体法的《中华人民共和国刑法》和作为刑事司法程序法的《中华人民共和国刑事诉讼法》。在民法领域亦有以民法通则为代表的民事实体法和民事诉讼法之别。对此，法学界的通常解释是，在以成文法为主要法律渊源的国家里，行政法作为宪法统率下的三大部门法之一，与民法部门和刑法部门相比其在结构上的一个突出特征就是行政法部门没有像民法和刑法部门那样，被比较独立地区分为作为实体法的民法、刑法和作为诉讼程序法的民事诉讼法与刑事诉讼法。因为行政法的调整对象行政关系过于广泛、多样且又差别与变动性较大，难以统一规范。所以，仅形成了诸如行政程序法、行政组织法、公务员法、行政处罚法、行政复议（诉愿）法、行政诉讼法等局部性法典。即，行政法不存在统一的法典。① 但笔者认为，至少就中国行政法部门的构成与行政法治发展实践而言，不宜把行政诉讼法与其他行政法律的地位与作用平列。应把行政诉讼法在中国法律体系中的地位，定位为起到“行政法治纲要”作用的行政基本法。提出这一观点的根据在于，在仅有宪法原则规范并缺少其他基本法律规定的情况下，正是行政诉讼法第一次具体明确规定了个人、组织可依法诉请人民法院对行政行为的合法性进行司法审查的诉讼程序规则，而且还通过确立对行政行为合法性的司法审查标准，首次明确了行政行为合法性的实体标准。即实施行政行为或不

---

① 参见姜明安主编：《行政法与行政诉讼法》绪论，法律出版社 2006 年第 2 版，第 7—7 页。本书为教育部学位管理与研究生教育司推荐的全国法律硕士、法学研究生教学用书。

作为必须符合主体合格；具有充分的事实与法律依据；符合法定程序；依法履行法定职责；不得超越与滥用职权；行政处罚不得显失公正等标准。同时，亦对行政行为接受司法审查的界限（即受案范围）；行政复议与行政诉讼的关系与衔接；检察机关的监督；行政侵权责任等有关行政法治的诸多基本问题都作出了相对完整的规定。可以说，1989 年《行政诉讼法》颇为简要的 75 个条文，所调整和规范的领域已经远远超越了通常的行政诉讼法范围，还包括许多属于行政法总则或通则，还有法院审判组织，国家赔偿等规范。1989 年《行政诉讼法》在中国行政法部门中的实际地位和作用已经近似于中国民法部门中民法通则和民事诉讼法的地位和作用之和，或刑法部门中的刑法与刑事诉讼法的地位和作用之和。

把 1989 年行政诉讼法读解为中国的行政基本法，还可以从其立法背景和具体进程中获得支持。在党和国家高度重视国家基本法律制度建设，实行改革开放政策的第一个十年中的 1986 年，在全国人大常委会法工委、最高人民法院、中宣部、司法部等单位共同组织召开的法制建设座谈会上，时为全国人大法律委员会顾问的陶希晋提出了著名的“新六法”主张。他认为，新中国成立快 40 年了，我们还没有建立自己的法律体系，国民党时期是“六法”，新中国应当建立自己的“新六法”体系，现在刑法、刑事诉讼法、民法通则、民事诉讼法都有，缺的就是行政法和行政诉讼法。因此，今后要加紧行政法方面的立法工作。[①] 为此，成立了“行政立法组”。这个以国内知名行政法学者为主体，在中国行政法制建设中发挥了重要作用的“行政立法组”的首要任务，就是“参照民法通则，制定行政法通则或者行政法大纲，供立法机关参考”。可是由于行政法涉及的内容包罗万象，无法拿出令各方满意的初稿，原定的起草行政法通则或者大纲工作，一度陷入困境。正是借助了 1982 年 3 月公布的《民事诉讼法（试行）》中，有关“法律规定由人民法院审理的行政案件，适用本法规定”，和 1986 年新《治安管理处罚条例》等单行法律作出的治安行政案件可以向法院提起行政诉讼等规定所形成的有关建立专门行政诉讼制度的迫切要求，才使“行政立法组”顺势而为，及时调整了原来的行政立法思路，适时前置了原本压后

① 参见张维炜：《一场颠覆“官贵民贱”的立法革命——行政诉讼法诞生录》，《中国人大杂志》2014 年第 2 期。

的《行政诉讼法》的起草工作。从而，大大加快了中国行政法治的发展进程。因此，也必然在先行的行政诉讼立法中较多地保留了行政法通则和行政法大纲的基因，使行政诉讼法兼有了行政基本法的性质和内容。

行政诉讼法所具有的行政基本法的性质和作用，使其对处于行政法律关系中的公民 法人和其他组织合法权益的保护，并没有仅限于对行政诉讼司法程序权利的保护，而且还包括了从人身权到财产权，还有获得国家赔偿权利等一系列实体行政权利的广泛保护。行政诉讼法因此成为中国一部十分重要的人权保障法。

## 二　行政诉讼法的人权保障功能

行政诉讼法的多重属性与价值决定了其具有多方面且富有实效的人权保障功能。首先考察行政诉讼法的司法人权保障功能。众所周知，在发生法律纠纷并难以由当事人通过协商等方式自行解决时，当事人有权将有关纠纷起诉到法院，以求得法院的依法裁判。这样一种权利已经被明确写入了《公民权利和政治权利国际公约》的第 14 条，[①] 通常被称为诉诸于法院的权利或获得公正裁判的权利。这是一项被国际社会公认的基本人权。《行政诉讼法》的突出贡献之一，在于其第 2 条明确规定“公民、法人或者其他组织认为行政机关和行政机关工作人员的具体行政行为侵犯其合法权益，有权依照本法向人民法院提起诉讼”。这里的一个“认为”，一个“有权”的强调表述，可谓把行政诉讼法依法保障公民、法人或者其他组织对行政机关作出的具体行政行为提起诉讼的权利，表达得淋漓尽致。而由十二届全国人大会常委会第十一次会议于 2014 年 11 月 1 日表决通过，于 2015 年 5 月 1 日起施行的新《行政诉讼法》已将提起行政诉讼的对象，从目前的“具体行政行为”修改为“行政行为”，进一步拓展了对属于基本人权的行政诉权的保护范围。[②]

---

① 《公民权利和政治权利国际公约》第 14 条的首句为，“所有的人在法庭和裁判所前一律平等。在判定对任何人提出的任何刑事指控或确定他在一件诉讼案中的权利和义务时，人人有资格由一个依法设立的合格的、独立的和无偏倚的法庭进行公正的和公开的审讯”。

② 由十二届全国人大会常委会第十一次会议于 2014 年 11 月 1 日表决通过，于 2015 年 5 月 1 日起施行的新行政诉讼法已将提起行政诉讼的对象，从目前的“具体行政行为”修改为“行政行为”，进一步拓展了对属于基本人权的行政诉权的保护范围。

正是依据或参照[①]这一赋权色彩极为鲜明的行政诉讼法原则条款，从1989年到2014年的25年间，全国各级人民法院已经至少受理了2187049件行政诉讼案件，审结了2168530万件。[②] 从1989年到2013年的24年间，作为法定原告的公民、法人和其他组织一方至少胜诉了292085件。（其中法院判决撤销被诉具体行政行为227740件；判决被诉行政机关依法履行法定职责36495件；判决确认被诉具体行政行为违法或无效27850件。）部分胜诉了10947件，主要指法院判决变更了被诉具体行政行为；实质胜诉了80294件，主要指在诉讼中因被告改变被诉具体行政行为原告撤诉的案件。三项相加原告方至少在383326件行政诉讼案件中获得了胜诉，部分胜诉或实质胜诉，约占一审审结行政诉讼案件的总数的17.68%。[③] 暂且不论公民法人和其他组织在此历时24年间的行政诉讼中，所获得的胜诉，部分胜诉或实质胜诉已达383326件的结果，无疑具有更充分，更完整的人权保障作用。仅就在此期间被受理和审结的总数为218万件或216余万件行政案件而言，每一起被受理的“民告官”案件，又何尝不是对属于基本人权的行政诉权的切实保障？每一起被受理和审结的行政案件又何尝不是在鲜明表现出“有权利必有救济”的司法程序正义？在此，特将其作为中国《行政诉讼法》确实有效保护了作为基本人权的公民、法人和其他组织的行政诉权，中国的行政诉讼制度正在得到有效实施的证明。

---

① 《行政诉讼法》于1990年10月1日开始施行。此前人民法院审理行政诉讼案件的程序虽然适用《民事诉讼法》，但其法律精神仍体现出对行政相对人的行政诉权的保护。作出的实体裁判则需依据有关行政法律法规并参照规章，保护的实体权利为行政法律关系中的人身权与财产权等权益。

② 本行政审判统计数据及下文中对这一数据的多项细化分析，都源于笔者对自1988年以来历年《中国法律年鉴》中“统计资料”和最高人民法院官网上“权威发布”栏目里的司法数据的手工计算所得。但因《中国法律年鉴》出版的滞后性和最高人民法院网上的权威发布栏目对历年行政审判统计数据的发布尚不完整，本文采用了最为确切的保守计算方法。期待最高人民法院进一步改进和完善有关司法统计数据的发布工作，及时弥补有关数据的缺漏和过于滞后发布，以利相关研究工作的展开。

③ 此数据大大低于作为被告的行政机关在同期诉讼中获胜328789件（包括判决维持被诉具体行政行为323139件；判决确认被诉具体行政行为合法或有效5650件。）。实质胜诉815129件（主要指驳回原告诉讼请求206331件；驳回起诉165297件；原告主动撤诉443501件），总计至少胜诉和实质胜诉共1053918件的比率。

《行政诉讼法》对行政诉权的切实保护，不仅落实在行政审判实践中，而且还被写入了国家的重要人权文献，成为中国人权事业取得进展和成就的一个重要方面。如在《行政诉讼法》即将实施5周年之际，在继1991年中国政府发表首部《中国的人权状况》白皮书，时隔4年之后，再次发布的《1995年中国人权事业的进展》中曾专门指出，“1990年10月1日起施行的《行政诉讼法》，是保障公民权利的一部重要法律”，“人民把《行政诉讼法》称为“民告官的法律”，“根据《行政诉讼法》规定，中国建立了社会团体支持公民起诉和诉权保障的制度。社会团体可受委托成为诉讼代理人，公民可以借助社会团体的力量行使诉权。”据统计，自1990年1月至1994年12月，地方各级人民法院共受理一审、二审和审判监督行政案件167882件，涉及治安、土地规划等40多个行政管理领域。这些案件中，涉及公民基本权利的占大多数，相当一部分涉及公民的人身权、财产权。原告中有农民、工人和知识分子，被告中有县、市政府部门和中央国家机关。自《行政诉讼法》实施以来，2/3的诉讼都以行政机关改变原决定而终结①。

再从推进依法行政和法治政府建设角度考察，《行政诉讼法》的制定和实施极大地促进了中国行政执法理念的形成和行政执法体制建设，全面提升了中国行政管理和行政执法领域中的人权保障意识，促进了依法行政和法治政府建设。由于长期以来主要依靠政策办事，依靠红头文件来推进行政管理工作已形成为习惯，以致在行政诉讼法制定前，中国法学界曾有“行政法是一个长期被误解和被遗忘的法律部门”之说。② 但自1989年《行政诉讼法》制定与实施的前后，行政执法和依法行政理念得到了前所

① 本段论述源于国务院新闻办公室发布的《1995年中国人权事业的进展》（白皮书）。

② 源自张尚鷟：《一个被误解和被遗忘的法律部门》，《人大研究》2002年第4期，第17页。该文开篇指出，“新中国成立三十多年来，伴随着国家各个方面行政管理的需要，国家有关部门先后制定和颁布了成千上万个行政管理法规，包括人事、军事、外事、民族事务、公安、民政、司法、科学、教育、文化、卫生、体育等各方面的各种行政管理法规，以及国家对国民经济各部门（工业、农业、商业、交通运输、基本建设、财政金融、公用事业、特区经济等各方面）进行行政管理所制定颁布的大量经济行政管理法规。但是，作为所有这些法规总称的行政法这个法律部门，在我国，却是长期以来被人误解了的。许多人不知道行政法是怎样一个法律部门，不了解行政法在我国社会主义法制建设中的地位和作用，不清楚行政法在我国国家生活中的地位和作用”。

未有的大普及。1993 年，时任国务院总理李鹏在《政府工作报告》中正式提出了“依法行政”；2004 年，国务院颁布了《全面推进依法行政实施纲要》，提出要“经过 10 年左右坚持不懈的努力，基本实现建设法治政府的目标”；党的十八大报告又提出到 2020 年实现“法治政府基本建成”的目标。“从整个国家来说，《行政诉讼法》对于中国法治进程的推动效果是无可限量的。”① 正是在以《行政诉讼法》为代表的行政基本法律规范推动下，在被《行政诉讼法》激发起的前所未有的依法行政和法治政府建设理念指引下，中国迅速建立起了上至国务院法制办公室，下至地方各级政府和各部门中的行政法治机构和各专业行政执法队伍，全面增强了中国在行政管理和行政执法领域中的人权保障意识，大大提高了行政机关依法行政，依法保护公民法人和其他组织合法权益的水平。同时，《行政诉讼法》还以其第 3 条第二款“人民法院设行政审判庭，审理行政案件”，这一本属于法院组织法规范，推进了以监督行政机关依法行政，保护公民法人其他组织合法权益为宗旨的行政审判机构在全国各级人民法院中的普遍建立，一并完成了中国的行政法制机构和行政审判机构的建设，为依法保护广大人民群众的行政权益提供了法治机构保障。

从立法层面考察，在中国新兴的行政法部门法建设起步未久，尚有诸多行政组织法，行政行为法和行政责任法等法律法规大多还有待制定的情况下，1989 年《行政诉讼法》一马当先，率先建立起了中国的行政行为司法审查制度，形成了国家必须全面加快行政立法，以适应行政司法审判制度要求的行政法治建设的倒逼机制。由此，引领了中国诸多行政法，甚至包括多项宪法性法律制定工作的全面展开。在不到 20 年内完成了行政法部门的基本构建，形成了比较完整的行政法部门，在整个行政管理领域建立起比较完整全面的人权保障体系。如，为与行政诉讼救济制度相衔接，在《行政诉讼法》刚刚开始实施的 1990 年，国务院及时制定了《行政复议条例》，并在该条例的基础上，于 1999 年制定了《行政复议法》，保障了公民获得行政救济的权利。为落实《行政诉讼法》率先规定的行政侵权赔偿责任，1994 年制定了《国家赔偿法》，保障了遭受违法行政行为的被侵权人依

① 应松年教授语，转引自张维炜：《一场颠覆“官贵民贱”的立法革命——行政诉讼法诞生录》，《中国人大杂志》2014 年第 2 期。

法获得国家赔偿的权利。针对国家赔偿法在实施中出现的问题，全国人大常委会又于2010年修订了该法，适当扩大了国家赔偿的范围，提高了赔偿标准，并简化了获得国家赔偿的程序。为配合《行政诉讼法》规定的，对列为行政诉讼受案范围第一项的各种被诉行政处罚行为的审理，全国人大于1996年制定了《行政处罚法》。严肃规范和约束在由计划经济管理体制向市场经济体制转轨时期，一度出现的“乱处罚”“乱收费”现象，大大提高了行政处罚执法中的人权保障水平。为加速提升行政机关及其工作人员的行政执法水平，尽量减少违法行政行为和行政侵权行为的发生，国务院在1990年制定了《行政监察条例》，在此基础上全国人大常委会于1997年制定了《行政监察法》，并于2010年6月对其作了进一步修改。此外，国家立法机关还于2000年制定了《立法法》，以这一宪法相关法对包括制定行政法规和行政规章在内的国家立法行为作出了统一规范。在2003制定了《行政许可法》。2005年制定了首部包括人权保障条款的《单行法律治安处罚法》。[①] 2011年制定了《行政强制法》。总之，自首部《行政诉讼法》制定以来，中国的行政立法工作得以大气磅礴，波澜壮阔地全面展开，开创了前所未有的以完整的行政立法，全面保障公民行政管理和行政执法领域的合法权益和基本人权的新局面。1989年《行政诉讼法》对激发和引领中国全面展开行政立法工作的积极作用，有目共睹，功不可没。

## 三　行政诉讼的人权保护实效：以典型案例和指导案例为例

在论证阐述1989年《行政诉讼法》的多重人权保障价值和功能的基础上，以下从中国已经批准或实际实施了联合国人权两公约的角度[②]，以典型案例和指导案例为例，进一步指明中国行政诉讼法对人权的实体保护情况。本文所言的典型案例和指导案例，系指最高人民法院自1985年创

---

① 全国人常委会于2005年8月28日通过的《中华人民共和国治安管理处罚法》，自2006年3月1日起施行。其第5条第二款为“实施治安管理处罚，应当公开、公正，尊重和保障人权，保护公民的人格尊严”。

② 虽然迄今为止，中国只批准加入了联合国《经济、社会和文化权利国际公约》，仅签署了但尚未正式批准加入《公民权利和政治权利国际公约》，但已经在国家政治生活和行政审判中对绝大部分公民权利和政治权利都予以了实际保护。故本文使用了“中国已经批准和实际实施联合国人权两公约”之说。

刊《法院公报》以来，至2014年底，以最高人民法院发布的"公报案例""法公布文书""裁判文书选登"和"指导案例"等形式发布的典型行政案例。考察这近百例典型行政案例可以发现中国行政诉讼对人权的实体保护主要集中在以下七个方面。[①]

（一）注重对公民人身自由与安全的保护

实际体现了对《公民权利和政治权利国际公约》第9条的落实。典型案例有：梁宝富不服治安行政处罚案（1991，3）[②]；陈迎春不服离石县公安局收容审查决定案（1992，2）；任建国不服劳动教养复查决定案（1993，3）；张晓华不服磐安县公安局限制人身自由、扣押财产行政案（1994，4）；黄梅县振华建材物资总公司不服黄石市公安局扣押财产及侵犯企业财产权行政上诉案（1995，1）；宿海燕不服劳动教养决定案（2000，3）；还有汤晋诉当涂县劳动局限制人身自由、扣押财产行政案（1996.4）。在上述典型案例中，判决结果均为行政机关败诉，反映了人民法院在保护公民人身自由与安全方面的坚决态度。

（二）注重对个人和组织的财产权的保护

依据《人权宣言》第17条、第22条和《经济、社会和文化权利国际公约》第15条，个人和组织的财产权无疑具有基本人权属性，并具有为有效行使《公民权利和政治权利国际公约》所赋予的公民权利与政治权利提供经济基础的性能。因中国目前的行政诉讼受案范围，也即权利保护范围，主要针对个人和组织的人身权和财产权，所以相关诉讼与典型案例较多。粗略统计，在现有近百例典型行政案例中，与保护财产权相关的至少有80余例。所涉及的财产权内容非常广泛。如涉及保护一般财产所有权的有近60例，对土地、矿业等自然资源使用权的有16例，涉及对专利权保护的有2例，涉及企业经营权的有6例。[③]

---

① 本节以下对中国行政诉讼典型案例集中保护了七个方面实体人权的论述，参见赵正群：《从实施人权公约的视角看中国大陆行政判例对人权的保护》，《法学家》，2008年第2期，第47—53页；赵正群：《中国的行政判例与行政法治的发展》，载《中国行政法之回顾与展望——"中国行政法二十年"博鳌暨中国法学会行政法学研究会2005年年会论文集》，2005年8月15日。

② 括号内的数字表示发表该判例的《法院公报》或"法公布文书"的年份和期号，下同。

③ 参见赵正群：《从实施人权公约的视角看中国大陆行政判例对人权的保护》，《法学家》2008年第2期。

（三）注重对劳动安全保障权与受教育权的保护

其中保护劳动者劳动安全保障权的主要有4例。分别为何文良诉成都市武侯区劳动局工伤认定案（2004，9）；松业石料厂诉荥阳市劳保局工伤认定案（2005，8）；孙立兴诉天津园区劳动局工伤认定行政纠纷案（2006，5）；还有邵仲国诉黄浦区安监局安全生产行政处罚决定案（2006，8）。其中，最近发布的邵仲国诉黄浦区安监局安全生产行政处罚案，不同于其他直接认定劳动者所受伤害为工伤的判例，而是一起人民法院通过支持安全生产监管部门（上海市黄浦区安全生产监督管理局），对导致企业发生严重工伤事故的企业负责人给予个人行政处罚，以体现对劳动者予以有效保护的行政判决。因中国《安全生产法》及有关法规规定，生产经营单位主要负责人有未建立、健全本单位安全生产责任制，未组织制定本单位安全生产规章制度和操作规程，未督促、检查本单位安全生产工作，及时消除生产安全事故隐患等违法行为，导致发生重伤事故的，可对主要负责人处二万元以上五万元以下罚款。以上典型案例体现对《经济、社会和文化权利国际公约》第6、7、8条规定的保护与实施。①

保护受教育权的主要有2例。分别为田永诉北京科技大学案（1999，4）；杨宝玺诉天津服装技校不履行法定职责案（2005，7）。另有一个涉宪判例，齐玉苓诉陈晓琪等以侵犯姓名权的手段侵犯宪法保护的公民受教育的基本权利纠纷案（2001，5）。体现对《经济社会和文化权利国际公约》第13、14条规定的受教育权的保护。与注重对公民人身自由与安全的保护的典型案例相同，在上述有关保护劳动安全保障权与受教育权的案例中，均作出了有利于劳动者和受教育者的判决。②

（四）注重对环境权的保护

主要有4例。包括：早期的深圳蛇口环境监测站诉香港凯达公司环境污染案（1985，3）；黑龙江省哈尔滨市规划局与黑龙江汇丰实业发展有限公司行政处罚纠纷上诉案（最高院〔1999〕行终字第20号，法公布〔2000〕第5号）；北京沈希贤等182人诉北京市规划委员会颁发建设工

① 参见赵正群：《从实施人权公约的视角看中国大陆行政判例对人权的保护》，《法学家》2008年第2期。

② 同上。

程规划许可证纠纷案（2004，2）；念泗三村28幢楼居民35人诉扬州市规划局行政许可行为纠纷案（2004，11）；其中，沈希贤等182人诉北京市规划委员会颁发建设工程规划许可证纠纷案的"裁判摘要"指出："根据《环境保护法》第十三条的规定，规划部门审批建设污染环境项目时，在申请方没有提供有关环境保护影响报告书，且建设项目不符合有关国家标准的情况下，即颁发建设许可证的行为，构成违法，应予撤销。"由最高人民法院作出终审判决的黑龙江省哈尔滨市规划局与黑龙江汇丰实业发展有限公司行政处罚纠纷上诉案，本是一起行政机关查处城市违章建筑的行政处罚案件，但黑龙江省高级人民法院和最高人民法院却通过对行政机关查处该违章建筑所依据的城市发展规划的支持，表明了对哈尔滨市中央大街景观的保护，体现出对属于环境权范围的城市景观的司法保护。在上述有关环境权争议的4件案例中，法院作出的判决均为支持保护环境权的判决。体现人民法院对属于第三代人权的环境权的关注和保护。[①]

（五）关注对法律上的平等权的保护

比较集中体现在中国建立社会主义市场经济背景下，对相对人在市场准入和公平竞争方面的平等权的保护。主要典型案例有，山西省经济贸易委员会、大同市新荣区人民政府与大同市北方矿业有限责任公司吊销许可证纠纷上诉案（最高院〔1999〕行终字第11号、法公布文书〔2000〕第28号）；兰州常德物质开发部不服兰州市人民政府收回土地使用权批复案（2000，4）；点头隆胜石材厂不服福鼎市人民政府行政扶优扶强措施案（2001，6）；吉德仁等诉盐城市人民政府行政决定案（2003，4）；广州市海龙王投资发展有限公司诉广东省广州市对外经济贸易委员会行政处理决定纠纷案（最高院〔2001〕行终字第2号、法公布文书〔2003〕第46号）；宣懿成等18人诉衢州市国土资源局收回土地使用权行政争议案（2004，4）；益民公司诉河南省周口市政府等行政行为违法案（裁判文书选登2005，8）。[②]

（六）关注对行政救济与司法救济权，包括请求国家赔偿权的保护

考虑到行政典型案例在促进对行政诉权的保护，发展和完善中国诉权

---

① 参见赵正群：《从实施人权公约的视角看中国大陆行政判例对人权的保护》，《法学家》2008年第2期。

② 同上。

保护制度方面的贡献；在适当拓展行政诉讼范围；促进行政复议等行政救济制度的发展等诸多方面所作出的贡献，已在中国学术和实务界形成了共识并有可供参考的诸多法律文献，[①] 本文仅对行政典型案例对中国国家赔偿制度的有效实施所作出的努力简要论述如下。

自2003年以来，最高人民法院在《法院公报》上相对集中连续发表了多个有关国家赔偿的行政案例。其中"王丽萍诉中牟县交通局行政赔偿纠纷案"（2003，03），比较完整阐述了国家赔偿责任的构成要件与在该案中的具体适用问题，具有非常明显的指导和规范审理国家赔偿案件的意图和作用。针对赔偿义务机关经常利用《国家赔偿法》和有关司法解释中规定的申请国家赔偿"应当先向赔偿义务机关提出"或须由赔偿义务机关确认加害行为"已被确认为违法"之后，赔偿请求人才可以"单独提起行政赔偿诉讼"规定，给申请人造成的"程序障碍"，在"上海汇兴实业公司诉上海浦江海关行政赔偿案"（2004，1）中依法认定，汇兴公司提出的赔偿请求，是浦江海关的原征税行为直接导致的。由于浦江海关已对汇兴公司作出了补征税决定，该决定本身即表明原征税行为在税则归类和税额计算方面存在错误，且案件一审时双方当事人对汇兴公司原征税行为的违法性亦无争议，故应认定本案赔偿请求所依附的原征税行为违法性已得到确认，汇兴公司有权根据国家赔偿法的规定，单独提起行政赔偿诉讼。表现出"适当缓和"提起赔偿诉讼的"程序要件"的倾向。

另外，在"尹琛琰诉卢氏县公安局110报警不作为行政赔偿案"（2003，2）；"王丽萍诉中牟县交通局行政赔偿纠纷案"（2003，3）；"陈莉诉徐州市泉山区城市管理局行政处罚案"（2003，6），"中国银行江西分行诉南昌市房管局违法办理抵押登记案"（裁判文书选登2004，1）；"湖北省武汉市国土资源管理局与武汉兴松房地产开发有限公司行政纠纷上诉案"（最高院〔2002〕行终字第7号，法公布文书〔2003〕第47号）等判例从行政赔偿责任的认定，赔偿标准的"适当就高"等方面强化了法院对行政赔偿案件的审理。而在"陈宁诉庄河市公安局行政赔偿纠纷

① 参见赵正群：《行政诉权在中国大陆的生成及其面临的挑战》（第3届亚洲法哲学大会论文），刊于陈光中、江伟主编《诉讼法论丛》第6卷，法律出版社2001年8月；收入刘瀚、公丕祥主编《21世纪的亚洲与法律发展》，南京师范大学出版社2001年版。

案”中则判定警方对没有超出交通警察依法履行职责范围的正当抢险救助行为，不承担行政赔偿责任。在“上海汇兴实业公司诉上海浦江海关行政赔偿案”中认定了在销售中受到供求关系等各种不确定因素决定的较高利益，“属于不确定的利益，故不构成直接损失”，因而不属于行政赔偿范围。但在“中国银行江西分行诉南昌市房管局违法办理抵押登记案”中则认定“信托公司作为金融机构，需要支付储户的存款利息，一审判决认为利息损失不属于直接损失不当，信托公司提出贷款利息损失属于直接损失应予赔偿的主张应予支持，但是信托公司要求按照贷款利息赔偿缺乏法律依据”。总之，上述相对集中连续发表的多个有关国家赔偿的典型行政案例，不仅对审理国家赔偿案件起到了明显的“规范”作用，表现了人民法院为保证《国家赔偿法》的有效实施和保持正确发展方向所作出的努力，而且在相对人因行政机关的违法行为受到损害的诸多案件中，有力地保障了相对人救济权的实现。

（七）突出对行政程序权利的保护

已经构成中国行政诉讼与行政典型案例中的人权保护的一个特色，并具有将行政程序权发展成为一项公法关系中的基本人权的意义。人民法院依据行政诉讼法在行政诉讼中对行政行为程序予以审查，就司法审判机关而言，属于不同于司法程序的裁判实体问题。但如果将被审查的行政程序行为回复为公民社会生活本身，则显然属于《公民权利和政治权利国际公约》第 14 条保护的正当程序权利的组成部分。考察行政典型案例中对公民行政程序权的保护，可以看出人民法院对行政程序的审查已经经历了如下一些重要的发展变化。[①]

其一，在 1990 年 10 月 1 日《行政诉讼法》实施以前，人民法院对行政行为的司法审查通常并不包括对行政行为程序的审查。如在《行政诉讼法》施行之前，《法院公报》曾发布过 5 例行政典型案例，都没有涉及行政行为程序的合法性问题。即，公民在行政行为中的程序性权利，还未得到人民法院的“司法关怀”。[②]

---

① 参见赵正群：《从实施人权公约的视角看中国大陆行政判例对人权的保护》，《法学家》2008 年第 2 期。

② 同上。

其二，伴随《行政诉讼法》的正式实施，人民法院开始了对行政行为是否具有程序合法性的审查。但直到 1995 年《法院公报》发表“桐梓县农资公司诉县技术监督局行政处罚抗诉案”（1995，04）以前，人民法院对行政行为的程序审查，还一直提留在“附带性审查”的水平上。即与作为重点审查的实体问题相比，对行政程序合法性的审查明显居于次要地位。通常表现为在裁判文书中对行政程序问题，或者语焉不详，或者以一句“程序违法”或“程序合法”就概括完毕。以发布“桐梓县农资公司诉县技术监督局行政处罚抗诉案”为标志，人民法院对行政程序的合法性审查发展到一个重要阶段。即行政行为的程序合法性问题，已经被法院作为判断行政行为合法性的一项独立的标准。使行政行为的程序合法性问题，在构成了法院一项“独立审查”对象的同时，亦发展成为一项可获得行政审判保护的公民基本权利，即法定行政程序权利。①

其三，以发表“平山县劳动就业管理局不服税务行政处理决定案”（1997，2）为标志，人民法院对行政程序的合法性审查发展到一个重要阶段。即行政行为的程序合法性问题，已经被法院作为判断行政行为合法性的一项独立的标准。以至于在对有关其他实体性问题尚未或难以作出判断的情况下，即可以行政程序违法为由，判决撤销该行政行为。本典型案例因此可以被视为人民法院运用司法权保护个人和组织一方在行政程序方面的法定权利的里程碑式的判决。②

其四，《法院公报》于 1999 年发表“田永诉北京科技大学拒绝颁发毕业证、学位证行政诉讼案”（1999，4）则开始了人民法院对行政行为的“正当程序”的审查。在这起大学生就自己的学籍问题而提起的行政诉讼中，北京市海淀区人民法院认为，作为学籍管理机关的北京科技大学在以“考试作弊”为由，决定取消学生学籍的时候，没有直接向本人宣布、送达，并允许其提出申述意见，“这样的行政管理行为不具有合法性”，尽管在有关机关的学籍管理规范中，并没有对取消学生学籍作出具体程序规定。这样，人民法院就把行政诉讼法中规定的行政行为需“符

① 参见赵正群：《从实施人权公约的视角看中国大陆行政判例对人权的保护》，《法学家》2008 年第 2 期。

② 同上。

合法定程序”标准，发展为“正当程序”标准。①

其五，考察现有近百例行政典型案例，还可以看到在目前可以被称为“行政典型案例”的两类法院行政裁判中，即在最高人民法院发布的“公报案例”和原为“法公布文书”，现在已经发展成为《法院公报》中的“裁判文书选登”栏目中，专门刊载最高人民法院自身裁判的“法公布文书”和“裁判文书选登”类案例，对行政行为的程序审查概率，明显高于法院“公报案例”。反映了最高人民法院对行政程序审查的特别重视，即对保护行政相对人一方的行政程序权利的特别重视，展现了在中国大陆，正在以日益发展的司法手段，不仅努力保障联合国两公约中规定的诸项人权，而且正在拓展出对诸如行政相对人一方的行政程序权利，这样新的人权保护范围和规范，推进了中国的程序性人权保护的发展和国家的行政程序法治建设。②

为了贯彻落实中央关于建立案例指导制度的司法改革举措，最高人民法院于2010年11月26日印发了《关于案例指导工作的规定》，建立了具有中国特色的案例指导制度。至今，已经发布了六批共26个指导案例，其中有8个行政指导案例，开辟了以指导案例来指导行政诉讼保障人权的新途径。

## 四　行政诉讼法的修订及其对中国人权司法保障的新发展

在党的十八报告提出到2020年基本建成法治政府目标，十八届三中全会通过关于全面深化改革若干重大问题的决定，十八届四中全会作出关于全面推进依法治国若干重大问题的决定背景下，十二届全国人大会常委会第十一次会议于2014年11月1日审议通过了关于修改《中华人民共和国行政诉讼法》的决定，对已经实施了四分之一世纪，在人权保障方面发挥了杰出作用的《行政诉讼法》作了首次修改。新修改的《行政诉讼法》主要从保障当事人的诉讼权利；对规范性文件的附带审查；完善管辖制度；完善诉讼参加人制度；完善证据制度；完善民事争议和行政争议

① 参见赵正群：《从实施人权公约的视角看中国大陆行政判例对人权的保护》，《法学家》2008年第2期。

② 同上。

交叉的处理机制；完善判决形式；增加简易程序；加强人民检察院对行政诉讼的监督；进一步明确行政机关不执行法院判决的责任等十个方面，对《行政诉讼法》共作了六十一项修改。

其中，对保障当事人的诉讼权利，完善管辖制度，完善诉讼参加人制度等方面的修改，进一步加强了对公民一方行政诉权的保护，放宽了原告资格条件，赋予了原告对案件管辖的一定选择权，拓宽了行政诉讼受案范围。如新增加的第3条规定，"人民法院应当保障公民、法人和其他组织的起诉权利，对应当受理的行政案件依法受理"。"行政机关及其工作人员不得干预、阻碍人民法院受理行政案件。"针对现行行政诉讼法对原告资格的规定比较原则。实践中，有将原告仅理解为具体行政行为的相对人，排除了其他利害关系人的情况，直接明确规定"行政行为的相对人以及其他与行政行为有利害关系的公民、法人或者其他组织，有权提起诉讼"。在受案范围中，将原来列举的八项受案事项，增添到十二项。把"不服"行政机关作出的关于确认土地、矿藏、水流、森林、山岭、草原、荒地、滩涂、海域等自然资源的所有权或者使用权的决定；"认为"行政机关侵犯农村土地承包经营权，行政机关违法集资、征收征用财产、摊派费用，行政机关没有依法支付最低生活保障待遇或者社会保险待遇等行政行为纳入了受案范围。这就在提起行政诉讼的原告资格和可诉对象两个维度上，加强了对行政诉权的法律保障，有利于化解行政诉讼仍不时面临"三难"之中[①]的第一难"起诉难"或"立案难"。

对完善证据制度；增加简易程序；以及完善民事争议和行政争议交叉的处理机制；对规范性文件的附带审查等方面的修改，发展健全了现行行政诉讼法过于简单的行政诉讼审理程序规则。增加了"被告不提供或者无正当理由逾期提供证据，视为没有相应证据"；"原告可以提供证明行政行为违法的证据。原告提供的证据不成立的，不免除被告的举证责任"等充分体现"被告在行政诉讼中负举证责任"的规定。还有"以非法手段取得的证据，不得作为认定案件事实的根据"等较强约束公权力行使，使原告一方在行政诉讼中居于有利地位的行政诉讼特有规则，彰显了行政

① 被写入国家立法解释文件，"关于《中华人民共和国行政诉讼法修正案（草案）》的说明"中的"行政诉讼三难"，是"立案难、审理难、执行难"。

诉讼制度内在的人权保障精髓。增加现行《行政诉讼法》未规定的简易程序，有利于提高审判效率，降低诉讼成本。新增加的简易程序适用于“认为事实清楚、权利义务关系明确、争议不大的”第一审行政案件。包括“（一）被诉行政行为是依法当场作出的；（二）案件涉及款额二千元以下的；（三）属于政府信息公开案件的。除前款规定以外的第一审行政案件，当事人各方同意适用简易程序的，可以适用简易程序。适用简易程序审理的行政案件，由审判员一人独任审理，并应当在立案之日起四十五日内审结”。这体现了行政诉讼也坚持经济便民原则，并使其具有与人权理念紧密相关的人性化品格。新增的对规范性文件的附带审查规范，适度深化了对被诉行政行为合法性的审查深度。即不仅要求被诉行政行为本身要规范合法，而且要求被诉行政行为所依据的规范性文件也要合法。这些新增的日趋细密化的审判程序规则，严密了行政审判程序，提升了中国行政诉讼的正义性和科学性，有利于破解行政诉讼中的第二难，“审理难”，有利于实现行政审判的程序正义。

对完善判决形式；加强人民检察院对行政诉讼的监督；进一步明确行政机关不执行法院判决的责任等方面的修订，有利于保障原告方依法获得行政裁判的程序权和依法保护其合法权益的胜诉权，补强了国家检察机关对行政诉讼的法治监督机制与行政机关不履行行政裁判的责任追究制度。有利于提高行政诉讼审判机关和行政审判法官的法治意识和依法审判责任意识，有利于破解行政诉讼中的第三难，判决难和执行难并促进行政审判水平和质量的提高。

此外，新《行政诉讼法》，还新增加了一组审判信息公开规范。主要有第 65 条：人民法院应当公开发生法律效力的判决书、裁定书，供公众查阅，但涉及国家秘密、商业秘密和个人隐私的内容除外。将第 56 条改为第 66 条，将第二款修改为：人民法院对被告经传票传唤无正当理由拒不到庭，或者未经法庭许可中途退庭的，可以将被告拒不到庭或者中途退庭的情况予以公告，并可以向监察机关或者被告的上一级行政机关提出依法给予其主要负责人或者直接责任人员处分的司法建议。第 80 条修改为：人民法院对公开审理和不公开审理的案件，一律公开宣告判决。第 96 条修改为行政机关拒绝履行判决、裁定、调解书的，第一审人民法院可以“将行政机关拒绝履行的情况予以公告”。这些前所未有的行政审判信息被写入新行政诉讼法，反映了作为信息时代的基本人权，公众的知情权已经获得了国家立法机关的尊重，并且已经被活用为行政诉讼法规范，丰满了行政诉讼法和整个行政法部门的人权保障精神和内容。

## 第三节　民事诉讼法对人权的保障

人权保障也体现在民事诉讼过程中。2012 年修改的《民事诉讼法》，明确规定《民事诉讼法》的任务是保护当事人行使诉讼权利，保护当事人的合法权益。民事诉讼当事人有平等的诉讼权利。人民法院审理民事案件，应当保障和便利当事人行使诉讼权利，对当事人在适用法律上一律平等。新法还作出了一系列有利于更充分保障诉讼当事人人权的新规定。

### 一　确立公益诉讼制度，保障社会公共利益

公益诉讼制度是2012 年《民事诉讼法》修改的一大亮点，该法第 55 条规定“对污染环境、侵害众多消费者合法权益等损害社会公共利益的行为，法律规定的机关和有关组织可以向人民法院提起诉讼”。近些年来，司法实践中也出现多起公益诉讼成功的案例（见表 8—6）。

**表 8—6　　近年来公益诉讼成功案例**

| 时间 | 审理法院 | 原告 | 被告 | 基本案情 |
|---|---|---|---|---|
| 2002 年 | 天津海事法院 | 天津市海洋局、天津市渔政渔港监督管理处 | 英费尼特航运公司、伦敦汽车互保协会 | “塔斯曼海”游轮在渤海发生漏油事故 |
| 2003 年 | 乐陵市人民法院 | 乐陵市人民检察院 | 金鑫化工厂 | 金鑫化工厂排污污染环境 |
| 2003 年 | 阆中市人民法院 | 阆中市检察院 | 群发骨粉厂 | 群发骨粉厂排放污染物污染周围环境 |
| 2007 年 | 贵阳市清镇环保法庭 | 贵阳市“两湖一库”管理局 | 贵州天峰化工厂 | 废渣污染红枫湖上游的羊昌河 |

续表

| 时间 | 审理法院 | 原告 | 被告 | 基本案情 |
|---|---|---|---|---|
| 2008 年 | 广州海事法院 | 广州海珠区检察院 | 新中兴洗水厂厂长陈忠明 | 违法排污造成石榴岗河水域污染 |
| 2009 年 | 无锡锡山人民法院 | 无锡锡山检察院 | 刘某、李某 | 被告盗伐景观林带杨树 19 棵 |
| 2010 年 | 昆明中级人民法院 | 昆明市环保局 | 三农农牧有限公司、羊甫联合牧业有限公司 | 被告养殖废水渗入地下水造成污染 |

资料来源：江伟、肖建国：《民事诉讼法（第六版）》，中国人民大学出版社 2013 年版，第 161—162 页。

## 二　完善简易程序，保障当事人的程序选择权

现代诉讼程序以公正程序保障为基础，但随着诉讼案件数量的几何级增长，民事诉讼对效率的要求也越来越高。提供诉讼效率，简化诉讼程序，本身也是实现司法大众化，保障当事人诉权的重要举措。2012 年《民事诉讼法》在规定简易程序法定适用情形之外，对于应当适用一审普通程序审理的案件，还规定当事人可以约定选择适用简易程序。此外，对于基层人民法院及其派出法庭适用简易程序审理的案件，其标的额为各省、自治区、直辖市上年度就业人员年平均工资 30% 以下的，实行一审终审。

## 三　完善检察院法律监督职能，保障诉讼程序公正进行

最高人民检察院对各级人民法院已经发生法律效力的判决、裁定，上级人民检察院对下级人民法院已经发生法律效力的判决、裁定，发现有《民事诉讼法》第 200 条规定情形之一的，或者发现调解书损害国家利益、社会公共利益的，应当提出抗诉。地方各级人民检察院对同级人民法院已经发生法律效力的判决、裁定，发现有《民事诉讼法》第 200 条规

定情形之一的，或者发现调解书损害国家利益、社会公共利益的，可以向同级人民法院提出检察建议，并报上级人民检察院备案；也可以提请上级人民检察院向同级人民法院提出抗诉。各级人民检察院对审判监督程序以外的其他审判程序中审判人员的违法行为，有权向同级人民法院提出检察建议。

## 第四节　其他司法制度建设中的人权保障

为了强化司法人权保障，中国司法机关还在司法过程的各个环节不断完善制度建设。

### 一　促进司法公开，扩大司法民主，保障公正司法

司法公开是中国司法改革的重要内容之一，也是获得公正审判权的核心内容。为了促进司法公开，国家出台多份改革文件，如《最高人民法院关于司法公开的六项规定》《最高人民法院关于人民法院接受新闻媒体舆论监督的若干规定》《关于人民法院在互联网公布裁判文书的规定》、《关于人民法院直播录播庭审活动的规定》和《最高人民法院裁判文书上网公布暂行办法》等，对公开的事项、内容、形式等作了细致规定。

增强司法民主也是保障公正司法的重要举措。中国近些年来通过人民陪审员和人民监督员极大地增强了司法程序中的民主性，保证公正司法的实现。2004 年至 2012 年 8 年间，全国人民陪审员参加审理案件共计 803.4 万人次，其中 2012 年参加审理案件人次是 2006 年的 3.8 倍（见表 8—7）。从 2003 年 10 月至 2011 年底，各地人民监督员共监督案件 35514 件，提出不同意人民检察院原拟定意见的有 1653 件，其中 908 件的人民监督员表决意见被人民检察院采纳，占 54.93%。[①]

① 《中国的司法改革（白皮书）》，载 http://www.gov.cn/jrzg/2012-10/09/content_2239771.htm，访问时间：2014 年 9 月 15 日。

表 8—7　　　2008 年—2013 年人民陪审员参与案件陪审情况

| 年份 | 人民陪审员数量（万人） | 参与案件审理数（万件） | 人民陪审员参审案件占一审普通程序案件比例（%） |
|---|---|---|---|
| 2008 | 5.7 | 505412 | 22.5 |
| 2009 | 7.7 | 632066 | 26.5 |
| 2010 | | 912177 | 38.4 |
| 2011 | 8.3 | 1116428 | 46.5 |
| 2012 | 8.5 | 148.7 | |
| 2013 | 12.3 | 169.5 | 73.2 |

数据来源：最高人民法院工作报告和《中国的司法改革（白皮书）》。

## 二　律师和司法援助制度建设

### （一）中国律师制度的产生与发展

中国律师制度产生于清末变法。1906 年《大清刑事、民事诉讼法》规定了律师可以参加诉讼，规定了律师的地位和作用。1911 年中华民国临时政府曾制定《律师法草案》，但上述两部法律都未来得及实施。北洋政府时期，制定《律师暂行章程》和《律师登记暂行章程》，中国律师制度开始起步。至民国时期，已经有了较大发展。① 新中国成立之后，废除了民国时期的律师制度，② 逐步建立了新中国的律师制度。③ 1954 年 7 月，司法部发出《关于试验法院组织制度中几个问题的通知》，指定北京、上海、天津、沈阳等地先行试办法律顾问处。1954 年《宪法》规定被告人

① 民国时期出现了许多知名的大律师，如伍廷芳、吴凯声、施洋、纪清漪、史良、章士钊、蒋豪士等。

② 《中央人民政府司法部关于取缔黑律师及讼棍事件的通报》指出"旧律师制度已依共同纲领第十七条废止，若旧律师仍有非法活动，对于法院威信及人民利益均有危害，应予取缔"。《中央人民政府司法部关于取缔黑律师及讼棍事件的通报》，载《江西政报》1951 年第 1 期。

③ 《共同纲领》第 17 条："废除国民党反动政府一切压迫人民的法律、法令和司法制度，制定保护人民的法律、法令，建立人民司法制度。"1950 年《人民法庭组织通则》第 6 条规定："县（市）人民法庭及其分庭审判时，应保障被告有辩护及请人辩护的权利，但被告所请之辩护人，须经法庭认可后，方得出庭辩护。"

有权获得辩护，《人民法院组织法》则提出被告人可以委托律师进行辩护。从1955年开始，全国各地许多市县都开展了律师工作，逐渐建立起律师队伍。1956年国务院正式批准了司法部《关于建立律师工作的请示报告》。随着有关律师立法和实践工作迅速发展。截至1957年6月，全国已有法律顾问处817个，专职律师和兼职律师分别发展到2528名和350名。① 1957年后由于受政治斗争的影响，律师制度被否定。1979年决定恢复律师制度，全国人大常委会法制委员会起草了律师条例。1980年第五届人大常委会第十五次会议通过《中华人民共和国律师暂行条例》，这是新中国第一部关于律师的立法。1997年《中华人民共和国律师法》正式生效，该法已历经2001年、2007年和2012年三次修正。为保证《律师法》正确实施和律师工作的顺利进行，中国也颁布了一系列的司法解释、部门规章以及行业规范。②

（二）中国律师保障人权的特点

第一，中国律师定位日趋明确，人权保障功能凸显。关于律师的定位，中国也经历了从“国家法律工作者”到“为社会提供法律服务的执业人员”，再到“为当事人提供法律服务的执业人员”的转变。首先，国家法律工作者的定位。1980年《律师暂行条例》将律师定位为“国家的法律工作者”。律师作为国家的法律工作者，与警察、检察官、法官一样都拿国家工资，他们之间的关系也融洽。③ 但这对于当事人来说却是不利的。律师的国家法律工作者的定位并不完全适应律师维护当事人合法权益的司法实践。其次，为社会提供法律服务的执业人员的定位。1987年司法部提出关于律师体制改革报告，要求实行“四自”——自收自支、自负盈亏、自我发展、自我约束。④ 1988年后，一

① 陈根发：《新中国的司法成就与展望》，载《河南政法管理干部学院学报》2008年第5期。韦洪乾：《新中国律师制度在曲折中前行》，载 http：//law. hust. edu. cn/Law2008/ShowArticle. asp？ArticleID =6438，访问时间：2015年1月26日。

② 以“律师”为检索词，在北大法律信息网“法律法规”部分共检索到中央法规司法解释830篇。其中，法律有6部，行政法规3部，司法解释29篇，部门规章652篇，行业规定129篇，军事法规规章1篇。

③ 周纳新：《北京“第一律”讲述北京律师的改制故事》（上），载 http：//weibo. com/u/5046310567，访问时间：2015年1月29日。

④ 同上。

些地方开始试点合作制律师事务所，之后又出现新的合伙制律师事务所。1996年《律师法》吸收之前律师体制改革成果，将律师正式定位为，“为社会提供法律服务的执业人员”。[①] 但在2007年《律师法》修改中，有代表提出“为社会提供法律服务的人员很多，除了律师外，还有法官、检察官等。1996年《律师法》第2条的规定不明确，范围太宽，没有突出律师与其他法律工作者的区别，建议修改。”[②] 从上述修改建议中，可以清楚看到，律师提供法律服务的民间性或专门性。通过调整定位，法律将律师与法官、检察官、警察等司法人员作了区分，使律师成为不同于其他公务执法人员，而成为“为当事人提供法律服务的执业人员”。

第二，律师权利逐渐扩大，为履行其人权保障提供重要“武器”。律师履行保障人权的职能必须要具备适格的“武器”，律师权利就是这种“武器”。1980年《律师暂行工作条例》对律师权利规定非常简单，只规定了4个条文，内容涉及法律顾问的权利、代理的权利、拒绝辩护的权利以及查阅会见通信等权利。由于法律条文比较简单，律师权利在司法实践中的行使并不是十分顺畅。如迄今为止最高检、最高法发布的与律师有关的25个司法解释中，有13个是在1981年至1995年间发布的，这13个司法解释中绝大多数是关于律师权利的。正如时任司法部部长肖扬在《关于〈中华人民共和国律师法（草案）〉的说明》中指出的，“由于种种原因，现实生活中律师的合法权利并不是都能得到切实保障的。为了切实保障律师依法执业，草案在《律师暂行条例》的基础上，进一步对律师执业活动中应有的调查

---

① 时任司法部部长肖扬在《关于〈中华人民共和国律师法（草案）〉的说明》中指出：“现在，在发展社会主义市场经济条件下，律师业务有了很大变化，除为刑事被告辩护外，大量的、经常的活动是为商品生产者、经营者（包括外商投资企业、私营企业、个体工商户）提供法律服务。律师事务所也由当初单纯国家举办的，发展为国办的、合作的、合伙的多种形式。为了比较准确地确定律师的性质，草案规定：‘律师是依照本法取得律师执业证书，为社会提供法律服务的法律工作者。’”

② 载北大法律信息网，http://www.pkulaw.cn/CLink_form.aspx?Gid=98767&tiao=2&subkm=0&km=siy，访问时间：2015年1月29日。

取证权和其他合法权利作了明确规定。”[①] 1996 年《刑事诉讼法》进一步扩大了辩护律师的权利。该法实施后，律师在刑事诉讼中的作用逐渐加大，律师保障人权的功能也越来越体现出来。如 1996 年后很多冤假错案都是通过律师的积极参与从而得到纠正的。2000 年《全国人大常委会执法检查组关于检查〈中华人民共和国刑事诉讼法〉实施情况的报告》提出律师权利行使的“三难”，[②] 2005 年《全国人大常委会执法检查组关于检查〈中华人民共和国律师法〉实施情况的报告》也得出律师权利行使方面的五个难题[③]。针对这些问题，最高检、最高法、司法部等部门发布一系列司法解释和规范性文件来确保律师依法履行职权。2007 年《律师法》修改，规定律师可以持“三证”（即律师执业证书、律师事务所证明和委托书或者法律援助公函）会见。这些修改较大地改善了律师执业环境，保障律师依法行使职权，从而维护当事人的合法权益。2012 年《刑事诉讼法》对律师权利进一步修改，将律师辩护的时间提前至第一次被讯问或采取强制措施之日起，完善证据开示制度，保证辩护律师的会见通信权等。

第三，法律援助制度日益完善，维护当事人的合法权益。中国的法律援助起步较晚，始于 20 世纪 90 年代初期。1993 年底时任司法部部长肖扬提出要建立中国特色的法律援助制度，1995 年司法部提出《司法部关

---

① 时任司法部部长肖扬在《关于〈中华人民共和国律师法（草案）〉的说明》中指出：“现在，在发展社会主义市场经济条件下，律师业务有了很大变化，除为刑事被告辩护外，大量的、经常的活动是为商品生产者、经营者（包括外商投资企业、私营企业、个体工商户）提供法律服务。律师事务所也由当初单纯国家举办的，发展为国办的、合作的、合伙的多种形式。为了比较准确地确定律师的性质，草案规定：‘律师是依照本法取得律师执业证书，为社会提供法律服务的法律工作者。’”

② 一是在侦查阶段会见犯罪嫌疑人难，律师会见受到限制较多；二是阅卷难，留给律师查阅、摘抄、复制案件诉讼文本和技术性鉴定材料及所指控的犯罪事实材料的时间较短，而且有的只提供一部分材料；三是复核取证难。参见《全国人大常委会执法检查组关于检查〈中华人民共和国刑事诉讼法〉实施情况的报告》，http：//www. npc. gov. cn/wxzl/gongbao/2001 - 03/09/content_ 5132037. htm，访问时间：2015 年 1 月 29 日。

③ 一是律师在刑事侦查阶段会见犯罪嫌疑人的权利没有得到充分保障；二是律师参与诉讼调查取证困难很大；三是律师能查阅的刑事诉讼案卷材料少；四是律师在法庭上举证、质证、辩论、提问等权利有时得不到应有的重视，辩护、代理意见在裁判文书中有时得不到体现；五是法律服务市场管理不规范。

于成立“国家法律援助中心”的请示》，并于1996年成立国家法律援助中心筹备组。[①] 1996年《律师法》和《刑事诉讼法》也规定了指定辩护制度，从法律层面上确认了法律援助的内容。1996年司法部发布《关于迅速建立法律援助机构开展法律援助工作的通知》，同时附广州、上海、武汉、北京四地区有关法律援助的工作制度供各地参考。此后，司法部发出系列规范性文件来指导法律援助工作。此外，司法部还联合其他部委发布一些专项法律援助的规范性文件，如《司法部、民政部关于保障老年人合法权益做好老年人法律援助工作的通知》《司法部、中国残疾人联合会关于做好残疾人法律援助工作的通知》等。通过发布系列文件，中国法律援助体系迅速建立。从1997年开始建立法律援助机构，到2002年《法律援助条例》颁布之前，已经增加至2418家，法律援助案件增长至135749件。[②] 为了进一步促进法律援助工作的开展，中国对先前法律援助各自为政的情况进行整合，于2003年颁布《法律援助条例》。

《法律援助条例》颁布之后，法律援助工作快速发展。到2009年底，全国法律援助机构有3274家，法律援助工作人员13081人，法律援助案件641065件。[③] 此外，最高人民法院、最高人民检察院、司法部还就刑事诉讼程序、民事诉讼程序以及国家赔偿程序中法律援助工作联合发布规范性文件，如《最高人民法院、司法部关于民事诉讼法律援助工作的规定》；《最高人民法院、最高人民检察院、公安部、司法部关于刑事诉讼法律援助工作的规定》；《最高人民法院、司法部关于加强国家赔偿法律援助工作的意见》等。

### （三）中国律师保障人权存在的问题与展望

中国律师在人权保障方面的作用日益凸显，但司法实践中仍然存在一些问题制约律师履行职责的行为。第一，律师权利容易受到侵犯。2012年《刑事诉讼法》颁布以后，律师权利行使得到较大改善，如“持三证

---

① 《中国法律援助制度诞生的前前后后（五）》，载 http://www.chinalegalaid.gov.cn/China_legalaid/content/2010-08/31/content_3998314.htm?node=40884，访问时间：2015年1月29日。

② 《全国历年法律援助数据图》，载 http://www.chinalegalaid.gov.cn/China_legalaid/content/2010-08/27/content_3998331.htm?node=40884，访问时间：2015年1月29日。

③ 同上。

会见”等基本可以实现，但司法实践中律师权利仍然容易受到来自公检法的侵犯。如最高人民检察院检察长曹建明在2015年全国检察长会议上指出，检察机关特别要严格执行高检院制定的关于保障律师执业权利的规定，严禁滥用“特别重大贿赂案件”限制会见，加大对阻碍律师依法行使诉讼权利的控告、申诉审查办理力度，坚决纠正检察环节律师会见难、阅卷难、调查取证难等问题。① 第二，律师行使调查取证权、会见权等面临新的干扰。在律师会见权行使方面，“三类案件”、“异地羁押或化名羁押”等会见仍然十分困难；律师阅卷权行使方面，在死刑复核程序中往往得不到支持；律师调查取证权行使方面，律师调查取证受到较多限制，往往只能被动接受公安司法机关的证据等。② 第三，律师滥用权利，违背律师保障人权的目的。如在李某某强奸案中，李某某代理人和辩护律师严重违反律师职业道德，涉嫌“泄露当事人隐私、不当披露案件信息、不当发表贬损同行的言论等行为，严重损害了行业形象及声誉”。之后，北京市律师协会对周翠丽、雷海军、李在珂律师给予公开谴责的行业纪律处分，对3名律师分别给予训诫、通报批评的行业纪律处分，对1名律师发出规范执业建议书。③

虽然律师在人权保障方面仍然存在一些问题，但律师已经成为中国人权保障事业中不可或缺的一环。特别是近年来随着律师定位的明确和律师独立性的增强，律师深度介入近些年来发生的一系列重大案件中，律师在积极谋求自身权利实现的过程中，也极大地推动了中国人权事业的发展。此外，近年来纠正的一批冤假错案中也都有着律师的身影。如念斌案背后有着一个由29名律师组成的庞大律师团。呼格吉勒图案中也有多名律师的参与，浙江张氏叔侄案中朱明勇律师是一名资深的刑辩律师等等。

---

① 《曹建明：坚决纠正检察环节律师会见难、阅卷难等问题》，载 http://world.huanqiu.com/hot/2015-01/5491146.html，访问时间：2015年1月29日。

② 参见樊学勇、钟明曦：《新刑诉法实施后律师参与侦查阶段诉讼的问题研究》，载《中国人民公安大学学报》（社会科学版）2014年第3期；穆远征：《死刑复核程序中律师辩护的困境与改革》，载《法学论坛——以人权司法保障为视角》2014年第4期；杨晓静、丁延松、常明明：《侦查阶段辩护律师调查取证权行使的界域及律师职业规范导引》，载《山东社会科学》2014年第10期。

③ 《李某某案相关律师遭处理：立案调查 公开谴责》，载 http://www.takefoto.cn/viewnews-72106.html，访问时间2015年1月29日。

## 三 改革监狱制度和看守所制度，保障服刑人员和被羁押人的人权

监狱和看守所作为封闭性的监管场所，极易发生侵犯人权的问题。因此，新中国从成立之初逐步完善监狱和看守所制度，以保障在押人员的基本人权。依据 1949 年《共同纲领》第 7 条“强迫他们在劳动中改造自己”的规定，中国于 1954 年颁布《中华人民共和国劳动改造条例》。依其规定，中国劳动改造机关包括看守所、监狱、劳动改造管教队和少年犯管教所。[①]“文革”结束后，中国召开第八次劳动改造工作会议，对新形势劳动改造工作提出许多新的要求。[②] 这次会议讨论并通过了《监狱、劳改队管教工作细则（试行）》《对罪犯教育改造工作的三年规划》和《犯人生活卫生管理办法（试行）》等三份规范文件，供各地劳动改造机关贯彻执行。1983 年劳改和劳教工作被移交给司法行政部门管理，这体现已决犯和未决犯分别关押、分别管理的要求，[③] 也是国际人权公约的基本要求。此后，中国对看守所工作和监狱工作分别立法。1990 年国务院发布《看守所条例》，对看守所工作作了细致的规定，有效保障了被羁押人员的权利。1994 年中国颁布《监狱法》，规定“罪犯的人格不受侮辱，其人身安全、合法财产和辩护、申诉、控告、检举以及其他未被依法剥夺或者限制的权利不受侵犯。”[④]

### （一）监狱和看守所对在押人员人身权的保障

人身权是基本人权之一，《公民权利和政治权利国际公约》第 6 条规定“人人有固有的生命权”，第 7 条规定“任何人均不得加以酷刑或施以

---

① 这一体制来源于 1950 年司法部和公安部《关于监狱、看守所和劳动改造队移送归公安部门领导的指示》的规定。

② 参见《中共中央办公厅、国务院办公厅转发〈第八次全国劳改工作会议纪要〉》。

③ 1983 年《公安部、司法部关于贯彻执行中央将劳改、劳教工作移交给司法行政部门管理的若干规定》提出移交工作的四点必要性：一是有利于健全社会主义法制，按照党和国家关于领导机构适当分权的精神，实行由公安机关负责侦查、拘留、预审，由司法行政机关负责改造；二是有利于加强对劳改、劳教工作的领导；三是有利于使公安机关集中精力抓好国内安全保卫工作和社会治安工作；四是有利于更好地纠正办案中可能发生的差错，加强司法机关之间的互相配合，互相制约。关于劳改、劳教工作移交给司法行政部门的想法，早在 1950 年就曾提出过。

④ 《中华人民共和国监狱法》，2012 年，律法网：http：//www. law - lib. com/law/law_view. asp? id =403795。

残忍的、不人道的或侮辱性的待遇或刑罚。特别是对任何人均不得未经其自由同意而施以医药或科学实验。"① 由于监狱和看守所十分封闭，加以中国监管理念更多地体现着"监管"而非保障在押人员权利，致使中国监狱和看守所中极易发生肆意侵犯在押人员人身权利的问题，最为典型的就是"牢头""狱霸"问题。早在1980年，最高人民法院、最高人民检察院、公安部就曾联合发布《关于柳州市公检法三机关密切配合依法惩办"牢头""狱霸"维护法纪监规的通报》就提出"在押人犯中，'牢头''狱霸'为非作歹的现象，在全国不少看守所里都存在，特别是一些城市看守所尤为严重。他们拉帮结伙，抢夺、敲诈他人财物，私立'监规、刑罚'，带头哄监闹狱、传授作案伎俩，阻碍他人交代问题、悔过自新，煽动翻案，组织越狱脱逃，任意欺压、凌辱、殴打他人，有的人被他们活活打死，已经开始形成一股恶势力。"② 为了打击"牢头""狱霸"，公安部、最高检等部门连续多年开展清理"牢头""狱霸"行动。"牢头""狱霸"问题在2009年后引起社会的广泛关注，这也为监狱和看守所体制改革提供了动力。

2009年"躲猫猫事件"被曝光，一名看守所在押人员死亡，后被证实系"牢头""狱霸"殴打致死。此后，一系列看守所内死亡事件被曝光，如喝凉水死、睡觉死等，这引发了社会对看守所管理的关注。为解决看守所监管问题，中央社会综合治理委员会将看守所安全管理工作纳入社会治安综合治理范围，颁布了一系列文件来规范看守所工作。如《中央社会治安综合治理委员会办公室、公安部、最高人民法院等关于综合治理看守所安全管理工作的意见》《公安部关于看守所使用警用约束带问题的通知》《最高人民检察院、公安部关于人民检察院对看守所实施法律监督若干问题的意见》《看守所在押人员死亡处理规定》以及《看守所留所执行刑罚罪犯管理办法》等。而且，《看守所条例》正在修订之中，均体现了切实保障在押人员的人权。此外，为了打击"牢头""狱霸"，司法部也颁布系列文件，如《司法部关于加强监狱劳教人民警察队伍建设的决

---

① 联合国：《公民权利和政治权利国际公约》1966年。

② 参见《最高人民法院、最高人民检察院、公安部关于柳州市公检法三机关密切配合依法惩办"牢头""狱霸"维护法纪监规的通报》。

定》“十不准”;[①]《监狱人民警察六条禁令》规定，严禁体罚、虐待、侮辱、殴打罪犯或指使他人殴打、体罚罪犯，严厉打击“牢头”“狱霸”等等。

（二）监狱和看守所对在押人员基本生活条件的保障

在押人员被羁押在监狱或看守所，其吃穿住用行等基本生活都在监狱或看守所内完成，监狱和看守所必须保障在押人员基本生活的权利。属于国际公约的《囚犯待遇最低限度标准规则》对在押人员的住宿、个人卫生、伙食、医疗等基本生活权利作了细致的规定。但由于中国监狱和看守所经费保障不足以及监管理念等原因，中国对在押人员的基本生活权利保障有些并未达到国际公约的要求，如关于单独居住、伙食营养可口等要求。近些年来，随着经费保障体制的改革，中国监狱和看守所经费日益充足，已经越来越重视在押人员基本生活条件的保障问题。

首先，改善监狱和看守所羁押环境。2002 年建设部、国家计划发展委员会批准《看守所建筑设计规范》《看守所建设标准》和《监狱建设标准》。2006 年对《看守所建筑设计规范》作出部分修正，2013 年又对《看守所建设标准》进行修订，不断改善看守所羁押环境。其次，保障在押人员饮食、卫生安全。监狱、看守所内人员比较集中，需要格外注意饮食和卫生安全。1992 年《最高人民法院、最高人民检察院、公安部关于依法文明管理看守所在押人犯的通知》提出了在伙食方面的“吃熟、吃热、吃足标准”，1995 年财政部和司法部指定《在押罪犯伙食、被服实物量标准》，1996 年公安部也发布《看守所在押人员伙食实物量标准》等，提高了在押人员伙食标准；在卫生安全方面，中国也有一些规范性文件，如《监狱罪犯生活卫生管理办法》《司法部关于进一步做好监狱劳教所人禽流感防控工作的通知》《监狱劳教场所艾滋病预防与控制行动计划

① ①不准索要、收取、侵占罪犯、劳教人员及家属的财物；②不准滥用职权为不符合条件的罪犯、劳教人员办理减刑（期），监（所）外执行，保（所）外就医等手续；③不准私放罪犯、劳教人员或者玩忽职守造成罪犯、劳教人员脱逃；④不准刑讯逼供或者体罚、虐待罪犯、劳教人员；⑤不准侮辱罪犯、劳教人员人格；⑥不准殴打或者纵容他人殴打罪犯、劳教人员；⑦不准为牟取私利，利用罪犯、劳教人员提供劳务；⑧不准违反规定，私自为罪犯、劳教人员传递信件或者物品；⑨不准非法将监管罪犯、教育改造、劳教人员的职权交予他人行使；⑩不准有其他违法违纪行为。

(2006—2010 年)》以及《司法部办公厅关于切实做好监狱劳教场所非典型肺炎防治工作的通知》等。

（三）监狱和看守所对在押人员诉讼权利的保障

《看守所条例》《监狱法》中规定了在押人员享有会见、通信、申诉控告等权利。为保障在押人员诉讼权利，国家对监狱和看守所体制进行不断改进。第一，实现监狱和看守所事务公开，铲除滥用权力的现实土壤。如发布了《律师会见监狱在押罪犯暂行规定》；《监狱系统在执行刑罚过程中实行“两公开一监督”的规定（试行)》；《监狱提请减刑假释工作程序规定》等一系列关于监狱和看守所公开的文件。这里需要特别提出关于减刑假释工作的规范化问题。司法实践中，减刑假释工作中出现很多“权力寻租”问题。为了规范减刑、假释工作，避免权力寻租现象，2012年以来中国出台一系列有关减刑假释工作的规范性文件。如《最高人民法院关于办理减刑、假释案件具体应用法律若干问题的规定》《最高人民法院关于减刑、假释案件审理程序的规定》《最高人民检察院关于对职务犯罪罪犯减刑、假释、暂予监外执行案件实行备案审查的规定》《人民检察院办理减刑、假释案件规定》等。第二，强化人民检察院对监狱和看守所的法律监督。检察院作为国家的法律监督机关，有权对监狱和看守所进行监督，并就其违法行为提出法律监督。2008 年，最高人民检察院发布《人民检察院监狱检察办法》《人民检察院看守所检察办法》、《人民检察院劳教检察办法》和《人民检察院监外执行检察办法》四个司法解释，就人民检察院对羁押场所监督工作作了规范。

（四）监狱和看守所人权保障存在的问题和展望

近些年来，监狱和看守所体制改革取得很大成绩，监狱和看守所在人权保障方面也取得很大进步。[①] 但仍然难以否认当前监狱和看守所人权保

① 如《中国的司法改革（白皮书)》列举了监狱和看守所改革的巨大成就，如中国加大监狱投入力度，监狱监管条件得到很大改善，监狱服刑人员在监狱内的基本生活权利得到有效保障；开展社区矫正制度，促使监狱服刑人员尽快回归社会；为了保障被羁押人员人身权利，建立了权利义务告知制度、财物管理制度、分押分管制度、安全风险评估分级管理制度、心理干预制度、医疗卫生权利保障制度、视频会见制度、在押人员死亡处理制度等 15 项制度；为了保障被羁押人员诉讼权利，建立了保障在押人员辩护权制度、防止办案机关超期羁押在押人员制度、推进对在押人员羁押必要性审查制度、在押人员投诉处理制度和对社会开放接受监督制度等 10 项制度。

障方面仍然存在一些问题，“权力寻租”现象依然存在。[①] 第一，“牢头”“狱霸”问题未得到完全解决，依然存在在押人员人身权利受到威胁问题。虽然，经过多轮清理“牢头”“狱霸”行动，“牢头”“狱霸”问题已得到很大改善。如公安部监管局赵春光局长说，5 年来，全国看守所内未发生过一起刑讯逼供事件。[②] 但“牢头”“狱霸”的形成原因是复杂的，彻底清除“牢头狱霸”现象仍然需要较长的时间。第二，在押人员基本生活权利虽然得到很大改善，但仍有进一步提升空间。如当前在押人员的伙食标准是 20 世纪 90 年代中期制定的，与当前的一般社会生活条件并不是很匹配，需要调整。再如，当前监狱和看守所内医疗条件明显不足，亟须进一步改善等等。还有在押人员诉讼权利的保障问题，如获得公平公正减刑假释程序的权利问题等。

监狱和看守所人权保障中存在的问题已经引起党和国家的高度重视。在《国家人权行动计划（2009—2010 年）》已提出“进一步完善被羁押者的处遇制度”；《国家人权行动计划（2012—2015 年）》也提出“健全被羁押人权利保障机制”，《中共中央关于全面深化改革若干重大问题的决定》和《中共中央关于全面推进依法治国若干重大问题的决定》也都提出要完善在押人员的人权保障机制问题。保障在押人员的基本人权依然是中国继续改革监狱和看守所制度的重要任务之一。

监狱服刑人员和被羁押人员在监狱和看守所期间，其人身自由受到限制和剥夺，而且由于与外界相对隔绝，其人权很容易受到侵犯。为了保障监狱服刑人员和被羁押人的人权，中国也开启了监狱制度改革和看守所制度改革。

第一，改革监狱制度，保障监狱服刑人员的人权。首先，近些年来，中国加大监狱投入力度，监狱监管条件得到很大改善，监狱服刑人员在监狱内的基本生活权利得到有效保障。开展社区矫正制度，促使监狱服刑人员尽快回归社会。自 2003 年中国开始试点社区矫正并于 2009

① 如洛阳监狱内的贩毒、吸毒案件，深州监狱的越狱事件，铁岭监狱内的贩毒贩酒案件，哈尔滨看守所越狱杀警案件，以及刚刚曝光的黑龙江讷河监狱诈骗案件等。

② 《首部看守所法正在起草 含 15 项人身权利保障制度》，载《法制晚报》2014 年 4 月 29 日第 7 版。

年全国推开起，至2012年6月，全国累计接收社区矫正人员105.4万人，解除矫正58.7万人，社区矫正人员在矫正期间的再犯罪率为0.2%左右。最后，保障监狱服刑人员学习知识的权利，并对刑满释放人员开展帮扶教育。2008年至2012年年间，全国共有126万名服刑人员在服刑期间完成扫盲和义务教育课程，5800余人获得国家承认的大专以上毕业证书。对生活困难且符合条件的人员，及时纳入居民最低生活保障范围；对不符合最低生活保障条件但生活确有困难的，给予临时救助；对自主创业的刑满释放人员和为其提供就业岗位的企业，落实减免税费政策。据统计，2008年至2011年间全国接受社会救济的刑满释放人员数量增加了2.7倍。①

第二，改革看守所制度，保障被羁押人员的人权。中国政府历来高度重视看守所监管工作，严格防范刑讯逼供和超期羁押，不断改善被羁押人的生活条件和监管条件，保障被羁押人的人权。2009年后中国以打击“牢头”“狱霸”、遏制刑讯逼供为突破点，启动了一场旨在保障被羁押人人权的看守所体制改革。为了保障被羁押人员人身权利，建立了权利义务告知制度、财物管理制度、分押分管制度、安全风险评估分级管理制度、心理干预制度、医疗卫生权利保障制度、视频会见制度、在押人员死亡处理制度等15项制度；为了保障被羁押人员诉讼权利，建立了保障在押人员辩护权制度、防止办案机关超期羁押在押人员制度、推进对在押人员羁押必要性审查制度、在押人员投诉处理制度和对社会开放接受监督制度等10项制度。②

## 四 完善国家赔偿制度

国家赔偿的规定首先确立于1982年《宪法》中，第41条第三款规定“由于国家机关和国家工作人员侵犯公民权利而受到损失的人，有依

① 《中国的司法改革（白皮书）》，载 http://www.gov.cn/jrzg/2012-10/09/content_2239771.htm，访问时间：2014年9月15日。

② 《首部看守所法正在起草 含15项人身权利保障制度》，载《法制晚报》2014年4月29日第7版。

照法律规定取得赔偿的权利。”[1] 1989 年《行政诉讼法》规定了国家职务侵权的行政赔偿责任，第 2 条还规定“公民、法人或者其他组织认为行政机关和行政机关工作人员的具体行政行为侵犯其合法权益，有权依照本法向人民法院提起诉讼”。《行政诉讼法》颁布以后，为保证行政赔偿制度的实施，全国人大常委会起草了《国家赔偿法》，[2] 并于 1994 年通过《国家赔偿法》。依据《国家赔偿法》的规定，国家赔偿分为行政赔偿和刑事赔偿，赔偿方式包括支付赔偿金、返还财产或恢复原状。《国家赔偿法》出台后，国务院、最高法、最高检等分别制定相关规范性文件以保证其有效实施。如《国务院办公厅关于实施〈中华人民共和国国家赔偿法〉的通知》《国家赔偿费用管理办法》《最高人民法院关于贯彻执行〈中华人民共和国国家赔偿法〉设立赔偿委员会的通知》《最高人民法院关于人民法院执行〈中华人民共和国国家赔偿法〉几个问题的解释》《最高人民检察院关于认真做好〈国家赔偿法〉实施准备工作的通知》《最高人民检察院关于进一步抓紧做好〈国家赔偿法〉实施准备工作的通知》等。此外，国家工商管理局、烟草专卖局、财政部、公安部等部委也发布通知要求落实《国家赔偿法》。[3]

随着社会的发展和国家赔偿工作的不断展开，1994 年《国家赔偿法》越来越不能适应国家赔偿工作的需要，如国家赔偿范围有限，仅限于违法行为造成的损害；赔偿额度不高，无法获得精神损害赔偿；赔偿程序启动不太顺畅，造成国家赔偿比较困难；赔偿经费由各赔偿义务机关支付，一定程度上造成各赔偿义务机关为了避免赔偿而枉法处理；等

---

① 对《民法通则》第 142 条规定的“国家机关或者国家机关工作人员在执行职务中，侵犯公民、法人的合法权益造成损害的，应当承担民事责任”之规定，应理解为，系为落实 1982 年宪法规定的公民“有依照法律规定取得赔偿的权利”的代位规定。随着 1994 年国家赔偿法的制定及其于 1995 年的实施，对“国家机关或者国家机关工作人员在执行职务中，侵犯公民、法人的合法权益造成损害的”，应当依据国家赔偿法承担国家赔偿责任，而不应再承担“民事责任”。

② 胡康生:《关于〈中华人民共和国国家赔偿法（草案）〉的说明——1993 年 10 月 22 日在第八届全国人民代表大会常务委员会第四次会议上》，载北大法律信息网。

③ 如国家工商行政管理局关于认真贯彻落实《国务院办公厅关于实施〈中华人民共和国国家赔偿法〉的通知》的通知、国家烟草专卖局关于贯彻《国家赔偿法》和《广告法》的通知、财政部关于财政部门贯彻实施《中华人民共和国国家赔偿法》若干具体问题的通知、公安部关于公安机关贯彻实施《国家赔偿法》有关问题的通知，等等。

等。这些问题引起社会的广泛关注，如 2008 年 10 月，全国人大代表共有 2053 人次提出了 61 件关于修改《国家赔偿法》的议案和 14 件建议。[①] 2008 年后，全国人大法工委加紧《国家赔偿法》的修改工作，并于 2010 年通过新的《国家赔偿法》。[②] 2010 年《国家赔偿法》与 1994 年《国家赔偿法》相比有许多重要变化，如取消了违法原则，增加虐待行为的赔偿，扩大了赔偿范围；取消确认程序，规定申请人申请赔偿以及赔偿义务机关做出赔偿决定，复议机关做出赔偿决定的具体期限和程序，还规定在特定情形下，赔偿义务机关要承担举证责任；明确规定国家要支付精神损害赔偿金；改变先赔偿后报销的制度，规定赔偿义务机关应当在 7 天之内将赔偿请求书和申请书转交给同级财政部门，同级财政部门必须 15 天内作出赔偿决定等。[③] 为保障新《国家赔偿法》的落实，公安部、最高检、最高法也发布系列文件，如《公安机关办理国家赔偿案件程序规定》《人民检察院国家赔偿工作规定》《最高人民法院关于适用〈中华人民共和国国家赔偿法〉若干问题的解释（一）》《最高人民法院关于人民法院赔偿委员会审理国家赔偿案件适用精神损害赔偿若干问题的意见》等。

《国家赔偿法》实施 20 年来，中国国家赔偿工作取得很大发展，但仍然存在一些问题。如一些机关对国家赔偿工作的重要性认识不足，投入赔偿工作的人员力量不足，不愿赔偿、害怕赔偿的情况仍然存在，“求偿难”“隐性赔偿”等现象突出，赔偿金支付、追偿追责等制度有待完善等等。[④] 对这些问题我们应当继续关注，从观念上、制度上等来保障国家赔偿制度的有效实施，推进中国人权保障事业和制度的不断落实。

---

① 李适时：《关于〈中华人民共和国国家赔偿法修正案（草案）〉的说明——2008 年 10 月 23 日在第十一届全国人民代表大会常务委员会第五次会议上》，载北大法律信息网。

② 2012 年《刑事诉讼法》颁布后，《国家赔偿法》也根据《刑事诉讼法》条文的变化做了一次修改，但这次修改并未涉及国家赔偿基本内容的变化。所以，本文中未将这次修改单独列出。

③ 《新〈国家赔偿法〉今起实施 公民权利得到提升》，载 http：//china. cnr. cn/newszh/yaowen/201012/t20101201_ 507404937. html，访问时间：2015 年 1 月 31 日。

④ 王胜俊：《在〈国家赔偿法〉实施 20 周年座谈会上的讲话》，载《检察日报》2015 年 1 月 8 日版。

对国家机关和国家机关工作人员行使职权时给公民、法人和其他组织的合法权益造成的损害，国家依法予以赔偿。2010 年国家修改《国家赔偿法》，对赔偿工作机构、赔偿程序、赔偿范围、赔偿程序举证责任、国家赔偿金额以及精神损害赔偿等都作了规定。为进一步完善国家赔偿工作，2010 年以后国家又发布了一批关于国家赔偿工作的法律法规、司法解释等规范性文件。而且，随着社会的快速发展，国家赔偿金额也不断提高，侵犯公民人身自由权每日赔偿额从 1995 年的 17.16 元人民币，上升到 2013 年的 200.69 元人民币（见图 8—1）。

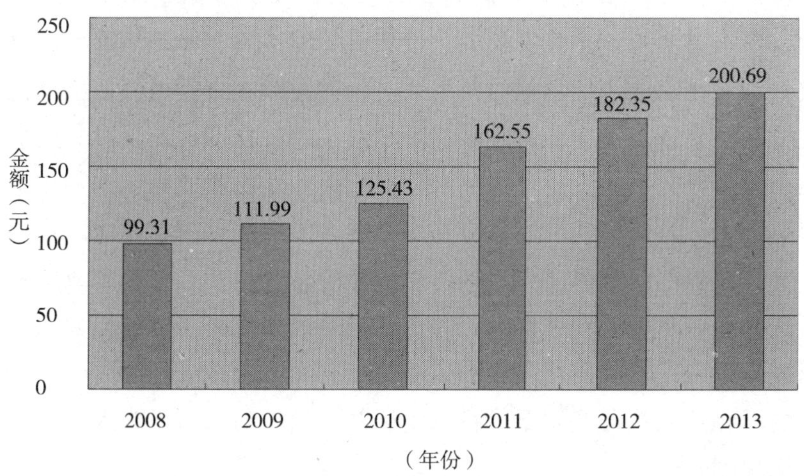


**图 8—1　国家赔偿决定涉及的侵犯公民人身自由权的赔偿标准**

数据来源：最高人民法院公布的年度数据。

## 第五节　中国人权司法保障的特色

通过上文分析，中国在司法领域构建了一套较为完善的人权保障体系，为人权提供最后的保障。当然，中国人权的司法保障体系与国外人权的司法保障体系也存在很大不同，形成具有中国特色的人权司法保障体系。

## 一　中国人权司法保障体系主体的多元化

中国国内没有单独的人权法和人权法院，中国人权司法保障体系采取的是一种多元化模式。不仅法院要承担为人权提供司法保障的职能，检察机关、公安机关、监狱、看守所等部门也要为人权提供司法保障。这种多元化模式与中国司法体制设置有重大关系。首先，依据中国宪法的规定，中国的司法机关包括法院和检察机关，这与国际上对司法机关仅指法院的规定有所差别。所以，检察机关当然承担着为人权提供司法保障的职能。[①] 为了确保检察机关为人权提供司法保障职能的实现，《人民检察院组织法》规定了检察机关开启刑事诉讼、民事诉讼和行政诉讼的权力。其次，依据宪法规定，公安机关、检察机关和法院在办理刑事案件时是分工负责、互相配合、互相制约的关系。也就意味着公安机关、检察机关和法院分别是侦查、审查起诉和审判阶段的主体，在本诉讼阶段其他机关的介入十分有限。因此，公安机关、检察机关和法院就成为了本诉讼阶段的主要负责人，公安机关当然也应当承担着人权司法保障的职能。最后，监狱、看守所等部门也深度介入到诉讼程序中来，也应当为羁押或关押在本场所内的犯罪嫌疑人、被告人、罪犯等提供人权保障。可见，中国人权司法保障体系是一种多元化的体系，有别于国外法院提供司法保障的内容。这种多元化的人权司法体系是符合中国基本国情的，可以为人权提供全面的司法保障。

与国外人权司法保障体系相比，中国人权司法保障体系仍然是一种以官方主导的体系，民间力量参与人权司法保障的程度不足。官方主导的人权司法保障体系虽然可以高效地推进人权司法保障工作，但容易陷入“运动式执法”的困境，从而导致后续发展不足。因此，国际社会上普遍引入民间力量来补充完善人权司法保障体系。如为了保障被羁押人的人权，英国设置了羁押场所巡视制度，由社区普通公民

---

① 如《人民检察院组织法》第 4 条规定：“人民检察院通过行使检察权……保护公民私人所有的合法财产，保护公民的人身权利、民主权利和其他权利，保卫社会主义现代化建设的顺利进行。”

担任独立羁押场所巡视员。[①] 为了改变这一状况，近些年来中国也逐渐强化了民间力量在人权司法保障体系中的参与。如最高人民法院、最高人民检察院大力推行人民审判员和人民监督员制度，增强社会公众对诉讼程序的参与性；2007 年修改《律师法》对律师为当事人提供法律服务的权力进行保障；2012 年《刑事诉讼法》完善指定辩护的内容，扩大法律援助的范围；2012 年《民事诉讼法》规定公益诉讼的内容，确保民间力量对危害社会公益案件的参与权，等等。《中共中央关于全面推进依法治国若干重大问题的决定》明确提出要“构建开放、动态、透明、便民的阳光司法机制，推进审判公开、检务公开、警务公开、狱务公开，依法及时公开执法司法依据、程序、流程、结果和生效法律文书，杜绝暗箱操作”。因此，民间力量在中国人权司法保障体系中的作用将会越来越大。

## 二　中国人权司法保障的内容逐渐扩大

人权司法保障最初主要是在刑事司法领域中开展，其后逐渐扩展至民事司法、行政司法等领域。由于刑事司法领域中涉及到犯罪嫌疑人、被告人人身权利和财产权利等基本人权的限制和剥夺问题，所以，刑事司法领域中的人权保障得到社会的广泛关注。1996 年《刑事诉讼法》吸收借鉴了英美当事人主义法系的若干程序，通过强化检察机关的控方地位，强化辩护律师的作用，以及弱化法院的举证职能，初步建构起中国的抗辩式刑事诉讼模式。1996 年《刑事诉讼法》中也直接规定了许多人权保障的条款，如任何人未经人民法院判决不得确定有罪、禁止刑讯逼供、法律援助等制度。2000 年全国人大常委会对《刑事诉讼法》实施状况检查后指出，超期羁押、刑讯逼供、律师辩护难问题严重。[②] 该报告一出现立刻引起学界和实务界的广泛关注，超期羁押、刑讯逼供、律师辩护问题立即成为社会各界关注的焦点。以此为基础，中国也开启了轰轰烈烈的司法改革运

---

① 彭海青：《英国独立羁押巡视制度的确立及实践新发展》，载《比较法研究》2012 年第 1 期。

② 侯宗宾：《全国人大常委会执法检查组关于检查〈中华人民共和国刑事诉讼法〉实施情况的报告》，载 http：//www. law - lib. com/fzdt/newshtml/20/20050818174854. htm，访问时间：2014 年 11 月 14 日。

动，着力强化刑事司法领域中的人权司法保障问题。如《中国司法改革白皮书》中“加强人权保障”部分所列举的绝大多数都是刑事司法领域中的人权保障问题。① 因此，中国人权司法保障最初是从刑事司法领域展开的。

刑事司法领域中的人权保障涉及到当事人的人身权利和财产权利等基本人权，但民事司法领域和行政司法领域中的人权保障也同样重要，而且更贴近我们的日常生活。针对《民事诉讼法》和《行政诉讼法》中不适应社会发展需要的情况，中国分别于2007年和2012年两次修改《民事诉讼法》，并于2014年修改《行政诉讼法》。经过不断修改和完善，中国民事司法领域和行政司法领域中的人权保障制度也逐步完善起来。具体来说：

第一，《民事诉讼法》和《行政诉讼法》通过修改立案条件来逐步扩大人权司法保障的内容。司法是人权的最后保障手段，司法程序的开启也需要满足一定的条件，如适合当事人要求、证据要求等。但如果司法程序开启门槛过高，则无法为人权提供充分司法保障，而且司法实践中的确出现很严重的“立案难”问题。如行政诉讼中立案难问题十分突出，导致在有些地方形成了“信访不信法”的局面。② 因此，2012年《民事诉讼法》和2014年《行政诉讼法》特别注重了对当事人诉权的保障问题。如2012年《民事诉讼法》第123条规定：“人民法院应当保障当事人依照法律规定享有的起诉权利。对符合本法第一百一十九条的起诉，必须受理。符合起诉条件的，应当在七日内立案，并通知当事人；不符合起诉条件的，应当在七日内作出裁定

① 《中国司法改革白皮书》：“中国司法机关依法采取有效措施，遏制和防范刑讯逼供，保障犯罪嫌疑人、被告人的辩护权，保障律师执业权利，限制适用羁押措施，维护被羁押人的合法权益，加强未成年犯罪嫌疑人、被告人的权益保障，严格控制和慎用死刑，健全服刑人员社区矫正和刑满释放人员帮扶制度，完善国家赔偿制度，建立刑事被害人救助等制度，努力把司法领域的人权保障落到实处。”

② 《关于〈中华人民共和国行政诉讼法修正案（草案）〉的说明》，载 http://www.npc.gov.cn/npc/lfzt/2014/2013-12/31/content_1822189.htm，访问时间：2014年11月14日。

书，不予受理；原告对裁定不服的，可以提起上诉。”[①] 2014 年《行政诉讼法》第 3 条第一款和第二款规定“人民法院应当保障公民、法人和其他组织的起诉权利，对应当受理的行政案件依法受理。行政机关及其工作人员不得干预、阻碍人民法院受理行政案件。”[②] 此外，《民事诉讼法》还增设了公益诉讼制度，“对污染环境、侵害众多消费者合法权益等损害社会公共利益的行为，法律规定的机关和有关组织可以向人民法院提出诉讼”[③]，扩大了当事人的范围。《行政诉讼法》也扩大了行政诉讼的受案范围，将受案范围从“认为行政机关侵犯其他人身权、财产权的”案件扩展“认为行政机关侵犯其他人身权、财产权等合法权益的”案件。随着两大诉讼法对立案条件的修改，人权司法保障的内容逐步扩大。

第二，改革立案审查制为立案登记制度，进一步畅通人权司法保障的渠道。中国法院受理案件实行的立案审查制，即法院对案件是否符合受理条件进行审查后，再作出是否立案的决定。立案审查制本来是为了防止诉讼被滥用，但实践中立案审查制却成为有些法院推脱案件受理的工具。而且，很多涉及人权的案件带有很强的政治敏感性，有些案件属于新类型的案件，常常成为法院立案审查制下的“牺牲品”。为了解决立案难的问题，《中共中央关于全面推进依法治国若干重大问题的决定》提出“改革法院案件受理制度，变立案审查制为立案登记制，对人民法院依法应该受理的案件，做到有案必立、有诉必理，保障当事人诉权。”[④] 立案登记制的引入，可以极大扩大法院受案范围，使司法真正成为人权的最后保障。

---

① 《中华人民共和国民事诉讼法》，2012 年，法律图书馆网：http：//www. law - lib. com/law/law_ view. asp? id = 394894。

② 《中华人民共和国行政诉讼法》，2014 年，监察部网：http：//www. ccdi. gov. cn/fgk/law_ display_ 127573。

③ 《中华人民共和国民事诉讼法》，2012 年，法律图书馆网：http：//www. law - lib. com/law/law_ view. asp? id = 394894。

④ 《中共中央关于全面推进依法治国若干重大问题的决定》，人民出版社 2014 年 10 月版。

## 三 司法政策在中国人权司法保障体系中发挥重要指导作用

司法政策，简而言之就是有关机关制定的处理司法问题的一种态度或导向。司法政策的核心在于通过政策的灵活性把僵化的法律规定转化为适合于案件个案特殊情况的司法适用工具。[①] 在中国人权司法保障体系中，司法政策也发挥着重要指导作用。下文将以三大诉讼法中的司法政策为例进行分析。

第一，刑事司法领域中司法政策对人权的保护。自新中国成立 60 多年以来，中国的刑事政策大体上经历了一个由“惩办与宽大相结合”到“严打”再到“宽严相济”的政策演变过程。[②] 中国当前的刑事司法政策是宽严相济的刑事司法政策。这是 2004 年 12 月时任中共中央政法委书记罗干同志在中央政法工作会议中提出的，中共十六届六中全会正式提出实施宽严相济的刑事司法政策。之后，最高人民法院和最高人民检察院分别发布《关于贯彻宽严相济刑事政策的若干意见》和《关于在检察工作中贯彻宽严相济刑事司法政策的若干意见》使之成为指导刑事司法工作的重要依据。依据宽严相济刑事司法政策的要求，“要根据犯罪的具体情况，实行区别对待，做到该宽则宽，当严则严，宽严相济，罚当其罪，打击和孤立极少数，教育、感化和挽救大多数，最大限度地减少社会对立面，促进社会和谐稳定，维护国家长治久安。”[③] 依据“从宽”的要求，中国逐步实现犯罪的轻刑化，对于轻罪罪犯、未成年人罪犯、老年人罪犯等依法从轻、减轻、免除处罚，使其尽快回归社会。依据“从严”的要求，严厉打击重大暴力犯罪、腐败犯罪等，维护社会公众的合法权益。

第二，民事司法领域中司法政策对人权的保护。民事司法领域中也存在大量的民事司法政策，1984 年最高人民法院发布《关于贯彻执行民事政策法律若干问题的意见》。近些年来在能动司法理念的指导下，越来越

---

① 李大勇：《司法政策论要——基于行政诉讼的考察》，载《现代法学》2014 年第 5 期。

② 赵秉志、袁彬：《论中国刑事司法政策的现状及趋势——以三起典型死刑案件为切入点》，载《刑法论丛》2013 年第 2 卷，第 461 页。

③ 参见《关于贯彻宽严相济刑事政策的若干意见》第 1 条。

多的民事司法政策介入民事司法程序中来。① 这些民事司法政策涉及范围很广，如社会特定群体的权利保障问题、食品药品卫生安全、劳动争议等。这些都是人权的重要内容，也为人权司法保障提供重要依据。此外，民事诉讼领域中调解的大量适用，本身也是“调解优先、调判结合”民事司法政策的反映。通过调解使得社会纠纷得到有效化解，实现人权的最优化保障。当然，法官在适用民事司法政策作为裁判规则需要特别谨慎，“要以一种为情况许可的、最接近精确的方式来确定，什么是适合目前时代的政策规则。”②

第三，行政司法领域中司法政策对人权的保护。较之于刑事司法和民事司法领域，行政司法领域中法律与政策的关系更为密切，交织也更为复杂。近些年来，随着最高人民法院一系列行政诉讼司法解释的颁布，我们可以发现行政司法政策正在发生重大变革，从“是非曲直型”向“纠纷化解型”、从“损害修复型”向“民生保障型”、从“封闭对抗型”向“开放合作型”转变。③ 这种转变也为行政司法领域中的人权保障带来新的契机。以行政司法政策为基础，2014 年《行政诉讼法》扩大行政诉讼的受案范围、强化被告方的举证责任等，扩大了行政司法领域中的人权保障。

### 四 重大案件对中国人权司法保障发展起着重大推动作用

随着人权保障理念的深入人心，越来越多的人权案件进入到司法程序中来，逐渐夯实人权司法保障的基石。其中，重大案件对人权司法保障体系的发展无疑发挥着重大作用，有些案件甚至直接推动着司法改革的实现。下文统计了几起重大案件，从中我们可以窥视重大案件对人权司法保

---

① 如 2011 年最高人民法工作报告中指出，“最高人民法院始终坚持能动司法理念，指导地方各级人民法院找准审判工作服务经济社会发展大局的切入点，为促进经济社会又好又快发展提供有力司法保障”。2012 年最高人民法院工作报告中提出“最高人民法院通过制定司法解释和指导性意见，全面加强对地方法院民事审判工作的监督指导，重点就依法妥善审理民间借贷、拖欠农民工工资等案件提出要求”。这些内容是党和国家当前关注的重点问题，属于政策范畴。

② ［美］卡多佐：《司法过程的性质》，苏力译，商务印书馆 1998 年版，第 58 页。转引自齐恩平：《“民事政策”的困境与反思》，载《中国法学》2009 年第 2 期。

③ 章志远：《我国司法政策变迁与行政诉讼法学的新课题》，载《浙江学刊》2009 年第 5 期。

障体系的推动作用（详见表 8—8）。

表 8—8　　近年来重大人权案件

| 案件 | 案件焦点 | 引发司法改革措施 |
| --- | --- | --- |
| 杜培武、佘祥林、浙江张氏叔侄案等冤案 | 死刑复核权的回收与下放 | 2007 年起最高人民法院收回死刑立即执行案件的核准权 |
|  | 刑事证据制度 | 2010 年国家颁布《关于办理死刑审查判断证据若干问题的规定》和《关于办理刑事案件排除非法证据若干问题的规定》 |
|  | 冤假错案预防问题 | 第一，中央政法委发布《关于切实防止冤假错案的规定》，最高法、最高检、公安部分别发布防止冤假错案的意见；<br>第二，《国家赔偿法》的修订等 |
| 躲猫猫案 | 看守所体制改革 | 第一，制定《看守所法》；<br>第二，启动看守所公开化；<br>第三，建立社会巡视制度等 |
| 唐慧案等 | 劳动教养的存废 | 国家废除劳动教养制度 |
| 黄静案 | 鉴定体制改革 | 全国人大常委会发布《关于司法鉴定管理问题的决定》 |
| 孙中界案 | 钓鱼执法合法性 | 上海终结钓鱼执法，并撤销原行政处罚决定 |
| 上访系列案例 | 信访不信法 | 第一，国务院颁布《关于进一步规范信访事项受理办理程序引导来访人依法逐级走访的办法》；<br>第二，建立信访终结机制；<br>第三，修改《行政诉讼法》 |
| 民事执行难系列案件 | 民事执行难问题 | 第一，成立执行局；<br>第二，2007 年修改《民事诉讼法》；<br>第三，《中共中央关于全面推进依法治国若干重大问题的决定》提出建立审执分离体制 |

从上述案例中我们可以发现，重大的社会影响性案件对于推动中国人权司法保障体系的完善是大有裨益的。如上述“躲猫猫案”直接导致看

守所体制的改革，唐慧案引起劳动教养制度的最终废除，赵作海等系列冤案促使中国刑事司法程序的全面改革等。从内容来看，上述重大案件涉及的主要是与公民人身权和财产权相关的权利，如刑事司法领域中的冤假错案问题和财产处理不当问题，民事司法领域中的执行难问题，行政司法领域中的“民告官难”问题等。上述案件中较少涉及的政治性权利，如公民政治参与权、言论权等。但随着近些年来社会公众人权意识的提高，一些重大案件中也会涉及到公民政治权利的问题。如在彭水诗案、[①] 任建宇案、[②] 各地 PX 事件[③]、公民参选人大代表案[④]等，涉及的并不仅仅是公民人身权和财产权，更多的是关于选举权与被选举权、言论权、集会权等政治性权利。虽然这些案件中有些进入到司法程序中来，有些没有进入到司法程序中来，但对中国司法机关保障这些政治人权提出新的要求。

重大社会影响性案件推动人权司法保障体系的发展，主要是通过社会舆论的力量。即由媒体发出声音制造强大的舆论压力，使相关人员关注到具体个案或某类问题，从而促使其完善相关制度。这是舆论来推动人权司法保障体系发展的一般模式。这里面值得注意的是舆论与司法的关系问题。上述重大案件中，社会舆论发挥了推动中国人权司法保障体系发展的作用。美国汤姆·C. 克拉克大法官也指出：“一个负责人的新闻界历来被认为有助于司法系统的有效运行，尤其是在刑事领域。新闻媒体不是简单地刊登关于审判的信息，而是置侦查、起诉和审判过程于公众的全面监督和批评之下，从而防止了司法不公。但是，司法审判与选举不同，它不能

---

① 2006 年 8 月 15 日，重庆公务员秦中飞写了一首名为《沁园春·彭水》的诗，被县公安局以“涉嫌诽谤罪”遭拘留调查的事件。事件还波及了 100 多名接收并转发该诗的人。后来该案被认定为错案，秦中飞无罪，并获得了国家赔偿。

② 任建宇，2009 年获重庆市选派到彭水县郁山镇担任大学生“村官”，后被录用为公务员。因在腾讯微博和 QQ 空间复制、转发、评点一百多条“负面信息”，被重庆市公安局以涉嫌“煽动颠覆国家政权罪”在 2011 年 9 月 23 日逮捕了任建宇，随后决定对任建宇“劳动教养两年”。2012 年 9 月 19 日，重庆市劳教委以“处理不当”的理由撤销对任建宇劳教的决定。

③ 2007 年，厦门市发生一起针对 PX（全名对二甲苯，被认为是一种危险化学品）项目的群体抵制活动，引起舆论极大关注。该事件以厦门市官方决定将项目迁往漳州而落幕。此后，大连、宁波、成都、南京、青岛、漳州也发生反对 PX 项目的案例。

④ 这几年的地方人大选举中，我国民间不断涌现出一批“独立候选人”。如江西下岗女工刘萍、广州市民天涯社区商务运营总监梁树新、社会评论家李承鹏、专栏作家五岳散人等公开宣布参加当地人大选举。

靠集会、电台和报纸来赢得胜利。”① 但也有些案件中，社会舆论所发挥的作用却并不是如此，甚至会干扰司法机关正确处理案件。实践中的“五毛党”、“网络水军”等都是利用网络制造虚假的“社会舆论”。所以，新闻媒体对司法的报道也要作出适当限制。如《媒体与司法独立关系的马德里准则》提出限制媒体自由的几种情形，如保护弱势群体和其他需要特殊保护的人群；刑事程序中，为了防止对被告人造成严重不公正的结果，或者为了防止对证人、陪审团成员或被害人造成严重伤害或不恰当的压力；为了维护国家安全等。②《中共中央关于全面推进依法治国若干重大问题的决定》对两者间的关系作了高度概括，即“司法机关要及时回应社会关切。规范媒体对案件的报道，防止舆论影响司法公正。”据此，两者间较为理性的关系应该是两个层面：一方面，司法要接受舆论的监督，这是司法公开的必然要求；另一方面，舆论又不得干扰司法机关依法独立行使职权，造成所谓的“舆论审判”。

① 赵刚：《公开与公平的博弈——美国最高法院如何平衡新闻自由与审判公正》，法律出版社2012年版，第109页。

② 《媒体与司法独立关系的马德里准则》，载《法制资讯》2008年第4期。

# 第三编　中国特色的人权政策保障

# 第九章　中国人权政策保障的基本特点

国家尊重和保障人权的实现方式，可以分为法律和政策两大类。在中国，人权除了通过建立和完善相关法律法规来加以保障之外，还通过制定和实施各种相关的公共政策来更加具体地加以保障。由于中国正处于社会转型期，幅员辽阔、情况复杂，国家实行单一制，因此，人权保障政策在人权保障方面发挥着比联邦制国家更为重要的作用，也成为中国人权保障的一个重要特色。①

## 第一节　中国人权政策保障的主要形式

中国政府为尊重和保障人权所采用的政策手段主要包括以下各种形式。

### 一　制订和实施国家人权行动计划

国家人权行动计划是1993年联合国大会所倡导的促进各国人权保障的重要措施。目前世界上有34个国家制订了46期国家人权行动计划，其中有9个国家制订了两期或三期行动计划。中国先后于2009年和2012年制订了两期国家人权行动计划，并于2011年对第一期行动计划的执行情况作出了评估。在国家人权行动计划中，一方面从宏观角度提出了依法推进、全面推进和务实推进中国人权事业的三项基本原则；另一方面又从微观角度确定了在经济社会文化权利、公民权利和政治权利、特定群体权

① 本章内容参见常健：《科学理解和把握中国人权保障政策》，《理论探索》2013年第5期。该文是本课题研究的阶段性成果。

利、人权教育以及国际人权义务的履行等方面的各项具体目标和实现指标。它标志着中国人权事业进入了有计划、持续稳健、全面推进的新阶段。

## 二　发布指导意见、规定、办法和通知

针对各领域在人权保障方面存在的一些具体问题，国务院、有关部委和各地政府会发布专门的指导意见、规定、办法和通知，促进这些问题的有效解决。例如，针对乙肝歧视，卫生部和劳动保障部联合发布了《关于维护乙肝表面抗原携带者的就业权利的意见》，中央组织部和人事部印发的《公务员录用规定（试行）》，人事部和卫生部共同制定的《公务员录用体检通用标准（试行）》；针对农民工权利保障方面存在的问题，国务院颁布的《关于解决农民工问题的若干意见》；针对侵犯工作权利的问题，中华全国总工会印发的《工会法律援助办法》；针对食品安全问题，国家质检总局发布的《食品召回管理规定》；为全面推进社会保障体系建设，国务院办公厅转发的人力资源和社会保障部以及财政部的《城镇企业职工基本养老保险关系转移接续暂行办法》，国务院颁布的《国务院关于开展新型农村社会养老保险试点的指导意见》；为推进住房保障制度建设所制定的《国务院关于深化城镇住房制度改革的决定》和《国务院关于解决城市低收入家庭住房困难的若干意见》；为改善农村居民教育权保障而制定的《国务院关于进一步加强农村教育工作的决定》；为保障公民平等享受文化成果的权利，中宣部、财政部、文化部和国家文物局联合发布的《关于全国博物馆、纪念馆免费开放的通知》；针对房屋拆迁中存在的侵犯公民权利的事件，国务院发布的《关于认真做好城镇房屋拆迁工作维护社会稳定的紧急通知》和《关于控制房屋拆迁规模严格拆迁管理的通知》，建设部发布的《城市房屋拆迁估价指导意见》和《城市房屋拆迁行政裁决工作规程》；在孙志刚事件曝光后，最高人民法院、最高人民检察院和公安部联合发出的《关于严格执行刑事诉讼法，切实纠防超期羁押的通知》；针对拐卖妇女儿童的问题，最高人民法院、最高人民检察院、公安部、民政部、司法部、全国妇联联合发出《关于打击拐卖妇女儿童犯罪有关问题的通知》；在环境权利保护方面，国务院办公厅转发的原环保总局、发展改革委员会、财政部、原建设部和水利部共同制定的

《关于加强重点湖泊水环境保护工作的意见》，全国人大常委会法制工作委员会印发的《对违法排污行为适用行政拘留处罚问题的意见》，国家发展改革委员会同有关部门制定的《节能减排综合性工作方案》，以及《节能减排统计监测及考核实施方案和办法》；等等。这些指导意见、规定、办法和通知对于遏制一些突出的侵犯人权问题能够产生积极的效果。①

### 三　开展专项行动

专项行动是政府针对一些集中和突出的侵犯人权的问题在一段时间开展的集中打击和整治行动，它通常是由国务院或相关部委单独或联合开展的。例如，针对山西省“黑砖窑”事件暴露出来的奴工问题在全国开展的整治非法用工和打击违法犯罪行为的专项行动；针对安全生产方面出现的问题在重点行业和领域开展安全生产隐患排查治理的专项行动；针对食品、药品、医用品、化妆品安全问题开展的全国食品药品专项整治工作、化妆品专项整治工作、全国奶站专项整治行动、打击违法添加非食用物质和滥用食品添加剂专项整治行动、学校食堂食品安全专项整治行动、打击非法行医专项行动和非法采供血专项整治行动；为实现西部地区基本普及九年义务教育、基本扫除青壮年文盲（简称“两基”）的目标所制订的《国家西部地区“两基”攻坚计划（2004—2007年）》；为改善农村教育设施所开展的全国中小学危房改造工程；为保障农村地区居民的文化生活权利而开展的全国文化信息资源共享工程；针对侵犯知识产权行为开展的打击侵犯知识产权和制售假冒伪劣商品专项行动、全国知识产权执法维权专项行动；针对超期羁押开展的清理超期羁押的专项整治行动；针对职务侵权开展的严肃查办国家机关工作人员利用职权侵犯人权犯罪专项活动；针对枪支泛滥对公民生命权的威胁开展的治爆缉枪专项行动；针对酒驾对公民生命安全的威胁开展的严厉整治酒后驾驶交通违法行为专项行动；针对“牢头狱霸”侵犯服刑人员权利的问题开展的全国看守所监管执法专项检查活动；针对拐卖妇女儿童问题开展的“打击人贩子、解救被拐卖妇女儿童”专项斗争，以及制订的《中国反对拐卖妇女儿童行动计划（2008—2012年）》；

① 李君如：《中国人权事业发展报告（2011）》，社会科学文献出版社2011年版，第38—43页。

针对环境污染和生态破坏的问题开展的整治违法排污企业保障群众健康环保专项行动、全国水土保持监督执法专项行动、重金属污染企业专项检查、粉尘与高毒物品危害治理专项行动；等等。这些专项行动对于解决那些长期积存、难以解决的“老大难”问题可以产生即时性效果。[①]

### 四　建立保障机制

相对来说，保障机制是一种更具有持续性的常效措施，它通过一种常规化的制度设置来使权利得到稳定的尊重、保护和救济。例如，为了使国家人权行动计划得到切实的实施，就建立了联席会议机制，它由与所保障的权利相关的各国家部委和人民团体组成，既负责行动计划的各项任务目标和指标的制定，又负责这些任务目标和指标的实施与监督。第一期人权行动计划联席会议由 53 个部门和团体构成，第二期行动计划的联席会议由 56 个部门和人民团体构成。再如，针对拖欠农民工工资、侵犯农民工的劳动报酬权的问题，建立了农民工工资保证金制度和农民工工资支付监控制度。对那些在拖欠农民工工资方面有不良记录企业，要求它们提前缴付农民工工资保证金，一旦出现拖欠现象，便可以用保证金来支付农民工工资。还有，针对企业不合理压低工人的工资和福利的问题，建立了工资集体协商制度，特别是企业、工会和政府三方集体协商的机制，从而达成劳资双方都能够接受的劳动报酬方案。最后，为了防止刑讯逼供，保障犯罪嫌疑人的权利，建立了讯问全程录音录像制度，以及审讯前后的医疗检查制度，使得能够及时发现审讯过程中的刑讯逼供行为，同时也有效防止了受审的犯罪嫌疑人的恶意诬告。

## 第二节　中国人权保障政策的主要特点

中国人权保障政策的特点可以从过程和内容两个角度来分析。

### 一　过程特点

中国人权保障政策过程的特点，可以概括为六个方面。

① 李君如：《中国人权事业发展报告（2011）》，社会科学文献出版社 2011 年版，第 38—43 页。

第一，民间最初发动。新的人权保障政策的产生，最初都是由民间提出涉及人权的事件和实际问题。这些问题通常涉及基本民生和人格尊严，并往往以某个事件为最初起因。例如：孙志刚事件、躲猫猫事件、张先著乙肝歧视事件、家中看黄碟事件、嘉禾强制拆迁事件、深圳妓女游街事件、开胸验肺事件、农民工子女甄峰事件、三鹿奶粉事件、苏丹红事件、黑砖窑事件、黑监狱事件、佘祥林冤案、铬渣污染事件，等等。

第二，媒体跟踪报道。民间对问题探讨的影响力是非常有限的，而媒体的跟踪报道会使对问题的讨论进入公众视线。媒体报道在政策过程中的作用主要表现在：（1）使更多的公众聚焦该问题，形成公共议题；（2）提供表达渠道，使公众可以广泛发表各种不同意见；（3）提供交流平台，使各种不同意见和主张相互碰撞交流，形成相互限制和制约；（4）形成初步倾向性共识，产生舆论压力，促进政策之窗开启。

第三，政府危机回应。当舆论压力形成之后，政府会给予积极的回应，表明尊重和保障人权的基本态度，并承诺会采取各种有效措施保障公民的基本人权。

第四，政策措施先行。在政府选择采取的措施中，首先出台的是各种政策措施，如发布通知、决定，制定各种计划和标准，实施专项行动或工程，建立有效的保障机制等。相关法律的建立或修改往往会滞后很长一段时间。

第五，地方先试先行。政策措施有些是由地方提出，有些是由中央提出的。地方提出的通常是比较具体的办法和措施，中央提出的通常是宏观的要求和指导原则，需要地方政府根据各地的情况采取更具体有效的措施来实施这些原则。从具体做法来说，往往是事件发生地的政府率先采取某些举措，当这些举措被证明行之有效时，其他地方政府便纷纷学习效仿，形成扩散效应。例如，温州的民主恳谈、杭州的网络问政、上海的地方政府信息公开、深圳的政府财政预算公开，等等。

第六，形成统一政策。当某些实施办法在各地被证明为确实有效可行时，中央政府会进一步提出更具体的政策，并在必要时提出相关的立法或修法建议。

以上只是通常出现的政策过程。在一些情况下，如果事件涉及重大和普遍事项，或遭遇强大的舆论压力，国务院也可能先行建立或修改相关的行政法规。如在孙志刚事件中，由于民间提出对《城市流浪乞讨人员收容遣送办法》进行违宪审查，国务院便于事件发生后 3 个月就制定实施了《城市生活无着的流浪乞讨人员救助管理办法》，同时废止了原先的收容遣送办法。

## 二　内容特点

从内容上看，中国人权的政策保障有三个比较突出的特点。

首先，经济、社会和文化权利的保障成为各项保障政策的主要内容。

其次，各种弱势群体成为人权政策保障的最重要主体。在中国的人权保障政策中，主要涉及的群体包括妇女、儿童、老年人、残疾人、少数民族、生活贫困者、失业人群、农村和西部居民、农民工等。而那些涉及普遍主体的事项最终都会通过立法或修法的方式来解决。

最后，有关公民权利和政治权利的政策带有更多的探索和试验性质，因此主要是在各地试行。这些权利的统一保障更多依赖于立法或修法。

## 三　作用特点

从人权保障政策与人权立法的相互关系来看，人权保障政策有三个重要的作用，即它们是人权保障法律的先行者、补充者和具体化。

首先，法律是人权保障的最具强制力和约束性的手段，因此法律的制定需要特别审慎，往往需要更严格的程序和反复的质疑推敲。这使得法律的制定在时间上不可避免地具有滞后性。相对于法律而言，政策的约束力、强制性相对较弱，持续时间也相对较短。因此，在立法和修法之前，先制定相关的政策来解决某些人权保障问题，可以发挥法律先行者的作用，为立法积累现实的经验，揭示可能出现的问题。在这个意义上，政策先行会为更合理的立法奠定经验基础，使得后来的立法更具有可行性和实效性。

其次，人权法律的保障范围具有普适性，在时间上具有持续性，但有些人权保障要解决的问题具有局部性和短暂性，不适于以立法的方式来加以规范。在这种情况下，以人权政策的方式来处理这类人权保障问题，就可以补充人权法律保障范围的局限和内容的不足。

最后，人权法律在内容表述上具有一般性，但人权保障不仅要靠一般性规范，而且要有具体的实现机制。因此，通过制定相应的人权政策，建立各种具体的实现机制，可以使人权保障的一般原则能够得到更具体地实现。

## 第三节　人权政策保障的优势与局限

与人权的法律保障相比，人权的政策保障既具有一定优势，也有相应的局限。

### 一　人权政策保障的优势

以人权政策来保障人权的优势主要在于针对性、及时性和灵活性三个方面。

首先是针对性强。与具有普适性的人权保障法律相比，人权保障政策更能够针对人权保障的特定群体、特定问题和特定时期制定具体的人权保障措施。

其次是及时提供。制定具有普适性的人权保障法律需要更加审慎，因此需要更漫长的时间。这使得许多人权问题在出现很久之后才得到控制，而相比之下，制定人权保障政策所需的时间相对较短。因此，人权保障政策能够在相应的人权问题产生的初期便及时制定、及时实施，防止这类问题的蔓延扩散和恶化。

最后是灵活易调。人权保障法律具有相对的稳定性，不会轻易变更；同时各种法律之间的关系也要保持高度的一致性，往往伤一发而动全身。因此，当情况出现变化时，人权保障法律往往不能及时作出反应，而且也难于作出调整。相比之下，人权保障政策具有更大的灵活性，能够根据情况变化及时作出调整、改变甚至废止。因此，当现实情况出现快速变化时，人权保障政策就会发挥更加重要的作用，防止由于法律的僵化而产生的人权保障欠缺。

### 二　人权保障政策的局限

人权是普遍享有、平等享有、稳定享有的权利。但以人权政策来保障人权，会面临权利保障的平等性、均衡性、一致性和稳定性的问题。

首先，不易实现平等保障。人权保障政策中有许多是针对某些特定群体的特殊人权保障问题或特定事项上的人权保障问题。尽管相应的人权政策可以强化对这些特定群体的保障和这些特殊事项上的人权保障，但相对于其他群体和事项的人权保障，有可能出现保障的平等性问题。

其次，人权保障水平不易均衡。人权保障政策可以分为国家政策和地方政策。在国家的人权保障政策中，大部分可以适用于全国各个地区，但也有一些是针对某些特定地区的；而地方的人权保障政策则是针对当地人权保障事项的。这样，以政策方式来保障人权，可能会出现各地人权保障水平不均衡的问题。

再次，各种人权政策之间经常会缺乏一致性。政策保障的优势在于在时间上更快捷，但由于它更注重当下问题的解决，因此往往会出现与其他人权政策如何协调的问题，甚至会出现与相应的人权法律之间的协调问题。

最后，不易实现对人权保障的稳定预期。相对人权法律来说，人权政策的调整较为频繁，持续的周期相对较短，使人们对人权保障的预期难以保持稳定。

## 第四节　中国人权政策保障的地位与发展趋势

与一些发达国家相比，中国现阶段的人权政策保障相对占有更重要的位置，发挥着更为重要的作用。尽管人权立法正在不断丰富和完善，但大量的人权保护规定和机制是以人权保障政策的方式作出和实施的。这一局面主要是由中国特殊的国情、国家体制和社会与改革的发展阶段等因素决定的。

从中国国情来看，中国幅员辽阔，各地情况差异巨大，情况复杂。在这种情况下，法律的普遍适用性受到一定的限制，各地在人权方面呈现出的特殊的、各自不一的人权问题，难以用统一的法律来加以规范。如果片面强调要用普适性的法律来作出统一的规定，往往会顾此失彼。

解决由于各地情况的差异性而无法以统一法律来规范某些人权事项的问题的另一种方式，就是由各地方政府分别立法。然而，从中国国家体制来看，国家实行单一制而非联邦制。尽管地方政府具有一定的立法权，但这种立法权与联邦制下的地方立法权相比仍然具有质的差异。这使得中国不能完全通过地方立法来解决各地人权状况的差异性问题。在这种体制下，更具针对性和灵活性人权保障政策便获得了更大的发挥作用的空间，对大量具有差异性的人权问题，都是通过有差别的人权政策来加以规范和约束。

从社会发展阶段来看，中国正处于一个重要的社会转型期，社会变化幅度显著增大，速度明显加快。社会的宽幅和快速变化，使得具有相对稳定性的人权保障法律会显著滞后于社会的发展。尽管法律一般总会滞后于社会的发展，但当社会变化过快、变化幅度过大时，这种滞后就会形成许多法律约束的真空地带，使社会成员的行为缺乏必要的法律约束，从而使正常的社会秩序受到威胁。在这种情况下，及时制定相应的人权保障政策来弥补法律约束的不足。就是一个必需而且明智的选择，它对于转型期的社会稳定无疑具有重要的作用。

从中国改革的进程来看，改革一般可以分为解冻、变革和再冻三个阶段。[①] 在解冻阶段，主要的任务是解放思想，破除原来那些不适应社会发展的法律制度；在变革阶段，主要的任务是探索和尝试建立新的法律制度；在再冻阶段，主要任务是将那些被证明为适应社会发展并且行之有效的法律制度固定下来。中国近 30 多年来，主要处于改革过程的解冻阶段和变革阶段，还没有完全进入再冻阶段。在这样的历史时期，法律制度明显会供给不足，各项法律制度之间会出现不匹配、不一致、不协调的情况，许多重要的法律不健全、不完备。在这种情况下，用人权保障政策来弥补法律供给的不足，补充法律的未尽之处，协调法律间的关系，就是维持社会规范所必须采取的方式。这是顺利推进改革过程必须要付出的代价。

既然中国人权政策保障与法律保障的相互关系是由特殊的国情、国家体制和社会发展阶段等多种因素共同决定的，那么其未来发展也会因这些因素的变化状况呈现出比较复杂的状态。对中国人权保障政策的未来发展大体可以作出以下三个判断。

---

① K. Lewin, *Field Theory in Social Science*, New York: Harper & Row, 1950.

第一，中国幅员辽阔、各地发展不均衡、情况复杂的基本国情不会出现大的变化，只要单一制的国家体制不出现根本性的变化，那么以法律的方式对全国的人权保障方式作出统一规范，其内容和范围的适用性就仍然会受到较大的限制。在这个意义上，对人权的政策保障在中国仍然会发挥较为重要的作用，而不仅仅是一个权宜之计。

第二，随着中国社会转型的逐步完成，社会的结构性变化幅度会不断缩小，变化的速度会相对放缓，这会使以法律的方式对人权作出相对稳定和持续的保障提供更适合的条件，从而使对人权的政策保障的救急功能的需求相对降低。在这个意义上，作为救急措施的人权保障政策的作用会显著降低。

第三，随着中国特色社会主义法律体系的建立和不断健全，对法律临时替代者和协调者的需求也会不断减弱。在这个意义上，作为人权法律保障的临时替代者和临时协调者的人权政策保障的地位肯定会相应降低。

根据以上分析，未来中国人权政策保障仍然会发挥人权法律保障的补充者的作用。但它作为人权法律保障的临时替代者、协调者和救急者的作用，会随着社会结构性变化幅度的缩小和中国人权法律保障体系的不断健全而趋向于逐渐递减，但仍然会在一定程度上发挥人权法律保障的先行者的功能。

因此，作为人权保障政策的制定者，我们应当根据中国人权政策保障的特点、功能和变化趋势来确定人权保障政策的适用范围，将人权保障政策与人权保障法律有机地结合起来，以人权保障政策补充人权保障法律的局限，并促进成熟的人权保障政策转化为人权保障立法。

# 第十章　中国人权政策保障的具体内容与措施

除了对人权的立法和司法保障之外，中国人权保障的一个重要特点，是针对人权方面存在的具体问题，制定了相应的政策，采取行之有效的措施和行动，使人权问题能够得到及时和有效的解决。这些政策和措施主要包括国家全面的人权行动计划和各种特定的人权规划，提升人权保障水平的专项工程，打击侵犯人权的专项行动，以及建立保障人权的长效机制。

## 第一节　总体政策规划

人权的总体政策规划包括制定和实施国家人权行动计划，在国民经济和社会发展五年规划中提出人权保障的要求，以及在执政党的重大政策文件中提出人权保障的总体要求。

### 一　制订和实施国家人权行动计划

根据在维也纳召开的世界人权大会的呼吁，以及联合国人权高专办的要求，中国于2009年制定了《国家人权行动计划（2009—2010年）》，并于2011年对行动计划的执行情况进行了评估，发表了《〈国家人权行动计划（2009—2010年）〉执行情况报告》。在总结经验的基础上，中国政府又于2012年制定了《国家人权行动计划（2012—2015年）》，并于2014年对执行情况进行了中期评估。据统计，目前全世界共有34个国家制定了国家人权行动计划，其中只有9个国家制定了两期或以上的国家人权行动计划。

2009年制定的第一期《行动计划》开篇明确提出，实现充分的人权是人类长期追求的理想，也是中国人民和中国政府长期为之奋斗的目标。

同时，它提出了制定行动计划的三个基本原则，即依法推进、平衡推进和科学推进。该《行动计划》分为六个部分，包括导言，经济、社会和文化权利保障，公民权利和政治权利保障，少数民族、妇女、儿童、老年人和残疾人的权利保障，人权教育，以及国际人权义务的履行及国际人权领域交流与合作。①

与第一期《国家人权行动计划》相比，2012 年制订的第二期《行动计划》有一些新的亮点。

在经济权利方面，第二期行动计划特别提出，要在保持经济平稳较快发展的基础上，使城镇和农村居民人均收入与国内生产总值保持同步增长，努力提高居民收入在国民收入分配中的比重。针对收入差距扩大的趋势，计划要求大力调整收入分配格局，增加中低收入者收入，提高劳动报酬在初次分配中的比重。在扶贫工作方面，计划要求逐步提高扶贫标准，实施集中连片特殊困难地区扶贫攻坚工程，对 2.4 万个村整村推进。在住房保障方面，计划要求制定基本住房保障条例，加快廉租住房、公共租赁住房、经济适用房等保障性住房建设，积极推进各类棚户区改造，力争使城镇中等偏下和低收入家庭住房困难问题得到基本解决，新就业职工住房困难得到缓解，外来务工人员居住条件得到明显改善。②

在社会权利方面，计划提出新型农村社会养老保险和城镇居民社会养老保险要实现制度全覆盖，医疗保险要基本覆盖城乡居民，工伤保险要完善工伤预防、工伤补偿、工伤康复相结合的工伤保险制度体系，社会救助制度要逐步实现城乡均等覆盖，低保标准年均增幅达到 10%，农村五保供养标准达到当地农村居民平均生活水平，逐步降低或取消医疗救助起付线。③

在环境权利方面，计划要求将人权保障与生态文明建设结合起来，加快转变经济发展方式，着力解决重金属、饮用水源、大气、土壤、海洋污染等关系民生的突出环境问题，并特别提出将细颗粒物（PM2.5）项目监测覆盖所有地级以上城市；治理沙化土地面积新增 1000 万公顷以上，治

① 国务院新闻办公室：《国家人权行动计划（2009—2010 年）》2009 年 4 月。

② 同上。

③ 同上。

理水土流失综合面积新增 20 万平方公里。[①]

在公民权利方面，计划特别强调要调整和细化逮捕、取保候审、监视居住等强制措施的适用条件和管理规定，增加可操作性；积极为律师在侦查阶段参与刑事诉讼创造条件，保障律师在执业活动中的人身权、辩护权和辩论权；完善非法证据排除制度，严禁刑讯逼供和以其他非法方法收集证据，不得强迫任何人证实自己有罪；依法扩大缓刑制度和社区矫正的适用范围；防止不必要的羁押；加强对刑事羁押期限的监督；健全被羁押人权利保障机制。[②]

在政治权利方面，计划特别强调要推进政府信息公开、办事公开、审计工作信息公开，领导干部任免信息公开，以及公共企事业单位的办事公开、厂务公开和村务公开；促进社会组织有序参与社会建设，进一步发展和完善基层群众自治制度；加强对新闻机构和新闻从业人员合法权益的制度保障，依法保障新闻从业人员的知情权、采访权、发表权、批评权、监督权，维护新闻机构、采编人员和新闻当事人的合法权益；加大对安全生产、食品药品质量、征地拆迁、环境污染等责任事故的问责力度；对举报事项、举报情况以及举报人的信息严格保密，及时纠正阻拦、压制、打击报复举报人的行为，切实保护举报人的合法权益；鼓励新闻媒体发挥舆论监督作用。[③]

在特定群体权利保障方面，计划特别提出要加强少数民族文化遗产保护工作，对濒危项目和年老体弱的代表性传承人实施抢救性保护，对少数民族非物质文化遗产集聚区实施整体性保护，建设中国少数民族濒危语言数据库；要进一步促进性别平等，消除性别歧视，进一步加强性别统计工作，完善对经济和社会发展领域的分性别数据的收集和发布；学生在校期间每天至少参加 1 小时的体育锻炼活动，保障儿童享有闲暇和娱乐的权利，加强校车和校园安全管理，建立附条件不起诉制度和犯罪记录封存制度；完善老年人口户籍迁移管理政策，为老年人随赡养人迁徙提供条件，健全家庭养老保障和照料服务

---

① 国务院新闻办公室：《国家人权行动计划（2012—2015 年）》2012 年 6 月。

② 同上。

③ 同上。

扶持政策；到2015年，城镇残疾人新增就业80万人，为80万农村残疾人提供实用技术培训。①

在人权教育、培训和知识普及方面，计划明确提出要“广泛开展各种形式的人权教育和培训，在全社会传播人权理念，普及人权知识”。要求将人权教育纳入公务员培训计划，将国家人权行动计划作为人权教育和培训的重要内容；加强中小学人权教育，在中小学营造尊重人权的教育环境；鼓励高等院校开设人权公选课程和专业课程，支持人权相关学科和专业的建设，鼓励开展人权理论研究；鼓励并推动企事业单位普及人权知识，形成尊重和保障人权的企业文化；鼓励新闻媒体传播人权知识，形成全社会重视人权的舆论氛围；发挥高等院校中的国家人权教育与培训基地的作用，新增5个国家人权教育与培训基地。②

最后，新一期《行动计划》还专设了“实施和监督”一章。在这一章中，除了强调联席会议机制的作用之外，还特别强调要创新管理机制，发挥社会组织在人权保障中的建设性作用，鼓励新闻媒体在行动计划的宣传、实施和监督方面发挥积极作用。

中国政府为了有效实施国家人权行动计划，建立了联席会议机制，并要求各级政府以及政府各部门依照“各司其职、分工负责”的原则，将《行动计划》纳入本地区和本部门的工作职责积极认真地予以落实。要求各类企事业单位、社会团体、非政府组织、新闻媒体和社会公众积极参与《行动计划》的宣传和落实。国家人权行动计划联席会议机制负责统筹协调《行动计划》的执行、监督与评估工作。

## 二　在经济和社会发展规划中确定人权保障总体要求

在制定国家经济和社会发展规划中提出人权保障的要求，是人权总体政策规划的另一种形式。《中华人民共和国国民经济和社会发展第十二个五年规划纲要》为“十二五”时期中国人权事业的发展提出了指导思想和总体规划。本节就以“十二五”规划为例，来分析国家如何通过经济

① 国务院新闻办公室：《国家人权行动计划（2012—2015年）》2012年6月。

② 同上。

和社会发展规划来确定人权保障总体要求。①

（一）“十二五”时期人权事业发展的背景和总体趋势

中国共产党十七届五中全会和六中全会以及国家的“十二五”规划，都对“十二五”时期的人权事业发展提出了明确的要求，可以看作是“十二五”时期人权事业发展的基本指导思想。

在“十二五”时期，中国人权事业发展处于可以大有作为的重要战略机遇期，既面临难得的历史机遇，也面对诸多可以预见和难以预见的风险挑战。伴随着中国改革开放和科学发展的推进，中国在人权事业领域取得的成就越来越广泛地在世界各国传播；国内在人权实现和保障方面也将在更广阔的领域展开，这一切是中国人权事业发展的重要机遇。与此同时，国外带着意识形态偏见和具有顽固不化的冷战思维的各种势力，还会继续制造各种压力；国内社会矛盾加剧也会给维护和保障人权提出许多新课题。这一切说明，中国人权事业发展将面临众多挑战，而这些挑战又意味着中国人权事业发展尚有很大空间，也可以转化为中国人权事业发展的机遇。

在这种背景下，“十二五”时期中国人权事业发展的总体目标是：加强人权保障，促进人权事业全面发展。在发展趋势上，它将体现为四个方面的特征：第一，推进人权事业发展与推进经济发展相结合。保障人民的生存权、发展权将继续被置于人权保障的首位，为顺应各族人民过上更好生活的新期待，政府会更加注重保障和改善民生，保障公民的各项经济权利。第二，推进人权事业发展与推进社会建设相结合。政府将鼓励以改革创新精神解决社会领域中的各项问题，积极化解社会矛盾，维护社会的和谐和稳定，保障公民的各项社会权利，使人民学有所教、劳有所得、病有所医、老有所养、住有所居，使发展成果更公平地惠及全体社会成员。第三，推进人权事业发展与加强民主法治建设相结合。政治体制改革将积极稳妥推进，保障人权的各项制度将不断完善，保障人权的各项法律法规的实施将不断强化，公民的基本权利和自由将得到更全面的维护，公民的知

① 本节内容参见李君如、常健：《中国人权事业“十一五”时期的发展与“十二五”时期的展望》，李君如主编：《中国人权事业发展报告（2012 年）》，社会科学文献出版社 2012 年版，第 28—33 页。

情权、参与权、表达权、监督权将依法得到更充分的保障，公民有序的政治参与将不断扩大。第四，推进人权事业发展与社会主义文化建设相结合。人权教育、培训和知识普及将会更广泛地展开，以便使尊重和保障人权成为社会主义核心价值体系的重要组成部分，使尊重和维护每一个人的尊严和基本权利，维护社会平等，防止社会歧视，鼓励宽容、理解和相互尊重，促进社会公平、正义和和谐成为社会的基本价值信念和行为准则。

### （二）“十二五”规划对推进中国人权事业发展的具体规划

在“十二五”发展规划中，对推进人权保障的重点作出了具体的规划。它特别体现在以下 7 个方面。

#### 1. 实施统筹发展战略，提高经济不发达地区的人权保障水平

缩小人权保障水平的地区差异和城乡差异，是“十二五”时期中国人权事业发展需要完成的一项重要任务。

在缩小地区间人权保障水平差距方面，“十二五”规划提出，要实施区域发展总体战略，提高不发达地区人权保障水平。其具体措施包括：推进新一轮西部大开发，全面振兴东北地区等老工业基地；大力促进中部地区崛起，加大对革命老区、民族地区、边疆地区和贫困地区扶持力度；深化区域合作，推进区域良性互动发展，逐步缩小区域发展差距。①

在缩小城乡人权保障水平差距方面，“十二五”规划提出，将实施强农惠农政策，提高对农村地区的人权保障水平。其具体措施包括：完善以工促农、以城带乡长效机制；进一步拓宽农民增收渠道，加大引导和扶持力度，提高农民职业技能和创收能力，巩固提高家庭经营收入，努力增加工资性收入，大力增加转移性收入，促进农民收入持续较快增长；进一步改善农村生产生活条件，提高乡镇村庄规划管理水平，加强农村基础设施建设，强化农村公共服务，推进农村环境综合整治；进一步完善农村发展体制机制，坚持和完善农村基本经营制度，建立健全城乡发展一体化制度，稳步推进农业转移人口转为城镇居民。②

#### 2. 建立健全基本公共服务体系，完善经济和社会权利保障

经济和社会权利的保障，需要国家采取积极措施，提供基本公共服

---

① 《中华人民共和国国民经济和社会发展第十二个五年规划纲要》，2011 年 3 月，中央政府门户网站：http：//www. gov. cn/2011lh/content_ 1825838. htm。

② 同上。

务。“十二五”规划从提高基本公共服务水平和推进基本公共服务均等化两个方面作出了规划。

在提高基本公共服务水平方面，“十二五”规划提出，要履行政府公共服务职责，提高政府保障能力，建立健全基本公共服务体系，创新公共服务供给方式，优先发展公共交通，完善就业、收入分配、社会保障、医疗卫生、住房等保障和改善民生的制度安排，保障食品药品安全，严格安全生产管理。①

在推进基本公共服务均等化方面，“十二五”规划强调，要逐步缩小城乡间、区域间基本公共服务差距，努力使发展成果惠及全体人民。特别是要创造平等就业机会，整顿和规范收入分配秩序，健全覆盖城乡居民的社会保障体系，建立健全基本医疗卫生制度，加强公共卫生服务体系建设，加大保障性住房供给，大力促进教育公平。②

3. 大力发展文化事业和文化产业，提高文化权利保障水平

随着经济和经济生活水平的快速提高，公众文化生活的需求呈现出更加广泛、强烈和多样化的趋势。“十二五”规划从促进文化事业和文化产业发展两个方面对满足公众文化需求作出了规划。

在促进文化事业发展方面，“十二五”规划提出，要大力发展文化事业，增强公共文化产品和服务供给；公共博物馆、图书馆、文化馆、纪念馆、美术馆等公共文化设施免费向社会开放；鼓励扶持少数民族文化产品创作生产；注重满足残疾人等特殊人群的公共文化服务需求；建立健全公共文化服务体系；以农村基层和中西部地区为重点，继续实施文化惠民工程；改善农村文化基础设施，支持老少边穷地区建设和改造文化服务网络；完善城市社区文化设施，促进基层文化资源整合和综合利用；广泛开展群众性文化活动。③

在促进文化产业发展方面，“十二五”规划提出，要大力发展文化产业，实施重大文化产业项目带动战略，加强文化产业基地和区域性特色文化产业群建设；推进文化产业结构调整，大力发展文化创意、影视制作、

① 《中华人民共和国国民经济和社会发展第十二个五年规划纲要》，2011年3月，中央政府门户网站：http：//www. gov. cn/2011lh/content_ 1825838. htm。

② 同上。

③ 同上。

出版发行、印刷复制、演艺娱乐、数字内容和动漫等重点文化产业；培育骨干企业，扶持中小企业，鼓励文化企业跨地域、跨行业、跨所有制经营和重组，提高文化产业规模化、集约化、专业化水平；加快中西部地区中小城市影院建设，鼓励和支持非公有制经济以多种形式进入文化产业领域。①

4. 建设资源节约型、环境友好型社会，强化环境权保障

在经济快速发展的背景下，环境污染和生态破坏成为中国人权事业发展中不容忽视的问题。“十二五”规划从防止污染和生态保护与建设两个方面对推进环境权利保护作出了规划。

在防治环境污染方面，“十二五”规划提出，要以解决饮用水不安全和空气、土壤污染等损害群众健康的突出环境问题为重点，加强综合治理，明显改善环境质量；要强化污染物减排和治理，防范环境风险，加强环境监管。②

在促进生态保护和修复方面，“十二五”规划提出，要坚持保护优先和自然修复为主，加大生态保护和建设力度，从源头上扭转生态环境恶化趋势；将构建生态安全屏障，强化生态保护与治理，建立生态补偿机制；推进能源多元清洁发展，控制温室气体排放。③

5. 创新社会管理体制，促进公民参与社会管理

随着社会结构的变化，在社会管理中如何发挥公民的自主性，促进社会的良治，成为中国社会可持续发展必须要解决的一个迫切问题。“十二五”规划提出，要创新社会管理体制机制，加强社会管理能力建设，建立健全中国特色社会主义社会管理体系。在社会管理格局的建设上，要坚持多方参与、共同治理，统筹兼顾、动态协调的原则；在社会协同方面，要发挥人民团体、基层自治组织、各类社会组织和企业事业单位的协同作用，推进社会管理的规范化、专业化、社会化和法制化；在公众参与方面，要广泛动员和组织群众依法有序参与社会管理，培养公民意识，履行公民义务，实现自我管理、自我服务、自我发展；在社会组织建设方面，

---

① 《中华人民共和国国民经济和社会发展第十二个五年规划纲要》，2011 年 3 月，中央政府门户网站：http：//www. gov. cn/2011lh/content_ 1825838. htm。

② 同上。

③ 同上。

要坚持培育发展和管理监督并重，推动社会组织健康有序发展，发挥其提供服务、反映诉求、规范行为的作用；在机制建设方面，要进一步完善维护群众权益机制，拓宽社情民意表达渠道，完善社会矛盾调解机制。[①] 社会管理体制的创新，将有力地促进公民权利在社会中的实现。

6. 发展社会主义民主政治，为公民政治权利实现提供更有效方式

经济和社会的发展，要求国家的政治生活作出相应的调整，更充分地保障公民的政治权利。“十二五”规划明确提出，国家将进一步发展社会主义民主政治，不断推进社会主义政治制度自我完善和发展。在发展方向上，要健全民主制度，丰富民主形式，拓宽民主渠道，依法实行民主选举、民主决策、民主管理、民主监督，保障人民的知情权、参与权、表达权、监督权。在具体机制上，要完善重大事项决策机制，建立健全公众参与、专家咨询、风险评估、合法性审查和集体讨论决定的决策程序。根据决策内容的不同性质，需要采取不同的民主决策形式：对涉及经济社会发展全局的重大事项，要广泛征询意见，充分协商和协调；对专业性、技术性较强的重大事项，要认真进行专家论证、技术咨询、决策评估；对同群众利益密切相关的重大事项，要实行公示、听证等制度。[②] 具有中国特色的社会主义民主政治的发展，将有力地促进公民政治权利的更充分实现。

7. 强化特定群体权利保障

随着社会利益结构的复杂化，在社会中处于弱势地位的特定群体成员的权利需要予以特殊保障。“十二五”规划对特定群体的保护提出了比较具体的要求。

在农民工权利保障方面，“十二五”规划提出，要努力实现农民工与城镇就业人员同工同酬，提高农民工工资水平；坚持因地制宜、分步推进，把有稳定劳动关系并在城镇居住一定年限的农民工及其家属逐步转为城镇居民；对暂时不具备在城镇落户条件的农民工，要改善公共服务，加强权益保护；以流入地全日制公办中小学为主，保证农民工随迁子女平等接受义务教育，并做好与高中阶段教育的衔接；将与企业建立稳定劳动关

---

① 《中华人民共和国国民经济和社会发展第十二个五年规划纲要》，2011 年 3 月，中央政府门户网站：http：//www. gov. cn/2011lh/content_ 1825838. htm。

② 同上。

系的农民工纳入城镇职工基本养老和医疗保险；建立农民工基本培训补贴制度，推进农民工培训资金省级统筹；多渠道多形式改善农民工居住条件，鼓励采取多种方式将符合条件的农民工纳入城镇住房保障体系。①

在妇女权利保障方面，“十二五”规划提出，要加强妇女劳动保护、社会福利、卫生保健、扶贫减贫及法律援助等工作，完善性别统计制度，改善妇女发展环境，严厉打击暴力侵害妇女、拐卖妇女等违法犯罪行为。②

在儿童权利保障方面，“十二五”规划提出，要坚持儿童优先原则，实施儿童发展纲要，依法保障儿童生存权、发展权、受保护权和参与权。特别是，要改善儿童成长环境，提升儿童福利水平，消除对女童的歧视，促进儿童身心健康发展；切实解决留守儿童教育、孤残儿童、艾滋病孤儿和流浪未成年人救助等问题；严厉打击拐卖儿童、弃婴等违法犯罪行为。③

在老年人权利保障方面，“十二五”规划提出，将积极应对人口老龄化，建立以居家为基础、社区为依托、机构为支撑的养老服务体系。其具体措施包括：加快发展社会养老服务，培育壮大老龄事业和产业，加强公益性养老服务设施建设，鼓励社会资本兴办具有护理功能的养老服务机构，每千名老人拥有养老床位数达到 30 张；拓展养老服务领域，实现养老服务从基本生活照料向医疗健康、辅具配置、精神慰藉、法律服务、紧急援助等方面延伸；增加社区老年活动场所和便利化设施。④

在残疾人权利保障方面，“十二五”规划提出，要实施重点康复和托养工程、0—6 岁残疾儿童抢救性康复工程和“阳光家园”计划，推进残疾人“人人享有康复服务”；大力开展残疾人就业服务和职业培训；加大对农村残疾人生产扶助和生活救助力度；丰富残疾人文化体育生活；构建辅助器具适配体系，推进无障碍建设；制订和实施国家残疾预防行动计

---

① 《中华人民共和国国民经济和社会发展第十二个五年规划纲要》，2011 年 3 月，中央政府门户网站：http：//www. gov. cn/2011lh/content_ 1825838. htm。

② 同上。

③ 同上。

④ 同上。

划，有效控制残疾的发生和发展。[①]

## 三　在执政党重要文件中提出的人权保障要求

中国共产党是中国的执政党。中国共产党通过的一些重要的文件也对中国人权事业发展提出了总体性要求。中共十八大报告和十八届三中全会作出的改革决定，就是这方面的典型例证。

### （一）十八大报告对各方面人权保障的论述

十八大报告明确提出，要使“人权得到切实尊重和保障”。这一要求在十八大报告中进一步体现为对经济权利、社会权利、文化权利、环境权利、公民权利、政治权利以及各种特定群体权利的具体保障要求。[②]

在经济权利方面，十八大报告一方面强调平等权利和公平竞争，要求保证各种经济主体“依法平等使用生产要素、公平参与市场竞争、同等受到法律保护”，形成有利于“社会公平的税收制度”；另一方面要求加大对贫困地区和群体扶助，特别是“加大对革命老区、民族地区、边疆地区、贫困地区扶持力度”，“深入推进新农村建设和扶贫开发，全面改善农村生产生活条件”。十八大报告还特别强调对财产、收入和就业权利的保障。在财产权利方面，要求“依法维护农民土地承包经营权、宅基地使用权、集体收益分配权”；在宏观收入分配方面，提出“初次分配和再分配都要兼顾效率和公平，再分配更加注重公平”，要努力实现“居民收入增长和经济发展同步、劳动报酬增长和劳动生产率提高同步，提高居民收入在国民收入分配中的比重，提高劳动报酬在初次分配中的比重”；在工作收入方面，要“推行企业工资集体协商制度，保护劳动所得”；在就业权利方面，提出“实施就业优先战略和更加积极的就业政策”。[③]

在社会权利方面，十八大报告提出，要“在学有所教、劳有所得、

---

① 《中华人民共和国国民经济和社会发展第十二个五年规划纲要》，2011 年 3 月，中央政府门户网站：http：//www. gov. cn/2011lh/content_ 1825838. htm。

② 本节内容参见李君如、常健：《中国人权事业“十一五”时期的发展与“十二五”时期的展望》，李君如主编：《中国人权事业发展报告（2012 年）》，社会科学文献出版社 2012 年版，第 9—12 页。

③ 胡锦涛：《坚定不移沿着中国特色社会主义道路前进　为全面建成小康社会而奋斗——在中国共产党第十八次全国代表大会上的报告》，2012 年 11 月 8 日，中国网：http：//news. china. com. cn/politics/2012 - 11/20/content_ 27165856. htm。

病有所医、老有所养、住有所居上持续取得新进展”。在社会保障权利方面，要“坚持全覆盖、保基本、多层次、可持续方针，以增强公平性、适应流动性、保证可持续性为重点，全面建成覆盖城乡居民的社会保障体系”；在教育权利保障方面，要“均衡发展九年义务教育”，“大力促进教育公平”，教育资源“重点向农村、边远、贫困、民族地区倾斜”，“提高家庭经济困难学生资助水平，积极推动农民工子女平等接受教育”；在健康权利保障方面，要推进综合改革，完善国民健康政策，“为群众提供安全有效方便价廉的公共卫生和基本医疗服务”。①

在文化权利方面，十八大报告一方面强调保障公民参与文化创造活动的权利，要求“坚持百花齐放、百家争鸣的方针”，“发扬学术民主、艺术民主，为人民提供广阔文化舞台”，使“人民基本文化权益得到更好保障”；另一方面强调保障全体社会成员平等享受文化成果的权利，要求“加快推进重点文化惠民工程，加大对农村和欠发达地区文化建设的帮扶力度，继续推动公共文化服务设施向社会免费开放”，“完善公共文化服务体系，提高服务效能”；同时还强调文化创造者对作品的收益权利，要求“实施知识产权战略，加强知识产权保护”。②

在环境权利方面，十八大报告特别强调生态文明建设与环境权利保障之间的关系，指出“良好生态环境是人和社会持续发展的根本基础”，建设生态文明“是关系人民福祉、关乎民族未来的长远大计”，要“为人民创造良好生产生活环境”，“给子孙后代留下天蓝、地绿、水净的美好家园”。在此基础上进一步提出，要“把生态文明建设放在突出地位，融入经济建设、政治建设、文化建设、社会建设各方面和全过程，努力建设美丽中国，实现中华民族永续发展”。③

在公民权利方面，十八大报告着重强调要保障公民享有获得公正审判的权利，要求推进“公正司法”，坚持“法律面前人人平等”，通过深化司法体制改革，“确保审判机关、检察机关依法独立公正行使审判权、检

① 胡锦涛：《坚定不移沿着中国特色社会主义道路前进 为全面建成小康社会而奋斗——在中国共产党第十八次全国代表大会上的报告》，2012 年 11 月 8 日，中国网：http://news.china.com.cn/politics/2012-11/20/content_27165856.htm。

② 同上。

③ 同上。

察权”，强调“任何组织或者个人都不得有超越宪法和法律的特权，绝不允许以言代法、以权压法、徇私枉法”。在迁徙权保障方面，报告指出要“加快改革户籍制度，有序推进农业转移人口市民化”。①

在政治权利方面，十八大报告突出强调对公民民主权利的保障，指出要通过积极稳妥推进政治体制改革，“发展更加广泛、更加充分、更加健全的人民民主”，“更加注重健全民主制度、丰富民主形式，保证人民依法实行民主选举、民主决策、民主管理、民主监督”，“保证人民依法享有广泛权利和自由”，保障人民的“知情权、参与权、表达权、监督权”。在选举民主方面，报告提出要“提高基层人大代表特别是一线工人、农民、知识分子代表比例，降低党政领导干部代表比例”，“在人大设立代表联络机构，完善代表联系群众制度”；在协商民主方面，报告提出要“完善协商民主制度和工作机制，推进协商民主广泛、多层、制度化发展”；在基层民主方面，报告提出要“完善基层民主制度”，指出“在城乡社区治理、基层公共事务和公益事业中实行群众自我管理、自我服务、自我教育、自我监督，是人民依法直接行使民主权利的重要方式”；在党内民主方面，报告特别提出要“积极发展党内民主”，指出“党内民主是党的生命。要坚持民主集中制，健全党内民主制度体系，以党内民主带动人民民主。保障党员主体地位，健全党员民主权利保障制度，开展批评和自我批评，营造党内民主平等的同志关系、民主讨论的政治氛围、民主监督的制度环境，落实党员知情权、参与权、选举权、监督权”。为此，十八大报告提出了一系列党内民主的制度建设，包括“完善党的代表大会制度，提高工人、农民代表比例，落实和完善党的代表大会代表任期制，试行乡镇党代会年会制，深化县（市、区）党代会常任制试点，实行党代会代表提案制”；“完善党内选举制度，规范差额提名、差额选举，形成充分体现选举人意志的程序和环境”；“强化全委会决策和监督作用，完善常委会议事规则和决策程序，完善地方党委讨论决定重大问题和任用重要干部票决制”；“扩大

---

① 胡锦涛：《坚定不移沿着中国特色社会主义道路前进　为全面建成小康社会而奋斗——在中国共产党第十八次全国代表大会上的报告》，2012 年 11 月 8 日，中国网：http：//news. china. com. cn/politics/2012 - 11/20/content_ 27165856. htm。

党内基层民主，完善党员定期评议基层党组织领导班子等制度，推行党员旁听基层党委会议、党代会代表列席同级党委有关会议等做法，增强党内生活原则性和透明度”。①

在特定群体权利方面，十八大报告强调要“保障少数民族合法权益”；“坚持男女平等基本国策，保障妇女儿童合法权益”；“积极应对人口老龄化，大力发展老龄服务事业和产业”；“健全残疾人社会保障和服务体系，切实保障残疾人权益”；“加大强农惠农富农政策力度，让广大农民平等参与现代化进程、共同分享现代化成果”。②

在国际社会层面，十八大报告强调和平权、发展权、主权平等、国际公平正义和国际关系民主化，指出“要和平不要战争，要发展不要贫穷，要合作不要对抗，推动建设持久和平、共同繁荣的和谐世界，是各国人民共同愿望”，主张“在国际关系中弘扬平等互信、包容互鉴、合作共赢的精神，共同维护国际公平正义”；坚持“国家不分大小、强弱、贫富一律平等，推动国际关系民主化”；提出包容互鉴，“尊重世界文明多样性、发展道路多样化，尊重和维护各国人民自主选择社会制度和发展道路的权利”。③

### （二）《中共中央关于全面深化改革若干重大问题的决定》对人权保障的要求

2013 年 11 月 12 日，中国共产党第十八届中央委员会第三次全体会议通过了《中共中央关于全面深化改革若干重大问题的决定》（以下简称《决定》）。《决定》再次强调“国家尊重和保障人权”，并提出“完善人权司法保障制度”。它将十八届三中全会公报中提出的五大领域改革原则细化为各项具体的改革措施，其中许多措施涉及人权保障和人权发展。④

---

① 胡锦涛：《坚定不移沿着中国特色社会主义道路前进　为全面建成小康社会而奋斗——在中国共产党第十八次全国代表大会上的报告》，2012 年 11 月 8 日，中国网：http://news.china.com.cn/politics/2012 - 11/20/content_ 27165856.htm。

② 同上。

③ 同上。

④ 本节内容参见常健：《中共十八届三中全会文件的人权解读》，李君如主编：《中国人权事业发展报告（2014 年）》，社会科学文献出版社 2014 年版，第 16—21 页。

1. 经济体制改革所涉及的人权保障与发展

在经济体制改革方面，主要涉及财产权特别是农民财产权利的保障，就业权利和平等就业权利的保障，工作报酬权利以及劳动者表达权利的保障，如表10—1所示。

表10—1　经济体制改革所涉及的人权保障与发展

| 涉及权利 | 相关措施 |
| --- | --- |
| 个人财产权利 | 完善产权保护制度。公有制经济财产权不可侵犯，非公有制经济财产权同样不可侵犯。国家保护各种所有制经济产权和合法利益 |
| 平等权利 | 保证各种所有制经济依法平等使用生产要素、公开公平公正参与市场竞争、同等受到法律保护。坚持权利平等、机会平等、规则平等，废除对非公有制经济各种形式的不合理规定，消除各种隐性壁垒，制定非公有制企业进入特许经营领域具体办法。<br>允许农村集体经营性建设用地出让、租赁、入股，实行与国有土地同等入市、同权同价。<br>维护农民生产要素权益，保障农民工同工同酬，保障农民公平分享土地增值收益 |
| 农民财产权利 | 赋予农民更多财产权利。保障农民集体经济组织成员权利，赋予农民对集体资产股份占有、收益、有偿退出及抵押、担保、继承权。保障农户宅基地用益物权；慎重稳妥推进农民住房财产权抵押、担保、转让，探索农民增加财产性收入渠道。建立农村产权流转交易市场，推动农村产权流转交易公开、公正、规范运行。坚持农村土地集体所有权，依法维护农民土地承包经营权，赋予农民对承包地占有、使用、收益、流转及承包经营权抵押、担保权能，允许农民以承包经营权入股发展农业产业化经营。<br>缩小征地范围，规范征地程序，完善对被征地农民合理、规范、多元保障机制。建立兼顾国家、集体、个人的土地增值收益分配机制，合理提高个人收益 |

续表

| 涉及权利 | 相关措施 |
| --- | --- |
| 就业权利 | 健全促进就业创业体制机制。建立经济发展和扩大就业的联动机制，健全政府促进就业责任制度。完善扶持创业的优惠政策，形成政府激励创业、社会支持创业、劳动者勇于创业新机制。完善城乡均等的公共就业创业服务体系，构建劳动者终身职业培训体系。增强失业保险制度预防失业、促进就业功能，完善就业失业监测统计制度。促进以高校毕业生为重点的青年就业和农村转移劳动力、城镇困难人员、退役军人就业 |
| 平等就业的权利 | 规范招人用人制度，消除城乡、行业、身份、性别等一切影响平等就业的制度障碍和就业歧视 |
| 获得工作报酬权利 | 形成合理有序的收入分配格局。着重保护劳动所得，努力实现劳动报酬增长和劳动生产率提高同步，提高劳动报酬在初次分配中的比重。健全工资决定和正常增长机制，完善最低工资和工资支付保障制度，完善企业工资集体协商制度。改革机关事业单位工资和津贴补贴制度，完善艰苦边远地区津贴增长机制 |
| 劳动者的表达权利 | 创新劳动关系协调机制，畅通职工表达合理诉求渠道 |

资料来源：《中共中央关于全面深化改革若干重大问题的决定》，2013 年 11 月 12 日。

2. 政治体制改革所涉及的人权保障与发展

在政治体制改革方面，涉及的人权保障和发展的内容主要包括生命权、人身自由权、法律面前的平等权利，协商民主和基层民主权利，知情权、表达权、参与权和监督权，以及获得公正审判的权利，如表 10—2 所示。

**表 10—2　　政治体制改革所涉及的人权保障与发展**

| 涉及权利 | 相关措施 |
| --- | --- |
| 生命权 | 逐步减少适用死刑罪名 |
| 人身自由权 | 废止劳动教养制度，完善对违法犯罪行为的惩治和矫正法律，健全社区矫正制度 |

续表

| 涉及权利 | 相关措施 |
| --- | --- |
| 法律面前的平等权利 | 维护宪法法律权威，进一步健全宪法实施监督机制和程序。坚持法律面前人人平等，任何组织或者个人都不得有超越宪法法律的特权，一切违反宪法法律的行为都必须予以追究 |
| 协商民主权利 | 推进协商民主广泛多层制度化发展。构建程序合理、环节完整的协商民主体系，拓宽国家政权机关、政协组织、党派团体、基层组织、社会组织的协商渠道。深入开展立法协商、行政协商、民主协商、参政协商、社会协商。加强中国特色新型智库建设，建立健全决策咨询制度 |
| 基层民主权利 | 发展基层民主。畅通民主渠道，健全基层选举、议事、公开、述职、问责等机制。开展形式多样的基层民主协商，推进基层协商制度化，建立健全居民、村民监督机制，促进群众在城乡社区治理、基层公共事务和公益事业中依法自我管理、自我服务、自我教育、自我监督。健全以职工代表大会为基本形式的企事业单位民主管理制度，加强社会组织民主机制建设，保障职工参与管理和监督的民主权利 |
| 知情权 | 推行地方各级政府及其工作部门权力清单制度，依法公开权力运行流程。完善党务、政务和各领域办事公开制度，推进决策公开、管理公开、服务公开、结果公开。实施全面规范、公开透明的预算制度。推行新提任领导干部有关事项公开制度试点 |
| 参与权 | 推动人民代表大会制度与时俱进。坚持人民主体地位，推进人民代表大会制度理论和实践创新，发挥人民代表大会制度的根本政治制度作用。加强人大常委会同人大代表的联系，充分发挥代表作用。通过建立健全代表联络机构、网络平台等形式密切代表同人民群众联系。完善人大工作机制，通过座谈、听证、评估、公布法律草案等扩大公民有序参与立法途径，通过询问、质询、特定问题调查、备案审查等积极回应社会关切 |
| 表达权 | 建立畅通有序的诉求表达、心理干预、矛盾调处、权益保障机制，使群众问题能反映、矛盾能化解、权益有保障。改革行政复议体制，健全行政复议案件审理机制，纠正违法或不当行政行为。完善人民调解、行政调解、司法调解联动工作体系，建立调处化解矛盾纠纷综合机制。改革信访工作制度，实行网上受理信访制度，健全及时就地解决群众合理诉求机制。把涉法涉诉信访纳入法制轨道解决，建立涉法涉诉信访依法终结制度 |

续表

| 涉及权利 | 相关措施 |
| --- | --- |
| 监督权 | 让人民监督权力，让权力在阳光下运行，是把权力关进制度笼子的根本之策。健全民主监督、法律监督、舆论监督机制，运用和规范互联网监督 |
| 获得公正审判的权利 | 完善人权司法保障制度。确保依法独立公正行使审判权检察权。改革司法管理体制，推动省以下地方法院、检察院人财物统一管理，探索建立与行政区划适当分离的司法管辖制度。改革审判委员会制度，完善主审法官、合议庭办案责任制，让审理者裁判、由裁判者负责。进一步规范查封、扣押、冻结、处理涉案财物的司法程序。健全错案防止、纠正、责任追究机制，严禁刑讯逼供、体罚虐待，严格实行非法证据排除规则。健全国家司法救助制度，完善法律援助制度。完善律师执业权利保障机制和违法违规执业惩戒制度，加强职业道德建设，发挥律师在依法维护公民和法人合法权益方面的重要作用 |

资料来源：《中共中央关于全面深化改革若干重大问题的决定》，2013 年 11 月 12 日。

3. 文化体制改革所涉及的人权保障与发展

在文化体制改革方面，主要涉及知识产权和共享文化成果权利的保障和发展，如表 10—3 所示。

**表 10—3　文化体制改革所涉及的人权保障与发展**

| 涉及权利 | 相关措施 |
| --- | --- |
| 知识产权 | 加强知识产权运用和保护，健全技术创新激励机制，探索建立知识产权法院 |
| 共享文化成果的权利 | 构建现代公共文化服务体系。建立公共文化服务体系建设协调机制，统筹服务设施网络建设，促进基本公共文化服务标准化、均等化。建立群众评价和反馈机制，推动文化惠民项目与群众文化需求有效对接。推动公共图书馆、博物馆、文化馆、科技馆等组建理事会，吸纳有关方面代表、专业人士、各界群众参与管理。 |

资料来源：《中共中央关于全面深化改革若干重大问题的决定》，2013 年 11 月 12 日。

4. 社会体制发展所涉及的人权保障与发展

在社会体制改革方面，主要涉及迁徙权、受教育权利、社会保障权利、健康权利、生育权利、结社权利和特定群体权利，如表 10—4 所示。

表 10—4　　社会体制改革所涉及的人权保障与发展

| 涉及权利 | 相关措施 |
| --- | --- |
| 迁徙权 | 推进农业转移人口市民化，逐步把符合条件的农业转移人口转为城镇居民。创新人口管理，加快户籍制度改革，全面放开建制镇和小城市落户限制，有序放开中等城市落户限制，合理确定大城市落户条件，严格控制特大城市人口规模。稳步推进城镇基本公共服务常住人口全覆盖，把进城落户农民完全纳入城镇住房和社会保障体系，在农村参加的养老保险和医疗保险规范接入城镇社保体系 |
| 受教育权利 | 大力促进教育公平，健全家庭经济困难学生资助体系，构建利用信息化手段扩大优质教育资源覆盖面的有效机制，逐步缩小区域、城乡、校际差距。统筹城乡义务教育资源均衡配置，实行公办学校标准化建设和校长教师交流轮岗，不设重点学校重点班，破解择校难题，标本兼治减轻学生课业负担。加快现代职业教育体系建设，深化产教融合、校企合作，培养高素质劳动者和技能型人才。创新高校人才培养机制，促进高校办出特色争创一流。推进学前教育、特殊教育、继续教育改革发展 |
| 社会保障权利 | 建立更加公平可持续的社会保障制度。坚持社会统筹和个人账户相结合的基本养老保险制度，完善个人账户制度，健全多缴多得激励机制，确保参保人权益，实现基础养老金全国统筹，坚持精算平衡原则。推进机关事业单位养老保险制度改革。整合城乡居民基本养老保险制度、基本医疗保险制度。推进城乡最低生活保障制度统筹发展。建立健全合理兼顾各类人员的社会保障待遇确定和正常调整机制。完善社会保险关系转移接续政策，扩大参保缴费覆盖面，适时适当降低社会保险费率。研究制定渐进式延迟退休年龄政策。加快健全社会保障管理体制和经办服务体系。健全符合国情的住房保障和供应体系，建立公开规范的住房公积金制度，改进住房公积金提取、使用、监管机制 |
| 健康权利 | 深化医药卫生体制改革。统筹推进医疗保障、医疗服务、公共卫生、药品供应、监管体制综合改革。深化基层医疗卫生机构综合改革，健全网络化城乡基层医疗卫生服务运行机制。加快公立医院改革，落实政府责任，建立科学的医疗绩效评价机制和适应行业特点的人才培养、人事薪酬制度。完善合理分级诊疗模式，建立社区医生和居民契约服务关系。充分利用信息化手段，促进优质医疗资源纵向流动。加强区域公共卫生服务资源整合。取消以药补医，理顺医药价格，建立科学补偿机制。改革医保支付方式，健全全民医保体系。加快健全重特大疾病医疗保险和救助制度 |

续表

| 涉及权利 | 相关措施 |
|---|---|
| 生育权利 | 启动实施一方是独生子女的夫妇可生育两个孩子的政策 |
| 结社权利 | 激发社会组织活力。正确处理政府和社会关系，加快实施政社分开，推进社会组织明确权责、依法自治、发挥作用。适合由社会组织提供的公共服务和解决的事项，交由社会组织承担。支持和发展志愿服务组织。限期实现行业协会商会与行政机关真正脱钩，重点培育和优先发展行业协会商会类、科技类、公益慈善类、城乡社区服务类社会组织，成立时直接依法申请登记。加强对社会组织和在华境外非政府组织的管理，引导它们依法开展活动 |
| 特定群体权利 | 积极应对人口老龄化，加快建立社会养老服务体系和发展老年服务产业。健全农村留守儿童、妇女、老年人关爱服务体系，健全残疾人权益保障、困境儿童分类保障制度 |

资料来源：《中共中央关于全面深化改革若干重大问题的决定》，2013 年 11 月 12 日。

5. 生态环境体制改革所涉及的人权保障与发展

在生态环境体制改革方面，主要涉及环境权利的保障和发展，如表 10—5 所示。

**表 10—5　　生态环境体制改革所涉及的环境权利保障措施**

| 相关制度 | 具体措施 |
|---|---|
| 总体要求 | 建设生态文明，必须建立系统完整的生态文明制度体系，实行最严格的源头保护制度、损害赔偿制度、责任追究制度，完善环境治理和生态修复制度，用制度保护生态环境 |
| 考评指标 | 完善发展成果考核评价体系，纠正单纯以经济增长速度评定政绩的偏向，加大资源消耗、环境损害、生态效益、产能过剩、科技创新、安全生产、新增债务等指标的权重，更加重视劳动就业、居民收入、社会保障、人民健康状况 |

续表

| 相关制度 | 具体措施 |
| --- | --- |
| 资源有偿使用制度和生态补偿制度 | 加快自然资源及其产品价格改革，全面反映市场供求、资源稀缺程度、生态环境损害成本和修复效益。坚持使用资源付费和谁污染环境、谁破坏生态谁付费原则，逐步将资源税扩展到占用各种自然生态空间。稳定和扩大退耕还林、退牧还草范围，调整严重污染和地下水严重超采区耕地用途，有序实现耕地、河湖休养生息。建立有效调节工业用地和居住用地合理比价机制，提高工业用地价格。坚持谁受益、谁补偿原则，完善对重点生态功能区的生态补偿机制，推动地区间建立横向生态补偿制度。发展环保市场，推行节能量、碳排放权、排污权、水权交易制度，建立吸引社会资本投入生态环境保护的市场化机制，推行环境污染第三方治理 |
| 生态环境保护制度 | 改革生态环境保护管理体制。建立和完善严格监管所有污染物排放的环境保护管理制度，独立进行环境监管和行政执法。建立陆海统筹的生态系统保护修复和污染防治区域联动机制。健全国有林区经营管理体制，完善集体林权制度改革。及时公布环境信息，健全举报制度，加强社会监督。完善污染物排放许可制，实行企事业单位污染物排放总量控制制度。对造成生态环境损害的责任者严格实行赔偿制度，依法追究刑事责任 |

资料来源：《中共中央关于全面深化改革若干重大问题的决定》，2013 年 11 月 12 日。

### （三）《中共中央关于全面推进依法治国若干重大问题的决定》对人权保障的要求

中共十八届四中全会作出了《中共中央关于全面推进依法治国若干重大问题的决定》（以下简称《决定》），对中国的人权保障事业提出了新的要求。

#### 1. 将涉及人权的各个领域作为立法的重点领域

《决定》提出要加强重点领域立法，特别要“加快完善体现权利公平、机会公平、规则公平的法律制度，保障公民人身权、财产权、基本政治权利等各项权利不受侵犯，保障公民经济、文化、社会等各方面权利得到落实”①。显然这些领域立法的重点都是要保障公民的基本人权。

---

① 《中共中央关于全面推进依法治国若干重大问题的决定》，人民出版社 2014 年版。

在经济领域，要健全以公平为核心原则的产权保护制度，加强对各种所有制经济组织和自然人财产权的保护，清理有违公平的法律法规条款。①

在政治领域，要健全以公平为核心原则的产权保护制度，加强对各种所有制经济组织和自然人财产权的保护，清理有违公平的法律法规条款。②

在文化领域，要建立健全保障人民基本文化权益的文化法律制度，制定公共文化服务保障法，促进基本公共文化服务标准化、均等化。③

在社会领域，要依法加强和规范公共服务，完善教育、就业、收入分配、社会保障、医疗卫生、食品安全、扶贫、慈善、社会救助和妇女儿童、老年人、残疾人合法权益保护等方面的法律法规，加强社会组织立法，规范和引导各类社会组织健康发展。④

在生态环境领域，要用严格的法律制度保护生态环境，加快建立有效约束开发行为和促进绿色发展、循环发展、低碳发展的生态文明法律制度，强化生产者环境保护的法律责任，大幅度提高违法成本；建立健全自然资源产权法律制度，完善国土空间开发保护方面的法律制度，制定完善生态补偿和土壤、水、大气污染防治及海洋生态环境保护等法律法规，促进生态文明建设。⑤

2. 严格执法，限制公权力对公民人权的侵犯

在严格执法方面，《决定》要求严格限制公权力，防止对公民人权的侵犯，加快建设职能科学、权责法定、执法严明、公开公正、廉洁高效、守法诚信的法治政府。

第一，《决定》提出要强化行政机关职责法定。要求坚持法定职责必须为、法无授权不可为。一方面，坚决纠正不作为、乱作为，坚决克服懒政、怠政，坚决惩处失职、渎职；另一方面，要坚决纠正不作为、乱

① 《中共中央关于全面推进依法治国若干重大问题的决定》，人民出版社 2014 年版。

② 同上。

③ 同上。

④ 同上。

⑤ 同上。

作为。[①]

第二，《决定》要求行政机关不得法外设定权力，没有法律法规依据不得作出减损公民、法人和其他组织合法权益或者增加其义务的决定。推行政府权力清单制度，坚决消除权力设租寻租空间。[②]

第三，《决定》要求坚持依法决策，保障公众对公共事务的参与权。把公众参与、专家论证、风险评估、合法性审查、集体讨论决定确定为重大行政决策法定程序。[③]

第四，《决定》要求严格规范公正执法，防止执法过程中侵犯公民权利的现象。首先，要完善执法程序，建立执法全过程记录制度。明确具体操作流程，重点规范行政许可、行政处罚、行政强制、行政征收、行政收费、行政检查等执法行为。严格执行重大执法决定法制审核制度。其次，要求严格执行罚缴分离和收支两条线管理制度，严禁收费罚没收入同部门利益直接或者变相挂钩，防止以权谋私，侵犯公民财产权。再次，要求建立健全行政裁量权基准制度，细化、量化行政裁量标准，规范裁量范围、种类、幅度。防止任意执法。[④]

第五，《决定》要求强化对行政权力的制约和监督，保障公民对行政权力的监督权。要求加强党内监督、人大监督、民主监督、行政监督、司法监督、审计监督、社会监督、舆论监督制度建设，努力形成科学有效的权力运行制约和监督体系，增强监督合力和实效。[⑤]

第六，《决定》要求全面推进政务公开，保障公众对公共事务的知情权。坚持以公开为常态、不公开为例外原则，推进决策公开、执行公开、管理公开、服务公开、结果公开。各级政府及其工作部门依据权力清单，向社会全面公开政府职能、法律依据、实施主体、职责权限、管理流程、监督方式等事项。重点推进财政预算、公共资源配置、重大建设项目批准和实施、社会公益事业建设等领域的政府信息公开。涉及公民、法人或其他组织权利和义务的规范性文件，按照政府信息公开要求和程序予以公

① 《中共中央关于全面推进依法治国若干重大问题的决定》，人民出版社2014年版。

② 同上。

③ 同上。

④ 同上。

⑤ 同上。

布。推行行政执法公示制度。推进政务公开信息化，加强互联网政务信息数据服务平台和便民服务平台建设。①

3. 强调公正司法，保障人权遭受侵犯的公民获得有效的司法救济

《决定》提出要保证公正司法，提高司法公信力，努力让人民群众在每一个司法案件中感受到公平正义，这涉及对公民获得公正审判权的保护，也使人权遭受侵犯的公民能够获得及时、公正、有效的司法救济。公正审判权包括很多具体的权利，《决定》中几乎全部有所涉及。

第一，在享受无偏法庭独立公正审判方面，《决定》提出要完善确保依法独立公正行使审判权和检察权的制度。各级党政机关和领导干部要支持法院、检察院依法独立公正行使职权。建立领导干部干预司法活动、插手具体案件处理的记录、通报和责任追究制度。任何党政机关和领导干部都不得让司法机关做违反法定职责、有碍司法公正的事情，任何司法机关都不得执行党政机关和领导干部违法干预司法活动的要求。对干预司法机关办案的，给予党纪政纪处分；造成冤假错案或者其他严重后果的，依法追究刑事责任。司法机关内部人员不得违反规定干预其他人员正在办理的案件，建立司法机关内部人员过问案件的记录制度和责任追究制度。②

第二，在诉讼中的平等权利方面，《决定》特别规定，健全行政机关依法出庭应诉、支持法院受理行政案件、尊重并执行法院生效裁判的制度。完善惩戒妨碍司法机关依法行使职权、拒不执行生效裁判和决定、藐视法庭权威等违法犯罪行为的法律规定。③

第三，在保障当事人诉权方面，《决定》提出，要改革法院案件受理制度，变立案审查制为立案登记制，对人民法院依法应该受理的案件，做到有案必立、有诉必理。④

第四，在获得法律援助权利方面，《决定》提出，要完善法律援助制度，扩大援助范围，健全司法救助体系，保证人民群众在遇到法律问题或

① 《中共中央关于全面推进依法治国若干重大问题的决定》，人民出版社 2014 年版。

② 同上。

③ 同上。

④ 同上。

者权利受到侵害时获得及时有效法律帮助。①

第五，在诉讼程序公正权方面，《决定》提出，坚持以事实为根据、以法律为准绳，健全事实认定符合客观真相、办案结果符合实体公正、办案过程符合程序公正的法律制度；要加强和规范司法解释和案例指导，统一法律适用标准；推进以审判为中心的诉讼制度改革，确保侦查、审查起诉的案件事实证据经得起法律的检验；全面贯彻证据裁判规则，严格依法收集、固定、保存、审查、运用证据，完善证人、鉴定人出庭制度，保证庭审在查明事实、认定证据、保护诉权、公正裁判中发挥决定性作用；实行办案质量终身负责制和错案责任倒查问责制。②

第六，在保障当事人诉讼中的各项权利方面，《决定》提出，加强人权司法保障。强化诉讼过程中当事人和其他诉讼参与人的知情权、陈述权、辩护辩论权、申请权、申诉权的制度保障。健全落实罪刑法定、疑罪从无、非法证据排除等法律原则的法律制度。完善对限制人身自由司法措施和侦查手段的司法监督，加强对刑讯逼供和非法取证的源头预防，健全冤假错案有效防范、及时纠正机制。③

第七，在保障当事人诉后权利方面，《决定》提出，要切实解决执行难，制定强制执行法，规范查封、扣押、冻结、处理涉案财物的司法程序。加快建立失信被执行人信用监督、威慑和惩戒法律制度。依法保障胜诉当事人及时实现权益。落实终审和诉讼终结制度，实行诉访分离，保障当事人依法行使申诉权利。对不服司法机关生效裁判、决定的申诉，逐步实行由律师代理制度。对聘不起律师的申诉人，纳入法律援助范围。④

第八，在保障公民司法参与权方面，《决定》提出，保障人民群众参与司法。坚持人民司法为人民，依靠人民推进公正司法，通过公正司法维护人民权益。在司法调解、司法听证、涉诉信访等司法活动中保障人民群众参与。完善人民陪审员制度，保障公民陪审权利，扩大参审范围，完善随机抽选方式，提高人民陪审制度公信度。逐步实行人民陪审员不再审理

---

① 《中共中央关于全面推进依法治国若干重大问题的决定》，人民出版社2014年版。

② 同上。

③ 同上。

④ 同上。

法律适用问题，只参与审理事实认定问题。①

第九，在保障公民司法知情权方面，《决定》提出，构建开放、动态、透明、便民的阳光司法机制，推进审判公开、检务公开、警务公开、狱务公开，依法及时公开执法司法依据、程序、流程、结果和生效法律文书，杜绝暗箱操作。加强法律文书释法说理，建立生效法律文书统一上网和公开查询制度。②

第十，在保障公民司法监督权方面，《决定》提出，要完善人民监督员制度，重点监督检察机关查办职务犯罪的立案、羁押、扣押冻结财物、起诉等环节的执法活动。司法机关要及时回应社会关切。规范媒体对案件的报道，防止舆论影响司法公正。③

第十一，在打击司法腐败侵犯公民权利方面，《决定》提出，要坚决破除各种潜规则，绝不允许法外开恩，绝不允许办关系案、人情案、金钱案。坚决反对和克服特权思想、衙门作风、霸道作风，坚决反对和惩治粗暴执法、野蛮执法行为。对司法领域的腐败零容忍，坚决清除害群之马。④

第十二，在司法人员的权利保障方面，《决定》规定，建立健全司法人员履行法定职责保护机制。非因法定事由，非经法定程序，不得将法官、检察官调离、辞退或者作出免职、降级等处分。⑤

4. 强调全民守法，增强全社会尊重和保障人权意识

《决定》分析了法律权威与人权保障之间的辩证关系，指出，法律的权威源自人民的内心拥护和真诚信仰，人民权益要靠法律保障，法律权威要靠人民维护。《决定》提出，增强全社会尊重和保障人权意识，把法治教育纳入国民教育体系，从青少年抓起，在中小学设立法治知识课程。《决定》特别强调，各级领导干部要对法律怀有敬畏之心，牢记法律红线不可逾越、法律底线不可触碰，带头遵守法律，带头依法办事，不得违法

① 《中共中央关于全面推进依法治国若干重大问题的决定》，人民出版社 2014 年版。

② 同上。

③ 同上。

④ 同上。

⑤ 同上。

行使权力，更不能以言代法、以权压法、徇私枉法。①

## 第二节　经济、社会和文化权利的保障政策与措施

在经济、社会和文化权利保障方面，中国政府采取了一系列重要的具有中国特色的保障措施。

### 一　实施就业优先政策，保障公民就业权利

在就业压力大的情况下，中国坚持实施就业优先战略，将稳增长、保就业作为经济运行合理区间的下限，在发展的基础上创造更多和更高质量的就业机会。注重发展吸纳就业能力强的劳动密集型产业、中小企业、民营企业、服务业。开展政府补贴性职业培训，包括就业技能培训、创业培训、岗位技能提升培训和其他培训。实施“离校未就业高校毕业生就业促进计划”等措施，促进高校毕业生多渠道、多形式就业和创业。2009—2013 年城镇新增就业情况和城镇失业人员再就业情况见图 10—1、图 10—2。

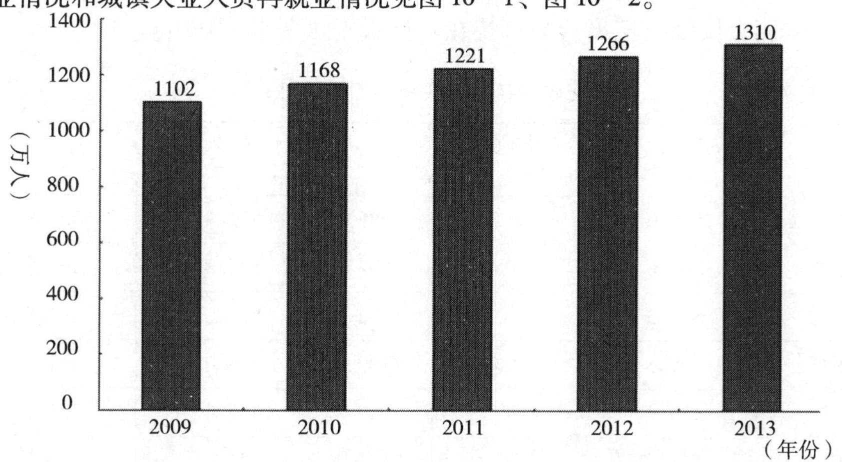


**图 10—1　2009—2013 年城镇新增就业情况**

数据来源：人力资源和社会保障部：《2013 年度人力资源和社会保障事业发展统计公报》。

① 《中共中央关于全面推进依法治国若干重大问题的决定》，人民出版社 2014 年版。

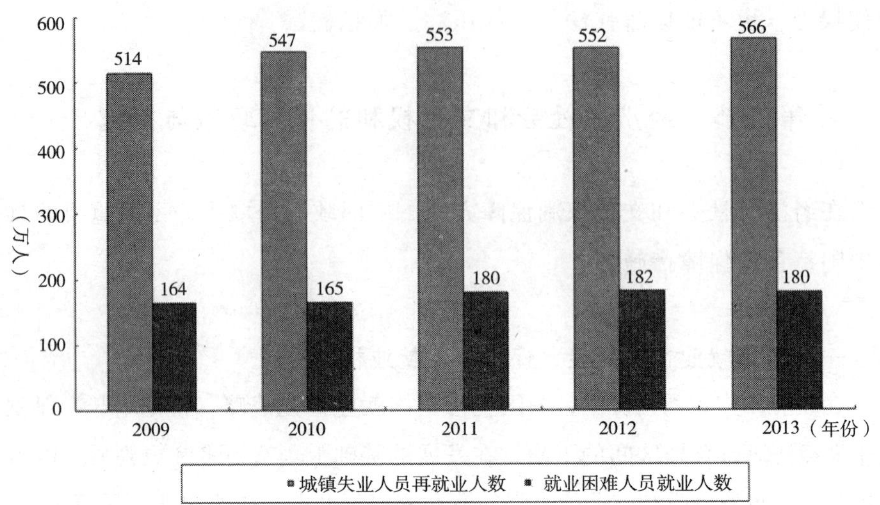


**图 10—2　2009—2013 年城镇失业人员再就业人数**

数据来源：人力资源和社会保障部：《2013 年度人力资源和社会保障事业发展统计公报》。

一方面，城镇登记失业率保持在较低水平（见表 10—6）。

**表 10—6　　中国历年城镇登记失业人数及失业率**

| 年份 | 城镇失业人数（百万） | 失业率（%） | 年份 | 城镇失业人数（百万） | 失业率（%） |
|---|---|---|---|---|---|
| 1978 | 530.0 | 5.3 | 1996 | 552.8 | 3.0 |
| 1979 | 567.6 | 5.4 | 1997 | 576.8 | 3.1 |
| 1980 | 541.5 | 4.9 | 1998 | 571.0 | 3.1 |
| 1981 | 439.5 | 3.8 | 1999 | 575.0 | 3.1 |
| 1982 | 379.4 | 3.2 | 2000 | 595.0 | 3.1 |
| 1983 | 271.4 | 2.3 | 2001 | 681.0 | 3.6 |
| 1984 | 235.7 | 1.9 | 2002 | 770.0 | 4.0 |
| 1985 | 238.5 | 1.8 | 2003 | 800.0 | 4.3 |
| 1986 | 264.4 | 2.0 | 2004 | 827.0 | 4.2 |
| 1987 | 276.6 | 2.0 | 2005 | 839.0 | 4.2 |

续表

| 年份 | 城镇失业人数（百万） | 失业率（%） | 年份 | 城镇失业人数（百万） | 失业率（%） |
|---|---|---|---|---|---|
| 1988 | 296.2 | 2.0 | 2006 | 847.0 | 4.1 |
| 1989 | 377.9 | 2.6 | 2007 | 830.0 | 4.0 |
| 1990 | 383.2 | 2.5 | 2008 | 886.0 | 4.2 |
| 1991 | 352.2 | 2.3 | 2009 | 921.0 | 4.3 |
| 1992 | 363.9 | 2.3 | 2010 | 908.0 | 4.1 |
| 1993 | 420.1 | 2.6 | 2011 | 922.0 | 4.1 |
| 1994 | 476.7 | 2.8 | 2012 | 917.0 | 4.1 |
| 1995 | 519.6 | 2.9 | 2013 | 926.0 | 4.1 |

数据来源：根据人力资源和社会保障部历年公布数字汇总。

另一方面，中国农村有大量的富余劳动力。政府采取积极措施帮助农村劳动力稳定转移就业，组织农民工专场招聘，对农民工进行就业培训，使农村富余劳动力逐年转移到城镇工作。表10—7显示了在总就业人数逐年提升的大背景下，农村就业人数的逐年减少和城市就业人数的逐年增加。

**表10—7　　城镇与农村就业人数的变化**　　（单位：万人）

| 年份 | 城乡就业总人数 | 城镇就业人数 | 农村就业人数 | 年份 | 城乡就业总人数 | 城镇就业人数 | 农村就业人数 |
|---|---|---|---|---|---|---|---|
| 1978 | 40152 | 9514 | 30638 | 2002 | 73280 | 25159 | 48121 |
| 1980 | 42361 | 10525 | 31836 | 2003 | 73736 | 26230 | 47506 |
| 1985 | 49873 | 12808 | 37065 | 2004 | 74264 | 27293 | 46971 |
| 1990 | 64749 | 17041 | 47708 | 2005 | 74647 | 28389 | 46258 |
| 1995 | 68065 | 19040 | 49025 | 2006 | 74978 | 29630 | 45348 |
| 1996 | 68950 | 19922 | 49028 | 2007 | 75321 | 30953 | 44368 |
| 1997 | 69820 | 20781 | 49039 | 2008 | 75564 | 32103 | 43461 |
| 1998 | 70637 | 21616 | 49021 | 2009 | 75828 | 33322 | 42506 |

续表

| 年份 | 城乡就业总人数 | 城镇就业人数 | 农村就业人数 | 年份 | 城乡就业总人数 | 城镇就业人数 | 农村就业人数 |
|---|---|---|---|---|---|---|---|
| 1999 | 71394 | 22412 | 48982 | 2010 | 76105 | 34687 | 41418 |
| 2000 | 72085 | 23151 | 48934 | 2011 | 76420 | 35914 | 40506 |
| 2001 | 72797 | 24123 | 48674 | 2012 | 76704 | 37102 | 39602 |

数据来源：根据国家统计局《中国统计年鉴》历年公布数字汇总。

## 二　建立集体协商制度与保障机制，保障劳动者各项工作权利

由于人口总体数量巨大和农村富余劳动力向城市的转移，中国的劳动力总体供给大于需求，使得企业在劳动雇用方面处于优势地位。为了保障劳动者各项工作权利，中国政府采取了一系列重要措施。

首先，建立了最低工资标准制度。根据劳动和社会保障部 2004 年颁布的《最低工资规定》，中国于 2004 年 3 月 1 日开始实行最低工资标准，劳动者在法定工作时间或依法签订的劳动合同约定的工作时间内提供了正常劳动的前提下，用人单位依法应支付的最低劳动报酬。所谓“正常劳动”，是指劳动者按依法签订的劳动合同约定，在法定工作时间或劳动合同约定的工作时间内从事的劳动。劳动者依法享受带薪年休假、探亲假、婚丧假、生育（产）假、节育手术假等国家规定的假期间，以及法定工作时间内依法参加社会活动期间，视为提供了正常劳动。① 最低工资标准每两年至少调整一次。2013 年，全国有 27 个省（区、市）提高了最低工资标准，平均提高幅度为 17%。外出农民工月平均收入 2609 元，比 2012 年增加 319 元。②

其次，针对企业不合理压低工人的工资和福利的问题，建立了工资集体协商制度和三方机制。根据劳动和社会保障部 2000 年制定的《工资集体协商试行办法》，工资集体协商是指职工代表与企业代表依法就

① 《最低工资规定》（劳动和社会保障部令第 21 号），2004 年 1 月 20 日，中央政府门户网站：http：//www. gov. cn/banshi/2005 －08/05/content_ 20677. htm。

② 国务院新闻办公室：《2013 年中国人权事业的进展》（白皮书）2014 年 5 月。

企业内部工资分配制度、工资分配形式、工资收入水平等事项进行平等协商，在协商一致的基础上签订工资协议的行为。工资集体协商的内容主要包括工资协议的期限，工资分配制度、工资标准和工资分配形式，职工年度平均工资水平及其调整幅度，奖金、津贴、补贴等分配办法，工资支付办法，变更、解除工资协议的程序，工资协议的终止条件，工资协议的违约责任，以及双方认为应当协商约定的其他事项。① 截至2013年，签订工资专项集体合同129.8万份，覆盖企业364.4万家，覆盖职工1.64亿人。②

再次，为保证劳资双方协商的顺利进行，建立了劳动关系三方协调机制。1990年，全国人大批准了国际劳工组织《三方协商促进实施国际劳动者标准公约》（第144号）；1996年开始，在山东、山西和辽宁等省市尝试建立劳动关系三方协调机制；2001年的《工会法》修正案第34条规定："各级人民政府劳动行政部门应当会同同级工会和企业方面代表，建立劳动关系三方协商机制，共同研究解决劳动关系方面的重大问题。"③ 截至2012年，全国各级地方及产业建立劳动关系三方协调机制2.4万个，其中省级32个，地级329个，县级2590个，县及县级以上地方共建立三方协调机制2951个。截至2013年底，全国签订集体合同242万份，覆盖企业632.9万家，覆盖职工2.87亿人。④

复次，针对建筑领域拖欠农民工工资的问题，建立了农民工工资保障金制度和农民工工资支付监控制度。劳动和社会保障部2004年制定的《建设领域农民工工资支付管理暂行办法》第15条规定："企业应按有关规定缴纳工资保障金，存入当地政府指定的专户，用于垫付拖欠的农民工工资。"第17条规定："各级劳动和社会保障行政部门依法对企业支付农民工工资情况进行监察，对违法行为进行处理。企业在接受监察时应当如

---

① 《工资集体协商试行办法》（劳动和社会保障部令第9号），2000年11月8日，中央政府门户网站：http://www.gov.cn/gongbao/content/2001/content_61036.htm。

② 陈劲松：《全国签订集体合同242万份》，《人民日报》（海外版），2014年10月12日。

③ 《中华人民共和国工会法》，2001年，法律图书馆网：http://www.law-lib.com/law/law_view.asp?id=16431。

④ 陈劲松：《全国签订集体合同242万份》，《人民日报》（海外版）2014年10月12日。

实报告情况，提供必要的资料和证明。”[①]2013 年 11 月 20 日至 2014 年 1 月 15 日，人力资源和社会保障部、公安部、住房城乡建设部、交通运输部、水利部、国务院国有资产监督管理委员会、国家工商行政管理总局和全国总工会在全国组织开展了农民工工资支付情况专项检查，共检查用人单位 50.14 万户，涉及农民工 2223.86 万人，共为 150.29 万农民工补发被拖欠工资及赔偿金 108.87 亿元，向公安机关移送涉嫌拒不支付劳动报酬罪案件 890 件。[②]

最后，为保护劳动者权利不受侵犯，建立了劳动者维权的组织机构。一方面，发展和健全基层工会组织。截至 2013 年，全国共有基层工会组织 277 万个；另一方面，建立职工维权机构。截至 2013 年，各地乡镇街道劳动争议调解组织组建率达 60%，劳动人事争议仲裁委员会组建率达 91.6%，全国劳动人事争议仲裁院建院率为 72.7%。[③]

### 三　开展农村扶贫开发，保障贫困人口的生存权和发展权

中国是世界上人口最多的发展中国家，发展基础差、底子薄，不平衡现象突出。特别是农村贫困人口多，解决贫困问题的难度很大。中国的减贫，在很大程度上就是解决农村的贫困问题。

为了保障贫困人口的生存权和发展权，中国政府从最低生活保障和扶贫开发两个方面采取了一系列积极的措施。

在最低生活保障方面，中国政府根据国家经济发展的水平和通货膨胀的水平，逐年提高扶贫标准，到 2011 年提升至 2300 元，超过了每人每天 1 美元的标准（见表 10—8）。2007 年，国家决定在全国农村全面建立最低生活保障制度，将家庭年人均纯收入低于规定标准的所有农村居民纳入保障范围，稳定、持久、有效地解决农村贫困人口温饱问题。国家对农村丧失劳动能力和生活没有依靠的老、弱、孤、寡、残农民实行五保供养，即在吃、穿、住、医、葬等方面给予生活照顾和物质帮助。

---

① 《建设领域农民工工资支付管理暂行办法》（劳动和社会保障部第 22 号令），2004 年 9 月 6 日，中央政府门户网站：http://www.gov.cn/gongbao/content/2005/content_63355.htm。

② 《专项检查为农民工追讨工资及赔偿金 108.87 亿元》，中央政府门户网站：http://www.gov.cn/gzdt/2014-01/20/content_2571274.htm。

③ 国务院新闻办公室：《2013 年中国人权事业的进展》（白皮书）2014 年 5 月。

**表 10—8　　中国扶贫标准的逐年提升**　　（单位：元）

| 年份 | 贫困标准 | 年份 | 绝对贫困标准 | 低收入标准 |
| --- | --- | --- | --- | --- |
| 1978 | 100 | 1999 | 625 | |
| 1984 | 200 | 2000 | 625 | 865 |
| 1985 | 206 | 2004 | 668 | 924 |
| 1986 | 213 | 2005 | 683 | 944 |
| 1987 | 227 | 2006 | 693 | 958 |
| 1988 | 236 | 2007 | 785 | 1067 |
| 1989 | 259 | 2008 | 1067 | |
| 1990 | 300 | 2009 | 1196 | |
| 1992 | 317 | 2010 | 1274 | |
| 1994 | 440 | 2011 | 2300 | |
| 1995 | 530 | | | |

数据来源：根据历年公开报道数据作成。

在扶贫开发方面，自 20 世纪 80 年代中期以来，中国政府开始有组织、有计划、大规模地开展农村扶贫开发，先后制定了一系列扶贫开发纲要和规划，如《国家“八七”扶贫攻坚计划（1994—2000 年）》、《中国农村扶贫开发纲要（2001—2010 年）》、《中国农村扶贫开发纲要（2011—2020 年）》、《集中连片特困地区交通建设扶贫规划纲要》、《全国水利扶贫规划》、《易地扶贫搬迁“十二五”规划》、《全国游牧民定居工程建设“十二五”规划》等，并实施了教育扶贫工程。1986 年，中国成立了自上而下的专门扶贫机构，确定了开发式扶贫方针，确定了划分贫困县的标准，并划定了 273 个国家级贫困县。后来将牧区县、“三西”项目县加进来，到 1988 年增加到 328 个国家级贫困县。1994 年，国家启动“八七”扶贫攻坚计划，划定的国家级贫困县增至 592 个。2001 年，政府制定了《中国农村扶贫开发纲要（2001—2010 年）》，取消了沿海发达地区的所有国家级贫困县，增加了中西部地区的贫困县数量，总数仍然是 592，同时将国家级贫困县改称为扶贫开发重点县。

中国政府采取了各种专项扶贫的政策措施，包括对 14.8 万个贫困村实行整村推进扶贫开发；加强劳动力培训；实施以劳动力转移为主要内容的“雨露计划”；开展教育扶贫、金融扶贫、科技扶贫和产业化扶贫；实施以工代赈、易地扶贫搬迁。同时，改善贫困地区的交通条件，加强贫困地区的水利建设、生态建设，开展农村危房改造，发展贫困地区的社会事业，并开展东部发达省市与西部贫困地区结对开展扶贫协作。

## 四 建立住房保障制度，保障公民适足住房权

为保障城市中低收入住房困难家庭的住房问题，中国政府开展了保障性住房建设。保障形式包括廉租房在内的公共租赁住房、包括经济适用房在内的政策性产权房和各类棚户区改造安置房等实物住房保障，以及租金补贴。在“十一五”期间，中国 1140 万户城镇低收入家庭和 360 万户中等偏下收入家庭住房困难问题得到解决。[①] 到 2010 年底，中国城镇保障性住房覆盖率已达 7% 到 8%，城镇居民人均住房面积超过 30 平方米；农村居民人均住房面积超过 33 平方米。2011 年至 2015 年，中国计划新建保障性住房 3600 万套，每年改造农村危房 150 万户以上，将中国城镇保障性住房覆盖率将提高到 20% 以上，基本解决城镇低收入家庭住房困难问题。

表 10—9　　城乡人均居住面积变化表　　（单位：平方米/人）

| 年份 | 2002 | 2003 | 2004 | 2005 | 2006 | 2007 | 2008 | 2009 | 2010 | 2011 | 2012 |
|---|---|---|---|---|---|---|---|---|---|---|---|
| 城市 | 24.5 | 25.3 | 26.4 | 27.8 | 28.5 | 30.1 | 30.6 | 31.3 | 31.6 | 32.7 | 32.9 |
| 农村 | 26.5 | 27.2 | 27.9 | 29.7 | 30.7 | 31.6 | 32.4 | 33.6 | 34.1 | 36.2 | 37.1 |

数据来源：国家统计局：《中国统计年鉴（2014 年）》。

在保障范围上，廉租住房是针对具有城镇常住居民户口的最低收入家庭；经济适用房是面向城市低收入住房困难家庭；公共租赁住房主要是针对城市中等偏下收入住房困难家庭。棚户区改造是对国有林区、垦区、中西部地区中央下放地方煤矿的棚户区和采煤沉陷区民房的搬迁维修改造工程。住房保

① 杜宇：《“十一五”我国 1140 万户城镇低收入家庭住房困难得解决》，2010 年 12 月 16 日，新华网：http：//news.xinhuanet.com/fortune/2010－12/16/c_ 13652129.htm。

障制度逐渐由仅覆盖城镇户籍家庭扩展到覆盖全部常住人口，地级以上城市均制定了外来务工人员申请住房保障的条件、程序和轮候规则。

## 五 建设全覆盖的社会保障体系，使公民充分享受社会保障权利

中国在经济发展水平还不是很高的情况下，初步建立了世界上规模最大的符合现阶段中国社会实际的社会保障体系。实现了全国新型农村社会养老保险和城镇居民社会养老保险制度全覆盖。2014 年 2 月，国务院决定将新型农村社会养老保险和城镇居民社会养老保险两项制度合并实施，在全国范围内建立统一的城乡居民基本养老保险制度。

中国已基本建立全民医疗保险体系，参加城镇职工医疗保险、城镇居民医疗保险和新型农村合作医疗的人数超过 13 亿，参保率达到 90% 以上。28 个省份启动实施了城乡居民大病保险的试点工作，在 8 个省份全面推开。肺癌、胃癌等 20 种重大疾病全部纳入大病保障范畴。儿童苯丙酮尿症和尿道下裂被纳入新农合大病保障，新农合保障的重大疾病已达 22 种。

失业保险、工伤保险和生育保险稳步发展，到 2013 年末，全国参加失业保险人数为 16417 万人，工伤保险参保人数达到 19917 万人，生育保险参保人数 16392 万人。[①] 各类社会保障参保人数的增长情况见图 10—3。

中国建立了最低生活保障制度。截至 2013 年，全国城市低保对象 2061. 3 万人，全国农村低保对象 5382. 1 万人，全国农村五保供养对象 538. 2 万人。[②]

政府对因遭受自然灾害、失去劳动能力或因其他原因陷入生活困境的社会成员实施社会救助，维持其最低生活水准。截至 2013 年，全国 26 个省份制定完善了临时救助政策。2013 年，全国共实施临时救助 3937 万户次。医疗救助惠及群体进一步扩大，救助对象从城乡低保对象、五保对象逐步向低收入重病患者、重度残疾人和低收入家庭老年人等特殊困难群体拓展。2013 年累计救助 2639 万人次。[③]

① 国务院新闻办公室：《2013 年中国人权事业的进展》（白皮书）2014 年 5 月。

② 同上。

③ 同上。

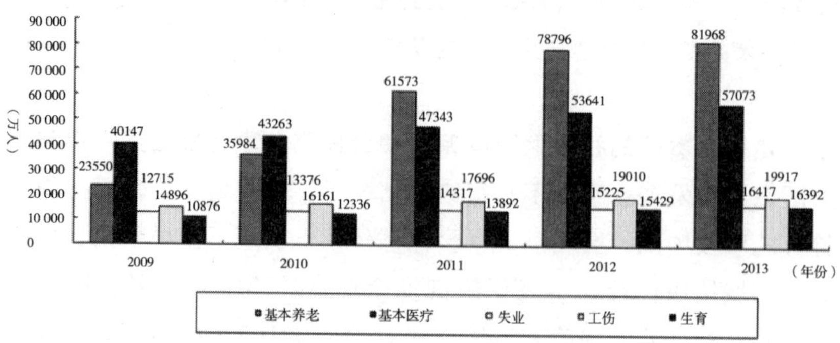


**图 10—3　2009—2013 年各类社会保险参保人数**

数据来源：人力资源和社会保障部：《2013 年度人力资源和社会保障事业发展统计公报》。

## 六　建立覆盖城乡的基本医疗卫生制度，保障公民的健康权利

为保障每个居民都能享有安全、有效、方便、价廉的基本医疗卫生服务，中国建立起覆盖城乡居民的基本医疗卫生制度，制定了《卫生事业发展“十二五”规划》、《中国慢性病防治工作规划（2012—2015 年）》，深入推进医药卫生体制改革，取得了重要成效。

中国已构建起世界上规模最大的基本医疗保障网。截至 2011 年，城镇职工基本医疗保险、城镇居民基本医疗保险、新型农村合作医疗参保人数超过 13 亿，覆盖面从 2008 年的 87% 提高到 2011 年的 95% 以上。建立健全城乡医疗救助制度，救助对象覆盖城乡低保对象、五保对象，并逐步扩大到低收入重病患者、重度残疾人、低收入家庭老年人等特殊困难群体。基本药物制度实现基层全覆盖，所有政府办基层医疗卫生机构全部配备使用基本药物，并实行零差率销售，取消了以药补医机制。

政府特别注重城乡基层医疗卫生服务体系的建设。截至 2011 年，全国基层医疗卫生机构达到 91.8 万个，包括社区卫生服务机构 2.6 万个、乡镇卫生院 3.8 万所、村卫生室 66.3 万个，床位 123.4 万张。[①] 同时，安排基层医疗卫生机构人员参加全科医生转岗培训，组织实施中西部地区农

① 国务院新闻办公室：《中国的医疗卫生事业》（白皮书）2012 年 12 月。

村订单定向医学生免费培养，实施万名医师支援农村卫生工程，在乡镇卫生院开展巡回医疗服务，在市辖区推行社区全科医生团队、家庭签约医生制度。经过努力，基层医疗卫生服务体系不断强化，农村和偏远地区医疗服务设施落后、服务能力薄弱的状况明显改变，基层卫生人才队伍的数量、学历、知识结构出现向好趋势。

国家免费向全体居民提供国家基本公共卫生服务包，包括建立居民健康档案、健康教育、预防接种、0—6岁儿童健康管理、孕产妇健康管理、老年人健康管理、高血压和Ⅱ型糖尿病患者健康管理、重性精神疾病患者管理、传染病及突发公共卫生事件报告和处理、卫生监督协管等10类41项服务。针对特殊疾病、重点人群和特殊地区，国家实施重大公共卫生服务项目，对农村孕产妇住院分娩补助、15岁以下人群补种乙肝疫苗、消除燃煤型氟中毒危害、农村妇女孕前和孕早期补服叶酸、无害化卫生厕所建设、贫困白内障患者复明、农村适龄妇女宫颈癌和乳腺癌检查、预防艾滋病母婴传播等，由政府组织进行直接干预。2011年，国家免疫规划疫苗接种率总体达到90%以上，全国住院分娩率达到98.7%，其中农村住院分娩率达到98.1%，农村孕产妇死亡率呈逐步下降趋势（见图10—4、图10—5）。农村自来水普及率和卫生厕所普及率分别达到72.1%和69.2%。2009年启动"百万贫困白内障患者复明工程"，截至2011年，由政府提供补助为109万多名贫困白内障患者实施了复明手术。①

自20世纪50年代起，基本控制了鼠疫、霍乱、黑热病、麻风病等疾病的流行。20世纪60年代初，中国通过接种牛痘消灭了天花。2000年，中国实现了无脊髓灰质炎目标。2002年，中国决定将新生儿乙肝疫苗纳入国家免疫规划，国家免疫规划由接种4种疫苗预防6种传染病，扩大到接种5种疫苗预防7种传染病。2007年，国家决定实施扩大国家免疫规划，国家免疫规划疫苗增加到14种，预防15种传染病，免疫规划人群也从儿童扩展到成人。艾滋病、结核病、血吸虫病、包虫病、麻风病、疟疾等重大及重点传染病患者获得免费药物治疗。2011年甲类和乙类传染病发病率控制在241.4/10万的较低水平。②

---

① 国务院新闻办公室：《中国的医疗卫生事业》（白皮书）2012年12月。

② 同上。

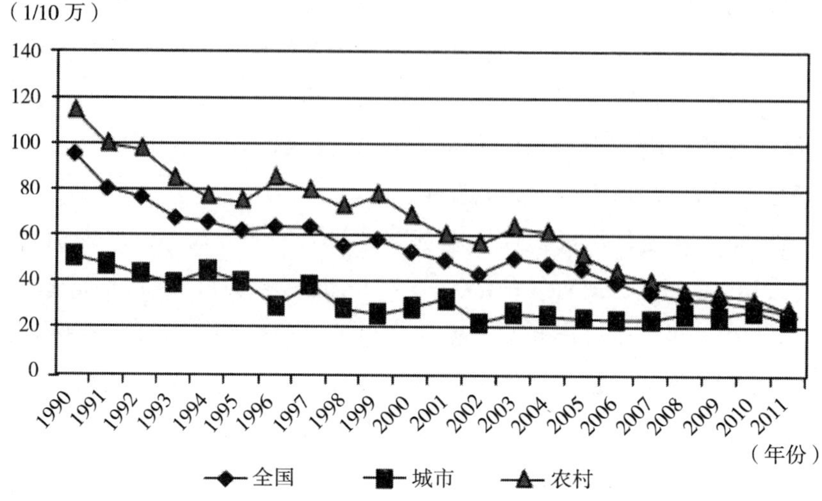


**图 10—4　中国孕产妇死亡率**

数据来源：国务院新闻办公室：《中国的医疗卫生事业》（白皮书），2012 年 12 月。

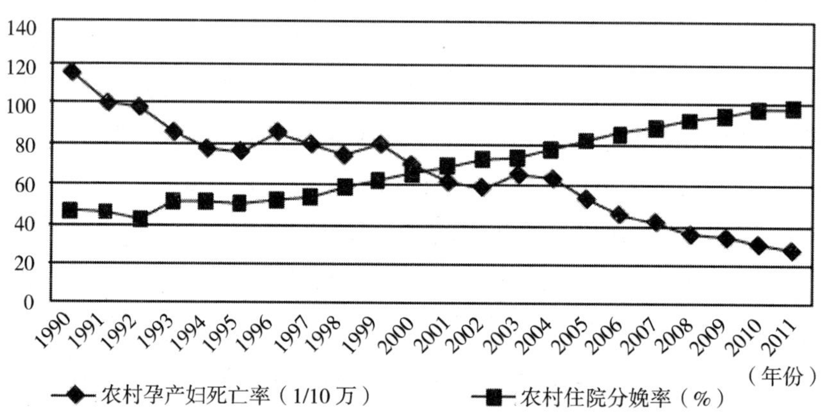


**图 10—5　中国农村住院分娩率与孕产妇死亡率变化趋势**

数据来源：国务院新闻办公室：《中国的医疗卫生事业》（白皮书），2012 年 12 月。

中国人均期望寿命持续提升，2010 年达到 74.8 岁（见图 10—6），其中男性 72.4 岁，女性 77.4 岁。孕产妇死亡率从 2002 年的 51.3/10 万下降到 2011 年的 26.1/10 万。婴儿死亡率（见图 10—7）及 5 岁以下儿童死亡率（见

图10—8）持续下降，婴儿死亡率从2002年的29.2‰下降到2011年的12.1‰，5岁以下儿童死亡率从2002年的34.9‰下降到2011年的15.6‰。①

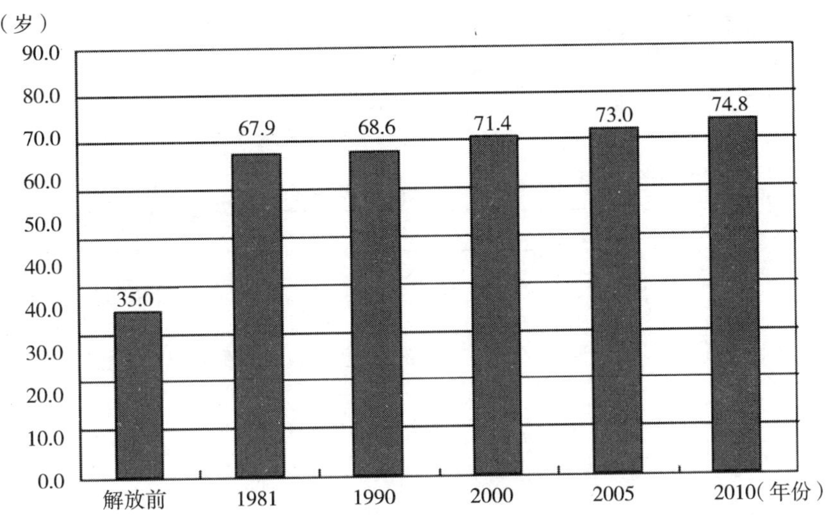


**图10—6 中国人均期望寿命**

数据来源：国务院新闻办公室：《中国的医疗卫生事业》（白皮书），2012年12月。

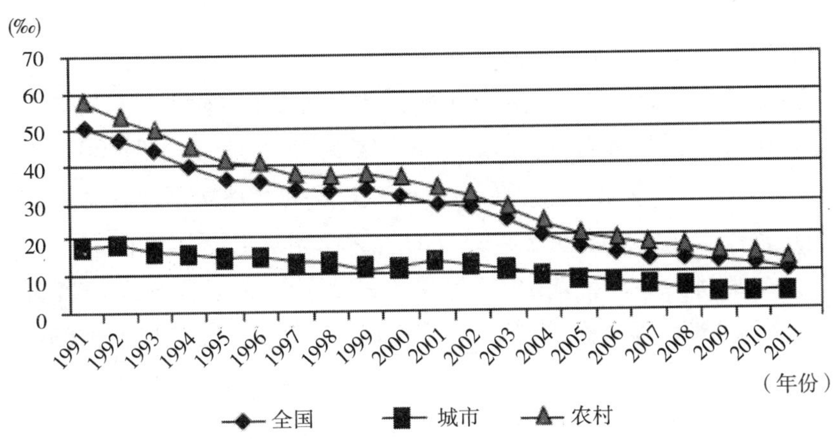


**图10—7 中国婴儿死亡率**

数据来源：国务院新闻办公室：《中国的医疗卫生事业》（白皮书），2012年12月。

① 国务院新闻办公室：《中国的医疗卫生事业》（白皮书）2012年12月。

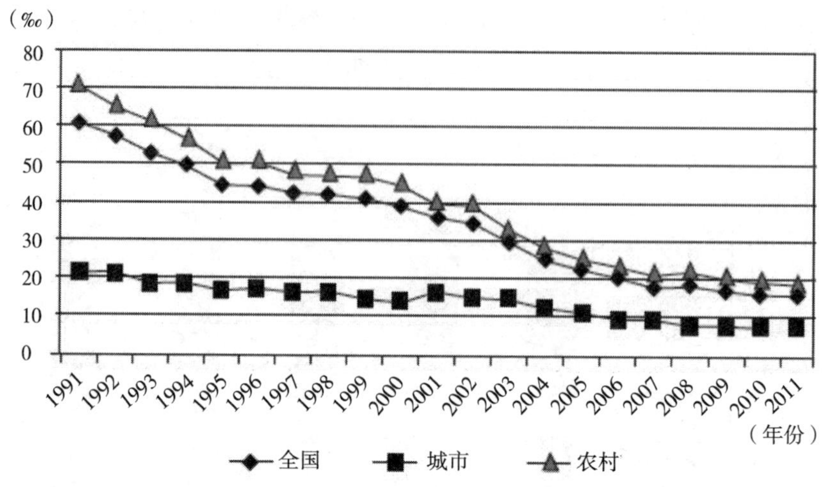


**图 10—8 中国 5 岁以下儿童死亡率**

数据来源：国务院新闻办公室：《中国的医疗卫生事业》（白皮书），2012 年 12 月。

为保障食品和药品安全，政府开展了一系列专项行动，如全国食品药品专项整治工作，全国奶站专项整治行动，打击违法添加非食用物质和滥用食品添加剂专项整治行动，学校食堂食品安全专项整治行动等。

## 七 发展义务教育，保障公民受教育权

为保障公民受教育权的充分实现，国家制定了一系列教育发展纲要和规划，如《国家中长期教育改革和发展规划纲要（2010—2020 年）》、《国家教育事业发展第十二个五年规划》以及为实现西部地区基本普及九年义务教育、基本扫除青壮年文盲的目标而制定的《国家西部地区“两基”攻坚计划》等。截至 2010 年底，普及九年义务教育人口覆盖率达 100%，小学学龄儿童净入学率达 99.7%，小学五年巩固率达到 99%，初中毛入学率达到 100%。城市小学新生中接受学前教育的比例达 96.6%，农村小学新生中接受学前教育的比例达 90.8%。全国 15 岁以上人口文盲率下降到 4.08%。①

① 国务院新闻办公室：《〈国家人权行动计划（2009—2010 年）〉评估报告》，2011 年 7 月 14 日。

为保障农村学生有平等的机会享受义务教育，自2010年开始，国家免除了全国约1.3亿名农村义务教育学生学杂费和教科书费，免除了寄宿生住宿费，按照小学每生每年750元、初中每生每年1000元的标准，对约1224万名农村家庭经济困难寄宿生补助了生活费。中央财政支持农村义务教育阶段教师特设岗位计划，公开招聘高校毕业生到农村教学任教。政府还实施了农村义务教育学生营养改善计划，由中央财政拨付专项资金予以支持。

国家建立了普通高中国家助学金，资助家庭经济困难学生；所有农村学生、城市涉农专业和家庭经济困难学生均享受中职免学费政策，一、二年级在校涉农专业学生和非涉农专业家庭经济困难学生享受国家助学金。

**表10—10　　学龄儿童小学净入学率及小学、初中和高中升学率**　（单位:%）

| 年份 | 小学入学率 | 小学升学率 | 初中升学率 | 高中升学率 |
|---|---|---|---|---|
| 1990 | 97.8 | 74.6 | 40.6 | 27.3 |
| 1995 | 98.5 | 90.8 | 50.3 | 49.9 |
| 2000 | 99.1 | 94.9 | 51.2 | 73.2 |
| 2005 | 99.2 | 98.4 | 69.7 | 76.3 |
| 2010 | 99.7 | 98.7 | 87.5 | 83.3 |
| 2011 | 99.8 | 98.3 | 88.9 | 86.5 |
| 2012 | 99.9 | 98.3 | 88.4 | 87.0 |
| 2013 | 99.7 | 98.3 | 91.2 | 87.6 |

数据来源：国家统计局：《中国统计年鉴（2014年）》。

### 八　开展公共文化建设，保障公民的文化权利

为保障公民享受更加优质、均等的文化服务，政府制定并实施了《全国地市级公共文化设施建设规划》，实施了广播电视村村通户户通、全国文化信息资源共享、农家书屋、农村电影公益放映、乡镇综合文化站建设等一系列重大文化惠民工程，将公共文化资源直接输送到基层。截至2013年，文化信息资源共享工程已建成1个国家中心，33个省级分中心，2843个市县支中心，29555个乡镇（街道）基层服务点，60.2万个行政村（社区）基层服务点，部分省（区、市）村级覆盖范围已延伸到自然

村；已建设公共电子阅览室 42654 个，其中乡镇 27706 个，街道 2282 个，社区 12666 个。全国公共博物馆、纪念馆和各级爱国主义教育基地向社会免费开放。[①] 全国公共图书馆人均资源情况和每万人群众文化设施建筑面积见表 10—11、表 10—12。

**表 10—11　　2006—2013 年全国公共图书馆人均资源情况**　　单位：平方米

| 年份 | 2006 | 2007 | 2008 | 2009 | 2010 | 2011 | 2012 | 2013 |
|---|---|---|---|---|---|---|---|---|
| 每万人公共图书馆建筑面积 | 54.7 | 56.1 | 58.7 | 63.7 | 67.1 | 73.8 | 78.2 | 85.1 |
| 人均公共图书馆藏量 | 0.38 | 0.39 | 0.41 | 0.44 | 0.46 | 0.47 | 0.51 | 0.55 |

数据来源：文化部：《2013 年文化发展统计公报》，2014 年 5 月 1 日。

**表 10—12　　2006 年—2013 年全国平均每万人群众文化设施建筑面积**

单位：平方米

| 年份 | 2006 | 2007 | 2008 | 2009 | 2010 | 2011 | 2012 | 2013 |
|---|---|---|---|---|---|---|---|---|
| 平米数 | 123.46 | 126.19 | 145.40 | 164.27 | 188.60 | 221.23 | 234.34 | 249.09 |

数据来源：文化部：《2013 年文化发展统计公报》，2014 年 5 月 1 日。

为保护文化创造者的合法权益，政府持续开展了打击侵犯知识产权和制售假冒伪劣商品专项行动、打击网络游戏侵权盗版行为等专项行动、软件正版化和打击侵权盗版专项行动以及全国知识产权执法维权专项行动。

## 九　开展生态文明建设，保障环境权利

针对高速发展带来的环境和生态问题，中国政府大力推进生态文明建设，努力建设美丽中国，给子孙后代留下天蓝、地绿、水净的美好家园，保障人民享有良好环境的权利。

中国政府制定和实施了一系列生态环境保护的规划、标准和办法，如《重点区域大气污染防治“十二五”规划》《化学品环境风险防控“十二五”规划》《国家环境监管能力建设“十二五”规划》《大气污染防治行动计划》《水质较好湖泊生态环境保护总体规划（2013—2020 年）》《京津冀及周边地区落实大气污染防治行动计划实施细则》《京津冀及周边地

① 国务院新闻办公室：《2013 年中国人权事业的进展》（白皮书）2014 年 5 月。

区重污染天气监测预警方案》《华北平原地下水污染防治工作方案》《关于加强国家重点生态功能区环境保护和管理的意见》《实行最严格水资源管理制度考核办法》《关于加快推进水生态文明建设工作的意见》等一系列环境保护文件。发布国家环保标准达1499项。

生态环境保护投入进一步加大，近年全国环境污染治理投资情况如表10—13所示。

表10—13　**全国环境污染治理投资情况**　（单位：亿元,%）

| 年度 | 城市环境基础设施建设投资 | 老工业污染源治理投资 | 建设“三同时”环保投资 | 投资总额 |
|---|---|---|---|---|
| 2005 | 1289.7 | 458.2 | 640.1 | 2388.0 |
| 2010 | 4224.2 | 397.0 | 2033.0 | 6654.2 |
| 2011 | 3469.4 | 444.4 | 2112.4 | 6026.2 |
| 2012 | 5062.7 | 500.5 | 2690.4 | 8253.6 |
| 变化率 | 45.9 | 12.6 | 27.4 | 37.0 |

注：从2012年起，城市环境基础设施建设投资中不仅包括城市的环境基础设施建设投资，还包括县城的相关投资。

数据来源：环境保护部：《2012年环境统计年报》，2013年12月25日。

国家环境保护部与各省（区、市）签订了大气污染防治目标责任书，启动了环境功能区划编制试点，建立了全国大气污染防治部际协调机制、长三角区域和京津冀及周边地区大气污染防治协作机制，建立起最严格水资源管理制度考核组，建立省（区、市）行政首长负责制。废气和工业固体废物的总体排放量逐年下降（见表10—14、表10—15）。

表10—14　**废气及其污染物排放变化表**　（单位：万吨）

| 年份<br>排放总量 | 2007 | 2008 | 2009 | 2010 | 2011 | 2012 |
|---|---|---|---|---|---|---|
| 二氧化硫 | 2468.1 | 2321.2 | 2214.4 | 2185.1 | 2217.9 | 2117.6 |

续表

| 排放总量 \ 年份 | 2007 | 2008 | 2009 | 2010 | 2011 | 2012 |
| --- | --- | --- | --- | --- | --- | --- |
| 氮氧化物 | | | | | 2404.3 | 2337.8 |
| 烟（粉）尘 | 1685.3 | 1386.5 | 1371.3 | 1277.8 | 1278.8 | 1234.3 |

数据来源：根据环境保护部历年《全国环境统计公报》汇总。

表 10—15　　工业固体废物的治理与排放　　单位：万吨

| 工业固体废物 \ 年份 | 2007 | 2008 | 2009 | 2010 | 2011 | 2012 |
| --- | --- | --- | --- | --- | --- | --- |
| 产生量 | 176000 | 190000 | 204000 | 241000 | 323000 | 329000 |
| 贮存量 | 24119 | 21883 | 20929 | 23918 | 60424 | 59786 |
| 处置量 | 41350 | 48291 | 47488 | 57264 | 70465 | 70745 |
| 综合利用量 | 110312 | 123482 | 138186 | 161772 | 195215 | 202462 |
| 排放量 | 1197 | 782 | 711 | 498 | 433 | 144 |

数据来源：根据环境保护部历年《全国环境统计公报》汇总。

同时，政府以解决损害群众健康的突出环境问题为重点，开展了一系列专项行动，包括整治违法排污企业保障群众健康环保专项行动，全国水土保持监督执法专项行动，重金属污染企业专项检查，粉尘与高毒物品危害治理专项行动等，严肃查处惩戒污染环境的违法和犯罪行为。

## 第三节　公民权利和政治权利的保障政策与实践

从人权发展史来看，公民权利和政治权利是最先被提出的人权内容，因此经常被划分为第一代人权。尽管各国对各类人权内容的理解和发展优先顺序上存在差异，但都不会否认公民权利和政治权利是人权的重要内容，并且是实现其他人权的重要基础和条件。“公民权利和政治权利是公民享有人格尊严和实现多方面人权的基本保证。没有公民权利和政治权利，公民在其国家内就没有做人的基本地位，也就没有资格自由平等地享受到经济、社会、文化等方面的权利。”[①] 联合国《国际人权宪章》系列文件将人权的内容划分成两大类，其中公民权利和政治权利规定了公民个人所应享有的基本权利与基本自由，具体包括生命、自由和人身安全的权利；人格尊严权；不受酷刑和不人道待遇权；不受奴役权；不受任意逮捕或拘禁权；告知权；无罪推定权；不强迫自证其罪权；法律面前人人平等权；迁徙自由权；私生活、家庭、住宅和通信不受侵犯权；婚姻自由平等权；宗教信仰自由权；言论自由权；和平集会、结社、游行示威权；参政权等。[②] 从中国的现实来看，公共政策在公民权利和政治权利保障体系中一直发挥着重要的作用，并且会在未来较长时间内维持这一态势。总结公共政策在中国公民权利与政治权利保障中的经验和进展，梳理中国公民权利和政治权利保障政策的特色对于推动中国人权事业有着极其重要的意义。

## 一　中国保障公民权利和政治权利的主要特点

中国政府在保障公民权利和政治权利方面呈现出以下特点。

第一，中国政府致力于在《公民权利和政治权利国际公约》的框架下保障公民权利和政治权利。联合国于1966年通过的《公民权利和政治权利国际公约》是这一领域最重要的国际人权文件，它以法律条文的方式具体规定了公民权利和政治权利等个人权利和基本自由，成为世界各国公民权利和政治权利保障的基本框架。中国政府于1998年10月在联合国总部签署了《公民权利和政治权利国际公约》，但由于中西方在人权理念上的分歧以及中国法律体系与《公约》内容存在较大差异，[③] 这一《公约》至今尚未得到全国人民代表大会的批准。尽管中国目前尚未正式加入《公民权利和政治权利国际公约》，但对公民权利和政治权利的保护却依然在这一基本框架下进行，在保障内容和保障方式上也逐步向公约靠

① 《个人人权与集体人权，公民权利、政治权利与经济、社会、文化权利同等重要》，《人民日报》2005年6月20日理论版。

② 《公民权利和政治权利国际公约》，http：//news. xinhuanet. com/ziliao/2003 －01/20/content_ 698226. htm。

③ 韩大元、王世涛：《“两个人权公约”与我国人权宪政体制的整合》，《法律科学》2001年第2期。

拢。《国家人权行动计划（2009—2010年）》明确指出："中国已签署《公民权利和政治权利国际公约》，将继续进行立法和司法、行政改革，使国内法更好地与公约规定相衔接，为尽早批约创造条件。"①

第二，国家公共政策体系在中国公民权利和政治权利保障中具有重要的地位。从公民权利和政治权利的实现方式来看，法律法规基本上是世界各国通行的选择。在中国，法律体系依然是公民权利和政治权利实现的主要方式，但国家政策在保障公民权利和政治权利方面也起着十分重要的补充作用。这是由中国的国情与法律体系的现状决定的。首先，中国的法律体系与《公民权利和政治权利国际公约》的条文之间存在着差异乃至冲突，需要国家公共政策来进行调节。例如有学者指出，"有的法律规定同该公约的要求有差距，如死刑、劳动教养、迁徙自由、非法取得证据的法律效力、沉默权、律师有权在保密的情况下会见被告人等；有的问题公约有要求，中国法律没有规定，如信息自由、禁止鼓吹战争和民族、种族、宗教仇恨，未经本人（包括罪犯）同意不得以人体作医疗、科学实验等。"② 其次，转型期中国法律体系的滞后性和不完善需要国家公共政策来补充。中国社会正处于快速转型阶段，利益主体日益多元，群体分化日益扩大，侵害公民权利和政治权利时有发生，从而对中国相关法律体系带来两种可能的挑战，一是人权保障法律体系自身不完善或存在空缺；二是相对稳定的人权保障法律滞后于社会需求，因而需要具有及时性的人权保障政策予以补充。最后，中国国情给予了人权保障政策较大的作用空间。中国幅员辽阔、人口众多、文化多元、地区发展水平差距明显，法律的普遍适用性受到一定的限制；同时，单一制的国家制度也使得不能完全通过地方立法来解决各地人权状况的差异性问题。相对而言，国家公共政策具有"针对性强、及时提供、灵活易调"等特点，因而在中国的公民权利和政治权利保障方面具有重要的补充作用。③

第三，国家政策在中国公民权利和政治权利保障中具有过渡性与探索

① 中华人民共和国国务院新闻办公室：《国家人权行动计划（2009—2010年）》，中央政府门户网站：http：//www. gov. cn/jrzg/2009 -04/13/content_ 1283983_ 6. htm。

② 刘士平、陈佑武：《〈公民权利与政治权利国际公约〉研讨会综述》，《岳麓法律评论》第3卷，2002年。

③ 常健：《科学理解和把握中国人权保障政策》，《理论探索》2013年第5期。

性，其最终目标是由人权公共政策转化为成熟稳定的人权保障法律体系。中国是一个“强政府”或“大政府”类型的社会，中央和地方政府在经济发展与社会进步上扮演着推动者与规划者的角色。在公民权利和政治权利保障方面，政府毫无疑问也是至关重要的参与者，现阶段在公民权利和政治权利受到侵害时，最先做出反应的往往是政府而不是法律体系。政府保障人权的主要工具是公共政策，例如各级政府发布指导意见、规定、办法和通知，开展专项行动和建立保障机制等，这些公共政策的实施在很大程度上决定了人权保障的成效。然而，以政策保障公民权利和政治权利也存在很大的局限性，例如政策制定程序严谨性较弱、约束力和强制性较差、保障水平不易均衡、不易实现平等保障、新旧政策缺乏一致性和不易实现稳定预期等。[①] 这些局限使得国家政策不可能取代法律体系成为公民权利和政治权利保障的主要方式，也难以达成《公民权利和政治权利国际公约》所追求的保障目标。国家政策在公民权利和政治权利保障中的意义体现在其过渡性与探索性方面，前者表现为国家人权保障政策适应了现阶段的需求，为过渡到人权法律保障阶段提供了基础；后者则表现为公共政策体系积累了实践经验，提升了后来人权法律的可行性与实效性。

## 二　推进城镇化建设，保障公民自由迁徙权

改革开放以来，中国逐步放开了对公民迁徙的各种限制。随着城镇化建设的推进，农村迁入城市的人口逐年增加。1978—2013 年，中国城镇常住人口从 1.7 亿人增加到 7.3 亿人，城镇化率从 17.9% 提升到 53.7%，年均提高 1.02 个百分点（见图 10—9）。[②]

然而，城市居民中有 17.3% 的人口没有居住城市的户籍（见图 10—10），其中大部分为从农村迁入城市的移居人口或打工人员。为了保障移居城市的公民与原住城市居民平等享有各项权利，2014 年 7 月，国务院发布了《国务院关于进一步推进户籍制度改革的意见》，决定建立城乡统一的户口登记制度：取消农业户口与非农业户口性质区分和由此衍

① 常健：《科学理解和把握中国人权保障政策》，《理论探索》2013 年第 5 期。

② 中共中央国务院：《国家新型城镇化规划（2014—2020 年）》2014 年 3 月 16 日，中央政府门户网站：http：//www. gov. cn/gongbao/content/2014/content_ 2644805. htm。

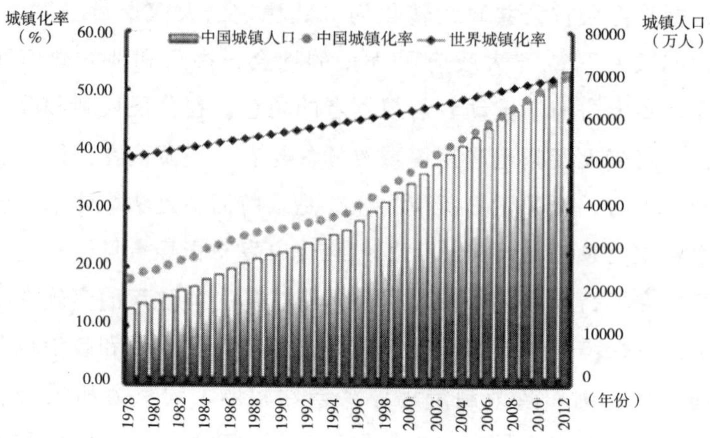


**图 10—9　中国城镇化率的增长**

资料来源：《国家新型城镇化规划（2014—2020）》。

生的蓝印户口等户口类型，统一登记为居民户口；建立与统一城乡户口登记制度相适应的教育、就业、社保、住房等制度。①

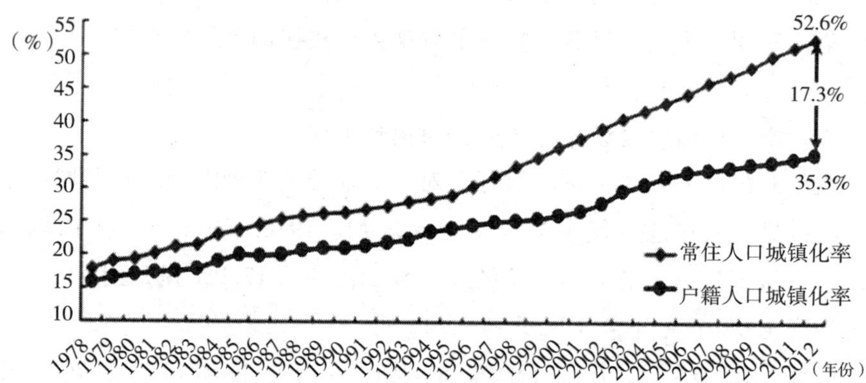


**图 10—10　常住人口城镇化率与户籍人口城镇化率的差距**

资料来源：《国家新型城镇化规划（2014—2020 年）》。

为保障新迁入城市的公民平等享有各项社会福利，政府完善就业失业登记管理制度，面向农业转移人口全面提供政府补贴职业技能培训服务，

① 《国务院关于进一步推进户籍制度改革的意见》（国发〔2014〕25 号），中央政府门户网站：http：//www. gov. cn/zhengce/content/2014 - 07/30/content_ 8944. htm。

促进农村转移劳动力就业；将农业转移人口纳入社区卫生和计划生育服务体系，提供基本医疗卫生服务；把进城落户农民完全纳入城镇社会保障体系；把进城落户农民完全纳入城镇住房保障体系。截至 2013 年年底，全国义务教育阶段的随迁子女约有 1200 万人，其中逾八成在公办学校就读。①

## 三 废除劳动教养制度，保障公民人身自由权

劳动教养就是劳动、教育和培养。1957 年 8 月 1 日，全国人大常委会批准《关于劳动教养问题的决定》，并于 8 月 3 日由国务院公布。1979 年 12 月，全国人大常委会批准公布了《国务院关于劳动教养问题的补充规定》。

劳教制度建立以来，为维护社会治安秩序、确保社会稳定发挥了积极作用。但随着社会主义民主法治建设的加快推进，它与人权保障的各项法律规定之间的矛盾日益明显，社会上要求改革劳教制度的呼声日趋强烈。同时，随着法律法规不断完善，政法机关依法维护社会治安的能力不断提升，也为改革劳教制度创造了有利条件。

2013 年 12 月 28 日，第 12 届全国人民代表大会常务委员会第 6 次会议通过决议，废止 1957 年《全国人民代表大会常务委员会批准国务院关于劳动教养问题的决定的决议》及《国务院关于劳动教养问题的决定》，废止 1979 年《全国人民代表大会常务委员会批准国务院关于劳动教养的补充规定的决议》及《国务院关于劳动教养的补充规定》；在劳动教养制度废止前，依法作出的劳动教养决定有效；劳动教养制度废止后，对正在被依法执行劳动教养的人员，解除劳动教养，剩余期限不再执行。劳动教养制度的废除，使公民的人权自由权得到了更严格的法律保障。

## 四 纠正冤假错案，保证公正审判权

为了维护司法公正，落实新修改的《刑事诉讼法》关于尊重和保障人权的要求，中国政府加强了对冤假错案的纠正。2013 年，中央政法委

---

① 施雨岑、吴晶：《从入园到高考——我国着力加强随迁子女教育服务》，2004 年 7 月 31 日，新华网：http：//news. xinhuanet. com/edu/2014 -07/31/c_ 126816408. htm。

发布了《关于切实防止冤假错案的规定》，要求公检法机关明确冤假错案的标准、纠错启动主体和程序，建立健全冤假错案的责任追究机制。最高人民法院要求各级法院要坚守防止冤假错案底线，坚持依法纠正错案，发现一起、查实一起、纠正一起，切实做好冤假错案预防纠正工作。2013年10月9日，最高人民法院发布了《关于建立健全防范刑事冤假错案工作机制的意见》，坚持疑罪从无原则，确保无罪的人不受刑事追究。2013年全年，各级法院依法宣告825名被告人无罪，并对在申诉中发现的冤假错案，依法予以再审改判。①

## 五　强化法律援助服务，维护诉讼当事人辩护权利

法律援助是指由政府法律援助机构或其他社会组织委派法律援助律师、基层法律工作者、社会律师和法律援助志愿者等，为经济困难或特殊案件的当事人提供免费法律帮助，以实现其基本权利的一种法律制度。法律援助不仅是社会弱者救济权利的基本途径，本身也是一项确保公平审判与司法正义的权利。

根据2012年修改的《刑事诉讼法》，人民法院可以为因经济困难或者其他原因没有委托辩护人的所有犯罪嫌疑人和被告人指定法律援助律师；而对于被告是盲、聋、哑人、未成年人、尚未完全丧失辨认或控制自己行为能力的精神病人以及被告人可能被判处死刑或无期徒刑的案件，如果被告人没有委托辩护人，人民法院应当为被告人指定法律援助律师。

在中国，政府法律援助机构覆盖到乡镇，是提供法律援助服务的主渠道。截至2012年，全国共建设县级以上法律援助机构3672个，覆盖全部行政区划中的县级以上地区；建成法律援助工作站6万多个，其中依托乡镇司法所设立工作站38900多个。在全国41636个乡镇中，司法所的法律援助工作站建站率达93.4%。同时，各地司法行政机关、律师协会要求律师参与法律援助。在经济发达城市，当地政府采取合同承包的形式购买中标律师事务所的服务；在欠发达地区，一些司法局或律师协会要求每位律师每年至少应承办1—2件法律援助案件。2012年，全国法律援助案件

① 《周强：2013年各级法院依法宣告825名被告人无罪》，2014年3月10日，中国新闻网：http：//www.chinanews.com/gn/2014/03－10/5932289.shtml。

总量达到 100 万件。

## 六 建设城乡互联网，平等保障公民知情、表达和监督的权利

随着当代科技的发展，互联网已经成为获得信息和参与社会生活的主要途径之一。为了平等保障公民通过互联网络获得信息和参与社会政治生活的权利，中国政府大力发展互联网建设，特别是投资农村地区的互联网建设。根据中国互联网络信息中心发布的《2013 年中国农村互联网发展调查报告》，截至 2013 年 12 月，中国网民规模达 6.18 亿，互联网普及率为 45.8%。自 2012 年以来，农村网民的增速超越了城镇网民，城乡网民规模差距继续缩小。截至 2013 年 12 月，农村网民规模达到 1.77 亿，网民中农村人口占比为 28.6%，农村互联网普及率达到 27.5%。① （见图 10—11）

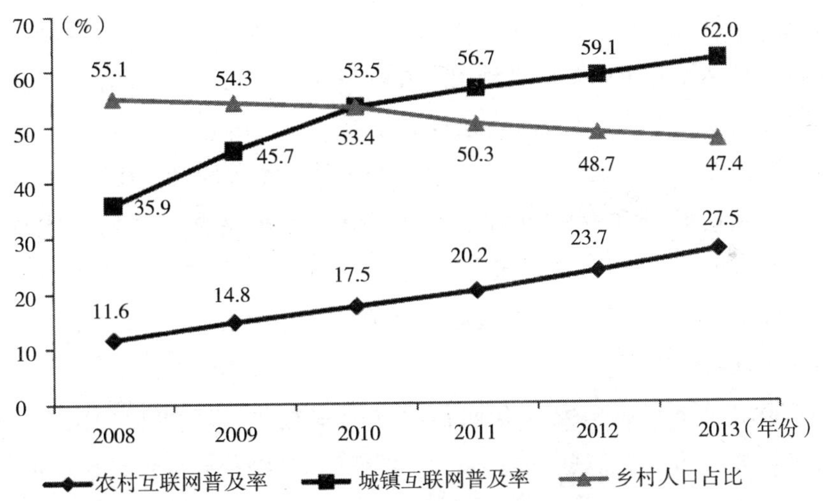


图 10—11 2008—2013 年城镇和农村互联网普及率对比

数据来源：《2013 年中国农村互联网发展调查报告》。

手机上网成本低、易操作，便于农村地区居民接入互联网，成为农村居民上网的主流设备。截至 2013 年 12 月，农村网民手机上网规模达到 1.49 亿，农村网民使用手机上网的比例已达到 84.6%，高出城镇 5 个百

① 《2013 年中国农村互联网发展调查报告》。

分点。①

互联网的普及和完善，极大地扩展了言论自由空间。据统计，中国网民每天发布和转发微博信息达2.5亿条，每天发送微信等即时通信工具信息超过200亿条。网络平台为公民有效监督政府提供了保证。中国地方政府网站普遍设立了市长信箱、县长信箱等，接受民众的来信。中央纪检监察机构和最高人民法院、最高人民检察院等开设了举报网站，便于公众反映问题。②

## 七　加强个人信息保护，保障公民隐私权

随着信息技术和科学技术的飞速发展，个人信息泄露时有发生，公民隐私权需要受到特别保护。2013 年，工业和信息化部等部门制定了《信息安全技术公共及商用服务信息系统个人信息保护指南》，将个人信息分为个人一般信息和个人敏感信息，对于个人敏感信息的收集和利用需要建立在信息主体明示同意的基础上，在收集和利用之前必须获得个人信息主体明确授权。同时，《指南》还规定了处理个人信息时应当遵守的八项基本原则，即目的明确、最少够用、公开告知、个人同意、质量保证、安全保障、诚信履行和责任明确；对个人信息使用设置了“需本人同意”、“不得泄露”和“用后要删除”三重保护。③ 同年，工业和信息化部又制定了《电信和互联网用户个人信息保护规定》，详细规定了电信业务用户敏感信息的保护制度。

2013 年 6 月，国家互联网信息办公室集中清理涉及公民个人隐私权和名誉权的三类信息，包括：（1）假冒、盗用他人名义开设的博客、微博客等账号；（2）在网上故意、随意发布涉及公民个人通信方式、家庭住址及家庭成员情况等隐私信息以及偷拍、偷录他人隐私的图片和音视频信息；（3）对他人进行毫无事实依据的攻击、谩骂、诽谤等信息。

---

① 《2013 年中国农村互联网发展调查报告》。

② 国务院新闻办公室：《2013 年中国人权事业的进展》，2014 年 5 月 26 日。

③ 工业和信息化部等部门：《信息安全技术公共及商用服务信息系统个人信息保护指南》，2013 年。

## 八　健全民主制度，保障公民参与权

中国的民主制度建设主要包括人民代表大会制度、政治协商制度和基层民主制度。

1. 人民代表大会选举制度的发展

人民代表大会是国家最高权力机构，由民主选举产生，任期五年。全国人民代表大会由省、自治区、直辖市、特别行政区和人民解放军选出的代表组成。省、自治区、直辖市、设区的市、自治州的人民代表大会由下一级人民代表大会选出的代表组成。县、自治县、不设区的市、市辖区，以及乡、民族乡、镇的人民代表大会由选民直接选出的代表组成。

2010 年 3 月，第十一届全国人大第三次会议高票通过了第五次选举法修正案，规定城乡按相同人口比例选举人大代表，实行城乡“同票同权”。这标志着城乡公民的选举权在法律层面真正实现了同等的尊重与落实。

2. 协商民主的制度建设

协商民主是中国社会主义民主政治的特有形式。中国共产党十八届三中全会通过的《中共中央关于全面深化改革若干重大问题的决定》把推进协商民主广泛多层制度化发展作为政治体制改革的重要内容。以经济社会发展重大问题和涉及群众切身利益的实际问题为内容，在全社会开展广泛协商，坚持协商于决策之前和决策实施之中。拓宽国家政权机关、政协组织、党派团体、基层组织、社会组织的协商渠道；深入开展立法协商、行政协商、民主协商、参政协商、社会协商；发挥人民政协作为协商民主重要渠道作用，完善人民政协制度体系，规范协商内容、协商程序，拓展协商民主形式。①

协商民主有多种多样的形式。国家政权机关的协商民主形式主要包括立法听证、征求意见、公民座谈、网络互动等；行政机关的协商民主形式包括行政听证、征求意见、座谈会、调研等；人民政协的协商民主形式包括专题协商、对口协商、界别协商、提案办理协商等；基层协商民主的形式包括“民主恳谈会”、社区论坛、村民和居民会议、公民评议、网络议

① 《中共中央关于全面推进依法治国若干重大问题的决定》，人民出版社 2014 年版。

事会、工资协商等。

3. 基层民主制度建设

中国基层民主制度建设，主要包括农村的村民委员会选举、城市社区居委会选举以及企业的职工代表大会制度。

2010年修订的《村民委员会组织法》规定，村民委员会是村民自我管理、自我教育、自我服务的基层群众性自治组织，实行民主选举、民主决策、民主管理、民主监督。村民委员会主任、副主任和委员，由村民直接选举产生。选举村民委员会，由登记参加选举的村民直接提名候选人。选举村民委员会，有登记参加选举的村民过半数投票，选举有效；候选人获得参加投票的村民过半数的选票，始得当选。当选人数不足应选名额的，不足的名额另行选举。另行选举的，第一次投票未当选的人员得票多的为候选人，候选人以得票多的当选，但是所得票数不得少于已投选票总数的三分之一。选举实行无记名投票、公开计票的方法，选举结果应当当场公布。选举时，应当设立秘密写票处。① 2013年发布的《村民委员会选举规程》进一步明确和细化了村委会换届选举的各项程序和要求。在选举中，普遍实行了无记名投票、公开计票、设置秘密写票处，广泛推行了竞职演讲、治村演说。全国98%的村制订了村规民约和村民自治章程。②

城市居民委员会是城市的基层自治组织。1989年通过的《城市居民委员会组织法》对城市居民自治的性质、任务、组织形式及其他相关制度作出了全面规范。全国城市地区已经普遍建立了由社区居民通过间接或直接方式选举产生的社区委员会或社区居民委员会等群众性自治组织。截至2013年，全国城镇普遍进行了7轮以上的社区居民委员会换届选举。社区中业主管理委员会等社会组织和志愿者组织在社区自我民主管理中发挥越来越大的作用。③

职工代表大会制度是在企事业单位实行民主管理的基本组织形式。宪法规定在国营企业和集体经济组织通过职工代表大会等形式实行民主管理。《全民所有制工业企业法》规定："职工代表大会是企业实行民主管

---

① 《中华人民共和国村民委员会组织法》，2010年10月28日，法律图书馆网：http://www.law-lib.com/law/law_view.asp?id=327707。

② 国务院新闻办公室：《2013年中国人权事业的进展》，2014年5月26日。

③ 同上。

理的基本形式，是职工行使民主管理权力的机构。"[①]《公司法》、《劳动法》、《工会法》等法律法规，也均对职代会制度作了相应规定。国家还颁布了《全民所有制工业企业职工代表大会条例》。职工代表大会制度在实行民主管理、协调劳动关系、维护职工合法权益、推进企事业单位改革发展稳定等方面具有重要地位和影响。

## 九 推进政府信息公开，保障公民知情权

2007 年国务院制定的《中华人民共和国政府信息公开条例》明确规定："行政机关应当将主动公开的政府信息，通过政府公报、政府网站、新闻发布会以及报刊、广播、电视等便于公众知晓的方式公开。"

2013 年，国务院办公厅发布《当前政府信息公开重点工作安排》，重点推进行政审批、财政预算决算和"三公"经费、保障性住房、食品药品安全、环境保护、安全生产、价格和收费、征地拆迁、以教育为重点的企事业单位等九大领域的信息公开。

2013 年，最高人民法院发布了《关于推进司法公开三大平台建设的若干意见》和《关于人民法院在互联网公布裁判文书的规定》，全面推进审判流程公开、裁判文书公开、执行信息公开三大平台建设，增进公众对司法裁判的知情了解。中国法院庭审直播网建成，各级法院全年直播案件庭审 4.5 万次。

## 十 大力开展反腐败，维护公民各项权利

腐败是用公共权力来谋取私人利益。公共权力本来是用来保障公民权利特别是公民各项人权的，而腐败官员用公共权力来谋取私利，不仅使公民权利得不到保障，还会使公共权力受到侵犯。因此，所有反腐败行动都具有捍卫人权的意义。[②]

2013 年，中共中央决定在全党开展以为民务实清廉为主要内容的党的群众路线教育实践活动，密集出台了一系列反腐败的规定，加强了反腐

① 《中华人民共和国全民所有制工业企业法》，1988 年 4 月 13 日，中国人大网：http：//www.npc.gov.cn/wxzl/gongbao/2000－12/05/content_5004501.htm。

② 王比学：《反腐败就是保障人权——专访南开大学人权研究中心副主任常健》，《人民日报》2014 年 8 月 8 日第 11 版。

败预防和监督体系的建设，改进了反腐败工作的机制和方法，强化了对腐败案件的查处力度，使侵犯公民权利的行为得到了有效遏制。中央巡视组对 20 个地方、部门和企事业单位进行巡视，强化对党组织领导班子及其成员特别是“一把手”的监督。2013 年前 11 个月，全国共查处违反中央八项规定精神的问题计 21149 起，处理 25855 人，其中给予党纪政纪处分 6247 人。①

从 2014 年 1 月 1 日至 2014 年 4 月 20 日的 110 天时间里，中纪委监察部网站“案件查处”栏目总共通报了 209 名官员违法违纪案件，其中既包括县处级干部，也涉及中央层面的省部级高官。自 2012 年 12 月中央“八项规定”实施以来至 2014 年 7 月 31 日，全国共查处违反中央八项规定精神问题 51600 件，处理 67679 人，给予党政纪处分 18365 人（见表 10—16）。

表 10—16　　全国查处违反中央八项规定精神问题汇总表

| 项目 | 总计 | 级别 | | | | 类型 | | | | | | | | |
|---|---|---|---|---|---|---|---|---|---|---|---|---|---|---|
| | | 省部级 | 地厅级 | 县处级 | 乡科级 | 楼堂馆所违规问题 | 公款大吃大喝 | 违规配备使用公务用车 | 公款国内旅游 | 公款出国旅游 | 大操大办婚丧喜庆 | 收送节礼 | 违反工作 | 其他 |
| 查处问题数（件） | 51600 | 2 | 198 | 2484 | 48916 | 226 | 1543 | 10485 | 963 | 137 | 2759 | 594 | 21025 | 13868 |
| 处理人数（人） | 67679 | 2 | 223 | 3032 | 64422 | 309 | 1965 | 10944 | 1429 | 234 | 3234 | 760 | 29827 | 18977 |
| 给予党政纪处分人数（人） | 18365 | 2 | 106 | 1087 | 17170 | 150 | 769 | 2689 | 749 | 133 | 1839 | 540 | 6173 | 5323 |

注：“其他”包括：接受或用公款参与高消费娱乐和健身活动、庸懒散等。

数据来源：作者根据中央纪委监察部网站公布的“全国查处违反中央八项规定精神问题汇总表（截至 2014 年 7 月 31 日）”制作。

① 《中纪委发布 2013 年中国反腐报告》，2014 年 1 月 9 日，新华网：http://news.xinhuanet.com/legal/2014-01/09/c_125981284.htm。

## 第四节　特定群体权利保障的政策与实践特色

特定群体是指那些由于特殊的状态、处境、身份而特别容易遭受权利侵犯的主体，需要被给予特殊的保护。这样的群体主要包括妇女、儿童、老年人、残疾人、少数民族、特殊疾病患者等人群。中国政府积极保护特定群体人权，一方面确保这些群体成员与其他社会成员平等享有各项权利；另一方面又制定一系列政策措施来对这些群体进行特殊保护。

### 一　中国保障特定群体权利的主要特点

中国特定群体权利保障政策主要呈现出以下特点：

（一）政府对特定群体权利保障日益重视

中国政府对妇女、儿童、老年人、残疾人权利的保障是一个由关注到重视并逐步深化的过程，对妇女、儿童、老年人、残疾人权利保障的政策法规体系建设经历了初步探索到不断完善、全面发展的过程。

在中国的人权保障政策中，主要涉及的群体包括妇女、儿童、老年人、残疾人、少数民族、生活贫困者、失业人群、农村和西部居民、农民工等。各种群体成为人权政策保障的最重要主体。保障妇女、儿童、老年人和残疾人等社会特定群体的人权，是中国人权保障的重要内容。妇女、儿童、老年人和残疾人等社会特定群体享有人权的程度，也是衡量中国人权保障水平的一个重要尺度。

中国在全面建设小康社会的过程中，对社会特定群体的生存状态、权益保护给予了极大关注。“以人为本”和“执政为民”理念的深入传播使得一系列有利于特定群体利益的政策相继出台。随着科学发展观的提出，社会福利意识形态中关注困难群体的取向也更加突出，对特定群体、困难群体权益的保护被置于更加重要的地位，相应的社会政策也陆续出台和实施。特定群体的人权保障问题引起了整个社会的高度关注，国家人权行动计划单列了少数民族权利保障、妇女权利保障、儿童权利保障、老人权利保障、残疾人权利保障，并将上述权利归为社会特定群体权利予以专门规定和保护。

（二）特定群体权利保障政策内容日趋全面

要真正保障特定群体的人权，不仅仅在于对其生存权的关注，更重要的是增加他们改变自身弱势地位与提高自身福祉的能力。国家是保障人权的基本主体，承担保护特定群体人权的主要责任。政府根据国家法律，建立必要的管理机构，制定具体的政策措施，如建立和完善社会保障制度、给予政策倾斜和提供公平就业机会等，并且运用法律手段保护特定群体的权利和利益，保障特定群体的生存权、发展权和民主政治权。同时建立能够促使特定群体更好地进行政治参与的机制，保障特定群体的民主选举、民主决策、民主管理和民主监督等权利。政府要加强社会事业的建设，尤其是保障教育公平，确保特定群体的教育权利。①

（三）特定群体权利保障政策制度化实施

为了保障妇女、儿童、老年人和残疾人的权利保障政策的有效实施，中国制定了一系列具体的规划、行动计划和纲要，如《劳动和社会保障事业发展“十二五”规划纲要》《中国老龄事业发展“十二五”规划》《中国残疾人事业“十二五”发展纲要》《中国农村扶贫开发纲要（2011—2020年）》《中国妇女发展纲要（2011—2020年）》《中国儿童发展纲要（2011—2010年）》《中国反对拐卖人口行动计划（2013—2020年）》《国家中长期教育改革和发展规划纲要（2010—2020年）》以及“雨露计划”、“霞光计划”等。

另外，中国不仅依靠政府来对特定群体的权利进行保障，还加强了社会组织在保障特定群体权利方面的作用。例如，中华全国总工会、中国妇联、中国残联等社会组织、社会志愿者以及各类慈善机构，在改善残疾人生活状况、维护残疾人权益等方面发挥着不可低估的作用。

（四）特定群体权利保障政策与国际接轨

中国认同和尊重《世界人权宣言》，并加入许多重要的保护特定群体权利的国际人权公约，如《消除对妇女一切形式歧视公约》、《儿童权利公约》、《残疾人权利国际公约》、《男女工人同工同酬公约》，等等。中国对特定群体人权的保障政策不断与国际公约的标准接轨，许多做法也参照和借鉴了国外的经验。

---

① 董亚辉：《论弱势群体的社会权利保障》，《合作经济与科技》2013年4月号下。

## 二　妇女和儿童的权利保障

### 1. 打击拐卖妇女儿童专项行动

拐卖妇女儿童是严重侵犯人权的犯罪行为，直接侵犯了妇女儿童的人身自由权乃至生命权。中国成立了负责打击拐卖妇女儿童犯罪工作的专门性领导机构——国务院反对拐卖妇女儿童行动工作部际联席会议，以公安部为牵头单位，由近30个部委或机构组成（见图10—12）。该机构的主要职能是"组织和协调跨地区、跨部门、跨机构、跨国界的反拐工作；协调和推动政府有关部门的反拐工作；指导和督促各省、自治区、直辖市的反拐工作；协调和推动反拐国际合作；组织各地区、各有关部门总结和交流反拐工作经验及相关成果。"①

中国制定了一系列打击拐卖妇女儿童的政策措施。2007年，国务院发布了《中国反对拐卖妇女儿童行动计划（2008—2012年）》，提出要"建立集预防、打击、救助和康复为一体的反拐工作长效机制"②。2009年，中央综治办和公安部联合发布《反对拐卖妇女儿童工作检查考核标准》，将打击拐卖儿童妇女犯罪工作纳入各省社会治安综合考核评比之中。2010年，最高人民法院、最高人民检察院、公安部、司法部印发《关于依法惩治拐卖妇女儿童犯罪的意见》的通知，要求进一步依法加大打击拐卖妇女、儿童犯罪力度，对拐卖儿童犯罪案件及时立案；次年发布《关于限令拐卖妇女儿童犯罪人员投案自首的通告》，要求清算累积的拐卖妇女、儿童案件，强调从买方入手，根绝拐卖儿童的市场。2012年，国务院发布《国家人权行动计划（2012—2015年）》指出，在打击拐卖妇女犯罪行为方面，要"坚持预防为主、打防结合、以人为本、综合治理，提高全社会的反拐意识和妇女的防范意识，为被解救妇女提供身心康复服务，帮助被解救妇女回归社会"；在保护儿童人身权利方面，"严厉打击拐卖、虐待、遗弃、利用儿童进行乞讨等侵害儿童人身权利的违法犯罪行为。保护儿童免遭一切形式的性侵犯。为被解救儿童提供身心康复服

---

① 国务院反拐部际联席会议办公室网站：http：//www. mps. gov. cn/n16/n983040/n1294479/index. html。

② 国务院：《中国反对拐卖妇女儿童行动计划（2008—2012年）》（国办发〔2007〕29号），中央政府门户网站：http：//www. gov. cn/zwgk/2007－12/20/content_ 839479. htm。

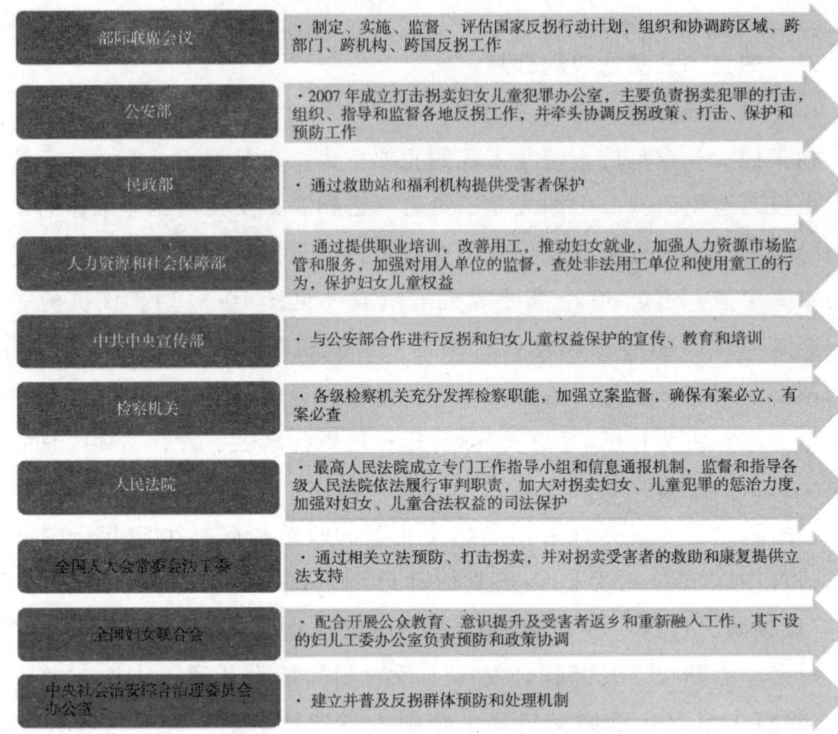


**图 10—12 中国主要反拐部门及其职责**

数据来源：转引自《中国人权事业发展报告（2013年）》。

务，妥善安置被解救儿童”。[①] 2013年，国务院又制定了《中国反对拐卖人口行动计划（2013—2020年）》，表明了国家持续打击贩卖人口，保障妇女儿童权益的坚定立场。

中国政府定期开展打击拐卖妇女儿童专项行动。在2009年4月9日至2010年6月28日的专项行动中，全国共破获拐卖案件12185起，解救被拐卖儿童、妇女14717人，抓获犯罪嫌疑人17528名，公安部公开发布A级通缉令通缉的20名重大人贩子已有19人落网。2010年，全国公安机关共破获14155起拐卖妇女儿童案件，解救被拐卖妇女儿童17754人。2011年，全国公安机关共破获拐卖妇女案件5360起、拐卖儿童案件5320起，共打掉3195个犯罪团伙，解救被拐儿童8660人、妇女15458人。

① 国务院新闻办公室：《国家人权行动计划（2012—2015年）》，2012年6月。

2013 年，全国共侦破拐卖妇女案件 5126 起、拐卖儿童案件 2765 起；利用全国公安机关打拐 DNA 信息系统为 631 名儿童找到亲生父母，起诉拐卖妇女儿童犯罪嫌疑人 2395 人。①

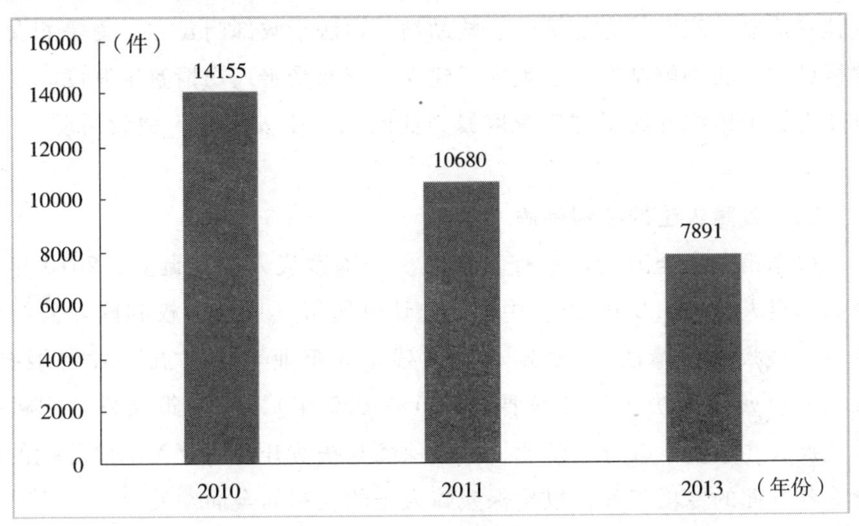


**图 10—13　公安机关历年侦破拐卖妇女儿童案件的数量**

数据来源：根据公安部历年发布数据整理而成。

2. 反家暴专项行动

家庭暴力包括身体暴力、精神暴力、性暴力和经济暴力等行为，它并非单纯是个人和家庭间的私事，而是一种严重侵犯人权、违反社会道德的违法犯罪行为。家庭暴力最大的受害者往往是妇女和儿童，反对家庭暴力是保护妇女儿童权益的重要内容。为消除各种形式的家庭暴力，2001 年修订《婚姻法》首次写入“禁止家庭暴力”的条款，2006 年修订《未成年人保护法》时增加了“禁止对未成年人实施家庭暴力”的条款。目前已有 28 个省区市制定了反家庭暴力的地方性法规或政策，90 余个地市制定了相关政策文件。

各级政府主导，公安、司法、民政、卫生等多部门合作，初步形成了社会广泛参与的反家庭暴力工作体系。一些地方成立了反家庭暴力的专门机构，公安机关建立了家庭暴力案件的接处警制度，法院建立涉家庭暴力

① 国务院新闻办公室：《2013 年中国人权事业的进展》，2014 年 5 月 26 日。

案件的审判制度。许多基层法院成立了妇女维权合议庭，有的成立了“反家暴合议庭”，一些地方法院开展了涉家庭暴力案件人身保护裁定试点工作。民政部门建立了受暴妇女救助制度，各地民政部门在救助中心普遍挂牌成立了家庭暴力庇护所、救助站。司法行政部门建立了受暴妇女法律援助和司法调解制度。卫生部门建立了家暴受害人伤情鉴定制度。基层群众性自治组织开展了“零家庭暴力社区”、“平安家庭”建设活动。

## 三　残障人士的权利保障

根据第六次全国人口普查及第二次全国残疾人抽样调查，2010 年末中国残疾人总数逾 8500 万。中国政府认真履行《残疾人权利国际公约》，按照《残疾人保障法》，制定《中国残疾人事业“十二五”发展纲要》和《农村残疾人扶贫开发纲要（2011—2020 年）》等政策文件，积极推动残疾人在康复、教育、就业、社会保障与扶贫开发以及无障碍环境的建设等各方面的专项工程，以确保残障人士的权利的全面发展。

### 1. 残疾人康复

中国积极构建分工协作、功能互补的三级康复医疗体系。2013 年全国培训各级各类残疾人服务管理的专业技术人员 25.6 万人，其中康复管理人员 2.5 万人，康复业务人员 5.5 万人，社区康复协调员 17.7 万人。重点支持 2862 个社区康复示范站建设，促进残疾人服务进社区、工作进家庭；开展家长学校工作的残疾人康复机构达 1131 个，帮助残疾人家长的康复技术培训。①

中国开展多种多项残疾人康复训练与医疗救助。制定《0—6 岁儿童残疾筛查工作规范（试行）》，建立了 0—6 岁儿童残疾早期筛查、早期诊断、早期治疗、早期康复的工作机制。2013 年，开展社区康复服务的市辖区累计达到 901 个，县（市）累计达到 2014 个，新增 169 万残疾人接受社区康复服务。746.8 万残疾人得到不同程度康复，其中，完成白内障复明手术 74.6 万例，为 3.2 万名聋儿提供听力语言康复训练，为 15.3 万名智力残疾儿童、脑瘫儿童和孤独症儿童提供机构、社区和家庭指导训练。组织实施贫困肢体残疾儿童矫治手术 6721 例，麻风畸残矫治手术

① 《2013 年中国残疾人事业发展统计公报》。

418 例。584 万精神病患者接受综合防治康复服务，46.9 万名贫困精神病患者获得医疗救助。为残疾人提供辅助器具 128.3 万件。①

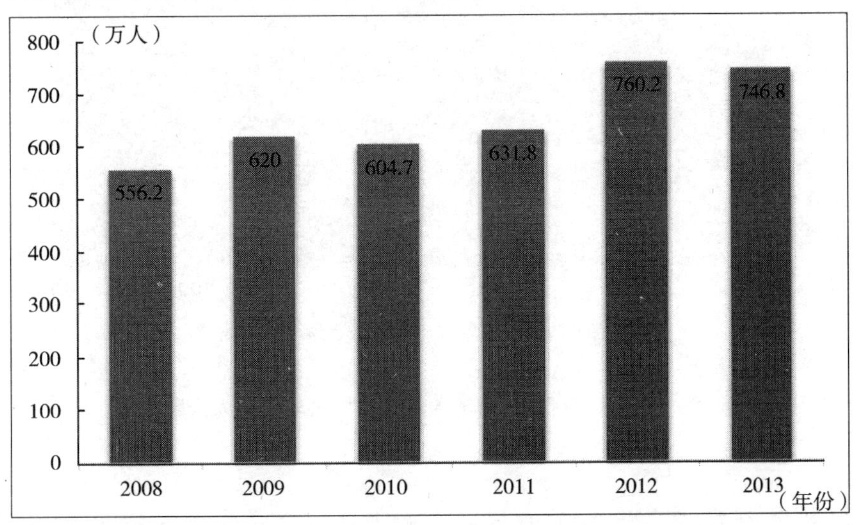


**图 10—14　2008—2013 年全国残疾人不同程度康复人数**

数据来源：《2008—2013 年中国残疾人事业发展统计公报》。

2. 残疾人教育

政府制定了《特殊教育提升计划（2014—2016 年）》，实施了两期《特殊教育学校建设规划》，支持特殊教育师范院校和残疾人中、高等学校建设。投入中央特教专项补助经费重点支持中西部地区 10 个省的薄弱特殊教育学校建设。实施残疾人事业专项彩票公益金助学项目，为家庭经济困难残疾儿童享受普惠性学前教育提供资助，为全国 23 所中高等特教院校改善办学条件，并加强残疾学生实训基地建设。2013 年，全国有 7538 名残疾人被普通高等院校录取。②

3. 残疾人就业

政府发布了《关于促进残疾人按比例就业的意见》，加大残疾人职业技能培训和岗位开发力度。2013 年全年城镇新增残疾人就业 36.9 万人，实名培训 48 万人；农村 85.6 万残疾人接受实用技术培

---

① 《2013 年中国残疾人事业发展统计公报》。

② 同上。

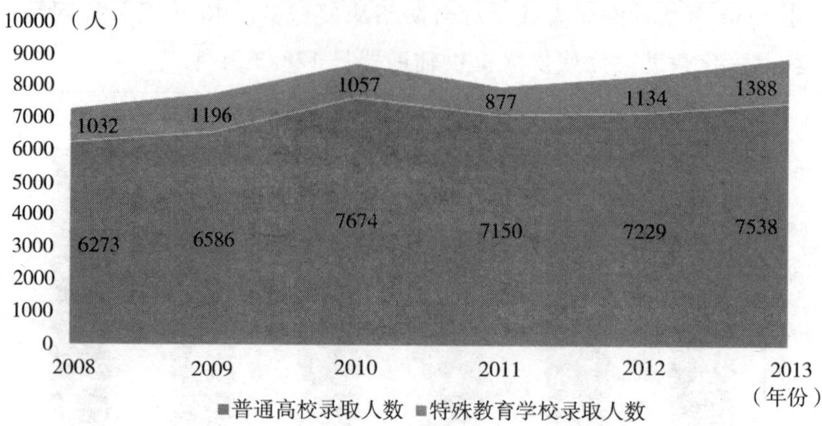


**图 10—15　2008—2013 年高等学校录取残疾人人数**

数据来源：《2008—2013 中国残疾人事业发展统计公报》。

训。截至 2013 年，全国共有福利企业 1.8 万个，集中安置 54.2 万名残疾人就业。①

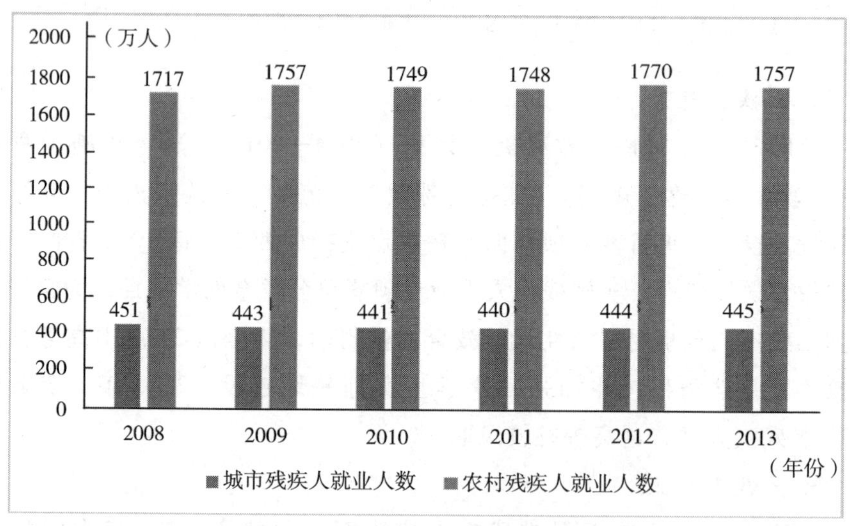


**图 10—16　2008—2013 年城乡残疾人就业人数**

数据来源：《中国残疾人事业发展统计公报》2008—2013。

① 《2013 年中国残疾人事业发展统计公报》。

4. 残疾人社会保障

截至2013年，全国已有628万城乡残疾人纳入最低生活保障范围，参加城乡居民养老保险的残疾人分别达到401.4万和1638.3万，94.4万名残疾人接受托养服务。探索建立贫困残疾人生活补助和重度残疾人护理补贴制度。15个省（区、市）建立了贫困残疾人生活补贴制度，8个省（区、市）建立了重度残疾人护理补贴制度，享受补贴的残疾人超过600万人。①

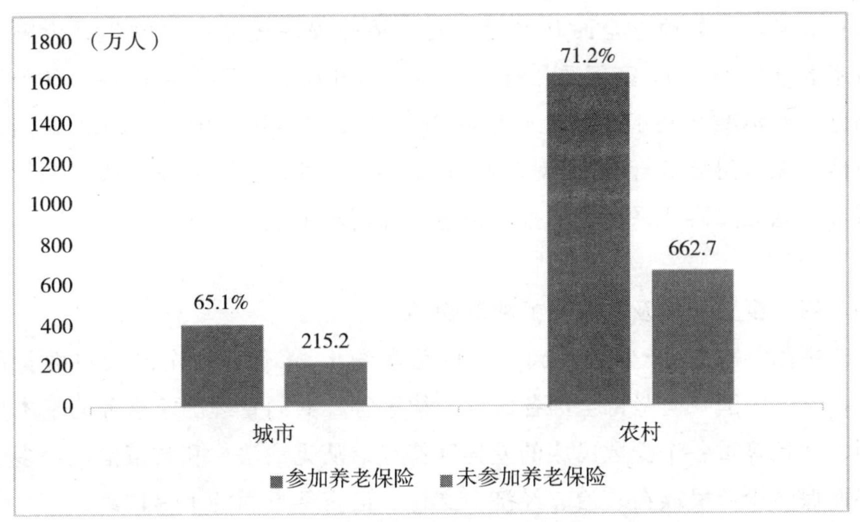


**图10—17　2013年城乡残疾人参加养老保险基本情况**

数据来源：《2013年中国残疾人事业发展统计公报》。

5. 残疾人扶贫

中国把残疾人的扶贫开发纳入扶贫规划，在落实扶贫政策和实施扶贫措施中，在同等条件下优先支持残疾人。将贫困残疾人纳入贫困监测整体工作，建立集中连片特困地区残疾人扶贫开发工作统计汇总制度。开展农业行业助残扶贫工作，促进农村残疾人增收。对残疾人农业生产技术服务、创办农民专业合作社给予支持，加强农村残疾人农业生产与经营管理技能的培训，支持农村残疾人家庭购置和使用农机，改善农村残疾人家庭生活燃气环境，提高优惠补贴，并优先支持农村贫困残疾人家庭危房

① 《2013年中国残疾人事业发展统计公报》。

改造。

6. 无障碍城市建设

中国政府制定和实施了《无障碍环境建设条例》。2013 年，共为 13.6 万户贫困残疾人家庭进行了无障碍改造，为 65.7 万残疾人发放了残疾人机动轮椅车燃油补贴。中国民航局制定并修订了《残疾人航空运输办法（试行）》，中国铁路总公司在所有列车均设置残疾人专座，全年安排 4.8 万张残疾人火车专票，改造生产 1268 节无障碍车厢，方便残疾人出行。各市、县地方全面开展无障碍环境建设。按照《网站设计无障碍技术要求》，对 117 家部委和省政府等网站开展无障碍专项评估，部分网站已按照标准开展了网站无障碍建设。开展“美丽中国——2013 中国政务信息无障碍公益行动”，对政府各部门政务网站进行无障碍改造。开展城市信息无障碍体系建设，推进信息无障碍辅助器具研发。

## 四　少数民族及其成员的权利保障

中国共有 55 个少数民族，人口总和约 1.14 亿，占全国人口数量的 8.49%。中国一向坚持全国各民族一律平等，共同管理国家事务的基本原则，并且尊重各个少数民族的差异和特点，从宪法法律和政策措施等多个层面保障少数民族在政治、经济、文化、语言等方面的平等权利。

在政治权利方面，各少数民族聚居的地方实行民族区域自治制度，享有广泛的自治权利，包括立法权、对国家有关法律法规的变通执行权、使用民族语言文字的权利、人事管理权、财政管理权和自主发展文化教育权等。同时，全国 55 个少数民族都有本民族的全国人大代表和全国政协委员。155 个民族自治地方的人民代表大会常务委员会中，均有实行区域自治的民族的公民担任主任或者副主任；民族自治地方政府的主席、州长、县长（旗长），均由实行区域自治的民族的公民担任。

在经济社会权利方面，国家对少数民族和民族地区经济社会发展投入力度继续加大，少数民族和民族地区的经济社会发展取得显著成效。2013 年，在均衡性转移支付向民族地区倾斜的基础上，中央财政安排民族地区转移支付 464 亿元，比 2012 年增长 10.5%。国家对内蒙古、广西、西藏、宁夏、新疆五个自治区和贵州、云南、青海三个少数民族人口较多省份的扶贫投入大幅提高，中央财政扶贫资金投入 166.05 亿元，占全国总投入的43.76%，资金总量比2012年增加了16.8%。2013年，国家深入贯彻落实“十二五”扶持人口较少民族发展、兴边富民行动和少数民族事业三个国家级专项规划，继续加大对少数民族和民族地区的专项扶持力度，安排扶持人口较少民族发展专项资金14.5亿元、兴边富民行动专项资金27.9亿元、少数民族特色村寨保护专项资金4亿元，分别比2012年增长13.1%、50%和53.8%。①

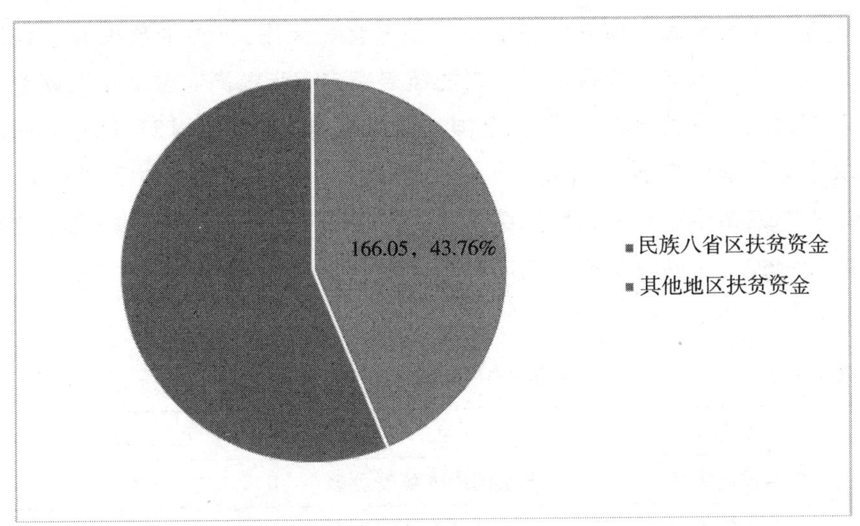


**图10—18　2013年民族八省区国家扶贫资金数量及所占比例（亿元）**

数据来源：《2013年中国人权事业的进展》。

在文化权利方面，少数民族文化和民族地区文化繁荣发展。截至2013年，全国建立民族文字图书出版社32家，民族语言文字类音像电子出版单位13家，编辑出版民族文字期刊222种、民族文字报纸99种、民族文字图书9429种。民族自治地方有广播电台73座，节目441套，民族语言节目100个；电视台90座，节目489套，民族语言节目100个；各类文化机构50834个，其中图书馆653个，文化馆784个，文化站8153个，博物馆385个。国家继续加强对少数民族传统医药的保护和发展，支持民族医药老专家建立传承工作室，扶持建立藏、蒙、壮、回4个民族医药学术流派传承工作室。实施民族医药文献整理和适宜技术筛选推广项

① 《2013年中国人权事业的进展》。

目，涵盖 11 个省区，涉及 29 个民族，并完成了 150 部重要民族医药文献的整理工作，筛选了 140 项民族医药特色诊疗技术。截至 2013 年，全国民族医院达到 199 所。①

此外，少数民族享有使用和发展本民族语言文字的权利。国家切实保障少数民族语言文字在行政司法、新闻出版、广播影视、文化教育等各领域的合法使用，在普通高等学校招生入学考试中可以使用少数民族语言文字答卷。中央人民广播电台和地方广播电台每天用 21 种少数民族语言进行播音，边境地区民族语广播电视的覆盖率进一步提高。国家在民族地区推行双语教学。截至 2013 年，全国共有 1 万多所学校使用 21 个民族的 29 种文字开展双语教学。全国现有民族高等院校 15 所，在校生约 24 万人。继续在高校招生中对民族地区给予倾斜，坚持对少数民族学生在高考时适当降分或加分和同等条件优先录取的原则，并对人口较少民族的考生给予一定的特殊照顾。

**表 10—17　　中国的 15 所民族高等院校**

| 民族高等院校名称 | 管理单位 | 学校所在省市 |
| --- | --- | --- |
| 中央民族大学 | 国家民族事务委员会 | 北京市 |
| 中南民族大学 | 国家民族事务委员会 | 湖北武汉 |
| 西南民族大学 | 国家民族事务委员会 | 四川成都 |
| 西北民族大学 | 国家民族事务委员会 | 甘肃兰州 |
| 北方民族大学 | 国家民族事务委员会 | 宁夏银川 |
| 大连民族大学 | 国家民族事务委员会 | 辽宁大连 |
| 广西民族大学 | 广西壮族自治区人民政府 | 广西南宁 |
| 云南民族大学 | 云南省人民政府 | 云南昆明 |
| 内蒙古民族大学 | 内蒙古自治区人民政府 | 内蒙古通辽 |
| 湖北民族学院 | 湖北省人民政府 | 湖北恩施 |
| 贵州民族学院 | 贵州省人民政府 | 贵州贵阳 |
| 青海民族学院 | 青海省人民政府 | 青海西宁 |

① 《2013 年中国人权事业的进展》。

续表

| 民族高等院校名称 | 管理单位 | 学校所在省市 |
|---|---|---|
| 西藏民族学院 | 西藏自治区人民政府 | 陕西咸阳 |
| 四川民族学院 | 四川省人民政府 | 四川康定 |
| 呼和浩特民族学院 | 内蒙古自治区人民政府 | 内蒙古呼和浩特 |

资料来源：根据国家民族事务委员会教育科技司相关资料。

### 五　老年人的权利保障

目前中国60岁以上老年人数量已超过2亿，占总人口的14.9%，正在逐渐成为中国社会中一个庞大的群体。为保障老年人权利，国务院制定了《中国老龄事业发展“十二五”规划》，各地政府也相继制定了老龄事业发展规划，努力确保老年人拥有幸福和谐的晚年。

在老年人医疗卫生保健权利方面，国家针对不少边远、贫困地区的老年人以往“小病拖、大病扛”的无奈情况，为老年人构建起“看得上病”、“看得起病”的医疗卫生安全网。专门针对老年人常见病的白内障免费手术、糖尿病护理等专业性的健康保健工程已经成为常态化。基层医疗卫生机构建立起了相关机制，65岁及以上老年人开展健康管理服务，建立健康档案。组织老年人定期进行生活方式和健康状况评估，开展体格检查，及时发现健康风险因素，促进老年疾病早发现、早诊断和早治疗。①

在养老服务体系建构方面，中央和地方政府配套了专项资金保障居家养老市场的顺利运转，并在“十二五”期间将居家养老服务逐步从城市向农村推广。社区养老上也已初步形成了一套较为完备的社区居家养老服务运作体系。

在老年人生活设施与环境建设方面，中国住房和城乡建设部、国家发展和改革委员会联合批准发布了《老年人养护院建设标准》、《社区老年人日间照料中心建设标准》两项建设标准，对城镇老龄基础设施的规划布局、选址、室内外环境、功能设施等做了基本规定。全国老龄工作委员

① 国务院：《中国老龄事业发展“十二五”规划》。

会在借鉴世界卫生组织提出的《老年友好型城市建设指南》，结合中国的实际，开展了多种活动，如老年友好型城市、老年宜居社区和老年温馨家庭示范创建等。

在老年人精神文化权利方面，文化部门牵头连续十多年举办“中国老年合唱节”。老年广场文化、老年社区文化蓬勃开展。为了让老年人更多地参与社会活动，截至 2013 年底，全国已发展各级老年人协会 401100 个，参加人数 4389 万人,① 使老年人在社会工作和生活中实现自身价值。

## 六 艾滋病患者的权利保障

艾滋病感染者和患者是当代出现的特殊弱势群体，其权利特别容易受到侵犯，需要予以特殊保护。为保障艾滋病感染者的基本人权，中国政府近年来制定并实施了一系列政策措施。

中国政府颁布了《艾滋病防治条例》，明确规定任何单位和个人不得歧视艾滋病毒感染者、艾滋病人及其家属。艾滋病毒感染者、艾滋病人及其家属享有的婚姻、就业、就医、入学等合法权益应当受到法律保护。政府还制定了《预防艾滋病性病宣传教育原则》《中国预防与控制艾滋病中长期规划（1998—2010 年）》《预防艾滋病、梅毒和乙肝母婴传播工作实施方案》《中国遏制与防治艾滋病“十二五”行动计划》，各省（区、市）也建立了艾滋病预防与控制制度。政府积极开展“世界艾滋病防治宣传运动”，使艾滋病防治宣传常态化。中国政府还引入“中国全球基金/中英艾滋病防治项目”，并逐步依照国际标准形成 AIDS 防控与 PLHIV 权益保障模式。

自 2004 年起，中国政府对艾滋病人实施“四免一关怀”政策，即对农村居民和城镇未参加基本医疗保险等医疗保障制度的经济困难人员中的艾滋病病人免费提供抗病毒药物；在全国范围内为自愿接受艾滋病咨询检测的人员免费提供咨询和初筛检测；为感染艾滋病病毒的孕产妇提供免费母婴阻断药物及婴儿检测试剂；对艾滋病病人的孤儿免收上学费用；将生活困难的艾滋病病人纳入政府救助范围，按照国家有关规定给予必要的生活救济。积极扶持有生产能力的艾滋病病人开展生产活动，增加其收入。

---

① 《2014 年中国老龄事业发展统计报告》。

加强艾滋病防治知识的宣传，避免对艾滋病感染者和病人的歧视。[①] 政策实施十年来，艾滋病患者同期病死率已从17.9%下降到6.6%，下降幅度达63%。[②]

根据2013年底的数据，在艾滋病防治机构方面，中国有监测哨点1888个，检测筛查实验室17000个，确证实验室377个，抗病毒治疗机构3413个，正在全国医疗机构开展抗病毒治疗的成人为223962人，儿童为3527人。[③] 中国性病艾滋病防治基金会、中国性病艾滋病防治协会、香港艾滋病基金会、中国人口宣传教育中心、全球华人艾滋病网络等数十家民间机构和组织也积极投身艾滋病防治与艾滋病患者人权保障行动，成为政府措施的重要补充。

---

① 郝阳等：《“四免一关怀”政策实施十年来中国艾滋病疫情变化及特征分析》，《中华疾病控制杂志》2014年第5期。

② 《十年来艾滋病同期病死率下降幅度达63%》，2014年8月19日，人民网：http://politics.people.com.cn/n/2014/0819/c1001-25491309.html。

③ 《目前全国已建立艾滋病监测哨点1888个》，《新京报》2013年12月2日。

# 第四编　中国与发达国家人权发展道路的比较研究

# 第十一章　发达国家人权发展道路及其特点

从历史上看，人权的理念与基本制度起源于西方发达国家。西方人权的发展史可以看作是西方民主立宪运动的延续。自英国 1215 年《大宪章》诞生以来的八百余年，西方人权发展在阶段上历经了思想形成、理论建构、革命行动和法制建立的过程，并深刻影响“二战”后国际人权法律和保障机制的建立。另外，发达国家也成为人权观念和制度的输出国，并以此来推广其价值理念。中国作为实行社会主义制度的发展中国家，在人权发展过程中选择何种路径与模式，必须既尊重人权的普遍性规律，又立足于中国的政治、经济、社会制度和历史文化传统。本编的目的就是突破目前散见于西方法律史中对单一国家的人权政策与法律的介绍，也不仅仅局限于某一具体权利的研究。而是力图全面、准确、客观地反映主要发达国家人权发展轨迹的全貌，做一个全景式的纵向梳理和横断面的细致微描。

本编分别选取了英国、法国、德国、美国、俄罗斯、韩国为例进行研究，英国、美国和法国既是近代西方人权思想和制度的发源地，又代表着现代西方人权发展的三种主要模式，对于国际人权机制的建立影响深远。德国是大陆法系的典型代表，对于欧洲人权条约的建立和发展贡献很大，目前国内鲜有专门对德国人权制度系统研究的文献。韩国是亚洲的发达国家，在人权发展时间上具有后发性，韩国在历史上深受儒家文化的影响，在现代化的过程中又饱受西方人权理念的浸淫，它的人权发展道路对中国具有比较直接的参考意义。俄罗斯横跨欧亚，经历了从沙皇俄国到苏联社会主义国家到当代俄罗斯国家的转变，其人权发展道路别具特色。通过细致比较和系统梳理以上各国的人权发展历史与现实制度，力图涵盖西方和东方的不同文化背景下的发达国家人权发展道路。

## 第一节　发达国家人权发展道路的主要特点

人权深深植根于一国的政治、经济、社会制度和历史文化传统，人权发展具有历史阶段性。从人权发展史上看，发达国家人权发展道路呈现出以下特点。

### 一　普遍经历了一个发生、发展和逐步完善的历史过程

从人权发展史来看，发达国家的人权保障并不是自古就有的，也不是一下子就建立起来的，而是经历了一个发生、发展和逐步完善的历史过程。英、美、法等主要发达国家最初的人权保障制度是在 17 世纪才产生的，而且当时被保障权利的数量很少，类别单一，权利主体的范围很窄，权利保障的水平也很低。经过近四个世纪发展，人权保障逐步扩大和完善。首先，被保障权利的数量不断丰富，不仅公民权利和政治权利的内容大量增加，而且增加了对经济、社会和文化权利的保障，增加了对各种特定群体权利的保障，形成了当代人权的数量和种类规模；其次，权利主体的范围不断扩大，逐步包括了原先的奴隶、妇女、无财产的贫穷人口、原住民、少数族裔，达到了现代人权主体的普遍性；再次，人权保障水平逐步提高，权利救济渠道的数量和层次增加，救济程序不断完善，权利保障的措施和投入不断提升；最后，权利保障的义务主体也在不断扩大，由原先的仅由政府承担人权保障义务，逐步扩大到各种非政府组织、企业；由原先的国内义务主体扩展到国际义务主体，包括联合国的人权机构和地区性的人权保障机构。

### 二　以政治自由主义作为人权保障的主要理论根据

从人权保障的理论基础来看，发达国家特别是西方发达国家普遍以西方政治自由主义作为其理论根据，从个人的尊严、自由、自主、价值出发来论证人权的来源和保障的必要性及其限度。尽管功利主义对西方人权发展也具有一定影响，但并不居于主流地位。

将政治自由主义作为人权保障的主要理论根据带来的一个后果，就是发达国家特别是西方发达国家特别强调对个人权利的保障，否认或忽视对

集体权利的保障；更加强调个人的自由权利，而对因公共利益限制个人自由采取更加谨慎的态度。多数西方发达国家不承认作为集体权利的发展权。

## 三　以法律保障制度为中心的人权保障体系

从人权保障形式来看，发达国家普遍强调法律保障制度的中心地位。在大多数西方发达国家，权利必须由法律来规定，也必须由法律来保障。西方发达国家或是在资产阶级革命的斗争过程中日益构建起保障人权的法律体系，如英国、法国、美国；或是在二战后以较快的速度完成制度上的转变，建立起保障人权法律制度，如韩国、德国。

人权的法律保障集中体现在宪法保障。在发达国家，宪法在人权保障的法律制度中具有核心地位。从宪法发生史来看，人权具有先宪法性，宪法是人权演进到一定阶段的产物。英国宪法学者戴雪精辟地指出："宪法是法院保障人权的结果而非保障人权之来源。"[①] 作为近代宪法发祥地的英国，正是为了确认公民的自由和权利，并通过以人身权利为主要内容的权利保障来对付王权的专横才产生了诸如《大宪章》、《人身保护法》、《权利法案》和《王位继承法》等一系列宪法性法律文件的。世界上第一部成文宪法 1787 年美国宪法虽然主要规定的是政府的组成，没有规定公民的权利，但是它最直接的目的却是保障权利。作为美国立宪指导思想和立宪原则、并被马克思称为"人类第一个人权宣言"的美国《独立宣言》公开宣称："人人生而平等，他们都从他们的'造物主'那边被赋予了某些不可转让的权利，……为了保障这些权利，人们才建立了政府。"[②] 一直作为法国宪法序言的 1789 年《人权和公民权利宣言》也庄严宣布："在权利方面，人们生来并且始终是自由平等的，任何政治结合的目的都在于保存人的自然和不可动摇的权利。"世界上各发达国家的宪法规范体系大多数由国家机构组织规范和公民权利规范这两个部分构成，但是它并非以组织规定与授权规范为核心，而是以实现和保障人权作为最根本的目的。

---

① ［英］戴雪：《英宪精义》，雷宾南译，中国法制出版社 2001 年版，第 5 页。

② 姜士林：《世界宪法大全》，青岛出版社 1997 年版，第 1614 页。

以法律保障为中心的人权保障体系导致的一个问题，就是发达国家对那些无法用法律严格规定的权利往往采取不予承认的态度。如美国至今没有加入联合国《经济、社会和文化权利国际公约》，不承认经济、社会和文化权利的人权地位，其最主要的理由之一就是这些权利无法用法律形式予以严格规定。

### 四　特别强调公民权利和政治权利保障

从人权保障内容来看，发达国家特别是西方发达国家更加强调公民权利和政治权利保障，相对忽视经济、社会和文化权利保障。这一方面是由于主要发达国家是在反抗封建制度、建立市场经济制度的历史背景下提出人权观念的，因此公民权利和政治权利成为首先被提出并要求加以保障的权利。而经济、社会和文化权利是在市场经济进一步发展的过程中为了解决劳资矛盾而提出的，不仅在时间上后于公民权利和政治权利，而且在保障强度上也不能与公民权利和政治权利的保障相抵触。另一方面这也是由于发达国家以法律为中心的人权保障制度，许多经济、社会和文化权利由于无法以法律的形式予以严格规定和救济便被置于相对次要的地位。同时，政治自由主义对个人自由权利的强调，也对西方发达国家相对忽视经济、社会和文化权利产生影响。

### 五　高度重视人权救济和保障机制建设

从人权救济机制来看，根据西方的法学原则，无救济则无权利。尽管发达国家人权法律的表现形式各异，但普遍建立了具有法律效力的人权的救济和保障机制。在人权法律的表现形式上，发达国家并非都有制作精良的人权法律文本和含有具体条款的成文宪法。英国的人权立法在 1998 年《人权法案》之前一直延续着不成文的传统，但是缺乏成文宪法并没有影响英国人权保护的水平，无论是 1215 年《大宪章》，还是其后的 1628 年《权利请愿书》、1679 年《人身保护法》和 1689 年《权利法案》以及难以计数的习惯、令状、判例等，构成了英国人权保护的自由传统。《法国宪法》中没有明文规定公民具体的权利，只在宪法序言中规定了 1948 年的《世界人权宣言》和 1946 年宪法序言中确认的公民的一些权利，它并没有明确具体地规定公民享有的权利，但是法国宪法委员会对公民权利保障在制度运行上都做得非常成功，使宪法上所规定的人权得到了现实的保障。

## 六　非政府组织在人权保障方面发挥重要作用

发达国家以法律为中心的人权保障体系导致法律外的人权保障需求往往得不到政府的及时、具体和充分的满足，而非政府组织则承担了大量这类的人权保障工作。这些非政府组织在促进人权保障方面扮演着多重角色。首先，它们是人权改善的倡导者，提出人权保障的立法建议；其次，它们是政府行为的监督者，对政府侵犯人权的行为提出批评和指控；再次，它们是人权保障义务的承担者，积极开展各类人权救助和保障工作，特别是对特定群体的权利救助；最后，它们还是人权知识的普及者，向公务人员和普通大人普及人权知识，让公务人员了解如何在公务活动中保护公民权利，让普通百姓知晓如何防止自己的权利受到侵犯以及如何在权利受到侵犯后寻求及时有效的救济。

## 七　重视人权教育和知识普及

发达国家高度重视人权教育，将人权作为国家最基本、最核心的价值理念，将其渗透于全民教育的各个阶段，并作为媒体传播基本共识。

法国是现代公民教育的首创国，早在大革命时期，就已有尝试。在1793年制定《公民教育法》时，法国就把《人权宣言》和《宪法》列为中小学生必须学习的基本知识内容。1881年颁布的实施教育改革的《费里法案》要求在公立学校内普遍废除宗教课程，并代之以“共和国公民的伦理与道德”，开设公民教育课，这一做法经过一些变动后，最终成为了法国中小学公民教育的一个传统。①

美国的人权教育根源于其“人权立国”的政治历史传统，通过公民教育中的社会学科教学予以实施，其常识、理论和价值观统一于美国精神。美国人权教育有较为完善的公民教育评价体系，体现一般目标和具体目标统一，把对理念、观念和行为方式的培养和塑造放在与人权知识的传授同等重要的位置，教学内容丰富多样，多部门多学科相互融合，国际组

① 高峰：《法国学校公民教育浅析》，《首都师范大学学报》（社会科学版）2005年第2期。

织和国内民间非政府组织在美国人权教育过程中发挥着不可替代的作用。①

韩国于2001年依据《国家人权委员会法》设立国家人权委员会后，由该机构积极推动人权教育的发展，制定了《人权教育的国家行动计划》，着力促使人权教育在学校、政府和市民社会的所有部门都实现主流化。在着力制定人权教育法案的同时，积极努力使人权内容得以纳入小学和初等教育的课程中，并为不同年级学生编制专门的教材。特别值得注意的是，人权委员会根据韩国军队的人权问题，与国防部协商后为军队制定了《人权教育指南》，推动了在官兵训练项目中开设起人权班。②

## 八　积极推进国际人权机制建设

从人权保障机制的国际化来看，西方发达国家有着较强的国家实力和意识形态输出的愿望，在国际和地区人权机制的建设中经常扮演倡导者的角色，积极推动国际人权机制建设。它们在很长一个时期主导人权国际规范的制定，向国际机构输送精通人权事务且善于国际交往的专业性人才，使其在构建设定章程、议事规则、决策程序过程中的主导作用。多数西方发达国家强调人权保障的国际性，普遍认为人权高于国家主权，主张对有关国家实施人道主义干预。

西方国家积极推进国际人权机制建设带来了两个方面的影响。一方面，它有利于西方国家将自己的人权保障理念和制度转化为国际规范，从而将自己的人权保障理念和制度以国际规范的形式推销给其他国家，并形成国际的约束力。这不仅引发了国际社会关于人权的普遍性与特殊性的激烈争论，而且引发了如何处理国际人权保障与国家主权之间关系的各种对立主张。

另一方面，西方国家积极推进国际人权机制建设，也对各发达国家国内人权保障形成一定的约束。国际和地区人权保障机制对签约国的定期审议、个人申诉和来文审查机制、特别报告员访问和调查机制以及国际和地

① 海子：《美国人权教育的内容与特征》，《人权》2013年第1期。

② 王孔祥：《国家人权机构与人权教育——韩国国家人权委员会的实践及其启示》，《广州大学学报》（社会科学版）2010年第11期。

区人权法院的审理和判决等，都对发达国家国内的人权保障机制形成约束和压力，迫使其修改相关的法律和制度。

## 第二节　影响发达国家人权发展道路的主要因素

发达国家人权发展道路受到许多特殊因素的影响，这些因素不仅包括历史上人民争取权利的运动，而且包括客观的特殊的经济发展阶段、政治体制、人权理论、宗教和文化传统以及国际人权机制。

### 一　人民争取权利的抗争运动对人权发展的推动作用

发达国家人权保障的发生、发展和完善的最直接动力，是人民争取权利的抗争运动。被誉为“首开英国人权保障先河”的1215年《大宪章》就是英国贵族与英国国王抗争的结果。1628年《权利请愿书》、1679年《人身保护法》，1689年《权利法案》以及1998年《人权法案》的制定，都是在英国人民争取人权的斗争中推进的。在美国，1776年在反抗英国统治的过程中制定了《独立宣言》，1789年又通过了《权利法案》；由奴隶制存废引发的南北战争，导致了1862年9月林肯总统签署《解放宣言》、1863年的《人身保护令状法》、1865年的美国宪法第十三修正案、1866年的宪法第十四修正案以及1869年2月的宪法第十五修正案。20世纪中期美国黑人争取平等权利、反对种族歧视和种族隔离的民权运动，导致了1964年《民权法案》的通过。在法国，正是在法国大革命浪潮中产生了《人权宣言》。韩国也是在反抗军事独裁统治的运动中通过了保障人权的1987年宪法。在俄罗斯，人民争取权利的每一次运动都推动了人权保障制度的变革。

### 二　经济社会发展阶段对于人权保障水平的制约作用

经济社会的不同发展阶段决定了对权利的不同需求和保障条件。从发达国家人权发展的历史来看，对公民权利和政治权利的保障出现在市场经济发展的初期和推翻封建统治的时期；对经济、社会和文化权利的保障出现在市场经济发展的中期和劳资矛盾尖锐的时期。而对各类特定群体权利的保障和对环境权利的保障则是随着市场经济体制日益成熟的过程逐步实现的。从权利保障程度来看，不同的经济发展水平对权利保障程度提供了不同的支持，从总体趋势来看，经济发展水平越高，权利保障水平的提升和权利保障范围的扩大的可能性越大。

## 三 权力制衡的政治体制对人权发展道路的平衡作用

发达国家特别是西方发达国家普遍实行三权分立的制衡政治体制，它对人权发展道路发挥着平衡作用。回顾发达国家人权发展的历史可以看到，立法、司法和执法机构经常围绕人权问题发生严重分歧。例如，在美国，政府和议会提出的人权保障方案经常被最高法院判定为违宪。这迫使人权保障的立法必须在遵循已有的法律原则与创新之间取得平衡，在不同的政治利益冲突中达成妥协。这导致发达国家特别是西方发达国家虽然在人权保障制度的最初创立方面占尽先机，但其随后的制度完善过程却步履蹒跚，经历了几百年的发展过程才逐步达到现在的状态。

## 四 政治自由主义理论对人权发展道路的指导作用

如前所述，发达国家特别是西方发达国家的人权发展将政治自由主义作为理论基础。而政治自由主义的本身的发展变化，也对这些国家的人权发展道路产生重要影响。在近代人权发展初期，自由主义思想家格劳秀斯的“天赋人权论”、洛克和霍布斯的“自然权利说”、卢梭的“社会契约论”成为了1689年英国《权利法案》、1776年美国《独立宣言》和1789年法国《人权宣言》的理论基础。① 进入20世纪以来，罗尔斯的“正义论”、诺齐克“权利论”、德沃金的人权思想等新自由主义学说超越了传统自由主义的眼界，对发达国家的人权发展特别是经济、社会和文化权利的发展以及特定群体权利的保障发挥了重要的作用。但应当指出的是，尽管政治自由主义对发达国家人权发展的影响是主导性的，但功利主义和各种后现代主义对政治自由主义的批判，也使当代政治自由主义理论出现很多新的变化，从而间接影响到发达国家的人权发展。如功利主义对人权与公共利益之间关系的权衡、社群主义对个人权利与对社群义务关系的考

---

① 张志宏：《中国与西方传统思想中的人权理念之辨析》，《毛泽东邓小平理论研究》2012年第8期。

量，都促使人们重新思考政治自由主义的局限。

此外，虽然人权理论和价值观念趋同，但是各个国家在人权实现的路径和价值取向上又各有侧重。英国比较偏重经验自由，美国偏重独立，法国偏重于理性和平等。可见即使是趋同的人权理论，具体到各个国家其价值取向也不一定完全相同。

### 五 宗教和传统文化对人权发展道路渗透性影响

宗教和文化传统对发达国家的人权发展道路产生着潜移默化的影响。西方发达国家的人权思想和人权发展道路深受基督教文化的影响，将人的权利和平等归于上帝的创造；俄罗斯的人权思想和人权发展道路受到东正教的影响，强调集体比个人更加重要；韩国的人权思想和发展道路受到儒家文化和基督教的双重影响。尽管当代发达国家的人权思想在形式上已经与宗教信仰相分离，但在话语表述方式上仍然渗透着宗教和传统文化的精神和痕迹，并被作为理解人权的重要思想源泉。

### 六 国际和地区人权机制对各国人权发展道路的约束作用

如前所述，发达国家特别是西方发达国家积极推动国际和地区性人权机制的建立，在这些机制建立并开始运行后，发达国家的人权发展也日益受到国际和地区性人权机制的约束，但接受这种约束并非完全情愿，经历了一段拖延的过程。

英国积极参与了《欧洲人权公约》的起草，并于1951年成为第一个批准该公约的国家。但在近50年的历史中，英国并未将《欧洲人权公约》纳入其国内法律体系之中，公约也未能在英国国内产生直接的法律效力。直到1972年英国成为欧共体成员国后，《欧洲人权公约》通过欧共体法这一桥梁对英国人权保障产生了直接的效力，《欧洲人权公约》便间接地被植入到了英国的国内法中。[①] 而英国1998年《人权法案》的产生在很大程度上就是为了“将权利带回家”，通过将《欧洲人权公约》以“公约权利”的形式转化而纳入到英国国内法体系之中，在列明英国公民

---

① Martin Cook, Ba and Gavin Dillow, Ma, Halsbury' s Laws of England, Fourth Edition Volume 8 (2), 2013, p. 22.

所享有的人权的同时，使人权在英国国内获得了可诉性。

同样在欧洲人权保障机制的创立中起到重要作用的法国，在1950年签署了《欧洲人权公约》之后，直到1975年才批准该公约，而对个人申诉权的认可更是拖到了1981年。[①]

美国在建国时期就已经确立了人权保护的理念和制度，在“二战”后又积极推动建立了国际人权保护机制，但美国却基于各种内政外交的考虑，采取美国例外主义，并不积极参加国际人权公约，不愿接受国际人权保护机制的监督。然而，其人权保护制度的发展仍然不可避免地会受到国际社会舆论压力和国际人权保护机制的深刻影响。“二战”后，美国逐渐废除种族隔离和种族歧视制度的发展历史，以及当代美国关于经济、社会和文化权利保护制度的发展进程，都明显体现出国际社会的外部影响对于促进美国人权保护制度建设的积极作用。在当代，尽管美国加入的国际人权公约数量很少，但对于所加入的国际人权公约，它必须履行公约的义务。2006年联合国人权理事会成立后，美国起初持反对态度，并且不参加第一届人权理事会成员的竞选。但随着人权理事会的作用不断强化，美国也通过竞选成为理事会成员，并接受理事会主导的普遍定期审议。

## 第三节　发达国家人权发展道路的不同模式

按照一般理解，我们在分析和研究发达国家的法律问题时，通常将英美法系和大陆法系这两大法系的不同作为首要的考虑因素，认为法系不同是决定人权发展道路的主要因素。通过仔细研究，我们发现不仅仅是不同法系之间人权发展道路不同，即使同一法系的不同国家之间其人权发展的道路和保障模式也各有差异，所以通过法系来区分不同发达国家人权发展道路并不是科学的。

### 一　各国在人权领域面临的突出问题各有不同

每个国家人权保障制度的发展均有其独特的历史和民族特点，这也使

---

① 法国法官勒内·卡森（René Cassin）是《欧洲人权公约》的重要起草人之一，曾在公约的起草过程中发挥了重要的作用，并出任欧洲人权法院首任院长。

得各国在其发展过程中所面临的人权问题各不相同。

美国人权保护的发展史，充分说明了人权制度发展与特定历史和民族问题之间的关系。建立于殖民地基础上的美国，自建国初始就始终面临着如何对待印第安人的问题，至今这仍然是美国人权保护制度有待进一步完善发展的一个重要领域。美国建国初期实行的奴隶制，在其后也成为了人权保护方面的一项重要议题，甚至引发了一场大规模内战。即使在奴隶制早已经废除的今天，对于黑人的种族歧视和权利保护问题也仍然存在许多问题。作为移民大国，美国国内的移民问题和移民权利保护问题也具有明显的地方化特点。这些都清楚地表明了美国社会所面临的人权问题不可能简单地等同于其他任何国家的问题。此外，美国历史上逐渐发展起来的国家结构、政党政治、司法模式等独特制度，也决定了其所面临的人权问题注定是富有美国特色的。

法国在人权保障方面亦是如此，1789 年《人权和公民权利宣言》和 1946 年宪法序言，一个是 18 世纪的，一个是 20 世纪的。法国对于这两个历史法律文件的恪守和尊重，也彰显了其对于传统坚守的一面。尽管 1789 年《人权和公民权利宣言》诞生于两个多世纪之前，但是法国在其法律实践中依然赋予其效力，而且在合宪性审查过程中，将其作为合宪性审查的依据，并进而将合宪性审查和公民权利保障融合在一起。与此相联系的还有 1946 年的宪法序言，以及其中的“共和国法律所确认的基本原则”，所谓的“共和国法律确认原则”，则是可以从法国第一共和、第二共和、第三共和的法律实践中来进行寻找、提取可资借鉴和继承的东西，并将其放大与现实需要结合。这些都是对于法国社会传统的尊重，从过去里提取今天需要的东西，又将其和当代相联系并进行发展。如前文所述的 1971 年“结社自由案”，起源于 1901 年的结社自由法的修改，对于公民结社自由权进行限制，而结社自由对法国人来说显得非常重要，这是法国人的共和制度历史上的一个传统，宪法委员会在其经典裁决中认为这属于“共和国法律确认的基本原则”，因而要给予充分的保障。此外，在有关人权的用语上，法国对自己的历史传统也非常坚守，例如“基本权利”一词在英美法系国家及许多大陆法系国家都非常通用，但在法国的立法和司法实践中却不常见，他们更习惯采用“公共权利”、“公共自由”等。

可见，任何国家人权保护制度的发展，都不能脱离其本国的历史和现实条件，而应当采取最具有针对性且最为可行的策略和方式发展人权保护制度，使其能够深深地植根于本国的历史和现实之中，获得充分的效力和持久的生命力。

## 二　各国在权利保障的价值取向和内容上的不同倾向

尽管并非一直以来对于将人权分为公民与政治权利和经济、社会和文化权利都存在着一定的争议，但国际人权两公约的产生及其历史原因也可以反映出国际上不同的国家在权利保护上的不同侧重，这主要表现为一些国家对于公民政治权利保护的侧重和另外一些国家对于经济、社会和文化权利的重视。受到启蒙思想及其他因素影响而进行了资产阶级革命建立的资本主义国家如法国、美国等，极其重视对公民权利和政治权利的保护，例如，美国的《独立宣言》宣称："人人生而平等，他们都从他们的'造物主'那边被赋予了某些不可转让的权利，其中包括生命权、自由权和追求幸福的权利。为了保障这些权利，所以才在人们中间成立政府，而政府的正当权力，则系得自被统治者的同意。如果遇有任何一种形式的政府变成损害这些目的的，那么，人民就有权利来改变它或废除它，以建立新的政府。"尽管到了20世纪美国逐步开始注重对公民经济、社会和文化权利的保护，但美国政府认为，在经济、社会和文化方面的责任主要应当由公民个人承担，不存在政府的保障义务，也拒绝在一般意义上承认公民的经济、社会和文化权利。① 美国至今仍未批准《经济、社会和文化权利国际公约》。而法国《人权和公民权利宣言》则宣称："任何政治结合的目的都在于保存了人的自然的和不可动摇的权利。这些权利就是自由、财产、安全和反抗压迫。""自由就是指有权从事一切无害于他人的行为。因此，各人的自然权利的行使，只以保证社会上其他成员能享有同样权利为限制。此等限制仅得由法律规定之。"此外，1950年制定的《欧洲人权公约》中的绝大多数规定都是公民的各项自由权利和政治权利，但1961年制定的《欧洲社会宪章》则主要针对经济、社会和文化权利做了具体

① Hope Lewis, "New Human Rights: U. S. Ambivalence Toward the International Economic and Social Rights Framework," in Cynthia Soohoo, Catherine Albisa and Martha F. Davis (eds.), *Bringing Human Rights Home*, Vol. 1, Praeger Publishers, 2008.

的规定。由此，也可看到，人权观念的基本发展趋势，尽管由于不同的历史和文化背景各个国家初始时期对人权的认识、保护人权侧重面各不相同，但其后都会朝着更平衡抑或全面的方向拓展开来。[①]

## 三　各国设立的人权保障机构的差异

在英国的人权保障发展历史上，议会在争取权利和自由方面发挥了主导性的作用，英国的议会制度产生于中世纪早期，尽管英国作为一个判例法国家使得议会立法在很长时期内并未成为英国法的主要渊源，且早期的英国法中并不存在“议会至上”的概念，但随着在与王权的斗争过程中产生的1215年《大宪章》、《权利请愿书》，特别是1322年《约克法令》的出现，议会的地位得到了一步又一步的提升，并最终以法令的形式肯定了议会的法律地位；而1688年光荣革命及《权利法案》的制定，使得议会的主权地位得以确立。“议会至上”原则及“法治原则”的确立，使得议会越来越成为了英国人权保障中的核心，1998年《人权法案》尽管赋予了法院“柔性”的“不一致宣告权”，议会至上仍然处于至高无上的地位，仍在英国人权保护中发挥着核心的作用。而与英国一岸之隔的法国却截然不同，在法国，承担起人权保障主要责任的机关是其宪法委员会，特别是其对于“合宪性审查依据”的创造性解释，解决了法国宪法实践中的难题。尽管1958年宪法委员会在创立之初并不直接具有人权保护的司法功能，而是仅作为一个立法审查机构而存在[②]，但宪法委员会1971年关于结社法的决定却强化了宪法的权威和人权与其他宪法原则的有效性，赋予1958年宪法序言以宪法效力，并基于宪法序言中所包含的“人权原则”和“法律的基本原则”实现了法国人权保护制度的转型，[③]使宪法委员会承担起了法国公民人权保障的职责，成为法国法律制度中有关人权保障机制的核心内容。同时受到英国普通法传统和法国启蒙思想影响的美国奉行宪法至上原则和三权分立原则，宪法最高，立法可以被最高法院宣告

---

① 常健：《利益与自由：人权的两个维度》，《广州大学学报》2011年第11期。

② 根据1958年宪法的规定，宪法委员会拥有三方面重要的职权，即：对法律法规是否违反宪法实施审查；对总统、议会的选举及全民公决是否符合宪法实施审查；根据有关国家机关的请求提出咨询意见。

③ 姚小林：《法国人权保护中的司法功能》，《兰州学刊》2007年第4期。

违宪[①]，这既不同于欧洲大陆的立法中心主义，也不同于英国的普通法传统主义，它典型地表现为以其联邦宪法为基础、以违宪审查机制为核心的司法中心主义模式，这也导致了联邦最高法院在美国法治运转中处于核心地位。[②] 位于亚洲的韩国在 20 世纪 60 年代确立起来的法律制度深受日本法的影响，沿袭了大陆法系的立法体例及概念和术语，同时又较多地接受了美国法的传统，逐步形成了融合西方两大法系特点的独特法。[③] 韩国的违宪审查从引入欧洲模式到美国模式再到欧洲模式，进行着不断反复的尝试并得到完善，从首部宪法中的宪法委员会，到 1960 年为宪法法院所取代，再到 1962 年将违宪审查权赋予最高法院，再到 1972 年取消最高法院的违宪审查权，直至 1987 年的现行宪法使宪法法院得以重新设立，韩国的违宪审查制度才向着民主进步的方向发展。1987 年宪法同时引入了德国宪法裁判所制度，所设置的宪法裁判所的司法管辖范围得到了空前的扩展，通过违宪审判和宪法诉愿审判，特别是后者赋予公民因公权力滥用而使基本权利受到侵害时可直接请求救济的权利，在韩国依宪治国发展史上具有划时代意义。[④] 此外，韩国国家人权委员会于 2001 年 11 月依据《国家人权委员会法》而设立，主要承担对侦查机关的侵害平等权的差别行为的受理及调查、对相关机关提出更正劝告及进行人权教育等三个方面；[⑤] 专门的国家人权机构与宪法法院相互配合，共同促进韩国的人权保障。

### 四　各国人权保障的实现路径的不同特点

就英国而言，由于议会承担起了人权保障方面的主导作用，使得英国人权的实现在极大程度上依赖于议会立法。这一特点突出地体现为英国

① 程洁：《宪政发展应着力解决好法治、民主和人权的关系》，《法学》2008 年第 4 期。

② 王若磊：《美国的法治模式》，《学习时报》2014 年第 2 期。

③ 胡建森、方立新：《韩国法通论》，杭州大学出版社 1996 年版，第 6 页。转引自赵嵩：《韩国人权保障机制的发展——对韩国保障人权的若干法律制度的考察》，《当代韩国》2001 年夏季号。

④ 钟琼：《从韩国的修宪过程看其民主化进程》，《湖南经济学院学报》（人文社会科学版）2013 年第 5 期。

⑤ 李星燕：《韩国国家人权委员会对国家机关侵害平等权行为的保障作用》，《河南政法管理干部学院学报》2008 年第 1 期。

1998 年《人权法案》的制定，该法案的通过成为了英国人权保护史上的里程碑事件，它将《欧洲人权公约》转化为英国的国内法，并以“公约权利”的行使第一次系统地梳理了英国社会存在的人权清单，从根本上解决了英国人权保护中司法适用的法律渊源和宪法基础问题[①]；在使人权在英国法院具有可诉性的同时，使人权案件不必再诉诸于欧洲人权法院。法国 1958 年创设了宪法委员会，其最初的职能在于解决立法权与行政权之间权限划分冲突为主要职能，而 1971 年对有关结社自由的法案进行的违宪审查使得宪法委员会逐步过渡到以保护基本人权免受公权力的侵害为目标，由于宪法委员会是一个监督宪法实施的机关，其对人权保障的作用主要是通过“合宪性审查”的方式实现，例如 1971 年的一项政府法令试图对公民集会进行登记以进行行政控制，宪法委员会以该法令违反了由宪法所确认的共和国法律所应遵守的原则而宣布其无效；在 1984 年法国议会制定了一部有关新闻自由的法律，该法律要求报纸和新闻公司公开有关所有权的某些信息，并采取措施来限制经济集中，由于言论自由被认为是“几乎其他每一种的自由都不可缺少的条件”，言论自由的行使是“尊重其他权利和自由及国家主权的一项根本性保障”，宪法委员会对该法案作限缩解释，使该法律的适用范围限制在“通过兼并和合营来获得增长的发行量”，而不适用于在市场竞争中成功实现的发行量，且此限制也仅适用于未来增加的部分，由此保障了新闻自由，在一定程度上保障了公民言论自由。[②] 美国最高法院是具有“司法复审权”，可以受理上诉案件的最高司法组织，因此，当个人为一方，政治共同体为另一方的要求发生冲突时，最高法院就常常成为了他们进行决战的场所[③]，例如在著名的“米兰达案”中，最高法院运用自身解释《人权法案》的权力，依据《宪法》修正案第 5 条所明确规定的“程序保护措施”推翻了下级法院对米兰达作出的有罪判决，使其不得“被强迫自证其罪”，维护了“正当程序原则”，而与之类似的还有最高法院在戴黑色臂章反越战案及焚烧国旗案中

---

① 姚小林：《1998 年〈人权法案〉对英国司法功能的影响》，《人权》2007 年第 6 期。

② 徐海珍、王丽红、徐晓静：《法国人权保障机制的特色及其对中国的意义》，《唐山学院学报》2005 年第 4 期。

③ 张纯：《美国社会中个人与社会之间的和谐与冲突——谈谈涉及美国宪法的几个重要案件》，《国外社会科学文摘》1987 年第 6 期。

对于宪法第一修正案所保护的公民言论自由权利的维护。韩国国家人权委员会的职能主要分为政策功能、调查及救济功能、教育与宣传及现状调查功能、国内外合作功能等。政策功能包括：（1）与人权有关的法令、制度、常规的调查、研究、改善建议及意见；（2）关于人权侵害的类型、判断标准的预防措施等指导、提示及劝告；（3）关于加入国际人权条约及条约的履行劝告和意见。调查及救济功能包括：（1）对韩国国家机关、地方自治团体或者监狱及保障设施的人权侵害的调查和救济；（2）对因法人、团体或者私人侵害的平等权的差别行为的调查和救济。教育与宣传及实况调查功能包括：（1）公民的人权意识的教育和宣传；（2）人权情况调查。国内外合作功能包括：（1）与韩国国内人权团体及个人合作；（2）与人权有关的国际组织及同外国人权机构的交流和合作；① 而宪法法院主要职权在于：（1）违宪法律审判权；（2）弹劾审判权；（3）解散政党权；（4）权限争议审判权；（5）宪法诉愿审判权。

① 李星燕：《试论韩国国家人权委员会的体制与功能》，《人权》2008 年第 3 期。

# 第十二章　主要发达国家人权发展道路的异同

## 第一节　英国、法国和德国人权发展道路及其特点

### 一　英国人权发展道路的特点

英国是近代资本主义发端的最重要国家之一。随着对封建王权的反抗，新兴的资产阶级不断提出保护个人权利的要求，它为现代人权观念和制度的产生奠定了重要的思想和政治基础。同时，英国又是近代最大的对外殖民和扩张的国家，其殖民地曾遍布全球。英国对外殖民和扩张的过程充满了血腥，英国政府对外所讲的人权，在很长时间只是限于英国殖民者的权利，却并不承认被殖民国家和地区当地人民享有同样的权利，甚至将其当作野蛮人任意屠杀和奴役。这是在讨论英国人权发展道路时必须注意的历史背景。

#### （一）英国人权发展道路的历史回顾

英国人权保障是一个逐步发展和完善的过程，经历了萌芽、初步确立、完善和新发展等历史时期。

1. 英国人权保障的萌芽阶段

13 世纪初至 17 世纪初是英国人权保护的萌芽阶段，在这个时期出现的两个最重要的人权文件是《大宪章》和《权利请愿书》。

1199 年就任英格兰国王的约翰不断增加对贵族利益的掠夺和盘剥，激化了国王与贵族以及教会之间的矛盾。1215 年，各地贵族以约翰未能保护封臣和王国利益为由，联合社会其他力量发动了大规模的叛乱，王军一败涂地。贵族代表正式向国王提交了权利要求书，走投无路的国王只好答应了贵族提出的要求，并签署了写在羊皮纸上的用当时的官方语言拉丁

文书写的《大宪章》[1]，它被后人视为英国自由传统的基石。其主要内容包括：教会根据宪章享有的自由和权利不受干扰和侵犯（第 1 条）；贵族与领主死后，其继承人按照旧有数额或领地旧有习惯缴纳继承税后即可享有遗产（第 2 条）；在国王被俘赎身、国王长子受封骑士、长女出嫁时所征收的辅助金应适当，除此三项外，未经全国公意许可，不得征收其他辅助金与免役捐（第 12、14 条）；应承认伦敦及其他城市拥有自由和习惯之权利（第 13 条）；不得强迫骑士或其他自由保有土地的人服额外之役（第 16 条）；除国王自己的领地庄园外，一切郡、市镇、区均按旧章征收赋税，不得有任何增加（第 25 条）；国王之官吏除依照自由人意志外不得擅取自由人之谷物、车马、木材等动产（第 28、30、31 条）；任何自由人，如未经其同级贵族依法裁判，或经国法判决，皆不得逮捕、监禁、流放、剥夺法律保护权，或加以任何其他损害（第 39 条）；由 25 名大贵族组成一个委员会，监督大宪章的执行，国王如有违反，可采取包括剥夺其土地和财产在内的一切手段予以制裁（第 61 条）。[2] 在英国历史上，《大宪章》是贵族首次以契约形式限制王权、保护贵族权利的法律文件，它同时也规定了英国自由人所享有的人身自由权和财产权。它所确立的“法律高于王权”的原则，为日后英国人民对抗王权争取权利和自由奠定了坚实的基础。

16 世纪至 17 世纪初，英国出现了社会经济结构危机。1628 年 3 月，查理一世为了解决财政问题召开议会，在议会上，议员们要求查理一世接受议员们提出的《权利请愿书》，其中明确规定过往不得随意借债、征税、审判及逮捕，同时不得随便动用军队，如果国王接受这份文件，以后将拨出 35 万英镑作为国王的经费。奉行“君权神授论”的查理一世根本无法容忍《权利请愿书》对他权威的挑战，但屈服于财政压力，查理一世不得不改变自己对《权利请愿书》的态度，正式批准了《权利请愿书》。《权利请愿书》主要包含两方面的内容：一是重申了爱德华一世确认的《无同意课税法》，不经议会同意不得征税；二是不经法律审判，或依国法外，国王“不得加以拘捕、监禁，或剥夺其管业权、各项自由及

---

① 齐延平：《自由大宪章研究》，中国政法大学出版社 2007 年版，第 98 页。

② 何勤华：《英国法律发达史》，法律出版社 1999 年版，第 75—76 页。

自由习惯，或置诸法外，或加以放逐，亦不得以任何方式加以毁伤。”①《权利请愿书》是议会争取自由和权利的胜利果实。但查理接受《权利请愿书》只是权宜之计，并无意真正执行它，当议会批准补助金后，其对议会抗议他征税恼羞成怒，下令解散议会，《权利请愿书》也被抛弃。②

2. 英国人权保障的确立阶段

17 世纪中叶，英国人权保障进入了确立阶段，这一时期产生的最重要的人权文件是《人身保护法》和《权利法案》。

1679 年，英国国会为了反抗复辟的国王查理二世对清教徒的迫害，通过了《人身保护法》（*Habeas Corpus Act*），并迫使英王签发。《人身保护法》规定，没有法院签发的、载明理由的逮捕证，不得逮捕，羁押任何英国公民；除重罪以外，被依法逮捕的臣民及其亲友，有权请求法院签发“人身保护令”，限期将被逮捕者从警察机关或其他关押机构解送到法院审理；法院如认为逮捕的理由不成立，应立即释放被捕者；人犯向法院缴纳保证金后可以允许假释，重罪者除外；凡依“人身保护令”已经解送法院或保释的人犯，不得因同样原因再加以羁押；英国的臣民不得被送至海外领地拘禁等。《人身保护法》虽然没有规定公民的任何实体权利，但将 14 世纪就已经存在的保护人身权利制度法律化，在历史上第一次从刑事诉讼程序法的角度确立了近代意义上的保护人身自由权利的原则，为施行快速审判的公开审判制度，限制王权和保护人权提供了法律基础。它标志着西方社会对个人人权法律保护的真正开始。③

1685 年继位的詹姆士二世无视议会的存在，肆意破坏资产阶级与封建贵族先前达成的妥协机制。1688 年，议会秘密策划宫廷政变，邀请詹姆士的女儿玛丽和在尼德兰执政的女婿威廉·奥兰治到英国继承王位，威廉·奥兰治于 1688 年 11 月率军登陆不列颠，依靠强大的军队和英格兰内部的反叛力量，成功地迫使詹姆斯二世退位，史称“光荣革命”。光荣革命吸取了资产阶级革命前期正反两方面的经验和教训。④ 为了限制王权，防范詹姆斯二世时统治时期专制统治再次出现，立宪协商会议于是向新国

① 祝捷：《外国宪法》，武汉大学出版社 2010 年版，第 70 页。

② 何勤华：《英国法律发达史》，法律出版社 1999 年版，第 78 页。

③ 张爱宁：《国际人权法专论》，法律出版社 2006 年版，第 58 页。

④ 宗传军：《英国宪法形成过程》，《人大研究》，2014 年第 4 期。

王提交了一份名为《权利宣言》的文件，同年 10 月议会以法律的形式重申了《权利宣言》的内容，形成了《权利法案》。其主要内容包括三个方面：第一，对王权的限制：未经国会同意，以国王权威擅自废止法律或者停止法律实施的行为为非法；未经国会批准，借口国王特权征收金钱或超出国会准许的实现与方式征收皆为非法；未经国会同意，在平时征募或维持常备军皆为非法，不得设立宗教钦差法庭。第二，对国会权利的保护：国会议员应经过自由选举产生；议员在国会上演说、辩论自由进行，不应在国会以外的法院或任何地方受到弹劾或询问；为修正，加强与维护法律起见，国会应时常召集。第三，规定了对臣民权利的保护：向国王请愿为臣民的权利，据此对臣民判罪或控告皆为非法；新教徒为了防卫，在法律许可的范围内可置备武器；不应要求过多的保释金，课外处分的罚款，滥施残酷刑罚等。《权利法案》确立了一系列基本权利包括信教自由，请愿权，防卫和置备武器权，选举自由，议员在议会内言论、辩论和议事自由，人民不受过多之保释金、过分之罚款、残酷非常之刑罚权，陪审权和定罪前不受罚金和没收财产权等。①

3. 英国人权保障的完善阶段

19 世纪至 20 世纪末，英国人权保障进入完善阶段，主要涉及普遍选举权、经济和社会权利保障等重要方面。

英国的选举制度从 1832 年起已经进行了十余次改革，这些改革可以分为两个阶段：第一阶段是 19 世纪 30 年代至 20 世纪早期的改革，其目标是扩大普选权；第二阶段是第二次世界大战以后建立以普遍、平等为核心的选举制度的改革。② 1918 年英国颁布历史上第一个成文的议会选举法律《人民代表法》，赋予 21 岁以上男性的选举权，有条件地赋予了妇女以选举权，并对选民登记、选举方式等问题做出了具体规定。1928 年的《人民代表法》进一步对妇女的选举权年龄进行了规定。1969 年的《人民代表法》将选民的年龄降至 18 岁。③

20 世纪后，经济和社会权利保障成为英国人权保障改善的重点。

---

① 芦雪峰：《英国 1998 年〈人权法案〉研究》，中国政法大学博士论文，2006 年 4 月。

② 何勤华：《英国法律发达史》，法律出版社 1998 年版，第 141 页。

③ 王克宁：《二战后英国选举制度的变迁》，《党政干部论坛》2007 年第 10 期。

1908 年，议会通过法律建立养老金制度；1909 年又规定了最低工资的立法限制；1911 年建立了疾病、残废和失业保险制度。第二次世界大战后，英国先后制定了《国民保险法》、《国民医疗保健法》、《住房法》、《工人健康和安全》、《就业保护法》等法律，涉及养老，失业，医疗、教育等各类特定群体的补贴和津贴等广泛的经济和社会方面的权利，使英国成为“福利国家”的典型。[①]

1949 年 5 月 5 日成立的欧洲理事会起草了《欧洲保护人权与基本自由公约》（简称《欧洲人权公约》），于 1950 年 11 月 4 日在罗马开放签字，并于 1953 年 9 月生效。1951 年英国成为第一批批准该公约的国家，并于 1953 年在英国生效。但由于英国议会“绝对主权”的宪政传统，历届政府均拒绝将《欧洲人权公约》纳入到英国法律体系之中。然而在 1966 年，英国接受了个人拥有向欧洲人权机构申诉的权利，如果英国受害人主张被侵犯了公约的权利并认为在英国法院没有获得有效的救济，就有权利向欧洲人权法院寻求救济。

4. 英国人权保障的新发展阶段

20 世纪末以来，英国人权保障又出现了许多新的发展，这主要体现在《人权法案》的制定和实施。

从 20 世纪 70 年代开始，英国各界开始对既有的权利保障模式进行反思，要求制定或者通过《人权法案》，或者将《欧洲人权公约》纳入到英国国内法。1998 年 11 月《人权法案》得到了女皇的同意，并于 2000 年 10 月 2 日正式生效。《人权法案》的主要目的是使英国在《欧洲人权公约》的框架下可以更好地实现其国际职责和对于国内侵犯公约权利的情况能够提供有效的救济。其工作的机制如下：（1）要求所有公共权力机构，包括中央政府，地方政府，警察，罪犯，NHS 信托和法院，审判委员会等，遵循并按照《欧洲人权公约》规定。（2）当公民认为公约规定的权利受到侵犯的时候，《人权法案》赋予公民向英国法院提起诉讼的权利。（3）要求英国法院和审判委员会：尽可能在与《欧洲人权公约》不抵触的情况下落实立法；在履行公共职能时能够不得与《欧洲人权公约》

---

① 刘杰：《国际人权体制——历史逻辑与比较》，上海社会科学院出版社 2000 年版，第 101 页。

相抵触。总体来看，《人权法案》并没有创设新的权利，只是将《欧洲人权公约》中的相关权利纳入到国内法的体系里。

自《人权法案》通过后，英国制定了一批成文法来进一步限定基本权利的保护范围，如1998年《数据保护法案》，2000年的《信息自由法案》，2003年《儿童和青年法》，2004年《儿童法》，2004年《性别识别法》，2004年《民事合伙法》，2005年《反恐条例》，2006年《恐怖主义条例》，2006年《平等法案》和2010年的《平等法案》，2007年《强迫婚姻法》，2011年《恐怖主义预防和侦查措施条例》，并建立了人权与平等委员会。①

（二）英国人权保障的法律制度

英国人权保障的法律制度包括宪法、普通法和制定法。

英国宪法是不成文宪法。英国颁布了一系列的法律文件为尊重和保障人权提供了法律基础。如1628年的《权利请愿书》，1679年的《人身保护令》，1689年的《权利法案》，1998年的《人权法案》，2005年的《宪法改革法》，它们以宪法性文件的形式保障了英国人的基本权利和自由。

英国是普通法法系，其法律体系最显著的特征是依赖于法官对于案件的审理判决来创造和革新法律。在1998年《人权法案》通过之前，许多普通法的权利已经在许多判例中得到了法官的证实，向法院申诉的权利早在1920年Chester v. Bateson这个有重大影响意义的案件中就得到了法官的承认。② 尽管普通法在缔造基本权利方面作出重要贡献，但是在权利的综合保护方面也有着重大的缺陷。首先，一个国家对于权利的传统保护方式主要更多地倾向于一些消极的自由而不是基于积极的个体权利的确认。如权利主体有权利做什么，除非是普通法或者成文法明文规定不得行使该权利，否则权利的形式不受束缚；其次，普通法对于权利保障的局限性体现在议会经常通过其强大的权力来改变普通法对于个人权利的保障；最后，就是法院一般不能够将普通法对于权利的保护拓展到新的领域，因为法院没有更多的权限去扩增现存的法律。可见普通法对于个人权利的保护

---

① Commission on A Bill Of Rights, "*A UK Bill of Rights? The Choice Before Us*, *Volume 1*", December 2012, p. 103.

② Ibid. .

有着悠久的历史也有着不可避免的缺陷。[①]

如果从法律渊源的角度考察，在英国的法律文献中“法”是在普通法或者说判例法的意义上使用的，它构成了英国法的本体，对于英国人而言，除了普通法就别无“法”可言。而作为英国法的渊源的制定法也只是对英国判例法的修正和补充。[②] 18世纪法律变革以后，英国制定法的数量成倍增长，使制定法在英国的地位迅速提高，成为与判例法并重的法律渊源。[③] 这使得制定法对于英国权利与自由的保障方面起到了一定的作用，在一定程度上弥补了普通法的不确定性。英国先后通过了1832年《人民代表选举法》，1867年《人民代表选举法》，1884年《人民代表选举法》，1918年《人民代表选举法》，1918年《国民参政法》。在经济和社会权利方面，早在1875年，议会就通过了《企业主和工人法》，二战后，又制定了《国民保险法》、《国民医疗保健法》、《住房法》、《工人健康和安全法》、《就业保护法》。1998年《人权法案》通过之后，制定法对于人权保护方面有着非常迅猛的发展，如1998年《数据保护法案》，2000年的《信息自由法案》，2003年《儿童和青年法》、2004年《儿童法》、2004年《性别识别法》、2004年《民事合伙法》、2005年《反恐条例》、2006年《恐怖主义条例》、2007年《强迫婚姻法》、2011年《恐怖主义预防和侦查措施条例》等数以百计的法律来保障公民的权利。

（三）英国人权保障的基本体制

1998年《人权法案》订立之前，英国对于公民基本权利的传统保障方式是通过司法的路径。20世纪之后，伴随着普通法和保护人权立法体制的发展，出现多层面的团体、机构和组织来监督和促进人权法律的实施，主要可以分为立法机构、行政机构、司法机构和其他团体等。

1. 立法机构在人权保障中的作用

立法机构主要是指英国的议会。英国的议会不仅通过立法来保障公民的权利和自由，它还设立了专门的人权机构来促进人权的保护。人权联合委员会是一个由上议院和下议院任命的联合委员会，它在英国议会关于人

---

① Colm O' cinneide, "The Human Rights Act and the Slow Transformation of the UK' s 'Political Constitution' ", *UCL' s Multidisciplinary Human Rights Institute*, 2009.

② 大木雅夫：《比较法》，范愉译，法律出版社1999年版，第240—241页。

③ 刘作翔：《案例指导制度的理论基础》，《法学研究》2006年第3期。

权保护方面发挥着非常关键的作用,[①] 其职责主要包括:(1)审查和报告政府提出的有关于人权指示和兼容性等"有重大意义的人权问题"。(2)审查政府对英国法院和斯特拉斯堡法院作出的不利于人权的裁判的反应。(3)向议会报告英国在确认签署前人权条款和审查英国实施国际性人权条约的细则。(4)针对具体人权问题进行调查,这类调查可以是论题型的,和人权联合委员工作相关的及非预期的发展或者国内关心的有重大意义的人权问题。[②] (5)监督1998年《人权法案》的具体实施。(6)考虑补救性命令的建议等。人权联合委员会也有权利要求议会提交书面证据和资料,审查证人,任命专家顾问并且向议会做出报告。

2. 行政机构在人权保障中的作用

在英格兰、威尔士、苏格兰和北爱尔兰均设立了法定的团体来监督、保护和促进人权的保护,分别被称为平等与人权委员会、苏格兰人权委员会和北爱尔兰人权委员会。它们作为国家人权机构在联合国框架下运转,监督政府当局的遵法情况,并且在公众教育方面发挥着重要的作用。其中,人权与平等委员会最具有代表性。它于2006年正式成立,其主要职责包括:促进和保护人权,监督法律实施;在平等和人权成文法则的效力、可能变更的法律等方面向政府提供建议;鼓励政府当局遵循《人权法案》第六部分的内容;宣传人权重要性和介绍在人权方面的重要实践;进行调查和申请禁制令,防止违反平等和人权的法律;提供法律援助或干预司法审查程序。[③]

3. 司法机构在人权保障中的作用

在1998年《人权法案》通过之前,如果基于《欧洲人权公约》中规定的权利受到侵害,在英国法院的体系内,个人是不能挑战政府当局的决定的。所以一些个体不得不将其案件直接上诉至设在斯特拉斯堡的欧洲人权法院,但是2000年《人权法案》正式实施后,个人可以基于侵犯其公

---

① National Parliaments, guarantors of human rights in Europe, "*Parliamentary Assembly of the Council of Europe*", Document 12636, 6 June 2011, Paras. 61 – 65.

② Joint Committee on Human Rights, "*A Bill of Rights for the UK, Twenty – ninth Report of Session 2007 – 8, HL Paper 165 – I, HC 150 – I*", 10 August 2008.

③ Commission On A Bill Of Rights, "*A UK Bill of Rights The Choice Before Us, Volume 1*", December 2012, p. 128.

约的权利而向英国法院寻求救济，如果个人认为其权利在英国法院没有被相应的尊重，其仍然可以继续向欧洲人权法院上诉，但是在程序上其必须首先向英国法院上诉。[①]

4. 其他机构在人权保障中的作用

在英国相当数量的法定团体和官员负有监督、保护和促进人权的义务。在某些情况下其义务是基于人权文书，如在英格兰、苏格兰、威尔士和北爱尔兰各种法律文件中规定建立儿童专员，保护儿童的权利。在另外一些情况下，这些法定的团体扮演的角色可能不是很清晰，但是其确实对于促进人权保护起到相应的作用。

在英国还有一些特别积极的社区非政府组织（NGOs）在监督和促进人权保护。当年正是一些人权非政府组织发起一系列运动倡议建立《人权法案》，呼吁将《欧洲人权公约》中的权利引入到国内的法律体系中去。非政府组织在保护人权方面的作用主要体现在：监督人权发展；提倡改革法律或者政策；协助诉讼；促进人权意识的觉醒。非政府组织已经被欧洲理事会认定为扮演特殊角色的组织，尤其在监督国内施行《欧洲人权公约》和欧洲人权法院的判决等方面。它们在欧洲理事会的部长委员会和议会大会领域被作为“公民社会”的代表。另外，也有一些活跃的慈善组织和志愿机构在人权保护方面发挥着重要的作用，这些机构和组织在某种程度比非政府组织更地区化和本土化。[②]

（四）英国人权发展道路的主要特点

英国是国际人权发展过程中的最早实践者，在人权保护的历史发展过程中形成了自身的发展特点，主要体现在以下几个方面[③]。

1. 不成文宪法传统下通过限制权力保障权利

英国是典型的不成文宪法国家，不成文的宪法体系被认为是一种可更好调整的宪法类型，它可以根据实际惯例和实践来确定宪法的内容而不被

① The Supreme Court and Europe,（http：//supremecourt. uk/about/the – supreme – court – and – europe. html）.

② Commission On A Bill Of Rights,“*A UK Bill of Rights The Choice Before Us*, *Volume* 1”, December 2012, pp. 3 – 6.

③ 本节内容参见唐颖侠、史虹生：《从赫斯特案看英国人权保障机制的演进》，《南开学报》2014 年第 5 期。

固定或形式的法律规定所束缚。[①] 英国人权利的实现是通过权利限制权力来实现的，它并不像一些成文法国家，通过宪法来规定公民享有哪些基本权利进而权利能够得到相应的保障。梳理英国的历史不难发现，从1215年《大宪章》到1679年的《权利法案》都规定王权要受来自议会制定的法律的制约，使得"法律在上，王权在下"的思想得以确立。[②]

2. 议会在争取人权方面的主导作用

追溯英国人权保障的历史，不难发现议会在争取权利和自由方面发挥着主导性的作用。英国议会制度产生于中世纪早期，当时的议会主要是指大贵族组成的议事会，随着国王和贵族矛盾的激化，如《大宪章》、《权利请愿书》中国王都被迫接受议会提出的权利主张，尤其是1322年颁布的《约克法令》进一步规定了"议会中的国王"的原则，即一切重大国家政治事宜均须由国王在议会中加以处理，没有议会的同意国王不得擅自决定，这就是以法令的形式肯定了议会的法律地位。1688年的光荣革命，使得议会在与国王的斗争中取胜，法庭也与议会站在一起进而确立了议会的主权地位。[③]《权利法案》确认了英国应该享有的13项权利和自由，以宪法的形式保证国王服从议会，遵守议会的立法。

3. 议会至上的风险与约束

在不成文宪法传统下法治的模式也有其本身的局限性。英国是奉行议会至上的宪法原则的国家，如果议会没有法律拘束，容易使议会拥有像历史上国王那样的专制特权进而有悖于法治的精髓。英国并不存在违宪审查，因为英国奉行的是"议会至上"的宪法原则，司法机关没有权限来审查议会的立法，议会的立法权限不受限制，只能通过公众的舆论和英国的传统对其进行无形的约束。1998年《人权法案》第3条规定"如有可能，基本立法和次级立法必须以一种与公约相一致的方式被解释并赋予效力"，这说明英国法院在议会至上原则的前提下在处理涉及到侵犯《欧洲人权公约》权利的案件时，法院可以审查议会的立法并适当修改和解释

① Colm O' cinneide, "The Human Rights Act and the Slow Transformation of the UK' s 'Political Constitution'", *UCL' s Multidisciplinary Human Rights Institute*, 2009, p. 1.

② 褚江丽：《英国宪法中的议会至上与法律主治思想探析》，《河北法学》2010年第9期。

③ Peter Madgwick and Diana Woodhouse, *The Law and Politics of the Constitution of the United Kingdom*, Simon Schuster International Group, 1995, p. 21.

议会的立法以便使得国内法符合《欧洲人权公约》的规定。这在某种程度上加强了法院对于违宪审查的权力，为防止议会立法侵犯公民权利设置了一道保障。

## 二　法国人权发展道路的特点

法国是近代西方人权思想的重要发祥地之一。在法国大革命的隆隆炮火中产生的《人和公民权利宣言》对近代人权保障制度的创立产生了深远的影响。同时，法国又曾经是仅次于大英帝国的世界第二大殖民帝国，它当时所宣布的人的权利并没有将海外无殖民地人民作为权利主体，甚至也没有将本国的奴隶、穷人和妇女作为权利主体。是殖民地人民通过艰苦抗争取得民族独立后才获得了人权主体资格，而法国本国所有公民获得同等的人权保障也是在人民的反复抗争中经历了几百年的缓慢发展进程才逐步实现的。

### （一）法国大革命与《人权宣言》的产生

1789 年的《人和公民权利宣言》（以下简称《人权宣言》）是法国人权保障的开端，该宣言对后世宪法产生了深远的影响。

18 世纪末，法国正在面临着一个重大的社会转型，法国既有的社会结构正在被不断集聚的社会矛盾所冲击和瓦解。1789 年，法国大革命爆发，拉开了推翻封建君主制走向共和制的序幕。7 月 6 日，国民议会推举 30 人组成宪法起草委员会（comité de constitution），着手整理关于宪法的材料。7 月 9 日，国民议会又宣布改称为国民制宪会议（Assemblée nationale constituante）。8 月 4 日，国民制宪会议经过表决决定起草一个人权宣言并置于宪法正文前。[①] 其目的一是要使人民知道他们有这些天赋人权；二是要给政府，尤其是立法机关一个指南针，免得使其误入歧途，违反人民的福利。《人权宣言》开篇便指出："组成国民议会的法国人民的代表认为，忽视、遗忘或蔑视人权是公共灾难和政府腐败的唯一原因，特决定把人的自然的、不可剥夺的和神圣的权利阐明于庄严的宣言之中，以使本

---

① 国民制宪会议里最博学的代表、詹森派教徒卡缪（Camus）提出应该向宣言中添加关于义务的内容，此建议也获得了其他教士们的支持，但是，最后国民制宪会议认为权力体系属于政治，义务体系属于伦理范畴，所以，在表决中以 570 票:433 票否决了卡缪的这一项动议。参看艾克顿勋爵著，《法国大革命讲稿》，广场出版社 2013 年版，第 109 页。

宣言可以经常地展示给社会团体的各个成员，以不断地提醒他们的权利和义务；以便立法权的行为和行政权的行为能够时刻与每个政治机构的目标相比较，从而使其更加受到尊重；以使公民们从此根据简单而无可置疑的原则关注维护宪法与所有人的幸福。”《人权宣言》是法国历史上第一个宪法性文件，它不再是法国历史和传统简单的延续，而是明确表达一种全新的立场和姿态。它一方面要废除过去的不公正的制度，与封建时代的特权决绝；一方面要重建新社会的基础原则，积极地拥抱平等、自由。法国学者让·马蒂耶就认为《人和公民权利宣言》名字本身就极具革命性，因为在旧制度下，法国人只有义务，而制宪国民议会的第一项宪法法令就是宣告他们的政治权利。①

《人权宣言》宣告了那个时代所肯定并需要加以保障的诸多个人权利和基本自由，其内容涉及了权利平等、公共自由和人身自由，具体而言包括：平等原则（第 1 条和第 6 条），罪刑法定（第 7 条），罪行相适应和法不溯及既往（第 8 条），宗教自由（第 10 条），思想自由和表达自由（第 10 条和第 11 条），税收平等和公共负担平等（第 13 条和第 14 条），私有财产权利保护（第 17 条）。

必须看到，《人权宣言》具有历史的和阶级的局限性。首先，在谈到人人平等时，宣言的拟定者——资产阶级的代表所指的只是本阶级内部的平等，财产权被宣布为天赋的、生来就有的人权，关于那些没有财产的人，却一字不提。② 其次，在平等的实现这一问题上，《人权宣言》斥责了封建社会中以出身为依据的不平等，但又规定了另一种以财富为依据的不平等。③ 以《人权宣言》作为序言的 1791 年宪法更是直接将国民划分为“积极公民”、“消极公民”和“选举人”两大类别，其中成为“积极公民”的一个基本条件就是要“缴纳相当于当地 3 个工作日价值的直接税”，成为“选举人”的一个基本条件则是“须缴相当于当地 10 个工作日价值的直接税”。“消极公民”既无选举权又无被选举权，约有 300 万人；“积极公民”仅有选举权，约有 400 多万人；“选举人”既有选举权

① ［法］让·马蒂耶：《法国史》，郑德弟译，上海译文出版社 2002 年版，第 121 页。

② 亚·德·柳勃林斯卡娅等著：《法国史纲》（上），生活·读书·新知三联书店 1978 年版，第 259 页。

③ 同上。

又有被选举权，全国约4万多人。再次，《人权宣言》中所保障的人权在当时的历史背景下，仅仅是针对拥有权利的男人（Homme）和男性公民（Citoyen），女性和奴隶们是不被作为具有完全的权利的主体来对待的。

### （二）《人权宣言》对法国后世宪法的深远影响

《人权宣言》对法国后世的宪法实践和人权保障产生了深远的影响。1791年宪法将《人权宣言》作为序言，并且在第一篇“宪法所保障的基本条款”中专门规定了宪法保障的自然权利和公民权利，其内容都是《人权宣言》所规定的基本内容。1793年宪法在其序言部分重新拟定了一个《人权宣言》[①]，其中不少内容是对1789年《人权宣言》的重新确认，在具体的表达上则存在一些细微的不同之处。1795年宪法在其序言部分同样安排了《人和公民权利与义务宣言》，它不仅宣告了人与公民的权利，也强调了义务。[②]

第二次世界大战后，法国宪法在继承《人权宣言》基本精神的基础上又补充了新的人权内容。1946年宪法重申了1789年的《人权宣言》，但作了部分调整，不再区分传统的自由权利和经济社会权利，特别强调了当代所需要的那些政治、经济、社会权利。1999年7月8日的《宪法性法律》（Loi constitutionnelle n° 99－569 du 8 juil. 1999）[③] 涉及男女平等参政问题，其目标是确保妇女和男人参与政治生活的平衡。2005年10月2日通过《n° 2005—205宪法性法律》（Loi constitutionnelle n° 2005—205 du 1*er mars* 2005 *relative à la Charte de l'environnement*）对宪法序言及第34条进行了修改，其主要目的是将《环境宪章》（*Charte de l'environnement*）引入宪法。

### （三）宪法委员会对《人权宣言》效力的确认

对于1789年人权宣言和宪法序言的效力存在着很大的分歧。不少的学者是认为宪法序言不应该具有法律效力，一些人认为宪法序言的条文是

---

① 李晓兵：《法国宪政的产生与发展》，高鸿钧主编：《清华法治论衡》（第18辑）：《宪制与制宪》（下），清华大学出版社2013年版，第13页。

② 同上。

③ 事实上，在1999年7月28日，议会两院联席会议通过了两个宪法性法律，一个是前面所提到的关于国际刑事法院的（Loi constitutionnelle n° 99－568 du 8 juil. 1999）；一个是关于男女平等问题的《宪法性法律》（Loi constitutionnelle n° 99－569 du 8 juil. 1999）。

混杂的，不精确的，其价值具有神秘性；另一些人认为宪法序言在宪法上只具有形式意义，而不是实质意义的，除非其变得更为精确。

宪法委员会在1971年7月16日“结社自由案”的裁决中对宪法序言的效力明确地进行了确认，使得关于宪法序言效力的理论争议和不确定性得到了最终的解决。“结社自由案”的裁决促使宪法委员会的实践发生了重大的变化，使宪法委员会在对于议会和政府权力进行审查和监督的过程中，主要作用转向了公民权利和自由的保障方面，其角色也日益变得中立和独立，并逐渐地成为第五共和宪政体制下的重要机构。

宪法委员会的合宪性审查不仅仅是对国家机关行使权力的过程与程序进行监督，而且还要探究立法的目的与动机，审查法律文件是否真正地有利于对公民权利和自由的保障。宪法委员会从形式性的合宪性审查开始，逐渐地偏向于人权保障并将其视为自己的主要责任与使命。①

（四）《欧洲人权公约》对法国人权保障的约束作用

法国是欧洲理事会的创始国，法国法官勒内·卡森（René Cassin）是《欧洲人权公约》的重要起草人之一，曾在公约的起草过程中曾发挥了重要的作用，并出任欧洲人权法院首任院长。在《欧洲人权公约》1950年出台之时，法国即作为原始缔约国签署了该条约。但是，作为“人权故乡”的法国却迟迟未批准《欧洲人权公约》，一直到1975年5月3日，才批准该公约。同时，对于《欧洲人权公约》所建立的个人申诉制度，法国也直到1981年10月10月2日才予以接受。1986年12月18日，欧洲人权法院在Boznao v. France案中作出不支持法国立场的判决，这是法国第一次在欧洲人权法院面临败诉的判决。至1999年欧洲人权法院成立40周年之际，法国败诉的此书已经多达106次，在违反公约的国家中名列前茅。② 这主要是由于法国属于一元论的国家，《欧洲人权公约》不用转化即可直接适用。从《欧洲人权公约》在法国国内法的效力等级来看，它具有高于法国国内法律的效力。欧洲人权法院甚至认为欧洲人权公约应当高于任何国内法律规范，无论其性质如何、制定机关如何，即便是

① 李晓兵：《论法国宪法委员会合宪性审查实践的创造性》，《东岳论坛》2008年第5期。

② 参见张莉：《国内法的国际化：国际规范在法国法上的地位》，《当代法国公法——制度、学说与判例》，中国政法大学出版社2013年版，第146页。万鄂湘：《欧洲人权法院判例评述》，湖北人民出版社1999年版，第1页。

宪法规范也是如此。但是，法国在国际规范与宪法的关系上，一方面坚持国际规范能否纳入国内法律规范体系取决于其是否与现行宪法规定相抵触；另一方面则坚持国际规范相对于国内法的至上性在国内法体系中并不适用于宪法规范。

在涉及到法国本国法律传统和惯例做法的案件中，欧洲人权法院的立场曾经遭到法国国内各种政治力量的拒绝和对抗，但是，此种对立情绪和做法最终往往带来法国在相同类型的案件中连续败诉，最终，法国国内的立法会一般作出相应的调整以达到欧洲人权法院所确立的标准或提出的要求。在一些问题上，法国对于欧洲人权法院的判决的反应也会比较迟钝和冷淡，比如在超期羁押问题上，法国在 1991 年的 Letelie 案、1991 年的 Kemmacher 案、1992 年的 Birou 案、1992 年的 Tomasi 案、1997 年的 Mulle 案、1998 年的 I. A. 案、1999 年的 Debboub 案等中，曾多次面临欧洲人权法院的质疑和指责。在审理期限过长问题上，欧洲人权法院在过去几十年间曾作出了数十个不利于法国的判决，其中既涉及到行政诉讼、民事诉讼，也涉及到刑事诉讼。[①] 但在有些方面，法国政府会根据欧洲人权法院的立场和观点及时地废止并修改相关的法律文件。1990 年，欧洲人权法院在有关法国电话监听制度合法性的 Krüslin et Huvig 案中认定，法国相关法律违反了《欧洲人权公约》第 8 条有关私生活保护的规定。随后不久，法国司法部长就向各法院院长、检察总长作出指示，要求他们在其正在审理和未来审理的案件中，立即充分考虑该判决提出的原则。法国最高法院在 Bacha Baroudé 案中修正了以往的判例，使其更趋向于欧洲人权法院判决所确定的方向。1991 年 7 月 10 日，法国颁布了符合欧洲人权法院要求的新法律。法国学者 Jean - Claude Bonichot 作出了如下的评价：虽然法国最高行政法院在接受欧洲人权法院判决的解释效力的方式、方法方面还表现的相当矜持，但从实体内容上看，它还是能够将欧洲人权法院的解释运用到行政处罚、社会保障金支付、引渡外国人、精神病人强制住院治疗等这些异常敏感的领域。[②]

① 张莉：《欧洲人权法对法国法的影响》，《当代法国公法——制度、学说与判例》，中国政法大学出版社 2013 年版，第 157—158 页。

② 张莉：《欧洲人权法对法国法的影响》，《当代法国公法——制度、学说与判例》，中国政法大学出版社 2013 年版，第 161—170 页。

### （五）法国人权发展道路的主要特点

法国的人权发展道路呈现出如下一些突出的特点。

1. 尊重本国传统，挖掘人权保障的本土资源

在社会发展道路和模式上，法国比较专注于自己的选择，不像其他的一些国家，其在社会发展道路和模式主体性方面的坚持是比较突出的。总体上来看，法国人在其法律实践中坚持自己的主体性，他们特别坚持将卢梭的人民主权和孟德斯鸠的分权学说联系在一起，即将自由与民主、分权联系在一起，产生了自己复杂而富有个性化的法律制度和人权保障实践。①

2. 宪法实践的突破对于法国人权保障意义重大

从法国人权保障的实践和发展来看，其宪法制度和宪法实践上的突破对于法国人权保障具有特别重要的意义。法国第五共和宪法设立宪法委员会（Conseil constitutionnel）是其一项重大创造。② 宪法委员会合宪性先诉审查所要保障的主体是“宪法保障之权利与自由”，这使得宪法委员会在法律生效之后依然可以进行合宪性审查，在完善法国合宪性审查制度的同时，更是实现了宪法委员会合宪性审查实践和公民权利救济的密切结合。因此，法国宪法委员会的设立及其成功实践对于人权保障的层次和水平的提升意义重大。

3. 国内人权保障与国际人权实践的互动

几十年来，欧洲人权法院通过直接（对法国）或间接（对其他成员国）的有罪判决影响了法国的刑事立法和司法，促进了法国对人权保障的实践进程。法国在国内法与国际法之间相互协调配合，汲取国际法中的精华与其他国家的经验，发展本国的人权实践活动。

## 三　德国人权发展道路的特点

在人权发展史上，德国曾经在倡导经济和社会权利方面作出过重要贡献，同时也在种族屠杀、种族灭绝和发动侵略战争方面有着惨痛深刻的历

---

① 详细阐述参见李晓兵《法国宪法学方法论》，载《宪法学方法论》（第一卷），中国政法大学出版社 2013 年版。

② Bruno enevois: La jurisprudence du Conseil constitutionnel: principes directeurs, Editions S. T. H., 1988, p. 5.

史教训。

### （一）德国人权发展的曲折历史

近代以来，德国人权保障制度的建立经历了曲折的过程。

#### 1.《法兰克福宪法》体现的人权保障要求

德国自称思想王国，历史上产生了一大批著名的哲学家和思想家，因此自由民主思想在德国人民中间和受过教育的阶层中，一直有着深厚的根基，但却一直难以外在成为政治制度，[①] 1849 年《法兰克福宪法》，可视为德国历史上第一次重要的人权实践和自由民主思想物化为政治制度的第一次尝试。

1848 年，欧洲爆发了一场近代史上最大规模的资产阶级革命，德国的普鲁士与奥地利这两个保守主义邦国被迫卷入革命的旋涡。两个邦国的自由主义者与革命群众冲击了专制王权，1849 年在德国法兰克福圣保罗教堂召开的国民议会上，产生了一个中央政府以及统一的德意志的第一份宪法：《法兰克福宪法》。该宪法肯定了人身自由，信仰、言论、出版、行动等自由，法律平等，给予公民结社和集会等的权利。[②] 但由于革命群众运动受到镇压、国民议会被解散，这部宪法从未能够生效。但《法兰克福宪法》在德国人权史上仍然写下了浓重的一笔，其规定的不少基本人权为 1919 年《魏玛宪法》和 1949 年《德国基本法》所继承，因此为德国人权思想和自由民主制度的发展作出了重要贡献。

#### 2.《魏玛宪法》中的人权保障条款

第一次世界大战爆发后，德国人民在俄国苏维埃政权建立的鼓舞以及美国总统威尔逊的“为民主与自由而战”的口号影响下，发动了一场真正的自下而上的革命，推翻了德国王权，建立了以社民党与中央党、德意志民主党组成的联合政府，开始了现代议会民主政治。1919 年 2 月，国民议会的代表在象征着自由的歌德之故乡——魏玛城制定宪法，并于 8 月

---

① 王恒：《追寻民主政治的历史印记——联邦德国民主宪法的历史梳理》，《人民论坛》2013 年第 26 期。

② 同上。

11 日正式颁布《德意志帝国宪法》[①]，因在魏玛城制定，故又称《魏玛宪法》。与 1787 年美国宪法和 1791 年法国宪法相比，《魏玛宪法》赋予了公民更多的权利：规定公民享有选举权和被选举权、迁徙自由权、人身自由权、隐私权、婚姻自由权、结社自由权、言论自由权、新闻自由权、信仰自由权、科学研究自由，法律面前人人平等，取消等级特权和贵族称号，所有公民都享有同样的地位。特别值得注意的是，《魏玛宪法》还规定了公民受教育权，该宪法第 145 条规定："受国民小学教育为国民普通义务。就学期限，至少八学年，次为完成学校至满足十八岁为止，国民小学及完成学校之授课及教育用品，完全免费。"同时，《魏玛宪法》还规定了劳动会议和经济会议制度，赋予了劳动者参与决定重大劳动问题和经济问题的权利，这是《魏玛宪法》对人权的一个重大发展。

3. 希特勒时期对人权的践踏

1933 年希特勒上台后废除了议会民主制，以纳粹帝国取代了魏玛共和国。1933 年 3 月 24 日，希特勒政府颁布《消除人民和帝国痛苦法》(*Gesetz zur Behebung der Not von Volk und Reich*)，即臭名昭著的《授权法》。该法明确规定，帝国政府可以不按照帝国宪法规定的程序通过帝国法律；只要不涉及帝国议院和帝国参议院设立之事项，帝国政府通过的法律可以违背帝国宪法；帝国政府可以与外国订立条约以及通过实施该条约的法规。之后希特勒通过一系列纳粹法律，将《魏玛宪法》规定的公民的基本权利几乎全部剥夺，《魏玛宪法》名存实亡。

纳粹德国政府对犹太人采取了种族屠杀、种族灭绝的残酷政策。1933 年，纳粹德国政府褫夺了所有犹太裔公务员的职务，并从军队、警察和司法机关中剔除那些被认为是劣等人的犹太成员。1935 年 9 月，纳粹德国颁布了《保护日耳曼血统和荣誉法》和《帝国公民法》两部反犹太人的法律（合称《纽伦堡法案》），规定凡有一个犹太裔祖父母以上的德国人都会被视为"犹太人"，而犹太人不准在公共机关任职、不准从事自由职业、不准在任何舆论机构担任重要职务。必须佩戴黄星标记，不准去公共场所，如咖啡馆、公园、博物馆、剧场、电影院和图书馆等，还剥夺了犹

① 王恒：《追寻民主政治的历史印记——联邦德国民主宪法的历史梳理》，《人民论坛》2013 年第 26 期。

太人作为德国国民的基本权利。此后相继颁布的一系列法案甚至将一个犹太人与一个非犹太人发生性关系都被视作犯罪。1938 年 11 月 9 日，爆发了由纳粹党策划的反犹事件“水晶之夜”，大量属于犹太人的商店和会堂被破坏，许多犹太人被殴打。

1939 年 9 月 1 日，德国入侵波兰并引发第二次世界大战，反犹太政策随着德军的占领逐步蔓延到欧洲的其他地区。纳粹德国将德国和奥地利的犹太人集中在波兰的内陆，置于“强制性犹太人居住区”之内，并将该地区密封。1941 年 6 月 22 日，德国进攻苏联，德国盖世太保跟随德军，大规模屠杀住在苏联乡区的犹太人。1941 年 12 月，德国在波兰兴建 6 个杀人的集中营。他们用货车车厢将犹太人运到这 6 个集中营，可以做苦工的男性被送到苦工营，而其他人则被送到毒气室。在整个第二次世界大战的过程中，大约 580 万欧裔犹太人被纳粹德国杀死，是欧洲犹太人口的 2/3。与此同时，纳粹德国还系统地屠杀欧洲的吉卜赛人、同性恋者、欧洲东线的敌军和其他异见人士。

4. 战后德国对纳粹暴行的反省

德国对纳粹暴行的反省也经历了一个渐进的过程。[①] 1945 年纽伦堡审判中揭露的纳粹罪行让德国民众感到震惊，但他们普遍认为这是“胜利者的审判”，同时反对各国舆论对德国人“集体过错”的指责，大部分德国民众对纳粹历史采取了冷漠、沉默或回避的态度，没有进行深刻反思了。尽管早在 1949 年，时任联邦德国总统的特奥多尔·豪斯在谈到纳粹对犹太人的罪行时就公开表态：这段历史，现在和将来都是我们全体德国人的耻辱。[②] 但在战争刚结束的几年里，对二战的反思主要局限在学术范围内，政府则试图尽快甩掉历史的包袱。1949 年 9 月和 1954 年 6 月，联邦德国议会先后两次通过大赦法案，连一些直接参与过大屠杀的纳粹头目

① 下述历史内容参见资料来源：李乐曾：《战后对纳粹罪行的审判与德国反省历史的自觉意识》，《德国研究》2005 年第 2 期；景德祥：《“二战”后联邦德国反思纳粹历史的曲折过程》，《学习月刊》，2005 年第 7 期。腾讯历史网：http：//view. news. qq. com/zt2013/dgnc/index. htm。

② 郭洋等：《细数德国领导人战后忏悔路》，《国际先驱导报》2013 年 9 月 16 日，国际先驱导报网：http：//ihl. cankaoxiaoxi. com/2013/0916/272809. shtml。

也被释放，社会舆论很少揭露纳粹罪行。① 1951 年 9 月，联邦德国首任总理阿登纳发表声明说："大多数德国人民反对纳粹针对犹太人的暴行，大多数德国人民与这种暴行无关。"

1956 年，联邦德国议会通过了《纳粹受害者赔偿法》，先后向波兰、俄罗斯、原捷克斯洛伐克等受害国家和受害的犹太民族进行了巨额赔偿。

20 世纪 60 年代，联邦德国开始对战争和纳粹暴行进入深入反思。1963 年，在法兰克福对奥斯威辛集中营纳粹分子的审判引起公众的广泛关注，引发了德国全国上下对过去清算纳粹做全方位的反思与自省。在奥斯维辛审判前后长达 20 个月的时间内，媒体对审判过程做详尽深入的报道和评论。德国知识精英也抓住机会在媒体上发声，引发了 60 年代中期对纳粹历史认识的大辩论，追诉时效问题又一次成为辩论的一个重要议题。蒂宾根大学社会学教授达伦道夫在 1965 年 1 月公开提出，德国不仅应该继续惩处纳粹罪犯，而且应该延长 1965 年 5 月 8 日截止的追诉时效。他同时还提出一个十分尖锐的问题，为什么直到 60 年代德国司法才开始认真考虑追究纳粹罪行？随着纳粹罪行越来越多被披露，在舆论的压力下，联邦议院不得不对追诉时效问题上作出应对。最终，联邦议院作出了决议，对纳粹罪犯的追诉时效期限延长至 1969 年。1979 年 7 月 3 日，联邦议院接受了取消对纳粹谋杀罪行和集体谋杀罪行有追诉时效的动议。至此，对纳粹罪犯的追究将无限期继续下去，纳粹罪责也因此持续地成为一个公众广泛讨论的直接涉及德国政治文化的主题。

20 世纪 60 年代西方国家与西德都爆发了大规模的学生运动。在西德，纳粹德国的历史及其在西德残余势力是西德学生运动攻击的独特目标。年轻人追问他们的父辈：什么是大屠杀？什么是集中营？你在战争中做了什么？你是不是纳粹党党员？他们惊讶地发现，许多曾经踞高位的纳粹官员毫发未损，毫无悔悟地又出现在联邦共和国里。在学生运动中，他们的纳粹历史遭到了年青一代的清算。一个著名的例子就是，1968 年 11 月 7 日，在大庭广众之下，女记者克拉斯菲尔德给了原纳粹党员与高级官员、西德总理基辛格一记响亮的耳光。她说，她是以年青一代的名义打

---

① 周志兴：《粗看柏林》，2014 年 7 月 8 日，共识网：http：//www.21ccom.net/articles/qqsw/qqgc/article_ 20140708109072.html。

这个耳光的。在她看来，二战结束后仅 20 年，一位原纳粹党员与高官竟然能当上联邦总理，这是德国的耻辱。1969 年初，联邦总统吕布克因其在纳粹时期在一个曾设计过集中营的建筑公司的工作经历受到舆论的攻击，只得匆匆下台。1969 年秋天，在学生运动的大力推动下，社会民主党联合自由民主党上台执政。社会民主党主席、当年的反法西斯战士勃兰特任联邦总理。1970 年，联邦德国总理勃兰特在波兰的犹太人死难者纪念碑前跪下，表达德国的道歉和对二战的忏悔。[①]

20 世纪 80 年代以来，随着德国社会新老代际交替的完成，成为社会主流的新一代人在各个领域对纳粹制度的产生及其根源不断地进行再认识与自我解剖，反思历史也成为了德国人自我认同的一个标志。20 世纪 90 年代以来，德国社会各阶层每年都要在集中营旧址、主要战场、博物馆、西方盟军和苏军的墓地举行各种各样的纪念活动，提醒德国人不要忘记和忽视纳粹犯下的罪行。政府还采取积极措施，通过修订历史教科书等方式教育青少年。[②] 德国教育法明确规定，德国历史教科书必须包含足够内容的纳粹时期历史。根据这项法规，由各州文化教育部长组成的联邦文化部长理事会以决议形式制定全国历史教科书的基本框架。在这一基本框架下，各州在联邦教育部的监督下编写、审定及出版历史教科书。[③] 1994 年，德国议会通过了《反纳粹和反刑事犯罪法》，在法律上限制了纳粹的死灰复燃。1995 年 6 月，时任德国总理科尔在以色列的犹太人受难者纪念碑前再次下跪道歉。德国政府在柏林市中心修建了"恐怖之地"战争纪念馆，专门揭露纳粹的种种暴行。政府还成立了赎罪委员会，以向在二战中受德国侵略的国家赎罪。2014 年又在柏林修建了大屠杀纪念碑和纪念馆。[④] 正如德国总理施罗德所说："对纳粹主义及其发动的战争、种族

① 景德祥：《二战后联邦德国反思纳粹历史的曲折过程》，《学习月刊》2005 年第 7 期。

② 郑安：《超越·二战启示录：不回避历史，不推卸责任，战后德国赢得国际社会尊重》，人民网：http：//world. people. com. cn/n/2015/0508/c157278 – 26970028. html。

③ 青木：《德国教科书不回避历史》，人民网：http：//www. people. com. cn/GB/paper68/12917/1161124. html。

④ 严建卫、徐海清：《从"战败"到"解放"——德国人对历史认知的转变》，《法制晚报》2005 年 4 月 28 日。

屠杀和其他暴行的记忆，已经成为我们民族自身认同的一个组成部分。”①

5. 德国基本法对人权的保障

1948年9月，在波恩组成的议会委员会以《魏玛宪法》为基础，开始进行《德国基本法》的制定与审查工作。1949年5月8日，议会委员会通过了《德意志联邦共和国基本法》，简称《德国基本法》，它是德意志联邦共和国（联邦德国）的宪法。联邦德国立宪人之所以要选择这个名称，目的在于使《德国基本法》作为过渡性和临时性宪法，待德国重新统一后，再制定“最终宪法”。但是在20世纪90年代当德国统一时，德国人民没有再制定一部新的适用于整个德国的宪法，因此《德国基本法》目前仍然是德国的现行宪法。

德意志民族是敢于正视历史和现实，而且善于吸取历史经验教训的民族。《德国基本法》的制定者总结了先前多部宪法的制宪经验，认真反思了魏玛共和国时期纳粹暴政上台的原因，充分吸取魏玛共和时期种种宪政经验教训，将公民基本权利部分置于宪法的首端，以示公民的基本人权可以对抗国家的公权力；与之相联系，公民的基本权利被设计成为直接的主体性权利，这些权利是可诉的，可以通过法院来予以保护；同时公民的基本权利不仅仅能约束行政，同时也能约束立法和司法。《德国基本法》中规定的基本人权主要包括以下方面：（1）人之尊严和生命权；（2）平等权；（3）健康权；（4）人身自由和安全；（5）思想自由；（6）言论自由和科学研究自由；（7）隐私权；（8）集会和结社自由；（9）迁徙自由；（10）获得公正审判权；（11）财产权；（12）婚姻自由权；（13）工作和休息权；（14）受教育权；（15）信息自由权。

（二）促进人权保障的民间组织和人权运动

德国人权运动的先驱，也是德国最早的人权保护组织，当属著名物理学家和人权活动家爱因斯坦（Albert Einstein）于1914年11月16日和其他九位同人建立的“新祖国同盟”（der Bund Neues Vaterland），“新祖国同盟”大力倡导民族和解，呼吁德国退出战争，放弃领土要求。1922年

① 严建卫、徐海清：《从“战败”到“解放”——德国人对历史认知的转变》，《法制晚报》2005年4月28日。

"新祖国同盟"改名为"德国人权联盟"（Deutsche Liga für Menschenrechte），致力于在世界范围内实现公正、和平、团结和民主之理想。联盟的主要成员例如奥西埃茨基（Carl von Ossietzky）和爱因斯坦当时就呼吁国家之间订立条约，建立国际法院。德国人权联盟成立之后和法国人权联盟合作，组建了国际人权联盟（Fédération Internationale des Ligues des Droits de l'Homme（FIDH）；The International Federation for Human Rights），总部设在巴黎。

希特勒掌握政权之后，德国人权联盟为反对德国纳粹势力进行了卓有成效的斗争，1933 年被纳粹政权强迫解散，档案资料被销毁。联盟的主要成员有的逃亡其他国家，例如爱因斯坦和图霍夫斯基（Kurt Tucholsky）；有的被迫害致死，例如奥西埃茨基。奥西埃茨基于 1936 年被授予诺贝尔和平奖，两年后被纳粹政权迫害致死。

1949 年德国人权联盟重新建立并恢复活动，总部设在柏林，1950 年后在德国巴伐利亚和汉堡等地成功设立了分支机构。1961 年联盟总部迁往慕尼黑。

（三）德国人权保障机构

德国专门设立了联邦宪法法院，可受理任何公民提起的保护其基本人权的诉讼。德国还有普通法院（受理普通民事刑事案件的法院）以及劳动法院、社会法院、财政法院和行政法院四种专门法院，确保《德国基本法》规定的基本人权在各个具体法律领域得到尊重和实现。德国是欧洲人权法院的成员国，因此对德国宪法法院决定不服的，还可以向欧洲人权法院提起人权诉讼。另外德国议会、德国司法部和外交部都设有专门的人权保护机构。

（四）德国人权发展道路的主要特点

纵观德国数个世纪以来人权法律产生、发展和演变的历史，分析德国人权保护立法和司法实践的历史与现状，可以总结出如下几个特点。

1. 承认和改正在人权方面犯下的罪行

德意志民族继承了日耳曼人重民主平等的传统和罗马人的理性精神，但却先后发动了两次世界大战，产生了希特勒和戈林这样的与人类为敌的世界级罪犯，使无数人类个体的基本人权遭受蹂躏和践踏，显示了人权发展的曲折性。但承认和改正错误是促进德国人权保护制度不断发展完善的重要因素。作为古代罗马帝国和神圣罗马帝国的继承人，德意志民族在君主专制时期也重视法律，重视人权，众所周知的“国王和磨坊主”的故事便是典型例证。但是，希特勒利用德国法律的漏洞成功登上德国总理的宝座，并将德国引向战争的深渊。第二次世界大战之后，联邦德国毫不避讳希特勒统治时期的这段黑暗历史，不仅敢于承认和接受希特勒及其统治下的德国所犯的反人类罪行，而且认真改正错误，发现并且弥补了其法律制度的漏洞，使得德国由“二战”时期一个基本人权普遍遭受侵害和蹂躏的国家，转变为重视人权保障的国家。

2. 德国法律对基本人权的规定比较广泛

《德国基本法》对人权的规定相对比较广泛，不仅包括了公民权利和政治权利，还包括了健康权、受教育权、工作和休息权等经济和社会权利。同时，为确保《德国基本法》规定的基本人权在各个具体法律领域得到尊重和实现，德国设立了各种类型的法院，包括可受理任何公民提起的保护其基本人权诉讼的联邦宪法法院，受理普通民事刑事案件的普通法院，还有劳动法院、社会法院、财政法院和行政法院四种专门法院。

3. 强调平衡处理人权间冲突

人权保护是一个政治问题，同时又是一个技术性极强的法律问题。人是社会交往的动物，社会个体成员之间需要相互交往，不同的社会团体之间需要相互交往，国家和国家之间也需要相互交往。交往不可避免地导致人权自身的冲突：不同社会个体成员的人权相互之间会发生冲突，社会成员个体的人权和社会团体的人权会发生冲突，不同国家的人权之间会发生冲突，等等。正如“吕特案”判决书所体现的，不同主体的人权相互之间的冲突涉及非常复杂的利益冲突，均衡这些复杂的相互冲突的利益，需要精湛的法律专业知识和高超的说理技术，因此需要一个精通法律技术和说理艺术的法学家团体。得益于数个世纪的法学教育传统，德国形成了一个法律技术精湛、说理艺术超强的法学家阶层，这个阶层的出色工作不仅保证了各种复杂的人权冲突和利益冲突都能得到妥善合理的解决，而且满足了社会个体成员日益提高的人权要求，从而推动德国人权法律制度不断发展完善。

## 第二节　美国人权发展道路及其特点

### 一　美国人权保障的历史发展

北美殖民地是在侵占和剥夺印第安人土地的基础上建立的。印第安人的祖先早在几万年前就已经在这片土地上生活。当欧洲殖民者最初踏上这片土地时，淳朴的印第安人曾真诚地帮助过他们度过那些艰难的时期。但欧洲殖民者却恩将仇报，抢夺印第安人的土地，驱赶印第安原住民。为了扫除白人移居者西进运动的“障碍”，美国联邦政府多次背信弃义，置各种法令和条约于不顾，采取驱赶和屠杀印第安人的野蛮政策，给印第安人带来了深重的灾难。因此，美国人权的历史发展在很长时期只是涉及殖民者的权利，印第安原住民不被认为是美国公民，不仅不享有美国公民所享有的各项权利，而且基本人权也遭受大规模、系统性地严重侵犯，成百上千万的印第安原住民被杀害。

1. 殖民地初期北美居民享有的“英国人权利”及其限制

北美殖民地都遵循和沿用英国的法律传统，所有殖民地居民都享有英国人的权利。这种殖民地居民所享有的受英国法律保护的权利，最初体现在王室特许状当中。在1606年的弗吉尼亚特许状、1629年的马萨诸塞特许状、1632年的马里兰特许状以及同期的其他特许状，都规定了殖民地管理机构不得违背英国的法律法规，不得侵犯殖民地居民享有的受英国法保护的人身权和财产权。① 随后，这些关于殖民地居民权利的规则也被殖民地的本地立法所吸收。1638年的《康涅狄格基本法》比较详细地规定了殖民地自由人的选举权和殖民者代表大会的立法权。1641年的《马萨诸塞自由法规》和1648年的《马萨诸塞法律和自由》，以类似于权利法案的形式将既有习惯法上的权利成文化，比较全面地规定了自由人、妇女、儿童和教会的基本权利和自由。1669年的《卡罗来纳基本法》不仅规范了殖民地的政府组织，也极为详细地规定了殖民地居民的权利，甚至

---

① 陆镜生编著：《美国人权政治：理论与实践的历史考察》，当代世界出版社1997年版，第60—62页；王希：《原则与妥协：美国宪法的精神与实践》，北京大学出版社2005年版，第7、10页。

直接包括了英国普通法中的一些条款。1682 年的《宾夕法尼亚基本法》代表了当时北美殖民地最先进的宪政实践，该文件包括三个组成部分：前言、政府结构和居民权利。其中最有特点的部分就是按照英国普通法传统规定的关于殖民地居民所享有的基本权利，包括自由人的选举权，不经法律不得被任意征税的权利，要求公正审判和陪审团审判的权利以及免于过重罚款的权利，等等。1683 年纽约议会通过的《自由和特权宪章》，不仅明确规定了代议制的政府结构，也详细规定了自由民的人身自由、财产权、选举权和宗教自由，规定殖民地居民与英国人享有同样的基本权利。①

但需要指出的是，北美殖民地法律最为重要的一个特点是将享有英国普通法基本权利的居民限于自由白人，同时剥夺了白人契约奴工、黑人的权利，而美洲原来的居民印第安人则独立于殖民地政府管理之外，更是无从享有“英国人的权利”。早在 1619 年，弗吉尼亚公司就开始招收贫穷的英国人作为契约奴工以增加殖民地人口。契约奴工通过与殖民地公司投资人签订合同移民美洲殖民地，合同期间契约奴工没有人身自由，通常契约奴工在为投资人无偿工作 4—7 年的时间后可以获得自由并可能得到一些土地。白人契约奴工是早期殖民地劳力输入的主要形式。随着 1619 年第一批非洲人被带到弗吉尼亚殖民地，开始了黑人在北美的历史。最初的弗吉尼亚并没有建立奴隶制，黑人的法律地位与白人契约奴工相似。1641 年的《马萨诸塞自由法规》是殖民地中最早规定合法奴隶制的文件，同时期的弗吉尼亚和马里兰也开始出现了歧视黑人的法律。1664 年马里兰制定法律规定所有黑人将终身服劳役，从而将黑人终身奴隶制法律化，其他殖民地也制定了类似的法律。1700 年前后，南部各殖民地颁布了《奴隶法典》，详细规定了对奴隶的管理和惩罚。南部奴隶几乎没有任何权利，不能享有财产，不能结婚，奴隶及其子女都是奴隶主的财产。此外，在殖民地也存在着一些自由黑人，主要通过原主人的自愿释放或者本属于黑人契约奴的后代获得自由，但与自由白人不同，他们不能参加选举和担

---

① 陆镜生编著：《美国人权政治：理论与实践的历史考察》，当代世界出版社 1997 年版，第 74—78 页；王希：《原则与妥协：美国宪法的精神与实践》，北京大学出版社 2005 年版，第 15、19、21 页。

任公职，也不能参加殖民地武装组织，权利十分有限。而对于印第安人，北美殖民者认为其既不是纳税人也不受英国法律管辖，其与殖民地的关系仅仅是条约关系，当然无法享有殖民地居民的权利。

同时，北美各个殖民地都将拥有一定财产作为选举权的条件，因此无一例外地禁止那些被认为“缺乏独立判断能力”的人参与选举，包括雇工、家庭仆人、学徒工和无产者：普利茅斯要求选举人要拥有 20 英镑以上的不动产财产，康涅狄格要求选举人有 30 英镑以上的财产，而新泽西、马里兰、特拉华和北卡罗来纳等则只允许拥有 50 英亩以上土地的人参与选举。几乎所有的殖民地都依据英国普通法剥夺了妇女的政治权利和财产权利，妇女不仅不能参与选举和陪审团，一般也不能拥有自己的财产。

2. 对英国统治的反抗与《独立宣言》和《权利法案》的产生

1756—1763 年英法之间争夺殖民地的“七年战争”结束后，获胜的英国面临巨额的债务和财政困难。为此，英国调整了其殖民地政策，将先前宽松放任的政策转变为以行政和军事控制为主的集权和垄断性政策，通过增加殖民地税收、垄断殖民地土地投资和贸易以及要求殖民地承担英军在美洲的军费等方式加强了对于殖民地的控制和掠夺，如 1764 年英国议会通过的《糖税法》和《货币法》，1765 年颁布的《印花税法》和《营房法》。这些政策和立法引起了殖民地居民的强烈抗议。殖民地居民认为，由于殖民地居民在英国议会中没有自己的代表，因此根据“无代表权不纳税”的政治原则，英国议会没有权力在未经殖民地居民同意的情况下向殖民地征税，而殖民者议会是唯一有权对殖民地征税的机构。英国议会则根据“实际代表权”理论认为，殖民地居民是根据英国法律获得了开发殖民地的权力，并不比其他英国人享有更多的特权，殖民地居民与其他英国臣民一样实际上都在议会中得到了代表，坚持认为英国议会拥有完全的绝对的向殖民地征税的主权。1773 年英国颁布的《茶税法》引发了波士顿倾茶事件，英国议会随后通过了一系列更为严格的控制性立法，取消殖民者议会和殖民地居民选举参事会的权利，关闭港口，派驻军队，等等。但这不仅没有解决冲突，反而引发了更大规模的抗议活动。1774 年 9 月第一届大陆会议在费城举行，除佐治亚之外的所有殖民地都派代表出席了会议。会议宣称，各殖民地对于内部的税收和政治事务拥有自由和唯一的立法权，殖民地居民享有所有自由英国人的权利。1775 年 4 月英军与殖民地民兵在马萨诸塞的列克星顿和康科德发生武装冲突，使殖民地走上了独立之路。事实上，英国政府剥夺北美殖民地居民与英国臣民的平等权利，是美国独立的直接原因。

1776 年，由托马斯·杰斐逊执笔的《独立宣言》发表，正式宣告英属北美殖民地是自由和独立的国家，放弃了原来的殖民地居民享有英国人平等权利的理论，以自然法、天赋人权和社会契约理论为基础论证了殖民地独立的权利，提出了一系列人民主权和保障人权的基本原则：人人生而平等；人人生而具有造物主赋予的某些不可转让的权利，包括生命权、自由权和追求幸福的权利；为了保障这些权利，政府才在人们中间得以建立，而政府的正当权力则来自被其统治的人民的同意；但当任何一种形式的政府对政府原来的目的造成损害时，人民有权来改变或者废除它，以建立新的政府。事实上，除了关于个人权利来源和政府权力来源的表述不同于英国普通法，《独立宣言》关于需要保障的个人权利的具体内容在很大程度上直接继承了英国普通法关于英国臣民基本权利的规范，也就是前述所谓英国人的权利，特别是 1215 年《大宪章》、1628 年《权利请愿书》、1641 年《人身保护法》和 1689 年《权利法案》所体现的人权保护规则。然而，需要注意的是，宣言里面所谓的“人人”并不是指所有人，而是特指殖民地居民中的有产白人，即原来宣称应该享有所谓英国人的权利的那部分殖民者，并不包括黑人、无产者和印第安人等其他殖民地居民。《独立宣言》是人类历史上第一次以政治宣言的形式提出的资产阶级人权理论，体现了有产者的自由和权利，其核心是保护有产者的财产权。宣言提出了高尚的人权理想，却掩盖了殖民地社会不公正不平等的现实。①

① 王希：《原则与妥协：美国宪法的精神与实践》，北京大学出版社 2005 年版，第 43、44 页；陆镜生编著：《美国人权政治：理论与实践的历史考察》，当代世界出版社 1997 年版，第 126—132 页。《独立宣言》对于美国人权保护制度的发展影响深远，虽然其本身不是宪法文件，但常常被后来的立法和司法实践所援引。参见：Alexander Tsesis，“Self – Government and the Declaration of Independence”，97 Cornell Law Review 693（2012）；H. Wayne House，“Influence of the Natural Law Theology of the Declaration of Independence on the Establishment of Personhood in the United States Constitution”，2 Liberty University Law Review 725（2008）；Lee J. Strang，“Originalism，the Declaration of Independence，and the Constitution：A Unique Role in Constitutional Interpretation?”，111 Penn State Law Review 413（2006）。

在《独立宣言》发表前后，各个殖民地也先后制定了州宪法。[①] 1776—1787 年，至少有 8 个州通过了专门的权利法案作为州宪法的组成部分，其他州则在其宪法中规定了权利保护的专门条款。

1783 年 1 月，殖民地代表团和英国在巴黎达成停战协定，同年 9 月，双方签订了《巴黎协定》，英国正式承认北美的殖民地为自由、主权和独立的国家，并承诺放弃英王及其后代曾经拥有的对殖民地的一切政府、财产和领土的权利。

1787 年 5 月至 9 月，联邦制宪会议在费城召开，通过了宪法草案，经由邦联国会转交各州批准。然而，联邦宪法没有就公民基本权利保护的内容作出专门规定，仅仅在部分条款中以限制联邦和州的权力的方式，间接提出了几项传统普通法权利的保护。事实上，在费城制宪会议期间，一些代表已经提出了公民权利保护问题，但没有引起大多数代表的重视，也有代表担心联邦宪法中的权利保护条款可能会与各州宪法中的权利保护条款发生冲突。然而，在各州关于批准宪法的讨论过程中，缺少权利法案成为了反对批准联邦宪法的一个重要论据，纽约州和马萨诸塞州在批准联邦宪法时附加了修正宪法以包括权利宣言的要求，而弗吉尼亚州更是在其批准文件中附加了包括 20 个条款的权利法案作为批准条件。[②]

随着联邦宪法的生效，第一届国会在 1789 年 4 月召开，制定权利法案成为了本届国会的首要议题。詹姆斯·麦迪逊在参考各州宪法和权利法案以及各州对宪法提出的修订意见后，向国会众议院提交了他起草的 12 条法案。经过国会两院各自三分之二多数通过后，宪法修正案中的 10 个条款得到了 10 个州的批准，并于 1791 年 12 月 15 日被加入联邦宪法，成为了第一至第十宪法修正案，即《权利法案》。《权利法案》的内容直接

---

① 1777 年通过 1781 年生效的《邦联条例》第一条以“州”替代了此前的“邦”。

② 王希：《原则与妥协：美国宪法的精神与实践》，北京大学出版社 2005 年版，第 61—96 页；陆镜生编著：《美国人权政治：理论与实践的历史考察》，当代世界出版社 1997 年版，第 137—157 页。

来源于殖民地时期各州的宪法及其权利法案①，体现了《独立宣言》的基本精神和原则并将其具体化实证化，从而间接地来源于英国普通法关于英国人权利的基本规则。正是由于这种历史上的继承关系，享有《权利法案》基本人权的主体仍然并非真正意义上的所有人，而是以早期殖民地白人殖民者为主体的部分居民，黑人和印第安人仍然无法享有这种权利保障。依据联邦宪法，奴隶制的存废仍然被保留给各州决定，联邦宪法不但没有明确废除奴隶制，还在事实上默认和支持了奴隶制并使其合法化。另外，值得注意的是，虽然《权利法案》的很多内容可以追溯到早期英国普通法的类似规范，但关于言论自由权和出版自由权的规定却具有一定的创新意义，直接来源于殖民地的斗争经验。在传统英国普通法中，言论自由的目的是保护议员在议会中畅所欲言，而不是赋予臣民批判政府的权利。殖民地时期的居民尤其是报刊的主编、作者和出版者，经常由于其对英国政府的批评而面临诽谤罪的指控，并受到逮捕和关押。② 基于这种经验和认识，《权利法案》的第 1 条就明确规定了国会不得剥夺人民的言论自由或者出版自由。历史证明，言论和出版自由不仅是现代社会中公民的一项基本人权，也是其他基本人权和自由的一项前提，而《权利法案》对此作出了巨大的贡献。

在政治权利和公民权利方面，联邦仍然没有统一的规定，联邦宪法没有关于公民资格和公民权的专门规定，而是只是笼统地将各州公民直接转换为联邦公民，各个州可以自主决定本州居民享有政治性权利的条件。1791 年到 1850 年期间，联邦创始的 13 州之外又有 18 个新成立的州进入

---

① 关于美国创始 13 州宪法和权利法案中的个人权利及其与 1791 年联邦《权利法案》关系的研究，参见：Donald S. Lutz, The States and the U. S. Bill of Rights, 16 Southern Illinois University Law Journal 251 (1992); Steven G. Calabresi and Sarah E. Agudo, Individual Rights Under State Constitutions When the Fourteenth Amendment Was Ratified in 1868: What Rights Are Deeply Rooted in American History and Tradition?, 87 Texas Law Review 7 (2008); Steven G. Calabresi, Sarah E. Agudo and Kathryn L. Dore, "State Bills of Rights in 1787 and 1791: What Individual Rights Are Really Deeply Rooted in American History and Tradition?", 85 Southern California Law Review 1451 (2012); 关于 1776 年弗吉尼亚州宪法的权利条款与 1791 年联邦《权利法案》的比较，参见陆镜生编著:《美国人权政治：理论与实践的历史考察》，当代世界出版社 1997 年版，第 157、158 页。

② 埃里克·方纳:《美国自由的故事》，王希译，商务印书馆 2002 年版，第 54 页；陆镜生（编著）:《美国人权政治：理论与实践的历史考察》，当代世界出版社 1997 年版，第 110—116 页。

联邦。这些新加入的州都没有在其宪法中对于选民设置财产资格条件，而是允许所有成年白人男子拥有选举权。联邦创始 13 州也先后修改其州宪法，逐步取消了对于选举权的财产资格限制和宗教资格限制。到 1840 年，90% 的成年白人男子有资格参加投票选举，到 1860 年，所有州都取消了对选举权的财产资格限制。公民的自主不再是基于对财产的拥有，而是基于对自身的拥有。① 但是，政治民主的扩大却并没有改变妇女的政治地位。除了新泽西在 1776 年至 1807 年间的例外情况外，内战前美国各州的妇女，无论是否婚嫁，是否拥有财产，都没有选举权。② 事实上，直到 1921 年通过联邦宪法的第十九修正案，妇女才最终获得与男性平等的选举权。

3. 奴隶制存废之争与南北战争

在奴隶制的存废问题上，即奴隶制是否应当受到宪法的保护问题上，南方各州和北方各州之间发生了激烈的争论。南北双方关于奴隶制的分歧早在联邦建立之前就已经存在。在联邦建立初期到 1804 年，联邦创始 13 州当中，位于北部的宾夕法尼亚、新泽西、康涅狄格、马萨诸塞、新罕布什尔、纽约和罗德岛这 7 个州因为地理和经济环境不适合奴隶制的发展，加之革命时期自由观念的深入影响，都先后采取州内立法的方式禁止了奴隶制，因此被称为自由州；而南部的特拉华、佐治亚、马里兰、南卡罗来纳、北卡罗来纳和弗吉尼亚这 6 个州却由于其种植园经济对于奴隶劳动人口的需要而继续保持奴隶制，被称为蓄奴州，自由州和蓄奴州以宾夕法尼亚和马里兰两州交界的梅森—狄克逊地理线为界。按照 1790 年美国第一次人口普查的数据资料，当时美国人口总数为 390 万，包括黑人约 75 万，占联邦总人口的五分之一，而黑人中的 90% 为奴隶，约 70 万人。值得注意的是，联邦宪法的条款当中从未使用奴隶和奴隶制这样的用语，而是采用了其他比较隐晦的表达，如“正在某一州的法律下服劳役的人”、“目前某些州内存在的类似人口”或者“所有其他人口”，等等，反映出南北

---

① 埃里克·方纳：《美国自由的故事》，王希译，商务印书馆 2002 年版，第 85—88 页；埃里克·方纳：《给我自由！一部美国的历史》，王希译，商务印书馆 2010 年版，第 443—445 页。

② 埃里克·方纳：《美国自由的故事》，王希译，商务印书馆 2002 年版，第 114 页；埃里克·方纳：《给我自由！一部美国的历史》，王希译，商务印书馆 2010 年版，第 448 页。

双方的妥协意图。[①] 这种妥协促进了联邦的成立和南北双方的统一，但宪法的规定在事实上使得奴隶制在美国合法化了，也为日后的争论和分裂埋下了隐患。

1860 年 11 月，来自北方反对奴隶制的共和党总统候选人林肯当选美国总统，南方政治势力担心共和党人执政后将逐步推翻奴隶制，于是坚决提出了退出联邦的宣言，从而爆发南北战争。1862 年 9 月 22 日，林肯总统签署《解放宣言》，要求南部各州在 100 天内放下武器，否则联邦政府将全面废除南方的奴隶制。1863 年 1 月 1 日，《解放宣言》正式生效，所有生活在那些仍然与联邦军队对抗的南部各州的奴隶立即获得永久的自由，并受到联邦军队的保护。但该宣言并不涉及其他地区的奴隶，在已经为联邦军队占领的地区和未参与反叛活动的地区，那里的奴隶并没有获得解放。[②] 1865 年 1 月国会通过 1865 年 12 月生效的美国宪法第十三修正案，宣告在美国及其所管辖的领土上永远地废除奴隶制，废除了原来宪法对奴隶制的默认和保护。

4. 黑人争取平等权利的抗争与《民权法案》的产生

在白人男性政治权利扩大的同时，自由黑人的政治权利却在日益受到限制甚至被完全取消了。在殖民地革命的建国时期，仅有弗吉尼亚、南卡罗来纳和佐治亚三个州明确将选举权限制在白人公民的范围内，尽管自由黑人因传统和习惯方面的障碍也在事实上难以行使权利。直到 1800 年，没有任何一个北方州明确禁止黑人的选举权，但其后加入联邦的新州，除了缅因之外，都明确将选举权限制在白人男性之内。原本承认黑人选举权的一些州，也先后剥夺了黑人的选举权，或者采取了限制性规定。肯塔基、马里兰和北卡罗来纳等州先后取消了黑人的选举权。1821 年，纽约州在取消白人选民财产资格限制的同时，却同时将黑人选民参加投票的财产资格提高到 250 美元，而这项要求超出了当时该州几乎所有黑人居民的

---

① 王希：《原则与妥协：美国宪法的精神与实践》，北京大学出版社 2005 年版，第 76—84，157—158 页；埃里克·方纳：《美国自由的故事》，王希译，商务印书馆 2002 年版，第 67—69 页；埃里克·方纳：《给我自由！一部美国的历史》，王希译，商务印书馆 2010 年版，第 328—330 页。

② 王希：《原则与妥协：美国宪法的精神与实践》，北京大学出版社 2005 年版，第 194、198、199、203—208 页。

经济能力。1837 年，尽管居住在宾夕法尼亚州费城的黑人居民已经创建了一个政治上活跃、经济上成功的黑人社区，但该州却仍然彻底取消了黑人的选举权。到 1860 年，自由黑人仅在新英格兰地区的马萨诸塞、新罕布什尔、佛蒙特、缅因和罗德岛这 5 个州内，可以与白人在同等资格的基础上参加投票，但该地区的黑人数量仅占美国黑人总人口的 4%。除了选举权受到极大限制以外，黑人的其他公民权利和社会权利也在同期受到不同程度的限制，种族歧视和种族隔离普遍存在于社会生活的各个方面。内战前，北部自由州居住的 22 万自由黑人在社会生活的各个方面都受到种族歧视，只有马萨诸塞州的铁路和波士顿的学校取消了种族隔离，但在旅馆、餐厅等公共设施和住宅区方面，黑人严格地被隔离；大部分北部黑人从事非技能劳工或家庭仆人等社会最低等级劳动，在劳动力市场受到严重的歧视。根据 1855 年的人口统计，纽约市有 122 名黑人理发师和 808 名家庭仆人，但只有 1 名律师和 6 名医生。黑人也不得担任陪审员，只在马萨诸塞州且直到 1855 年，黑人才被允许担任陪审员；在有一方当事人为白人时，黑人常常被禁止出庭作证；联邦政府禁止黑人在州民兵和联邦军队中服役；自由黑人也无法利用西部开放的机会，因为联邦立法禁止他们得到公共土地，而西部新建州当中的印第安纳、伊利诺伊、衣阿华和俄勒冈四个州则完全禁止他们进入。①

1866 年 4 月，国会通过了著名的《1866 年民权法案》，该法案宣告：除印第安人之外，所有在美国出生的人，只要不受任何外国法律管辖，都是美国公民；所有美国公民，无论种族、肤色和是否曾经受过奴役，在联邦境内各州和领土上享有同等的权利，包括签订和履行合同的权利、在法院上诉和作证的权利以及继承、买卖、出租和拥有财产的权利；所有公民的人身权和财产权受到与白人同等的法律保护。《1866 年民权法案》推翻了 1857 年最高法院在斯科特案判决中关于公民资格和否定黑人公民权的观点，修改了关于联邦公民需由各州公民转换而来的观点，直接确立了出生地的公民资格以及包括黑人在内的所有美国公民的基本自由和财产权

① 埃里克·方纳：《美国自由的故事》，王希译，商务印书馆 2002 年版，第 119—122 页；埃里克·方纳：《给我自由！一部美国的历史》，王希译，商务印书馆 2010 年版，第 427—428，450—451 页；陆镜生编著：《美国人权政治：理论与实践的历史考察》，当代世界出版社 1997 年版，第 211—213 页。

利，但却有意回避了政治权利问题。①

为加强《1866 年民权法案》的法律效力，国会于 1866 年 6 月通过了影响深远的宪法第十四修正案。该修正案于 1868 年 7 月生效，包括五个条款，其中第一款对于公民权利保护的意义最为重要。第十四修正案第一款规定：所有在合众国出生并受其管辖的人，都是合众国的和他们居住州的公民。任何一州，都不得制定或实施限制合众国公民的特权或豁免权的任何法律；不经正当法律程序，不得剥夺任何人的生命、自由和财产；在州管辖范围内，也不得拒绝给予任何人以平等的法律保护。此后，大量的宪政案件都与该修正案有关，使得最高法院利用该修正案逐步选择吸收了《权利法案》的各项主要条款限制州政府的立法，加强基本人权的保护，以至于重建后的美国宪法史被一些学者称为第十四修正案的历史。②

在《1866 年民权法案》立法之后，国会又先后于 1870、1871 和 1875 年制定了三部《民权法》，用以落实三个宪法修正案的立法精神，进一步消除种族歧视，保护黑人的基本权利。其中，《1875 年民权法》的影响最大，该法案规定：受合众国管辖的所有人，都有权充分而平等地享用旅馆、公共交通、戏院和其他公共娱乐场所中的食宿、便利和特权，仅接受法律规定的条件和限制；法律规定的条件和限制，同等地适用于所有种族和肤色的公民，无论其是否曾经受到奴役；违反前述规定的，构成轻罪，受害人有权获得民事罚金。这意味着，任何个人和州政府都不得在戏院、饭店、旅馆等公共场所和公共设施内实行种族歧视。

1883 年，最高法院审理了一系列来自于加利福尼亚、堪萨斯、密苏里和田纳西等州的民权案件，都是有关把黑人从旅馆、戏院和火车等公共设施驱赶出去的案件，法院决定将这些案件合并审理并称为民权案③。最

---

① 王希：《原则与妥协：美国宪法的精神与实践》，北京大学出版社 2005 年版，第 221—222、225—227 页；埃里克·方纳：《美国自由的故事》，王希译，商务印书馆 2002 年版，第 160 页。

② 王希：《原则与妥协：美国宪法的精神与实践》，北京大学出版社 2005 年版，第 228—230，238 页；张千帆：《美国联邦宪法》，法律出版社 2011 年版，第 171—178 页；Paul Finkelman，"The Historical Context of the Fourteenth Amendment"，13 Temple Political & Civil Rights Law Review 389（2004）；Barbara Stark，"The Future of the Fourteenth Amendment and International Human Rights Law：The Black Heritage Trail"，13 Temple Political & Civil Rights Law Review 557（2004）.

③ *Civil Rights Cases*，109 U. S. 3（1883）.

高法院在其 8∶1 票的多数判决意见中认为：《1875 年民权法》违宪；第十四修正案仅仅授权国会针对州政府的行为采取措施，国会不能干涉私有企业和私人的社会权利和社会行为，不涉及私人对公民权利的侵犯行为。在最高法院的民权案判决之后，南部许多州都通过了隔离乘车法，严禁黑人与白人乘坐在同一个车厢或同一车厢的同一部分，进一步加强了种族隔离政策。1896 年，联邦最高法院审理的普莱西诉弗格森案①，就是由新奥尔良黑人居民组成的公民委员会针对路易斯安那州 1890 年的隔离乘车法发起的挑战。然而，法院以 8∶1 票的多数判决维持了隔离乘车法的合宪性，提出了“隔离但平等”的审查标准，认为：种族隔离本身并不构成种族歧视，只要隔离的设施满足“隔离但平等”的审查标准，因此也没有违反宪法第十四修正案中的平等法律保护条款；南部各州的社会习俗和社会偏见不能依靠强制性立法来改变，而只能经由较长时间的融合自然改变和消除。这份判决明确肯定了种族隔离政策，并在其后的几十年时间里支持着这些政策。

在内战结束后的几十年里，虽然受到不同程度的限制，黑人仍然可以参加投票和担任公职甚至当选国会议员。但是从 1890 年到 1906 年，为了限制和取消黑人的投票权，每个南部的州都制定了限制黑人投票权的法律，采取了几种不同的方式。有的立法要求所有选民在选举前缴纳人头税，使得贫穷的黑人无法投票；有的立法要求选民参加文化水平测试，即在考官面前朗读并解释州宪法部分段落，由白人考官决定是否通过考试。为了保证不识字的白人仍然可以行使投票权，有 6 个南部州采用了所谓的“祖父条款”，规定：只要选民本人或者其父亲或者祖父 1867 年 1 月以前在本州具有选民资格，该选民就可以免除文化水平测试的要求。这种规定的动机明显为了特别针对性地取消黑人的投票权，因为在 1867 年 1 月以前没有一个南部州允许黑人参加政治选举。这些歧视性立法极大地限制了黑人的选举权，但却先后得到联邦最高法院的支持。除了法律上的公然歧视和限制之外，针对黑人的私人暴力活动也严重阻碍了黑人政治权利的正当行使。自 1870 年代，南方各州的一些白人种族主义者和三 K 党恐怖主义分子开始采取针对那些对种族隔离和种族歧视制度提出挑战的黑人的政

---

① Plessy v. Ferguson, 163 U. S. 537 (1896).

治暴力活动，包括扰乱会场、纵火、绑架、私刑、恐吓和暴力攻击等各种手段。据统计，至少有 6 个州在 1889—1918 年间发生了 200 次以上的私刑事件。仅在 1889 年全国各地发生的私刑事件就达到 94 次，而在 1894 年则达到了 134 次。虽然国会也通过制定《1871 年惩治三 K 党强制法》等法律以打击这类暴力犯罪活动，并在短期内取得了一定的成效，但总体而言并没有能够有效控制这类犯罪的规模和影响。据统计，路易斯安那州登记参加选举的黑人选民从 1894 年的 13 万锐减到 10 年之后的 1342 人。到 1940 年代，南部成年黑人中仅有 3% 是登记选民。①

由于各州政府随后制定并实施大量歧视黑人的立法和政策，且得到了联邦政府和联邦最高法院的默许和支持，特别是 1896 年普莱西诉弗格森案的判决，使得 19 世纪末以来针对黑人的种族隔离和种族歧视发展成为了普遍的现象和合法的政策。黑人公民在行使选举权、就业、教育、住房、享受公共服务、使用公共设施以及获得公正审理等几乎所有方面都受到了比较严重的隔离和歧视。“隔离但平等”仅仅是理论上的原则，隔离之下的不平等和歧视才是真实的社会状态。与此同时，在南方各州针对黑人实施的私刑犯罪也没有得到有效的控制。据统计，在每个十年当中全国发生私刑事件最多的年份里分别发生的私刑事件为：1901 年总计 105 次，1919 年总计 76 次，1921 年总计 59 次，1933 年总计 24 次，1946 年总计 6 次以及 1951 年的 1 次。从 1880 年到 20 世纪中叶，私刑受害者的人数累计达到了近 5000 人。②

1909 年 2 月，一个民间组织全国有色人种促进协会在纽约成立，宗旨是利用个案诉讼法庭斗争的手段为黑人争取受到宪法保护的平等权利，消除种族隔离和种族歧视。1934 年，该协会建立了专门用于帮助黑人争取平等教育权利的基金项目，先是由著名黑人学府霍华德大学法学院院长

---

① 王希：《原则与妥协：美国宪法的精神与实践》，北京大学出版社 2005 年版，第 243—249、262—263 页；埃里克·方纳：《给我自由！一部美国的历史》，王希译，商务印书馆，2010 年版，第 827—832 页；谢国荣：《民权运动的前奏：杜鲁门当政时期美国黑人民权问题研究》，人民出版社 2010 年版，第 122 页。

② 埃里克·方纳：《给我自由！一部美国的历史》，王希译，商务印书馆 2010 年版，第 831 页；谢国荣：《民权运动的前奏：杜鲁门当政时期美国黑人民权问题研究》，人民出版社 2010 年版，第 122 页。

查尔斯·休斯敦担任首席律师，1938 年后则由他的学生瑟古德·马歇尔担任。马歇尔领导的律师团队在 1938—1954 年间，将一系列重大案件带入南部各州法院和联邦最高法院，利用宪法第十四修正案直接挑战种族隔离和种族歧视制度，推动了最高法院的立场转变，有力地促进了黑人权利的法律保护，也开创了以法律诉讼方式推动社会改革的新模式。① 马歇尔最终于 1967 年由约翰逊总统提名，成为联邦最高法院的首位黑人大法官。1930 年代罗斯福新政期间，联邦政府雇佣了大量的黑人，赢得了黑人的支持，但却没有在改变种族隔离制度方面制定出重要的法律和政策。1941 年 6 月，在黑人工会组织示威抗议的压力之下，罗斯福发布行政命令，禁止接受联邦政府和国防工业合同的企业在就业招聘中以肤色、种族或民族血统为由歧视有色人种，并建立了公平就业管理委员会负责监督。②

1947 年 10 月，由杜鲁门总统创立的民权委员会向总统提交了一份题为《保障这些权利》的报告。报告认为，“隔离但平等”原则是失败的错误的选择，联邦政府应当承担更大的责任积极主动地保护民权，逐步取消种族隔离制度，消除种族歧视现象。1948 年 7 月，杜鲁门同时发布两则行政命令，废除了联邦机构就业政策中和武装力量中的种族歧视政策。然而，杜鲁门总统在民权立法方面的成就并不显著，大量民权立法计划没有被国会接受。③

20 世纪中期的民权运动，对于废除种族隔离和种族歧视政策产生了直接和深远的影响。自 1955 年 12 月，由阿拉巴马州蒙哥马利市黑人妇女罗莎·帕克斯拒绝在公交车上为白人让座而被逮捕事件为导火索，黑人牧师小马丁·路德·金领导了一场持续一年多的公交车抵制事件，并取得了最终的胜利，迫使该市取消了公交车上的种族歧视制度。随后，金也提出了更加系统的非暴力群众性直接抵抗运动的理论，通过这种斗争策略争取

---

① Stephen C. Yeazell, “*Brown, the Civil Rights Movement, and the Silent Litigation Revolution*”, 57 Vanderbilt Law Review 1975 (2004).

② 王希：《原则与妥协：美国宪法的精神与实践》，北京大学出版社 2005 年版，第 379—381 页；谢国荣：《民权运动的前奏：杜鲁门当政时期美国黑人民权问题研究》，人民出版社 2010 年版，第 64—70 页。

③ 谢国荣：《民权运动的前奏：杜鲁门当政时期美国黑人民权问题研究》，人民出版社 2010 年版，第 147—153、174—177、206—207、232—252 页。

舆论的支持，迫使政府改变种族隔离和种族歧视政策。与此同时，1960年2月，由四名黑人大学生在北卡罗来纳州一家餐厅用餐时要求与白人平等的服务却被拒绝的事件，引发了全国性的非暴力入座抗议运动，先后导致3600多名示威者被捕入狱。非暴力抵抗的斗争策略在1963年阿拉巴马州伯明翰市的反种族隔离运动中也取得了全国性的影响和巨大的成功。1963年8月，各个民权组织领导了25万人参加的进军华盛顿的反种族隔离大规模游行和示威活动，金在集会上发表了著名演说“我有一个梦想”，呼吁彻底废除不平等的种族隔离制度和种族歧视政策，真正实现美国自由平等的政治理想。面对日益高涨的民权运动所形成的巨大压力，联邦政府也不得不开始采取行动。1957年和1960年，国会先后通过两个以保护选举权为主的范围有限的民权立法，效果并不明显。1963年2月和6月，肯尼迪总统两次向国会提交了关于民权的特别咨文，要求国会制定更为全面的民权法案，以彻底解决在美国社会中由种族隔离制度所导致的严重道德危机。1963年11月，肯尼迪在达拉斯遇刺身亡的事件反而减弱了国会内部反对新民权法的阻力。1964年7月，积极支持民权立法的约翰逊总统签署了已经被国会接受的《1964年民权法》，使之正式生效。《1964年民权法》共有11编，其中8编涉及禁止种族隔离和种族歧视的规定，包括：禁止在选民登记和投票统计方面的种族歧视行为；禁止在公共服务设施如旅馆、饭店、加油站和娱乐场所中的种族歧视行为，且授权联邦检察官对违法者提出诉讼；禁止公共设施中的种族歧视行为，且授权联邦检察官对违法者提出诉讼；禁止在公立学校中的种族隔离政策，且授权联邦检察官对违法者提出诉讼；禁止在联邦政府资助的项目中的种族歧视行为，否则停止资助；禁止在提供就业机会和工作条件方面基于种族、肤色、宗教、性别或国别的歧视行为。《1964年民权法》生效后不可避免地在南部各州遭到抵制，但联邦最高法院在1964年的亚特兰大之心汽车旅馆诉美国案①中，一致支持了《1964年民权法》的合宪性，认为国会有权行使州际商务管理权禁止种族歧视行为。然而，《1964年民权法》却没有能够真正解决针对黑人选举权的歧视性政策，大量黑人仍然无法行使选举权。1964年2月，虽然国会和38个州通过了宪法第二十四修正案，

① Heart of the Atlanta Hotel v. United States, 379 U. S. 241 (1964).

规定了在联邦官员和国会议员的选举中，不得因为公民未缴纳人头税或其他税收而拒绝其行使投票权，但这个规定仅仅涉及对联邦选举权的保护。民权组织继续在争取黑人选举权方面不断努力。1964 年夏天多个民权组织联合发动的“自由夏天”选民登记运动和 1965 年金在阿拉巴马州塞尔马城组织的非暴力进军州首府蒙哥马利的活动，都产生了全国性影响。1965 年 8 月，国会通过了《1965 年选举权法》，彻底消除了南部各州对黑人选民的歧视性资格限制，停止了文化水平测试的限制性政策，授权联邦政府司法部官员对各州选举进行监督。《1965 年选举权法》也在随后的一系列案件中得到最高法院的支持，并产生了非常明显的效果：南部 11 个州黑人选民的人数由 1964 年的 150 万上升到 1969 年的 310 万。在民权运动时期，国会通过的最后一个重要法案是 1968 年制定的一项禁止在租房和买卖房屋方面实行种族歧视的立法。①

尽管民权立法取得了巨大的成功，但并没有解决所有的不平等问题。除了前述在教育领域中存在事实上的种族隔离情况之外，针对黑人以及其他族裔的歧视性政策也仍然广泛存在于社会生活的其他各个方面，特别是在经济、就业和住房方面，来自私人的民间性歧视和自发性隔离使得美国社会中的种族关系问题至今没有得到彻底解决。

5. 印第安原住民争取权利的抗争

自殖民地时期以来，殖民者政府以及后来的美国政府与原住民印第安人之间的关系始终非常复杂和特殊，印第安人在很长时间内都不被认为是美国公民，既不需要向政府纳税，在政府中也没有任何代表权。一方面，白人政府承认印第安人对于其所拥有土地的权利，承认其相对独立和自治的权力，并通过签订条约的方式获得印第安人的土地；另一方面，白人政府和私人又不断通过武力和其他类似的不正当方式大量侵占印第安人的土地。在《1787 年西北土地法令》中，联邦政府首次正式确认印第安人对于其土地的权利，要求私人定居者和州政府以最高的诚信来处理与印第安

① 王希：《原则与妥协：美国宪法的精神与实践》，北京大学出版社 2005 年版，第 391—397 页；邱小平：《法律的平等保护——美国宪法第十四修正案第一款研究》，北京大学出版社 2005 年版，第 208—213 页；埃里克·方纳：《美国自由的故事》，王希译，商务印书馆 2002 年版，第 385—393 页；Kathleen M. Sullivan and Gerald Gunther, *Constitutional Law*, 14th edition, Foundation Press, 2001, pp. 925 –930.

人的关系，不得未经允许地夺取印第安人的土地。国会禁止各州在未经联邦政府批准的情况下直接与印第安人谈判转让土地，但并没有被严格遵守。与印第安人的战争也时断时续。1795 年，在一场持续多年的战争之后，联邦政府与印第安人签订了《格伦维尔条约》，规定后者将俄亥俄和印第安纳大部分土地割让给联邦政府，而联邦政府则要向印第安人部落发放年度津贴。1812 年的战争结束后，印第安人再次丧失了大量土地。1820 年代，南部蓄奴州纷纷制定了强制印第安人迁徙到外州的驱逐法，国会也制定了《1830 年印第安人迁徙法》。在 1831 年的切诺基部落诉佐治亚州案①和 1832 年的伍斯特诉佐治亚州案②中，最高法院判决认为：印第安人部落不是外国，是一个不具备完全主权的、依附性的、但又不完全属于联邦管理的民族，印第安人也不是美国公民；联邦政府承认其对自己的领土拥有权和内部自治的权力，其与联邦政府的关系是一种监护关系，受到联邦政府的保护；只有联邦政府有权与其签订条约，在其自愿割让的情况下获得其土地；这种条约属于联邦法律的一部分，高于州和地方的法律。但在该判决后的几年中，联邦政府采取高压政策，强迫印第安人签订了 94 项条约，迫使他们离开了密西西比河以东地区，迁移到密西西比河以西的印第安人保留地。割让土地的条约通常只是与部落中的一少部分人签订的，但政府却强迫所有人接受。1838—1839 年冬天，联邦军队强迫约 18000 名包括妇女和儿童在内的印第安人由佐治亚向西迁徙到俄克拉荷马，至少 1/4 的人在这条血泪之路上丧生。③

内战结束后的重建政策并没有对印第安人提供任何保护。宪法第十四修正案宣布所有在美国出生的人都有资格成为美国公民，但并不包括印第安人。相反，随着印第安人与白人定居者之间武力冲突的蔓延，联邦政府和军队进一步驱赶印第安人迁徙到政府指定的保留地。1887 年，国会通过《道斯法》，目的是彻底摧毁印第安人的传统文化和生活方式。该法规定：总统有权将印第安人部落的领土进行划分，并以个人为单位分给印第

① The Cherokee Nation v. Georgia, 30 U. S. 1 (1831).

② Worcester v. Georgia, 31 U. S. 515 (1832).

③ 王希：《原则与妥协：美国宪法的精神与实践》，北京大学出版社 2005 年版，第 147—149 页；埃里克·方纳：《给我自由！一部美国的历史》，王希译，商务印书馆 2010 年版，第 320、338—340、385、474—477 页。

安人，其余土地出售给白人；划分后的土地由联邦政府代管25年，在印第安人成为美国公民后交还；接受联邦分配土地的印第安人受所在州和联邦领土的法律管辖，有资格成为美国公民。从1889年起，联邦领土划分政策在阿肯色和俄克拉荷马领土实施。从1887年到1934年《道斯法》停止实施，印第安人原有的1.38亿英亩土地中丧失了8600万英亩。

印第安人的公民地位在20世纪终于得到了确立。1901年国会将公民资格授予俄克拉荷马领土上归化了的10万印第安人，而此时印第安人的人口也下降到了历史最低点的25万人。1906年国会通过的《伯克法》规定，自动永远脱离部落隶属关系的印第安人都可以成为美国公民，但坚持留居在部落的印第安人不能享有公民资格。1919年，国会向所有参加了第一次世界大战的印第安人授予了公民资格。1924年，国会通过《印第安人公民资格法》，无条件向所有美国境内印第安人授予了公民资格。1934年，国会停止实施《道斯法》并通过了印第安人重组法，停止了划分印第安人土地并出售的政策，再一次承认在联邦法律明确限制之外，印第安人拥有建立政府管理自己事务的权利。1960年代，杜鲁门和艾森豪威尔政府曾经企图废除保留地制度，彻底终结印第安人的特殊自治地位，但没有获得成功。而后来在一些印第安人权利组织的抗争下，许多部落获得了更大的对保留地教育和经济发展的控制权，一些特殊的优惠政策也有助于部落的发展。根据美国2010年的人口普查数据，包括阿拉斯加原住民在内的纯粹血统的印第安人口达到290万人，另外有大约230万混血印第安人口，合计约为520万人，其中78%生活在保留地之外的地区。[①]

6. 妇女争取权利的抗争

美国各州的妇女长期缺乏财产权利和政治权利。自1890年代开始，随着妇女更多地参与劳动和公共生活，其在经济上的自主权才逐渐被接受，各州先后立法赋予已婚妇女控制自己劳动所得和财产的权利，以及独

① 王希：《原则与妥协：美国宪法的精神与实践》，北京大学出版社2005年版，第293—295页；埃里克·方纳：《给我自由！一部美国的历史》，王希译，商务印书馆2010年版，第773—779、1068、1123、1303—1305、1408页；Earl M. Maltz, "The Fourteenth Amendment and Native American Citizenship", 17 Constitutional Commentary 555 (2000); Robert B. Porter, "The Demise of the Ongwehoweh and the Rise of the Native Americans: Redressing the Genocidal Act of Forcing American Citizenship upon Indigenous Peoples", 15 Harvard BlackLetter Law Journal 107 (1999).

立签署合同和遗嘱的权利。而关于授予妇女选举权的宪法修正案虽然早在1868年就已经被提出，但始终没有被国会通过。1869年，怀俄明联邦领土最先授予妇女选举权，并在1890年建州后成为美国第一个授予妇女选举权的州。到1900年，有一半的州允许妇女在针对学校学区问题的地方选举中行使投票权。1900年之后，妇女选举权运动的规模不断扩大，全美妇女选举权协会的成员数量由1893年的1.3万人增加到1917年的200万人。另外一些州也陆续通过立法授予本州妇女选举权，到一战之前已经有14个州的妇女享有选举权。一战后，国会终于在1919年通过了宪法第十九修正案并在1920年获得足够多数州批准而生效，美国妇女的选举权终于得到联邦宪法的确认和保护。然而，自1920年代提出的一项关于男女平等权利的宪法修正案虽然在1972年在国会获得了通过，但在1982年6月各州批准修正案的截止期限前，却因为差3个州而没有得到38个多数州的批准。①

7. 工人争取权利的抗争与经济、社会和文化权利保障的发展

美国关于人权的法律和文献当中通常并不使用经济、社会和文化权利这样的词语，而是要么采用较为宽泛笼统的一般性用语，如民权、自由等等，要么直接采用更为具体明确的用语，如罢工的权利、组织工会的权利等等。美国政府始终拒绝接受国际人权文件所规定的经济、社会和文化权利的概念，认为国家仅仅负有保障公民民主权利和基本自由的义务，在经济、社会和文化方面的责任主要应当由公民个人承担，且认为公民的经济、社会和文化权益主要受制于政府的保护能力，并不能够立即实现，不能构成在法院请求权利救济的诉因，因此在美国传统和主流的人权实践及人权理论中，根本不被承认为公民的权利，比如对于就业权、享有社会福

---

① 关于妇女平等权利的保护运动后来又发展到反对所有基于性别的歧视，包括同性恋者的权利保护问题。参见：Paul Benjamin Linton，Esq.，“Same – Sex Marriage and the New Mexico Equal Rights Amendment”，20 George Mason University Civil Rights Law Journal 209（2010）；Libby Adler，“T：Appending Transgender Equal Rights to Gay，Lesbian and Bisexual Equal Rights”，19 Columbia Journal of Gender and Law 595（2010）；Michele Reichlin，“Civil Unions under the Maryland Era：How the Illusion of Equality is an Equal Rights Avoidance”，38 University of Baltimore Law Review 305（2009）.

利的权利的否认。[①] 美国至今没有加入1966年联合国大会通过的《经济、社会和文化权利国际公约》，也主要是基于这种不同的观念和理论。自冷战结束后的1990年代至今，美国社会也出现了要求以更广泛的国际人权概念和标准取代传统民权概念的运动，推动美国政府采取立法、司法和行政措施按照国际标准将经济、社会和文化方面的保障作为公民权利的一部分。[②]

1870—1920年，大约1100万美国人从农村移居到城市，另外约2500万海外移民来到美国。大量的劳动人口进入了第二次工业革命时期的美国工厂，形成了一个日渐庞大的新兴工人阶级群体，恶劣的工作条件和工作环境使得劳资冲突和劳工组织也随之产生。1870年代和1890年代的经济衰退中，数百万工人失去工作或者被迫接受更低的工资；许多产业工人每周工作时间长达60小时，居住环境恶劣，被迫接受暴政式的管理，享受不到任何退休金、工伤补偿或失业保障；1880—1890年，平均每年有35000名工人死于工厂和矿山的生产事故。

1869年，费城的纺织工人组织了早期较有影响的工会组织“劳工骑士团”，提出了一系列政治和经济改革纲领，包括反垄断、劳资合作、保障工人的最低工资和基本住宅权、8小时工作制、严禁雇佣童工等等，反对采用罢工手段和暴力对抗，主张通过选举和游说的方式要求政府介入劳

---

① Hope Lewis, "'New' Human Rights: U. S. Ambivalence Toward the International Economic and Social Rights Framework," in Cynthia Soohoo, Catherine Albisa and Martha F. Davis (eds.), *Bringing Human Rights Home*, Vol. 1, Praeger Publishers, 2008; Amanda Ploch, "The Long Road to Economic and Social Justice", in William T. Armaline, Davita Silfen Glasberg and Bandana Purkayastha (eds.), *Human Rights in Our Own Backyard: Injustice and Resistance in the United States*, University of Pennsylvania Press, 2011.

② Vanita Gupta, "Blazing a Path from Civil Rights to Human Rights: The Pioneering Career of Gay McDougall," in Cynthia Soohoo, Catherine Albisa and Martha F. Davis (eds.), *Bringing Human Rights Home*, Vol. 1, Praeger Publishers, 2008; Cynthia Soohoo, "Human Rights and the Transformation of the 'Civil Rights' and 'Civil Liberties' Lawyer," in Cynthia Soohoo, Catherine Albisa and Martha F. Davis (eds.), *Bringing Human Rights Home*, Vol. 2, Praeger Publishers, 2008; Chivy Sok and Kenneth J. Neubeck, "Building U. S. Human Rights Culture from the Ground Up: International Human Rights Implementation at the Local Level", in William T. Armaline, Davita Silfen Glasberg and Bandana Purkayastha (eds.), *Human Rights in Our Own Backyard: Injustice and Resistance in the United States*, University of Pennsylvania Press, 2011.

资关系的治理。1886 年，“劳工骑士团”的会员达到了 80 万人，而以技术工人为会员主体的美国劳联才刚刚成立，但到 1901 年会员已经达到 100 万，成为当时美国最大的工会组织，到 1904 年则达到了 160 万。该组织提倡通过使用罢工和抵制的手段，寻求与资方的妥协，实行提高工资、缩短工时、改善工作条件和安全环境的目标。1877 年，发生了第一次全国性罢工，这次铁路工人大罢工造成全国大部分地区铁路运输瘫痪，罢工遭到州国民警卫队和联邦军队的镇压，20 人被打死。其后，各地的罢工浪潮此起彼伏，联邦政府在全国主要城市建立军营驻扎军队，以便随时应对劳工骚乱。1885 年 5 月 1 日，全国各城市 35 万工人集会，举行了要求 8 小时工作制的游行。1886 年，铸铁工人工会在芝加哥市的麦考密克机械厂组织了一场大规模罢工，4 名罢工工人被警察打死。1892 年，宾夕法尼亚州的霍姆斯特德钢铁工人大罢工产生了巨大的影响，劳资双方分别是当时全国最大的联合工会和全国最大的产业公司，罢工者击败了 300 名私人保安后被 8000 人的州国民警卫队镇压。1894 年，发生在伊利诺伊州的普尔曼城车厢厂工人大罢工则演变成全国铁路工人大罢工，遭到联邦军队的镇压，造成 34 人丧生。联邦最高法院不仅一致同意将工会领袖判罪，而且发布禁令反对工会组织罢工，认为罢工是一种公共性骚扰，侵犯了公司的私有财产权。联邦和州等各级政府都对劳工运动采取了严厉的镇压政策，各级法院也以保护私有财产权为由，对此予以支持。联邦和州的立法，不是直接禁止罢工，就是禁止工会阻挡雇主使用替代工人来破坏罢工。据统计，1880—1931 年间，各级法院大约发出了 200 多项禁止工人罢工和抵制活动的法院禁令。①

与此同时，为了回应劳工阶层的要求，州和联邦的立法机构开始尝试管制经济活动。1887—1897 年，各州通过了 1600 多项法律，涉及劳资关系、最长工时、最低工资、童工使用和生产安全等问题。1902 年，马里兰州首先通过了《工伤赔偿法》；1903 年，俄勒冈州通过了第一个 10 小时工作法；1905 年，纽约州对与公众日常生活联系密切的行业进行了管

---

① 王希：《原则与妥协：美国宪法的精神与实践》，北京大学出版社 2005 年版，第 272—275、278 页；埃里克·方纳：《给我自由！一部美国的历史》，王希译，商务印书馆 2010 年版，第 757、763、811—813、817、881 页；埃里克·方纳：《美国自由的故事》，王希译，商务印书馆 2002 年版，第 184 页。

制；1912 年，马萨诸塞州议会建立了负责监管妇女和童工工资标准的专门委员会；1913 年，有 22 个州实施了同时适用于男工和女工的工伤事故赔偿法，为更加广泛的社会保障计划开创了先例。然而，当时各州的最低工资法和最长工时法却只适用于女工。1898 年，国会制定了《尔德曼法》，禁止资方强迫工人签订“黄狗合同”，即工人必须承诺不加入国会，否则不予录用。1914 年，国会通过了《克莱顿反托拉斯法》，将工会排除在反托拉斯法的限制之外，禁止法院发布罢工禁令。1916 年，国会实施了《基廷—欧文法》和《亚当斯法》，前者废止了州际商务交易产品生产中的童工制，后者在全国铁路行业建立起 8 小时工作制。①

对于州和联邦劳资关系的立法，联邦最高法院的态度显得更加保守和摇摆不定。在 1898 年霍尔登诉哈迪案②中，最高法院认为：州的 8 小时工时法合宪；契约自由应该受到州监管权的限制，而保护公民生命健康和安全是州监管权的一部分；州法对于契约自由的限制应该通过合理性审查。而在 1905 年洛克纳诉纽约州案③中，最高法院以 5∶4 票作出的判决认为：州限制工时的法律侵犯了劳资双方的契约自由；契约自由属于宪法第十四修正案所保护的实质性正当法律程序权利；对契约自由的限制应当通过合理性审查。在 1908 年的马勒诉俄勒冈州案④中，最高法院经过合理性审查后一致认为，州限制工时法合宪。在 1918 年和 1919 年的两个案件中，最高法院宣称：联邦禁用童工的立法违宪，因为这种生产问题属于州的管理范围。在 1923 年的阿德金斯诉儿童医院案⑤中，法院以 5∶3 票判决认为：联邦限制女工最低工资的立法，因侵犯经济活动中的契约自由而违宪。在 1917 年希契曼煤矿公司诉米歇尔案⑥中，法院认为：工会有权组织罢工，但无权阻止工人与雇主签订“黄狗合同”，即含有向雇主保证不参加工会条款的合同，否则会侵犯契约自由。此外，联邦和州的法院

---

① 王希：《原则与妥协：美国宪法的精神与实践》，北京大学出版社 2005 年版，第 277—281、305—307 页；埃里克·方纳：《给我自由！一部美国的历史》，王希译，商务印书馆 2010 年版，第 783、901、910 页。

② Holden v. Hardy, 169 U. S. 366（1898）.

③ Lochner v. New York, 198 U. S. 45（1905）.

④ Muller v. Oregon, 208 U. S. 412（1908）.

⑤ Adkins v. Children’ s Hospital, 261 U. S. 525（1923）.

⑥ Hitchman Coal and Coke Co. v. Mitchell, 245 U. S. 229（1917）.

在 1920 年代不断发出禁令来制止罢工活动，尤其是禁止罢工工人组织纠察队阻止替代工人为雇主工作，认为这会侵犯业主的财产权。①

联邦最高法院坚持保守的自由竞争主义，限制联邦和州对于经济的管制措施，终于促使这个放任的自由竞争市场在 1929 年爆发了严重的经济危机。坚持奉行自由市场经济的共和党在 1932 年的总统大选中惨败，民主党总统候选人富兰克林·德拉诺·罗斯福高票当选。罗斯福上任后立即开始实施其在竞选过程中提出的“新政”，即由联邦政府大规模干预经济，恢复市场的活力，同时承担社会责任，积极推动福利计划实施社会救济。1935 年，国会通过了《社会保障法》，建立了失业救济计划，并推动各州建立起对所有失业人员的保障计划；建立起联邦性的老年保险基金制度；帮助各州实施老年退休金计划；帮助各州解决残疾残障人、孤儿和无家可归者的社会救济问题。1935 年通过的《全国劳工关系法》加强了劳工权益的保护，规定雇员有权组织和加入工会，有权联合起来通过代表就工资、福利、工作条件和工作环境等问题与雇主进行集体谈判，禁止法院对工人罢工和组织罢工纠察队发出禁令。1938 年通过的《公平劳工标准法》建立了最低工资制与最高工时制，并且禁止使用 16 岁以下的童工。1937 年通过的《国民住房法》则为城市建造廉价住房计划提供低息贷款。②

1941 年，罗斯福在国会发表的国情咨文提出了著名的“四大自由”，即言论自由、信仰自由、免于匮乏的自由和免于恐惧的自由。③ 在其 1944 年的国情咨文中，进一步解释了免于匮乏的自由，明确提出了经济权利理论，甚至建议制定“经济宪法”和“第二权利法案”，改变了此前仅仅注重公民权利和政治权利的人权观。他所建议的“第二权利法案”主要是

---

① 王希：《原则与妥协：美国宪法的精神与实践》，北京大学出版社 2005 年版，第 281—282、322—328 页；埃里克·方纳：《给我自由！一部美国的历史》，王希译，商务印书馆 2010 年版，第 789、790、885 页。

② 王希：《原则与妥协：美国宪法的精神与实践》，北京大学出版社 2005 年版，第 329—338 页；埃里克·方纳：《给我自由！一部美国的历史》，王希译，商务印书馆 2010 年版，第 981、984、987、1040—1048、1057、1063、1064 页。

③ Elizabeth Borgwardt, “FDR’s Four Freedoms and Wartime Transformations in America’s Discourse of Rights,” in Cynthia Soohoo, Catherine Albisa and Martha F. Davis (eds.), *Bringing Human Rights Home*, Vol. 1, Praeger Publishers, 2008.

关于公民经济权利和社会权利的一些内容，包括：人人享有从事有报酬的工作的权利；人人享有足够的食品、衣服和娱乐的权利；每位农场主享有种植和出售产品以及享有舒适生活的权利；每位企业家享有不受不公平竞争和垄断控制而在国内外自由贸易的权利；每个家庭享有舒适住房的权利；享有足够的医疗保险和健康的权利；享有足够的保障以免于因老、病、意外事故和失业而产生的经济恐慌的权利；享有良好教育的权利。罗斯福之后的历任总统和历届联邦政府，也都在不同程度上继续加强政府的保护职责，发展公民的经济权利和社会权利。杜鲁门总统继续坚持罗斯福提出的社会经济权利改革，甚至提出了更为广泛的改革计划。1946 年，国会通过了《就业法》，确定了政府对于充分就业的责任；1949 年，国会通过了《全国住宅法》，政府对于人民享有体面住宅的责任，为低收入家庭建造廉价公共住房并为改善农村住房提供资助；1950 年，通过新的立法进一步提高最低工资水平，扩大社会保障的覆盖范围。1945 年，杜鲁门试图通过《健康保险立法》，为所有年龄的职工建立一种综合性医疗保险计划，但却未能在国会获得通过。1961 年，肯尼迪总统在其国情咨文中也提出大量关于经济权利和社会权利的改革计划，涉及提高社会保障水平、扩大教育资助和提供低价住房等等，其中大部分得到了国会的批准。1965 年，约翰逊总统在其国情咨文中提出了“伟大社会”的立法计划，推动国会在反贫困、教育、医疗、住房、民权和环境保护等方面的立法行动，计划的立法大量涉及保障公民经济权利和社会权利：建立全国性医疗保险制度；资助中小学教育；建立长期的奖学金和助学金制度；资助人文学科和文学艺术的教学研究；改善公共设施质量；提高最低工资标准等。1964 年，国会通过了《经济机会法》，以反贫困为目标为穷人提供发展的机会，包括青少年教育资助计划、职业培训计划、帮助穷人发展的社区行动计划、改善穷人住房的城市更新计划和资助衰败地区复兴计划。1965 年，国会通过的《高等教育法》，第一次对大学生提供联邦奖学金，为大学生提供贷款担保和利息补贴，向大学提供教育资助。影响更为深远的是 1965 年国会通过的《社会保障法修正案》，第一次建立了全国性的医疗保险制度，建立了为收入低于贫困线的穷人提供免费医疗服务的医疗救助计划（Medicaid）和为 65 岁以上老年人提供免费医疗服务的医疗照顾计划（Medicare）。此外，在约翰逊时期，国会还通过了《中小学教育法》、

《住房和城市发展法》、《汽车尾气污染控制法》、《1966 年公平劳工标准法》等一系列保障社会经济权利的立法。约翰逊时期的“伟大社会”立法计划，继承了罗斯福新政的人权思想，是联邦政府关于公民权利最全面的保障计划，永久性地加强和扩大了联邦政府在社会福利、社会保障、教育科研、人文艺术以及环境保护方面的责任和权力。[①]

尽管 20 世纪以来美国政府在保护公民的经济、社会和文化权利方面取得了一定的进步，但在一些领域仍然存在着很严重的问题和挑战。由于国内不同党派和利益集团的巨大分歧和长期固守相对保守的个人自由观念，美国至今没有加入 1966 年《经济、社会和文化权利国际公约》，在主流国际社会早已经在经济、社会和文化方面确立了个人权利和国家义务的今天，仍然单纯强调个人的经济责任，忽视对个人基本生存条件和特定群体的保障，否认国家和政府对个人经济、社会和文化权利的保障义务。[②] 2005 年，卡特里娜飓风袭击美国南部地区所造成的灾难给当地原本就相对贫困的居民带来了巨大的损失，但美国政府却没有充分承担救助和保障的责任，扩大了灾难损失的范围和程度，引起了美国社会对于政府在经济社会保障义务方面的激烈讨论和深刻反思。[③] 美国社会关于这种是否应当由政府保障公民经济社会权利的争论，集中反映在总统领导的行政分支与国会两院之间关于社会保障改革立法的激烈争论和对抗之中。自 2009 年以来，由于奥巴马政府与国会之间关于医疗保险改革的巨大分歧，不仅使得这项社会权利改革步履维艰，甚至使得联邦政府的一般性财政预算都难以顺利得到国会的批准，一度出现了严重的政治僵局。

---

① 陆镜生编著：《美国人权政治：理论与实践的历史考察》，当代世界出版社 1997 年版，第 362—365、439—450 页；王希：《原则与妥协：美国宪法的精神与实践》，北京大学出版社 2005 年版，第 405—411 页。

② Wendy Pollack, "The Rights to Social Security in the United States: Ending Welfare as We Know It," in Cynthia Soohoo, Catherine Albisa and Martha F. Davis (eds.), *Bringing Human Rights Home*, Vol. 3, Praeger Publishers, 2008.

③ William Quigley and Sharda Sekaran, "A Call for the Right to Return in the Gulf Coast," in Cynthia Soohoo, Catherine Albisa and Martha F. Davis (eds.), *Bringing Human Rights Home*, Vol. 3, Praeger Publishers, 2008; Barret Katuna, "Hurricane Katrina and the Right to Food and Shelter", in William T. Armaline, Davita Silfen Glasberg and Bandana Purkayastha (eds.), *Human Rights in Our Own Backyard: Injustice and Resistance in the United States*, University of Pennsylvania Press, 2011.

## 二　美国人权保障面临的挑战

作为当今世界的头号强国，美国的人权状况却仍然存在着非常严重的问题。

美国无家可归的人数在 2014 年达到 61 万多人，有大量的小孩、青年及退伍军人无家可归。① 根据共同财富基金对医疗服务体系的调查，在 11 个同水平国家中，美国的医疗服务体系效率最低、最不公平、医疗产出最差。美国的死亡率和婴儿死亡率均为最高，60 岁人群的健康状况最差。但与在上述其他国家生活的人相比，美国人却要负担高出两倍的医疗费用。② 据统计，在当代美国年轻人中，受教育程度低于其父母的达到 29%，而高于其父母的仅有 20%。在父母没有读完高中的年轻美国人中，能够读完大学的只有 5%，而在其他富裕国家却是 23%。③

美国少数族裔面临各种显性的和隐性的歧视。美国劳工统计局数据显示，2014 年 10 月份白人失业率为 4.6%，非洲裔失业率为 10.7%，亚裔失业率为 5.0%，拉美裔失业率为 6.5%。④ 根据美国经济研究所（American Institute for Economic Research）发布的研究报告，拉美裔每年的收入比非拉美裔同事的平均收入少 16353 美元；在计算机编程员和软件开发员这样的高科技职位中，亚裔的年收入比白人的年平均收入少 8146 美元；非洲裔的年收入比白人平均年收入少 3656 美元。⑤ 相对于其他族裔人群，美国黑人更有可能成为警方枪击的牺牲品。对警察致命射击的联邦统计数据分析显示，黑人青年男性被警察射杀的风险比白人同类要高出 21 倍。年龄 15—19 岁的黑人被射杀率高达 31.7/100 万，而在这一年龄范围的白

---

① Dexter Mullins. U. S. homeless numbers drop, but low pay threatens progress. ALJAZEERA AMERICA. May 28, 2014. http://america.aljazeera.com/articles/2014/5/28/homeless - declineconcernreport.html.

② Summer McGee. Are Americans crazy to tolerate costly health care?. CNN. June 24, 2014. http://edition.cnn.com/2014/06/24/opinion/mcgee - health - care/index.html? iref = allsearch.

③ 纪思道：《教育不平等打碎了美国梦》，《纽约时报》网站 2014 年 10 月 29 日，《参考消息》2014 年 11 月 3 日第 8 版。

④ http://www.bls.gov/news.release/pdf/empsit.pdf.

⑤ Jessica Guynn, High - Tech Pay Gap: Minorities Earn Less. USA Today, October 10, 2014, 1A.（纸质资料）

人男性死于警察之手的比例为 1.47/100 万。①

美国妇女面临着严重的薪酬歧视。在按最低工资标准获取工资的人中，妇女占近 2/3，她们在病假期间往往没有工资。女性工资平均仅为男性工资的 77%，而黑人妇女和拉美裔妇女的工资更低：非洲裔妇女的工资仅为男性工资的 64%，而拉美裔妇女的工资则仅为男性工资的 55%。② 根据劳工部的追踪统计，女性在各个类型工作的平均工资都低于男性，即使是在像护士、教师、秘书等工资较低而趋向于由女性主导的工作中，男性的工资依然高于女性。③

### 三　美国人权发展道路的主要特点

通过回顾美国人权保护的发展史，不仅可以发现美国人权发展道路的独特路径，还可以深入理解形成这种发展路径的背景因素和内在逻辑。对于美国人权发展道路特点的总结和认识，一方面可以帮助我们预测未来美国人权保护的发展前景，深入理解其社会发展中的基本国情、问题和发展方向；另一方面也可以帮助我们将美国人权保护的发展规律和实践经验作为中国人权制度建设的一种参考和启示。基于对于美国人权发展道路的认识，可以发现如下一些美国人权发展道路的特点与启示。

1. 美国人权保护制度来源于英国的法律制度和法律传统

最初作为英国的殖民地，美国建国前的殖民地居民和领土完全属于英国政府管辖，虽然通过王室授权赋予殖民地居民和政府以比较大的自治权，但殖民地政府的法律和制度主要都来自于英国。在殖民地继受的英国法律传统中，最为重要的就是法律至上和王在法下的观念，以及与之相应的法治原则。据此，即使最为强大的当权者也要受到法律的制约，即使最

---

① Ryan Gabrielson, Ryann Grochowski Jones and Eric Sagara: Deadly Force, in Black and White: A ProPublica analysis of killings by police shows outsize risk for young black males, ProPublica, http: //www. propublica. org/article/deadly – force – in – black – and – white.

② Charlotte Alter , TIME , Jan. 13, 2014 11 Surprising Facts about Women and Poverty From the Shriver Reporthttp: //time. com/2026/11 – surprising – facts – about – women – and – poverty – from – the – shriver – report/

③ BRYCE COVERT, thinkprogress, APRIL 8, 2014, Here' s Why We Know The Gender Wage Gap Really Does Exist, http: //thinkprogress. org/economy/2014/04/08/3424043/gender – wage – gap – myth/

为卑微的平民也可以受到法律的保护；尽管后者在法律上的权利和自由可能非常有限，但这些有限的个人权利和自由却可以依赖法律的保护而不受强权的侵犯。具体到人权保护制度方面，英国的相关法律和制度，特别是1215年的《大宪章》和1689年《权利法案》等法律文件所保护的所谓英国人的权利，被直接移植到了殖民地的法律制度当中，确立了对于个人基本自由和财产权利保护的原则，使得个人可以依赖于法律制度的保障，不受政府和当权者的任意侵犯。这种以法律制度限制政府权力并保护个人权利的宪政原则，虽然在最初阶段的适用范围和保护水平都非常有限，但对于后来人权保护制度的深入发展却至关重要。可以说，美国人权保护制度的发展进程，基本上就是宪法和法治原则不断扩大适用范围不断提高保护水平的过程。

2. 美国人权保护制度奠基于欧洲的思想渊源

美国独立革命和建国时期制定的人权保护文件，明显地受到欧洲各种思想渊源的深刻影响。1776年的《独立宣言》、1787年的《联邦宪法》和1789年的《权利法案》，都反映出影响其制定者的各种来自于欧洲的思想渊源，包括自然法、罗马法、教会法、宗教改革思想和文艺复兴时期的启蒙思想，等等。中世纪罗马法和教会法关于财产和契约神圣的观念，宗教改革中传播的个人主义观念，启蒙思想家基于自然法思想的自然权利和社会契约观念以及关于人民主权、分权制衡和保护生命、自由和财产的个人权利观念，都不同程度影响过美国人权保护制度的创立和发展。

3. 美国人民的抗争推进美国人权保护的范围和程度逐渐扩大

首先，被保护的主体范围不断扩大。从建国前殖民地时期和建国初期主要保护自由白人，到后来将白人奴工、黑人和印第安人等等逐渐纳入保护范围；享有政治权利的主体也从早期的符合宗教要求的有产白人男性，逐渐扩大到包括无产白人男性、不同宗教信仰者、黑人、印第安人、妇女和年龄更低的青年人。其次，被保护权利内容的范围也逐渐扩大。从最初仅仅保护公民的基本人身权利、财产权利和政治权利，到后来逐渐开始保护社会、经济和文化权利；从保障传统的人身自由发展到保护个人的隐私权、堕胎权；对某一种权利的保护范围从比较严格狭窄发展到比较宽松广泛。最后，人权保护的程度也在不断提高：从个别州政府的保护制度发展为联邦政府的保护制度；由最初比较粗疏的保护规范，日益发展为更加严密细致的保护制度。[①] 人权保护范围逐步扩大的主要原因，是人民争取权利的抗争运动。

4. 相对重视公民权利和政治权利保护，忽视经济、社会和文化权利保护

美国人权保护制度的发展历程充分反映出美国社会对于人权价值观的理解，即认为人权保护的核心在于保护每一个个体的基本自由和权利，尤其是人身自由、财产权和政治权利。直到今天，美国人权保护制度的核心条款仍然是建国初期《联邦宪法》和《权利法案》中关于人权保护的规定，其主要内容和基本原则都是涉及基本自由、财产权和政治权利的保护问题。虽然在其后漫长的发展历程当中，人权保护的范围和保护程度不断发展，但主要都是这些基本自由和权利的展开与深化。与此同时，尽管美国自内战后的重建时期特别是罗斯福新政时期在事实上确立了公民经济、社会和文化权利，但美国政府始终拒绝接受国际人权文件所规定的经济、社会和文化权利的概念。美国传统和主流的人权理论与实践认为，国家仅仅负有保障公民政治权利和基本自由的义务，在经济、社会和文化方面的责任主要应当由公民个人承担，且认为公民的经济、社会和文化权益主要受制于政府的保护能力，并不能够立即实现，不能构成在法院请求权利救济的诉因，不能被承认为法律上的公民权利。美国至今也没有加入 1966 年联合国大会通过的《经济、社会和文化权利国际公约》。

5. 美国人权保护制度的发展明显受到分权制衡原则的影响

一方面，根据纵向的分权制衡原则，即联邦和州之间的权限划分和相互制约，联邦和州都在各自的权限范围内具有保护人权的功能，在防止联邦政府和州政府侵犯人权的过程中，联邦和州之间存在着相互制约的机制。侵犯人权的州法可能被联邦政府通过司法机构违宪审查宣告无效，而侵犯人权的联邦立法也可能受到州政府在司法机构或者立法机构发起的挑战。另一方面，根据横向的分权制衡原则，即政府的立法、行政和司法三个分支机构之间的权限划分和相互制约，立法、行政和司法机构之间也都

① 这种严密细致的人权保护机制也体现在通过解释法律，更为精细地划分各种权利之间的界限，确定权利保护的边界。参见 Ofer Raban, "*Conflicts of Rights: When the Federal Constitution Restricts Civil Liberties*", 64 Rutgers Law Review 381 (2012)。

按照各自的权限范围发挥保护人权的作用，同时在制定和实施人权法律和政策的过程中，三个分支机构相互之间也存在着非常明确而有效的制约机制。行政机构可以主导人权保护制度的发展，但受制于立法机构的多数表决程序；立法机构可以通过人权保护的立法，但也可能被司法机构以违宪为由予以否决；司法机构虽然具有废除立法的司法审查权，但立法机构还可以通过制定宪法修正案的方式否定司法机构的法律意见。[①] 人权保护制度的发展史还表明，在联邦与州的分权机制当中，联邦政府的权力日益扩大，逐渐建立了全国统一的人权保护标准，防止州政府对于人权的侵犯；在立法、行政和司法机构的分权机制中，行政机构的权力也在不断扩大，逐渐主导了有关的人权保护立法。这种分权制衡的模式有可能减缓人权保护的发展进程，但同时也通过比较深入的社会讨论，使得人权保护立法具有了更为普遍的民意支持和更为坚实的社会基础。

6. 美国人权保护制度的发展受到政党政治的影响

政党政治主要表现为各个政党通过竞争取得对于政府机构包括立法、行政和司法机构的控制权，而每个政党则代表了不同阶层、不同利益集团和不同政治派别。在美国人权保护立法方面，常常可以看到代表不同利益集团和不同思想观念的各个政党，在行政机构、立法机构以及司法机构内部的激烈争论。如果作为行政机构代表的总统与国会和联邦最高法院分别由不同的党派所控制，则行政机构主导的人权立法将很难在国会获得多数的支持，或者即使被国会接受也可能面临最高法院的违宪审查和被否决的风险。美国政府当前正在进行的医疗保险改革，充分显示出了这种竞争性政党政治的深刻影响，不仅改革本身步履维艰，甚至出现了非常严重的政治僵局。美国政党政治的一个附带产物是金钱政治问题，即资本对于政治的过度影响使得民主体制无法真正反映民意，占领华尔街运动呼吁改变目前的立法和政策以加强对特定群体的保护，恰恰反映出了这个资本主义制度的核心冲突。可见，这种政党政治的模式也与分权制衡模式一样具有双重效果，一方面可能阻碍人权保护进程；另一方面又为人权保护立法提供

---

① 但也有一些观点认为司法机构滥用权力，侵犯了立法和行政机构的管辖权，阻碍了人权保护进程。Lino A. Graglia, "*The Supreme Court' s Perversion of the* 1964 *Civil Rights Act*", 37 Harvard Journal of Law & Public Policy 103, 2014.

了比较普遍的民意支持和比较坚实的社会基础。

7. 美国人权保护制度的发展受到民间组织和国际社会的影响

美国人权保护制度的发展与民间人权保护组织的积极推动以及国际社会舆论压力特别是国际人权保护机制的外部压力密切相关。美国历史上先后产生了大量的民间人权保护组织，这些民间组织通过宣传教育民众、制造舆论压力、提出法律诉讼、游说立法机构成员等不同方式，积极推动人权保护制度的建设和发展，取得了非常显著的效果。这种民间推动的力量和效果受益于美国早期立法中对于言论自由和结社自由的保护，这也从另一个角度说明了言论自由与结社自由是最为重要的和基础性的权利与自由，对于其他人权保护制度的发展具有显著的影响和深远的意义。同时，尽管美国在建国时期就已经确立了人权保护的理念和制度，在二战后又积极推动建立了国际人权保护机制，但美国却基于各种内政外交的考虑，采取美国例外主义，并不积极参加国际人权公约，不接受国际人权保护机制的监督。然而，其人权保护制度的发展仍然不可避免地会受到国际社会舆论压力和国际人权保护机制的深刻影响。二战后，美国逐渐废除种族隔离和种族歧视制度的发展历史，以及当代美国关于经济、社会和文化权利保护制度的发展进程，都明显体现出国际社会的外部影响对于促进美国人权保护制度建设的积极作用。

## 第三节　韩国人权发展道路及其特点

### 一　韩国人权保障的历史发展

近代韩国的历史，是从被日本帝国主义侵略、殖民到争取并重新获得独立的历史。1910 年，日本侵略者吞并朝鲜半岛，韩国沦为日本殖民地。为实现把韩国归为日本的梦想，日本在整个朝鲜半岛实施了残酷的同化政策和扼杀朝鲜民族精神的政策。日本不仅歪曲和扼杀韩国的历史和文化，还禁止使用朝鲜民族的语言和文字，并强迫韩国人把自己的姓名一律改成日本名字。韩国人民进行了英勇的反抗，1919 年爆发了著名的“三·一独立运动”，被日本侵略者残酷镇压。1945 年日本投降后，韩国恢复了主权国家的地位。此后，韩国的人权发展经历了跌宕起伏的动荡过程，从军事独裁统治到逐渐民主化，政府更迭政策变化，但总体来看，人权保障呈现逐步提升态势。①

（一）民主化前后人权状况的变化

现在的大韩民国是根据1948年制定的宪法基础上建立的。该宪法规定，韩国是信奉自由民主的国家，但实际只有不到一年的短暂民主实践（即第二共和国时期的张勉政府时期），又有三年南北战争的特殊时期，到全面修改并实施现行宪法前为止，韩国大体上是在军事独裁政权的统治下度过的。在这个时期，基本谈不上现代意义上的人权保障②。尤其是在实行所谓维新体制（1972—1979年）时期及全斗焕实行的两次戒严期间③，人权没有得到相应的保障。韩国人民为争取人权开展了积极的抗争，如20世纪70年代在韩国掀起的“民主化恢复国民运动”。

这种情况是随着1987年民主化的实现而得到改变。1987年的“六月抗争”，迫使执政的民主正义党转变态度，新任的民主正义党总裁卢泰愚以发表谈话的方式宣布了所谓“6·29宣言”，其内容主要有将总统间接选举制改为直接选举制，赦免政治犯并予以平反，保障言论自由，大学自律等。同年10月27日对已于10月12日获得国会通过的宪法修正案进行了公民投票，10月29日公布实施。在这部宪法中已经包括了很多在后来的《国家人权委员会法》中有关人权的主要内容。

然而，虽然实现了民主化，但1989年的人权状况与1988年相比并无改进，甚至更差。其主要表现在：与时局相关的拘捕方面，1989年（平

---

① 本节内容参见金东日：《人权保障的关键路径探析：以韩国为例》，《广州大学学报》2014年第9期。该文是本课题研究的阶段性成果。

② 关于这一点可以举出很多事实可以证明。如全泰日焚身事件（1970年）、东一纺织（1978年）和YH事件（1979年）、三清教育队（1980.8.1－1981.1.25）等。全泰日焚身事件是为了抗议践踏劳工人权的状态，全泰日抱着《勤劳基准法》在首尔东大门和平市场自焚事件；YH事件是在新民党舍集会的劳工委员长金景舜为躲避镇压集会的战警而从四楼跳楼身亡的事件；三清教育队是通过镇压光州民主化运动之后组建的全斗焕政府，以谋求政治稳定和社会净化为名在没有法院传票的情况下拘押总60755名，而其中的39742名在军营接受各种教育（实际上就是难以忍受的超常军训和劳动），在这一过程中有54人死亡（军方的正式报告）。有关劳工及学生运动（如对大学生集会示威游行的打压，比较典型的就是1987年对首尔大学的学生朴钟哲拷打致死事件）的高压处理事件，在朴正熙和全斗焕统治期间（共27年）是经常发生的。

③ 1979年12月12日，以全斗焕为代表的“新军部”为夺取政权而发动了政变，为了确实掌握由此获得的政权而发布了非常戒严令并动员军人武装镇压光州民主化运动，导致了死伤4112名，而在所谓第五共和国（1980—1987）时期作为政治犯来受到各种处罚的就多达12.2万人。

均每天 3. 78 人）比 1988 年（平均每天 1. 6 人）多一倍多。大韩律师协会关于 1989 年人权报告是通过人身自由、言论出版自由、集会结社自由、劳动者的权利、刑讯逼供、监控和取缔有关意识形态方面的书籍等方面的分析也得出了相似的结论。①

金泳三接替卢泰愚执政后，制订了《性暴力防止法》、《家庭暴力防止法》，有利于维护妇女和儿童权益；实行了地方自治制而扩大了公民的参政权；还制定了信息公开法；加入了联合国《禁止酷刑公约》。② 促进了韩国人权事业的发展。但这一时期韩国总体的人权状况未能得到明显的改善。1997 年末（金泳三即将卸任总统任期）由大韩律师协会主持召开的“金泳三政府下的人权状况评价”研讨会对金泳三政府的总体评价为“不及格”③。其主要依据是，当金泳三政府组建一周年时提出来的各种问题几乎没有得到改善，如关于之前侵害人权事件的清算工作，改革和纠正有关人权的机构（警察、检察、法院）和反人权法律及政府行为，提高市民及执法官员有关人权的认识等。大韩律师协会出版的《人权报告》（第 11 集）也得出了基本相同的结论，并建议采取措施树立明确的人权政策，扩大和实现社会权，整理人权理论并把人权教育系统化等。④

与金泳三政府对人权事业的消极应付态度不同，该时期韩国民间人权组织的活动明显活跃，如以 1993 年 6 月维也纳召开的世界人权大会为契机，韩国国内 13 个非营利组织组成“为联合国世界人权大会的民间团体共同对策委员会”，这实际上成为了韩国人权团体协议会的母体。这些民间团体还参加 1994 年第 50 次联合国人权委员会，并于 1995 年和 1996 年提出有关儿童权利和行刑逼供方面的报告，从而向国际社会暴露韩国在人权方面的实际情况并给政府施加了不可忽略的压力。由于韩国民间团体的积极活动，国际社会逐渐认识到韩国的人权状况。国际人权机构向韩国提出了改善人权方面的一系列建议：如联合国人权理事会关于废除《国家安保法》的建议（1992 年 7 月）；国际劳工组织执行理事会劝告韩国政

---

① 인권상황 6 공들어 더 악화，《한겨레》，1990-02-24。

② 1997 년 12 월 5 일 금요일《인권하루소식》제 1022 호。

③ 《5 년간 달라진 것은 아무것도 없다》，사랑방，제 1020 호，1997-12-03。

④ 1997 년 8 월 29 일 금요일 인권하루소식 제 956 호。

府，要采取措施对民主劳动组织及全国教职员劳动组合予以合法化（1996 年 6 月）等等。但是，金泳三政府以“南北分裂的特殊情况”或“公共秩序和国家安保”为由持续推迟对这些建议的履行。①

（二）全面推进人权保障时期

在上述有关人权的国际环境和国内政治局势的促进下，韩国民间团体共同对策委员会参加了 1993 年 6 月 10 日在维也纳召开的世界人权大会，并要求韩国政府设立国家人权机构。在这种背景下，金大中于 1997 年 11 月把制定人权法并设立国家人权委员会作为总统竞选公约的一个内容来公开发表。

1998 年，金大中政府发表了成立“国家人权委员会”的计划。但此计划把该机构设置在法务部所属，这遭到了相关民间团体的持续反对。2001 年 5 月 24 日制定了《国家人权委员会法》，确定该委员会拥有独立机构地位，并于同年 11 月 25 日正式成立。

金大中政府正式上任之后，除了国家人权委员会及相关法律之外，还在以下方面做了大量工作：制定了关于弄清在军事独裁政权时期疑问死的特别法并建立了相关委员会（后因时效问题被中断）；制定防止腐败法并建立相关委员会；修订《通信秘密保障法》；开展有关民主化运动相关者的名誉回复工作并建立了补偿审议委员会；制定关于光州民主化运动相关者的《补偿特别法》；制定关于教师工会的设立及运行的法律；制定允许工会参加公职选举及防止不公正选举的法律；修订男女同等权利以及处罚家庭暴力的特别法；废除思想转向制度；废除生活保护法而制定《国民基础生活保障法》（即不是出于善心的保护而是基于法律保障基本生活的权利）；修订《残疾人福祉法》（主要扩大了残疾人的范围）及残疾人福祉发展五年计划（主要包括扩大残疾人福祉、强化特殊教育、促进残疾人就业），等等。由此可见，金大中政府时期是韩国人权事业上是一个划时代的阶段，这与金大中总统对人权事业的重视是分不开的。他曾经说，自己希望在历史上宁愿作为人权总统来被人们记住（即与经济总统或统一总统相比）。

尽管如此，金大中政府时期的人权工作也有不足。这里，主要以思想转向制度来说明这一时期的问题。所谓思想转向制度，是以“思想犯”

---

① 문민 5 년 인권정책 평가, 사랑방, 제 1000 호, 1997-12-5。

或政治犯来被捕的左翼囚犯如果不做思想转向，就被排除在现行法律所规定的所有权利保护范围的制度。据此，如果拒绝转向思想，那么将受到不利的或非人道的待遇（如不予以假释、赦免等，还限制通信及探视等权利），甚至冒付出生命的危险（有几个政治犯没有受到及时的治病而在监狱里去世）。该制度的最大问题是直接违背了“思想自由”这一韩国宪法及世界人权思想所提倡的基本原则，因此一直受到进步学界和市民团体的批判。该制度在1998年金大中政府时期被废除，取代它的是守法签约书制度。该制度规定，决定是否给政治或思想犯假释的前提条件，就是签署遵守韩国体制及法律的签约书。批判该制度的学者和市民团体认为，这是思想转向制度的变种，主张予以废除。到2003年7月卢武铉政府时期，该制定被正式废除。

卢武铉以釜林事件①为契机被人们称为“人权律师”，在人权及民主化上等问题上基本上继承了金大中政府的政策。从这个时期开始，韩国除了继续完成人权基本制度（自金大中政府开始构建的有关人权问题的基本法律、机构、制度等）的建设以外，进一步致力于根据人权原则来解决社会不同领域的具体问题，如保障公民的政治、经济、社会、文化权利；消除各种歧视；加强人权教育；纠正历史遗留问题；知情权和隐私权等有关信息传递上的人权问题，等等②。从卢武铉政府开始，韩国面临的人权问题更为广泛和具体，如由于新的贫困阶层急剧增加而加重了社会不安；因老龄化的迅速增加而带来的老年层的人权问题；少数性倾向者的权益问题；两极分化而产生的贫困阶层问题；临时工问题；外国劳工的权益问题；信息沟通上的隐私权问题等。③ 其中的一些问题具有长期性和广泛性，因此解决这些问题需要长期而艰苦的努力。④

---

① 所谓釜林事件（即釜山学林事件的简称），是第五共和国（全斗焕政府时期）初期为打压民主化运动而制造“反政府及颠覆国家”罪的事件。1981年9月，在釜山没有经过法律程序的情况下共三次逮捕总22名大学生、教师、职员，并对这些人进行了非人道的拷打，而法院对这些人判了5—7年的刑罚。对这些人由卢武铉、文在寅、金光一等律师进行了免费辩护，而卢武铉则以此事件为契机走上了人权律师的道路。

② 인권단체연석회의，사람생각，2005-04-30。

③ 대한변호사협회，“2003 년 인권보고서”；민주사회를 위한 변호사 모임，12 월 8 일 <2003 년 한국인권보고대회 및 토론회>。

④ 김은효，2008 년 변협인권보고서에 관한 小考，법률신문，2012-04-05。

（三）人权事业的曲折发展

2008 年末，李明博当选为新一届总统。新政府试图将原来构想的“人权委员会”、“苦衷处理委员会”、“腐败防止委员会”、“行政审判委员会”等整合为一个机构。但在秘密商讨时由于该想法被泄露而遭到当时人权委员会干事及在野党的坚决反对，人权委员会没有整合到这一机构，还是维持了独立机构的地位。原先要废除妇女部和统一部的想法也搁置了，而除了人权委员会的其他三个机构整合为“国民权益委员会”并直属于国务总理。

人权委员会虽然是独立机构，却具有必须定期向总统和国会议长报告的义务。但是李明博总统上任后一年零五个月都拒绝与人权委员长会面，直至该委员长卸任。不仅如此，2009 年 3 月 30 日，国务会议通过了缩小人权委员会的业务和人员的总统令，解雇了 40 多名的人权委员会工作人员，显示了李明博政府对人权保障的基本态度。

## 二　韩国的人权保障制度

现行韩国宪法规定了韩国人权保障的主要内容。与此前的宪法相比，1987 年制定并颁布实施的现行第六共和国宪法大大强化了公民权利保障。与人权相关的规定主要包括：（1）所有国民具有作为人的尊严和价值，并拥有追求幸福的权利。而国家则具有确认和保障个人基本人权的义务（第二章第十条）。（2）所有国民在法律面前平等，任何人在政治、经济、社会、文化所有领域不因性别、宗教、社会身份而受歧视（第二章第十一条）。（3）所有国民都有人身自由、不受刑讯逼供、拥有律师帮助等权利（第二章第十二条）。（4）所有国民拥有参政权和财产权；所有国民拥有居住和迁徙的自由及选择职业的自由；良心和宗教信仰上的自由；言论出版和集会结社的自由；从事学术和艺术的自由（第二章第十三、十四、十五、十六、十九、二十、二十一、二十二、二十三条）。（5）所有国民在私生活和通信上不受侵害（第二章第十七、十八条）。（6）所有国民拥有选举权、担任公职权、请愿权（第二章第二十四、二十五、二十六条）。（7）公民拥有受教育的权利，并依法保障教育的自主性、专业性、政治上的中立性及大学的自律性，还规定义务教育的无偿原则（第二章第三十一、三十二条）。（8）所有国民拥有劳动权和义务，以及妇女儿童在劳动方面接受特别保护的权利，并特别规定劳动者的结社权和集体交涉权（第二章第三十二、三十三条）。(9) 所有国民享有过有尊严的生活的权利，而国家具有增进社会保障和社会福祉的义务，国家还具有实行提升老年人和妇女儿童及残疾人福祉政策的义务，还要防止灾害并从灾难中要保护国民（第二章第三十四条）。(10) 所有国民拥有在健康而良好环境中生活的权利（第二章第三十五条）。(11) 国民的自由和权利并不因为没有法律规定而受到轻视，而且虽然为国家安全和公共福利可以限制，但即便这种情况下也不能侵害自由和权利的本质内容（第二章第三十七条）。

除了现行宪法和已经提到的《国家人权委员会法》以外，有关人权的法律有《妇女发展基本法》（1995 年）、《男女雇佣平等法》（1987 年）、《关于禁止歧视残疾人及权利救济的法律》（2008 年）、《关于禁止雇佣方面年龄歧视促进雇佣高龄人的法律》（2010 年）。《关于禁止歧视残疾人及权利救济的法律》规定，残疾人如果受到歧视，当事人或第三方可以诉求国家人权委员会，而该机构如果确认其事实就提出纠正劝告。如果不履行这一劝告，法务部就下令予以纠正，法务部就可以命令 3000 万韩币以下的罚款。《关于禁止雇佣方面年龄歧视促进雇佣高龄人的法律》规定，在雇佣问题上如果以年龄为由差别对待，当事人或第三方可以诉求国家人权委员会，而该机构如果确认其事实就提出纠正劝告。如果不履行这一劝告，劳动部可下令纠正，法务部就可以命令 3000 万韩币以下的罚款，而拒绝雇佣的企业主可罚款 500 万韩币以下的罚款。

## 三　韩国的人权保障机构

韩国宪法法院和人权委员会是韩国人权保障最重要的机构。此外各种非营利组织也在促进人权保障方面发挥着重要的作用。

### （一）韩国宪法法院

韩国的宪法法院在人权保障方面也发挥着重要的作用。宪法诉愿和法律合宪性是宪法法院保障人权的主要途径。[①] 相比较而言，宪法诉愿与法律合宪性审查“是一种公民对抗国家的特殊法律救济”，赋予公民就其受

① 宋永华：《韩国宪法法院制度研究》，上海三联书店 2012 年 8 月版。

宪法保障的基本权利因公权力滥用而侵害时可以向宪法法院寻求救助的权利，为公民权利直接挑战国家权力提供了可能，为人权的宪法保障提供了直接途径，被韩国法学界认为在韩国宪政发展史上具有划时代的意义，①成为宪法法院保障人权的主要途径。同时，宪法法院保障人权的法律依据具有广泛性。韩国宪法承认“根据宪法缔结、公布的条约及普遍得到承认的国际法规具有国内同等效力”，因此，宪法法院在行使宪法审查权时以宪法为最高依据，也可适用国内法律、本国批准加入的国际公约和虽未加入但普遍得到承认的国际法规。在适用国际法方面，第一，韩国政府于1990年签署加入了《公民权利和政治权利国际公约》、《经济、社会和文化权利国际公约》等国际公约，因而对于所加入的人权公约中规定而在宪法中未规定的基本权利，只要韩国没有作保留，宪法法院也可给予保障。第二，即使本国没有加入的国际公约，只要宪法法院认为它“普遍得到承认”、对个案的适用有其必要时也可适用。可见，韩国宪法法院在保障人权方面可依据的法律具有广泛性，这在一定程度上有利于对人权的全面保障。

韩国宪法法院成立后，在保障人权方面积极行使审判权，截至2008年12月31日，累计在327个宪法诉愿案中作出了包含宪法不合致、限定违宪、限定合宪在内的违宪决定，涉及言论自由、人身自由、平等权利、政治权利、财产经济权利、社会权利、正当程序权利和接受公正审判权利等，基本上涵盖了宪法所确认的全部基本权利，体现出全面保障的特色。

（二）韩国人权委员会

韩国于2001年11月25日正式成立国家人权委员会，这是根据韩国《国家人权委员会法》而成立的。根据该法案，专门负责国家人权事务的国家人权委员会是不归属于国会、司法、行政等任何其他国家机关的独立机构，由国会选举产生的4名、总统任命的4名、大法官任命的3名等共11名构成。

韩国国家人权委员会明文规定，建立国家人权委员会就是为了保护所有国民不可侵犯的人权并提升其质量，实现作为人的尊严和价值，并有助

① 赵嵩：《韩国人权保障机制的发展——对韩国保障人权的若干法律制度的考察》，《当代韩国》2001年第2期。

于确立民主基本秩序而建立的国家机关。该委员会具有不隶属于立法、司法、行政的独立地位，并独立履行自己的职责。这里所说的人权，即指宪法及其他法律保护或韩国加入的国际人权条约及国际习惯法所承认的作为人的尊严和价值及自由与权利①。在韩国，只有《国家人权委员会法》明确界定“人权”概念所具有的含义。受人权法保护的客体，除了韩国国民之外还包括在韩国领土范围内的外国国民。

国家人权委员会的职责具体有以下四个方面：（1）政策业务。包括有关人权方面的法律、制度、做法的调查研究以及改善相关事宜（还包括加入国际人权条约及其履行方面）的劝告或意见表达。（2）调查救济。调查国家机关或地方政府及拘禁保护设施是否侵犯人权或歧视行为、性骚扰行为、对残疾人的虐待行为、在就业上的年龄歧视行为等，并对受侵人员予以救济。（3）教育宣传。为提高国民的人权意识的教育，以及扩散人权文化的宣传活动。（4）国内外在人权事务上的协调。国内外有关人权事务方面的团体和个人活动以及外国人权机构进行交流与协作。

国家人权委员会的机构包括全体委员会，下设有委员长；在委员长下设常任委员会、侵害救济第 1 委员会、侵害救济第 2 委员会、纠正歧视委员会、纠正歧视残疾人委员会。其下还设有调整委员会、咨询委员会、惩戒委员会，以及事务处及事务处长。在釜山、光州、大丘设有人权事务所。

事务处下设有运营支援科；企划调整官（局）下设企划财政、行政法务、人权相谈中心等部门；在政策教育局下设有人权政策课、人权教育课、宣传协作课；在调查局下设有调查总务、侵害调查、歧视调查、歧视残疾调查（分 1 和 2 两课）等部门。

韩国人权委员会现有定员共 185 名。从 2001 年开始到现在，韩国国家人权委员会共有 5 名委员长。

（三）促进人权保障的非营利组织

韩国有很多保护人权的团体，根据非正式的统计共有 40 多个。这些团体或非营利组织所从事的活动内容非常广泛，除了在社会广泛关注的问

---

① 大韩民国国家人权委员会法第二条第一项。以上有关人权委员会的说明及下面所述内容也主要来自该法律。

题上发表各自的观点并深层介入自己的“主攻”方向外，还都开展或承担了以下方面的工作：（1）承担各种民怨商谈，提出有关人权方面的话题，开展军队、监狱等组织机构中的各种疑问死事件的调查工作，推动改革警察组织的运动，避难者的人权保护问题等。（2）对在警察、检察、国家情报院、监狱、军队等部门中发生的侵害人权案件开展专业援助。（3）举办定期的人权学校以及专题学术讲座，开展人权教育与普及工作，并在各级学校开展社会服务活动。（4）为促进人权保障的政府机构改革，开展持续的监督活动，并提出具体的政策方案。（5）为了使更多的人们了解人权的重要性，通过办报、广播电视等来开展有关人权方面的宣传工作。（6）长期运营有关人权的专业网站，传播有关人权的信息，与其他世界各地的人权组织建立联系并开展交流活动。

在韩国促进人权保护民间团体中，规模和影响等方面都比较大的有以下团体：（1）“实践经济正义市民团体”（简称“经实联”）。成立于1989年，成立目的是实现公正、透明、干净、明朗、健康、合理的社会。主要活动集中在公正的分配、监督选举、清除腐败、保护环境、制度改革等。（2）“参与连带”。成立于1994年，其成立宗旨是监督国家权力及争取市民权利，成立宣言标题就是“要开创参与和人权的时代”。该组织的活动包括监督司法、监督议政、对那些违法乱纪的竞选者开展落选活动以及制定预防腐败法运动等。（3）“实践人权市民连带”。成立于1999年，其主要目的是救济被警察、监察、国家情报院、监狱、军队等组织侵犯人权或失去生命的人们，以及促进强化青少年的人权教育。（4）“言论人权中心”。成立于2003年，其目的主要包括：救济因采访或报道而遭受人权侵犯的人们，为保障市民的知情权而开展信息公开活动，为守护言论接受者的权益而开展言论相关法律的修改活动，扩大视听者的参与并保障新闻环境的正常化和言论机构的独立主权，促使言论遵守社会责任等。该机构是韩国政府文化观光部所属的非营利组织。（5）“信息人权市民行动”。成立于1999年，2010年重新组建为现在的“市民行动”。它是为促进有关韩国社会具有正向功效的价值和建议及发展而成立的社会网络，主要从事市民教育等民众活动和监督预算和企业社会责任等专业领域，还承担起监督电子政务的责任，以建设更加公正的社会为己任。

各种律师协会在促进人权保障方面发挥了积极的作用，其中最著名的包括：(1)“大韩律师协会”（简称“大韩辩协”）。其历史同现代韩国的历史同期，是以律师为职业的行业协会，但并不具有官办色彩。它也为保护弱者的权益和韩国人权事业的发展作出了重要贡献，二十多年来一直就韩国人权问题公布评估报告。(2)“为民主社会的律师协会”（简称“民辩”）。在 20 世纪 80 年代，有不少律师积极参与当时比较敏感的案子辩护①，并于 1986 年 5 月成立了“实现正义的律师协会”。后来又以年轻律师为中心于 1988 年组建了以“自主、民主、统一为目标”的“青年律师协会”。在当时推进民主化的背景下，这两个律师协会合二为一结成“民辩”。“民辩”不仅直接为积极从事维护人权各种活动，还每年评价并提出有关人权的报告。

除了上述有关人权的非营利组织以外，还有“真实的力量”（是由曾受刑讯逼供的生存者们组织的非营利组织）、“国际人权组织韩国支部”、“韩国人权财团”、“人权运动爱屋”、“青少年人权行动”、“北韩人权市民联合”，以及“为重新评价艾滋病的人权组织”、“韩国残疾儿童人权研究会”、“军队人权中心”、“儿童人权中心”、“外交通商部人权中心”、“移民妇女人权中心”、“韩国性暴力商谈所”等等。还必须提及的是，包括天主教、佛教、基督教等各种宗教组织长期从事人权活动，并在韩国人权保护事业上做出了重要贡献。

在带有浓重保守色彩的李明博政府时期，民间还组织了“找回人权委原来位置的共同行动”、“为维护国家人权委员会独立性的教授会议”等，并在人权问题上发出自己的声音。

## 四　韩国人权发展道路的主要特点

韩国的特殊历史发展背景决定了韩国人权发展道路具有自身一些特点，可以概括为以下三个方面。

### 1. 韩国人权保障的发展与政治民主化的进程息息相关

韩国曾经在军事独裁统治下多年，在 1987 年卢泰愚执政时期开始了

---

① 这里所说的案子主要指两件。一是望远洞水灾事件。这是在 1984 年因发生水灾引起的（受灾家庭共有 2300 多），但政府认为这只是天灾。一些律师组建律师团证明这次灾难并不是天灾而是人祸。二是九老同盟罢工事件。1984 年在九老洞工业园地发生了工人罢工，这是战后韩国 46 年来第一次发生的同盟罢工，而且提出的要求是政治性的。

政治转型。韩国的政治学家金浩镇认为，卢泰愚政权的五年是摆脱军事权威主义的过渡期，金泳三（1992年当选）政权的五年是完成民主化的过渡期，而1997年的金大中当选（第一次由反对党大选获胜）标志着韩国民主政治发展的重大进步。[①] 与此相应，韩国的人权保障呈现出波浪式推进，在金大中政府时期获得了长足的发展。

2. 韩国国家人权委员会与宪法法院共同保障人权

韩国的国家人权委员会是于2001年依据韩国《国家人权委员会法》成立的，是"专注于人权"的国家机构。该委员会虽具有一定程度上的国家机关的性质，但其活动过程中主要以非政府的形式进行，并尽可能淡化权力属性，防止机构的官僚化。而韩国宪法法院设立于1988年，是负责宪法监督的司法机关，在国家司法系统中居于最高地位，拥有法律的合宪性审查权、弹劾高级官员审判权、政党解散审判权、国家机构间权限争议审判权、宪法诉讼审判权等重要的国家权限。性质不同的二者，在保障人权方面，有着各自的优点和局限。

国家人权委员会，自成立至今，在促进和保护人权方面有着举世瞩目的成绩，使得人权理念深入韩国人人心。首先，国家人权委员会是依宪法或法律成立，具有对其他国家机关监督的有效性和可行性。然后，国家人权委员会专职于促进和保护人权，专业优势是宪法法院无法比较的，且国家人权委员会依法拥有自己的调查权、救济权等，而可主动调查等大大提高了办事效率，这也就决定了国家人权委员会在人权促进方面的专业性和效率性。再者，由于国家人权机构的易接近性和处理方式的灵活性、多样性，个人或团体往往会通过人权机构对侵犯人权的案件进行申诉。但是，作为成立不久且无经验可循的独立行使职权的国家机构，韩国国家人权委员会必然也存在许多问题和不足。《国家人权委员会法》确实对组成、法律地位、组织运作等方面作出了详细规定，也正是因为如此，该法本身也有许多不尽如人意之处，对委员会调查政府限制过多等，造成了证据取得的可操作性低等问题[②]。此外，在处理申诉上，受理案件数量过多超过了委员会可承受的时间和精力，国家还需增加人力和物力，加大适用调解的

---

① ［韩］金浩镇：《韩国政治研究·日文版》，三一书房1993年版，第67页。

② 杨成铭：《韩国国家人权委员会评介》，《中国审判》2010年第51期。

力度，抓好宣传教育人权等基础工作，促进多种组织的合作。

宪法法院，是为保障宪法得到有效实施以及宪法在法律体系中的最高地位而设立的，在韩国也是最高的基本权利保障机关，保障基本人权。虽然议会、政府、普通法院和国家人权委员会在保障基本人权方面也起积极作用，但在决策效力上宪法法院处于最高地位。当议会、政府、普通法院和国家人权委员会对基本人权问题产生争议时，宪法法院的裁决具有最高效力。因此，与国家人权委员会相比，宪法法院对人权的保障作用具有最高性和终局性。在具体案件中，某一项法律是否违反宪法成为该案裁判的前提，一旦宪法法院判决该项立法违宪时，具有取消该法律并产生使之无效的效力，从根本和源头上保障基本人权。所以说，宪法法院对保障基本人权具有根本性。当然，在肯定上述成果的同时，也看到了问题的存在，即“韩国普通法院的裁判被排除在宪法诉讼之外”这一点背离了宪法原理。行政行为要接受普通法院的审查，一旦普通法院作出裁判，由于普通法院判决排除的规则，就没有其他途径通过宪法诉讼的方式将诉讼提交宪法法院。如果行政行为被认为是侵犯了个人权利，该规则将会破坏宪法法院宪法诉讼制度存在的目的（保障宪法的基本权利）①。

3. 非营利组织在促进人权方面发挥重要作用

在抗争军事独裁统治时期和后来的民主化转型时期，韩国的各种非营利组织在促进人权保障方面发挥了重要的作用。他们通过监督政府行为、发布评估报告、提出政策建议、开展人权教育与知识普及、援助权利受害者等活动，推动韩国的人权保障制度不断完善。

## 第四节　俄罗斯人权发展道路及其特点

俄罗斯在传统的国家分类中被列为欧洲国家，但是俄罗斯具有东西方文明结合部的特点，其对人权的理解也有别于西方国家。1917 年的“十月革命”是苏俄成为第一个社会主义国家，并提出了与西方资本主义国家不同的人权保障纲领。在第二次世界大战中，苏联作为联盟国家的成员为反对纳粹侵略、维护世界人权而并肩作战，但是在战争结束后，其与盟

① 吴东镐：《论韩国宪法法院的权限及功能》，《延边党校学报》第 3 期第 22 卷。

国的分歧立即扩大，双方在人权的认识上存在着不同。例如，华沙条约缔约国在1978年的政治决议中指出："人权的旗帜就是社会主义的旗帜。"苏联人权观与社会主义价值观相结合，其与西方在人权认识上的对立成为意识形态对立的重要组成内容。然而，如何根据具体的国情来选择适合自身的人权发展方式和人权保障道路，对人权发展的成效和国家的兴衰具有深远的影响。俄罗斯独立后，接受了西方国家对人权的基本定义，但是双方在人权理解方面根深蒂固的差异仍旧难以消除。

## 一　俄罗斯人权发展的历史回顾

无论历史上的俄罗斯帝国、苏联，还是现代俄罗斯都继承了斯拉夫东正教的文明基础，以及其他东方文明中对人权和自由的理解，它明显不同于西方的个人主义，更多地关注集体主义。因此探寻俄罗斯人权发展道路的独特性，不得不涉及俄罗斯政治文化的特殊性。①

### （一）沙俄时期的人权状况

地广人稀和严酷的自然环境使俄罗斯民族自古养成了集体生活的习惯。到15世纪，俄国较晚地形成中央集权制国家，为了维护中央集权统治，俄国政权做了相当的工作。在此基础上，历经时代变迁，到16世纪，俄国农村在经济债务的压力下逐渐自发地形成了私人农奴制。16世纪末，篡权沙皇鲍里斯·戈都诺夫颁布了一系列农奴制法令，特别是1592年和1597年法令以制度的形式在全国建立起了农奴制，将农民束缚于法令颁布时他所在的土地及这块土地的主人——地主、国家和寺院上面。经历了17世纪初的一段混乱时期，俄国的农奴制暂时失效，但是1649年法典又将之恢复，并为把农民固定在土地上做了严格的规定。②

在农奴制下，俄国农民完全丧失了人权。各类农民被固定在土地上，人身自由附属于土地的主人，没有主人的同意和国家机关的允许，不得擅自改变居住地和等级。彼得一世时期开始实行身份证制度，没有行政机关经村社同意后颁发的身份证，农民甚至不能到距离自己居住地30俄里以

① 本节内容参考了王卫：《俄罗斯社会变迁中人与公民的权利和自由》，黑龙江大学硕士论文，2005年6月18日。

② 张俊杰著：《俄罗斯法治国家理论》，知识产权出版社2009年版，第28页。

外的地方。农民对自己的主人承担劳役、代役租，或者是混合赋役，还要对国家承担大量的劳役。逃跑和欠缴税款是犯罪行为，逃跑者被抓后要遭受严厉的体罚（打烙印、割耳、挖鼻等），并被送还给自己的主人。[①]总之，俄罗斯的传统文化中缺乏民主、自由和法治观念，沙俄统治时期的俄罗斯民众习惯于权威和人治。“俄罗斯人民大部分只受习惯约束，在布尔什维克革命以前不曾把法看成社会的基础。对于他们来说，法律等同于君主的一时爱好，主要是作为一种行政手段”。[②]

（二）西方人权观念的影响

俄罗斯人权观念的出现主要受到西方文化的催生和影响，其产生与形成大体可以分为两个阶段：18 世纪至 19 世纪中叶为人权观念的萌芽时期，从 19 世纪 60—70 年代至十月革命前后是人权观念发展迅速、人权意识得到强化的时期。

俄罗斯在向西方学习的过程中，受到西欧文化，特别是人文主义和自由主义的较大影响。在 17、18 世纪的西欧处于资产阶级革命时代，天赋人权、民主、自由、平等、法治等思想成为资产阶级反对封建专制的思想武器。为顺应俄国社会发展的需要，沙皇彼得一世（1689—1725 年）打破了俄国闭关自守的落后状态，翻译了欧洲的大量法律制度，并仿照西方的一些先进制度，在全国实施了自上而下的重大变革。受此影响，在 18 世纪的俄罗斯，出现了对人权观念的一些不太成熟的认识。西方自由主义思想在叶卡捷琳娜二世执掌政权期间（1762—1796 年）得到了明显的传播。叶卡捷琳娜二世对启蒙思想的引入使俄国人真正接触到了自由、平等的思想。1763 年俄国颁布法令，限制使用拷打等肉刑，1767 年的法令进一步规定适用拷打须由部长批准，初步改善了俄国人权遭到普遍践踏的恶劣状态。1785 年城市特权诏书给了整个城市等级绝大多数的市民以个人权利，工商业者得以摆脱奴役地位。这一方面是由于沙皇政府考虑到民众的要求，担心市民的不满将会带来远超农民所能够造成的恶果；另一方面是由于俄国统治者意识到，为了实现工商业发展的目的，必须给予工商业

---

① ［俄］鲍里斯·尼古拉耶维奇·米罗诺夫著：《俄国社会史》（上卷），张广翔等译，山东大学出版社 2006 年版，第 385 页。

② ［法］勒内·达维德：《当代主要法律体系》，漆竹生译，上海译文出版社 1984 年版，第 186 页。

者受法律保护的私有权和经济自由。在个人财产私有权得到确认后，俄国市民不再担心财产会随时被国家没收，因而，财富积累的积极性增加。[①]但此时俄国对个人权利的保护只是表现为沙皇的赠予与恩许，而且在不同等级之间存在的较大差别。等级与特权还被看作是正当的，只是对国民的权利有了稍许的保护而已。[②]

进入19世纪，俄国的知识分子和精英进一步消化和吸收西方文明的养分，并在政治权利领域做出了探索。在俄国的法律层面，首次提出政治和公民权利的是库尼琴（А. П. Куницыным）和拉基雪夫（А. Н. Радищевым），他们的思想后来被斯别兰思基（М. М. Сперанским）所发展。在斯别兰思基著名的1809年法律提案中提出，要在宪法政治改革的基础上，确立政治与公民自由的关系，特别是政治自由，应当向贵族和在财产评估基础上的中等阶层普遍提供。1819—1820年，纳瓦茨勒兹（Н. Н. Новосильцева）在华沙的办公室中制定了包含了公民权利、政治与经济权利条款的俄罗斯宪法草案。在这一时期，俄国十二月党人穆拉维耶夫（Н. М. Муравьев）也提出了包含政治权利的宪法草案，他赞同当时在西欧占优势地位的人的权利和自由领域的理论和实践构造，提出了包括在财产评估基础上的选举权在内的政治权利。[③] 这些都是以西欧思想为基础提出的法律构想。俄国宪政主义者别斯杰尔（П. И. Пестель）则采取了较为激进的立场。他的主张之一是给予全体公民以包括普遍选举权在内的政治权利。

（三）制度改革和个人权利的授予

伴随俄罗斯资本主义经济的逐渐发展和西方自由民主思想的推动，为了适应社会需要，沙皇亚历山大二世在位期间（1855—1881年）进行了一系列改革，最终在1861年自上而下地取消了农奴制。1861年2月19日（俄历），亚历山大二世正式颁布了《解放法令》，向全社会宣布废除农奴

① ［俄］鲍里斯·尼古拉耶维奇·米罗诺夫著：《俄国社会史》（上卷），张广翔等译，山东大学出版社2006年版，第404页。

② 张俊杰著：《俄罗斯法治国家理论》，知识产权出版社2009年版，第18页。

③ 参见米拉年科 С. В.《专制与改革，19世纪初俄国的政治斗争》，莫斯科，1989年版；格鲁申克夫 С. И.：《俄罗斯的人权：理论、历史、实践》第二卷，莫斯科，人权出版社2004年版。

制，俄国数千万农奴从此获得了人身自由和小块份地。这一改革所产生的影响极大，被认为是“法国大革命之后最伟大的社会运动”。俄国废除农奴制使地主们失去了支配农奴人身自由的权力，不得买卖、赠送农奴和干涉他们的家庭事务。农民有权在自己的名下获得不动产，有权从事工商业活动，有权进行诉讼。人身自由权是人权的重要内容之一，获得人身自由的人才能在社会中成为独立的主体，发表独立的意见，参与社会生活。正因为如此，获得人身解放的农奴获得了民事主体资格，作为民事主体有权拥有不动产等生活资料和生产资料，有权从事工商业活动。可见，1861年废除农奴制改革给人们带来人身自由权，它为人们进一步争取更广泛的人权创造了条件，使俄国开始了一个社会经济大变革的新时期。①

俄国在废除农奴制后很快就开始准备司法改革。这项工作的参与者C. H. 扎鲁德内指出：“在农奴制下实际上并不需要公正的法庭，那时，地主就是真正的法官（在农奴事务方面）……2月19日法令终止了这一头号规则……这时无论是对于俄国，还是对于任何有秩序的国家，都急切需要司法的公正。”② 1864年11月20日，俄国颁布了《司法条例》，宣布帝国所有臣民在法律面前人人平等；司法权与行政权相分离，法官独立于政府且终身任职；确立公开与独立的诉讼程序，法院受理案件实行陪审员制；设立律师制，检察官与律师享有同等地位。③ 改革之后的俄国在社会生活的各个领域都开始发生巨大的变化，绝大多数居民在俄国历史上第一次获得了最起码的权利。

1905年俄国爆发革命并颁布宪法，强烈冲击了农奴制残余和宗法制度。革命的血腥结果促使沙皇政权不得不作出了重大让步，向资产阶级君主制方向迈出关键一步。当时沙皇尼古拉二世在政府自由派的压力下，决定不加剧俄罗斯的国内紧张局势。为了让国民明白他愿意考虑公众对设立代议制机构的要求，同意召开杜马会议。根据1905年8月6日沙皇发布的《国家杜马成立宣言》和《国家杜马成立法》，俄国正式宣告成立代表不同社会阶层民意的机构：杜马。1905年10月17日，沙皇再颁圣旨

---

① 曹维安：《评亚历山大二世的俄国大改革》，《兰州大学学报》2000年第5期。

② 曹维安：《俄罗斯史新论》，中国社会科学出版社2002年版，第96页。

③ 曹维安：《评亚历山大二世的俄国大改革》，《兰州大学学报》2000年第5期。

《关于改善国家秩序》，这标志着俄国法律政治体制和其他人权规则的正式开启。该圣旨中宣布：“（1）给人们不可剥夺的对个人操守、良心自由、言论、集会和结社的真实自由；（2）扩大参加杜马选举的范围，要尽可能快速简捷地争取在杜马召开之前，吸引更多的以前无权参加选举的居民阶层参加杜马选举，在新建立的法律基础上促进公共选举的进一步发展；（3）树立坚定的规则，保证任何法律在未经国家杜马批准的情况下不能生效，并使在监督下当选的人实际参与到立法活动中。”① 新颁布的法令其核心是宣布赐予居民信仰、言论、集会和结社的自由，吸引广泛的居民阶层参加杜马选举，由代表机关来确定选举的必要程序。俄国公民的自由和政治权利自此得到了承认，杜马成为新的政治斗争舞台。②

这些初步确立俄国民众权利和自由的政治法律文件在一系列的后续法律活动中继续得到批准、巩固和发展。这些政治权利在 1905 年 11 月至 1906 年 4 月期间被沙皇圣旨颁布的《暂行规定》和 1906 年的基本法③加以确认和调节。但是，承诺中的对这些法律进行的修改和完善并没有发生。在这些法律规则中，最重要的缺位是宪法政治权利中的选举权。④ 选举权利曾经在 1905 年 8 月 6 日沙皇颁布的《国家杜马成立宣言》和《国家杜马成立法》中被“授予”了人民。然而这些规定后来在 1905—1907

① Выборы в I – IY Государственные думы Российской империи. （Воспоминания современников. Материалы и документы）. 2008. Авторы проекта и составители：И. Б. Борисов，Ю. А. Веденеев，И. В. Зайцев，В. И. Лысенко，М.：ЦИК РФ，РЦОИТпри ЦИК РФ：760.

② 沈志华主编：《一个大国的崛起与崩溃》，社会科学文献出版社 2009 年版，第 16 页。

③ 在 1906 年基本法中有一章“俄罗斯服从者的权利和责任”，其中包括了一系列关于集会、口头和书面表达自己思想、组建社团与联盟政治权利的条款，后来都被列入了国家的主要法律法规和俄罗斯帝国法律中。

④ 在俄罗斯的政治思想和实践中低估选举权利的现象可以从弗兰克（С. Л. Франка）于 1906 年发表在《北极星》杂志上的权利宣言草案的内容中得到说明。在这篇包含有关俄罗斯公民永恒而不可剥夺权利的宪法性法律草案中，专门谈到了公民的政治权利和义务。虽然弗兰克没有说明，被他所列出的这些宪法性权利分别属于什么类别，但是从该文件的文本中，仍然可以得出这样的结论：在宪法性法律中，应当加强如下政治权利和自由：信仰和政治观点的自由；言论、新闻和思想自由；公共集会的权利；联盟、社交的权利和请愿权。选举权在这部宪法性法律草案中出现缺位。

年的杜马选举实践中朝着加强选举不民主性质的方向进行了调整。[1] 值得注意的是，不久之后，俄国对国家杜马选举的行政和警察控制措施明显收紧，以确保当局所需要的选举结果，防止不受沙皇欢迎的人物和反对派政党赢得选举。

（四）苏联时期人权保障的法律与实践

1917 年的十月革命建立了苏维埃政权，开启了苏俄人权保障的新时期。人权在苏联宪法中经历了从“劳动者权利”到“公民权利”表述的转化过程。1918 年苏俄宪法对公民权利的规定比较简单，把权利主体仅仅限定为劳动者，剥削者不享有权利。1924 年苏联宪法对公民地位没有提及。直到 1936 年的苏联宪法才把权利的主体“劳动者”置换成“公民”，并专门对公民的基本权利和义务作出了详细的规定。

1. 苏联宪法对人权的规定

1918 年 7 月，苏俄政府颁布了第一部宪法《俄罗斯社会主义联邦苏维埃共和国宪法》，宪法确认了国家制度和社会制度的基本原则，规定了劳动者的权利和自由，规定了国家机关的制度体系。列宁评价此部宪法为“它是第一部宣布国家政权是劳动者的政权、剥夺剥削者权利的宪法”。1918 年 7 月 10 日，全俄苏维埃第五次代表大会通过了《俄罗斯社会主义联邦苏维埃共和国宪法》，宪法第一篇即为《被剥削劳动人民权利宣言》。宣言规定，劳动者享有信仰、出版、结社、集会、游行的自由，拥有选举权和被选举权、免费接受教育的权利。各民族公民权利平等，俄罗斯公民和居住在俄罗斯境内的外国劳动者权利平等。宪法还规定了公民的劳动义务和保卫祖国的义务等。1918 年宪法仅规定了劳动者的政治权利和受教育权利，而没有规定经济权利，因为国家当时还不具备相应的物质基础。鉴于当时的政治环境和阶级构成，权利只赋予劳动者，剥夺了剥削者的一切权利，以防止这些政治阶层“损害社会主义革命”。宪法明确规定：“剥夺利用权利损害社会主义革命利益的个别人士和集团的政治权利。”

世界上第一部社会主义宪法体现了鲜明的阶级性。例如，在 1918—

---

① 1905—1907 年间的国家杜马选举是间接的，多层级的，带有阶级分层和资格选举的特点。不允许妇女、大学生和军人、以游牧为主要生活方式的民族人口参加选举。只有到 1917 年制宪会议的选举中，俄国才开始实行全面、平等和直接的选举。在这次选举中，俄国在历史上第一次取消了对财产、文化程度、住处的选举资格限制，以及对民族和宗教信仰的限制。

1928 年期间担任司法人民委员的德·伊·库尔斯基在苏维埃司法实践中积极发展和深化了实现无产阶级专政手段的、新的、革命的无产阶级法的概念。他在 1918 年时强调，“无产阶级专政承认的只是自己阶级的整体利益；这一专政的真正代表是整个阶级，即组织在共产党和苏维埃里的工人和贫农；个别人、尤其是负责人甚至是最高负责人，也只能永远属于执行者的地位”。[①] 库尔斯基承认，这里没有“类似人身保护规范”的地位，因而也并未试图以此途径承认和保护个人的权利和自由。他确信，“废除资产阶级法的一切规范，对于城市与农村的无产阶级和贫农来说是司法的唯一保障”。“正是他们在自己的专政中提出和实现着伟大目标：完全地压迫资产阶级，消灭人剥削人和建立社会主义”。[②]

1922 年 12 月 30 日，苏维埃社会主义共和国联盟正式成立。1924 年 1 月 31 日，苏联第二次苏维埃代表大会通过了《苏维埃社会主义共和国联盟根本法（宪法）》。与 1918 年苏俄宪法相比，新宪法中规定的公民基本权利没有什么变化。与此同时，在社会主义意识形态的指导下，苏联的法学家们对于人权与国家统治之间的关系也有了全新的认识，逐步形成了社会主义的人权观念。其中 20 年代中期阿·马里茨基的观点代表了苏联官方的认识。阿·马里茨基在他的《苏维埃宪法》一书中指出：“权利的缔造者是国家，它是个人权利的源泉。”个人所能实现的自由绝对不是为了自己的个人利益，而是为了公共的、整个集体的利益，或者正如法律所讲的：“是为了生产力的发展。”[③] 马里茨基强调，苏维埃公民获得自己的权利“不是为了温情脉脉的双眼，不是基于自己的出生，也不是为达到自己的个人目的，而是为了实现国家、统治阶级和社会利益赋予其作为社会成员，作为生产与分配过程参与者的义务”。“因此，在苏维埃共和国，不管是民事权利还是公共权利，都应被看作公民实现其正式职能和社会义务的手段。这意味着，属于个人的权利，与其说是个人的自由，不如说是他的社会义务。权利就是义务，这就是关于个人主体权利的社会主义观点与西方资产阶级学说观点的根本区别。而既然公民从国家手中获得了自己

---

① 库尔斯基·德·伊：《文章与发言选编》，莫斯科，1948 年版，第 38 页。

② 同上书，第 41 页。

③ 阿·马里茨基：《苏维埃宪法》，哈尔科夫，1925 年第二版，第 5 页。

的权利即自己自由的界限，那么：‘法律未予禁止的就是允许的’这一资产阶级原则在苏维埃制度中应该让位于相反的规定：‘只有法律准许的才是允许的’，因为权利的载体和源泉不是个人，而是国家。”①

1936 年苏联非常第 8 次苏维埃代表大会对宪法进行了较大的修改，通过了新的 1936 年宪法。1936 年苏联宪法首次以专章规定了公民的基本权利和义务，并且扩大了苏联公民的权利和自由。在第 10 章“公民的基本权利和义务”中，共用 12 条规定了苏联公民享有的权利。其中，首次规定了劳动权、休息权、物质保障权、个人财产权和个人财产继承权等社会经济权利。1936 年苏联宪法与之前的宪法相比，扩大了公民的权利和自由，确认了更加民主的选举制度，用普遍、平等、直接的选举制和无记名投票方式取代不完全普遍的、不完全平等的、多级的间接选举制和公开投票方式。从 1936 年苏联宪法的规定来看，立法者们认为，社会平等和社会公平的社会主义思想不仅与人权理念是完全相符的，而且只有通过社会主义道路，人权的保障才能够成为现实。这就使“人权的旗帜就是社会主义的旗帜”成为全民的信念。尽管这部宪法在公民的权利和自由以及民主选举制度方面作出了许多新的规定，但是这些规定在苏联肃反扩大化运动中并没有发挥应有的作用。

1977 年，在勃列日涅夫主持下，第九届苏联最高苏维埃非例行的第七次会议通过了新的《苏维埃社会主义共和国联盟宪法》，即“1977 年宪法”，它又被称为“发达的社会主义宪法”。在基本继承 1936 年宪法内容的基础上，为了体现社会主义的优越性，该部宪法丰富了公民的权利和自由的内容，并且规定了宪法保障人权的措施。这些基本权利和自由包括：社会经济权利、文化权利、政治权利与自由、个人权利与自由等。除了在经济和社会生活领域增加公民的基本权利外，宪法还首次规定了公民可以利用土地经营副业、果园、菜园和个人住宅建设等。1977 年宪法首次把公民的基本权利和义务置于国家机构之前，以显示公民法律地位的提高。宪法还规定，重要的国家政治生活问题交给全民讨论或全民投票。尽管这部宪法全面规定了人权的相关内容，但并非所有的政治权利都得到了巩固和加强，即使写入其中的一些政治权利也只有到 80 年代下半期才开始具

---

① 阿·马里茨基：《苏维埃宪法》，哈尔科夫，1925 年第二版，第 49 页。

有了实际的意义。

2. 苏联时期的人权实践

苏联的人权理论坚持人权的阶级性，强调人权与各国、各民族的经济发展条件和历史文化传统之间的内在联系，主张个人人权与集体人权的统一、人权的普遍性与特殊性的统一、人权与国情的统一。[①]但苏联在实践中忽视个人人权保障，当阶级斗争被提上首要议事日程的时候，往往出现大规模侵犯人权的现象。

苏联在20世纪30年代出现了大清洗。在不断扩大清洗镇压规模的同时，斯大林大力宣扬党内外阶级冲突激化的必然性和采取严厉镇压政策的正确性，把暴力理论系统化，提出了社会主义社会阶级斗争尖锐化的理论。与此同时，斯大林不断加强国家的治安机构。1934年7月10日，原来直属苏联人民委员会的国家政治保卫总局并入苏联内务人民委员部，统一负责实施大清洗和镇压。[②] 按照当时苏联宪法规定，“任何公民非经法院决定或者检察长批准，不受逮捕”，但是内务人民委员部实际上并不受司法检察机关的限制监督，而是自行其是，[③] 这严重侵犯了宪法对人权的保障。在1935—1940年的大清洗运动中，以反革命分子为名被捕者为1920635人，其中被处决的人数是688503人。[④] 大清洗使上千万的干部和群众蒙受不白之冤，无辜遭受迫害，甚至夺去生命，使国家丧失了大量的精英人才，影响了国民经济的发展和科学文化事业的进步，并导致苏联红军战斗力下降，在卫国战争初期接连败退。斯大林时期对人权的践踏和个人崇拜，在苏共二十大上被赫鲁晓夫揭开了盖子，这在世界范围内引发了巨大反响，严重破坏了社会主义人权事业的声誉，造成了难以估量的政治损失。

在冷战时期两大阵营的对峙中，人权长期被双方当作意识形态来对待。以苏联为首的社会主义阵营在社会制度和意识形态方面同西方世界根

---

① 杨昌宇、陈福胜著：《俄罗斯社会转型与宪政之路——文化哲学的视角》，社会科学文献出版社2009年版，第200页。

② 徐天新：《苏联30年代大清洗——一场震惊世界的政治悲剧内幕》，载沈志华主编：《一个大国的崛起与崩溃》，社会科学文献出版社2009年版，第310页。

③ 同上。

④ 同上书，第358页。

本不同，它们坚守马克思主义人权思想，对西方国家的人权思想坚决抵制，不承认西方的人权法律传统在本国历史条件下的理论价值和实践意义。苏联的意识形态建立在跨越国家边界，全世界劳动阶级共同利益的基础上。如果民族主义通常意味着该民族的统一和团结，那么苏联意识形态从来就不强调民族的统一，它看重的是不同国家工人之间的统一、全世界无产阶级的联合。而西方意义上的人权则被苏联看作是受到很大限制的另类概念。[①] 对于西方民主制度，尤其是人权的理论和实践，苏联一概以“个人自由主义”加以批判，强调社会主义制度的“集体权利”。与西方的普遍人权思想不同，苏联的人权理念以阶级划分为基础。丘吉尔在1946 年的富尔顿演说中，就提出人权是西方国家反对共产主义扩张活动的组成内容。在 1948 年于巴黎召开的联合国大会第三次会议上讨论《世界人权宣言》的问题时，苏联代表 A. Я. 维辛斯基尖锐地批评了西方国家提出的人权概念。后来，苏联在对《世界人权宣言》的投票中弃权。这反映出人权观念已经成为冷战开启的一个思想基础。

从斯大林时期结束到 1985 年戈尔巴乔夫上台以前，尽管苏联的法律制度发生了许多变化，但是苏联体制的基本结构并没有出现根本的变化。从人权保障的角度来说，虽然苏联宪法规定的人权内容和保障措施逐步得到了扩大和加强，但是始终带有苏式社会主义的先天性缺陷。国家法制不健全，有法不依以及少数人专断，导致了一些像“肃反”扩大化这样的严重侵犯公民权利的事件，成为苏联历史上的污点和硬伤。

通过固定精英阶层进行的统治，加上以此为核心的各项体制，苏联实际上成为了一个专制国家，它否定公民的权利和人们的自由，民众只能不折不扣地执行处在权力中心的少数高级官员的命令。苏联体制继续忽视人权，这是一个曾被广大人民群众拥护的政权走向解体的致命原因。

在戈尔巴乔夫改革年代，最初的政治改革方案并没有触动宪法制度，更没有把人与公民的权利和自由作为改革的方向。1985 年戈尔巴乔夫所倡导的“民主和人道的社会主义”新思维拉开了苏联民主革新和改革社会主义社会的序幕。在改革初期，苏联精英们对人与公民的权力自由的认识还局限在社会主义制度的框架内，并且仍然强调社会主义的优越性。但

---

① Ю. 萨拉马金、M. 卡尔年奇科：《普遍人权？永远忘记它》，《对话》2002 年第 6 期。

是“人权”这一昔日备受批判和痛斥的概念开始反复出现在苏共的各种文本中。“要求人权先于任何民族主权和民族自治的利益这一要求，应当载明在联盟和每一个共和国的宪法体制中。我们在国际事务中也遵循这一原则，不能偏离寸步。”① 随着民主化运动的发展，对苏式社会主义高度集中的政治体制的批评逐渐演变为对过去几十年极权政治的全盘否定。“给人民以民主和自由”成为非常具有号召力的口号，在这样的背景下，苏共的上层开始通过各种方式扩大公民的权利和自由，以顺应民主化的呼声。

在苏联着手进行宪法改革的过程中，人们对于公民权利的理念发生了前所未有的变化，从理论思想到立法实践，整个社会开始关注人权，在意识形态上对长期奉行的“国家至上”、“义务至上”的传统社会价值观进行了深刻的反思和批判。苏共领导阶层将人权作为社会发展的目标来规定：“我们所理解的人道的、民主的社会主义，是这样一种社会：人是社会发展的目标，为人创造无愧于现代文明的生活条件和劳动条件；克服人与政权，与他所创造的物质和精神财富的分离，确保人能积极参加社会进程；人民的自主意志是权力的唯一源泉；受社会监督的国家，保证、保护人的权利和自由、尊严与人格，而不管其政治地位、性别、年龄、民族和宗教信仰；在法律范围内行动的所有社会政治力量应自由竞争。”②

根据苏联外交部的资料，到1989年苏联一共签署并批准了27项关于人权的国际协议。1991年9月5日，苏联第五次非常人代会通过了《人权和自由宣言》。该宣言包含了1948年12月10日《世界人权宣言》和1966年12月16日联合国《公民权利和政治权利国际公约》的基本内容。该宣言中所规定的公民权利内容及其保障体系，成为后来俄罗斯制定宪法的直接参照，奠定了俄罗斯主权独立后人权观念的思想基础和法律框架。在现行俄罗斯宪法的条款中，可以直接找到与其内容一致的法律条文。

① 戈尔巴乔夫：《苏共中央向苏共28大提出的政治报告和党的任务》（原载苏联《真理报》1990年7月3日），《苏联东欧问题译丛》1990年第5期，第11页。

② 《走向人道的、民主的社会主义——苏共28大纲领性声明》（原载苏联《真理报》1990年7月15日），《苏联东欧问题译丛》1990年第5期，第27页。

## 二　俄罗斯人权保障制度

在独立前和独立后初期，俄罗斯的政治转型以继承为主，革新为辅，直到 1993 年底发生了质的变化。从 1991 年宣布主权独立，到 1993 年底新宪法的通过，俄罗斯的政治转型并未全面展开，俄罗斯人民代表大会和最高苏维埃依旧是国家最高权力机关，苏联体制的痕迹随处可见。但是在人权保障领域，还是出现了一些新的气象。1992 年 4 月 21 日，俄罗斯颁布了第 2708 号法律《修改和补充俄罗斯苏维埃社会主义共和国宪法》的规定，将原 1978 年宪法进行了修改，把权利主体由“公民”置换为“人和公民”，大为扩大了权利主体的范围，[①] 并辟专章“人和公民的权利与自由”加以规定。

1993 年 12 月 12 日，俄罗斯举行了新一届议会的选举，并对俄罗斯新宪法草案进行了全民公决。新宪法不但明确规定了三权分立的政治制度，还详尽地列出了权利和自由清单。[②] 新宪法确立的俄罗斯政治制度延续至今，在普京、梅德韦杰夫任内也未做过重大的修改。

### （一）现行宪法确立的人权保障基本原则

俄罗斯现行宪法首次将人、人的权利摆到了宪法的核心位置，从而根本性地确立了宪法的人权原则。宪法明确规定：“人、人的权利与自由是最高价值，承认、遵循和捍卫人与公民的权利和自由是国家的义务”（第 2 条）；“俄罗斯联邦承认保障人和公民的权利与自由”（第 17 条第一款）；“人的基本权利与自由不可被剥夺，并且每个人生来就具有”（第 17 条第二款）；“实现人及公民的权力自由不得侵犯其他公民的权利与自由”（第 17 条第三款）；“公民享有平等权，国家保障人与公民权利和自由的平等”（第 19 条）。

俄罗斯现行宪法的思想基础有二：一是人和人的权利自由是宪法的价值基础；二是国家和公民相互承担责任。对人和公民的权利与自由的保护是建设法治国家的重要原则和目标，无论国家还是公民，都必须严格遵守

---

① 哈书菊著：《人权视域中的俄罗斯行政救济制度》，中国社会科学出版社 2009 年版，第 24 页。

② B. 弗拉基米尔 · 斯米尔诺夫：《人权政治学与俄罗斯的政治权利》，《政治学研究》2010 年第 6 期。

宪法所赋予的权利和责任。公民有自身的生命、健康，乃至在经济、政治、社会文化和个人生活领域的广泛权利和自由。为使这些权利和自由得到保障，公民可以做法律所不禁止的一切，而国家只能做法律允许做的事情。同时，“他人的自由和权利是个人自由的唯一限制。法治国家不意味着个人的绝对自由。每个人的自由以破坏别人的自由而终止。”①

### （二）宪法对公民基本权利的具体规定

按照国际人权公约的分类，人权包括公民权利、政治权利、经济权利、社会权利和文化权利。俄联邦宪法第 2 章共 48 条详细规定了人和公民的权利与自由，基本上是按照上述序列来进行逐条立项的。

#### 1. 个人（或公民）的权利与自由

在个人（或公民）权利方面，现行俄罗斯宪法列出的权利包括：（1）生存权；（2）人格尊严；（3）人身自由权；（4）隐私权；（5）住宅不受侵犯的权利；（6）自由决定民族属性的权利；（7）迁徙自由及选择逗留和居住地点的权利；（8）宗教信仰自由；（9）知情权。

#### 2. 政治权利与自由

在政治权利方面，现行俄罗斯宪法列出的权利包括：（1）参与国家事务管理的权利；（2）集会、群众大会、示威、游行、纠察的权利；（3）诉愿权；（4）思想、言论、出版和信息自由；（5）结社的权利。

#### 3. 经济权利与自由

在经济权利方面，现行俄罗斯宪法列出的权利包括：（1）个人所有权；（2）土地及其他自然资源的私有权。

#### 4. 社会权利与自由

在社会权利方面，现行俄罗斯宪法列出的权利包括：（1）劳动权；（2）休息权；（3）社会保障的权利；（4）住宅权；（5）健康保护和医疗救助的权利；（6）环境权；（7）受教育权。

#### 5. 文化权利与自由

在文化权利方面，现行俄罗斯宪法列出的权利包括：（1）文学、美术、科学、技术及其他形式创作和传授的自由；（2）参与文化生活及利

---

① В. П. 普加乔夫主编：《政治科学基础》第一卷，莫斯科，知识出版社 1993 年版，第 220 页。

用文化设施，接触文化珍品的权利。

6. 限制性条款

除了详细列出各种类型的人权内容和制度保障的措施之外，俄罗斯宪法还规定了对人权加以限制的条款，不过宪法还通过列举的方式严格限定了这种人权限制的情况。《俄罗斯联邦宪法》第 55 条第三款规定，“公民的权利和自由只有在捍卫宪法制度、他人的道德、健康、权利和合法利益、保证国防和国家安全所必须的限度内，才能由联邦法律予以限制”。

## 三 宪法规定的人权保障体制

依据《俄罗斯联邦宪法》的规定，俄罗斯政府的重要职责之一就是采取措施以保障人和公民的权利与自由。俄罗斯宪法还建立了一些具有本国特色的人权保障体制，其中俄罗斯宪法法院和人权全权代表制度占据着重要的地位。

1. 俄罗斯宪法法院及其实践

俄罗斯宪法法院的前身是苏联宪法监督委员会。对苏联人权保障失败的反思使俄罗斯人普遍认识到过去对宪法实施的保障流于形式。在戈尔巴乔夫的改革倡议下，苏联建立了附设于最高国家权力机关下的宪法监督委员会。在 1988 年 12 月 1 日的宪法修改案中，加入了建立宪法监督委员会的规定。1990 年 1 月《苏联宪法监督法》正式生效，同年 4 月，苏联宪法监督委员会正式成立，并投入了工作。根据《苏联宪法监督法》的规定，在宪法监督委员会作出结论意见，认定某一法律文件或个别条款侵犯公民基本权利和自由的情形下，从结论意见通过之时起，该法律文件或个别条款就失去法律效力。在当时最高国家权力机关不容冒犯的体制下，容许宪法监督委员会做出终局性的违宪审查意见，这足以表明人权保障在当时已经受到了相当的重视。① 宪法监督委员会在保护个人权利、政治权利方面取得了一定的成效，但是总体上来看，受多种因素的制约，其实际表现并不尽如人意。

1991 年俄罗斯正式建立了宪法法院。在 1992—1993 年间，俄罗斯宪法法院共作出了 27 个判决，其中有 14 个与保障公民基本权利和自由相

---

① 尤晓红：《俄罗斯宪法法院研究》，中国社会科学出版社 2009 年版，第 35 页。

关，内容涉及财产权、劳动权、居住权，以及在俄罗斯向市场经济过渡时期需要着力保障的公民和法人参与权。但是宪法法院仅运行两年，就由于卷入了 1993 年 10 月总统和议会之间的权力斗争，而在“炮打白宫”事件后被停止工作。但是基于其在运作中所取得的成绩，在 1993 年俄罗斯全民公决通过的新宪法中，宪法法院制度得以保留。《宪法》第 125 条第四款规定：“俄罗斯联邦宪法法院根据关于侵犯公民宪法权利和自由的投诉，根据法院的要求，按照联邦法律规定的程序检查在具体案件适用和应该适用的法律是否符合宪法。”1994 年，《俄罗斯宪法法院法》颁布并生效，新组建的宪法法院开始运转。

根据《俄罗斯宪法法院法》，俄罗斯宪法法院是进行宪法监督的司法机关，它通过宪法诉讼独立地行使司法权。其主要职权共有四项：审查规范性文件的合法性；解决权限争议；审理宪法诉愿；对宪法进行解释。[①]其中宪法诉愿制度的根本目的是保障人权。《俄罗斯宪法法院法》第 3 条规定：“俄罗斯宪法法院的价值目标是捍卫宪政制度的基础，保护人和公民的基本权利和自由，维护俄罗斯宪法在俄罗斯领土范围内的最高地位及直接效力”。从这一规定来看，保障人权是宪法法院的终极价值追求，俄罗斯宪法法院的实践也证明了这一点。在 1995—1998 年间，宪法法院审理的案件中大约有 70% 是保障公民宪法权利和自由的案件，每年宪法法院收到的宪法诉愿为 0.5 万—1.2 万件。[②]

尽管成绩明显，但俄罗斯宪法法院仍有不尽如人意的地方，那就是其判决的执行难。尽管有明文的法律规定，但是宪法法院的判决执行依旧困难重重，这成为其运转的障碍。在实践中，俄罗斯联邦立法和行政机构对于宪法法院所作判决的反应很不积极，应对的效率很低，哪怕宪法法院要求相关机构对有关法律进行限期修改。导致这一现象的根本原因是宪法法院的权威缺失，这不仅影响到其违宪审查功能的发挥，同时也降低了其在国家机构中的地位。

2. 俄罗斯人权全权代表制度

俄罗斯宪法确认了人权全权代表制度，其第 103 条规定：“任命和解

---

① 尤晓红：《俄罗斯宪法法院研究》，中国社会科学出版社 2009 年版，第 103 页。

② 同上书，第 178 页。

除根据联邦宪法性法律开展活动的人权代表的职务的权力属于国家杜马管辖。”1994 年 11 月 17 日，国家杜马任命科瓦廖夫为俄罗斯历史上第一位人权全权代表。与此同时，制定有关人权全权代表法律规范的工作也在持续进行。1996 年 12 月 25 日，国家杜马表决通过了联邦宪法性法律《俄罗斯人权全权代表法》。1997 年 2 月 12 日，联邦委员会批准了该法。2 月 26 日，经俄罗斯总统签署，该法于 3 月 4 日正式生效。该法确定了人权全权代表的地位、权限、任免程序等规则，是落实宪法“人权”原则的保障制度。1998 年 5 月，俄罗斯国家杜马任命米罗诺夫为俄罗斯人权代表。2006 年 10 月 17 日，俄罗斯总统普京签署了扩大俄罗斯监督官职权的决议，部分修改了《人权全权代表法》。

根据现行《人权全权代表法》的规定，俄罗斯人权全权代表直属俄罗斯总统领导，其主要任务是协助总统履行人权保障职责，促进俄罗斯对人的权利与自由的尊重和维护，协助完善人权保障的立法，加强人权保障的国际合作。俄罗斯人权全权代表有权审查俄罗斯公民、俄罗斯境内的外国人和无国籍人的申诉。他有权审查对国家机关、地方自治机关、公职人员和国家公务人员的决定和行为（不作为）的申诉，前提是申请者之前已经对这些决定和行为（不作为）向法院或者行政程序提出了申诉，并且不赞同对他申诉所作出的决定，即申请者已经穷尽了国内的司法和行政救济措施。

俄罗斯人权全权代表在行使职权过程中依法拥有调查了解的权利。对案件的调查结束后，人权代表有权将自己对案件结果的观点表达出来，使相关的国家机关、地方自治机关和公职人员知晓。俄罗斯人权代表有权公布他对申诉案件所作出的结论，在每年底人权全权代表应当将自己的活动报告送达给俄罗斯联邦总统、联邦委员会和国家杜马、俄罗斯政府、俄罗斯宪法法院、俄罗斯最高法院、俄罗斯最高仲裁法院和俄罗斯总检察长。针对个别的对公民权利与自由遵守的问题，人权全权代表可以向国家杜马递交专门的报告。从发挥作用的方式来看，俄罗斯人权全权代表制度的最大特点在于它使用的武器主要是公开和说服，而不是行政控制。①

① 哈书菊：《试评俄罗斯人权全权代表制度》，《俄罗斯中亚东欧研究》，2009 年第 4 期。

## 四 俄罗斯在人权问题上的对外政策

俄罗斯与西欧、美国在人权观念上的差异具有深厚的历史、文化根源，尽管在冷战结束后俄罗斯与西方国家之间开展了一定的人权交流，但是要想完全消除双方之间的差异依旧存在着巨大的困难。而这种差异也成为制约俄罗斯与西欧、美国在人权领域开展全面合作的主要障碍。

### （一）俄罗斯积极宣传自己在维护人权方面取得的成就，争取国际话语权

俄罗斯为了提高国家在国际舞台上的威信和形象，强调要掌握人权话语权。俄罗斯政府官员对外强调，人权保障问题是俄罗斯政府工作的重点，改善人权状况是俄罗斯正在切实履行的国际义务。俄罗斯人权全权代表 B. 卢金在谈到这个问题时，明确地表示："我们的发展经验清楚地表明，俄罗斯正在成功地成为国际法国家，而不只是法治国家。"① 俄罗斯政府还在推进俄罗斯加入国际法律体系方面采取了极为果断的态度。《俄罗斯宪法》第 15 条第四款规定："普遍公认的国际法原则和准则及俄罗斯联邦国际条约是俄罗斯联邦法律体系的组成部分。如果俄罗斯联邦国际条约确立了不同于法律所规定的规则，则适用国际条约规则。"这就是著名的国际法优先原则。在宪法中规定这样条款的国家并不多见。根据这一规定，《联合国人权宪章》和一系列联合国公约就成为了俄罗斯联邦的国内法，并且优先于国内法。事实上，俄罗斯宪法关于人和公民的权利与自由的规定不仅囊括了《联合国人权宪章》的所有内容，而且还远远超过了这一界限。这一条款为俄罗斯宪法法院在判决中引用国际条约提供了宪法依据。宪法法院经常引用的国际条约还包括：《世界人权宣言》、《欧洲保护人权与基本自由公约》、《经济、社会及文化权利国际公约》和《公民权利及政治权利国际公约》等。俄罗斯承认国际法规范高于国内立法，这为在俄罗斯联邦境内承认全人类价值提供了基础，大大促进了人权国际公约融入俄罗斯法律体系，进入立法和法律实践的进程，有利于俄罗斯公民增强对这些国际规范的信仰，使俄罗斯成为人权国际规范的忠实履

① В. П. 卢金：《人道主义干涉的权利与义务：趁热打铁》，《俄罗斯人权通报》2001 年第 15 期。

行国。

（二）强调在国际人权问题上必须考虑所有国家和人民的利益

全球化进程在文化领域始终伴随着正负两方面的影响，消极的影响在于它可能导致世界上丰富的文化多样性遭到摧毁，积极的影响则是逐步扩大了普遍性的人权尊重。[①] 然而由于各个国家人权观念的差异以及它们受西方人权理念影响的程度不同，在理论和实践中提出普遍人权的概念还面临着诸多的质疑。[②] 在两极体系解体之后，地区性冲突、国家内部分裂等问题频发，与此相伴的是一些国家在此过程中产生了一些人权问题。西方国家认为，如果一个国家不遵守国际人权法的规范，国际社会有权干涉其内部事务。在这种情况下，实施制裁和武力干预不仅不是侵犯其国家主权，而是在督促其重新履行自己的义务。这意味着让不同文明的人民被强制接受西方标准的人权，他们的文化领土将遭到同化。西方国家再次以征服者和保护者的身份消灭其他文明的历史文化和人权价值观。在现有的“人道主义干预”实践中，出现了很多难以克服的问题。由于超国家的国际组织，主要是联合国无力独自承担这一任务，以美国为主导的力量大肆介入，这使得问题复杂化。出现了人权双重标准问题、个别国家的利益成为解决国际问题的目标等不公正的现象。俄罗斯认为，必须在国际人权问题上考虑所有国家和人民的利益。首先要改革联合国，修订世界领导的观念，建设国际治理的民主体系。促使国际机构中的全球互动关系成为公认的国际关系准则，这样才能保证宽容、民主、团结、平等目标的实现；其次，在国际关系体系现代化的基础上，国际机构要引领和促进各国共同做出努力，消除在人权理念上的文化差异，通过一项全面的国际人权新规范，并更新对其普遍意义的认识。俄罗斯认为，现有的《世界人权宣言》和人权是两回事，《世界人权宣言》所宣扬的仅仅是西方文化中的人权。而如果要扩大其代表性，就必须纳入全体人类和文化的人权价值观；[③] 最后，要有针对性地解决目前积累的问题，特别是从政治角度出发的人权双

---

① Г. Э. 盖克塔尔：《人权的万能性和文化的多样性》，《国际社会科学杂志》1999 年第 25 期。

② М. Н. 马尔切克：《人权的对比研究——世纪的总结、趋势与前景》，《国家与法》2003 年第 11 期。

③ Ю. 萨拉马金、М. 卡尔年奇科：《普遍人权？永远忘记它》，《对话》2002 年第 6 期。

重标准问题。这将进一步推动国际关系走向民主化，实现可持续发展。[①]

（三）强调国家主权，抵制以人权为名的外国干涉

全球化的一个特征是非政府组织的大量增加及其影响力的增强。例如，微软或国际环保组织——绿色和平组织的影响已经超过了世界上一半的联合国成员国。但是俄罗斯认为，非政府组织难以成为全球政治的合格成员，如卡拉加诺夫[②] 2011 年 9 月 2 日在其《世界：危机在深化》中表达的观点："大多数非政府组织越来越多地充当一些国家或利益集团的代理人，这使它们所公开标榜的道义价值大为下降。"[③] 近年来西方国家以各种名义，如"人道主义干预"、"人类安全"和"保护的责任"等，干涉一些主权国家的内部事务，其背后不乏非政府组织的推波助澜。在俄罗斯 2011 年末、2012 年初的议会和总统大选中，各类非政府组织在外部势力的支持下，妄图推翻俄罗斯"不公正的"选举结果，这被俄罗斯政府视作是对国家安全与稳定的威胁，遭到俄罗斯当局的反击，俄美关系受此影响，有所冷却。针对西方国家竖起的人权卫道士旗帜，俄罗斯不甘示弱，利用多种媒体揭露其背后的政治图谋。[④]《俄罗斯联邦对外政策构想》确定了俄罗斯在这一领域的工作任务，"通过以人权公约为基础的建设性国际对话，尊重全世界所有人的权利和自由，利用其他的可能办法，其中包括地区级人权对话，禁止采用双重标准，尊重每一个国家在民主改造过程中的历史特性，不能把舶来的价值体系强加给其他国家"。[⑤]

## 五 俄罗斯人权发展道路的主要特点

俄罗斯人权发展道路有其自身的特点，可以概括为以下几个主要

---

① 马尔科·书库洛夫：《世界人权的现代冲撞》，《21 世纪自由思想》2004 年第 10 期。

② 卡拉加诺夫是政治家，担任俄罗斯外交和国防政策委员会主席，《全球事务中的俄罗斯》杂志编委会主席，HSE 世界政治和经济学院院长。

③ 谢尔盖·卡拉加诺夫：《世界：危机在深化》，《全球事务中的俄罗斯》2011 年 9 月 2 日。

④ 参见杨雷：《俄罗斯的全球治理战略》，《南开学报》2012 年第 5 期。

⑤ "КОНЦЕПЦИЯ ВНЕШНЕЙ ПОЛИТИКИ РОССИЙСКОЙ ФЕДЕРАЦИИ", Утверждена Президентом Российской Федерации Д. А. Медведевым, 12 июля 2008 г. http: //www. mid. ru/bdomp/ns - osndoc. nsf/e2f289bea62097f9c325787a0034c255/d48737161a0bc944c32574870048d8f7! OpenDocument.

方面。

（一）迥异于西方的人权观

在现代俄罗斯社会、政治生活的很多方面，人权理念得到了深刻的体现和尊重。对于人权保障事业最为关注的阶层主要是私营业主、中产阶层和涉及到福利货币化改革的退休人员等，他们与当局之间的矛盾有时会以社会抗议的形式表现出来。俄罗斯公民在俄罗斯宪法法院和其他法庭的诉愿数量也在稳定增长。越来越多的俄罗斯人选择向位于斯特拉斯堡的欧洲人权法院提起诉讼，有些还赢得了对自己国家的官司。这一系列的变化前所未有，充分反映了独立后俄罗斯人权发展所取得的巨大成就。然而与此同时，俄罗斯的人权观念与西方理念之间依旧存在着巨大的鸿沟。与西方文化的标准相比，俄罗斯的人权观念在内容、保障手段和方法等方面还存在着明显的差异，有些体现着本国文化的特点。

俄罗斯的人权理论在形式上已经放弃了马克思主义的人权观，转而以古典自然法的人权理论作为其人权发展与实施的基础。[①] 俄罗斯宪法确定“俄罗斯联邦是社会国家”，社会国家的“政策目的在于创造保证人体面生活与自由发展的条件”。[②] 俄罗斯学者指出，所谓社会国家就是“力图保证每个公民应有的生存条件、社会保障，共同参与生产管理，有一个理想的大致同样的生活机遇和个性自我实现的可能性的国家。这种国家的活动是以全国人民的福利、确立社会公正为目标。它消除财产的和其他的社会不平等，帮助弱者和生计无着者，关注提供给每个人工作或其他的生活来源，关注捍卫社会和平，关注适合人的生活环境的形成。”[③] 同苏联模式的社会主义借助于平均分配财富来实现所有人的幸福不同，社会国家以保障每个人应有的生活条件为目标，依靠的主要是发展生产力、生产效率、个人责任和积极性。

尽管理论基础发生了根本的变化，但是俄罗斯的人权观念与西欧、美国的人权理念相比，依旧泾渭分明，差异较大。俄罗斯文化的起源与发展

---

① 杨昌宇、陈福胜：《俄罗斯社会转型与宪政之路——文化哲学的视角》，社会科学文献出版社 2009 年版，第 203 页。

② 参见《俄罗斯联邦宪法》第 2、7 条。

③ В. П. 普加乔夫主编：《政治科学基础》第一卷，莫斯科，知识出版社 1993 年版，第 221 页。

主要依靠直接的洞察力和对生活意义的理解，而不是像西欧那样通过管理某种行为和外部秩序。[①] 西欧的文化发源于基督教，其人权理念深受天主教思想的影响。而俄罗斯人口的绝大多数是俄罗斯民族，[②] 俄罗斯民族普遍信仰东正教，这使东正教思想牢牢地凝结于俄罗斯的人权观念中。东正教的教义认为，上帝创造了世界，让人类在那里定居，集体仍然比一个人重要，一个人是不可能单独存在的，因此，国家比社会重要得多。东正教专注于人类精神的改造，认为物质享受是相对的、次要的。东正教注重精神法律的建设，而非物质利益的规则。在实践中，东正教虽然也关注和保护民众的物质需求，但是它更加注重个人精神世界的发展。"人权体现个人的基本价值，并且应当着眼于实现人的尊严。因此，人权的内容与道德紧密相关。将人权与道德相分离意味着对道德的亵渎，因为非道德的尊严是不存在的。"[③] 东正教的人权观认为，理解和解决人权保障问题的关键是要发展公共关系和培育个人精神。俄罗斯以道德意识为中心的人权观念相对于较为务实的西方人权理念，属于一种更高目标、更高层次的人权思想。

俄罗斯与西欧、美国人权观的最大差异体现在对普遍人权的认识不同。俄罗斯认为，普遍人权神话的作用有二：一是实现政治社会化；二是西方国家在不同政治文化背景下的占领区，以获胜者的文化价值观进行同化的需要。正是基于第二项作用，"二战"结束之后才出现了两大阵营：在西德、意大利和日本的宪法中写入了有关人权的条款，而在东德、保加利亚、奥地利、捷克斯洛伐克、波兰则选择了

---

① B. H. 希钮克夫：《俄罗斯法律体系：通论入门》，萨拉托夫 1994 年版，第 223 页。

② По переписи населения 2002 г. русские составляют 80% жителей страны (Всероссийская перепись населения 2002 г. Сводные итоги. Раздел 4. Национальный состав. Гражданство населения. Публикационная таблица " Национальный состав населения " ( http://www.perepis2002.ru/ct/html/TOM_ 14_ 24_ htm).

③ См.: Декларация о правах и достоинстве X Всемирного Русского Народного Собора от 6 июня 2006 г. ( http://www.patriarchia.ru/db/text/103235.html); Основы учения Русской Православной Церкви о достоинстве, свободе и правах человека, приняты Архиерейским Собором Русской Православной Церкви от 26 июня 2008 г. (http://www.sobor2008.ru/428616/index.htm).

社会主义道路。[1]“二战”刚刚结束，英国、美国等国在《联合国宪章》的倡议中首次提出了“普遍人权”的概念，这突出反映了西方国家希望通过战胜国的权利将自身对人权的认识全面推广到战后国际秩序中的企图。按照《联合国宪章》第55条的规定：“联合国应促进：全体人类之人权及基本自由之普遍尊重与遵守，不分种族、性别、语言、或宗教。”尽管当时苏联并未公开反对此项条款，但是在其政治家们看来，如果联合国为了传播西方文明，而忽略和压制其他文化，如伊斯兰教文化或东正教文化等，那么“不分种族、性别、语言或宗教”就是一种故意的误导，因为没有一种人类文化是脱离了具体的种族、性别、语言或宗教的。同样的道理，人权也是和每一个国家的具体国情紧密相连的，不存在跨越种族、性别、语言或宗教的人权。

苏联的人权观继承了斯拉夫东正教文明和其他东方文明中有关人权、自由的基本观念，并意识到其与西欧、美国在人权认识方面的根本分歧。而西方国家由于缺乏对东方文明的理解，始终都没有意识到（抑或是故意忽略）这种差别。当然个别的西方文化精英也曾经很早就指出了这一点，例如一位著名的英国殖民者说过：“西方是西方，东方是东方，二者从不在一起，也永远不会！”[2] 英国学者霍勒曼对俄美文化的对比分析也具有一定的代表性，他认为“俄国的文化充满了外国军事侵略和占领，而美国是一个由外国征服者构成的民族；在俄国人的意识中笼罩着国家空间被外国侵略者侵入的恐惧，在美国人的意识中笼罩着自己的私有空间被本国政府侵占的恐惧。这些对不公平的不同经历，在很大程度上，说明了不同的正义观：一个主要从集体的角度构思人权，另一个是从个人的角度。”[3] 在漫长的冷战时期，人权理念的对立成为两大阵营意识形态斗争的核心内容。《华沙条约》缔约国在1978年的决议中指出：“人权的旗帜就是社会主义的旗帜”，鲜明地体现出这种意识形态的对立。此时苏联的人权观念与西方人权

---

① Ю. 萨拉马金、M. 卡尔年奇科：《普遍人权？永远忘记它》，《对话》，2002年第6期。

② 同上。

③ 霍勒曼：《西方人权运动中的个人主义》，汪晓丹译，载黄枬森、沈宗灵主编《西方人权学说》（下），四川人民出版社1994年版，第327页。

理念之间呈现水火不容的状态，其间不仅含有阶级斗争的因素，还有国家利益不能共存的内容。独立后的俄罗斯依然坚定地认为，世界上并不存在跨越国界和文明边界的普遍人权，人权的理念总是与特定国家的文化与历史保持着密切的联系。

（二）传统文化和苏联时期的意识仍然对俄罗斯人权观念发挥重要影响

在苏联时期，社会主义意识形态和苏联宪法只提“公民权利”，而“资产阶级人权”遭到强硬的批评，岁数较大的俄罗斯人对此记忆深刻。虽然目前俄罗斯变化了的经济和社会政治取向使公民的意识发生了显著的变化，但是传统的观念依旧在发挥作用。当代俄罗斯人的价值观出现了多元并存的状态：传统的爱国主义、帝国意识和团队精神；苏联的国际主义、全体人民和公共利益优先、对国家保护的依靠；西方后工业社会的个人主义、独立自主、个人隐私、创新、人本主义价值等。因此，现代俄罗斯的大众意识可以称得上是混合的，这影响了俄罗斯人权观念的内涵。研究表明，普通俄罗斯人对于人权观念的显著特点是：（1）对于他们来说，用人权或人权被侵犯来理解生活问题还不是一种常态；（2）在俄罗斯，人权的提法是对违反法律的行为作出的响应，所以保护人权和打击违法违纪行为几乎难以分开，因此不存在法律与人权的差异；（3）对人权的关注是在矛盾尖锐冲突的情况下才出现的，即当人们需要什么而得不到的时候，他们才渴望得到一项规则与权利。换句话说，在俄罗斯，人权被作为一种取得的效果来理解；（4）普通俄罗斯人对于尊重和支持人权规范并没有明确的认识。因此，打击恐怖主义、腐败和犯罪等的措施经常出现相互排斥的现象，有的甚至会导致破坏和限制人权的后果；（5）俄罗斯人的人权观念与国家、爱国观念、宗教信仰和民族感情密不可分。近年来俄罗斯公民对个性化的追求在增加，个人主义、竞争和自主对于俄罗斯年轻人很有吸引力。然而，团结的价值观仍旧是俄罗斯维护国家稳定，巩固社会的思想基础。个人主义的兴起让更多的俄罗斯人担心。俄罗斯集体主义的传统不鼓励个人主义的倾向。它要求，为了共同利益可以牺牲个人。目前在俄罗斯，社会平等的思想依旧高于个人意识。由此可见，旧观念和新价值观在一定程度上引起了俄罗斯民众社会文化心理的分裂。[①]

（三）重视人身安全、财产保护和劳动权利

俄罗斯人最看重的人权是人身安全和财产保护，以及劳动的权利。[②]俄罗斯很多阶层的市民都认为，社会、经济权利比公民权利和政治权利更加重要，更为优先。[③] 这个特点由于俄罗斯多数人口所处的贫穷状态而得以加强。根据俄罗斯社会学家的调查研究，存在很多对待政治和公民权利与自由持冷漠态度的事实。俄罗斯市民常说："我怎么可能是自由的，如果我是一个乞丐的话"，57%的受访者不相信，联合保卫共同利益的行动可以取得有效的成果，[④] 而42%的受访人则认为，用抗议的方式无法解决任何问题。[⑤] 与此同时，一些俄罗斯人也较为重视政治权利和民主理想，超过50%的市民认为，个人可以争取他们的权利，哪怕是违背了国家的利益，另有13%的人认为，个人利益高于国家。[⑥] 他们认识到政治权利和民主的价值，但不认为这是一个必选项。[⑦] 俄罗斯人并没有强烈地"渴望像西方那样的生活"，在国际舞台上公开表达自己对人权的诉求对于俄罗斯人来说，还为时过早。

---

① A. 安德列（A. Андреев）根据俄罗斯科学院社会学研究所若干研究的结论指出："在我们面前有两个俄罗斯：一个是集体的，在自己的面前设立形形色色的共同目标；另一个是专注于个体生存的……在机会平等和收入平等之间作选择的时候，50%的受访者选择了第一种平等，支持收入平等的主要是偏远地方的许多老年人和教育文化水平低的群众……在最近的10年至15年里，尽管俄国社会保持着集体主义国民思潮的基础，但是现在我们国家生活中已经包含了新的一代人，他们对成功人生有着多种不同的看法。"（《俄罗斯报》，2008年3月5日）其他研究也证明了这一结论，请参考 ВЦИОМ 的网站，列瓦达（левад）中心和俄罗斯科学院社会学研究所等。

② 《俄罗斯人权通报》，2005年第20期，第112、118页。

③ A. A. 格尔东：《人的社会经济权利：内涵、特点、对俄罗斯的意义》，《社会科学与现代化》1997年第3期。

④ Золотая середина. Портрет российского среднего класса（http：// www. rg. ru/2007/01/24/sots – portret. html）.

⑤ "列瓦达中心的社会学研究"，《俄罗斯报》2007年1月26日。

⑥ 同上。

⑦ Российская идентичность в социологическом измерении. Аналитический доклад Института социологии РАН, подготовленный в сотрудничестве с Представительством фонда им. Фридриха Эберта в Российской Федерации（http：//www. isras. ru/analytical_ report_ Ident. html）

（四）强调国家对权利的保护义务

俄罗斯公民普遍期待从国家得到对自己个性和利益的尊重，反映出他们在政府面前所处的被动地位。数百年的家长式统治关系使俄罗斯人习惯性地认为，自己的权利就是国家的义务，它应当由国家（主要是政府官员）向他们提供。这导致俄罗斯人缺乏维护自己权利的主动行动，逐步失去了对联合行动能够捍卫自身人权的信心。由于人权被引入俄罗斯社会依靠的主要是政府当局的决定（即从上到下的改革），这强化了民众对政府的依赖。在俄罗斯大众的意识中，个人权利作为国家义务的意识在加强。权利被理解为利益、特权和优惠的情况非常普遍，并且获得它们始终都需要依靠国家。因此，俄罗斯大众的人权观念与国家的社会义务紧密关联，他们习惯性地等待国家的帮助、关怀和保护。人们认为，实施和保护人权是官员的责任，而非公民自己。人权牢固地附着在国家职责上说明了俄罗斯公民人权意识的被动性，也是俄罗斯民众传统的集体主义意识的一种体现。①

① Л. И. 格鲁哈列夫：《俄罗斯日常意识中的人权》，《社会科学与现代化》，2010 年第 4 期。

# 第十三章　中国与发达国家人权发展道路的比较与启示

## 第一节　中国与发达国家人权发展道路的异同

通过分析发达国家的人权发展模式及相关影响因素，会呈现出这样一种规律就是发达国家人权道路的形成与本国的客观历史情况是密不可分的，中国人权发展道路的选择、形成、发展当然也不能脱离中国的历史和国情。中国与发达国家特别是西方人权发展道路的不同主要体现在如下几个方面。

### 一　在人权的主体和权利范围上的渐进扩展与后发普遍性

在人权的主体和权利范围上，发达国家经历了从有限的主体和权利范围逐步发展为普遍的主体和权利范围的过程，具有渐进性的特点。从主体上看，发达国家（英法美）早期的人权制度仅保护拥有一定财产的成年男性的人权。直到 1948 年《世界人权宣言》以前，人权从理论和实践上都不是普遍的，奴隶、妇女、有色人种等都被排斥在人类以外，“人”权仅属于欧洲男性。从权力范围上看，发达国家最初关注的是个人的生命权、自由权、财产权等第一代人权，后来逐步扩大到包括经济、社会和文化权利的第二代人权，以及集体人权为特点的第三代人权。

中国作为后发国家没有经历三代人权发展演变的过程，从引入和确立人权制度伊始，人权的主体和权利范围就是广泛而普遍的，强调人权应当是社会全体成员的权利，人权是一个权利体系，是各类权利的有机统一。

### 二　在人权保障形式上的法律中心主义与行政主导

发达国家在人权保障的形式坚持法律中心主义，以宪法、实体法和程序法作为人权保障的主要形式，将人权保障的范围集中于法定权利。

中国的人权保障形式更加多元，并经历了一个复杂的发展过程。新中国成立至改革开放前，由于计划经济体制和社会的高度行政化，使得行政规范和执政党规范成为人权保障的最主要形式。大部分人权保障文件是执政党和行政机关的法规、规章和其他规范性文件，人权保障的法律规范和社会规范不仅数量少，而且规范的人权保障范围也相当有限。特别是在以政治斗争为中心的“文化大革命”时期，执政党规范成为占主导地位的规范形式。改革开放后，随着以经济建设为中心，人权保障的行政规范、法律规范和社会规范都逐步增加，其中，人权保障的行政规范相比执政党规范增加得更快，成为人权保障更主要的规范形式。20 世纪 90 年代末，中国将中国特色社会主义法律体系建设提到重要的议事日程。2011 年 3 月 10 日，全国人大常委会委员长吴邦国在向十一届全国人大四次会议作全国人大常委会工作报告时宣布，一个以宪法为统帅，以宪法相关法、民法商法等多个法律部门的法律为主干，由法律、行政法规、地方性法规等多个层次的法律规范构成的中国特色社会主义法律体系已经形成。中国特色社会主义法律体系的形成，也标志着人权保障的法律规范成为人权保障规范的主要形式。2014 年 10 月举行的中共十八届四中全会将全面推进依法治国作为研究主题，通过了《中共中央关于全面推进依法治国若干重大问题的决定》[①]，明确指出依法治国是实现国家治理体系和治理能力现代化的必然要求。这意味着法律规范不仅是人权保障的主要规范形式，而且正在成为主导规范形式。需要注意的是，法律规范成为人权保障的主导形式，并不意味着用法律规范完全代替其他规范，而是要在加强人权保障法律规范建设的同时，强化人权法律规范对其他规范的制约，完善法律规范与其他规范之间的联系。[②]

### 三　个人权利与社会义务的不同偏重

人权涉及权利和义务的关系。西方发达国家和中国对人权的解释出自不同的文化传统，导致对权利和义务关系的理解具有不同的偏重。

---

① 《中共中央关于全面推进依法治国若干重大问题的决定》，人民出版社 2014 年版。

② 参见常健：《论中国人权保障的四类规范及其相互关系》，《现代法学》2015 年第 2 期。

西方的人权观念来自于基督教文化，这种文化强调个人在上帝面前的独立人格，强调个人的自由和自主性。而中国是从东方文化传统来理解人权，将人视为处于社会关系中的人，从社会和谐的角度来理解人权的意义，认为人权既包括个人权利，也包括集体权利；个人在享有权利的同时，必须对社会承担相应的义务。如果不能履行相应的义务，享有的权利就应当受到相应的限制。

从历史上看，中西是在不同的历史背景下形成人权意识的，这导致了对人权性质的不同理解。西方国家在近代形成人权意识的过程中，经历了通过扩张和殖民使国家强盛的过程，因此更加强调自由权利。而中国是在受到西方列强侵略、奴役和压迫的历史条件下形成了强烈的人权意识，因此不仅强调个人自由，而且强调个人对国家和民族的义务；不仅强调个人权利的保障，而且深知个人权利的保障是以国家独立和民族解放这样的集体权利实现为条件的。

### 四　在人权发展战略优先性的排序差异

由于中国和西方发达国家的经济发展水平处于不同的历史阶段，导致了在人权发展战略的优先排序上存在明显的差异。

西方发达国家在经济上已经进入发达阶段，中产阶级成为了社会的主体，因此如何满足中产阶级的经济和政治需求，成为西方发达国家人权发展战略的重点，将政治上的普选制度作为人权保障的重要标志。美国拒绝把经济和社会权利作为一种人权，认为福利不能由政府提供，而应根据自由市场的原则加以分配。在美国政府文件以及政府官员的正式发言中，在涉及经济社会文化权利时，不是在权利这两个字上加上引号，就是在前面加上“所谓”两个字。[①] 它至今没有批准已经有 160 个国家加入的《经济、社会及文化权利国际公约》，并曾投票反对《发展权利宣言》。

而中国仍然是发展中国家，经济发展水平还处于较低的水平，只有在保障经济可持续发展的前提下，其他各项人权的保障才会有现实的基础。因此中国将生存权和发展权作为人权发展战略的首要位置，着力保障和改善民生，着力解决人民群众最关心、最直接、最现实的权利和利益问题，

---

① 李云龙：《中美人权观之比较》，《理论视野》2004 年第 5 期。

将广大人民群众的满意程度作为人权保障的重要标志。①

### 五　政府与人权保障关系的不同定位

在人权思想理念的形成与人权法律制度的过程中，西方发达国家强调个人与政府之间的对抗性关系，而中国则将政府视为人权保障的最重要力量，更加强调政府在保障个人权利方面发挥积极作用。

在西方发达国家，由于将人权主要理解为个人权利，是政府不得干涉的消极权利，因此更多地从个人与政府对抗的角度来理解人权的意义。从历史来看，发达国家的人权制度是在与国家（政府）的权力斗争中争取得来的，因此，在人权理念上更多体现对抗性，在人权制度上更加强调对于个人权利的保护和对国家权力的制约与限制。

在中国，人们认为政府不仅应当尊重和保护每个社会成员的人权，而且应当积极提供条件来促进人权的实现。从历史上看，中国人权是在维护国家的集体人权的过程中逐步形成的，因此，不可避免地会在个人的人权和集体人权相统一中尊重和保障人权，更加强调国家主权与人权的统一性。特别是中国作为后发国家，在追赶发达国家和提高人权保障水平的过程中，政府发挥着重要的推动作用。

### 六　非政府组织在人权保护机制中作用的差异

由于政府在人权保障机制中的地位和作用方面的差异，使得非政府组织在人权保障机制中的地位也存在较大差异。

在发达国家，由于人权保障的法律中心主义和对政府职权的严格限制，使得大量的人权保障工作是由非政府组织来承担的，非政府组织在国内人权保障机制中承担着重要的角色。发达国家非政府组织最早可以追溯到18世纪晚期，自20世纪70年代以来，非政府组织在数量、规模和类型等方面数量有了不断的增长，在人权、环境保护等领域都展开了卓有成效的活动。②

在中国，受传统的行政主导的影响，政府在人权保障机制中承担着几

① 参见常健：《中西人权观之差异》，《时事报告》2012年第7期。

② 彭锡华：《非政府组织对国际人权的保护》，《法学》2006年第6期。

乎绝大多数职能，而非政府组织所能发挥的作用极其有限。

### 七 在与国际人权机制互动上的阶段性差异

中国和西方国家在国际舞台上处于不同的地位，导致对国际人权保护方式和权限的不同主张。西方发达国家是世界上的强国，因此在国际人权保护方面主张"人权无国界"，经常以人权为借口干涉其他国家内政。而中国奉行独立自主、不干涉他国内政的外交政策，认为人权主要是一国国内管辖事项，主张通过对话来解决各国在人权问题上的分歧。

在与国际人权机制的关系上，发达国家与国际人权机制存在着积极互动，而中国与国际人权机制的互动呈现出明显的阶段性特征。西方发达国家的人权保障制度建立较早，有着较强的国家实力和意识形态输出的愿望，是国际人权机制的主要倡导者。因此，西方发达国家一方面积极推动国际人权机制的建立，并通过国际人权机制来约束其他国家的人权保障方式；另一方面也受到国际人权机制的制约，并根据国际人权保障机构的要求采取措施改善国内人权保障的方式。

中国在与国际人权机制互动的过程中呈现出明显的阶段性特征。在联合国成立之初，中国积极参与了《世界人权宣言》的起草工作。20 世纪 70 年代末之前，由于西方国家对中国的封锁，中国未能参加联合国的活动，国际人权机制的互动处于较低水平，并未加入核心机制。20 世纪 70 年代末以来，随着中国恢复在联合国的席位以及改革开放，中国逐步建立了与联合国人权机制的关系，加入了一批国际人权公约。特别是进入 21 世纪以来，中国与联合国人权机制的合作不断深化，一方面积极参与国际人权标准的制定工作，在各人权机构中发挥越来越积极的作用；另一方面认真履行公约义务，努力将国际人权公约的规定转化为国内法律。

## 第二节 发达国家人权发展道路对中国的启示

对主要发达国家人权发展道路的研究，能够发现人权发展的一些具有规律性的方面，从而对中国人权发展提供一定的启示。

## 一 各国人权保障模式并不是单一固定的，而是多元和发展的

对主要发达国家的人权发展道路的考察可以看到，这些国家的人权保障并非只有一个模式，彼此之间存在着相当的差异。例如，英国是议会制国家，议会在人权保障过程中发挥着主导性作用；在法国，承担人权保障主要责任的机关是其宪法委员会；在美国，司法审查是人权法治保障的核心机制。与此同时，各国人权保障模式也并非固定的，而是根据现实的需要不断作出调整和改变。

因此，对中国人权发展道路来说，并没有一个绝对完美的外国模式可以模仿和参照。应当在学习、消化和吸取其他国家人权保障模式的经验和教训的基础上，根据中国的具体国情选择适合自身的人权发展道路和模式，并根据实际运行的状况和现实的需要不断进行调整。

在促进中国人权事业发展的过程中，应特别注意汲取中华民族文化中能够滋养人权生长和发展的丰富养分。对主要发达国家人权思想和人权道路的研究显示，各国人权思想的萌芽、发展扎根于本国特定的宗教和文化习俗的土壤之中的。中华民族几千年历史发展的文化长河中，也存在着大量有待后人挖掘和利用的有利于人权文化发展的资源，如古代“君轻民重”的民本思想，“礼法结合”的法治思想，“先义后利”的价值观念，“以和为贵”的中和思想，“天下为公”的大同思想；先秦时期孔子的“仁爱”思想，墨子的“兼爱”思想，孟子的“民为贵”思想，荀子的“制天命”思想，韩非的“明法”思想；汉朝至清朝人本主义时期董仲舒“天人感应”观，黄宗羲的“天下为主君为客”思想，王夫之的“天下为公”思想，唐甄的“天赋平等”思想，等等。这些思想虽然与现代意义上的人权观念有一定差异，但却是孕育中国传统人权精神的深厚土壤和思想源流。

## 二 人权发展具有一定的历史阶段性

主要发达国家人权发展历史表明，人权发展具有一定的阶段性，而这种阶段性与市场经济的发展有着密切的关联。正是随着市场经济的萌发，使得西方国家产生了争取经济自由的抗争；正是市场经济发展产生的劳资矛盾，使得西方国家出现了争取经济和社会权利的运动；正是市场经济导

致的环境污染，导致了发达国家争取环境权利保障的运动。市场经济一方面提出了人权保障的需求，要求对劳工、妇女、儿童、残疾人、老年人等特定群体的权利予以保障；另一方面也为人权保障提供了适宜的环境，因为市场经济是平等经济和竞争经济，有利于实现平等的人权，反对任何社会特权。正是在这个意义上，可以说人权意识是市场经济的意识形态。[①]

对中国的人权发展来说，人权保障虽然不像西方发达国家在几百年的人权渐进发展中呈现明显的阶段性，而是表现为后发的普遍性，但仍然会以压缩的方式呈现出一定的阶段性。随着社会主义市场经济体制的建立、发展和完善，人权保障的需求在各个阶段也会出现不同的偏重，人权保障的条件也会有所不同。因此，应当注意根据市场经济的不同发展阶段，根据人权保障的不同需求和条件，适时调整人权发展战略的优先排序和保障范围与水平。

### 三 人权保障需要加强人权法律体系的建设

尽管各主要发达国家人权发展道路和保障模式各有不同，但也有一些共同性的方面，其中最重要的一点就是人权保障需要加强法治化建设。尽管各国的人权保障法治体系有所不同，但强调通过建立相应的法律来保障人权却是共同的。人权保障的法律中心主义虽然有其局限性，但人权离开了法律保障便失去了规定的确定性、严格性和一贯性。

如前所述，中国在特殊的历史发展背景下形成了以党和行政规范为主导的人权保障体系。近些年来政府不断加大人权法律保障的力度，制定、颁布和实施了一系列人权保障法律法规，但总体来看，人权的法律保障仍有许多尚待弥补之处，需要进一步加强人权的法律体系的建设。

加强人权法律体系建设并不是完全照搬西方的法律中心主义，而是要将人权保障的法律规范和行政规范相结合，发挥各自的长处和优势，形成优势互补。同时，用法律规范来制约行政规范，要求行政规范遵循法律规范，防止相互之间的不一致导致的问题。

同时，在人权法律体系的建设中，要确立和强化宪法的权威性。在宪法中要明确人权保障的基本原则，并明确规定要保障的各项人权。同时，

---

① 参见常健：《权利意识是市场经济社会的意识形态》，《理论与现代化》1997 年第 4 期。

要求所有其他法律必须严格遵循保障人权的宪法原则，严格审查和清除违背人权宪法原则的法律法规，使整个人权法律体系保持严格的一致性。对中国目前的人权法律体系建设来说，建立严格的违宪审查机制是确保宪法权威性和法律体系一贯性的当务之急。

## 四　人权保障需要严格的执法检查

从各发达国家人权保障的经验和教训中可以看到，仅仅强化人权的法律建设，而缺乏严格的执法检查，不仅不能保障人权保障法律的有效实施，而且会损害法律的权威性，并由于法律建立的期望与实际执行的过大落差而导致民众的严重不满和反叛。

如前所述，自改革开放以来，中国制定了大量的人权保障法律，初步形成了人权保障的法律体系，但在法律的执行方面还缺乏严格的检查机制，使得许多人权保障法律未能得到严格的执行。因此，需要建立适合中国国情的人权执法检查机制，包括建立专门的人权保障机构来监督和检查人权法律的执行情况，实现有法必行、违法必纠，使人权保障法律真正得到有效执行。

## 五　人权保障需要加强司法救济

无救济则无权利。发达国家普遍建立了相对完整的人权司法救济渠道和救济程序，使权利受到侵犯的人能够寻求并得到有效的救济，使侵权者受到法律约束和惩罚。这对于法定权利的维护具有特别重要的意义。

中国正在根据中共十八大及三中、四中全会的精神进行司法体制改革，建立畅通、公正的司法保障体制，这将进一步改善人权的司法救济。在司法体制改革中，可以借鉴发达国家在人权司法救济方面的一些有益的经验，吸取其曾经的教训，使中国的司法体制切实发挥人权救济和保障的功能。

在推进人权司法改革的过程中，要注意通过具有人权保障意义的关键性案例推进人权司法救济体制和程序的改善。在发达国家，一些重要的判例对人权司法保障产生了深远的影响。如1803年美国最高法院大法官马歇尔（John Marshall）通过对马伯里诉麦迪逊一案的判决，开创了司法审查制度的先河。中国也曾通过佘祥林案的改判引发健全错案责任和司法救济制度的思考，通过2003年的孙志刚案促进收容遣送制度的废止，通过2010年的赵作海案推动刑事诉讼制度中“非法证据排除规则”的健全和完善，通过三聚氰胺案催促食品安全法的出台，等等。这些关键性的司法性案例都成为推进人权司法保障的重要契机。

## 六　人权保障需要人权理念的传播和普及

发达国家人权发展的历程表明，人权保障不仅需要人权立法、执法和司法，而且需要全民遵守人权保障的法律，自觉履行尊重和保障人权的义务。这需要开展广泛的人权教育、培训和知识普及。发达国家在人权发展的历史上十分重视人权教育理念的传播及普及，例如英美等国的人权教育与公民教育是同时推进的，他们一般会通过开设专门的人权课程或者通过综合性的社会科学课程作为人权教育的渠道，促进人权理念的普及。同时，在对公务人员的培训手册中加入了尊重和保护人权的要求。

改革开放以来，特别是自20世纪90年代以来，中国不断加强了人权教育、培训和知识普及工作，在中小学课程中安排了有关儿童权利保障的内容，在大学开设了各种人权公选课和专业，对公务人员开展人权知识培训，并根据国家人权行动计划建立了两批共8个国家人权教育和培训基地。中共十八届四中全会作出的《关于全面推进依法治国若干重大问题的决定》对人权教育提出了新的要求，要“增强全社会尊重和保障人权意识”。根据这一要求，需要采取有效的形式和途径，对全社会开展人权知识普及，特别要加强对青少年的人权教育和对基层公务人员的人权培训，提高人权教育和培训的实效。

## 七　促进人权保障需要发挥社会组织的合力

在发达国家中，非政府组织是促进人权保障的重要力量，承担着保障人权的许多具体和实际的工作。政府通过与非政府组织的合作，有效利用了非政府组织的优势，弥补了政府在人权保障方面的短板和不足。

在中国，政府承担了人权保障的绝大部分工作，而各种社会组织在人权保障方面的潜能有待挖掘和利用。近些年来，全国各地出现了大量民间的人权研究中心、法律援助中心、志愿者团体和公益慈善组织，政府意识到社会组织在促进人权保障方面的重要作用，不断加强与各种与社会组织的合作，共同促进人权事业发展和人权保障水平的提升。为了更好地利用社会组织在人权保障方面的潜力，政府需要进一步转变职能，将一些可以由社会组织承担的人权保障工作交由社会组织来完成，同时对社会组织提供必要的支持，并对其履行的人权保障职责予以监督。

## 八　中国应当以更积极地参与国际人权机制的建设和工作

发达国家通过积极参与国际人权机制的建设和工作，使自身人权保障制度为国际社会所认可，并转化为国际人权标准，从而形成了国内人权保障与国际人权保障要求之间的良性互动。

中国由于特定的历史原因，参与国际人权机制相对较晚，并且由于自身实力的不足在国际人权舞台上缺乏足够的话语权。近些年来，随着国内人权事业的快速发展和国家实力的不断增强，越来越积极地参与国际人权机制的建设，在国际人权领域发出自己的声音。为了实现与国际人权机制的良性互动，中国需要采取更积极的措施，更深程度地参与国际人权事务，主动参与国际人权观念的塑造、国际人权机制建设和国际人权规则的制定，以国际社会容易接受的方式表达中国的人权主张，介绍中国人权发展道路和成就，用中国人的智慧解决世界普遍存在的人权难题，用中国文化的理解和解读丰富“国际人权”概念的内涵，使国际人权机制更充分地反映中国人权保障的经验。

中国作为国际人权机制的成员，要严格遵守国际人权法的基本准则和基本精神，积极履行相应的国际人权义务。但同时应当看到，在履行国际人权义务方面，《国际人权法》和人权条约都会给予成员国决定权，即决定如何履行相应的义务，任何一个国家在加入《人权公约》的同时都不希望牺牲掉自己文化和人权价值观念，所以中国在与国际人权机制互动的过程中要处理好国际人权机制与本土文化多样性的关系。[①]

① Tom Zwart, Using Local Culture to Further the Implementation of International Human Rights: The Receptor Approach, *Human Rights Quarterly* , The Johns Hopkins University Press , 2012 (34), pp. 546 – 569.

# 第五编　中国与其他发展中国家人权发展道路的比较研究

# 第十四章　发展中国家的人权发展道路和特点

发展中国家是一个庞大的国家和地区群体，它是在地理大发现和随后的殖民扩张过程中逐步形成的，是从属于西方工业世界的广大农业世界，是在经济、政治、思想意识等方面依附于发达的“中心”国家的那些“外围”国家和地区。因此，发展中国家实际上是一个历史概念，它的成员实际上是处于不停变化中的，今天的发达国家，过去某个时期以前可能就是发展中国家。从地理区域上看，发展中国家主要分布于亚洲、非洲、拉丁美洲、大洋洲①。从人权思想和实践的角度看，发展中国家一方面在人权主体、人权保护的内容方面具有共同的认识；另一方面则因政治制度、经济发展水平、历史文化背景的不同而形成了不同的人权发展道路。

## 第一节　发展中国家与人权新概念

随着时代的前进和世界经济与政治形势的发展变化，特别是战后非殖民化运动的深入开展和第三世界国家的国际政治地位的不断提高，以及社会主义国家不懈的努力，人权概念的内涵与外延都获得了进一步扩展，人权问题获得了更加广泛的发展。具体说来，战后国际社会逐步出现和发展了以下几种新的人权概念。

1. 生存权

生存权是一项基本的和首要的人权。从作为国际法一个分支的国际人权法的角度来说，生存权主要是指人民的、民族的和个人的为维持其生

---

① 事实上，在东欧剧变和苏联解体之后，一些所谓的转轨国家往往也被列入发展中国家的行列，但由于篇幅所限，本编主要还是以研究亚非拉地区的发展中国家为主。

命、生活、人身安全和繁衍所必要的条件得到保障而不受非法剥夺的权利。但从国际法的整体上讲，它还包括了国家的生存权。因此，生存权既是一项集体人权，又是一项个人人权。尽管人的生存问题与人类相伴而生的，但是真正对生存权的重视和发展还是在联合国成立以后。联合国大会在 1948 年通过的《世界人权宣言》与 1966 年通过的《公民权利和政治权利国际公约》和《经济、社会及文化权利国际公约》都明确地规定了保障人的生命权和人身自由与人身安全，以及保障生存条件的经济、社会和文化权利。特别是 1966 年的人权两公约还在共同的第 1 条第二款规定："所有人民得为他们自己的目的的自由处置他们的天然财富和资源，而不损害根据基于互利原则的国际经济合作和国际法而产生的任何义务。在任何情况下不得剥夺一个人民自己的生存手段。"① 而 1981 年通过的《非洲人权和民族权宪章》更是在第 20 条第一款专门规定："一切民族均拥有生存权。"② 而对于生存权的重要性，中国政府在 1991 年 11 月公布的《中国的人权状况》中言简意赅地作了说明："对于一个国家和民族来说，人权首先是人民的生存权。没有生存权，其他一切人权均无从谈起。"③

2. 和平权

所谓和平权是针对战争对生存权的践踏而提出来的，它是指人民享有能够不在战争和武装冲突下生活，不受战争和武装冲突之害而过平静生活的权利。《联合国宪章》就规定其根本宗旨是"维持国际和平及安全"，这是人民享有和平权的基本法律依据。有些宣言和决议都确认国际和平与安全是实现人权的根本条件。不过，将和平作为一项权利而加以规定和保护，则是从 1978 年 12 月 15 日联合国大会通过的《为各社会共享和平生活做好准备的宣言》开始的。该宣言规定："重申个人、国家和全人类享有和平生活的权利。"④ 1984 年 11 月 12 日，联合国大会又通过了《人民享有和平权利宣言》，提出"没有战争的生活，是促进各国物质福利、发

---

① 董云虎、刘武萍编著：《世界人权约法总览》，四川人民出版社 1990 年版，第 965—972 页。

② 同上书，第 1085 页。

③ 《中国的人权状况》，收录于佟唯真编：《中国人权白皮书总览》，新华出版社 1998 年版，第 3 页。

④ 董云虎、刘武萍编著：《世界人权约法总览》，四川人民出版社 1990 年版，第 1390 页。

展和进步，并充分实现联合国宣布的各种权利和人类基本自由的首要先决条件”，并“庄严宣布全球人民均享有和平的神圣权利”，“庄严宣告维护各国人民享有和平的权利和促进实现这种权利是每个国家的根本义务”。[①]这样，和平权就成为了一项基本的人权，它是实现生存权的首要条件。

3. 自决权

民族自决权是指处于外国殖民统治、外国占领或外国奴役下的人民，享有自己决定自己命运和政治地位直至取得民族独立，建立民族国家的权利。其法律依据主要是《联合国宪章》和其他相关的国际法文件。《联合国宪章》的第 1 条第 2 项就提出要“发展国际间以尊重人民平等权利及自决原则为根据之友好关系”。1952 年 12 月 16 日，联合国大会通过了《关于人民与民族的自决权的决议》，确认所有“人民与民族应先享有自决权，然后才能保证充分享有一切基本人权”。[②] 1960 年，联合国大会通过《给予殖民地国家和人民独立宣言》，其中宣布“使人民受外国的征服、统治和剥削这一情况，否认了基本人权，违反了联合国宪章，并妨碍了增进世界的和平与合作”，“所有人民都有自决权；依据这个权利，他们自由地决定他们的政治地位，自由地发展他们的经济、社会和文化”。[③] 1966 年通过的《公民权利和政治权利国际公约》和《经济、社会及文化权利国际公约》也对“自决权”作出了规定。1970 年 10 月 24 日，联合国大会又通过了《关于各国按照联合国宪章建立友好关系及合作之国际法原则宣言》，明确宣布自决权是国际法的基本原则之一。1974 年 12 月 12 日联合国大会通过的《各国经济权利义务宪章》则将各民族自决权规定为国际经济关系的基本准则之一。这样，自决权就被世界上的绝大多数国家接受为一项重要的人权。但是，在西方发达国家与发展中国家之间，围绕民族自决权的具体含义和适用范围的问题，存在着很大的分歧，某些西方国家甚至打着“民族自决”的旗号，制造民族矛盾，分裂别国的国家主权，这种行为显然是对“民族自决权”的歪曲。对此，1993 年 7 月通过的《维也纳宣言和行动纲领》明确地宣布：“根据 1970 年的《关于

---

① 董云虎、刘武萍编著：《世界人权约法总览》，四川人民出版社 1990 年版，第 1385 页。

② 同上书，第 1345 页。

③ 同上书，第 1348 页。

各国依联合国宪章建立友好关系和合作的国际法原则宣言》，（民族自决权）不得被解释为授权或鼓励采取任何行动去全面或局部地解散或侵犯主权和独立国家的领土完整或政治一统。”①

4. 发展权

“发展权”概念是广大的发展中国家在争取建立国际经济新秩序斗争中提出的一个新的人权概念，它是指各个国家，以及各国人民、各民族和个人享有的、主要由各国单独和集体采取措施促成实现的各项经济、社会、文化、政治和公民权利的综合性权利，它既是一项个人人权，也是一项集体人权。② 发展权概念最早是由非洲国家提出来的，1969 年，阿尔及利亚正义与和平委员会发表了一份《不发达国家发展权利》的报告，首次提出“发展权利”这一概念。1970 年，塞内加尔最高法院院长凯巴·巴耶在斯特拉斯堡国际人权研究所的演说中第一次提出了“发展权”的概念。他说：“发展权是一项人权，因为人类没有发展就不能生存。”③ 1977 年，联合国人权委员会第 33 届会议通过决议，要求有关机构“在国际合作的基础上，将发展权作为一项人权，与其他各项人权，包括和平权结合起来”。④ 1979 年 11 月 23 日，联合国大会通过了《关于发展权的决议》，“强调发展权利是一项人权，平等的发展机会既是各个国家的特权，也是各个国内个人的特权”。⑤ 1981 年，经联合国经济及社会理事会的授权，联合国人权委员会设立了一个由 15 国政府专家组成的工作组，负责开展研究发展权的范围和内容，特别注意发展中国家在努力实现人权中遇到的各种障碍。随后，该工作组展开了起草《发展权利宣言》的工作。

---

① 转引自富学哲著：《从国际法上看人权》，新华出版社 1998 年版，第 163—164 页。

② 参见董国辉：《发展权概念的经济理论渊源》，《南开学报》，2014 年第 5 期，第 30 页。

③ 转引自米兰·布拉伊奇著：《国际发展法原则》，中国对外翻译出版公司 1989 年版，第 364 页。不过，学者 U. O. 乌姆祖里克认为“发展权”的概念最早可以追溯到 1944 年国际劳工组织发布的《费城宣言》，该宣言提出“所有人都拥有在自由、尊严、经济安全和机会均等的条件下追求物质快乐和精神发展的权利。”由此他认为发展权是从面临严重发展问题的殖民地的自决权发展演变而来的。参阅 U. O. 乌姆祖里克，《人权与发展》，《国际社会科学杂志》（中文版），第 16 卷第 4 期（1999 年 11 月），第 76 页。

④ 转引自富学哲著：《从国际法上看人权》，第 108 页。著名人权问题专家卡列尔·德韦斯梅达对该决议给予了很高的评价，他说：“这个决议实际上第一次承认发展权是一项人权，它也发动了联合国一系列的活动。”参见布拉伊奇著：《国际发展法原则》，第 365 页。

⑤ 董云虎、刘武萍编著：《世界人权约法总览》，四川人民出版社 1990 年版，第 1363 页。

1986 年 8 月，国际法协会在汉城召开了第 62 届大会，一致通过了《有关新的国际经济秩序的国际公法原则的逐渐发展宣言》（简称《汉城宣言》）。该宣言将发展权作为有关新的国际经济秩序的国际公法原则之一，并认为，发展权是国际公法的一般原则，尤其是人权法的原则，其基础是人民自决权。同年 12 月 4 日，第 41 届联合国大会通过《发展权利宣言》，就发展权的含义作出系统而又全面的阐述，再次重申"发展权利是一项不可剥夺的人权，由于这种权利，每个人和所有各国人民均有权参与、促进并享受经济、社会、文化和政治发展，在这种发展中，所有人权和基本自由都能获得充分实现"①。从此以后，除了美国等少数西方国家以外，发展权的概念已经获得了国际社会的广泛认同，成为战后人权概念发展的一个重要成就。

5. 平等权

从国际人权法的角度说，平等权就是指个人和由个人组成的群体所享有的在政治、经济、社会和法律地位等方面受到公平待遇而不受歧视的权利。"平等"概念的出现最早可以追溯到古希腊时期的亚里士多德，近代意义上的平等则是随着资本主义生产关系的逐步形成和民族国家的出现而产生的，它是在资产阶级革命过程中提出来的一个政治口号。只是到第二次世界大战以后，随着《联合国宪章》和其他有关国际法文件的制定，平等权才开始摆脱其政治口号性而成为一项基本人权。平等权作为一项基本人权主要包括不歧视原则、权利与义务相统一的原则、权利主体的平等、具体权利的平等、国家对实现平等权所承担的义务和违反平等权的惩治等方面的内容。当前，发达国家与发展中国家之间围绕平等权的问题还存在很大的分歧，前者强调政治平等权，强调多党制和自由选举；而后者认为经济、社会和文化权利方面的平等应当与政治上的平等权处于同样重要的地位，更多地强调集体平等权，特别是种族平等、男女平等和少数人的平等。

6. 环境权

所谓的环境权，是指各个国家、民族和个人享有的、在健康的环境中生活的权利，以及保护和改善人类环境的义务，它是一种权利与义务结合

① 董云虎、刘武萍编著：《世界人权约法总览》，四川人民出版社 1990 年版，第 1365 页。

得极为紧密的基本人权。环境权作为一项人权而开始受到保护，其主要的国际法依据是1972年6月26日在瑞典首都斯德哥尔摩举行的联合国人类环境会议所通过的《人类环境宣言》。该《宣言》规定："人类有权在一种能够过尊严和福利生活的环境中，享有自由、平等和充足的生活条件和基本权利，并且负有保护和改善这一代和将来世世代代的环境的庄严责任。"[①] 1992年6月，在巴西里约热内卢召开了联合国环境与发展大会，通过了《关于环境与发展的里约热内卢宣言》和《21世纪议程》，重申了《人类环境宣言》，并"试图在其基础上再推进一步"，提出了关于环境与发展问题的27项原则，其中第1项原则指出："人类处于普受关注的可持续发展问题的中心。他们应享有以与自然相和谐的方式过健康而富有生产成果的生活的权利。"[②] 不过，环境权是否已成为一项基本人权，国际社会仍然存在很大的分歧。

7. 共同继承财产权

所谓的共同继承财产权，是指整个人类社会享有的对人类共同拥有的财产，即对"人类公有物"进行平等利用的权利，以及保护这些共同财产的义务，它作为一项人权，目前只是得到某些发展中国家的承认。最早提出"人类共同继承财产"概念的是阿根廷人阿尔多·阿曼多·科卡，他于1967年6月在联合国外层空间委员会上使用了这一提法。这项人权的主要法律依据包括：《关于各国管辖范围以外海床、洋底及其底土的原则宣言》、《国际海洋法公约》、《各国探索与利用外层空间活动的法律原则宣言》、《关于各国探索和利用包括月球和其他天体在内外层空间活动的原则条约》和《保护世界文化和自然遗产公约》等。这些国际法文件，国家管辖权范围以外的深海海底及其自然资源以及外空、空间天体、南极大陆等均属于全人类，为人类共同继承财产，任何国家不得据为己有，而必须为全人类的和平与发展谋福利。

① 董云虎、刘武萍编著：《世界人权约法总览》，四川人民出版社1990年版，第1404页。

② 《关于环境与发展的里约宣言》，收录于戚孟道编著：《国际环境法概论》，中国环境科学出版社1994年版，第238页之"附录二"。

## 第二节　对战后人权概念发展的不同理解

正是对战后人权概念发展的不同理解，许多学者从不同的角度来划分人权概念发展的历史阶段。这里主要介绍以下几种划分方法：

第一种划分方法是由中国学者沈宗灵和黄枬森提出的，他们说："西方人权学说，从总的来说，是以唯心史观为思想基础的。就第二次世界大战以前的人权学说而论，主要是自然法和功利主义两种思想。战后西方人权学说的思想基础，除了继承和改造战前的自然法学和功利主义思想外，还增加了从自然法思想演变而来的抽象的正义论和人本主义。"①

第二种划分方法即所谓的"三代"人权说。法国法学家、联合国人权与和平司干事卡雷尔·瓦萨卡在1977年11月号的联合国经济和社会理事会刊物《信使》上发表的《三十年的斗争：为赋予〈世界人权宣言〉以法律效力而斗争》一文中，首次提出了所谓的"三代"人权的理论。后来，美国学者斯蒂芬·马克斯在《正在出现的人权：20世纪80年代的新一代人权》一文中，系统地提出了划分"三代"人权的观点。他认为，第一代人权受到法国资产阶级革命和美国独立战争的影响，其特征是需要国家的消极或弃权行为来保障个人的权利，属于"消极权利"；第二代人权是在19世纪末至20世纪初反抗压迫和剥削的社会主义运动中产生的，它的特征是要求国家或政府采取积极的干预措施来寻求权利的实现，属于"积极权利"，即通常所指的"经济、社会和文化权利"；第三代人权的产生与第二次世界大战后反对殖民主义压迫的非殖民化运动有着密切的联系，它使人权的焦点从个人转移到广泛的社会领域，是涉及到人类生存条件的集体"连带关系权利"，诸如和平权，发展权，卫生环境权和人类共同遗产权，等等。② 有学者对第三代人权的实质进行评价说："在某种程度上，这是通过把个人带回到他所从属的社会，而使人权社会化。"③

---

① 沈宗灵、黄枬森：《西方人权学说》（下），四川人民出版社1994年版，第5—6页。

② Stephen P. Marks, "Emerging human Rights: A New Generation for the 1980s?", Richard Falk, et al., eds., *International Law: A Contemporary Perspective.* Boulder: Westview Press, 1985, pp. 501 – 514.

③ Chris Maina Peter, *Human Rights in Africa.* New York: Greenwood Press, 1990, p. 53.

第三种划分方法是由中国学者宋惠昌提出来的。他的《现代人权论》一书中对马克斯的“三代”人权的划分方法进行了客观的评价，在承认了这种划分方法是“有价值的”和“有一定道理的”同时，对马克斯的划分方法进行了批判。他说：“把社会主义人权归之于第二代人权，似乎在现代社会中社会主义人权已经过时，这显然是不符合实际的了。”因此，在考虑了这种因素后，宋惠昌将“人权”概念的发展分成两个阶段：“资产阶级启蒙时代形成的，直到本世纪20年代还占主导地位的人权观”为第一阶段的“近代人权观”；“而自本世纪20年代以后特别是第二次世界大战以来，当前大多数国家、地区关于人权的共识”为第二阶段的“现代人权观”。①

第四种划分方法是由瑞士法学家和汉学家胜雅律提出的。1992年4月，他在北京大学举行的国际比较法学会议上提交了一篇题为《从有限的人权概念到普遍的人权概念：人权的两个阶段》的学术论文，指出：“‘人权’这个词有两个组成部分：‘人’和‘权利’。然而，大多数西方人对人权历史发展的解说，仅仅强调其中一个成分，即‘权利’历史发展的条件和过程。对于另一个成分，‘人’，大多数作者想当然地认为，‘人’总是‘当然地’包括人类大家庭的所有成员。”他认为：“法国法学家卡雷尔·瓦萨卡提出的人权的‘三代’理论是西方偏重‘权利’历史发展的一个例证。”因此，他提出，“本文着力于‘人权’一词中‘人’这一成分的发展。我建议以‘人权的两个阶段’理论补充‘人权的三代’理论。两个阶段的转折点是联合国的《世界人权宣言》（1948年12月10日）。从这个宣言以来，人权——从理论上讲——才是‘普遍的’。该宣言以前，按照《世界人权宣言》标题的逻辑，人权——从理论上讲——则是非普遍的。‘非普遍的’就意味着1948年以前的人权和自由是随人种、肤色等方面的不同而有区别的。”②

很显然，尽管上述划分方法对人权概念的考察角度是不尽相同的，但是它们都不约而同地将第二次世界大战作为了人权概念发展史上的一个分水岭，都认为从此以后，人权概念获得了新的发展，在某些方面甚至出现

① 宋惠昌著：《现代人权论》，人民出版社1993年版，第52—53页。

② 沈宗灵、黄枬森：《西方人权学说》（下），四川人民出版社1994年版，第250—254页。

了质的变化。综合看来，人权概念在战后出现了以下几个方面的新发展：

第一，权利主体的内涵得到扩大，即由强调权利主体的个体性逐步向集体性发展。一般说来，在第二次世界大战以前的思想家们提出人权理论时，往往都着眼于个人的自由和政治权利，常常把人权作为个人权利与国家、政府等权利主体对立起来。也就是说，他们的人权理论把个人当作权利主体，强调的是个人人权。战后，国际社会在继续承认和维护个人人权的同时，还相继提出了民族自决权、生存权、发展权、环境权等一系列集体人权，将人权理论的权利主体进一步扩大到包括国家、民族等集体性对象。

第二，权利的范围和外延逐步扩大。第二次世界大战以后，“人权”概念的涉及范围和领域大大地拓宽了。在《世界人权宣言》诞生以后，联合国又通过了《公民权利和政治权利国际公约》、《经济、社会及文化权利国际公约》以及其他各种内容的人权公约和文件。不仅继续强调公民权利和政治权利是人权的基本要素，而且还增加了经济、社会、文化权利的内容，扩展出民族自决权、发展权、环境权、和平权等一系列新的“人权”概念，大大地拓宽了人权所涵盖的领域，使人权的外延得到进一步的扩大。

第三，人权的权利要素正处在不断发展和丰富的过程中。随着世界政治、经济、文化的迅速发展，人们是思想观念也不断发生着深刻的变化，人们的主体认识不断增强，因而对权利的追求领域也在不断扩大。这样，就必然使作为人权的权利要素不断得到丰富、更新、充实和发展。在这方面，国际人权理论的日益成熟就是一个重要的标志。国际人权与国际法是密切联系着的，国际法是近代国际关系发展的产物，随着国际关系的不断发展，国际政治生活的内容不断丰富，国际法的领域也在不断扩大。因而与国际新规则密切联系的国际人权要素也就会不断产生，并使已有的国际人权观念得到不断的充实和更新。

## 第三节　发展中国家人权发展道路的特点

在战后“人权”概念的上述发展过程中，明显地存在着一个引起世人十分关注的重要问题，即以美国为首的发达国家与发展中国家之间在人权观念上的对立。美国等西方发达国家置国际社会的现实和世界多数国家人民的愿望于不顾，在生存权、发展权、民族自决权、共同继承财产权等一些新的“人权”概念上，几乎都持有反对意见。更为严重的是，美国等发达国家无视“人权”概念在战后数十年的发展，死抱着它那已经远远落后于世界人权发展趋势的“人权”旧概念，以其相对狭隘的“人权”概念来衡量世界各国的人权状况，推行所谓的人权外交。这样，在战后的国际人权运动中和人权发展道路上，就出现了两股不同的潮流：一股潮流是世界上的绝大多数国家参与和支持的人权的国际保护运动，并在这场运动中诞生了上述新的人权概念；另一股潮流则是以美国为代表的少数国家以狭隘的人权标准来推行所谓的人权外交，时常以人权为借口严重地干涉他国的内政和侵犯别国的国家主权。也正是在这两种不同潮流的激烈对抗中，发展中国家形成了一种较为统一的人权思想和实践，抑或是人权发展模式。在不考虑发展中国家之间巨大差异性的情况下，发展中国家的这种人权发展道路具有以下几个方面的特点。

第一，在人权主体上，发展中国家强调，人权主体不仅是个人，还包括集体的人，如国家、民族等。因此，发展中国家普遍认为，人权应该包括个人人权和集体人权。个人人权与集体人权是依照人权主体的不同而对人权所做的一种分类。个人人权是基于个人基础上的，任何一个个人都应享有的人权，其权利主体是个人。集体人权是相对于个人人权而言的某一类人所应享有的人权，其权利主体是某一类特殊社会群体，或某一民族，或某一国家，或某一特定群体。至于个人人权与集体人权之间的关系，发展中国家普遍强调，个人是集体的一部分，个人的权利同他所在的集体的权利是紧密联系在一起的，二者不可分割。个人人权是集体人权的基础，集体人权是个人人权的保障。对于广大发展中国家来说，离开国家独立与民族的发展，个人人权是没有保障的。正是在这种意义上，发展中国家成为战后人权新概念的忠实拥护者和践行者。

第二，在人权内容的理解上，发展中国家主张，经济、社会和文化权利同公民和政治权利一样是人权不可分割的一部分，是人权保障的两个重要方面，应予以同样的重视。发展中国家普遍认为，如果不对经济、社会、文化权利予以保障，则人权就是不全面的，真正的人权保障将难以实现。而且，公民权利和政治权利是公民享有人权尊严以及人权的集中体现和基本政治保证，经济、社会和文化权利则是公民享有公民权利和政治权利的基础条件，二者之间并不矛盾。

第三，发展中国家强调，国家和政府在推进人权保障事业中应该发挥积极作用。根据西方发达国家的传统人权观点，人权从根本上说是属于个人的范畴，是一种消极的权利，国家和政府除了确立保障个人民主、自由和权利的原则和制度以外，不应在其中发挥积极的作用。绝大部分发展中国家则强调，人权不仅包含消极的个人权利，还包括积极的经济、社会和文化权利，乃至生存权、发展权、和平权等集体人权，国家或政府必须在保障人权方面发挥积极的主导作用。

# 第十五章　各发展中国家人权发展道路的异同

发展中国家之间在政治制度、经济发展水平、人口规模、国土幅员、历史文化等方面又具有非常大的差异，从而在人权发展道路上也是迥然相异。从区域划分的角度来看，亚洲、非洲和拉丁美洲国家一方面在强调生存权、和平权、发展权、自决权、环境权等集体人权方面，表达了共同的人权思想，推行了相似的人权实践；另一方面，亚洲、非洲和拉丁美洲国家之间在人权思想和人权发展道路上也体现出一些区域特点。①

## 第一节　亚洲国家人权发展道路的特点

亚洲地区的国家众多，民族文化多样性非常突出，对人权的认识和实践存在明显的差异，东亚地区以儒家文化为核心，其人权思想和实践就带有浓厚的儒家文化的烙印。诚如中国学者李世安所说：“儒家学说是关于人伦和道德的学问。儒家文化强调人与人之间的关系，其世界观是人文主义的。儒家还强调天与人的关系，其宇宙观是‘天人合一’。儒家很少直接谈论人权，但是儒家通过谈论人伦和道德问题，谈论人与社会的关系，以及谈论天人关系。表达出了许多人权观点，由于儒家的人权思想是包含在道德问题中，因此需要从对道德的分析入手，来揭示儒家文化中包含的人权思想。儒家宣扬人性、仁爱、至诚、民本、仁政、中庸、和为贵、以及天人合一等思想。在这些思想中，包含着积极的人权思想。”② 首先，

---

① 本节内容参考了房广顺《亚非拉发展中国家的人权思想及其特点》，《辽宁大学学报》2001 年第 1 期。

② 李世安：《论儒家文化中的人权思想》，http：//www. chinakongzi. org/rjwh/lzxd/200707/t20070724_ 2363384. htm。

儒家学说以人为本，其核心就是对“仁爱”观念的强调。孔子和孟子都认为“仁者，人也”，也就是说，人之所以为人，是因为人有道德，而人的道德表观就是“仁”。从“仁爱”的根本出发，要尊重他人，被尊重的“人”，就享有被爱的权利；把他人视为同胞，要“己所不欲，勿施于人”，就要在一定程度上尊重他人，这实际上是一种人权思想。其次，儒家提倡“民本主义”，要求统治者施仁政。这就是要求给予人民一定的民主权利。孟子曰：“君行仁政，斯民亲其上，死其长也。”儒家强调：“民为邦本，本固帮守”、“民为贵，社稷次之，君为轻”等。儒家甚至提出“民之所欲，天必从之”的思想。这句话的意思是说，人民不满意暴君，就可以撤换他们；上天必然会顺从民意，允许这样做。这表明儒家的民本主义思想中，包含着深刻的人权思想。再次，儒家学说中还包含了一些明确的人权主张，如儒家重视满足人民基本的物质生活需要，关心人民的疾苦，并要求帮助他们。这可以说在实际上儒家重视人民的物质生活权利，主张满足他们的物欲。孟子说：“禹思天下有溺者，由己溺之；稷思天下有饥者，由己饥之，是以如是其急也。”儒家主张人民有受教育的权利。儒家强调首先要使人民“富之”，然后“教之”，提倡“有教无类”。最后，儒家的人权思想不仅包括个人人权，而且包括和强调社会和集体主义的人权，这是儒家人权思想的特点。儒家强调的人，不仅是个人，而且是社会和集体的人。儒家“仁爱”的对象，是天下苍生；“至诚”的目的，是取信于全体人民；这些都包括着集体主义的性质。这也正是战后逐步发展的“集体人权”概念能够在东亚一些儒家文化国家中被普遍接受的思想根源。

在西亚国家，伊斯兰文化则居于主流地位，它们同样形成了自己鲜明的人权思想和实践。[①] 伊斯兰传统中权利的概念包括两个方面，一是安拉的权利，安拉对世人享有绝对的权利，例如他有要求世人履行“五功”的权利，有对犯罪予以现世和来世惩罚的权利；有领导穆斯林社会共同体的权利。在这个方面，安拉的“权利”与“权力”几无区别。二是人的权利。其主要特征是：第一，权利是安拉授予的，不是人天生就有的；人只有服从安拉的命令，才能最大限度地实现权利。同样，只有对安拉最虔

① 参见高鸿钧：《伊斯兰人权观》，《世界宗教研究》1995 年第 3 期。

敬和最遵从的人才能获得最大限度的自由。因此，在当代许多伊斯兰国家的宪法中，都明确规定“一切权力归安拉所有”。对于安拉，世人只能履行义务，不得主张权利。正是在这种意义上，伊朗宗教领袖霍梅尼才坚持认为，“人没有自然权利，信众必须服从安拉的命令”。这种权利神授的概念与近代西方的自然权利概念形成鲜明对照。第二，由于特定的历史条件，伊斯兰教从产生之时，就强调集体的凝聚力与和谐，反对个人主义。规范集体的准则是伊斯兰教教义和法律，最典型的组织是“乌玛”即穆斯林社会共同体。与现代西方的人权观不同，伊斯兰教强调的是集体的权利，而不是个体的权利。就个体而言，伊斯兰教强调的是义务：一方面是世人对安拉的义务；另一方面是世人对他人的义务。从这个意义上讲，伊斯兰教在权利义务关系上是义务导向的。这种导向体现在 1981 年《伊斯兰世界人权宣言》中：“根据我们对安拉的原初盟约，我们的义务优先于权利。”① 第三，当代西方的权利概念不仅强调个人对他人的权利，而且强调个人对政府的权利。关于后者的实现，除了一些特别的救济之外，主要是在制度设置上采取防止政府滥用权力的措施。传统伊斯兰教理论认为，政府与个人总是一致的，因为，包括政府在内的任何机构和个人都必须服从法律。“根据严格的伊斯兰法理论，国家权威与个人之间不存在冲突，因为两者都必须服从真主的法律。”② 《伊斯兰世界人权宣言》指出：“希望有助于人类对维护人权的努力，有助于保护人免于剥削和迫害，以及有助于确认与伊斯兰教法（the Islamic Shari’ah）相一致的人的自由和有尊严的生活的权利……”③。

战后，随着国际人权运动的深入开展，国际人权体系所确立的人权准则，在伊斯兰世界引起了不同的反应，形成了三种不同的人权观：一种观点认为，伊斯兰教在人权方面提供了最好的保护，国际人权文件所确立的人权准则已经超出了伊斯兰教的限度，其中某些准则与伊斯兰人权价值相

---

① 《伊斯兰世界人权宣言》，1981 年，浙江省伊斯兰教协会网站：http：//www. zjislam. org/show. aspx? id = 959&cid = 83。

② A. K. Brohi, The Nature of Islamic Law and the Concept of Human Rights, in *Human Rights in Islam*, *Report of a Seminar Held in Kuwait*, December 1980, p. 48.

③ 《伊斯兰世界人权宣言》，1981 年，浙江省伊斯兰教协会网站：http：//www. zjislam. org/show. aspx? id = 959&cid = 83。

抵触，它们不是代表全人类意志的人权准则，而是西方基督教文化的特定产物，不具有普遍性，因而伊斯兰世界无义务接受，伊斯兰世界应坚持伊斯兰人权观。伊朗的霍梅尼就认为："他们所称之为人权的东西，无非是犹太复国主义者拼凑用来损害所有真正宗教的一堆破烂规则。"前伊朗总统哈梅内伊也认为："我们要发现什么是正确的和什么是错误的，用不着到联合国那里去寻找答案，而应到《古兰经》中去寻找答案……我们认为，《世界人权宣言》只不过是魔鬼的作品。"第二种观点认为，国际人权体系确立的人权准则，其中一些与伊斯兰的价值相一致，应予接受；一些与伊斯兰价值相悖，不应接受。第三种观点主张，国际人权体系确立的人权观，是当今国际社会大多数成员所认可的准则，它反映的不仅仅是西方国家的价值观，也反映了人类的一般人权价值观。只要对伊斯兰教的人权精神予以深入研究并对传统的有关准则予以现代的解释，就会发现，国际人权准则与伊斯兰的人权价值观完全相容。在当今伊斯兰世界，前两种观点日益占据上风，反映了伊斯兰人权观的基本倾向。从伊斯兰世界对待国际人权运动的实际做法上，主要体现了第二种观点。在东南亚的一些国家，伊斯兰教的影响也很大，因而对它们的人权思想和实践也具有一定程度的影响。①

在南亚和东南亚，佛教文化源远流长，从而形成了自己独特的人权观念和实践。泰国著名的佛教公共知识分子，苏叻西华拉沙（SulakSivaraksa）所创办的佛教国际联络网（International Networkof Engaged Buddhist，INEB）在1998年5月10日《走向非暴力与人权的佛教文化》的宣言，就是这种文化对其人权思想的最好阐述。该宣言强调："佛教伦理与关于人权的现代论述有明显的相通之处"，在佛教看来，"人人皆平等。人人都有通过自己的意志与努力去领悟真理的潜能，并可帮助他人达成它。佛教的教义认同人，人都有内在的尊严与平等和不可剥夺的人权；人人都具有理性与良知"。"一个国家的文化，社会与政治发展是个动态的过程。过程的方向不该只是植根于自己的传统，它还须为新的具有创意的思想所塑造。文化多元性是丰富现代人权思想的一个因素，而不是尊重人权的障碍。为了复兴佛教作为和平与非暴力之道，所有的佛教徒，不只在个人方

① 参见高鸿钧：《伊斯兰人权观》，《世界宗教研究》1995年第3期。

面，同时在集体的理论与实践方面，都应审察自己，自己的组织机构与教义。对于减少苦难，佛教徒必须采取主动。这可通过和平与人权的实践，包括经济、社会与文化的权利来达成。"①

尽管亚洲国家之间在文化背景上的差异导致了不同的人权思想，但在二战结束后半个多世纪共同的人权事业中，"求同存异"，也形成了一些共同的观点。第一，亚洲国家普遍强调，人权既包括个人人权，也包括集体人权，而且首先是集体人权。如前所述，无论是东亚的儒家文化，还是西亚的伊斯兰文化，抑或佛教文化，都追求个人与社会之间的平衡关系，强调个人只存在于集体之中，且服从于集体的观念。印度尼西亚外长阿拉塔斯在维也纳世界人权大会的发言很有代表性。他说："人权的实施包含着在个人人权与个人对他们所在的社会的义务之间保持一种平衡的关系的要求。没有这种平衡，社会作为一个整体所享有的权利就会被否定。……我们在印度尼西亚，同时可能包括发展中世界，实际上不是也不可能对人权完全保持一种个人主义的态度。"② 亚洲国家普遍认为，人权应包括公民、政治、经济、社会和文化等各方面权利，尤其是经济文化权利。1968年的《德黑兰宣言》就指出："人权及基本自由既不能同时分割，若不同时享有经济、社会及文化权利，则公民及政治权利决无实现之日。且人权实施方面长久进展之达成，亦有赖于健全有效之国内及国际经济及社会发展政策。"③ 亚洲非政府组织也强调："在亚洲背景下，从一种全面的综合的方式来看，应对该大陆人们的经济和社会权利给予紧迫的和同等的关注。"④第二，不应把人权问题同经济援助相联系，反对人权政治化。把人权问题政治化，并把人权作为发展国家间关系的重要条件，是当前美国等西方国家的外交政策，对此，亚洲国家给予了反击。1992 年，东盟第 25 届部长会议公告指出："对环境和人权问题的关注不应该作为经济和发

---

① 中华佛教准提网（http：//www. zhfjzt. com/2011/xsjl_ 0828/31192. html）。需要强调的是，该宣言中包含了一些错误的言论和思想，是我们应该摒弃的。与此同时，在南亚地区，印度教文化、锡克教文化和伊斯兰教文化的影响也非常大，因篇幅所限，本书不再赘述。

② 刘楠来著：《发展中国家与人权》，四川人民出版社 1994 年版，第 23 页。

③ 联合国：《德黑兰宣言》，1968 年，北京大学法学院人权与人道法研究中心网站：http：//www. hrol. org/Documents/UNDocs/2012 - 12/2914. html。

④ 房广顺：《亚非拉发展中国家的人权思想及其特点》，《辽宁大学学报》（哲学社会科学版）2001 年第 1 期，第 33 页。

展合作的条件。”[①] 第三，国家政府应在保护人权方面发挥主要责任。权利的实现是同一定社会的经济文化发展水平相联系的，因此，同一时期的不同国家的人权问题是不同的，这就决定了只能由这个国家的政府去实施保护人权的各项措施。为了筹备 1993 年世界人权会议，亚洲各国政府的部长或代表于该年 3 月 29 日至 4 月 2 日齐聚曼谷，通过了《曼谷宣言》，其中第 9 条明确指出，亚洲国家“认为国家负有主要责任，通过适当基础设施和机制来促进和保护人权，并认为必须主要通过这种机制和程序来寻求和给予补救。”[②]

## 第二节　非洲国家人权发展道路的特点

在非洲地区，文化多样性体现得尤为突出。在北部非洲，绝大部分国家深受伊斯兰文化的影响，在人权思想和实践上与西亚的阿拉伯国家相似。在撒哈拉沙漠以南地区，即所谓的“黑非洲”地区，当地的黑人文化与伴随殖民主义而来的西方天主教或基督教文化相结合，形成了独特的黑非洲文化。在这种文化中，能源消耗主要来自人体自身的技术特征及特殊的热带气候和地理条件，根本没有进行财富大规模社会积累的可能性，人们深深依赖以血缘关系为纽带的社会共同体，几乎无人从事专门的理论思维和文化创造活动。因此，这种非洲黑人文化更多地体现为一种口述文化，具有生动性、经验型、神秘性和不确定性的特征[③]。在物质文明方面，非洲黑人文化长期停滞在锄耕农业，甚至没有发展犁耕农业；在精神文明方面，非洲黑人传统文明没有留下众多的思辨性哲学和文论著作。其原因不是种族主义理论所解释的那样，而是撒哈拉以南非洲的自然条件、黑人社会的内部机制和外界交往不发达共同作用使然[④]。所以，非洲国家的人权思想和人权发展道路一方面与亚洲国家之间存在着相似之处；另一

---

① 房广顺：《亚非拉发展中国家的人权思想及其特点》，《辽宁大学学报》（哲学社会科学版）2001 年第 1 期，第 33 页。

② 陈鹤高：《从〈德黑兰宣言〉到〈曼谷宣言〉——发展中国家为促进和维护人权作出的重要贡献》，《瞭望》1993 年第 23 期，第 42—43 页。

③ 宁骚：《非洲黑人文化》，浙江人民出版社 1996 年版。

④ 艾周昌主编：《非洲黑人文明》，中国社会科学出版社 1999 年版。

方面则具有其鲜明的区域特点。[①]

第一，非洲的人权思想特别强调权利与义务的统一。1981 年 6 月 28 日，非洲统一组织在肯尼亚首府内罗毕召开会议，通过了《非洲人权和民族权宪章》，该宪章经非统成员国以简单多数批准后，于 1986 年 10 月 21 日生效。这是发展中国家通过的第一个具有法律约束力的区域性国际人权文书[②]。《宪章》的序言部分，在列举原因和宗旨时就指出："每一个人对权利和自由的享有同时也意味着对义务的履行。"为了体现这一思想，《宪章》第一部分的标题即为"权利与义务"，在列举了"人权和民族权"之后，单列第二章"义务"，即首先确认个人对家庭、社会、国家、社区、国际社会应负有义务基本原则后，列举了个人应负有的 8 项义务：（1）维护家庭的和谐发展并为家庭凝聚力和尊严而尽力，时刻尊敬父母，必要时赡养父母；（2）为本国社会服务，尽其体力和智力之所能，听凭使用；（3）不论他是该国国民还是该国居民，均不得危害国家安全；（4）维护和加强社会和国家的团结，尤其是当后者受到威胁的时候；（5）维护和巩固本国的国家独立和领土完整，并为捍卫国家独立和领土完整贡献力量；（6）竭尽所能地工作，并交纳为社会利益依法征收的赋税；（7）在与其他社会成员的关系中，本着宽容、对话和协商的精神，维护和加强非洲文化的积极价值，并且一般地为促进社会道德的健康做出贡献；（8）不论在什么时候，在什么层次上均须为促进和实现非洲统一贡献力量。可以这样说，《非洲人权与民族权宪章》对义务作出的如此具体、详尽的规定，在世界各种人权约法中的确是独树一帜。

第二，非洲国家强调个人权利不能超越现行法律。《非洲人权和民族权宪章》广泛列举了个人人权，但对所有这些权利均作了法律的限制。例如，第 3 条规定，在"法律"面前人人平等，人人享有"法律"的平等保护；第 6 章在规定人身自由与安全时，也作了类似于法律的限制：除非根据事先已经制定好的依据和条件，任何人均不得被剥夺自由；第 9 条

---

① 下节内容参见房广顺《亚非拉发展中国家的人权思想及其特点》，《辽宁大学学报》（哲学社会科学版）2001 年第 1 期。

② 由于该宪章最初起草于冈比亚的首府班珠尔，因此亦称《班珠尔人权和民族权宪章》。此外，2002 年 7 月，第三十八届非洲统一组织暨首届非洲联盟首脑会议在南非德班召开，新的非洲联盟正式取代非洲统一组织。

规定，在“法律”范围内表达自己的意见，等等。特别是第10条和第12条，均使用了“只要遵守法律”一句，使自由结社权、自由迁徙权等都限制在法律允许的范围。当然，非洲国家并不认为人权的来源在于法律，他们同样认为“基本人权源于人类本性”。但是既然生活在现实社会中，就必须有法律的限制，以维持社会的秩序和稳定。

第三，非洲国家高度肯定“人权不可分割”的基本原则。1992年，世界人权会议非洲区域筹备会议通过的《突尼斯宣言》指出：“公民权利、政治权利不能与经济、社会和文化权利分开。”“如果不同时尊重经济、社会和文化权利，政治自由仍然是不稳固的。”《宣言》还声明“所有这些权利一律平等。”这一思想与亚洲国家的观点是完全一致的。同时，非洲更强调这一思想的社会根源。亚非法律协调委员会秘书长恩加赞在1993年维也纳世界人权会议上指出：“在发展中国家，贫穷是妨碍享受人权的主要障碍之一。世界上几乎四分之三的人口遭受营养不良、疾病和贫困这样一个事实应该成为我们关注的问题。在发展中国家以及最不发达国家，由于资源转用于偿还外债和国际贸易中的不平等所造成的社会经济条件，不仅阻碍了发展的进程，而且阻碍了人权的实现。”①

第四，非洲国家格外强调“生存权”、“民族自决权”和“发展权”等集体人权的重要性。非洲国家饱受殖民主义之苦，对于民族自决权和生存权的重要性有着深切的体会。在某种程度上说，生存权和民族自决权能够成为国际人权体系的基本概念，并在二战后，尤其是20世纪60年代之后的实际斗争中得到广泛运用，非洲国家可以说是居功至伟。例如，《非洲人权和民族权宪章》第一章列举了人权的基本内容，其中第19条到第24条共5个方面列举了“民族自决权”，规定“一切民族均有生存权。他们均享有无可非议和不可剥夺的自决权。他们应自由地决定其政治地位，并按照他们自由选择的政策谋求其经济和社会的发展”。1992年的《突尼斯宣言》进一步指出：“非洲仍然坚持个人权利，同时重申它重视对人民集体权利的尊重。”并“重申所有国家均有自决权利和在尊重国家主权基础上自由选择其政治和经济制度与机制的权利”。至于“发展权”，它作为一项人权，最早也是由非洲国家提出来的。1969年，阿尔及利亚正义

① 刘楠来：《发展中国家与人权》，四川人民出版社1994年版，第26页。

与和平委员会发表了一份《不发达国家发展权利》的报告，首次提出“发展权利”这一概念。1970 年，塞内加尔最高法院院长凯巴·姆巴耶在斯特拉斯堡国际人权研究所的演说中第一次提出了“发展权”的概念。他说：“发展权是一项人权，因为人类没有发展就不能生存。”①

## 第三节　拉丁美洲国家人权发展道路的特点

西半球的拉丁美洲则孕育了一种完全不同于亚非发展中国家的文化。在哥伦布到达美洲以前，美洲大陆最早的主人——印第安土著已在那里生存、繁衍了数万年，为了回答由人口增长和基本资源匮乏之间的矛盾所构成的“环境挑战”，他们创造了自己独特的文化。其中，玛雅文化、印加文化和阿兹特克文化均达到了相当高的程度。这些印第安土著文化就是今天拉丁美洲文化的原体，它在随后的岁月中遭遇到不同异质文化的挑战：伴随西班牙和葡萄牙殖民统治而来的西方天主教文化是印第安土著文化首先面临的严厉挑战。数百年殖民统治的结果是：印第安土著文化原体被打破了——种族结构、政治体制、司法制度、宗教信仰、经济发展模式以及人民的生活习惯、道德规范等等，都突破了旧文化原体的束缚，并经过“挑战—回答”的运动，使拉丁美洲的原体文化发生了巨大变化。这样，在拉丁美洲的土地上形成了一种新的文化原体，即天主教文化与印第安土著文化相互融合而成的混合文化原体。这种文化是文化“涵化现象”的结果，也就是说，当相对弱势的印第安土著文化与在经济和文化上都较强大的天主教文化碰撞时，由于两种文化强弱的差异，印第安土著文化被迫接受了许多天主教文化的要素，从而产生了广泛的文化借替过程。所以，这种新的文化原体表现出与天主教文化极为密切的继承性，天主教因素在其中占据了核心地位；另外，印第安土著文化原体的许多要素则同样地保

① 转引自米兰·布拉伊奇著：《国际发展法原则》，中国对外翻译出版公司 1989 年版，第 364 页。不过，学者 U. O. 乌姆祖里克认为发展权的概念最早可以追溯到 1944 年国际劳工组织发布的《费城宣言》，该宣言提出“所有人都拥有在自由、尊严、经济安全和机会均等的条件下追求物质快乐和精神发展的权利”。由此他认为发展权是从面临严重发展问题的殖民地的自决权发展演变而来的。参阅 U. O. 乌姆祖里克《人权与发展》，《国际社会科学杂志》（中文版）第 16 卷第 4 期（1999 年 11 月），第 76 页。

留在新的混合文化原体内，并对之产生了很大的影响。欧亨尼奥·陈·罗德里格斯对此评论说，虽然“西班牙人用剑和十字架统治了美洲”，但是“新大陆也征服了自己的征服者，给予他们一种新的美学观点、新的思维方式、新的行动方式，从而具备了一种新的生存方式”①。这种拉丁美洲人所共同具有的、由新的思维方式和价值观念决定的“新的生存方式”便是一种新的文化。这种新的文化原体既不同于印第安土著文化，也与天主教文化相异，它随后又遭遇到一系列新的“挑战”——伴随奴隶贸易传入的非洲黑人文化，与这种文化原体发生碰撞，并使后者吸收了一些前者的文化因素而呈现出新的特性；19 世纪英国对拉美的经济渗透，又给拉美带来了基督教新教文化的一些因素；而 20 世纪美国文化对拉丁美洲文化的全面“挑战”使后者发生了更加剧烈的变化。拉丁美洲的天主教—印第安土著文化的混合文化原体对这一系列“挑战”的回答，便造就了今天的拉丁美洲文化。② 这种文化“从它诞生的第一天起，它就是建立在三重文化，确切地说，多重文化的混合之上。它把玛雅人、阿斯特克人和印加人等印第安部落的文化和来自非洲沿岸的黑人民族的文化，以及许多来自欧洲的不同文化，不仅仅是西班牙和葡萄牙，还有法国、德国、荷兰和英国的文化，有机地结合起来并融为一体。在拉美文明史上，这种混合持续不断并不停地被创新，不仅仅是在人种或者生物领域，而且更重要的是在文化、饮食、技术、社会、经济、政治以及文明所涵盖的所有领域”③。

可见，今天的拉丁美洲文化并不能单纯地归类为隶属于天主教文化的一支“亚文化”；相反，它是在印第安土著文化原体的基础上，经过一系列“挑战—回答”的文化碰撞运动而形成的一种独特文化模式。④ 一方面，由于在拉美文化形成的历史进程中，伴随殖民统治而来的伊比利亚天主教文化拥有“不对称的”强势地位，“文化涵化”的结果，使天主教因

---

① 欧亨尼奥·陈·罗德里格斯著：《拉丁美洲的文明与文化》，商务印书馆 1990 年版，第 67 页。

② 董国辉：《拉丁美洲民主政治的文化分析》，《拉丁美洲研究》2010 年第 2 期。

③ 卡洛斯·安东尼奥·阿居雷·罗哈斯著：《拉丁美洲：全球危机和多元文化》，山东大学出版社 2006 年版，第 7 页。

④ 董国辉：《拉丁美洲民主政治的文化分析》，《拉丁美洲研究》2010 年第 2 期。

素在其中占据了核心地位；另一方面，拉丁美洲是最早获得独立、最早开启现代化进程的发展中国家群体，除了海地和一些中美洲国家以外，绝大部分拉美国家均属于经济发展水平较高的发展中国家，智利等少数国家甚至已经成为发达国家的成员。然而，这些拉美国家与西方发达国家相比，经济发展水平仍然相对落后，人均 GDP 远远低于欧美发达国家。因此，从文化的亲疏关系来说，拉丁美洲国家基本接受西方关于人权的思想观点，强调公民的个人权利和政治权利；从经济发展水平上看，拉丁美洲国家又承认亚洲、非洲国家所承认的一些基本观点，如经济、社会和文化权利、发展权利等，其中拉美国家对发展权成为一项人权作出了重要的贡献。正是拉美地区在经济发展水平和文化归属上的独特性，使该地区逐步形成了在人权认识和人权发展道路上的区域特点。①

第一，拉丁美洲国家在文化上以西方天主教文化为核心，它很容易接受西方国家关于人权的基本观点，强调公民个人的自由、民主和权利。事实上，1948 年《世界人权宣言》被普遍看作是“西方古典政治和公民自由的汇总”，充分地体现了西方国家对人权的基本看法。它的起草过程就见证了拉美国家在其中发挥的重要作用。具体地说，智利和巴拿马这两个拉美国家提出的草案成为《世界人权宣言》起草的“主要参考模式”②。由绝大多数拉美国家参加的美洲国家组织及其通过的《美洲人的权利和义务宣言》，便是这种区域特点的典型写照。1948 年 5 月 2 日，美洲国家第九次国际会议通过了在智利提案基础上修改、商定的《美洲人的权利和义务宣言》，由序言和权利、义务两章组成，共计 38 条。序言确认，在尊严和权利方面，人人生来自由和平等；每个人履行其义务，是一切人的权利的前提；权利和义务在人类的全部社会和政治活动中是相互关联的；权利促进个人自由，义务则表达这种自由的尊严。在具体的权利和义务上，该《宣言》着重强调了“生命、自由和人身安全的权利；法律面前平等权，无种族、性别、语言、宗教信仰或任何其他因素的区别；宗教自由和信仰权；言论表达和传播思想权”“人人享有公正审判权、国籍

① 下述特点的概括参考了房广顺：《亚非拉发展中国家的人权思想及其特点》，《辽宁大学学报》（哲学社会科学版）2001 年第 1 期。

② 喻名峰、曹兴华：“论拉美对国际普遍主义人权观念形成之影响”，《理论前沿》2006 年第 21 期，第 18 页。

权、选举和参加政府管理权、集会和结社自由权、财产权、申诉权、免遭任意逮捕权、正当法律程序权和避难权”等等①。在经历了20世纪70年代末以来的民主化改革之后，拉美国家更是强调，民主制度是有效地保障人权的基础。例如，由世界人权会议拉丁美洲和加勒比区域筹备会议于1993年通过的《圣约瑟宣言》指出：“我们认为保卫和加强代议民主制是有效地享受一切人权的最好保障。”《宣言》第24点说得更清楚：“我们认为需要思考以人道主义为由的干涉对各国人民自决和尊重国家主权原则的影响后果，因这些原则是形成美洲体系的基础。”

第二，拉丁美洲国家对发展权作为一项人权的形成和发展作出了重要贡献，也特别强调发展权的重要性。如前所述，拉美结构主义发展理论和依附理论是20世纪六七十年代发展中国家争取建立国际经济新秩序斗争的理论基础，它们也是发展权概念产生的经济理论渊源。拉美结构主义在批判正统发展理论的基础上，指出了国际经济体系的二元结构特征，强调发展中国家与发达国家之间初级产品与工业品生产和出口的国际分工，必然导致前者的贸易条件不断恶化，这也就意味着发达国家不断剥夺着发展中国家寻求发展的“权利”。依附论学者在批判拉美结构主义过于温和的同时，继承和发展了其“中心—外围”理论对国际经济体系的分析，强调资本主义扩张所形成的世界经济体系必然使发展中国家处于一种被剥削和被控制的“依附性”状态，不仅剥夺了这些国家和地区“发展的权利”，也剥夺了其民众寻求发展的“权利”。例如，巴西代表、司法部长玛·柯雷阿在维也纳世界人权会议上的发言强调说：“我们赞成本次会议准备过程中所作出的审议民主、发展和人权之间的相互关系的决定”“发展本身是一种权利，但认为它会自动地走向民主和充分遵守人权则是完全不正确的”“把民主、发展和人权三者三位一体的进行讨论是这次会议能够成功的重要因素。正如民主代议制实际上成了后冷战世界的普遍价值和目标一样，发展问题必须同样地来设想，如果一方面，公民和政治权利的遵守不再要求事先满足充分发展的条件就可以做到；那么另一方面，人们

① 《美洲人的权利和义务宣言》，1948年5月2日美洲国家组织第九次国际会议通过。

不能想象，人权的充分实施能同人口的经济和社会状况游离开来”[①]。1993 年通过的《圣约瑟宣言》则强调：“发展权是一项不可剥夺的人权，国际社会必须尽快采取措施，通过适当机制实现这一权利，这种机制应当考虑到，在一个健康和生态平衡的环境中实现发展的权利是一项普遍权利。”[②]

第三，在此基础上，拉丁美洲国家提出了公民权利和政治权利与经济和文化权利之间互相依赖和不可分割的原则思想，但对前者的强调显然大于后者。例如，1969 年 11 月 22 日，美洲国家组织在哥斯达黎加的圣约瑟召开美洲国家间人权特别会议，通过了《美洲人权公约》[③]。该《公约》包括序言和 82 条正文，由国家义务和受保护的权利、保护的方式、一般和过渡条款三部分组成。其中，第二章详尽地规定了“公民和政治权利”，主要包括法律人格的权利、生命的权利、人道待遇的权利、不受奴役的自由、个人自由的权利、公平审判的权利、不受有追溯法律的约束、受赔偿的权利、享有私生活的权利、良心和宗教自由、思想和发表意见的自由、答辩的权利、集会的权利、结社的自由、家庭的权利、姓名的权利、儿童的权利、国籍的权利、财产的权利、迁徙和居住的自由、参加政府的权利、平等保护的权利、司法保护的权利等等。但《公约》的第三章“经济、社会和文化权利”则只写了“逐步发展”一条，语焉不详地规定“各缔约国承允在国内并通过国际合作采取措施，特别是那些具有经济和技术性质的措施，从而通过立法或其他适当的方法逐步取得美洲国家组织宪章所载的、经布宜诺斯艾利斯议定书修正的经济、社会、教育、科学和文化标准方面所包含的各种权利的完全实现”，而对于如何保证经济、社会和文化权利，并没有作出进一步的规定。考虑到《公约》是在由美国主导的整个美洲体系内提出和通过的，这种对公民权利和政治

① 中国人权网（http://www.humanrights - china.org/cn/rqlt/rqll/fzzgjrqg/t20061023_166449.htm）。

② 《圣约瑟宣言》，1993 年，北京大学法学院人权与人道法研究中心网站：http://www.hrol.org/Documents/UNDocs/2012 - 12/2910.html。

③ 该《公约》于 1978 年 7 月 18 日开始生效，它是继《欧洲人权公约》后的第二个区域性政府间国际组织的人权保障公约，也是 1966 年 12 月联大通过《公民权利和政治权利国际公约》和《经济、社会及文化权利国际公约》后达成的第一个区域性政府间国际组织的保护人权的国际公约。

权利的偏向也就不足为怪了。拉丁美洲国家此后在推动建立国际经济新秩序斗争的进程中，不断提高对经济、社会和文化权利的重视程度，也成为该地区人权思想和实践的一个重要特点。

第四，拉丁美洲国家非常重视国家（政府）和联合国等国际组织在人权问题上的作用。以《美洲人权公约》为例，它在第一部分列举权利义务时的提法是“国家义务和受保护的权利”。显然，它强调的是国家保护人权的义务和个人应享有的权利，这种对国家在人权保障中作用的强调，实际上是与战后拉美国家发展战略的基本原则相一致的。再如，1967年《修订美洲国家组织宪章的议定书》（也称《布宜诺斯艾利斯议定书》）对原宪章第43条进行修改时，列举了9个方面的具体内容，要求各国及其政府承担保障人权的责任。另外，拉丁美洲国家还重视联合国等国际组织在保障人权方面的作用，注重发挥区域人权组织的影响力。联合国成立时的51个会员国中有20个国家位于拉丁美洲，这些国家成为联合国主导战后国际政治、经济秩序的重建过程中发挥了不可替代的重要作用。相应地，拉丁美洲国家也十分看重联合国在推动地区经济发展和保障人权等方面的重要作用。在经济发展层面上，1948年成立的联合国拉丁美洲经济委员会提出和发展的结构主义发展理论成为战后拉丁美洲经济发展的重要理论依据①。在政治发展层面上，拉丁美洲国家是战后联合国体系的重要力量，在制定和通过《联合国宪章》、《世界人权宣言》等方面作出了重要贡献，十分重视联合国人权理事会、联合国人权事务委员会和联合国人权事务高级专员的工作。与此同时，拉美国家还强调区域人权组织的重要性。例如，根据《美洲人权公约》成立的美洲国家间人权委员会和美洲国家间人权法院，在该地区的人权事业中发挥了无可替代的重要作用。1993年通过的《圣约瑟宣言》明确指出：“美洲间人权体系在促

① 对此有学者说：在20世纪五六十年代，拉美结构主义发展理论“以强有力的方式抓住了拉丁美洲及加勒比地区各国的社会群体、阶级和部门。这些社会群体原来就在寻求某种发展模型，而现在人们在拉美经委会的学院中找到了它。因此，这一理论就深深地影响着和鼓舞着集体的想象和舆论，指引着社会实践。在这二三十年中，拉美的人们经历了一场‘发展的狂欢节’”（海因茨·R. 松塔格：《发展的际遇》，《国际社会科学杂志》（中文版）第12卷第2期，1995年5月，第88页）。亦可参阅董国辉著：《劳尔·普雷维什经济思想研究》，南开大学出版社2003年版；《论拉美结构主义兴起的历史根源》，《世界历史》2008年第6期。

进、保护和保卫拉丁美洲和加勒比地区的人权方面起基本作用，强调要在联合国和美洲间人权体系之间进行协调和合作。”①

第五，拉丁美洲国家在坚持自己的文化传统的同时，承认世界文化多样性的存在，明确表达了尊重多元性的基本原则。拉丁美洲国家认为，保护人权不能违反公认的国际关系准则。1993 年通过的《圣约瑟宣言》指出：“我们强调人权和基本自由，加强发展、民主和国际关系中的多元化，充分尊重国家的主权、领土完整和政治独立，充分尊重各国人民的主权平等和自决等我们区域体系的支柱；因此，需要思考以人道主义为由进行干预对于各国人民的自决原则、尊重国家主权原则和尊重人权原则的影响后果。宣言反对利用人权问题达到政治目的或把它当作提供援助或进行社会经济合作的条件。”②事实上，对文化多样性的承认和重视，对人权多元性的认识，是与拉美地区文化的多样性相一致的。如前所述，现代拉丁美洲文化，实际上是在印第安文化、天主教文化、非洲黑人文化、新教文化的基础上混合而成的文化，其本身就是文化多样性的产物。因此，拉丁美洲各国因为政治制度、经济发展水平和历史文化背景上的差异，在人权发展道路上也会呈现出不同的特点。作为该地区唯一的社会主义国家，古巴认为应优先考虑经济、社会和文化权利。古巴代表强调说：“在这一方面，我们必须保证这一最基本的权利，即生命的权利。难道说那些没有能力解决自己吃、穿和保健的问题，没有享受教育、文化机会的人却能优先突出其他权利？亚洲、非洲、拉丁美洲有成百万的人曾死于饥饿、营养不良和传染病，他们难道能够说自己享有任何其他权利吗？这不仅是填饱肚子的问题，这是一个确保生命权的问题。确保生命权是最重要的权利，最关键的权利，是应该首先考虑的权利。”③ 但其他拉美国家则更重视公民权利和政治权利。

综上所述，我们可以明显地看出发展中国家在人权思想和人权发展道路上存在着共性与差异性。一方面，发展中国家普遍认为，经济、社会和

---

① 《圣约瑟宣言》，1993 年，北京大学法学院人权与人道法研究中心网站：http://www.hrol.org/Documents/UNDocs/2012 - 12/2910.html。

② 同上。

③ 刘楠来：《发展中国家与人权》，四川人民出版社 1994 年版，第 21 页。

文化权利同公民和政治权利一样是人权不可分割的一部分，应同等予以重视；公民权利和政治权利是公民享有人权尊严以及人权的集中体现和基本政治保证，经济、社会和文化权利则是公民享有公民权利和政治权利的基础条件，二者并不矛盾；保护人权不仅要保障公民的个人权利，还必须保障生存权、自决权、发展权、环境权等集体人权。另一方面，亚非拉发展中国家又因为政治制度、经济发展水平、历史文化背景的不同，在人权保障的主体、人权保护的内容等方面呈现出明显的差异性。拉丁美洲国家因其较高的经济发展水平和与西方发达国家相似的文化渊源，其在强调发展权的同时，更看重公民的个人权利和政治权利；而经济发展水平最低的非洲国家则更加重视生存权、发展权等集体人权；发展进程最为迅速、文化多样性体现的更为突出的亚洲国家则重视公民权利、政治权利与经济、社会和文化权利之间的均衡，强调个人人权与集体人权的相统一。

# 第十六章　中国与其他发展中国家人权发展道路的比较与启示

中国当下已经是仅次于美国的世界第二大经济体，但按照人均收入来划分，仍然属于发展中国家，因而是世界上最大的发展中国家；与此同时，中国又是世界上最大的社会主义国家，与众多的发展中国家和地区在意识形态、政治制度、发展规模和社会文化、历史背景等方面，存在着很大的差别。因此，中国与其他发展中国家相比，在人权发展道路上同样存在共同性和差异性。

## 第一节　中国与其他发展中国家人权发展道路的共同点

如前所述，发展中国家普遍认为，经济、社会和文化权利同公民和政治权利一样是人权不可分割的一部分，应同等予以重视；公民权利和政治权利是公民享有人权尊严以及人权的集中体现和基本政治保证，经济、社会和文化权利则是公民享有公民权利和政治权利的基础条件，二者并不矛盾；保护人权不仅要保障公民的个人权利，还必须保障生存权、自决权、发展权、环境权等集体人权。作为一个发展中国家，中国与其他发展中国家在人权发展道路上存在诸多的共同点。

### 一　强调人权普遍性与特殊性的统一

中国与其他发展中国家普遍认为，享有充分的人权，是人类社会长期追求的目标，对人权问题的重视是人类文明不断进步的重要标志。从这个意义上说，人权具有普遍性。人权的普遍性主要表现在三个方面：人权主体的普遍性、人权内容的普遍性和人权价值的普遍性。人权主体的普遍性体现为从有限人权主体到普遍人权主体、从个人主体到集体主体不断发展的过程；人权内容的普遍性指人权的具体内容具有普遍性特征，成为个人、群体、国家、地区以及国际社会共同遵循的原则和规范；人权价值的普遍性指人权作为一种价值和理念，为国际社会普遍接受，并在实践中不断发展深化。另外，包括中国在内的广大发展中国家还强调，由于各国在经济发展水平、政治制度和历史文化背景等方面的差异，它们在推进人权发展事业方面各有侧重，人权又是一个具有特殊性的概念。人权的特殊性是指各国家因历史传统、政治制度、经济水平和文化价值的不同而对人权发展和人权保护的理解有所不同。即使同一个国家在历史发展的不同阶段，其对人权的认知也会有所差异。人权本身是一种理念，这种理念并非凭空产生，而是受制于一定的历史条件和经济发展水平。历史条件和经济发展水平不同，人们对人权的理解不同，人权的内容和发展水平也会有所不同。因此，中国和其他发展中国家都强调人权普遍性与特殊性的统一。例如，中国政府于 1991 年 11 月发布的《中国的人权状况》白皮书，一方面强调“享有充分的人权，是长期以来人类追求的理想。从第一次提出‘人权’这个伟大的名词后，多少世纪以来，各国人民为争取人权做出了不懈的努力，取得了重大的成果。但是，就世界范围来说，现代社会还远没有能使人们达到享有充分的人权这一崇高的目标”，另一方面也明确地指出：“人权状况的发展受到各国历史、社会、经济、文化等条件的制约，是一个历史的发展过程。由于各国的历史背景、社会制度、文化传统、经济发展的状况有巨大差异，因而对人权的认识往往并不一致，对人权的实施也各有不同。”① 新加坡外长黄要成在维也纳世界人权会议上发言时也强调说：“如果用普遍性来否认或掩盖现实中存在的差异，那么普遍承认人权理想将是有害无益的。忽视了这一点，不同观点之间的分歧将无法消除。如果我们佯装此点不存在的话，那只能是自欺欺人。”② 苏丹司法部长阿贝德尔·阿齐兹·希多发言说：“苏丹在以下意义上相信这些权利的普遍性：它们是由国际社会所接受的，所有国家必须新生这种普遍性，这种普遍性包括所有权利：公民、政治、经济、文化和社会权利，因

① 国务院新闻办公室：《中国的人权状况》1991 年。

② 《新加坡外长黄要成在维也纳世界人权会议上的发言》，载《发展中国家与人权》，四川人民出版社 1994 年版，第 29 页。

为这些权利是无法被分割的普遍权利。然而，普遍性并不意味着否认明显的文化、宗教和民族的特殊性。”① 也正是在中国和其他发展中国家的大力推动下，越来越多的国家接受和肯定人权的普遍性与特殊性是统一而不可分割的。譬如，《维也纳宣言和行动纲领》明确指出，“一切人权均为普遍、不可分割、相互依存、相互联系。国际社会必须站在同样地位上、用同样重视的眼光、以公平、平等的态度全面看待人权。固然，民族特性和地域特征的意义以及不同的历史、文化和宗教背景都必须要考虑，但是各个国家，不论其政治、经济和文化体系如何，都有义务促进和保护一切人权和基本自由。”② 也就是说，在人权普遍性原则的基础上，作为特殊性因素的历史、文化、宗教等都必须予以考虑。客观地说，在西方国家占据话语主导权的维也纳世界人权会议上能够通过这一《宣言和行动纲领》，明确肯定人权普遍性与特殊性的统一，主要得益于包括中国在内的广大发展中国家的不懈努力和积极争取。

### 二　在人权主体上的共识

在人权主体上，中国和其他发展中国家均强调，人权主体不仅是个人，还包括集体的人，如国家、民族等。因此，中国和其他发展中国家普遍认为，人权应该包括个人人权和集体人权。个人人权与集体人权是依照人权主体的不同而对人权所做的一种分类。个人人权是基于个人基础上的，任何一个个人都应享有的人权，其权利主体是个人。集体人权是相对于个人人权而言的某一类人所应享有的人权，其权利主体是某一类特殊社会群体，或某一民族，或某一国家，或某一特定群体。至于个人人权与集体人权之间的关系，包括中国在内的发展中国家普遍强调，个人是集体的一部分，个人的权利同他所在的集体的权利是紧密联系在一起的，二者不可分割。个人人权是集体人权的基础，集体人权是个人人权的保障。对于广大发展中国家来说，离开国家独立与民族的发展，个人人权是没有保障的。中国政府历来强调，人权包含个人人权和集体人权两种形式。个人人

① 苏丹司法部长阿贝德尔·阿齐兹·希多在维也纳世界人权会议上的发言，载《发展中国家与人权》，四川人民出版社 1994 年版，第 48 页。

② 《维也纳宣言和行动纲领》（世界人权会议第 A/CONF. 157/23 号文件附件），1993 年 6 月 25 日通过。

权的主体是个人，集体人权的主体是民族和国家等。集体人权与个人人权是辩证统一的关系。首先，任何人权包括集体人权最终都必须体现为个人人权，个人人权若得不到保障，也就谈不上集体人权。其次，集体人权是个人人权得以充分实现的先决条件和必要保障。如果一个国家失去了国家主权，无法自主决定其国家事务和自由谋求其经济、社会和文化的发展，那么这个国家人民的个人人权也就得不到保证。中国近代史揭示了一个基本道理：没有民族的独立，就没有中国人民的人权。集体权利首先是民族自决的权利。中国人民争取解放的过程离不开集体，现在争取过上体面生活的过程，也离不开国家的发展。国家发展了，才可能为个人享受充分的人权提供有利的政治、经济和社会条件。只有全社会的进步，才能实现个人真正意义上的民主、自由和人权。最后，某些集体人权同时也是个人的人权。例如，发展权、环境权、和平权等既是集体的人权，也是个人的人权。如果这些集体权利形式的人权得到了保障，同时也就保障了个人的人权。对于中国方面的这种观点，其他发展中国家也表达了类似的看法。例如，印度尼西亚外长阿拉塔斯在维也纳世界人权会议上发言时表示："所有各类人权，公民、政治、经济、社会和文化权利，个人的权利和集体的权利，社会的权利和国家的权利，都是相互联系和不可分割的。这就意味着，应以一种统一的和平衡的方式对所有这些权利都予以促进和保护，而那种只注重一类权利却忽略另一类权利的做法是完全错误的。同样，在对各国特别是发展中国家的人权状况进行评估时，国际社会应考虑到所有各类人权方面的情况。"①

### 三　在人权内容上的共同点

在人权内容的理解上，中国和其他发展中国家都主张，经济、社会和文化权利同公民和政治权利一样是人权不可分割的一部分，是人权保障的两个重要方面，应予以同样的重视。发展中国家普遍认为，如果不对经济、社会、文化权利予以保障，则人权就是不全面的，真正的人权保障将难以实现。而且，公民权利和政治权利是公民享有人权尊严以及人权的集

---

① 《印度尼西亚外长阿拉塔斯在维也纳世界人权会议上的发言》，载《发展中国家与人权》，四川人民出版社 1994 年版，第 7 页。

中体现和基本政治保证，经济、社会和文化权利则是公民享有公民权利和政治权利的基础条件，二者之间并不矛盾。中国政府强调，“人权是全面的和相互联系的，经济、社会、文化权利与公民、政治权利是人权体系中两个不可分割的组成部分。公民权利和政治权利是公民享有人格尊严和实现充分人权的基本政治保证。经济、社会、文化权利是公民享有公民权利和政治权利的基础条件。这两大类权利都属于人权的基本内容，并受到中国宪法和法律的保护。”① 在公民权利和政治权利方面，《中华人民共和国宪法》规定，中国公民享有人身自由、宗教信仰自由和言论、出版、集会、结社、游行、示威的自由；公民的人格尊严、住宅、通信自由和通信秘密不受侵犯；年满 18 周岁的公民，不分民族、种族、性别、职业、家庭出身、宗教信仰、教育程度、财产状况、居住期限，除依照法律被剥夺政治权利的人以外，都有选举权和被选举权；公民对任何国家机关和国家工作人员有提出批评、建议的权利，对其违法失职行为有提出申诉、控告或者检举的权利等。在经济、社会和文化权利方面，《宪法》明确规定，中国公民享有劳动权、休息权、受教育权、进行科学研究、文学艺术创作和其他文化活动的自由权，在年老、疾病或者丧失劳动能力的情况下从国家和社会获得物质帮助的权利，以及其他劳动保护和社会保障的权利；国家保护公民的合法的收入、储蓄、房屋和其他合法财产的所有权，并依法保护公民的私有财产的继承权；妇女在政治的、经济的、文化的、社会的和家庭生活等各方面享有同男子平等的权利；国家保护婚姻、家庭、母亲和儿童；国家和社会帮助安排残疾公民的劳动、生活和教育等。

在人权内容方面，其他发展中国家持有同样的观点，履行着相似的实践。例如，非洲国家在 1981 年通过的《非洲人权和民族权宪章》强调，“公民和政治权利不但在普遍性上而且在概念上均与经济、社会和文化权利不可分离，满足经济、社会和文化权利乃是享有公民权利和政治权利的保证”②。非洲国家在 1992 年通过的《突尼斯宣言》中重申，“人权不可

---

① 《人权不仅包括公民、政治权利，而且包括经济、社会、文化权利；不仅包括个人人权，还包括集体人权》，新华网：http：//news. xinhuanet. com/ziliao/2003 – 01/20/content_698247. htm。

② 《非洲人权和民族权宪章》，非洲统一组织 1981 年 6 月 28 日通过，中国人权网：http：//www. humanrights – china. org/cn/rqfg/rqwj/t20061017_ 163538. htm。

分割原则是不可更动的。公民权利、政治权利不能与经济、社会和文化权利分开。所有这些权利一律平等。"[①] 亚洲各国于1993年通过的《曼谷宣言》也明确宣布，"重申经济、社会、文化、公民和政治权利互相依存和不可分割，并重申发展、民主，普遍享有所有人权和社会正义之间固有的相互关系，对这种关系必须以综合、均衡的方式来处理"。[②] 同年，拉美国家在《圣约瑟宣言》中表达了同样的观点："我们认为公民、政治、经济、社会和文化权利互相依赖和不可分割是考虑人权问题的基础，因此，对某些权利的行使不得也不应当以尚未实现充分享受另一些权利为借口而不被承认。"[③] 再如，在纪念《世界人权宣言》通过四十周年的纪念大会上，阿根廷代表发言说："我们今天有一个宝贵的框架，在这一框架内同等重视公民和政治权、经济、社会和文化权。我们相信，某些权利并不比其他权利更为重要。决不能将不尊重其中某一项权利用作一个借口，来剥夺其他任何权利，因为只有当所有人权作为一个协调的整体得到尊重时，这些人权才能得到充分享有。"[④] 巴基斯坦代表也强调说："我们认为，在注意保护和促进公民与政治权利的同时，也应同样注意保护和促进经济、社会与文化权利。在公民和政治自由与经济和社会正义两者之间进行取舍是不可能的。"[⑤]

### 四　对人权保护中个人与国家关系的共识

中国和其他发展中国家均强调，国家和政府在推进人权保障事业中应该发挥积极作用。根据西方发达国家的传统人权观点，人权从根本上说是

① 《突尼斯宣言》，非洲国家1992年通过，中国人权网：http：//www. humanrights - china. org/cn/rqfg/rqwj/t20061017_ 163532. htm。

② 《曼谷宣言》，亚洲国家1993年通过，中国人权网：http：//www. humanrights - china. org/cn/rqfg/rqwj/t20061017_ 163530. htm。

③ 《圣约瑟宣言》，拉丁美洲国家1993年通过，中国人权网：http：//www. humanrights - china. org/cn/rqfg/rqwj/t20061017_ 163534. htm。

④ 《阿根廷代表在纪念〈世界人权宣言〉通过四十周年的纪念大会上的发言》，百度文库：http：//wenku. baidu. com/link？ url = DhMpLjv6J3t2eaS5FS54yQa7ZZ1mB8gm2hubFnGC87ki _ avrg-FJD_ 3NJnjm5I3ga - J - PDmL2r - tgB0mEnmJegNH9NuHVc7ArWN5r0o7GkyW。

⑤ 《巴基斯坦代表在联合国〈世界人权宣言〉通过四十周年纪念大会上的发言》，载《发展中国家与人权》，四川人民出版社1994年版，第16页。

属于个人的范畴，是一种消极的权利，国家和政府除了确立保障个人民主、自由和权利的原则和制度以外，不应在其中发挥积极的作用。中国和绝大部分发展中国家则强调，人权不仅包含消极的个人权利，还包括积极的经济、社会和文化权利，乃至生存权、发展权、和平权等集体人权，国家或政府必须在保障人权方面发挥积极的主导作用。也就是说，中国和其他发展中国家在如何看待人权事业中个人与国家的关系方面，有着共同的认识。

事实上，个人与国家之间的关系，是发达国家与发展中国家之间在人权领域上最有争议的问题之一。在广大的发展中国家看来，人权无论在理论上还是在实践上，都是个人与国家之间关系的重要内容，也赋予了个人与国家关系的法治意义。国家尊重和保障个人权利与自由是现代社会繁荣、稳定和有序的重要来源。人权理论的核心不单单强调个人通过权利和基本自由来处理与政治权力即国家之间的关系，而且认为只有保障基本人权，个人作为“弱者”才能避免受到国家的伤害。同时，实现人人都享有充分人权应该是任何国家处理与个人关系以及设定国家政策目标的基础。这样，个人与国家是相互尊重的。尊重和保障人权是国家的基本义务，个人则在履行了应尽的法律义务的同时，平等地享有国家宪法和法律所保护的基本权利和自由。① 然而，以美国为代表的西方发达国家则强调，能否有效地尊重和保障个人人权，是一个国家政权合法性的基础。从这种理论出发，国际人权活动不仅要保护个人的基本人权，而且也要在国际关系中引入国家关系的合法性原则，把人权关注变成对国家权力合法性的挑战和通过国际压力进行改变的问题。换言之，国际人权运动就成了在世界范围内对“不能保障人权”的国家制度的国际改造活动。② 这也正是其所谓“人权外交”的基本逻辑，以人权和人道干预为名推行的干涉主义政策，也就成为当前国际人权运动中的一个突出问题。对此，中国和其他发展中国家均加以坚决反对。例如，中国政府在1991年发布的《中国的人权状况》（白皮书）中明确表示：“利用人权干涉别国内政和推行强

---

① 郜火星：《发达国家与发展中国家在人权问题上的主要分歧》，《社会主义研究》2004年第3期。

② 同上。

权外交，阻碍了人权和基本自由的实现。面对这样的国际形势，中国愿意同国际社会一道，为建立一个公正、合理的国际关系新秩序，实现联合国维护和促进人权与基本自由的宗旨，继续做出不懈的努力。"① 印度尼西亚代表在第46届联合国大会第三委员会上发言说："不幸的是，人权问题经常被错误地作为具有某种政治动机活动的借口，而并非出于对促进人权的真正关心。这种情况在东西方对抗的冷战时期尤为如此。尽管世界已发生变化并具有了新的特点，但在许多方面依然如旧。我们并未摆脱国家间的纷争，世界上仍有许多人继续以人权为手段，滥施指责，以达到狭隘的政治目的。更为糟糕的是，有一种以保护人权为借口而将某一陌生的价值制度强加于某些国家的趋势。"②

## 第二节　中国与其他发展中国家人权发展道路的差异

与此同时，因为在政治制度、经济发展水平、历史文化背景等方面的不同，中国和其他发展中国家在人权发展道路的理论指导、执政党和政府对人权事业的重视程度、人权保障与国情相结合的程度、对权利与义务关系的强调程度，以及国家权力与公民权利的关系等方面呈现出一定的差异性。

### 一　指导理论的差异

中国与绝大部分发展中国家之间存在的最大差异是人权发展道路的理论指导不同。中国人权发展道路是建立在马克思主义人权观基础之上的，它强调人权既不是天赋的，也不是人与生俱有的，而是历史的产物，是以私有制和阶级对立的出现为条件而产生的，是随着社会的发展变化而发展变化的。人们在社会关系中的权利和地位的不平等是随着生产资料私有制、原始社会的解体和奴隶社会、国家和法律的出现而产生的。随着私有制、国家和法律、阶级的产生，便产生了人们在社会关系中经济地位、政

① 国务院新闻办公室：《中国的人权状况》1991年。

② 《印度尼西亚代表在第46届联合国大会上的发言》，载《发展中国家与人权》，四川人民出版社1994年版，第41—42页。

治地位、社会地位的不平等和随之而来的权利的不平等。这样，人权问题也就自然而然地产生了。综合起来，马克思主义人权观的主要内容可以概括为这样几个方面：（1）人权的历史性。人类社会发展的历史是一部生产方式的更替史，而受其制约的人权也是一个历史的范畴，具有历史性。它不是天赋的，而是历史地产生的，是人类社会发展到一定阶段上的产物。（2）人权的社会性。马克思主义人权观认为，所谓人权无非是一定社会关系中的人应当和实际享有的权利，人权具有社会性。（3）人权具有阶级性。在阶级社会中，既不存在无阶级性的人权，也不存在超阶级的权利，人的基本权利和自由也必然有阶级性。（4）人权的具体性和相对性。人权是一定社会生产方式中经济、政治、文化等社会关系的反映，不同时代的人权，不同阶级的人权，不同国家的人权，其内容各不相同。（5）人权的物质制约性。马克思主义人权观认为，权利本质上反映的是人们之间的一种利益关系。权利现象作为一种社会意识和上层建筑，是决定于一定社会的生产方式即经济基础的。（6）人权的发展性。马克思主义人权观认为，人权的主体、内容和形式是发展变化的，而不是“永恒的”、“固定不变的”。人权作为上层建筑的一部分，无论其内容，还是形式和主体都是逐步发展、逐步完善的，并且在经济基础的支配下不断地发展和变化。在其他发展中国家里，尽管有很多国家先后宣布以马克思主义为指导，走社会主义道路，但真正以科学社会主义为理论指导的国家甚少。因此，绝大部分发展中国家的人权发展道路多是以资产阶级人权观为理论指导。这种人权观认为，人权是与人本身一起产生的，是人所固有的，是不变的；也就是说，人的权利既不是上帝赐予的，也不是封建主所给予的。因此，人的天赋权利是任何权力都不能剥夺的，是神圣不可侵犯的，所以任何人都是自由的、平等的，都有着与生俱来的独立人格。这种资产阶级的人权观，一方面是顺应资产阶级生产关系的发展而产生的，在反封建、反特权、反神权的资产阶级革命斗争中发挥了巨大的进步作用；另一方面则存在着巨大的历史局限性。

### 二　执政党和政府重视程度的差异

中国政府和中国共产党把尊重和保障人权作为治国理政的重要原则，庄严地载入《中华人民共和国宪法》和《中国共产党章程》，并采取切实有效的措施促进人权事业发展。这种从国家、政府和执政党层面高度重视人权事业发展的情况，在其他发展中国家也是极为罕见的。事实上，中国特色人权发展道路的这个特点也是历史地形成的：中国共产党在建党之初就提出“争人权、争自由”的口号。抗日战争时期，中共领导的各抗日根据地颁布实施的《施政纲领》里都有专门条款明确规定保障人权。新中国成立后，在中国共产党的领导下，中国政府和中国人民积极推进人权建设，取得了令世人瞩目的成绩。但在一段时期，特别是“文化大革命”时期，受到许多错误观念的影响，包括“人权”在内的许多概念几乎成为了“禁区”。改革开放后，中国共产党拨乱反正，认真反省曾经的失误，开展了有关“实践是检验真理标准”的大讨论，澄清了包括“人权”在内的很多曾经被误解的观念。1991 年 11 月 1 日，国务院新闻办发布《中国的人权状况》白皮书，这是中国政府发表的第一份以人权为主题的官方文件；1997 年 9 月中国共产党第十五次代表大会和 2002 年 11 月党的第十六次代表大会进一步将“人权”概念写入党的全国代表大会的政治报告；党的十六大以后，党中央提出“以人为本”的科学发展观和“构建社会主义和谐社会”，进一步将尊重和保障人权纳入党的执政理念之中；2004 年 3 月，第十届全国人民代表大会第二次会议审议通过了宪法修正案，首次将“人权”概念引入宪法，明确规定“国家尊重和保障人权”；2006 年 3 月，“尊重和保障人权，促进人权事业的全面发展”被写入《国民经济和社会发展第十一个五年规划纲要》；2007 年，党的第十七次代表大会将“尊重和保障人权”写入了《中国共产党章程》；2009 年和 2012 年，中国政府又先后发表了《国家人权行动计划（2009—2010 年）》和《国家人权行动计划（2012—2015 年）》，将人权事业与经济建设、政治建设、文化建设、社会建设以及生态文明建设结合起来，成为有中国特色社会主义建设事业的重要组成部分；2012 年，中国共产党第十八次代表大会将“人权得到切实尊重和保障”纳入全面建成小康社会的奋斗目标。尽管一些发展中国家，特别是非洲的一些国家也同样强调国家在推进人权事业中的重要作用，但从国家、政府和执政党方面高度重视人权发展事业的情况，应该说是具有典型的中国特色，是其他发展中国家难以复制的。

## 三　立足国情上的差异

中国特色的人权发展道路强调，在全面建设小康社会、加快推进社会主义现代化的进程中，要坚持以人为本，既尊重人权普遍性原则，又从基本国情出发，切实把保障人民的生存权、发展权放在保障人权的首要位置，在推动经济社会又好又快发展的基础上，依法保证全体社会成员平等参与、平等发展的权利。2008 年 12 月 10 日是《世界人权宣言》发表 60 周年纪念日，胡锦涛致信中国人权研究会，提出了“既尊重人权普遍性原则，又从基本国情出发”[①]。在这一点上，中国与其他发展中国家之间存在广泛的共识。一方面，人权的基本价值取向是尊重人、保护人、发展人，而不是蔑视人、摧残人、消灭人，是崇尚人的生命、尊严和自由、平等，而不是奴役人、压迫人、剥削人、歧视人。人权所体现的是以人为本，这一点是具有普遍性的；另一方面，在中国这样的发展中社会主义大国，促进和发展人权不可能照搬发达国家和其他发展中国家的发展模式，也不能超越中国现阶段的发展水平和社会实际，必须坚持将人权的普遍性原则与中国的具体情况相结合。正是基于这样的认识，中国政府坚持以人为本，将人民的生存权和发展权放在保障人权的首要位置。在这一点上，中国与其他绝大部分发展中国家之间有着一定的差异。尽管几乎所有发展中国家都接受生存权、发展权为基本人权，但像中国这样鲜明地将之放在“人权保障的首要位置”的国家并不多。例如，拉丁美洲国家尽管对发展权成为一项人权作出了重要的贡献，也一直致力于推进发展权成为国际社会普遍接受的人权，但它们往往将之置于保障公民权利和政治权利之后，认为只有确保了个人权利之后才能去谈所谓的发展权。非洲国家则从自身的历史经历出发，将生存权、民族自决权和发展权置于较为重要的地位，但它们普遍没有像中国这样从理论层面加以阐述，并付诸实践；尤为有趣的是，非洲国家往往采用实用主义的策略，在为获得西方发达国家的援助或贷款时，主动或被动地承认公民权利和政治权利的重要性。亚洲地区的其他发展中国家同样更多地强调公民权利和政治权利，认为生存权、发展

① 《胡锦涛致信中国人权研究会》，2008 年 12 月 10 日，新华网：http：//news. xinhuanet. com/mrdx/2008 - 12/12/content_ 10493546. htm。

权等集体人权需要在保障公民个人权利的基础上来实现。因此，尽管中国与其他发展中国家一样，强调人权的主体既是个体的人，也包括集体的人，因而人权不仅仅是个人权利，还包括国家独立权、人民生存权和发展权等集体权利，但在对人民生存权、发展权的重视程度上存在着显著的差异。同样，中国与其他发展中国家一样，承认经济、社会和文化权利与公民和政治权利都是人权不可分割的内容，但在孰轻孰重方面也存有不小的差异。

### 四　对权利与义务关系强调上的差异

中国特色的人权发展道路还强调，人权是人的权利和义务的辩证统一。没有无义务的权利，也没有无权利的义务。每个人在享有和行使人权的同时，不得损害他人的权利以及国家、社会、集体的利益。人权的基本问题，是个人与他人、与社会的关系如何定位的问题，实质上是权利与义务的关系问题。权利和义务是相互联系、相互制约的。从社会对个人的关系来说，社会通过国家法律、道德和行政措施等，承认、尊重并保障每个社会成员进行正常社会生活所必需的条件和行为能力，就个人角度而言，就是享有人权；就社会角度而言，就是社会对所有成员承担义务和责任。从个人对社会的关系来说，每个社会成员都承认并遵守社会现行的法律和道德，就个人角度而言，就是个人对社会承担义务和责任；就社会角度而言，就是社会通过国家和政府代表全体人民对所有个人执行法律和道德的权利。无论个人、群体还是社会，权利和义务都是相对的，享有权利的同时也要承担相应的义务和责任。所以，人权包含权利和义务两个不可分割的部分。每个社会成员都平等地享有权利，同时也应尊重他人的权利，履行自己对社会和他人应尽的义务。个人和社会都要保持权利和义务的均衡[①]。事实上，一些发展中国家也同样强调，人权是权利与义务的统一。例如，美洲国际组织在1948年专门通过了一项《美洲人的权利和义务宣言》，在规定了一系列权利之后，明文规定了“公民个人在享受权利时应承担的义务。它们包括：社会义务；父母与子女的义务；受教育的义务；

---

① 《人权是人的权利和义务的统一》，《人民日报》2010年12月9日，参见中国人权网：http：//www.humanrights.cn/cn/wqfw/wqzs/t20101209_682520.htm。

选举的义务；守法的义务；为社区和国家服务的义务；按照个人自己的能力和现有条件，同国家和社区就社会保险和福利问题进行合作的义务；纳税义务；工作义务和克制在外国从事政治活动的义务”等；非洲统一组织在 1981 年通过的《非洲人权和民族权宪章》在第一部分中专门规定了人权保护中“权利和义务”。需要指出的是，其他发展中国家所看重的主要是个人人权中的权利与义务的问题，而中国特色人权思想强调的是个人与社会均要保持权利与义务的统一。在这个意义上说，对于人权的权利与义务关系，中国与其他发展中国家之间既有共性，又存差异。

### 五　国家权力与公民权利关系上的差异

中国特色的人权发展道路坚持国家权力与公民权利的一致性，通过国家权力使人民的应有权利变为法定权利，使法定权利变为实际享有的权利，在保持社会稳定的基础上逐步扩大个人和社会的自由。从理论上说，公民权利是国家权力的基础，国家权力是公民权利的保障。权利不是来自于国家的恩赐，而是国家权力存在的合法性依据。公民权利以利益为基础，以自由为前提，以主张为取向。国家权力以国家机器为后盾，以国家强制力为支撑，以国家权威为追求。因而国家权力的存在和行使，应当以公民权利的保障为出发点和归宿。中国《宪法》第 2 条“中华人民共和国的一切权力属于人民”的规定就包含了公民权利主导国家权力的全部含义。与绝大部分发展中国家相比，中国有效保障人民行使国家权力的人民代表大会制度同样具有鲜明的中国特色。

总之，作为世界上最大的发展中国家和最大的社会主义国家，中国的人权发展道路与其他发展中国家相比，在人权主体、人权内容和人权的权利与义务关系等方面，存在着一定的相似性；另一方面，在人权保护的理论指导，人权保护在国家、政府和执政党治国理政中的重要性，坚持以人为本，把人民的生存权和发展权置于首要地位等方面，中国的人权发展道路又表现出其独特性和优越性。

# 第六编　评价与结论

# 第十七章　国际社会对中国人权发展的评价

## 第一节　联合国对中国人权定期审议情况分析

2006年3月，联合国大会决定建立人权理事会，并授权理事会设立国别人权审查工作组，也称普遍定期审议机制工作组，定期审议每个国家履行人权义务和承诺的情况。2009年中国首次接受国别人权审查工作组的审议。2013年10月22日—25日，中国再次在日内瓦联合国万国宫接受第二轮国别人权审议。①

### 一　中国提交《国家人权报告》

2013年9月25日，《人民日报》在第22版全文刊登了中国向联合国人权理事会提交的《国家人权报告》（以下简称《报告》）。《报告》共分四个部分。

第一部分叙述了《报告》撰写的方法和协商程序、首轮审查的后续行动以及中国特色社会主义人权观和理论体系。它特别强调了中国在国际人权领域的原则立场，指出："中国尊重人权的普遍性原则，认为各国均有义务按照《联合国宪章》的宗旨和原则及《世界人权宣言》、有关国际人权文书的基本精神，结合本国国情，不断采取促进和保护人权的措施。国际社会应同等重视公民政治权利和经济社会文化权利以及发展权的实现，促进个人人权和集体人权的协调发展。中国致力于与世界各国开展人

---

①　本节内容参见常健：《2013年中国接受联合国定期审议记述》，李君如主编：《中国人权事业发展报告（2014年）》，社会科学文献出版社2014年版。该文是本课题研究的阶段性成果。

权交流与合作，推动国际社会以公正、客观和非选择性方式处理人权问题。”① 在中国人权发展的道路、制度和理论方面，报告作出了非常精练的概括：“中国政府努力探索中国特色社会主义人权发展道路，建立健全中国特色社会主义的人权保障制度，不断丰富中国特色社会主义人权理论。中国政府大力倡导科学发展观，强调‘以人为本’，以促进和保护生存权、发展权为先导，协调推动公民权利、政治权利、社会权利、文化权利和特殊群体权利的保障，发展更加广泛、更加充分、更加健全的人民民主，全面推进各项权利协调发展，促进社会更加公正、和谐，努力使每一个公民生活得更有尊严、更加自由、更加幸福。”②

第二部分阐述了中国促进和保护人权的立法与制度框架。《报告》指出，在2010年底中国宣布中国特色社会主义法律体系如期形成之后，中国又继续加强人权立法工作，制定了《非物质文化遗产法》、《精神卫生法》等6部新法律，通过了《刑法修正案（八）》并修改《刑事诉讼法》、《民事诉讼法》、《律师法》、《劳动合同法》、《职业病防治法》等25部法律。截至2012年底，中国已制定宪法和现行有效法律共243部，中国特色社会主义人权法律体系不断得到充实和完善。在人权保障体制方面，《报告》从司法体制、制定国家人权发展综合规划、人权教育以及非政府组织、学术机构、媒体参与人权保障四个方面进行了概括。其中特别谈到了对建立国家人权机构所进行的理论和现实可行性的研究。政府支持国内研究机构就国家人权机构的职能、作用和中国设立国家人权机构的可行性进行深入研究。这些研究机构设立了专题研究小组，前往已经设立国家人权机构的国家考察学习，出版了一批相关的研究成果，举行了国内和国际研讨会。报告还特别谈到了非政府组织和媒体在人权保障方面的工作。截至2012年底，中国有49.2万家注册登记的非政府组织，活跃在人权保障的各个领域。各类人权学术机构自觉开展人权理论研究，普及人权理念和知识，提高全社会的人权意识。媒体通过出版、撰文、新闻报道等方式，积极宣传普及人权知识，监督保障公民权利。中国政府鼓励和支持非政府组织和学术机构通过人大代表和政协委员提案、立法专家建议稿、

---

① 《国家人权报告》，《人民日报》2013年9月25日第22版。

② 同上。

理论研讨、网上征求意见等多种途径参与人权立法，邀请其参加《国家人权行动计划》和国际人权条约履约报告的撰写。

第三部分概述了中国促进和保护人权的成绩和做法。在经济、社会及文化权利方面，《报告》重点总结了生存权、工作权、社会保障权、住房权、受教育权、文化权、健康权八个方面的情况，其中特别引人注目的是对住房权保障、进城务工人员随迁子女就学、环境保护等三个方面情况的概括。在满足住房需求方面，《报告》指出："中国政府在通过发展商品房市场满足群众住房需求的同时，继续实施保障性安居工程，满足困难群众基本住房需求。"① 在征地拆迁方面，《报告》指出："近年来，中国政府完善征地拆迁制度措施，规范征地拆迁行为，严格征地拆迁程序，严禁非法拆迁，加大监督检查力度，维护人民群众合法权益。"在进城务工人员随迁子女就学方面，《报告》指出："中国政府高度重视保障进城务工人员随迁子女平等接受义务教育的权利，现有1393.87万进城务工人员随迁子女在城市接受义务教育，占义务教育阶段学生总数约9.7%，其中80.2%在公办学校就读。中国政府将采取允许他们在当地参加升学考试等措施，逐步解决该人群在城镇接受义务教育后在当地继续升学的问题。"② 在环境权保护方面，《报告》指出："中国政府把环境保护放在更加突出的战略位置，将主要污染物减排作为经济社会发展的约束性指标，提出建设生态文明等战略思想，着力解决突出环境问题。环境保护部已在京津冀、长三角、珠三角等重点区域及直辖市和省会城市开展与人体健康关系密切的细颗粒物PM2.5等指标监测并公布信息。"③

在公民权利和政治权利方面，《报告》重点从保障生命权、人身自由权、选举权和政治参与、禁止酷刑、公正司法权、宗教信仰自由、言论和新闻媒体自由、监督权等八个方面进行了总结，其中特别引起关注的是有关劳教制度、社区矫正和禁止酷刑三个方面的内容。在劳教制度方面，《报告》指出："劳教制度是基于中国国情制定的教育和矫治措施，有法定的审批程序、监督机制和救济渠道。目前有关部门正在研究劳教改革的

---

① 《国家人权报告》，《人民日报》2013年9月25日第22版。

② 同上。

③ 同上。

具体方案，积极稳妥地推进劳教制度改革。”① 在社区矫正方面，《报告》指出：“《刑法修正案（八）》和新修订的《刑事诉讼法》确立了社区矫正法律制度，扩大了非监禁刑的适用范围。有关部门联合出台的《社区矫正实施办法》规范了社区矫正工作流程，为社区矫正工作提供了制度保障。目前，全国累计接收社区矫正人员140.1万人，效果良好。”② 在禁止酷刑方面，《报告》指出：“修改后的《刑事诉讼法》明确规定不得强迫任何人证实自己有罪，保障犯罪嫌疑人、被告人供述的自愿性；完善了非法证据排除制度，规定采取刑讯逼供等非法方法收集的供述和采用暴力、威胁等非法方法收集的证人证言等应予以排除。同时，增加规定拘留、逮捕后及时送看守所羁押、在看守所内进行讯问和对讯问过程录音录像制度。新修订的配套司法解释明确和细化了执法标准，加强对刑事案件办案程序的监督，规定对司法人员在诉讼活动中刑讯逼供等行为应当调查核实，依法追究相应责任。”③

在特定群体权利保障方面，《报告》总结了妇女权利、儿童权利、老年人权利、残疾人权利和少数民族权利的保障情况。

在参与国际人权领域活动方面，《报告》重点论述了与联合国人权高专及高专办合作、特别机制合作以及开展双边和多边人权交流与合作情况。

第四部分分析了面临的困难和挑战以及未来工作目标。在对存在的问题分析方面，《报告》指出：“发展中不平衡、不协调、不可持续问题依然突出。扶贫对象规模仍近1亿，扶贫压力较大。就业总量压力不减，结构性矛盾突出。收入分配结构不合理。适应居民消费需求的住房制度设计不完善。基本医疗卫生服务与群众健康需求仍有差距。经济发展与资源环境的矛盾日趋突出。部分民族地区社会事业总体水平相对落后。妇女发展社会环境有待进一步优化，老年人、残疾人等特殊群体权利保障仍面临压力。司法领域依然存在不公现象，人权司法保障机制有待进一步完善，执法人员人权意识和依法行政水平仍需提高。”④在未来工作目标方面，《报

---

① 《国家人权报告》，《人民日报》2013年9月25日第22版。

② 同上。

③ 同上。

④ 同上。

告》提出："中国政府将按照依法推进、全面推进和务实推进的原则，进一步促进和保护人权，推动中国人权事业更上新台阶。"①

### 二 吴海龙大使对中国人权发展情况的介绍

2013年10月22日，中国在日内瓦联合国万国宫接受了第二轮人权理事会国别人权审查。

中国代表团团长、外交部特使吴海龙首先介绍了中国在2009年第一轮审查后在促进和保护人权方面所作努力，以及面临的困难和挑战。

吴海龙指出："中国是一个有着13亿人口和56个民族的发展中大国。尽管中国在经济和社会发展方面取得了显著的成就，但中国还有8500万残疾人，在农村地区有6500万留守儿童，还有1.94亿老年人，他们都需要得到我们的照顾和帮助。中国刚刚开始工业化、信息化、城市化和农业现代化的进程，农村还有近1亿人口处于贫困状态，每年有600万至700万的大学毕业生和2500万人需要找到工作。人们可以想象或难以想象，在这样的复杂国情以及所处的关键的历史阶段上，中国在促进和保障人权方面要完成的工作任务有多少繁重，面临的挑战有多么多。"②

在谈到人权发展战略时，吴海龙指出，经济是促进和保障人权的基础。人权保障水平不能脱离国家的经济和社会发展阶段。考虑到中国的发展阶段以及其人口众多和资源有限的基本国情，必须优先保障中国13亿人的生存权和发展权。在过去的四年，中国坚持将发展作为第一要务，有效回应了全球金融危机的影响，在其他主要经济体经济普遍放缓的情况下，实现了GDP年均9.3%的增长，城乡居民收入分别年均增长8.8%和9.9%，农村贫困人口大幅下降。2012年，中国成为世界第二大经济体。

在介绍了中国在保障经济、社会、文化、公民和政治权利以及各种特定群体权利方面的进展之后，吴海龙指出："当前，中国正在为实现中国梦而努力奋斗。中国梦就是要实现经济繁荣、民族振兴和人民幸福。它归根结底是人民之梦：是每一个中国人追求和过上幸福生活之梦，它也是人

---

① 《国家人权报告》，《人民日报》2013年9月25日第22版。

② Opening Statement by H. E. Ambassador Wu Hailong at the 17th Session of Working Group of the Human Rights Council on UPR, Geneva, 22 October 2013.

权之梦。我们已经为自己确定了两个目标：在 2021 年中国共产党成立百年之际完成小康社会的建设；在 2049 年中华人民共和国成立百年之际将中国建成繁荣、富强、民主、文明、和谐的社会主义现代化国家。随着中国梦和这两个百年目标的实现，我相信中国的人权事业也将取得更大的成就。”①

在谈到与联合国人权机构的合作方面，吴海龙宣布，从 2014 年至 2017 年，中国对联合国人权高专办的捐款将从每年 5 万美元提升至 80 万美元；中国准备在 2013 年接待联合国关于对妇女在法律上和实践中歧视问题工作组；中国也愿意邀请联合国健康权特别报告员、安全饮用水和卫生设施人权特别报告员以及外债影响问题独立专家在 2014 年双方方便的时候访问中国。

## 三　各国对中国人权状况的评价

在审议的互动阶段，共有 137 个国家的代表对中国的人权状况作出了评价和建议。

### （一）各国对中国人权状况的肯定

中国人权保障的进步得绝大多数国家的肯定（见表 17—1）。

**表 17—1　各国对中国人权保障状况的肯定**

| 类别 | 具体内容 | 提到次数 |
|---|---|---|
| 人权制度和法律 | 推进立法、司法和行政改革，为批准 A 公约作准备 | 20 |
| | 制订和实施国家人权行动计划 | 19 |
| | 建立保障人权的制度框架和机制 | 5 |
| | 充分体现以人为本 | 1 |
| | 保持变革与稳定之间的最佳平衡 | 1 |
| | 合计 | 46 |

① Opening Statement by H. E. Ambassador Wu Hailong at the 17th Session of Working Group of the Human Rights Council on UPR, Geneva, 22 October 2013.

续表

| 类别 | 具体内容 | 提到次数 |
|---|---|---|
| 经济、社会和文化权利 | 促进经济发展，应对全球经济危机，实现千年发展指标，推进经济转型，保障经济权利 | 20 |
| | 促进社会发展，保障社会权利，提高社会福利 | 14 |
| | 保障健康权利，建立全覆盖的医疗保险体制 | 11 |
| | 保障受教育权利 | 10 |
| | 保障生存权，保障基本生活、食品供应与食品安全，促进人民幸福 | 8 |
| | 努力消除贫困 | 6 |
| | 保障文化权利 | 6 |
| | 保障住房 | 3 |
| | 建立普遍的社会养老保障体制 | 3 |
| | 保障就业 | 1 |
| | 合计 | 82 |
| 公民权利和政治权利 | 减少死刑 | 8 |
| | 保障公民权利和非国民权利 | 3 |
| | 修改刑事诉讼法 | 2 |
| | 保障政治权利 | 2 |
| | 打击暴力、诈骗、仇恨犯罪 | 2 |
| | 促进机会平等 | 1 |
| | 保障宗教信仰自由 | 1 |
| | 报告起草过程中咨询社会组织、学术机构和公众意见 | 1 |
| | 高投票率 | 1 |
| | 普及互联网 | 1 |
| | 改革出入境法和难民地位确定程序 | 1 |
| | 合计 | 23 |

续表

| 类别 | 具体内容 | 提到次数 |
| --- | --- | --- |
| 特定群体权利 | 保障少数民族权利（包括新疆、西藏地区） | 9 |
| | 保障儿童权利，打拐 | 8 |
| | 保障妇女权利 | 6 |
| | 保障老年人权利 | 3 |
| | 保护特定群体权利 | 3 |
| | 保障残疾人权利 | 2 |
| | 合计 | 31 |
| 人权教育 | 人权教育 | 8 |
| | 普法计划 | 1 |
| | 合计 | 9 |
| 国际人权合作 | 第一轮审议后实施各国建议 | 6 |
| | 与国际人权机构的合作 | 6 |
| | 倡导和促进发展权 | 4 |
| | 与发展中国家合作 | 3 |
| | 加入和遵守国际人权公约 | 3 |
| | 开展人权对话 | 1 |
| | 捍卫主权 | 1 |
| | 合计 | 24 |
| 合计 | 215 | |

数据来源：Human Rights Council：*Draft Report of the Working Group on the Universal Periodic Review*：*China*, Fourteenth session, Geneva, 21 October – 1 November 2013.

从表 17—1 可以看到，各国在互动评论阶段对中国人权保障状况的肯定总计 215 次，其中涉及制度和立法建设方面 46 次，经济、社会和文化权利方面 82 次，公民权利和政治权利方面 23 次，特定群体权利方面 31 次，人权教育方面 9 次，国际人权合作方面 24 次。阿根廷、坦桑尼亚和波黑等国家要求中国与发展中国家分享发展的经验，赞比亚等国家恳请中国继续开展国际合作，支持其他发展中国家的发展。

### （二）各国对中国人权状况的关切

在互动评论阶段，一些国家还对中国人权状况提出了关切的问题。各国对中国人权状况的关切共达41次，其中涉及制度建设4次，经济、社会和文化权利3次，公民权利和政治权利28次，特定群体权利4次，人权教育和国际合作各1次（见表17—2）。

表17—2 各国对中国人权状况的关切

| 类别 | 内 容 | 次数 | 提出国家 |
|---|---|---|---|
| 制度建设 | 批准A公约 | 3 | 比利时、斯洛文尼亚、马其顿 |
| | 国家人权行动计划的实现指标与衡量标准 | 1 | 马尔代夫 |
| | 合计 | 4 | 发展中国家3；发达国家1 |
| 经济、社会和文化权利 | 一些落后地区的社会计划标准 | 1 | 不丹 |
| | 消除不平等的财富分配 | 1 | 尼加拉瓜 |
| | 可持续发展 | 1 | 尼加拉瓜 |
| | 合计 | 3 | 发展中国家3 |
| 公民权利和政治权利 | 完全废除死刑，公开死刑信息 | 4 | 巴西、哥斯达黎加、斯洛伐克、英国 |
| | 宗教自由 | 4 | 奥地利、伊拉克、俄罗斯、美国 |
| | 个人自由和言论自由 | 4 | 日本、挪威、英国、美国 |
| | 人权卫士和活动分子 | 3 | 爱尔兰、美国、芬兰 |
| | 互联网审查 | 2 | 丹麦、波兰 |
| | 结社自由 | 2 | 英国、美国 |
| | 公民社会 | 2 | 爱尔兰、瑞士 |
| | 公民权利 | 2 | 荷兰、德国 |
| | 集会自由 | 1 | 美国 |
| | 强制拘留 | 1 | 丹麦 |
| | 政治权利 | 1 | 荷兰 |
| | 劳动教养 | 1 | 印度 |
| | 改进出版法 | 1 | 蒙古 |
| | 合计 | 28 | 发展中国家7；发达国家21 |

续表

| 类别 | 内容 | 次数 | 提出国家 |
|---|---|---|---|
| 特定群体权利 | 少数民族地区人权（西藏宗教、文化和表达自由） | 2 | 波兰、美国 |
| | 拐卖人口 | 1 | 博茨瓦纳 |
| | 加强实施性别平等法律 | 1 | 冰岛 |
| | 合计 | 4 | 发展中国家 2；发达国家 2 |
| 人权教育 | 对官员的人权教育 | 1 | 希腊 |
| | 合计 | 1 | 发达国家 1 |
| 国际合作 | 确保特别报告员进入 | 1 | 冰岛 |
| | 合计 | 1 | 发达国家 1 |
| 总计 | 41 | | 发展中国家 15；发达国家 26 |

数据来源：Human Rights Council：*Daft Report of the Working Group on the Universal Periodic Review：China*，Fourteenth session，Geneva，21 October－1 November 2013.

从提出关切的国家的国别来分析，发展中国家提出 16 次，发达国家提出 25 次。在发达国家提出的 25 次中，有 21 次涉及公民权利和政治权利，2 次涉及特定群体权利，1 次涉及对官员的人权教育，1 次涉及特别报告员进入。其比例如图 17—1 所示。

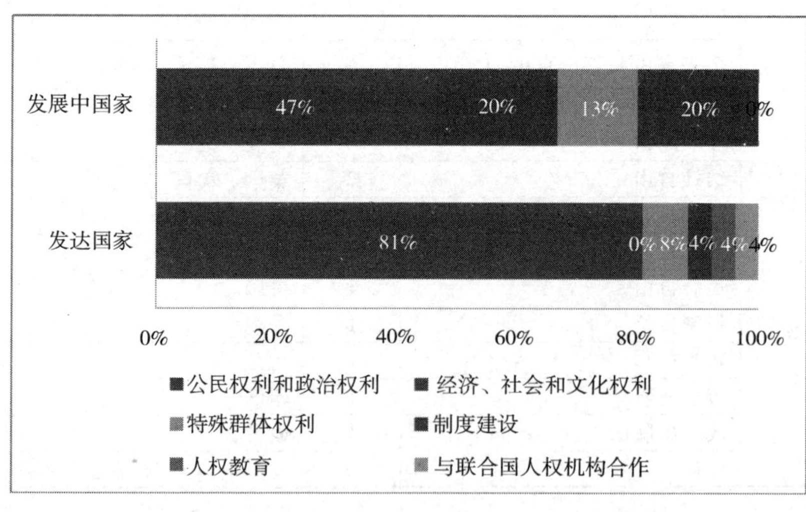


图 17—1　发达国家与发展中国家关切问题类别的比例

由图 17—1 可见，发达国家明显偏向强调公民权利和政治权利，而发展中国家则比较平衡地注重各种权利的保障。

（三）各国对中国改善人权的建议

根据人权理事会议事规程，来自波兰、塞拉利昂和阿联酋的三位报告员组成“三国小组”，本着独立、公正、透明的原则撰写了审查报告。报告共收集了各国向中国提出的 252 条建议（其中有些条被多个国家提出）（见表 17—3）。

表 17—3 各国提出的改进建议

| 类别 | 具体内容 | 次数 |
|---|---|---|
| 加入国际人权公约 | 批准《公民权利和政治权利国际公约》（ICCPR） | 30 |
| | 批准《保护所有人免遭强迫失踪国际公约》（CPED） | 5 |
| | 批准《禁止酷刑公约》任择议定书（OP－CAT） | 4 |
| | 加入《移徙工人权利公约》（ICRMW） | 3 |
| | 批准《公民权利和政治权利国际公约》任择议定书（ICCPR－OP） | 3 |
| | 批准《儿童权利公约关于来文程序的任择议定书》（OP－CRC－IC） | 3 |
| | 批准国际刑事法院罗马规约（Rome Statute of the ICC） | 2 |
| | 批准《经济、社会及文化权利国际公约任择议定书》（OP－ICESCR） | 1 |
| | 批准《消除对妇女一切形式歧视公约任择议定书》（OP－CEDAW） | 1 |
| | 合计 | 52 |
| 制度建设 | 司法改革 | 11 |
| | 实施国家人权行动计划 | 7 |
| | 建立国家人权机构 | 5 |
| | 合计 | 23 |
| 经济、社会和文化权利 | 义务教育 | 15 |
| | 促进发展权，改善生活条件，特别是农村地区和农民工的生活条件，消除贫困 | 10 |
| | 健康权，公共卫生、体育运动设施 | 7 |

续表

| 类别 | 具体内容 | 次数 |
|---|---|---|
| 经济、社会和文化权利 | 工作权利，包括工作条件、报酬和福利、就业、参加工会 | 5 |
| | 社会保障 | 5 |
| | 安全饮用水、住房保障 | 3 |
| | 环境保护 | 1 |
| | 合计 | 46 |
| 公民权利和政治权利 | 宗教、表达、集会、结社自由 | 34 |
| | 限制和废除死刑，公开死刑数量 | 20 |
| | 废除劳教和非经司法的拘禁 | 7 |
| | 发挥律师作用 | 6 |
| | 发挥公民社会和 NGO 作用 | 4 |
| | 人权活动者 | 4 |
| | 选举和参与公共事务 | 4 |
| | 打击恐怖主义 | 4 |
| | 难民保护 | 3 |
| | 合计 | 86 |
| 特定群体权利 | 采取进一步措施保护各种特定群体，禁止各种歧视，包括妇女、儿童、残疾人、同性恋者、艾滋病感染者和患者、少数民族等 | 34 |
| | 少数民族各种权利保障 | 17 |
| | 合计 | 51 |
| 人权教育 | 人权教育与培训 | 10 |
| | 合计 | 10 |
| 国际合作 | 继续与联合国人权系统合作 | 15 |
| | 国际合作，分享经验，消除国际贫困，促进发展 | 5 |
| | 合计 | 20 |
| 总计 | 288 | |

数据来源：Human Rights Council：*Draft Report of the Working Group on the Universal Periodic Review*：*China*，Fourteenth session，Geneva，21 October－1 November 2013.

由表 17—3 可见，在各国总共提到的 288 次建议中，涉及加入国际人权公约的 52 次，人权制度建设方面 23 次，经济、社会和文化权利方面 46 次，公民权利和政治权利方面 86 次，特定群体权利方面 51 次，人权教育方面 10 次，国际人权合作方面 20 次，其比例如图 17—2 所示。

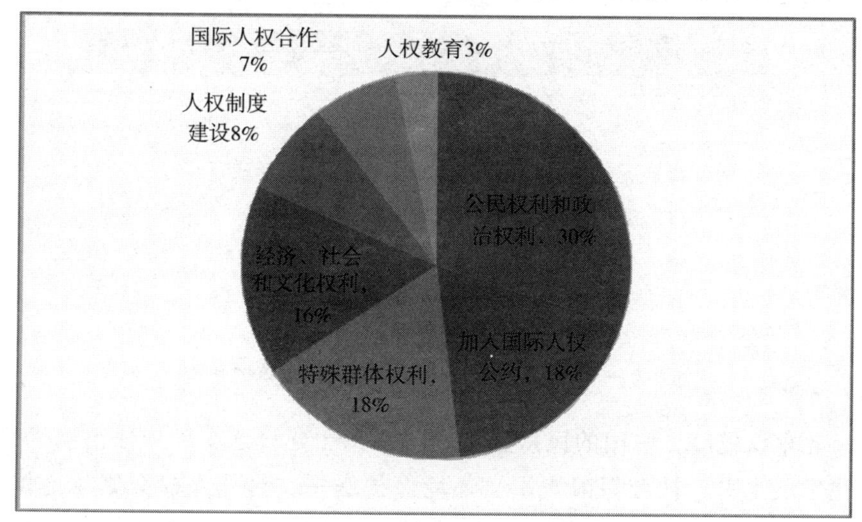


图 17—2　各国建议所涉及方面的比例

由图 17—2 可见，涉及公民权利和政治权利以及加入国际人权公约方面的建议占了将近 48%；涉及特定群体权利保护以及经济、社会和文化权利两个方面的建议占了 34%；涉及人权制度建设、国际人权合作和人权教育方面的建议占 18%。

（四）总体情况

各个方面被肯定、关切和建议的比例如图 17—3 所示。

由图 17—3 可见，在得到肯定的方面，经济、社会和文化权利的保障状况占据了最大的比例（38%），其他各方面各占据 10% 左右。在被关切的方面，公民权利和政治权利占据了超过 2/3 的比例（68%）。在收到建议方面相对均衡，但公民权利和政治权利方面仍占到最大比例（30%），紧接其后的是加入人权公约（18%）、特定群体权利（18%）和经济、社会和文化权利（16%）。

在人权理事会 2013 年主席亨赛尔宣布工作组通过审查报告后，中国代表团团长吴海龙对各国建议给予了积极回应。他表示相信，当中国接受

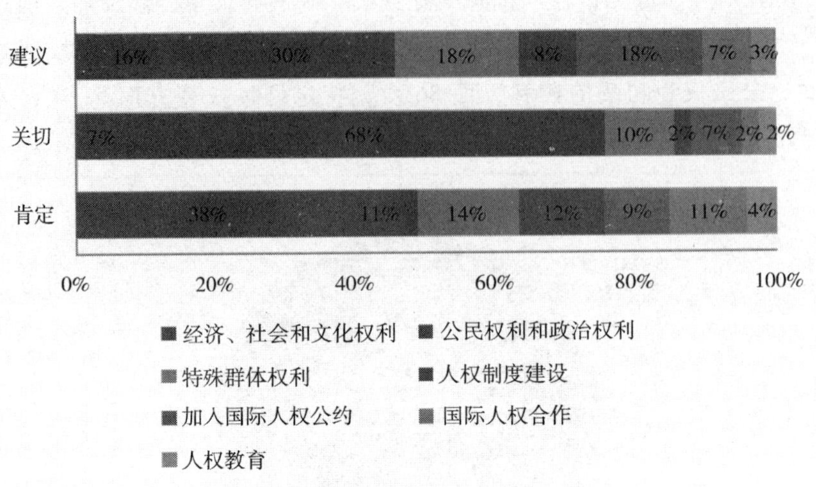


**图 17—3　各个方面被肯定、关切和建议的比例**

下一轮审议之时，中国的民众生活水平、民主建设水平、依法治国水平、文化发展水平、社会保障水平、环境保护水平、对外人权交流与合作水平，都会再上一个新台阶。这种相对全面和平衡的表态，赢得了各国代表的好评。

## 第二节　中国第三次当选联合国人权理事会成员过程分析

2013 年 11 月 12 日，第 68 届联合国大会投票改选联合国人权理事会成员，中国以 176 票第三次当选。任期自 2014 年至 2016 年。①

### 一　背景与选举情况

#### （一）选举背景

2006 年 3 月 15 日，第 60 届联合国大会通过第 60/251 号决议，成立人权理事会，取代人权委员会，总部设在日内瓦。人权理事会为联大附属机构，主要职责是在全球范围内加强促进和保护人权的工作，解决

① 本节内容和资料参见常健：《2013 年中国第三次当选联合国人权理事会理事记述》，李君如主编：《中国人权事业发展报告（2014 年）》，社会科学文献出版社 2014 年版。该文是本课题研究的阶段性成果。

侵犯人权的状况以及对此提出建议。人权理事会共设47个席位，联大每年改选1/3左右的理事会成员。第一届理事会成员的任期分为1年、2年和3年三种情况，根据抽签决定。此后各届当选国家的任期统一为3年，最多可连任一次。连续两任后须间隔一年方可寻求新任期。理事会成员国的组成遵循公平地域分配原则，亚洲组13国、非洲组13国、拉美组8国、东欧组6国、西方组7国。理事会成员由联大秘密投票选举产生，必须获半数以上会员国支持才能当选。在选举理事会成员时，应考虑候选国在促进和保护人权方面所作的贡献，及其在这些方面自愿作出的承诺。经三分之二成员国同意，联大可中止严重违反人权国家的人权理事会成员国资格。

2006年5月9日，第60届联合国大会以无记名投票的方式选出了新成立的人权理事会首届47个成员，中国以146票成功当选，任期至2009年。

2009年5月12日，第63届联合国大会改选18名联合国人权理事会成员。中国以167票成功连任，任期至2012年底。

2013年，在任期结束间隔一年后，中国第三次当选联合国人权理事会成员，任期自2014年至2016年。

（二）选举情况

本次理事会成员选举，共有14个空的席位，有28个国家申请，经过一轮投票便选出了14个理事国，包括阿尔及利亚、中国、古巴、法国、马尔代夫、墨西哥、摩洛哥、纳米比亚、俄罗斯、沙特阿拉伯、南非、马其顿、英国和越南（见表17—4）。

表17—4　人权理事会投票结果

| 所属洲 | 名额 | 当选国 | 得票数 | 落选国 | 得票数 | 名额数/申请国数 |
|---|---|---|---|---|---|---|
| 非洲 | 4 | 南非 | 169 | 南苏丹 | 89 | 4/6 |
| | | 阿尔及利亚 | 164 | 突尼斯 | 2 | |
| | | 摩洛哥 | 163 | | | |
| | | 纳米比亚 | 150 | | | |

续表

| 所属洲 | 名额 | 当选国 | 得票数 | 落选国 | 得票数 | 名额数／申请国数 |
|---|---|---|---|---|---|---|
| 亚太 | 4 | 越南 | 184 | 约旦 | 16 | 4/8 |
| | | 中国 | 176 | 伊朗 | 1 | |
| | | 马尔代夫 | 164 | 新加坡 | 1 | |
| | | 沙特阿拉伯 | 140 | 泰国 | 1 | |
| 东欧 | 2 | 马其顿 | 177 | 斯洛文尼亚 | 1 | 2/4 |
| | | 俄罗斯 | 176 | 拉脱维亚 | 1 | |
| 拉美和加勒比 | 2 | 古巴 | 148 | 乌拉圭 | 93 | 2/3 |
| | | 墨西哥 | 135 | | | |
| 西欧与其他 | 2 | 法国 | 174 | 安道尔 | 1 | 2/7 |
| | | 英国 | 171 | 希腊 | 1 | |
| | | | | 卢森堡 | 1 | |
| | | | | 葡萄牙 | 1 | |
| | | | | 圣马利诺 | 1 | |

数据来源：第 68 届联合国大会决议（GA/11454），2013 年 11 月 12 日，联合国网站：http：//www. un. org/News/Press/docs/2013/ga11454. doc. htm。

与其他国家相比，中国在 2013 年最新的选举中得票数与俄罗斯并列第三，不仅高于许多其他发展中国家，而且超过英国和法国等欧洲发达国家（如图 17—4 所示）。

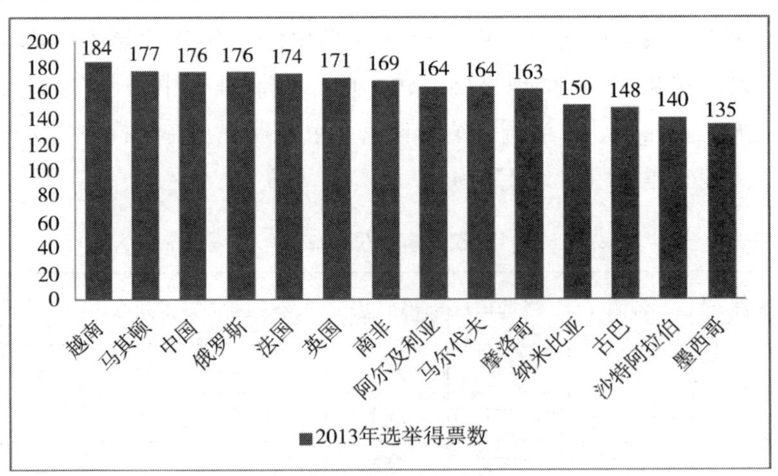


**图 17—4　2013 年联合国人权理事会当选国家得票数排序**

数据来源：根据表 17—4 数据。

## 二 联合国人权理事会历年选举票数分析

2006—2013 年，在联合国 193 个成员国中，共有 90 个国家当选过联合国人权理事会成员（见表 17—5）。

表 17—5 历年联合国人权理事会当选国家的得票数

| 年份 | 2006 | 2007 | 2008 | 2009 | 2010 | 2011 | 2012 | 2013 | 当选次数 | 次均得票 |
|---|---|---|---|---|---|---|---|---|---|---|
| 国家数 / 当选国 | 191 | 192 | 192 | 192 | 192 | 192 | 193 | 193 | | |
| 中国 | 146（3） | | | 167 | | | | 176 | 3 | 163 |
| 南非 | 179（1） | 175 | | | | | | 169 | 3 | 174 |
| 阿尔及利亚 | 168（1） | | | | | | | 164 | 2 | |
| 摩洛哥 | 178（1） | | | | | | | 163 | 2 | |
| 纳米比亚 | | | | | | | | 150 | 1 | |
| 越南 | | | | | | | | 184 | 1 | |
| 马尔代夫 | | | | | 185 | | | 164 | 2 | |
| 沙特阿拉伯 | 126（3） | | | 167 | | | | 140 | 3 | 144 |
| 马其顿 | | | | | | | | 177 | 1 | |
| 俄罗斯 | 137（3） | | | 146 | | | | 176 | 3 | 153 |
| 古巴 | 135（3） | | | 163 | | | | 148 | 3 | 149 |
| 墨西哥 | 154（3） | | | 175 | | | | 135 | 3 | 155 |
| 法国 | 150（2） | | 123 | | | | | 174 | 3 | 149 |
| 英国 | 148（2） | | 120 | | | | | 171 | 3 | 146 |
| 加蓬 | 175（2） | | 178 | | | | 187 | | 3 | 180 |
| 科特迪瓦 | | | | | | | 183 | | 1 | |
| 塞拉利昂 | | | | | | | 182 | | 1 | |
| 肯尼亚 | | | | | | | 180 | | 1 | |
| 埃塞俄比亚 | | | | | | | 178 | | 1 | |
| 阿联酋 | | | | | | | 184 | | 1 | |
| 哈萨克斯坦 | | | | | | | 183 | | 1 | |

续表

| 年份 | 2006 | 2007 | 2008 | 2009 | 2010 | 2011 | 2012 | 2013 | 当选次数 | 次均得票 |
|---|---|---|---|---|---|---|---|---|---|---|
| 国家数 / 当选国 | 191 | 192 | 192 | 192 | 192 | 192 | 193 | 193 | | |
| 日本 | 158（2） | | 155 | | | | 182 | | 3 | 165 |
| 韩国 | 148（2） | | 139 | | | | 176 | | 3 | 154 |
| 巴基斯坦 | 149（2） | | 114 | | | | 171 | | 3 | 145 |
| 爱沙尼来 | | | | | | | 184 | | 1 | |
| 黑山 | | | | | | | 182 | | 1 | |
| 巴西 | 165（2） | | 175 | | | | 184 | | 3 | 175 |
| 阿根廷 | 159（1） | | 172 | | | | 176 | | 3 | 169 |
| 委内瑞拉 | | | | | | | 154 | | 1 | |
| 美国 | | | | 167 | | | 131 | | 2 | 149 |
| 德国 | 154（3） | | | | | | 127 | | 2 | 141 |
| 爱尔兰 | | | | | | | 124 | | 1 | |
| 贝宁 | | | | | | 174 | | | 1 | |
| 博茨瓦纳 | | | | | | 177 | | | 1 | |
| 布基纳法索 | | | 180 | | | 182 | | | 2 | |
| 刚果 | | | | | | 176 | | | 1 | |
| 印度 | 173（1） | 185 | | | | 181 | | | 3 | 180 |
| 印度尼西亚 | 165（1） | 182 | | | | 184 | | | 3 | 177 |
| 菲律宾 | 136（1） | 179 | | | | 183 | | | 3 | 166 |
| 科威特 | | | | | | 166 | | | 1 | |
| 捷克 | 105（1） | | | | | 148 | | | 2 | |
| 罗马尼亚 | 98（2） | | | | | 131 | | | 2 | |
| 智利 | | | 176 | | | 159 | | | 2 | |
| 哥斯达黎加 | | | | | | 138 | | | 1 | |
| 秘鲁 | 145（2） | | | | | 136 | | | 2 | |
| 奥地利 | | | | | | 155 | | | 1 | |

续表

| 年份<br>国家数<br>当选国 | 2006<br>191 | 2007<br>192 | 2008<br>192 | 2009<br>192 | 2010<br>192 | 2011<br>192 | 2012<br>193 | 2013<br>193 | 当选次数 | 次均得票 |
|---|---|---|---|---|---|---|---|---|---|---|
| 意大利 | | 101 | | | | 180 | | | 2 | 141 |
| 安哥拉 | | 172 | | | 170 | | | | 2 | |
| 利比亚 | | | | | 155 | | | | 1 | |
| 毛里塔尼亚 | | | | | 167 | | | | 1 | |
| 乌干达 | | | | | 164 | | | | 1 | |
| 马来西亚 | 158（3） | | | | 179 | | | | 2 | |
| 卡塔尔 | | 170 | | | 177 | | | | 2 | |
| 泰国 | | | | | 182 | | | | 1 | |
| 波兰 | 108（1） | | | | 171 | | | | 2 | |
| 摩尔多瓦 | | | | | 175 | | | | 1 | |
| 厄瓜多尔 | 128（1） | | | | 180 | | | | 2 | |
| 危地马拉 | 142（2） | | | | 180 | | | | 2 | |
| 西班牙 | | | | | 177 | | | | 1 | |
| 瑞士 | 140（3） | | | | 175 | | | | 2 | 158 |
| 塞内加尔 | 181（3） | | | 165 | | | | | 2 | |
| 毛里求斯 | 178（3） | | | 162 | | | | | 2 | |
| 尼日利亚 | 169（3） | | | 148 | | | | | 2 | |
| 喀麦隆 | 171（3） | | | 142 | | | | | 2 | |
| 吉布提 | 172（3） | | | 141 | | | | | 2 | |
| 约旦 | 137（3） | | | 178 | | | | | 2 | |
| 吉尔吉斯斯坦 | | | | 174 | | | | | 1 | |
| 孟加拉国 | 160（3） | | | 171 | | | | | 2 | |
| 匈牙利 | | | | 131 | | | | | 1 | |
| 乌拉圭 | 141（3） | | | 173 | | | | | 2 | |
| 挪威 | | | | 179 | | | | | 1 | |

续表

| 年度 | 2006 | 2007 | 2008 | 2009 | 2010 | 2011 | 2012 | 2013 | 当选次数 | 次均得票 |
|---|---|---|---|---|---|---|---|---|---|---|
| 国家数 / 当选国 | 191 | 192 | 192 | 192 | 192 | 192 | 193 | 193 | | |
| 比利时 | | | | 177 | | | | | 1 | |
| 赞比亚 | 182（2） | | 182 | | | | | | 2 | |
| 加纳 | 183（2） | | 181 | | | | | | 2 | |
| 巴林 | 134（1） | | 142 | | | | | | 2 | |
| 斯洛伐克 | | | 135 | | | | | | 1 | |
| 乌克兰 | 109（2） | | 125 | | | | | | 2 | |
| 埃及 | | 168 | | | | | | | 1 | |
| 马达加斯加 | | 182 | | | | | | | 1 | |
| 斯洛文尼亚 | | 168 | | | | | | | 1 | |
| 玻利维亚 | | 169 | | | | | | | 1 | |
| 尼加拉瓜 | | 174 | | | | | | | 1 | |
| 荷兰 | 137（1） | 121 | | | | | | | 2 | |
| 波黑 | | 112 | | | | | | | 1 | |
| 马里 | 178（2） | | | | | | | | 1 | |
| 突尼斯 | 171（1） | | | | | | | | 1 | |
| 斯里兰卡 | 123（2） | | | | | | | | 1 | |
| 加拿大 | 130（3） | | | | | | | | 1 | |
| 芬兰 | 133（1） | | | | | | | | 1 | |
| 阿塞拜疆 | 103（3） | | | | | | | | 1 | |
| 总数 | 47 | 14 | 15 | 18 | 14 | 15 | 18 | 14 | 155 | |

注：括号中的数字表示根据抽签确定的任期年数，这只存在于2006年成立时第一次当选的情况，此后当选的任期都为3年。

数据来源：第60—68届联合国大会决议（GA/10459、GA/10593、GA/10710、GA/10829、GA/10939、GA/11082、GA/11310、GA/11454）。

由表17—5可见，只当选过1次的有42个国家，当选过2次的，有31个国家，当选过3次的有17个国家。而中国3次竞选，都能以较高票数成功当选，这说明中国的人权状况得到了世界大多数国家的肯定。

从中国 3 次当选的得票数来看，分别为 146 票、167 票和 176 票，呈现逐年增加的趋势。这在一定程度上表明，世界大多数国家对中国人权的进步是有目共睹的。

共有 17 个国家当选过 3 次联合国人权理事会的理事国，包括中国、南非、沙特、俄罗斯、古巴、墨西哥、法国、英国、加蓬、日本、韩国、巴基斯坦、巴西、阿根廷、印度、印度尼西亚、菲律宾。这些国家 3 次当选的平均得票数排序如图 17—5 所示。

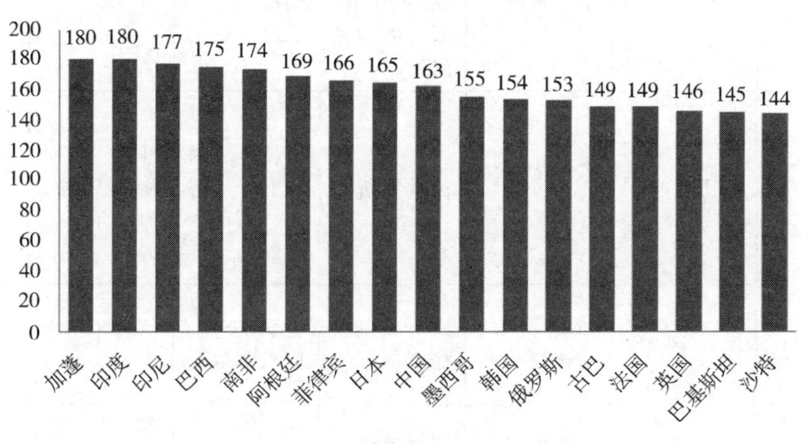


**图 17—5　当选 3 次联合国人权理事会成员的 17 个国家次均得票数排序**

数据来源：根据表 17—5 数据。

由图 17—5 可以看到，在 17 个 3 次当选联合国人权理事会成员的国家中，中国以次均 163 票排在第 9 位，而法国和英国则分别以 149 票和 146 票排在 14 和 15 位。在其他西方发达国家中，还有 4 个国家曾当选过 2 次联合国人权理事会成员国，分别是瑞士、美国、德国和意大利，它们 2 次平均的得票数分别为 158、149、141、141 票，都低于中国的次均得票数。

同时，每年都有一些国家申请成为联合国人权理事会成员，但因得票数不够而落选（如表 17—6 所示）。在 8 次竞选中，共有 86 国次落选。

表 17—6　　历年联合国人权理事会选举中未当选国家

| 年份＼地区 | 非洲 | 亚太 | 东欧 | 拉美和加勒比 | 西欧和其他 | 历年合计 |
|---|---|---|---|---|---|---|
| 2006 | 埃及、肯尼亚、马达加斯加、坦桑尼亚 | 伊朗、伊拉克、吉尔吉斯斯坦、黎巴嫩、马尔代夫、卡塔尔、泰国 | 亚美尼亚、阿尔巴尼亚、格鲁吉亚、匈牙利、拉脱维亚、立陶宛、塞尔维亚和黑山、斯洛文尼亚、 | 哥伦比亚、哥斯达黎加、洪都拉斯、尼加拉瓜、委内瑞拉 | 希腊、葡萄牙、西班牙 | 27 |
| 2007 | 突尼斯、摩洛哥 | 东帝汶、巴林 | 白俄罗斯 | 洪都拉斯、巴拉圭、伯利兹、智利、哥斯达黎加 | 丹麦、奥地利、希腊、葡萄牙 | 14 |
| 2008 | 肯尼亚、马里、冈比亚、贝宁 | 斯里兰卡、东帝汶 | 塞尔维亚、捷克 | 委内瑞拉、厄瓜多尔 | 西班牙 | 11 |
| 2009 | 肯尼亚 | 马来西亚 | 阿塞拜疆 | | 瑞士、希腊、新西兰 | 6 |
| 2010 | | | | 秘鲁 | | 1 |
| 2011 | 刚果（金）、南非、埃及 | 叙利亚 | 格鲁吉亚 | 尼加拉瓜 | 澳大利亚 | 7 |
| 2012 | 苏丹 | | | 玻利维亚、巴拿马 | 希腊、瑞典、荷兰 | 6 |
| 2013 | 南苏丹、突尼斯 | 约旦、伊朗、新加坡、泰国 | 斯洛伐克、拉脱维亚 | 乌拉圭 | 安道尔、希腊、卢森堡、葡萄牙、圣马利诺 | 14 |
| 各地区合计 | 17 | 17 | 15 | 17 | 20 | 86 |

资料来源：第 60—68 届联合国大会决议（GA/10459、GA/10593、GA/10710、GA/10829、GA/10939、GA/11082、GA/11310、GA/11454）。

## 三　各方反应

美国《华盛顿邮报》的报道指出，现在，所有安理会五个常任理事国都是人权理事会成员，他们都强调人权理事会将发挥越来越重要的作用。法新社的文章称，受叙利亚内战及其他冲突影响，联合国人权理事会的外交重要性与日俱增。英国 BBC 在报道中承认，虽然西方猛烈批评中俄两国反对制裁和军事打击叙利亚，但中俄两国此次的得票数却超过英国和法国。“德国之声”的报道称，就连“人权观察”组织中国部主任索菲·理查森也承认，中国在签署人权协定方面的表现“可以说良好”。俄罗斯人权委员会指出，联合国人权理事会没有一个成员能够像俄罗斯和中国这样连任两届。俄新社 13 日称，虽然在选举前，一些人在联合国总部前举行集会，指责俄罗斯和中国违反人权，但这并没有影响俄中两国再次当选。分析人士指出，这表明俄中两国在国际舞台上的影响力进一步增强。

中国常驻联合国副代表王民大使在选举结束后表示，中国政府高度重视促进和保护人权并取得了显著成绩，同时积极开展人权领域国际合作。此次高票当选充分说明国际社会对中国在人权领域取得巨大成就的高度肯定。王民说，中方感谢各国对中国竞选的宝贵支持。中国将积极深入参与联合国人权理事会工作，发挥建设性作用，推动对话、合作，反对对抗、施压，为国际人权事业的健康发展作出更大贡献。①

中国外交部发言人秦刚指出，中国不仅为中国的人权事业，也为推进世界人权事业作出了巨大贡献。中国当选联合国人权理事会成员完全有资格，名副其实。当然，世界上任何一个国家的人权状况都不是完美的，所以中方主张各国在人权问题上应本着相互尊重的原则，加强交流，增进相互了解，共同促进国际人权事业的发展。中方反对施压对抗。②

中国人权研究会副会长李君如认为，中国此次赢得联合国人权理事会成员席位，证明中国在人权发展方面获得世界更多的承认。“西方一些媒体批评中国现行的政治体制，但是他们应该注意到一点，中国在保障民众

---

① 本刊记者：《中国高票当选联合国人权理事会成员》，《人权》2013 年第 6 期。

② 同上。

的生存权和发展权方面取得了非常大的提高"[①]。中国政法大学教授解志勇指出，中国在保障人权上进步明显，例如消除贫困和保障公共卫生建设等方面。中国现阶段的确存在一些问题，主要是因为一些政府官员不知道如何来保护和尊重人权。未来人权保护应该更多地关注个人和维护社会公平公正方面。新近发表的三中全会公报也要求完善人权司法保障制度，这体现了一种进步。[②]

---

① 参见陈一鸣等：《中国高票重返联合国人权理事会 成绩获得世界承认》，《环球时报》，http：//www. chinadaily. com. cn/hqgj/jryw/2013 - 11 - 14/content_ 10579048. html.

② 同上。

# 第十八章　结论与问题

根据前述各章的研究，我们可以对中国特色人权发展道路概括出一些基本的研究结论，同时，还有许多问题有待进一步加以研究。

## 第一节　研究的基本结论

对中国特色人权发展道路的研究，主要涉及中国人权发展道路的特点、理论构成、形成过程、保障方式及其与发达国家和发展中国家人权发展道路的异同。本研究取得了下述主要结论。

### 一　中国特色人权发展道路的基本特点、理论基础和战略选择

1. 中国特色人权发展道路的基本特点

中国特色人权发展道路具有独特的内涵：它蕴含了中华民族优秀文化传统的特质，铭刻着中国近现代历史的深刻印记，体现了马克思主义的人权观，彰显了中国共产党和中国政府的人权主张，立足于中国作为世界最大发展中国家的基本国情。

中国特色人权发展道路拥有不同于西方人权模式的独特潜能：它承认中西方人权的相通之处，深入分析中西方人权发展道路的不同特点，清醒看待西方在人权问题上的主张和行为。

中国特色人权发展道路在实践中已经取得了辉煌的成就：中国政治权利得到有效保障，经济权利的保障水平不断提高，文化权利的保障形式更加丰富，社会权利保障更加公平，环境权利保障日益加强。

坚持和发展中国特色社会主义与坚持中国特色人权发展道路具有一致性：中国特色社会主义道路开拓人权发展的实践空间，中国特色社会主义

制度推动人权保障体系的健全完善，中国特色社会主义理论体系赋予人权理论新的内涵。①

2. 中国特色人权发展道路的理论基础：人权的普遍性与特殊性

探索中国特色人权发展道路，首先要解决的理论问题是：为什么中国人权发展道路要有“中国特色”。这一问题涉及人权的普遍性与特殊性的理论争论。放眼国际人权学术领域近几十年的发展，对这一问题的研究和争论不仅日益深入，而且从哲学、法学、政治学、社会学、文化学和人类学等多个不同学科领域展开。人权理论在西方起源于自由主义政治哲学。自由主义将人权看作是绝对的、普遍的、个人自由本位的，因而不承认人权在不同国家、社会和文化中的差异性，不承认对人权本身可以进行某种限制的合理性，不承认除个人自由以外的其他权利。对人权普遍性的辩护首先来自法律实证主义（legal positivism）。法律实证主义的论证是：我们现在享有人权以及人权得到保护，是由于人们已经建立并在维护有关人权的法律和制度。换言之，保障人权的法律和制度的普遍建立，就是人权普遍性的证明。当代西方自由主义哲学对人权价值的普遍性作出的主要论证概括为七种：基于人的尊严、基于人的理性、基于人的自主性、基于人与人之间的平等、基于人的需求、基于人的能力、基于共识。人类学家从文化相对主义和情境主义出发对人权普遍主义提出挑战，认为人权话语的抽象普遍主义经常忽视当地情境，并因此误解关于权利冲突的社会和文化维度。脱离情境的普遍主义会导致反效果的国际人权干预，或是因为不适当地强调了法律改革而忽视了社会结果，或是因为将复杂的社会和政治关系过分简单化。当代社会学家认为关于人权的社会学理论必须采取社会建构主义方法，将人权的普遍性本身视为一种社会建构。人权可以用权势阶层的利益主张来加以解释。当代政治学家从政治建构主义出发，认为人权只具有相对的普遍性，这种普遍性分为三个层次，即法律的普遍性、重叠共识的普遍性和功能共识。同时，人权具有本体论的相对性、历史和人类学的相对性、基础的相对性、享有的相对性和规范的相对性。②

在人权普遍性与特殊性的问题上，首先应当区分两个层面：一是价值

① 参见薛进文：《关于中国特色人权发展道路的几个问题》，《南开学报》2014 年第 5 期。

② 参见常健、赵玉林：《关于人权普遍性的学科间争论》，《南开学报》2014 年第 5 期。

层面；一是实现方式的层面。从价值层面看，人们对人权价值的认同具有一定的普遍性；从实现方式的层面看，各国人权的具体实现方式各不相同，这种差别主要是由于各国在实现人权的经济、政治、社会和文化条件上的差异。人权的普遍性不是绝对的，它是主体间的重叠共识，是对全球化交往所产生问题的现实回应，并且会随着人类实践和交往的历史不断变化。人权实现方式的特殊性并不能理解为任意性，而是相对于一定的社会历史条件。人权实现方式的特殊性主要表现为保障手段、优先排序和限制方式上的差异，它们相对于不同的文化传统、发展阶段和压力条件。人权发展战略是实现人权价值的手段。人权发展战略具有本土性、多样性、阶段性、条件性，其有效性应该经受实践的检验。

3. 中国特色人权发展道路在理论上要解决的两类世界性难题

中国特色人权发展道路的理论建构，一方面必须扎根于中国人民的最迫切的现实需求，正视中国正在面临的现实矛盾；另一方面，要面对人权发展的世界性难题，能够对解决这些人权难题提出创造性的解决方案。在人权保障和发展方面，存在着两类世界性难题：一类是如何处理人权与其他各种社会利益之间的关系；一类是如何处理各类人权之间的关系。①

人权保障与其他社会重大利益之间的关系具体涉及：（1）人权保障与经济发展之间的关系；（2）人权保障与国家秩序和稳定之间的关系；（3）人权保障与国家安全之间的关系；（4）人权保障与国家道德和良俗之间的关系；（5）人权保障与国家主权之间的关系。

人权间的冲突可以分为两类：第一类是不同的人权主体在享有同一权利时发生的冲突，如处理连体双胞胎婴儿的生命权之间的冲突，教师的宗教自由权与其学生的宗教自由权之间的冲突，杀人犯的生命权与潜在受害者的生命权之间的冲突等；第二类是不同人权之间的冲突，如不受歧视的权利与言论自由权之间的冲突，宗教自由与言论自由之间的冲突，生育自由权与生命权之间的冲突，囚犯不受酷刑的权利与公民生命和人身安全权利的冲突，公民知情权与公众人物隐私权之间的冲突等。②

解决上述两类人权难题应当坚持四个基本原则：（1）人权与社会公

---

① 参见常健：《人权保障“中国梦”的世界影响力》，《人权》2014 年第 3 期。

② 参见常健、赵玉林：《人权间冲突的主体间分析》，《学术界》2014 年第 3 期。

共利益之间关系的辩证性。一方面，人权保障应当有利于促进其他社会公共利益的实现；另一方面，其他社会公共利益也应当有利于促进人权保障的实现。二者具有相互制约的关系，而不是单向制约的关系。（2）人权实现的整体性。为了保证人权的整体实现，需要对单个人权进行必要的"规制"，以协调人权之间的冲突。没有任何一项人权会免除必要的规制。强调单项人权的绝对性，有可能会对整体人权的实现产生负面的影响。（3）解决各种人权问题方式的非唯一性。人权间冲突的解决方法不可能是完全统一的。探索人权间冲突的解决方案，不应专注于寻找某种普适的解决方法，而应当聚焦于考察每一种解决方案有效性的条件和限度。（4）通过协商民主达成人权解决方案的"重叠共识"。价值多元化是一个现实，无论是世界人权宣言还是国际人权公约，其所包含的价值也是多元的。因此，不能指望从一种唯一的价值出发推论出每一项人权的逻辑地位和一种普适的解决方案，人权的现实定位和人权间冲突的现实解决方案只能基于多元价值的重叠共识。协商民主使所有的利益相关者都能够了解各种方案的意义和可能对其利益和权利造成的影响，并有机会和能力参与到政策制定的过程中。

4. 中国人权发展道路的战略选择

在确定中国人权发展战略方面，中国提出了推进中国人权事业发展必须遵循三条基本原则：（1）依法推进原则。主要涉及制定保障各项人权法律，协调国际人权公约与国内法之间的关系，协调人权政策与人权法律之间的关系，以及完善立法、司法和执法各个环节的人权保障。（2）协调推进原则。主要涉及经济、社会和文化权利与公民权利和政治权利的协调，个人权利与集体权利的协调，各种个人权利保障之间的协调，以及政府尊重、保护和实现三项义务之间的协调。（3）务实推进原则。主要涉及以生存权和发展权为主导的人权发展战略，满足人民群众最迫切的人权需求，将人权发展与国家发展规划相结合，以及处理好人权保障与经济发展和社会稳定之间的关系。

## 二　中国特色人权发展道路理念的形成过程

中国特色人权发展道路理念的形成过程，包括人权理念的国际交流过程、本土化过程和价值地位提升过程，并体现在学术论文和学术著作的研究中。

1. 开展国际交流是中国特色人权发展道路理念形成的重要条件

尽管人权是各国人民普遍追求的共同理想，但各国实现人权的具体道路和方式却有着很大的差别。这自然会引起某些误解和矛盾。但是既然目标是共同的，就不应该让这些误解和矛盾妨碍共同目标的追求，而应促使不同的认识和实践形成追求共同目标的合力。解决这一问题的正确办法是相互沟通，增进理解，从相互理解中可以相互借鉴，取长补短，促进各自对人权的追求。中国在国际人权领域的主要目的，是了解国际人权规范，学习其他国家在人权保障方面的经验，并结合中国情况进行研究。中国开展的国际人权交流呈现出多种多样的形式，主要包括来访与访谈，举办国际人权研讨会，开展国际人权对话，出访，以及回击少数西方国家对中国人权状况的恶意攻击。①

2. 人权理念在中国的本土化过程

“人权”概念来源于西方国家，随着全球化过程进入中国。人权理念在中国经历了本土化的过程，在这一过程中逐步实现了四个结合，即将人权理念与中国的传统文化、当代治国理念、现实改革要求以及所面临问题相结合。

儒家的封建传统，如纲常名教等等，与现代人权是格格不入的，但儒学本身是一个矛盾复合体，全面分析儒家学说，可以看到，并不是所有思想都是与现代人权对立的。其中确有一部分思想、格言从一个侧面凝结了几千年中国人民社会实践的宝贵经验，是具有普遍意义的人民性和民族性的。涉及人们如何处理社会关系的内容，也包含有现代人权思想的萌芽或因素。如历代儒学著作中强调天地之间人为贵、主张爱人，维护人的人格尊严；在处理人际关系中要求己所不欲、勿施于人，推己及人、平等待人；政治应以民为本；把天人合一的思想贯彻到人们的社会关系中，追求“天下为公”，人人平等、彼此和谐共处的“大同世界”的理想，等等。

人权理念与当代中国的治国理念密切结合，不断获得新的阐释。特别是将人权观念与“三个代表”、“以人为本的科学发展观”、“和谐社会”和“依法治国”等当代中国最重要的治国理念联系起来，一方面使人权

① 参见常健：《中国在国际人权领域的学习、交流与合作》，《人权》2013年第1期。

观念得到了更加丰富的阐释；另一方面也为这些治国理念赋予了人权的意味。

当代中国人权理念的发展特别注意针对市场经济体制建设中所出现的各种问题，建立健全相应的人权保障制度，实施适宜的人权保障措施，形成与经济体制改革相适应的人权保障体制。

人权理念在中国的“本土化”过程还与对实际人权案例的处理相联系。其中既包括公民个人权利保障的案例，也包括在重大危机下对大规模群体权利保障的案例。①

3. 人权理念在中国价值体系中地位的提升

人权理念在中国特色社会主义价值体系中的地位呈现出不断提升的趋势。它主要体现为：（1）确认人权是包括中国在内的全人类普遍追求的共同理想；（2）将尊重和保障人权作为全面建设小康社会的重要目标；（3）人权成为宪法原则；（4）人权主体扩大到全体社会成员；（5）人权作为治国理政的基本原则；（6）人权行动纳入国家计划；（7）人权保障纳入法治化轨道。

在现实中，人权价值理念和人权保障要求深入到经济建设、政治建设、文化建设、社会建设、生态文明建设和法治建设各个领域，人权的理论研究广泛开展，全社会的人权意识普遍提高。②

4. 中国人权研究论文所反映的中国特色人权发展道路理念的形成和发展过程

人权研究的学术论文可以从一个侧面反映出中国特色人权发展道路理念的形成和发展过程。对《人权》杂志 11 年来发表的文献所作的分析，可以看到中国特色人权发展道路理念形成和发展过程的如下特征③。

（1）从研究文章的数量来看，对中国人权发展历史背景、各项具体人权和中国特色人权理念研究的文章数量，先后进入峰值区。这在一定程

---

① 参见常健：《人权理念在中国的本土化进程——兼论〈人权〉杂志创刊 10 年的重要贡献》，《人权》2012 年第 6 期。

② 参见常健：《人权理念在中国特色社会主义价值体系中地位的提升——纪念〈人权〉杂志创刊 10 周年》，《人权》2012 年第 5 期。

③ 参见常健：《从〈人权〉杂志 11 年文献看中国特色人权理念的发展与传播》，李君如主编：《中国人权事业发展报告（2013 年）》，社会科学文献出版社 2013 年版。

度上反映了中国人权研究的历史进程和逻辑结构：它起始于对中国人权发展的背景研究，继之而起的是对各项人权的具体研究，在此基础上才形成了对中国特色人权发展道路理念的研究热潮。

（2）在对中国人权发展背景的五个方面研究中，对国外情况的介绍、对治党治国理念中人权意蕴的解析和对现实案例的分析这三个方面在中国特色人权理念的形成中发挥着最为主要的作用。

（3）从涉及各项权利的文章数量排序来看，经济、社会和文化权利与公民权利和政治权利大体受到了同等的关注。从单个权利来看，对公正审判权的关注高居榜首，其后是工作权利、基本生活水准权利、健康权利、社会保障权利和宗教自由权利。

（4）从涉及各类权利主体的文章来看，中国各类特定群体的权利都受到不同程度的关注。对被羁押者权利的关注高居榜首，其后是妇女、未成年人、少数民族、农民工、残疾人和艾滋病感染者和患者的权利。对老年人和刑事犯罪受害者权利的关注程度相对较低。

（5）有关中国特色人权理念的研究文章总量呈现逐波上升的趋势。其中，对中国人权发展历史、中国人权发展理论和中国人权发展道路的研究文章数量在 2008 年、2011 年和 2012 年达到自己的峰值。从变化曲线来看，研究中国人权发展道路和发展理论的文章数量呈现平稳走高的形态，而研究中国人权发展历史的文章数量呈现平稳震荡的形态，并在 2010 年后逐波走低。这在一定程度上反映出对中国特色人权理论和道路的关注日益上升。

（6）在中国特色人权理念的传播方面，国内交流与国际交流大体是平衡的，并且更多地偏重于国内的人权研究、教育、培训和知识普及。但中国在国际传播方面面临着尖锐的挑战。

5. 中国人权研究学术著作所反映的对中国特色人权发展道路理念的理解方式

通过对 2003—2013 年间中国大陆出版的 487 册人权著作的分析，可以发现在对中国特色人权发展道路理念的研究方面呈现以下显著特点[①]：

---

① 参见许尧：《2003—2013 年中国大陆出版的人权著作分析报告》，李君如主编：《中国人权事业发展报告（2014 年）》，社会科学文献出版社 2014 年版。

（1）从对人权研究著作的总量趋势上来看，以人权为核心主题的著作数量总体上保持了稳定，并略有增长。

（2）从对不同权利的研究上来看，研究更倾向于将人权作为一个整体的范畴来进行理论探索和实践探究，对具体权利的研究相对不足，尤其是对经社文权利的研究十分不足。

（3）从不同学科视角的分布上来看，法学的研究最为活跃，也相对较为成熟。除法学外，相对活跃的学科还包括政治学、哲学、社会学、公共管理学等。

（4）从对研究路径的选择上来看，社会科学研究的基本方法在人权相关研究中多数都有比较明显地使用，研究路径的选择和学科具有较强的关联度。从总体上来看，对人权问题的研究，定性的方法、规范的方法运用较多，定量的方法、实证的方法相对较少。

（5）从人权著作的出版上来看，出版社的构成比较多样化，其中法律出版社出版的人权著作最多，中国社会科学出版社出版的人权著作单册引用率最高。

（6）从人权著作受资助的情况上来看，资助主体具有多元化的特点，其中，高校内部资助的册数是最多的，相对而言，国家社科项目和教育部项目的资助从著作数量上看并不突出。

## 三　中国人权法治保障体系的特色

中国人权保障方式的一个重要特色，就是包括法律保障和政策保障两个层次，二者相互依赖、相互补充。

中国人权法治保障体系的特点可以从以下几个方面加以概括：

1. 中国人权法律保障体系的结构和特点

中国人权法律保障体系的主要特征是：（1）主体上的普遍性；（2）范围上的广泛性；（3）享有上的公平性；（4）体系上的开放性；（5）视野上的国际性。

中国人权法律保障体系在构成上包括：（1）宪法确认：将“国家尊重和保障人权”作为基本宪法原则之一，并明确公民享有的各项基本权利；（2）实体法具体化：各种实体法将各项人权确认为实体性法律权利，为人权的保障提供充分的法律依据；（3）程序法规定：为人权遭受侵犯提供有效的救济机制。

中国人权法律保障体系在层次上包括：（1）宪法和国家法律；（2）国务院法规；（3）地方法规；（4）国务院各部门规章；（5）地方政府规章。宪法确立国家尊重和保障人权的原则性条款，并系统设定各项基本权利。各项国家法律具体规定每个人所享有的具体权利，禁止对各项人权的侵犯，并规定对侵犯人权的救济措施。国务院法规为实施国家人权保障法律制定具体细则，地方人权保障法规为国家人权保障法律在本地的实施制定具体细则，积极回应经济和社会发展对于人权保障的要求，为国家立法提供先行经验。国务院各部门规章为国务院人权保障法规在本部门的实施制定具体细则。地方政府规章为实施地方人权保障法规和国务院人权保障法规制定具体细则。①

2. 中国人权法律保障发展过程的特点

通过对中国宪法、刑法、劳动法、刑事诉讼法和行政诉讼法发展过程的分析，可以看到中国人权法律保障的发展过程呈现出以下特点：（1）对人权的宪法和法律保障经历了一个逐步的发展和完善过程；（2）改革开放和社会主义市场经济的建立为完善人权的法律保障提供了强大的动力；（3）“国家尊重和保障人权”的宪法原则对人权的法律保障产生重大和深远的影响；（4）执政党的决定和国家人权行动计划对完善人权法律保障起到重要的推动作用。

3. 中国人权司法保障体系的结构和特点

中国人权司法保障体系在结构上主要包括从刑事诉讼法、行政诉讼法、民事诉讼法和司法制度建设。

中国人权司法保障体系的主要特点是：（1）人权司法保障体系主体的多元化；（2）人权司法保障的内容逐渐扩大；（3）司法政策在人权司法保障体系中发挥重要指导作用；（4）重大案件对人权司法保障发展起着重大推动作用。

4. 依法治国背景下人权保障四类规范的相互关系及其协调机制

人权保障规范的形态从制定主体角度大体可以分为四类：法律规范、

① 参见常健：《论人权保障的四类规范及其相互关系》，《现代法学》2015 年第 2 期。

行政规范、社会规范和执政党规范。①

从中国人权保障的现实来看，法律规范、行政规范、社会规范和执政党规范同时存在，并在保障功能和范围上各有侧重。人权保障法律规范的主要功能是确立基本人权、禁止对人权的侵犯、设定对侵犯人权的救济；人权保障的行政规范的主要功能是规定政府采取怎样的行政措施来提供条件促进人权的实现。人权保障的社会规范的主要功能是各社会组织对自己成员的人权保护责任，以及自己所从事的人权保障领域的工作职责和要求；执政党规范则对防止党员干部侵犯公民权利发挥着重要作用。

改革开放之前，中国的人权保障规范是以执政党规范和行政规范为主要形式。改革开放后，人权保障的行政规范相比执政党规范增加得更快，成为人权保障更主要的规范形式。20 世纪 90 年代末，中国将中国特色社会主义法律体系建设提到重要的议事日程，2011 年中国特色社会主义法律体系的形成，标志着人权保障的法律规范成为人权保障规范的主要形式。2014 年 10 月举行的中共十八届四中全会将全面推进依法治国作为研究主题，通过了《中共中央关于全面推进依法治国若干重大问题的决定》，这意味着法律规范不仅是国家治理的主要规范形式，而且将成为主导规范形式。

法律规范地位的提升将使四类治理规范的结构关系发生深刻变化。需要注意的是，法律规范成为人权保障的主导形式，并不意味着用法律规范完全代替其他规范，而是要在加强人权保障法律规范建设的同时，强化人权法律规范对其他规范的制约，完善法律规范与其他规范之间的联系。为了实施这一目标，需要建立和完善四个机制：（1）人权法律规范的适时转变机制；（2）人权法律实施的监督检查机制；（3）其他人权规范的细化补充机制；（4）其他人权规范的合法性审查机制。

## 四　中国人权政策保障体系的特色

中国人权政策保障体系，是中国人权发展道路的重要形式和内容。②

---

① 同上。

② 参见常健：《科学理解和把握中国人权保障政策》，《理论探索》2013 年第 5 期。

1. 中国人权政策保障的形式、特点、作用和优劣势

中国人权政策保障的具体形式包括制定和实施国家人权行动计划，发布人权保障的指导意见、规定、办法和通知，开展打击侵犯人权的专项行动，以及建立人权保障机制。

中国人权政策保障过程的主要特点是民间最初发动、媒体跟踪报道、政府危机回应、政策措施先行、地方先试先行、形成统一政策。

在内容上，中国人权政策保障以经济、社会和文化权利的保障为主要内容，各种特定群体为保障的最重要主体，有关公民权利和政治权利的政策带有更多的探索和试验性质。

在中国，人权政策保障是人权法律保障的先行者、补充者和具体化。与人权保障法律相比，其优势是针对性强、提供及时、灵活易调；其局限性是不易实现平等保障，保障水平不易均衡，各种人权政策之间经常会缺乏一致性，不易实现对人权保障的稳定预期。

2. 人权保障政策的在中国人权保障中的地位和发展趋势

与一些发达国家相比，中国现阶段的人权政策保障相对占有更重要的位置，发挥着更为重要的作用。其主要原因是：（1）中国幅员辽阔，各地情况差异巨大，情况复杂；（2）中国正处于一个重要的社会转型期，社会变化幅度显著增大，速度明显加快；（3）中国近30多年来，主要处于改革过程的解冻阶段和变革阶段，还没有完全进入再冻阶段。

对中国人权保障政策的未来发展大体可以作出以下三个判断。第一，中国幅员辽阔、各地发展不均衡、情况复杂的基本国情不会出现大的变化，只要单一制的国家体制不出现根本性的变化，那么以法律的方式对全国的人权保障方式作出统一规范，其内容和范围的适用性就仍然会受到较大的限制。在这个意义上，对人权的政策保障在中国仍然会发挥较为重要的作用，而不仅仅是一个权宜之计。第二，随着中国社会转型的逐步完成，社会的结构性变化幅度会不断缩小，变化的速度会相对放缓，这会使以法律的方式对人权作出相对稳定和持续的保障提供更适合的条件，从而使对人权的政策保障的救急功能的需求相对降低。在这个意义上，作为救急措施的人权保障政策的作用会显著降低。第三，随着中国特色社会主义法律体系的建立和不断健全，对法律临时替代者和协调者的需求也会不断减弱。在这个意义上，作为人权法律保障的临时替代者和临时协调者的人

权政策保障的地位肯定会相应降低。

## 五　中国与发达国家人权发展道路的比较

### 1. 中国与发达国家人权发展道路的不同特点

从人权发展史上看，中国与发达国家选择了不同的人权发展道路，并在保障人权的法律和政策上呈现出不同的特点。（1）在人权思想理念的形成与人权法律制度的确立上，发达国家具有自发性和对抗性的特点，而中国从开始就具有共生和谐性的特点；（2）在人权的主体和权利范围上，发达国家经历了从有限的主体和权利范围逐步发展为普遍的主体和权利范围的过程，具有渐进性的特点；而中国作为后发国家没有经历“三代”人权发展演变的过程，从引入和确立人权制度伊始，人权的主体和权利范围就是广泛而普遍的，强调人权应当是社会全体成员的权利，人权是一个权利体系，是各类权利的有机统一。（3）在与国际人权机制的关系上，发达国家的人权保障机制与国际人权机制存在着积极互动，而中国与国际人权机制的互动呈现出明显的阶段性特征。（4）西方发达国家法治先行，宪法和人权有着十分紧密的联系，而中国宪法对于人权保护呈现出一个渐进的过程。（5）西方的人权非政府组织在人权保护机制的形成与发展过程中扮演着极其重要的角色，而中国的人权社会组织起步相对较晚。

### 2. 发达国家人权发展道路的主要影响因素

影响发达国家人权发展道路的主要因素包括：（1）特定历史时期的特定事件；（2）相对完整的法治体系；（3）国际人权机制；（4）社会经济发展水平；（5）非政府组织；（6）人权教育。

### 3. 各个发达国家人权保障道路的不同模式

各个发达国家在人权保障方式上也存在着明显的差异，主要表现在人权保障机关和人权保障实现路径上的差异。

各发达国家在人权保障的价值取向和内容上也各自具有不同倾向，一些国家侧重保护公民和政治权利，而另一些国家更加重视对于经济、社会和文化权利的保障。

### 4. 发达国家人权发展道路对中国的启示

发达国家人权发展道路对中国人权发展有一定的启示：（1）应当注意挖掘本国传统文化中的人权思想，实现人权思想的本土化；（2）市场经济机制和法治保障体制对人权发展具有重要的促进作用；（3）各国人权保障模式并不是单一固定的，而是多元化的；（4）宪法是保障人权的重要法律文件和最重要步骤；（5）国内和国际人权保障机制间需要良性互动；（6）特定时期重大历史案件对于人权保障具有重要促进作用；人权教育理念的传播和普及对人权保障具有重要意义。

### 六　中国与其他发展中国家人权发展道路的比较

从人权思想和实践的角度看，发展中国家一方面在人权主体、人权保护的内容方面具有共同的认识；另一方面则因政治制度、经济发展水平、历史文化背景的不同而形成了不同的人权发展道路。

#### 1. 发展中国家对战后人权新概念的贡献

发展中国家对战后人权新概念的提出发挥了重要的推动作用，这些新概念包括生存权、和平权、自决权、发展权、平等权、环境权、共同继承财产权等。

#### 2. 发展中国家人权发展道路的特点

发展中国家人权发展道路的主要特点是：（1）在人权主体上，发展中国家强调，人权主体不仅是个人，还包括集体的人，如国家、民族等；（2）在人权内容的理解上，发展中国家主张，经济、社会和文化权利同公民和政治权利一样是人权不可分割的一部分，是人权保障的两个重要方面，应予以同样的重视；发展中国家强调，国家和政府在推进人权保障事业中应该发挥积极作用。

#### 3. 各发展中国家人权发展道路的异同

发展中国家之间在政治制度、经济发展水平、人口规模、国土幅员、历史文化等方面又具有非常大的差异，从而在人权发展道路上也是迥然相异。从区域划分的角度来看，亚洲、非洲和拉丁美洲国家一方面在强调生存权、和平权、发展权、自决权、环境权等集体人权方面，表达了共同的人权思想，推行了相似的人权实践；另一方面，亚洲、非洲和拉丁美洲国家之间在人权思想和人权发展道路上也体现出一些区域特点。

亚洲地区的国家众多，民族文化多样性非常突出，对人权的认识和实践存在明显的差异。东亚地区以儒家文化为核心，其人权思想和实践就带有浓厚的儒家文化的烙印。在西亚国家，伊斯兰文化则居于主流地位，它们同样形成了自己鲜明的人权思想和实践。在南亚和东南亚，佛教文化源远流长，从而形成了自己独特的人权观念和实践。

在非洲地区，文化多样性体现得尤为突出。在北部非洲，绝大部分国家深受伊斯兰文化的影响，在人权思想和实践上与西亚的阿拉伯国家相似。在撒哈拉沙漠以南地区，即所谓的“黑非洲”地区，当地的黑人文化与伴随殖民主义而来的西方天主教或基督教文化相结合，形成了独特的黑非洲文化。非洲国家的人权思想和人权发展道路一方面与亚洲国家之间存在着相似之处；另一方面则具有其鲜明的区域特点。第一，非洲的人权思想特别强调权利与义务的统一；第二，非洲国家强调个人权利不能超越现行法律；第三，非洲国家高度肯定“人权不可分割”的基本原则；第四，非洲国家格外强调“生存权”、“民族自决权”和“发展权”等集体人权的重要性。

拉丁美洲在文化和发展阶段上的独特性，使其人权发展道路也有一些独特特征：（1）拉丁美洲国家在文化上以西方天主教文化为核心，它很容易接受西方国家关于人权的基本观点，强调公民个人的自由、民主和权利。（2）拉丁美洲国家对发展权作为一项人权的形成和发展作出了重要贡献，也特别强调发展权的重要性。拉丁美洲国家提出了公民权利和政治权利与经济和文化权利之间互相依赖和不可分割的原则思想，但对前者的强调显然大于后者。（3）拉丁美洲国家提出了公民权利和政治权利与经济和文化权利之间互相依赖和不可分割的原则思想，但对前者的强调显然大于后者。（4）拉丁美洲国家非常重视国家（政府）和联合国等国际组织在人权问题上的作用。（5）拉丁美洲国家在坚持自己的文化传统的同时，承认世界文化多样性的存在，明确表达了尊重多元性的基本原则。

4. 中国与其他发展中国家在人权发展道路上的差异

中国当下已经是仅次于美国的世界第二大经济体，但按照人均收入来划分，仍然属于发展中国家，因而是世界上最大的发展中国家。与此同时，中国又是世界上最大的社会主义国家，与众多的发展中国家和地区在意识形态、政治制度、发展规模和社会文化、历史背景等方面，存在着很大的差别。因此，中国与其他发展中国家相比，在人权发展道路上同样存在共同性和差异性。

中国与其他发展中国家在人权发展道路上的共同点主要表现在：

(1) 在人权的性质上，都强调人权普遍性与特殊性的统一；(2) 在人权主体上，都强调人权主体不仅是个人，还包括集体的人，如国家、民族等。(3) 在人权内容上，都主张经济、社会和文化权利同公民和政治权利一样是人权不可分割的一部分，是人权保障的两个重要方面，应予以同样的重视。(4) 在人权保护中个人与国家关系上，都强调国家和政府在推进人权保障事业中应该发挥积极作用。

中国与其他发展中国家在人权发展道路上的差异性主要表现在：(1) 指导理论不同；(2) 执政党和政府重视程度不同；(3) 所立足的国情不同；(4) 对权利与义务关系强调的重点不同；(5) 国家权力与公民权利之间的关系不同。

### 七 国际社会对中国特色人权发展道路及其成就的评价

从中国参加联合国人权定期审议的过程和三次高票当选人权理事会成员的过程来看，中国特色人权发展道路及其取得的人权保障成就得到了世界大多数国家的肯定。肯定涉及的主要方面依次为制度和立法建设，经济、社会和文化权利保障，公民权利和政治权利保障，特定群体权利保障，人权教育，国际人权合作。①

从对中国人权发展提出关切的国家的国别分析，发达国家明显偏向强调公民权利和政治权利，而发展中国家则比较平衡地注重各种权利的保障。

在得到肯定的方面，经济、社会和文化权利的保障状况占据了最大的比例。在被关切的方面，公民权利和政治权利占据了超过2/3的比例。在收到建议方面相对均衡，但公民权利和政治权利方面仍占到最大比例，紧接其后的是加入人权公约、特定群体权利和经济、社会和文化权利。

## 第二节 有待进一步研究的问题

本课题研究虽然要告一段落，但并未就此结束。一方面，由于时间的

---

① 参见常健：《2013年中国接受联合国定期审议记述》，李君如主编：《中国人权事业发展报告（2014年）》，社会科学文献出版社2014年版。

限制，还有许多问题有待进一步深入研究；另一方面，中国人权事业还在突飞猛进地发展，我们的研究总是滞后于人权实践的步伐。在这个意义上说，我们的研究只是初步的尝试和探索，还有待进一步的拓展和升华。

就我们目前的认识来说，在以下方面的问题还需要进一步深入和具体研究。

## 一 关于中国特色人权发展道路本身的研究

就中国特色人权发展道路本身的研究来说，尚有以下问题有待深入研究：

（1）如何根据中国人权发展道路的实践建立具有中国特色的人权理论体系？

（2）在全面推进依法治国方略的背景下，如何协调和完善各类人权保障规范之间的关系？

（3）如何建立健全适合中国国情的人权保障机构？

（4）如何建立评估中国各地区和整体人权发展状况的具体指标和指数体系？

（5）中国人权事业发展的内生动力是什么？会受到哪些因素的限制？

（6）国际压力对中国人权事业发展产生了怎样的影响？

（7）如何总结和概括中国人权发展的成功经验？

（8）如何将人权知识和能力的培训融入公务人员的日常培训中？

（9）如何将人权知识教育融入中小学教育和课程中？

## 二 关于人权发展道路的比较研究

在中国人权发展道路与其他国家人权发展道路的比较方面，还有以下问题有待更深入研究：

（1）发展阶段、文化差异和社会制度对人权发展道路的选择具有何种程度的影响？

（2）中国作为一个正在快速发展的发展中国家，与其他发展中国家在人权发展道路的选择上有哪些共同点？造成这些共同点的深层原因是什么？

（3）中国与其他发展中国家在人权发展道路的选择上有哪些不同点？形成这些不同点的原因是什么？

（4）其他发展中国家人权发展的实践中有哪些值得中国学习和借鉴的方面？

（5）中国与发达国家在人权发展道路的选择上有哪些共同点，造成这些共同点的原因是什么？

（6）中国与发达国家在人权发展道路上的不同点是什么，形成这些不同点的原因是什么？

（7）发达国家人权发展实践中有哪些值得中国学习和借鉴的方面？

### 三　关于中国特色人权发展道路的国际影响

（1）中国特色人权发展道路在哪些方面对其他国家具有启发和借鉴意义？

（2）面对人权理解的多元文化分歧，如何使中国特色的人权理念能够为其他国家所理解？

（3）面对人权发展道路的国别和地区差异，如何使中国特色人权发展道路能够被其他国家理解和借鉴？

（4）中国如何在国际人权领域发挥更主导的作用？

本项对中国特色人权发展道路的研究还是非常初步的，仍然存在许多不尽如人意的方面。我们真诚希望得到学术同人的批评和指教，并希望有更多的学者关注这一研究领域，与我们一起将中国特色人权发展道路的研究深入下去。

# 参考文献

## 一　中文著作

1. 埃尔曼著：《比较法律文化》，贺卫方、高鸿钧译，北京：清华大学出版社 2002 年版。

2. 邦雅曼·贡斯当：《古代人的自由与现代人的自由》，上海：上海人民出版社 2003 年版。

3. 常健：《当代中国权利规范的转型》，天津：天津人民出版社 2000 年版。

4. 常健：《人权的理想·悖论·现实》，成都：四川人民出版社 1992 年版。

5. 常凯：《劳权论》，北京：中国劳动与社会保障出版社 2004 年版。

6. 陈波：《马克思主义视野中的人权》，北京：中国社会科学出版社 2004 年版。

7. 陈兴良：《死刑备忘录》，武汉：武汉大学出版社 2006 年版。

8. 程汉大：《大宪章与英国宪法的起源》，《南京大学法律评论》，2003 年秋季号。

9. 茨威格特，H. 克茨：《比较法总论》，潘汉典、米健、高鸿钧、贺卫方译，北京：法律出版社 2003 年版。

10. 达维：《英国法与法国法：一种实质性比较》，潘华仿、高鸿钧、贺卫方译，北京：清华大学出版社 2002 年版。

11. 大沼保昭：《人权、国家与文明：从普遍主义的人权观到文明相容的人权观》，王志安译，北京：生活·读书·新知三联书店 2003 年版。

12. 戴雪：《英宪精义》，雷宾南译，北京：中国法制出版社 2001 年版。

13. 董和平、韩大元、李树忠：《宪法学》，北京：法律出版社 2000 年版。

14. 董云虎、常健主编：《中国人权建设 60 年》，南昌：江西人民出版社 2009 年版。

15. 董云虎、陈振功、王林霞主编：《人权与世界和平》，北京：团结出版社 2007 年版。

16. 冯建仓：《国际人权公约与中国监狱犯罪人权保障》，北京：中国检察出版社 2006 年版。

17. 戈登：《控制国家——西方宪政的历史》，南京：江苏人民出版社 2001 年版。

18. 格林顿、迈克·W. 戈登、保罗·G. 卡罗兹：《比较法律传统》，北京：法律出版社 2004 年版。

19. 龚祥瑞：《比较宪法与行政法》，北京：法律出版社 1985 年版。

20. 郭新宁、徐奔郁著：《从历史走向未来：中国与发展中国家关系析论》，北京：时事出版社 2007 年版。

21. 哈书菊：《人权视域中的俄罗斯行政救济制度》，北京：中国社会科学出版社 2009 年版。

22. 韩大元：《外国宪法》，北京：中国人民大学出版社 2000 年版。

23. 韩大元、莫纪宏：《外国宪法判例》，北京：中国人民大学出版社 2005 年版。

24. 韩云川：《中美人权之争》，银川：宁夏人民出版社 2003 年版。

25. 何华辉：《比较宪法学》，武汉：武汉大学出版社 1988 年版。

26. 何勤华：《法国法律发达史》，北京：法律出版社 2001 年版。

27. 洪国起、董国辉：《透视美国人权外交》，北京：世界知识出版社 2003 年版。

28. 胡锦光：《违宪审查比较研究》，北京：中国人民大学出版社 2006 年版。

29. 胡兴东：《中国古代死刑制度史》，北京：法律出版社 2008 年版。

30. 黄晓亮：《暴力犯罪死刑问题研究》，北京：中国人民公安大学出版社 2008 年版。

31. 黄越钦：《劳动法新论》，北京：中国政法大学出版社 2003 年版。

32. 贾宇：《死刑研究》，北京：法律出版社 2006 年版。

33. 焦洪昌、李树忠：《宪法教学案例研究》，北京：中国政法大学出版社 1999 年版。

34. 考文著：《美国宪法的“高级法”背景》，强世功译，北京：生活·读书·新知三联书店 1996 年版。

35. 劳森：《人权百科全书》，汪弥、董云虎等译，成都：四川人民出版社 1997 年版。

36. 李步云：《论人权》，北京：社会科学文献出版社 2010 年版。

37. 李步云：《宪法比较研究》，北京：法律出版社 1998 年版。

38. 李君如主编：《中国人权事业发展报告（2011）》，北京：社会科学文献出版社 2011 年版。

39. 李树忠：《宪法学案例教程》，北京：中国政法大学出版社 1999 年版。

40. 李卫海：《紧急状态下的人权克减研究》，北京：中国法制出版社 2007 年版。

41. 李云龙、张妮妮：《民主·自由·人权·正义》，郑州：河南人民出版社 2002 年版。

42. 林喆：《当代中国人权保障法律制度研究》，济南：山东人民出版社 2007 年版。

43. 刘楠来主编：《发展中国家与人权》，成都：四川人民出版社 1994 年版。

44. 卢建平等：《国际人权公约与中国刑事法律的完善》，北京：中国人民公安大学出版社 2010 年版。

45. 路易斯·亨金、阿尔伯特·J. 罗森塔尔：《宪政与权利》，北京：生活·读书·新知三联书店 1996 年版。

46. 罗贝尔·巴丹戴尔：《为废除死刑而战》，罗结珍、赵海峰译，北京：法律出版社 2003 年版。

47. 马松建：《死刑司法控制研究》，北京：法律出版社 2006 年版。

48. 玛雅：《美国的逻辑：意识形态与内政外交》，北京：中国经济出版社 2011 年版。

49. 苗贵山：《马克思恩格斯人权理论及其当代价值》，北京：人民出版社 2007 年版。

50. 莫纪宏：《国际人权公约与中国》，北京：世界知识出版社 2005 年版。

51. 莫纪宏：《违宪审查的理论与实践》，北京：法律出版社 2006 年版。

52. 莫纪宏：《宪法审判制度概要》，北京：中国人民公安大学出版社 1998 年版。

53. 谭世贵主编：《国际人权公约与中国法制建设》，武汉：武汉大学出版社 2007 年版。

54. 汤恩佳：《论儒家的人权思想》，载陈启智主编：《儒家传统与人权·民主思想》，济南：齐鲁书社 2004 年版。

55. 唐健飞：《国际人权公约与和谐人权观》，北京：社会科学文献出版社 2010 年版。

56. 唐纳利：《普遍人权的理论与实践》，王浦劬等译，北京：中国社会科学出版社 2001 年版。

57. 汪习根：《法治社会的基本人权》，北京：中国人民公安大学出版社 2002 年版。

58. 吴忠希：《社会主义与人权》，上海：学林出版社 2007 年版。

59. 吴忠希：《中国人权思想史略》，上海：学林出版社 2004 年版。

60. 谢建社：《中国农民工权利保障》，北京：社会科学文献出版社 2009 年版。

61. 熊红文：《死刑密码：以是个死刑犯为视角》，北京：法律出版社 2009 年版。

62. 徐显明：《国际人权法》，北京：中国政法大学出版社 2004 年版。

63. 徐显明主编：《人权研究》（第 1—14 卷），济南：山东人民出版社 2001—2014 年版。

64. 杨成铭：《人权保护区域化的尝试：欧洲人权机构的视角》，北京：中国法制出版社 2000 年版。

65. 杨文革：《死刑演变要略》，北京：中国人民公安大学出版社 2011 年版。

66. 杨宇冠主编：《联合国人权公约机构与经典要义》，北京：中国人民公安大学出版社 2005 年版。

67. 曾庆敏：《老年人权益保障与社会发展》，北京：社会科学文献出版社 2008 年版。

68. 张驰：《人权观差异与中欧关系》，北京大学博士论文，2008 年。

69. 张东：《人权理论若干重大问题研究》，中共中央党校博士论文，2009 年。

70. 张宏毅：《意识形态与美国对苏俄、中国的政策》，北京：人民出版社 2011 年版。

71. 张华：《欧洲联盟对外关系中的“人权条款”问题探究》，北京：法律出版社 2010 年版。

72. 张庆福：《宪法论丛》（第 1 卷），北京：法律出版社 1988 年版。

73. 张文：《十问死刑：以中国死刑文化为背景》，北京：北京大学出版社 2006 年版。

74. 张远煌：《中国非暴力犯罪死刑限制与废止研究》，北京：法律出版社 2006 年版。

75. 赵宝云：《西方五国宪法通论》，北京：中国人民公安大学出版社 1994 年版。

76. 赵秉志：《死刑改革探索》，北京：法律出版社 2006 年版。

77. 赵秉志：《死刑改革研究报告》，北京：法律出版社 2007 年版。

78. 赵秉志：《死刑个案实证研究》，北京：中国法制出版社 2009 年版。

79. 赵秉志、威廉·夏巴斯：《死刑立法改革专题研究》，北京：中国法制出版社 2009 年版。

80. 郑杭生、谷春德主编：《马克思主义人权理论与实践》，北京：中国检察出版社 1997 年版。

81. 中国人民大学宪政与行政法治研究中心：《宪政与行政法制探索——许崇德教授执教五十周年庆典暨二十一世纪中国宪政研讨会文集》，北京：中国人民大学出版社 2005 年版。

82. 中国人民大学宪政与行政法治研究中心：《宪政与行政法治研究——许崇德教授执教五十年贺文集》，北京：中国人民大学出版社 2003 年版。

83. 中国人权研究会编：《东方文化与人权发展》，北京：东方出版社2004年版。

84. 中国人权研究会编：《人权与和谐世界》，北京：团结出版社2007年版。

85. 中国人权研究会编：《新世纪中国人权》，北京：团结出版社2007年版。

86. 中国人权研究会编：《中国改革开放与人权发展30年》，北京：人民日报出版社2009年版。

87. 中国人权研究会编：《中国人权年鉴（2000—2005）》，北京：当代世界出版社2007年版。

88. 钟瑞添：《当代中国与人权》，桂林：广西师范大学出版社1998年版。

89. 周琪：《人权与外交：人权与外交国际研讨会论文集》，北京：时事出版社2002年版。

90. 朱晓青：《欧洲人权法律保护机制研究》，北京：法律出版社2003年版。

91. 邹永贤、俞可平、骆沙舟、陈炳辉：《现代西方国家学说》，福州：福建人民出版社1993年版。

## 二 中文论文

1. 白建军：《死刑适用实证研究》，《中国社会科学》，2006（5）。

2. 布庆荣、乌日丽歌：《美国式民主、自由、人权——美国对外输出的价值观》，《呼伦贝尔学院学报》，2007（2）。

3. 常健：《价值内涵与实现方式》，《人权》，2011（1）。

4. 常健：《新时期中国人权发展的挑战与战略选择》，《人权》，2010（4）。

5. 陈兴良：《死刑存废之应然与实然》，《法学》，2003（4）。

6. 陈暄：《关于人权的比较分析——基于两个公约和中国〈宪法，法制与社会〉》，2009（3）。

7. 董云虎：《西方对中国人权认知的偏差及其原因》，《人权》，2010（5）。

8. 冯彦君：《劳动权的多重意蕴》，《当代法学》，2004（2）。

9. 冯卓然：《以人为本与社会主义人权建设》，《中共天津市委党校学报》，2005（4）。

10. 傅思明：《欧洲人权公约对英国司法审查制度的影响》，《法学杂志》，2001（4）。

11. 高铭暄：《略论中国刑法中的死刑替代措施》，《河北法学》，2008（2）。

12. 高铭暄：《我国的死刑立法及其发展趋势》，《法学杂志》，2004（1）。

13. 高铭暄、苏惠渔、于志刚：《从此踏上废止死刑的征途》，《法学》，2010（9）。

14. 龚柏华、刘军：《从 WTO 和人权国际保护角度评在中国推展 SA-SOOO 标准》，《比较法研究》，2005（1）。

15. 谷春德：《30 年来的中国人权理论研究与创新》，《高校理论战线》，2009（2）。

16. 谷春德：《关于建构中国特色社会主义人权理论体系的几点思考》，《人权》，2011（1）。

17. 谷盛开：《美洲区域性人权机制研究》，国家社会科学基金项目，青年项目，编号：04CFX025。

18. 郭道晖：《人权六十年：从否定到回归》，《炎黄春秋》，2011（4）。

19. 何海波：《没有宪法的违宪审查——英国故事》，《中国社会科学》，2005（2）。

20. 何志鹏：《人权国际化基本理论研究》，吉林大学博士论文，2004。

21. 贺志军：《论我国死刑改革的罪行选择及民意引导》，《中国刑事法杂志》，2009（1）。

22. 胡芬：《我国政府职能转变与对劳动权的保护》，《法学评论》，2009（3）。

23. 黄枬森、云翔：《挖掘中国传统文化中的人权思想》，《人权》，2002（5）。

24. 姜涛：《全球化时代中国废除死刑的发展路径》，《环球法律评论》，2007（3）。

25. 金永丽：《从贱民问题的解决看印度的人权政策》，《烟台大学学报》，2006（2）。

26. 黎尔平：《人权及中国人权模式》，《学术界》，2011（2）。

27. 李交发：《死刑存废之法律文化透视》，《法学评论》，2004（6）。

28. 李树忠：《1998年〈人权法案〉及其对英国宪法的影响》，《比较法研究》，2004（4）。

29. 李雄：《劳动者公平分享改革发展成果的困境与出路》，《河北法学》，2009（5）。

30. 铃木敬夫：《亚死刑废除论考》，李桦佩译，《太平洋学报》，2007（9）。

31. 柳华文：《论人权在中国的主流化与本土化》，《学习与探索》，2011（4）。

32. 卢建平：《加强对民生的刑法保护——民生刑法之提倡》，《法学杂志》，2010（12）。

33. 罗豪才：《人权保障的"中国模式"》，《人权》，2009（6）。

34. 蒲俜：《中国对外关系中的人权政策》，《教学与研究》，2004（9）。

35. 齐延平：《和谐人权——中国精神与人权文化的互济》，《法学家》，2007（2）。

36. 齐延平：《论中国人权精神的建设》，《文史哲》，2005（3）。

37. 秦正为：《马克思主义人权理论及其中国实践》，《学术界》，2010（9）。

38. 秦宗文：《中国控制死刑的博弈论分析——以最高人民法院行使死刑复核权为背景》，《法商研究》，2009（1）。

39. 上官丕亮：《废除死刑的宪法学思考》，《法商研究》，2007（3）。

40. 沈雅梅：《二十世纪九十年代以来中国国际人权政策及其演变》，《国际问题研究》，2004（1）。

41. 孙宇：《人权视野下的欧盟公民自由流动权》，《北京大学研究生学志》，2005（2）。

42. 唐开元：《人权视野下的劳动权》，《湖南科技学院学报》，2009（5）。

43. 万鄂湘、陈建德：《〈欧洲人权公约〉与欧洲人权机构》，《法学评论》，1995（5）。

44. 王达全、谢昌荣：《论有中国特色人权发展道路的特点》，《南方冶金学院学报》，2002（3）。

45. 王恒：《西方人权的政治属性对我国人权法律化的影响》，《前沿》，2011（14）。

46. 王林霞：《浅谈中国人权发展的独特模式及其经验意义》，《人权》，2009（1）。

47. 王旭、劳动：《政治承认与国家伦理——对我国〈宪法〉劳动权规范的一种阐释》，《中国法学》，2010（3）。

48. 王展鹏：《主权话语与制度变迁：欧洲一体化背景下的英国宪法司法化》，《欧洲研究》，2004（4）。

49. 吴双全、申伟：《"人权与中国传统"论争中的若干前设反思》，《甘肃社会科学》，2009（3）。

50. 徐显明：《和谐权：第四代人权》，《人权》，2006（2）。

51. 徐显明、齐延平：《中国人权制度建设的五大主题》，2002（4）。

52. 薛进文：《中国高等教育的发展对人权事业的贡献》，《人权》，2009（5）。

53. 杨炼：《论工作权的国际标准及在中国的实现》，《求索》，2009（3）。

54. 张宏毅、茹莹：《"美国病"和人权——美国等西方国家书刊摘编》，《高校理论战线》，1992（5）。

55. 张明楷：《刑法学者如何为削减死刑作贡献》，《当代法学》，2005（1）。

56. 赵新元：《新时期中国人权发展的三个阶段》，《人权》，2009（5）。

57. 中国政法大学人权所、浙江大学法学院：《国家人权机构与少数者权利保护》，《国际学术动态》，2009（5）。

58. 周业安等：《中国转型时期的劳动权评价》，《管理世界》，2007

(10)。

59. 周叶中、杨蓉：《论人权保障的逻辑进程》，《人权》，2010（5）。

60. 朱应平：《论我国公民平等工作权的宪法保护》，《法学》，2002（8）。

## 三 英文文献

1. Agosín, Marjorie, *Writing toward Hope: the Literature of Human Rights in Latin America*. New Haven: Yale University Press, 2007.

2. Al – Marzouqi, Ibrahim Abdulla, Human Rights in Islamic Law (3rd edition), Abu Dhabi – U. A. E., 2005.

3. Alrer, Karen J., *Establishing the Suppemary of European Law: The Making of an International Rule of Law in Europe*, Oxford University Press, 2001.

4. Antonio, Manuel, "*Human Rights in Processes of Democratisation*", Journal of Latin American Studies, Feb. 1994, Vol. 26 Issue 1, pp. 221 – 235.

5. Balducci, Giuseppe, *The Limits of Normative Power Europe in Asia: The Case of Human Rights in China*, East Asia, 2010, Volume 27, Number 1, pp. 35 – 55

6. Bell, John, *French Constitutional Law*, Clarendon Press, Clarendon Press. Oxford, 1992.

7. Bobbitt, Philip, *Constitutional Fate*, Oxford, University Press, 1982.

8. Brysk, Alison, *From Tribal Village to Global Village: Indian Rights and International Relations in Latin America*. Stanford: Stanford University Press, 2000.

9. Cardenas, Sonia, *Norm Collision: Explaining the Effects of International Human Rights Pressure on State Behavior*, International Studies Review, Vol. 6, No. 2 (Jun., 2004), pp. 213 – 231.

10. Carozza, Paolo G. "*From Conquest to Constitutions: Retrieving a Latin American Tradition of the Idea of Human Rights*", Human Rights Quarterly, May 2003, Vol. 25 Issue 2, pp. 281 – 313.

11. Chang Jian. China' s Housing Security System and Housing Rights Security for Citizens, *Human Rights*, 2008 (3)。

12. Coppel, Jason, *The Human Rights Act 1998: enforcing the European Convention in the domestic courts*, John Wiley, 1999.

13. DeBrito, Alexandra Barahona, *Human Rights and Democratization in Latin America: Uruguay and Chile.* Oxford: Oxford University Press, 1997.

14. Dickson, Brice, ed., *Human rights and the European Convention: the effects of the Convention on the United Kingdom and Ireland*, Sweet & Maxwell, 1997.

15. Dong Yunhu, Chen Zhengong, Wang Linxia. *Human Rights and Harmonious World*, Beijing: Unity Press, 2007.

16. Dong Yunhu, Chen – Zhengong. *Development, Security and Human Rights*, China Intercontinental Press, 2009.

17. Donnelly, Jack. *Universal Human Rights in Theory and Practice.* Ithaca: Cornell University Press, 1989.

18. Douglas – Scott, Sionaidh, *Constitutional Law of the European Union*, Pearson Educaton Limited, 2002.

19. Farh, Jiing – Lih, Chen – Bo Zhong and Dennis W. Organ. *Organizational Citizenship Behavior in the People' s Republic of China.* Organization Science, Vol. 15, No. 2 (Mar. – Apr., 2004), pp. 241 – 253.

20. Fenwick, Helen, *Civil Liberties and Human Rights* (third edition), Cavendish Publishing Limited, 2002.

21. Foley, Conor, Human Hights, *Human Wrongs: the Alternative Report to the United Nations Human Rights Committee*, Rivers Oram Press, 1995.

22. Fong, Vanessa L., *China' s One – Child Policy and the Empowerment of Urban Daughters*, American Anthropologist, New Series, Vol. 104, No. 4 (Dec., 2002), pp. 1098 – 1109.

23. Garwood – Gowers, Austen, *Healthcare Law: the Impact of the Human Rights Act* 1998, Cavendish, 2001.

24. Gearty, C. A. *Principles of Human Rights Adjudication*, Oxford University Press, 2004.

25. Great Britain. *Foreign and Commonwealth Office*, Human rights in Britain, Foreign and Commonwealth Office, 1992.

26. Griffith, Ivelaw L. and Bethy N. Sedoc – Dahlberg, eds. , *Democracy and Human Rights in the Caribbean*, *Boulder*: Westview Press, 1997.

27. Guan Xinping, *Equal rights and soc Equal rights and social inclusion*: *Actions for improving welfare access by rural migrant workers in Chinese cities*, China Journal of Social Work, V. 1 No. 2, July 2008.

28. Gunther, Gerald, Kathleen M. Sullivan, *Constitutional Law*, the Foundation Press, Inc. , 1997.

29. Holland, Kenneth M. , *Judicial Activism in Comparative Perspective*, 1991, St. Martin' s Press, Inc. , 1991.

30. Hollander, Nancy Caro, "*The Gendering of Human Rights*: *Women and the Latin American Terrorist State*", Feminist Studies, Spring 1996, Vol. 22 Issue 1, pp. 41 – 80.

31. Jackson, Donald Wilson, *The United Kingdom confronts the European Convention on Human Rights*, University Press of Florida, 1997.

32. Kinley, David, *The European Convention on Human Rights*: *Compliance without Incorporation*, Dartmouth, 1993.

33. Klug, Francesca, *The three pillars of liberty*: *political rights and freedoms in the United Kingdom*, Routledge, 1996.

34. Koopmans, Tim, *Courts and Political Institutions*: *A Comparative View*, Cambridge University Press, 2003.

35. Lernoux, Penny, *Cry of the People*: *the Struggle for Human Rights in Latin America—the Catholic Church in Conflict with U. S. Policy.* New York: Penguin Books, 1982.

36. Lester, Anthony, *Democracy and individual rights*, Fabian Society, 1969.

37. Markesinis, Basil S. ed. , *The impact of the Human Rights Bill on English law*, Oxford University Press, 1998.

38. Misgeld, Dieter, "*Human Rights and Education*: *Conclusions from some Latin American Experiences*", Journal of Moral Education, 1994, Vol. 23

Issue 3, pp. 239 – 250.

39. Moravcsik, Andrew. "*The Origin of Human Rights Regimes: Democratic Delegation in Postwar Europe*", International Organization, Vol. 54, No. 2, pp. 217 – 252, 2000.

40. Palley, Claire, *The United Kingdom and Human Rights*, Sweet&Maxwell, 1991.

41. Park, Han S. *Correlates of Human Rights: Global Tendencies*, Human Rights Quarterly, Vol. 9, No. 3 (Aug., 1987), pp. 405 – 413.

42. Peerenboom, Randall, *Law and Development of Constitutional Democracy: Is China a Problem Case?* Annals of the American Academy of Political and Social Science, Vol. 603, Law, Society, and Democracy: Comparative Perspectives (Jan., 2006), pp. 192 – 199.

43. Risse, Thomas, Stephen Ropp, and Kathryn Sikkink eds. *The Power of Human Rights: International Norms and Domestic Change.* New York: Columbia University Press, 1999.

44. Robertson, Geoffrey, Freedom, *the individual and the law*, Penguin, 1989.

45. Schoultz, Lars, *Human Rights and United States Policy toward Latin America*, Princeton University Press, 1981.

46. Shapiro, Martin and Alec Stone Sweet, *On Law*, Politics and Judicialization, Oxford, University Press, 2002.

47. Shorts, Edwin and Clair De Than, *Human Rights Law in the UK*, Sweet&Maxwell, 2001.

48. Shorts, Edwin, *Civil liberties*, Sweet&Maxwell, 1998.

49. Sieder, Rachel, *Multiculturalism in Latin America: Indigenous Rights, Diversity, and Democracy.* Houndmills: Palgrave Macmillan, 2002.

50. Simpson, A. W. B. *Human rights and the end of empire: Britain and the genesis of the European Convention*, Oxford University Press, 2001.

51. Skaar, Elin, *Judicial Independence and Human Rights in Latin America: Violations, Politics*, and Prosecution: The New Middle Ages. Palgrave Macmillan, 2011.

52. Suominen, Kati, U. S. Human Rights Policy toward Latin America. Washington, DC: U. S. Institute of Peace, 2001.

53. Twiss, Sumner B. , History, Human Rights, and Globalization, The Journal of Religious Ethics, Vol. 32, No. 1 (Spring, 2004), pp. 39 – 70.

54. VanCott, Donna Lee, ed. *Indigenous Peoples and Democracy in Latin America.* New York: St. Martin' s Press in association with the Inter – American Dialogue, 1994.

55. Weiler, J. H. H. *The constitution of Europe*: "*Do the new clothes have an emper or?*" and other essays on European Integration, Cambridge University Press, 1999.

56. Wright, Thomas, *State Terrorism in Latin America*: *Chile*, *Argentina and International Human Rights.* Rowman & Littlefield Publishers, 2007.

57. Xu Qingwen, John F. Jones. *Community welfare services in Urban China*: *A public – private experiment*, Journal of Chinese Political Science, 2004, Volume 9, Number 2, pp. 47 – 62.

58. Yuan Guiren, Dong Lihe. *On Value and Culture.* Frontiers of Philosophy in China, Vol. 1, No. 2 (Jun. , 2006), pp. 237 – 244.

59. Zavala, Silvio, *The Defense of Human Rights in Latin America*, Sixteenth to Eighteenth Centuries. Paris: UNESCO, 1964.

## 四　法文参考书目

1. Aguila, Yann, Cinq questions sur l' interprétation constitutionnel, Revue Française de Droit Constitutionnel, PUF, 1999 – 21.

2. Avril, P. et J. Gicquel, Le Conseil constitutionnel: coll. Clefs, Montchrestien 2005.

3. Bougrab, Jeanette, Le contrôle de constitutionnalité des lois de la Constitution de 1946, dans la Revue française de Droit Constitutionnel, PUF, 1999.

4. Bougrab, Jeannette, Le contrôle de la constitutionnalite des lois dans l' élaboration de la Constitution du 27 octobre 1946, Revue Française de Droit Constitutionnel, PUF, 1999 – 38.

5. Cappelletti, Mauro, Lepouvoir des juges, Economica, 1990.

6. Chapsal, Jacque, La vie politique sous la Ve République (Tome 1 1958 – 1974), PUF, 1981.

7. Chevallier, Jean – Jacques, GuyCarcassonne, Olivier Duhamel, La Ve Republique 1958 – 2004, Histoire des institutions et des régimes politiques de la France, Armand Colin, 2004.

8. Debbasch, Charles, Frédéri Colin, Karine Favro, Philie Marcangelo, Emmanuel Roux, Constitution Ve République – text – jurisprudence – pratique, Dalloz 2004.

9. Dokhan, David, Les limites du contrôle de la constitutionnalité des actes législatifs, L. G. D. J, 2001.

10. Drago, Guillaume, Contentieux constitutionnel francais, PUF (Thémis), 1998.

11. Favoreu, Louis (Coordonnateur), Droit constitutionne, Dalloz, 2004.

12. Favoreu, Louis, Cours constitutionnelles européennes et droits fondamentaux, economica, presses universitaires d' aix – marseille, 1982.

13. Favoreu, Louis, Loïc Philip, Le Conseil constitutionnel: coll. Que sais – je? PUF, 1995.

14. Favoreu, Louis, Loïc Philip, *Les grandes décisions du Conseil constitutionnel*, Dalloz 2003.

15. Fromont, M., La justice constitutionnelle dans le monde : coll. Connaissance du droit, Dalloz, 1996.

16. Genevois, B., La jurisprudence du Conseil constitutionnel, Principes directeurs: STH, 1988.

17. Grewe, Constance, Helene Ruiz Fabri, Droits constitutionnels européens, puf, 1995.

18. Hamon, L., Les juges de la loi, naissance et rôle d'un contre – pouvoir, le Conseil constitutionnel: Fayard, 1987.

19. Jan, Pascal, Le procèsconstitutionnelle: L. G. D. J, 2001.

20. Lascombe, Michel, Droit constitutionnel de la Ⅴe Republique, L' Harmattan, 2005.

21. Le Conseilconstitutionnel a 40 ans, Actes du colloque des 27 et 28 octobre 1998: L. G. D. J, 1999.

22. Lexique des termes juridiques, Dalloz, 1992.

23. Luchaire, François, Le Conseil constitutionnel (Tome 2, Jurisprudence, première partie: l'individu), 2e édition refondue, 1998.

24. Luchaire, François, Le Conseil constitutionnel devant la Constitution pour l' Europe, Revue Française de Droit Constitutionnel, PUF, 2004 – 59.

25. Luchaire, François, Le Conseil constitutionnel et l' alternance politique, Revue Française de Droit Constitutionnel, PUF, 2004 – 57. 6. David Dokhan, Les limites du contrôle de la constitutionnalité des actes législatifs, L. G. D. J, 2001. 11. G. Conac et F. Luchaire, La Constitution de la République française: Économica, 1980.

26. Mardiere, Christophe de la, Retour sur la valeur juridique de la Déclation de 1789, Revue Française de Droit Constitutionnel, PUF, 1999 – 38.

27. Mathieu, Bertrand, Michel Verpeaux, Contentieux constitutionnel des droits fondamentaux, L. G. D. J, 2002.

28. Mathieu, Bertrand, Michel Verpeaux, Droit constitutionnel, PUF, 2004.

29. Maulin, Eric, Le principe de contrôle de la constitutionnalité des lois dans la pensé de R. Carre de Malberg, Revue Française de Droit Constitutionnel, puf, 1995 – 21.

30. Poullain, B., La pratique française de la justice constitutionnelle, Économica, 1990.

31. Renoux, Thi. – S., Code constitutionnel, commenté et annoté par M. de Villiers: Litec, 2005.

32. Renoux, Thierry S., Michel de Viliers, Code constitutionnel: Litec, 2004.

33. Rousseau, Dominique, Droit ducontentieux constitutionnel, Montchrestien, 2001.

34. Rousseau, Droit ducontentieux constitutionnel: Domat – Montchrestien, 2001.

35. Rousseau, La justice constitutionnelle en Europe: coll. Clefs, Montchrestien, 1998.

36. Roussilon, H. , Le Conseil constitutionnel, Dalloz, 2004.

37. Turpin, Dominique, Contentieux constitutionnel: coll. Droit fondamental, PUF, 2e éd. 1994.

38. Turpin, Dominique, Droit constitutionnel, PUF, 2003.

39. Turpin, Dominique, Le Conseil constitutionnel, son rôle, sa jurisprudence: coll. Les fondamentaux, Hachette, 2000.

40. WandaYeng Seng, Le contrôle des lois promulagées dans la jurisprudence du Conseil constitutionnel, un mystère en voi de dissipation? Revue Française de Droit Constitutionnel, PUF, 2005 -61.

41. Zoller, Elisabeth, Droitconstitutionnel, PUF, 1999.

## 五 德文文献

1. Alefsen, Heike, u. a. , 40 Jahre für die Menschenrechte. Luchterhand, Neuwied 2001.

2. Alston, Philip, Euan Macdonald: Human rights, intervention and the use of force. Oxford Univ. Pr. , Oxford 2008.

3. Arndt, Christina, DieMenschenrechte. Partikularistische Ansätze zur Begründung ihrer Universalität. Dissertation, Universität Hamburg 2000.

4. Arnim, Gabriele von (Hrsg. ), Menschenrechte in Europa vor der Erweiterung der Europäischen Union (Jahrbuch Menschenrechte; 6) . Suhrkamp, Frankfurt am Main 2003.

5. Bielefeldt, Heiner, Philosophie der Menschenrechte. Grundlagen eines weltweiten Freiheitsethos. Wissenschaftliche Buchgesellschaft, Darmstadt 2005.

6. Brieskorn, Norbert, Menschenrechte. Eine historisch - philosophische Grundlegung. Kohlhammer, Stuttgart 1997.

7. Donders, Yvonne, VladimirVolodin: Human rights in education, science, and culture - legal developments and challenges. Ashgate, Aldershot 2008.

8. Girardet, Klaus M. , Ulrich Nortmann: Menschenrechte und europäische

Identität. Die antiken Grundlagen. Franz Steiner Verlag, Stuttgart 2005.

9. Göller, Thomas (Hrsg.), Philosophie der Menschenrechte. Methodologie, Geschichte, kultureller Kontext. Cuvillier Verlag, Göttingen 1999.

10. Gosepath, Stefan, Georg Lohmann (Hrsg.): Philosophie der Menschenrechte. Suhrkamp Verlag, Frankfurt am Main 1998.

11. Hoffmann, Stefan - Ludwig (Hrsg.), Moralpolitik - Geschichte der Menschenrechte im 20. Jahrhundert, Wallstein Verlag, Göttingen 2010.

12. Hossenfelder, Malte, Der Wille zum Recht und das Streben nach Glück. Grundlegung einer Ethik des Wollens und Begründung der Menschenrechte. C. H. Beck, München 2000.

13. Ishay, Micheline R., The history of human rights - from ancient times to the globalization era. Univ. of California Press, Berkeley 2008.

14. Janz, Nicole, Thomas Risse (Hrsg.): Menschenrechte - Globale Dimensionen eines universellen Anspruchs. Nomos Verlag, Baden - Baden 2007.

15. Jellinek, Georg, Die Erklärung der Menschen - und Bürgerrechte. Wissenschaftlicher Verlag, Schutterwald/Baden 1996.

16. Klose, Fabian, Menschenrechte im Schatten kolonialer Gewalt. Die Dekolonisierungskriege in Kenia und Algerien 1945 - 1962. Oldenbourg Wissenschaftsverlag, München 2009.

17. Menke, Christoph, Arnd Pollmann: Philosophie der Menschenrechte. Junius - Verlag, Hamburg 2007.

18. Pflüger, Friedbert, Amerikanische Menschenrechtspolitik zwischen Idealismus und Realismus. 1982.

19. Richter, Claus, Aspekte der universellen Geltung der Menschenrechte und der Herausbildung von Völkergewohnheitsrecht. Utz Verlag, München 2007.

20. Tönnies, Sibylle, Der westliche Universalismus. Die Denkwelt der Menschenrechte. Westdeutscher Verlag, Wiesbaden 2001.

21. Uyldert, Mellie (Hrsg.), Amnesty international Jahresbericht 2007. Fischer, Frankfurt am Main 2007.

## 六　西班牙文文献

1. Alegría, Juana Armanda, *Emancipación femenina en el subdesarrollo* . México: Diana, 1982.

2. Aylwin O. , José, ed. *Derechos humanos y pueblos indígenas : tendencias internacionales y contexto chileno* . Temuco, Chile : Instituto de Estudios Indígenas, Universidad de la Frontera, 2004.

3. Barros, Robert, "*Izquierda y democracia: debates recientes en America Latina*", Cuadernos Politicos, Oct. – Dec. 1987, pp. 65 – 81.

4. Corado, Xavier Enrique Sales; Moreno, Alejandra Margarita Sánchez, "memorial ganador del iii concurso iberoamericano de derecho internacional y derechos humanos" francisco suárez, s. j. "octubre de 2006", *Universitas Estudiantes* , Jun. 2007, Issue 4, pp. 175 – 212.

5. Gentes, Ingo, Derecho al agua de los pueblos indígenas en América Latina. Santiago de Chile: Naciones Unidas, CEPAL, División de Recursos Naturales e Infraestructura, 2001.

6. Harper, Charles R. , Traducción del inglés: Elizabeth Ardans y Fernanda Trías. El acompañamiento: acción ecuménica por los derechos humanos en América Latina 1970 – 1990. Montevideo: Ediciones Trilce, 2007.

7. Movimiento Feminista en América Latina y el Caribe: Balance y Perspectivas. Santiago, Chile: Ediciones Isis Internacional de las Mujeres, 1986.

8. Muñoz, Bernardo, Derechos de propiedad y pueblos indígenas en Chile. Santiago de Chile: Naciones Unidas, Comisión Económica para América Latina y el Caribe, 1999.

9. Postero, Nancy Grey and LeonZamosc, eds. La lucha por los derechos indígenas en América Latina. Quito, Ecuador: Abya – Yala, 2005.

10. Santiago, Alfonso, "El derecho internacional de los derechos humanos: posibilidades, problemas y riesgos de un nuevo paradigma jurídico", *Persona y Derecho* , 2009, Issue 60, pp. 91 – 130.

11. Valente, Virginia Vargas, Feminismos en América Latina: su aporte a la política y a la democracia. Lima: Universidad Nacional Mayor de San Mar-

cos, 2008.

## 七　日文文献

1. 长尾一紘：《外国人的参政权》，世界思想社 1998 年版。

2. 大沼保昭等：《在日韩国、朝鲜人之人权》，有斐阁，2000 年版。

3. 栋居快行等：《基本人权事件簿》，有斐阁，1995 年版。

4. 高野真澄：《现代法与人权》，有信堂，2000 年版。

5. 后藤光男：《国际化时代的人权》，成文堂，2001 年版。

6. 今村成和：《人权与裁判》，北海道大学出版会，2004 年版。

7. 酒井文夫：《国家与法之比较研究》，圣学院大学出版会，1995 年版。

8. 青柳幸一：《人权、社会、国家》，尚学社，2005 年版。

9. 石埼学：《人权之变迁》，日本评论社，1999 年版。

10. 石崎学：《日本人权变迁之经纬》，日本评论社，2003 年版。

11. 松本昌悦：《现代宪法与人权之课题》，成文堂，1996 年版。

12. 松本昌悦：《现代宪法与人权之课题》，成文堂，1999 年版。

13. 松本健男：《未来的人权保障》，有信堂，2006 年版。

14. 松浦宽：《宪法Ⅱ——国家组织与人权保障程序》，嵯峨野书院，2003 年版。

15. 田代菊雄：《和平与人权》，法律文化社，1998 年版。

16. 田代菊雄：《和平与人权》，法律文化社，2000 年版。

17. 宪法教育研究会：《不同的人权——生活中的自由与平等》，法律文化社，2004 年版。

18. 宪法教育研究会：《人权之不同现状》，法律文化社，2000 年版。

19. 宪法理论研究会：《人权理论之新的展开》，敬文堂，1998 年版。

20. 宪法理论研究会编：《人权理论之新展开》，敬文堂，2008 年版。

21. 小林武：《人权保障之宪法论》，晃洋书房，2003 年版。

22. 小林昭三等：《人权之条件》，嵯峨野书院，2001 年版。

23. 中川义朗：《现代人权与法之思索》，法律文化社，1998 年版。

24. 中村睦男等：《生存权、教育权》，法律文化社，1996 年版。

## 八 韩文文献

1. 崔章集等:《韩国社会和民主主义》,首尔:NANAM,1997 年版。

2. 韩国政治学会:《韩国现代政治史》,首尔:法文社,1995 年版。

3. 金浩镇:《韩国政治体制论》,首尔:博英社,1996 年版。

4. 金世均:《韩国民主主义和劳动者民主政治》,首尔:从现场到未来,1997 年版。

5. 金忠勋:《关于韩国国际人权活动的考察》,首尔:韩吉社,2000 年。

6. 申光荣:《阶级和劳动社会学》,首尔:NANAM,1995 年版。

7. 宋浩根:《韩国的劳动政治和市场》,首尔:NANAM,1995 年版。

# 后　记

本书是南开大学人权研究中心承担国家社科基金重大项目“中国特色人权发展道路”的最终研究成果。该项目的首席专家是南开大学人权研究中心主任薛进文教授。项目研究人员分为四个子课题组，各子课题组负责人和成员如下：

子课题1：“中国特色人权保障政策研究”。负责人：常健；课题组成员：韩召颖、程同顺、闫广芬、郝亚明、黄晓燕、张志红、徐晓日、许尧、刘明、赵玉林。

子课题2：“中国特色人权法律体系研究”。负责人：赵正群；课题组成员：刘风景、刘士心、杨文革、魏健馨、张丽霞、李晓兵、朱桐辉、高通。

子课题3：“中国与其他发展中国家人权发展道路比较研究”。负责人：董国辉；课题组成员：谭融、王翠文、潘芳、王纯。

子课题4：“中国与主要发达国家人权发展道路比较研究”。负责人：唐颖侠；课题组成员：郑泽善、金东日、李晓兵、秦瑞亭、王鹏、杨雷、黄海涛、董妍。

本书作为结项的总报告是在四个子课题研究报告的基础上形成的。各章节的作者如下：

第一章：薛进文

第二章：常健、许尧

第三章：常健、赵玉林

第四章：常健

第五章：第一至四节：常健

第五节：许尧

第六章：第一节：刘风景、赵正群

第二节：魏健馨、刘风景、常健

第三节：魏健馨

第四节：魏健馨、张志红

第五节：常健

第七章：第一节：李晓兵

第二节：刘士心

第三节：张丽霞

第八章：第一节：杨文革、高通

第二节：赵正群

第三至五节：高通

第九章：常健

第十章：第一至二节：常健

第三节：郝亚明、刘明

第四节：黄晓燕、郝亚明

第十一章：唐颖侠

第十二章：第一节：唐颖侠、李晓兵、秦瑞亭

第二节：王鹏、董妍、唐颖侠

第三节：金东日、郑泽善、杨雷

第四节：唐颖侠

第十三章：唐颖侠

第十四章：董国辉

第十五章：董国辉

第十六章：董国辉

第十七章：常健

第十八章：常健

统稿：薛进文、常健

自 2011 年承担该课题项目以来，全体课题组成员精诚团结，紧密合作，发挥跨学科研究的优势，不断开展思想碰撞，最终圆满完成课题研究，通过了国家哲学社会科学规划办公室的结项验收。在此向所有课题组成员所作出的贡献表示衷心的感谢！

特别感谢中国人权研究会对本课题研究给予的支持，特别是李君如副会长对本课题研究给予了具体的指导。感谢教育部社科司张东刚司长、上海社科院刘杰教授、北京大学罗艳华教授、中共中央党校李云龙教授和南开大学朱光磊教授在本项目开题时提出的宝贵建议。

感谢中国社会科学出版社冯春凤主任对本书的出版予以的大力支持。

作者

2015 年 11 月于南开大学